浙江省普通高等学校"十三五"新形态教材

刑事诉讼法学

叶肖华 主编

浙江工商大學出版社
ZHEJIANG GONGSHANG UNIVERSITY PRESS
·杭州·

图书在版编目(CIP)数据

刑事诉讼法学 / 叶肖华主编. — 杭州 ：浙江工商大学出版社，2020.8

ISBN 978-7-5178-3956-9

Ⅰ. ①刑… Ⅱ. ①叶… Ⅲ. ①刑事诉讼法—法的理论—中国—高等学校—教材 Ⅳ. ①D925.201

中国版本图书馆 CIP 数据核字(2020)第 121525 号

刑事诉讼法学

XINGSHI SUSONGFA XUE

叶肖华 主编

责任编辑 徐　凌
封面设计 王　辉
责任印制 包建辉
出版发行 浙江工商大学出版社
(杭州市教工路 198 号　邮政编码 310012)
(E-mail:zjgsupress@163.com)
(网址:http://www.zjgsupress.com)
电话:0571—88904980,88831806(传真)
排　　版 杭州朝曦图文设计有限公司
印　　刷 浙江全能工艺美术印刷有限公司
开　　本 787mm×1092mm　1/16
印　　张 37
字　　数 832 千
版 印 次 2020 年 8 月第 1 版　2020 年 8 月第 1 次印刷
书　　号 ISBN 978-7-5178-3956-9
定　　价 70.00 元

本书编委会

主　编：叶肖华

撰稿人：（以撰写章节先后为序）

叶肖华　谭世贵　王建林　宋善铭

冯　姣　谢丽珍　宋高初　张　曙

王　艳　张兆松　王斐弘　孙洪坤

杨杰辉　吴光升　方　姚

作者简介

（按撰写章节先后为序）

叶肖华 法学博士，浙江工商大学法学院、知识产权学院副院长、教授，博士生导师。代表性著作有《全面建成小康社会的法治进路——基于法治浙江的实证研究》、《处罚令程序的比较与借鉴》、《犯罪客体的检讨与定位》、*Plea Bargaining in Criminal Dispute Settlement* 等。

谭世贵 法学博士，华南师范大学法学院教授，博士生导师。代表性著作有《刑事诉讼原理与改革》《中国司法原理》《中国司法改革研究》《中国司法改革理论与制度创新》《刑事诉讼法学》《证据法学》《律师法学》等。

王建林 法学博士，浙江工商大学法学院、知识产权学院副教授，硕士生导师。代表性著作有《刑事法律实训教程》《中国司法体制改革研究》《刑事证据规则研究》《刑事辩护的理论探讨与制度完善》等。

宋善铭 法学博士，浙江理工大学法政学院讲师。代表性著作有《认罪认罚从宽制度的模式选择与完善进路》《当代中国司法制度的特色与属性》《认罪认罚从宽制度典型样态的实证分析》《认罪认罚从宽案件中法官作用的实证研究》等。

冯　姣 法学博士，浙江财经大学法学院副教授，硕士生导师。代表性著作有《互联网电子证据的收集》《智慧司法：实现司法公正的新路径及其局限》《放大镜下的无罪推定原则》《认罪态度对法官判决影响的实证分析》等。

谢丽珍 法学博士，温州大学法学院副教授，硕士生导师。代表性著作有《违法所得没收特别程序研究》《校园侵权法律问题研究》《违法所得没收程序性质之辨析》《完善证人出庭制度的若干问题探析》《特别没收程序证明问题的多元化分析》《附带民事诉讼制度的进一步完善——以刑诉法修改为视角》等。

宋高初 法学硕士，浙江师范大学法政学院副教授，硕士生导师。代表性著作有《人身损害赔偿诉讼救济及风险规避》《论减刑撤销》《论刑事司法的合情理性》等。

张　曙 法学博士，浙江工业大学法学院副教授，硕士生导师。代表性著作有《被追诉人的管辖程序性权利研究》《中国法语境中的热忱辩护》等。

王　艳 浙江工商大学法学院教授，硕士生导师。代表性著作有《刑事诉讼的理论与实践》《刑事辩护的理论探讨与制度完善》《刑事诉讼法学》《证据法原理与案例教程》等。

张兆松 浙江工业大学法学院教授，硕士生导师。代表性著作有《职务犯罪侦查权研究》《逮捕权研究》《中国检察权监督制约机制研究》《检察学教程》《附条件逮捕制度批判》等。

王斐弘 中国计量大学法学院、知识产权学院副院长，教授，硕士生导师。代表性著作有《中国程序法论稿》《文明的源起》《儒宗正源》《治法与治道》《治术与权谋》《敦煌法论》等。

孙洪坤 法学博士，浙江农林大学文法学院教授，硕士生导师。代表性著作有《刑事诉讼法的时代精神》《刑事诉讼法学》《检察机关参与环境公益诉讼的程序研究》等。

杨杰辉 法学博士，浙江工业大学法学院副教授，硕士生导师。代表性著作有《刑事审判对象研究》《刑事诉讼视野中性犯罪被害人的特别保护研究》《二审程序中的非法证据排除研究》《法院侵犯被告人诉讼权利的救济：中国的问题与出路》等。

吴光升 法学博士，浙江工业大学之江学院教授，硕士生导师。代表性著作有《刑事涉案财物处理程序研究》《刑事诉讼程序的人性分析》等。

方　姚 法学博士，浙江工商大学法学院、知识产权学院讲师。代表性著作有《论我国刑事公诉案件中被追诉人的反悔权——以认罪认罚从宽制度自愿性保障机制为中心》《论公益诉讼中检察机关身份的差异化定位及重塑》《后法典时代下司法解释功能的异化、危机与回归——以刑事诉讼法司法解释为切入点》等。

编写说明

本教材于2019年入选浙江省普通高等学校“十三五”新形态教材建设项目。

本教材编写所贯穿的思路如下：一是充分反映刑事诉讼法律及相关司法解释的最新规定，广泛吸收刑事诉讼法学理论研究的最新成果，从而使本教材具有前沿性；二是按照司法部制定的国家统一法律职业资格考试大纲确定的内容和要求进行编写，以有助于法学专业本科学生通过国家统一法律职业资格考试；三是在每章中除阐述和介绍刑事诉讼法基本原理外，还精选若干案例和思考题，供学生分析和思考，以提高学生的实际操作能力和思考能力。

本教材由主编叶肖华教授拟定编写提纲并审改定稿。撰写人员分工如下(以撰写章节先后为序)：

叶肖华，第一章、第二章、第三章、第五章、第六章、第七章、第八章、第九章、第十二章、第二十四章、第二十五章；谭世贵，第一章、第二章、第三章；王建林，第四章、第十三章；宋善铭，第六章第十三节、第七章第二节；冯姣，第九章第五节、第二十六章；谢丽珍，第十章、第十七章；宋高初，第十一章；张曙，第十二章；王艳，第十四章；张兆松，第十五章、第十六章；王斐弘，第十八章；孙洪坤，第十九章；杨杰辉，第二十章；吴光升，第二十一章、第二十二章、第二十三章；方姚，第二十五章。

在本教材的编写过程中，我们参阅了大量相关著作、教材和论文，并吸收了其中的部分研究成果。限于篇幅，无法逐一列出。在此，我们谨向有关作者表示崇高的敬意和衷心的感谢！

尽管我们做出了艰苦的努力，但由于水平有限，教材中难免存在疏漏甚至错误之处，敬请广大读者批评指正！

编　者

2020年5月1日

本书常用法律法规等缩略语

1.《宪法》	《中华人民共和国宪法》
2.《刑法》	《中华人民共和国刑法》
3.《刑事诉讼法》	《中华人民共和国刑事诉讼法》
4.《监察法》	《中华人民共和国监察法》
5.《人民法院组织法》	《中华人民共和国人民法院组织法》
6.《人民检察院组织法》	《中华人民共和国人民检察院组织法》
7.《监狱法》	《中华人民共和国监狱法》
8.《律师法》	《中华人民共和国律师法》
9.六机关《规定》	最高人民法院、最高人民检察院、公安部、国家安全部、司法部、全国人大常委会法制工作委员会《关于实施刑事诉讼法若干问题的规定》
10.最高法院《解释》	最高人民法院《关于适用〈中华人民共和国刑事诉讼法〉的解释》
11.最高检察院《规则》	最高人民检察院《人民检察院刑事诉讼规则》
12.公安部《规定》	公安部《公安机关办理刑事案件程序规定》
13.《非法证据排除规定》	《最高人民法院、最高人民检察院、公安部、国家安全部、司法部关于办理刑事案件排除非法证据若干问题的规定》
14.《办理死刑案件证据规定》	《最高人民法院、最高人民检察院、公安部、国家安全部、司法部关于办理死刑案件审查判断证据若干问题的规定》

目 录

第一编 绪 论

第二编 总 论

第三编　程序论

第一编　绪　论

第一章

刑事诉讼法概述

导读

通过本章的学习，掌握刑事诉讼、刑事诉讼法的概念，刑事诉讼法的渊源，以及刑事诉讼法学的研究对象和研究方法；正确理解刑事诉讼法与刑法的关系，刑事诉讼法与法院、检察院组织法的关系，刑事诉讼法与民事诉讼法、行政诉讼法的关系，以及刑事诉讼的若干基本范畴。

第一节　刑事诉讼法

一、刑事诉讼法的概念

(一)诉讼的词意

《说文解字》认为:“诉,告也”;“讼,争也”。故而诉讼即意为一方控告,另一方进行争辩,而双方的是非曲直之争通常是在官府的主持下得以解决的,因而在我国诉讼又被称为“打官司”。

现代意义上的诉讼,是指国家司法机关在当事人和其他诉讼参与人的参加下,按照特定的程序解决当事人之间的纠纷或争议的活动。由此可见,诉讼的构成要素包括:(1)主体,即原告、被告等当事人和国家司法机关;(2)客体,即当事人双方争议的标的或讼争的事项;(3)内容,即原告起诉、被告争辩,国家司法机关调查、审理和裁断纠纷或争议的活动。

在拉丁文中,诉讼为 processus,英文为 procedure、process、proceeding,均含有活动过程、程序或手续的意思,强调诉讼具有特定的活动形式和严格的操作规程,必须遵循法定的手续、步骤、要求和方法,即诉讼的法律程序。违反法律程序则可能导致诉讼无效或产生于己不利的后果。

根据诉讼所要解决的实体问题的不同和因此产生的诉讼形式的差异,诉讼一般分为刑事诉讼、民事诉讼和行政诉讼三种。

(二)刑事诉讼

某一种诉讼之所以被称为刑事诉讼,正是因为它与刑事案件联系在一起。一旦发生了刑事案件,就必然要追究相应的刑事责任,由此刑事诉讼活动便开始了。在我国,刑事诉讼是指公安司法机关在当事人和其他诉讼参与人的参加下,依照法律规定的程序和要求,查明犯罪、惩罚罪犯和保障人权的活动。刑事诉讼具有鲜明的特征,主要表现在以下几个方面:

1.刑事诉讼是公安司法机关代表国家进行的一种专门活动,是国家执法活动的重要组成部分。我国《宪法》第 140 条规定:“人民法院、人民检察院和公安机关办理刑事案件,应当分工负责,互相配合,互相制约,以保证准确有效地执行法律。”这一规定清楚地表明刑事诉讼具有国家执法活动的性质。

2.刑事诉讼是公安司法机关代表国家行使刑罚权的活动。刑事诉讼活动的中心内容,是解决犯罪嫌疑人、被告人的刑事责任问题,即查明和确定犯罪嫌疑人、被告人是否实施了犯罪行为、应否处以刑罚和处以何种刑罚。这决定了刑事诉讼应当采取的手段和方法区别于民事诉讼和行政诉讼。

3.刑事诉讼必须按照法律规定的程序和要求进行。刑事诉讼是国家的司法活动，具有严格的办案程序和诉讼规程，这是诉讼活动与其他类型国家活动的重要区别。我国《刑事诉讼法》第3条第2款规定："人民法院、人民检察院和公安机关进行刑事诉讼，必须严格遵守本法和其他法律的有关规定。"公安司法人员应当充分认识刑事诉讼法的作用，严格按照法律规定的程序办案，做到严格执法，公正司法，切实克服司法实践中存在的"重实体、轻程序"的问题。当事人和其他诉讼参与人参加诉讼，同样必须遵守刑事诉讼法的有关规定。

4.刑事诉讼是在当事人和其他诉讼参与人的参加下进行的活动。由于刑事诉讼的中心内容是确定犯罪嫌疑人、被告人的刑事责任问题，犯罪嫌疑人、被告人作为可能被追究刑事责任的对象，是刑事诉讼必不可少的构成要素。《刑事诉讼法》第16条明确规定："犯罪嫌疑人、被告人死亡的，应当撤销案件或者终止诉讼。"同时，为了证明案件事实，维护犯罪嫌疑人、被告人、被害人的合法权益，保证刑事诉讼的顺利进行，也需要有被害人、辩护人、诉讼代理人和证人、鉴定人等诉讼参与人参加诉讼。

5.刑事诉讼是惩罚犯罪和保障人权的有机统一。刑事诉讼虽然以惩罚犯罪为首要任务，但并非唯一任务，保障人权已成为现代刑事诉讼的重要任务之一。惩罚犯罪，归根到底是为了保障绝大多数人的生命、自由、安全、财产等基本人权，而在刑事诉讼中切实保障无罪的人不受刑事追究，依法保障被害人、犯罪嫌疑人、被告人的人身、财产权利以及诉讼权利，则可以准确地惩罚犯罪和有效地保障所有人的人身、财产权利和其他权利不受非法侵犯。因此，现代刑事诉讼是惩罚犯罪和保障人权的有机统一，两者同等重要，相辅相成，不可偏废。

综上所述，中国刑事诉讼是指公安机关、人民检察院、人民法院在当事人和其他参与人的参加下，依据法律规定的程序，解决被追诉者刑事责任问题的活动。①

（三）刑事诉讼法

刑事诉讼法，是指国家制定的国家专门机关以及当事人和其他诉讼参与人进行刑事诉讼活动必须遵守的法律规范的总称。各国的刑事诉讼法一般都规定了侦查、起诉和审判机关在刑事诉讼中的职权和分工、当事人和其他诉讼参与人的诉讼权利和义务、证据制度以及如何进行刑事诉讼的具体程序等内容。

刑事诉讼法有狭义和广义之分。狭义的刑事诉讼法是指国家立法机关制定的刑事

---

① 刑事诉讼有狭义和广义之分。传统诉讼理论认为，刑事诉讼仅指法院的刑事审判活动。因为只有经过审判，才能最终确定被告人是否有罪和应否处以刑罚；只有在审判阶段才能形成法官与控诉方、辩护方之间的三方诉讼法律关系，才能履行控诉、辩护和审判三种基本的诉讼职能。对犯罪行为的侦查和起诉，则属于为审判活动所做的准备工作，其未能形成控诉、辩护、审判三方诉讼法律关系（即传统诉讼理论所坚持的诉讼应是一个原告起诉、被告辩护、法官居中审判的等腰三角结构）。现代诉讼理论则认为，刑事诉讼应当包括审判前的侦查、起诉活动和判决生效后的执行活动。因为，非经侦查，无从决定应否起诉；非经起诉，法院无从进行审理和判决；非经执行，无从实现判决确定的内容。尤其是因为侦查活动的强制性和涉及公民人身自由等特点，为防止侦查机关滥用职权、侵犯公民合法权益，更需要从法律上严格侦查程序，规范侦查行为。这是现代刑事诉讼发展的重要特征之一。因此，对我国的刑事诉讼应做广义的理解。

诉讼法典，即指我国现行的刑事诉讼法典。广义的刑事诉讼法是指一切与刑事诉讼有关的法律规范，除《刑事诉讼法》外，还包括：宪法、刑法、人民法院组织法、人民检察院组织法、律师法、监狱法以及其他法律、法规中有关刑事诉讼的法律规范；全国人大常委会有关刑事诉讼的决定和解释；最高人民法院、最高人民检察院对具体应用刑事诉讼法所作的司法解释；公安部、国家安全部、司法部制定的与刑事诉讼有关的行政规章或行政命令；等等。必须指出的是，《刑事诉讼法》是我国刑事诉讼法的主要表现形式，是公安司法机关进行刑事诉讼活动的基本法律依据。最高人民法院、最高人民检察院在具体应用刑事诉讼法中所作的司法解释和公安部、国家安全部、司法部所制定的行政规章或行政命令，不得偏离或违背宪法和刑事诉讼法的规定。

相对于刑事实体法而言，刑事诉讼法是刑事程序法。作为程序法，要求刑事诉讼法必须具有科学性和可操作性，即追究犯罪的机制必须科学高效，专门机关之间的职权分工必须明确合理，办案程序必须科学缜密，诉讼规制必须简明易行，保障和制约机制必须切实有力，等等。《刑事诉讼法》的制定和修正，将我国的刑事诉讼活动纳入科学、民主与法治的轨道。毫无疑问，《刑事诉讼法》是公安司法机关办理刑事案件和诉讼参与人参加诉讼的主要法律依据，是顺利实现刑事诉讼任务的可靠保障。

在公法和私法的分类中，刑事诉讼法属于公法，它规范侦查权、公诉权、审判权等国家公权力的行使。如果上述公权力行使不当，很容易造成错捕、错拘、错诉或错判，进而严重侵犯公民的人身自由和权利，而科学、严密的刑事诉讼法能对上述权力的行使予以明确的规范和有力的约束。正是因为刑事诉讼法具有保障人权的独特作用，因而又被称为“小宪法”或“人权保障的圣经”。

二、刑事诉讼法的渊源

刑事诉讼法的渊源是指刑事诉讼法律规范存在的形式。我国刑事诉讼法的渊源主要有以下几种：

1. 宪法。宪法是国家的根本大法，是治国安邦的总章程，它规定了我国的社会制度、经济制度、政治制度、公民的基本权利和义务，以及国家机构的组成、职权和活动原则等重要内容，具有最高的法律效力，是制定其他一切法律的根据。我国刑事诉讼法是依据宪法制定的，宪法规定了许多与刑事诉讼直接有关的原则和制度（如国家尊重和保障人权原则，任何公民不受非法逮捕的权利，审判公开原则和辩护原则，各民族公民都有使用本民族语言文字进行诉讼的权利，公安司法机关之间的分工与制约原则等）。这些规定是刑事诉讼法的重要渊源。

2. 刑事诉讼法典。我国的刑事诉讼法典是 1979 年 7 月 1 日第五届全国人民代表大会第二次会议通过、1980 年 1 月 1 日起施行，并经 1996 年 3 月 17 日第八届全国人民代表大会第四次会议、2012 年 3 月 14 日第十一届全国人民代表大会第五次会议和 2018 年 10 月 26 日第十三届全国人民代表大会常务委员会第六次会议三次修正的《中华人民共和国刑事诉讼法》。它是我国刑事诉讼法的主要法律渊源。

3. 其他有关法律。这是指我国最高国家权力机关制定的与刑事诉讼有关的法律规范。包括两类:一类是全国人民代表大会及其常务委员会制定的、包含有刑事诉讼内容的法律,如《刑法》《人民法院组织法》《人民检察院组织法》《国家安全法》《监狱法》《法官法》《检察官法》《人民警察法》《律师法》《预防未成年人犯罪法》《国家赔偿法》等;另一类是全国人民代表大会及其常务委员会就刑事诉讼有关问题所作的专门规定,如 1983 年 9 月 2 日第六届全国人大二次会议通过的《关于国家安全机关行使公安机关的侦查、拘留、预审和执行逮捕的职权的决定》等。

4. 法律解释。立法解释是指由立法机关对《刑事诉讼法》如何理解与适用所作出的解释,具有与法律相同的效力。2014 年,全国人大常委会公布了三项专门针对《刑事诉讼法》的解释,分别为《关于〈中华人民共和国刑事诉讼法〉第二百五十四条第五款、第二百五十七条第二款的解释》《关于〈中华人民共和国刑事诉讼法〉第二百七十一条第二款的解释》《关于〈中华人民共和国刑事诉讼法〉第七十九条第三款的解释》。这也是全国人大常委会首次采取此种形式对《刑事诉讼法》进行解释。立法解释有助于厘清实践中的争议问题,使《刑事诉讼法》的适用更符合立法者的原意。司法解释是指最高人民法院、最高人民检察院就审判、执行工作和检察工作中如何具体应用刑事诉讼法所作的解释、通知、批复等。主要包括 2012 年 12 月 26 日最高人民法院、最高人民检察院、公安部、国家安全部、司法部、全国人大常委会法制工作委员会联合公布的《关于实施刑事诉讼法若干问题的规定》(以下简称"六机关《规定》")、2012 年 12 月 20 日最高人民法院公布的《关于适用〈中华人民共和国刑事诉讼法〉的解释》(以下简称"最高法院《解释》")、2019 年 12 月 2 日最高人民检察院通过的《人民检察院刑事诉讼规则》(以下简称"最高检察院《规则》")等。

5. 行政法规和规章。这是指国务院制定的、包含有刑事诉讼内容的法规以及国务院主管部门制定的、包含有刑事诉讼内容的规章或者就本部门业务工作中与刑事诉讼有关的问题所作的规定。前者如国务院 2003 年 7 月 21 日公布并于同年 9 月 1 日开始实施的《法律援助条例》,后者如 2020 年 7 月 20 日公安部发布的《公安机关办理刑事案件程序规定》(以下简称"公安部《规定》")等。

6. 国际公约、条约。迄今为止,我国政府已经签署、批准或者加入了 10 多个与刑事诉讼有关的国际公约、条约,主要包括:《禁止酷刑和其他残忍、不人道或有辱人格的待遇或处罚公约》《儿童权利公约》《公民权利和政治权利国际公约》《联合国反腐败公约》《制止恐怖主义爆炸的国际公约》《打击恐怖主义、分裂主义和极端主义上海公约》《联合国打击跨国有组织犯罪公约》等。我国政府在 1990 年向联合国禁止酷刑委员会明确表示:"条约一旦对中国有效,在中国便有法律效力,中国便有义务去实施该条约。"据此,我国政府已经签署、批准或者加入的与刑事诉讼有关的国际公约、条约,也是我国刑事诉讼法的重要渊源。

有学者认为,地方人民代表大会及其常务委员会颁布的地方性法规中有关刑事诉讼程序的规定,也是刑事诉讼法的渊源之一。这是值得商榷的。这是因为,按照我国《立法法》的规定,诉讼和仲裁制度属于国家立法领域,只能制定法律,因此地方性法规无权对刑事诉讼程序作出规定,从而它不可能成为我国刑事诉讼法的渊源。

三、刑事诉讼法与邻近部门法的关系

(一)刑事诉讼法与刑法的关系

刑事诉讼法与刑法的关系，是刑事程序法与刑事实体法的关系。刑法是实体法，规定犯罪与刑罚；刑事诉讼法是程序法，规定如何查明犯罪和惩罚犯罪。对于国家追究犯罪的刑事诉讼法活动来讲，作为实体法的刑法和作为程序法的刑事诉讼法缺一不可。没有刑法，定罪量刑就没有依据和标准，刑事诉讼活动就会失去目的和意义；没有刑事诉讼法，不按照法律规定的程序去进行侦查、起诉和审判，惩罚犯罪便无从实现，刑法的规定也就变成一纸空文。刑事程序法与刑事实体法之间的关系是如此紧密，马克思曾经形象地将其比喻为“植物的外形和植物的联系、动物的外形和血肉的联系”。因此，作为程序法的刑事诉讼法和作为实体法的刑法，同是国家与犯罪做斗争的有力武器，是国家追究和惩罚犯罪这一活动的形式与内容、手段与目的、方法与任务的有机统一。两者相互依存，相辅相成，不可偏废。

(二)刑事诉讼法与监察法的关系

监察体制改革之前，职务犯罪侦查权由检察机关行使。监察体制改革之后，检察机关的职务犯罪侦查部门转隶至国家监察机关，除了保留对司法人员渎职犯罪及特定职务犯罪的侦查权外，职务犯罪调查权由新转隶后的监察机关行使。监察机关的调查行为受到《监察法》的约束，而监察机关调查完毕移送检察机关处理的后续程序则受《刑事诉讼法》的约束。由于调查中搜查的证据服务于后续的诉讼程序，监察机关在收集、固定、审查、运用证据时，应当与刑事审判关于证据的要求和标准相一致，故而调查行为必然受到《刑事诉讼法》的影响。《监察法》与《刑事诉讼法》的有效衔接，共同保证职务犯罪案件审理的顺利进行。

(三)刑事诉讼法与法院、检察院组织法的关系

刑事诉讼法与人民法院组织法和人民检察院组织法是相邻近的法律部门。人民法院组织法、人民检察院组织法是规定人民法院、人民检察院的性质、任务、职权范围、活动原则、组织体系、机构设置和人员构成的法律，其中必然涉及人民法院、人民检察院在刑事诉讼中的任务、职权和活动原则。刑事诉讼法是规定刑事诉讼程序、调整刑事诉讼活动的法律，当然也要对进行诉讼的主导机关——人民法院和人民检察院在刑事诉讼中的地位、职权、相互关系、活动原则、行为方式等作出必要规定。例如，规定人民法院、人民检察院依法独立行使职权，审判公开，人民检察院对刑事诉讼实行法律监督，等等。因此，人民法院组织法、人民检察院组织法与刑事诉讼法在内容上有部分交叉和重合，关系十分紧密，但各有特定的调整对象和范围。它们可以相互补充和配合，但不能相互混淆和替代。

(四)刑事诉讼法与民事诉讼法、行政诉讼法的关系

刑事诉讼法与民事诉讼法、行政诉讼法均属于程序法,既有一般性又有特殊性。其一般性在于,作为程序法,三者有着许多共同的原则、制度和程序。例如,人民法院依法独立行使审判权;以事实为根据,以法律为准绳;诉讼以民族语言文字进行;审判公开;回避制度;等等。在具体程序上,三者都实行两审终审制;都设有一审程序、二审程序、审判监督程序;等等。但是,由于各自所要解决的实体问题的性质不同,它们除存在共性之外,还具有特殊性。刑事诉讼要解决的中心问题是被告人是否犯罪及应否承担刑事责任;民事诉讼要解决的是当事人之间民事权利义务的纠纷或争议;行政诉讼要解决的则是因行政机关及其工作人员的行政行为所引起的争议。目的、任务的差异,使三者在诉讼制度和程序方面存在许多不同,有些制度或程序规则为刑事诉讼所特有。例如,进行刑事诉讼的国家机关,除人民法院外,还有人民检察院、公安机关、监察机关和国家安全机关;审判阶段之前还有侦查阶段和审查起诉阶段;诉讼过程中经常需要采取较长时间限制或剥夺人身自由的强制措施;刑事被告人不负举证责任;刑事诉讼除诉讼代理制度之外,还有辩护制度;刑事审判程序除一审程序、二审程序之外,还有死刑复核程序;等等。

需要指出的是,我国《刑事诉讼法》规定了附带民事诉讼制度。由于在性质上,附带民事诉讼属于民事诉讼,因此其必然受民事诉讼法调整。因此,除了《刑事诉讼法》有特殊规定的以外,有关附带民事诉讼的诉讼原则、制度和程序,应当适用《民事诉讼法》的规定。

第二节　刑事诉讼法学

一、刑事诉讼法学的研究对象

刑事诉讼法学属于部门法学,是我国法学体系中一个重要的分支学科。作为一门学科,刑事诉讼法学有自己特定的研究领域和对象。概括地说,刑事诉讼法学的研究对象包括刑事诉讼立法、刑事诉讼实务和刑事诉讼理论。

(一)刑事诉讼立法

作为刑事诉讼法学研究对象的刑事诉讼法律规范,是广义上的刑事诉讼法,其中《刑事诉讼法》是其主要的研究内容。此外,刑事诉讼法学所要研究的还包括其他法律、法规中有关刑事诉讼的规定,主要有人民法院组织法、人民检察院组织法、监狱法、法官法、检察官法、人民警察法、律师法、国家赔偿法等。另外,最高人民法院、最高人民检察院在刑事诉讼过程中对应用法律问题所作的司法解释,也属于刑事诉讼法学研究的重要对象。

研究刑事诉讼法，首先要准确、科学地理解和释明刑事诉讼法的基本精神，对于法律的具体条文，要逐条逐句逐字学懂弄通。其次，要注意研究法典各部分之间的相互联系，法典与其他有关刑事诉讼的法律规范之间的相互联系，研究制定法律的立法背景和实践需要，这样才能全面完整地领会和掌握刑事诉讼法，并在司法实践中正确地贯彻执行。

（二）刑事诉讼实务

刑事诉讼法学属于应用学科，实践性很强。因此，在学习、研究刑事诉讼法的同时，要对刑事诉讼法的适用和实施情况进行研究。要深入了解公安司法机关与犯罪做斗争的实践，发现和解决刑事诉讼法在贯彻实施中存在的问题，总结归纳司法实践中成功的经验和做法。与此同时，通过实践来加深对刑事诉讼立法的理解，检验法律的规定是否科学合理，是否切实可行，及时提出修改和完善立法的意见和建议。

学习、研究刑事诉讼法学这样一门实践性很强的应用学科不能脱离司法实践，否则便会成为无源之水、无本之木，空洞而教条，既不能在完善刑事诉讼立法和指导刑事诉讼实践方面发挥应有的作用，也不利于刑事诉讼法学本身的丰富和发展。

（三）刑事诉讼理论

刑事诉讼法学作为一门科学，有自己的理论体系和发展历史。伴随着历史上刑事诉讼漫长的发展演变过程，对于刑事诉讼的本质特征和内在规律，人们经过不断的研究和探索，逐步形成了独立且完整的理论体系。例如，对于刑事诉讼的结构模式、刑事诉讼的基本原则、刑事诉讼的程序设置、刑事证据制度等重大课题和研究范畴，国内外存在众多学说和理论。这些学说和理论是人们长期以来对刑事诉讼的本质特征及其发展规律在理论上的概括和总结，是由感性认识上升到理性认识的结晶和成果。要发展和繁荣刑事诉讼法学，除了研究刑事诉讼法律规范和刑事诉讼实务以外，同样需要对有关刑事诉讼的理论和学说进行总结和整理。只有在继承前人成果、掌握已有知识的基础上，深入系统地开展对刑事诉讼基本原理的研究，并充分发挥理论研究对刑事诉讼立法和刑事诉讼实务的指导功能，才能建立健全有中国特色的社会主义刑事诉讼法学体系。

为了加强我国刑事诉讼法律制度的建设，促进刑事诉讼法学这一学科的发展，不仅应当立足本国，及时总结我们自己法制建设的经验；而且必须放眼世界，注意研究外国法制建设的情况，了解外国刑事诉讼理论研究的动态和进展情况，特别是要广泛开展比较刑事诉讼法的研究，以便在比较中加以鉴别，吸取有益经验，进一步推动我国刑事诉讼法律制度的完善和刑事诉讼法学的繁荣。

二、刑事诉讼法学的研究方法

我国刑事诉讼法是社会主义的刑事诉讼法，它的制定和实施都必须以马列主义、毛泽东思想、邓小平理论、“三个代表”重要思想、科学发展观和习近平新时代中国特色社会主义思想为指导，为构建社会主义和谐社会提供强有力的司法保障。因此，学习和研究刑事诉讼法学，必须坚持辩证唯物主义和历史唯物主义的世界观与方法论，坚持比较借鉴的方法，坚持理论联系实际的方法，坚持综合运用的方法。

（一）辩证思维的方法

马克思主义唯物辩证法要求我们看问题必须坚持实事求是的思想路线，以全面的、联系的、对立统一的和科学发展的观点来看问题。刑事诉讼作为一种社会存在，其本身充满矛盾，其内部各环节、各构成要素之间既相互联系又相互作用，既对立又统一。例如，惩罚犯罪与保障人权、实体与程序、公正与效率、控诉与辩护就是矛盾着的两个方面，它们既对立又统一，在许多时候甚至发生难以协调的冲突。刑事诉讼以解决犯罪嫌疑人、被告人的刑事责任问题为中心内容，这就很容易发生公安司法人员在诉讼过程中重视侦查破案和定罪量刑等实体问题，强调从重从快，而忽视保障人权，程序合法和犯罪嫌疑人、被告人辩护权的行使。而按照唯物辩证的观点，公安司法机关进行刑事诉讼活动必须做到惩罚犯罪与保障人权并重，实体与程序并重，控诉与辩护并重，公正优先、追求效率。只有这样，才能保证刑事诉讼活动的顺利进行，保障刑事诉讼任务的全面完成。

（二）比较与借鉴的方法

要认识、了解某一事物，找出它的本质特征和内在规律，最有效的方法之一就是将它与其他事物进行比较，正所谓“有比较才有鉴别”。因此，比较的方法也是我们学习和研究刑事诉讼法学的基本方法。比较分为纵向比较和横向比较两种。所谓纵向比较，就是将历史上各种社会形态的刑事诉讼法进行比较，即把我国社会主义的刑事诉讼法与我国奴隶社会的刑事诉讼法、封建社会的刑事诉讼法以及近代中国半封建半殖民地社会的刑事诉讼法进行比较；所谓横向比较，是指将我国的刑事诉讼法与世界各国的刑事诉讼法进行比较。应当指出，近现代刑事诉讼法制是在18世纪西方资产阶级革命胜利后建立并进一步发展起来的，而我国直到19世纪后期通过学习西方才开始逐步建立起近现代刑事诉讼法制。时至今日，西方国家刑事诉讼法的许多理念和制度，如无罪推定、保障人权、正当程序、一事不再理、上诉不加刑以及陪审制度、辩护制度、非法证据排除规则等等，仍值得我们借鉴和吸收。因此，通过比较，学习和借鉴古今中外刑事诉讼制度的有益经验，必将有利于促进我国刑事诉讼制度的不断科学化和现代化，从而逐步形成有中国特色的社会主义刑事诉讼制度。

（三）理论联系实际的方法

刑事诉讼法学是一门应用性很强的学科，研究刑事诉讼法学的目的主要在于应用，即将刑事诉讼法应用于诉讼实践。因此，对刑事诉讼法学的研究和学习，必须坚持理论联系实际的方法，面向实际，注重实践。具体来说，应当做到：第一，深入进行调查研究，即应当认真调查刑事诉讼立法和司法的现状，总结刑事诉讼的实践经验，分析刑事诉讼中存在的问题和应当吸取的教训；第二，将研究和学习所获得的刑事诉讼基本知识和基本理论，通过观摩审判活动，组织模拟法庭，到公安司法机关、律师事务所实习和工作等实践活动，予以具体运用，与实际相结合，从而提高研究和学习的兴趣与积极性，使研究和学习更富有成效；第三，注意开展实证研究，例如，对人民陪审制度、审判监督制度、审判委员会制度、证人作证制度、司法鉴定制度、附带民事诉讼制度的实施情况进行调查研究，找出其存在的问题，分析产生问题的原因，并提出改进的思路与具体对策，从而真正理解刑事诉讼法律规范的实际意义和效用，做到学以致用，有的放矢。

(四)综合运用的方法

学习和研究刑事诉讼法学，最根本的目的在于能够运用刑事诉讼法的基本理论和具体规定去分析刑事诉讼案例，办理实际的刑事诉讼案件。例如，应当能够分析公安司法机关办理某个刑事案件的诉讼程序是否正确、合法，如果其办案程序不合法，那么应当接着弄清楚其诉讼活动违反了刑事诉讼法的哪一项基本原则或哪一项程序规定，具体应当如何纠正。又如，能够分析某个刑事案件发生后，该案件的刑事诉讼程序应当如何进行，包括：应当由哪个机关进行立案；如何进行侦查工作；应否对犯罪嫌疑人采取逮捕、拘留等强制措施；如何进行审查起诉工作；检察机关应当向哪个法院提起公诉；法院应当如何进行审判活动；经过死刑复核程序的，应当如何进行复核；判决生效后，如何进行该案判决的执行工作；等等。这就要求我们在学习和研究刑事诉讼法学的过程中，不仅要了解和掌握刑事诉讼法的基本概念、基本原理和法律条文，以及进行立案、侦查、起诉、审判和执行程序的条件和要求，而且必须做到前后衔接，融会贯通，举一反三，能够运用刑事诉讼法的基本原理和具体规定去分析和处理实际发生的刑事诉讼案例，提高我们发现问题、分析问题和解决问题的能力。

第三节　刑事诉讼的基本范畴

一、刑事诉讼目的

刑事诉讼目的在刑事诉讼的基本理论范畴中居于核心地位。刑事诉讼目的直接影响和制约着刑事诉讼的基本构造、职能以及具体制度和程序的设计。

刑事诉讼的目的，是指国家制定刑事诉讼法、进行刑事诉讼所期望达到的理想结果，它由立法者根据国家和社会的需要，并基于对刑事诉讼固有属性的认识进行预先设计。虽然具有一定的主观意志性，但并不是由立法者任意确定的，它要受到各个社会当时政治、经济、文化等条件的影响和制约。

刑事诉讼目的可以分为根本目的和直接目的两个层次。刑事诉讼的根本目的是维护国家宪政体制，建立符合统治阶级利益的社会秩序。这与法律的一般目的是一致的。刑事诉讼的直接目的表现为两个方面：一是国家通过刑事诉讼活动，要在准确、及时地查明案件事实的基础上对构成犯罪的被告人正确使用刑法，实现国家刑罚权，以有效地惩罚犯罪；二是国家在进行刑事诉讼过程中，又要依法保障诉讼参与人的诉讼权利，特别是保障与案件结果有直接利害关系的犯罪嫌疑人、被告人和被害人的诉讼权利的充分行使，维护他们的合法权益。简言之，刑事诉讼的直接目的就是惩罚犯罪与保障人权。

世界各国的刑事诉讼法学家对刑事诉讼两个方面的直接目的孰轻孰重，在认识上并不一致，主要有犯罪控制模式和法律正当程序模式两种理论。前者认为，惩罚犯罪是刑事诉讼最主要的目的，刑事诉讼程序的设计和取向，应当遵循惩罚犯罪的目标进行；在刑事诉讼程序中，诉讼参与人的权利特别是被告人的权利虽然也应当予以保障和尊重，但并非以此为主要目的。后者则认为，尊重个人自由和保障个人权利应当成为刑事诉讼的首要目标，在惩罚犯罪和保障人权的关系上，保障人权应当具有优先地位。一般地说，大陆法系国家的刑事诉讼法学家倾向于犯罪控制模式，而英美法系国家的刑事诉讼法学家则倾向于法律正当程序模式。

我国刑事诉讼法学家一般认为，实体公正与程序公正、惩罚犯罪与保障人权两个方面应当并重，不宜在直接目的的两个方面中确立一个绝对优越的价值标准。[①] 因为强调惩罚犯罪而忽视保障人权，很容易导致践踏法制、违反程序、刑讯逼供、滥捕滥诉、超期羁押，造成错案频发，最终既不能保障人权，也不能有效惩罚犯罪；反之，只强调保障人权而忽视惩罚犯罪，则很容易放纵犯罪，不仅社会秩序难以维护，而且社会成员的基本人权也得不到保障，这显然违背了刑事诉讼的根本目的。因此，只有将惩罚犯罪与保障人权两者结合起来，才符合刑事诉讼的内在规律，才能使刑事诉讼法真正符合国家、社会及一般社会成员的需要，也才能正确指导公安司法人员进行刑事诉讼活动，进而维护社会的和谐稳定与国家的长治久安。

应当指出，惩罚犯罪与保障人权既有统一的一面，也有矛盾冲突的一面。如对于公安司法人员采用刑讯逼供或者以威胁、引诱、欺骗，以及其他非法方法获得的证据是否应予排除，律师对于在执行职务过程中获知的犯罪嫌疑人、被告人所隐瞒的情况(包括犯罪情况)是否应当保密，对于证据不足的案件是否应当作无罪或罪轻的处理等，都关涉惩罚犯罪与保障人权的冲突。当两者发生冲突而无法兼顾时，应当采取权衡原则，综合考虑国家利益、社会利益和个人利益，权衡利弊得失，做出有利于实现刑事诉讼根本目的的选择。2017 年 9 月修订的《律师法》第 38 条第 2 款规定："律师对在执业活动中知悉的委托人和其他人不愿泄露的有关情况和信息，应当予以保密。但是，委托人或者其他人准备或者正在实施危害国家安全、公共安全以及严重危害他人人身安全的犯罪事实和信息除外。"这就较好地解决了惩罚犯罪与保障人权的冲突问题。

二、刑事诉讼价值

刑事诉讼的价值，是指刑事诉讼立法及其实施能够满足国家、社会及其成员的需要而具有的功能和效用。关于刑事诉讼价值的外延，目前法学界争论较大，但一般都认为

---

① 卞建林：《刑事诉讼法学》，法律出版社 1997 年版，第 36 页。

应当包括秩序、公正、效率和人权等内容。刑事诉讼价值源于哲学认识论中的价值概念，同时又充分体现了刑事诉讼的内在属性。

秩序在刑事诉讼价值中居于首要地位。刑事诉讼秩序主要体现在三个方面：(1)通过惩罚犯罪，维护社会秩序，即恢复被犯罪分子破坏的社会秩序以及防止社会秩序被犯罪分子所破坏；(2)追究犯罪的活动必须是有序的，即国家专门机关的权力运作必须规范化、有序化，不能因为追诉犯罪而破坏社会的正常秩序；(3)随着社会的文明和进步，追究犯罪的活动还必须具有文明性，禁止以野蛮、暴力的手段或者其他不文明的方式来进行刑事诉讼。对刑事诉讼秩序价值的肯定，不仅意味着对抑制犯罪行为、保持社会的和平与稳定的期盼，也体现为对社会文明与进步的追求。

公正在刑事诉讼中居于核心地位。刑事诉讼公正主要体现在以下几个方面：(1)控辩双方同为刑事诉讼主体，地位平等，应当保障双方的平等对抗，特别是应当充分保障犯罪嫌疑人、被告人的辩护权，使控辩双方的力量对比不致于失衡。(2)充分保障诉讼当事人和其他诉讼参与人对刑事诉讼的充分参与，公安司法机关应当承担告知义务，并为当事人和其他诉讼参与人行使诉讼权利提供方便；应当认真听取当事人以及辩护人和诉讼代理人的意见和建议；应当在双方当事人提出的证据和辩论的基础上作出裁判，并对作出裁判的根据进行充分的说明。(3)确保诉讼程序的公开性。诉讼公开不仅包括审判程序的公开，而且也包括审判前程序（如侦查程序、起诉程序）的公开；不仅应当向当事人和其他诉讼参与人公开，而且应当向社会公开，允许群众旁听，允许新闻记者采访和报道。(4)确保审判人员的中立性。审理案件的法官应当在双方当事人之间保持中立的地位，做到不偏不倚。如果法官同当事人有亲属或其他利害关系，或者与案件的处理结果有利害关系的，则应当回避。(5)确保诉讼活动的合法性。公安司法人员以及当事人和其他诉讼参与人必须严格遵守刑事诉讼法规定的诉讼程序。如有违反的情形，不仅所进行的诉讼活动归于无效，而且违法者应当承担相应的法律责任。(6)确保案件处理结果的正确性。公安司法机关在查明事实的基础上，应当正确适用刑事实体法的规定对案件作出恰当的处理，以使公平正义得到实现。

效率在刑事诉讼中居于举足轻重的地位。刑事诉讼效率主要体现为以下几个方面：(1)保证在刑事诉讼法规定的期限内完成诉讼行为，而且应当加快诉讼进程，在不违背法定诉讼期限的前提下，做到越快越好；(2)在必要的情况下，对犯罪嫌疑人、被告人依法适用强制措施，以保障刑事诉讼活动的顺利进行，防止因其逃避侦查、起诉或审判而造成诉讼的拖延；(3)基层人民法院对于案件事实清楚、证据充分、被告人认罪的案件，可以通过适用简易程序来提高诉讼效率；(4)切实遵守实体法和程序法的规定，努力做到客观公正，减少当事人对不起诉决定、一审裁判、生效裁判的不必要的上诉或申诉，以节省司法资源，提高诉讼效率。

人权在刑事诉讼中居于不可或缺的地位。刑事诉讼人权价值主要体现在以下几个方面：(1)确保犯罪嫌疑人、被告人的诉讼主体地位，赋予其充分的辩护权，贯彻疑罪从无的原则。(2)赋予被害人以当事人的地位，并扩大被害人的诉讼权利，加强对被害人的人权保障，创造条件建立刑事被害人国家补偿制度；完善刑事诉讼附带民事诉讼制度，使被害人的合法权益得到迅速有效的维护。(3)完善与规范各项强制措施的适用和变更,在采用刑事强制措施时切实贯彻必要性、适当性和有限性原则。(4)采取有力措施防止刑讯逼供、超期羁押、非法取证等违法情形的发生,以使犯罪嫌疑人、被告人的人权得到切实的保障。

刑事诉讼的秩序、公正、效率和人权等诸项价值相互依存,相互作用,相互制约,不可偏废。刑事诉讼秩序和人权的维护,有赖于刑事诉讼公正的实现和刑事诉讼效率的提高;而刑事诉讼公正的实现和刑事诉讼效率的提高,亦离不开对国家司法权力的监督和制约,离不开对犯罪嫌疑人、被告人、被害人人权的尊重和保障。迟来的正义为非正义,那种效率低下的诉讼往往会使公正丧失意义;但如果离开了公正,则所谓高效率的诉讼就会破坏秩序,浪费资源,侵犯人权,“欲速则不达”。

刑事诉讼秩序、公正、效率、人权价值是通过刑事诉讼法的制定和实施来实现的。一方面,刑事诉讼法保证刑法的实施,以实现秩序、公正、效率和人权价值,这称为刑事诉讼法的工具价值;另一方面,刑事诉讼法的制定和实施本身也体现着法律秩序、程序公正、追求效率和维护人权的价值,这称为刑事诉讼法的独立价值。因此,只有科学制定和正确适用刑事诉讼法,才能实现秩序、公正、效率和人权的刑事诉讼价值。

三、刑事诉讼结构

刑事诉讼结构,又称刑事诉讼形式、刑事诉讼构造,是指刑事诉讼法所确定的国家专门机关、诉讼参与人进行刑事诉讼的基本方式,以及他(它)们之间在刑事诉讼中形成的法律关系的基本格局,集中体现为控诉、辩护、审判三方在刑事诉讼中的地位及相互间的法律关系。

各国统治阶级总是基于实现一定刑事诉讼目的的需要,确立了有利于该目的实现的诉讼结构。从这一意义上讲,刑事诉讼结构是实现刑事诉讼目的的方式和手段,刑事诉讼目的决定刑事诉讼结构。另外,刑事诉讼目的的确定与实现,也必须以刑事诉讼结构本身所具有的功能为前提。很显然,不能靠行政程序的结构来实现刑事诉讼目的,也不能靠立法程序的结构来达到刑事诉讼目的。因此,刑事诉讼目的的确定与实现,又受到刑事诉讼结构的制约。某个国家特定时期的刑事诉讼目的与结构有其内在的一致性,它们都受到当时占主导地位的关于刑事诉讼的法律价值观的深刻影响。

刑事诉讼的理论研究表明,人类历史上曾出现过两种类型的诉讼结构,即弹劾式诉讼和纠问式诉讼,而西方资本主义国家的刑事诉讼结构主要有大陆法系国家的职权主义诉讼(又称审问式诉讼)和英美法系国家的当事人主义诉讼(又称对抗式诉讼)两种模式。

弹劾式诉讼主要实行于古罗马共和国时期、欧洲日耳曼法(法兰克王国)及英国的封建时期。其主要特征为:没有国家追诉机关,诉讼完全由被害人或者其他人提起;没有原告就没有法官,只有原告起诉后,法官才能受理并进行审判;传唤被告一般由原告负责;原告和被告双方的诉讼地位平等并在诉讼中居于主导地位,法官仅以仲裁者的身份听取原告和被告的诉讼主张、证据及辩论,并据此作出判决。对于疑难案件,则采取神明裁判、决斗等方式解决。

纠问式诉讼主要实行于中世纪欧洲大陆国家的君主专制时期和我国的封建社会。其主要特征为：法官集侦查、控诉、审判职能于一身，即使没有被害人或者其他人的控告，法官也可以根据职权主动追究犯罪；侦查和审判活动秘密进行；刑讯逼供合法化、制度化，不仅对被告人广泛采用刑讯，而且对原告和证人也可以刑讯。在证据的运用上，欧洲君主专制国家实行法定证据制度，我国封建社会则实行“五声听狱讼”，主要由法官个人决断。在这种诉讼结构中，无论原告还是被告都不具有现代意义上的当事人的诉讼地位，原告只是提供线索、引起诉讼的人，被告在诉讼中只是被拷问、被追究的对象，不享有任何诉讼权利。

在进入资本主义社会以后，西方国家实行了不同于以往的诉讼结构。其中，以法国、德国为代表的大陆法系国家实行职权主义的诉讼结构，而以英国、美国为代表的英美法系国家则实行当事人主义的诉讼结构。职权主义诉讼是在对纠问式诉讼进行根本改革，并在吸收了弹劾式诉讼某些因素的基础上形成的。其主要特征为：在侦查阶段，控诉、辩护双方处于不平等的地位；法律赋予侦查机关主动追究犯罪的权力；普遍允许辩护律师参与侦查程序，并赋予犯罪嫌疑人以沉默权，但辩护一方在侦查程序中的权利仍受到较多的限制，难以与控诉一方相抗衡。在审判阶段，一方面实行控诉和辩护双方辩论，另一方面强调法官在审理案件时的主导作用。为查明案件事实真相，法官可以依职权主动讯问被告人，询问证人，并在必要时采取调查措施，而当事人则处于受指挥的相对被动地位。当事人主义诉讼则因为受历史传统的影响，具有与弹劾式诉讼相类似的某些特点：在侦查阶段，侦查机关和犯罪嫌疑人都属于当事人，双方地位平等，辩护一方拥有较多的诉讼权利，且侦查活动相对公开透明；在审判阶段，强调控辩双方的平等地位和平等对抗，控辩双方通过举证和交叉询问推动诉讼程序的进行，法官则处于消极仲裁者的地位，在控辩双方充分举证、质证和辩论的基础上作出裁判。

值得一提的是，自 20 世纪 40 年代以来，职权主义和当事人主义的两大诉讼结构出现了加速融合、相互吸收的发展趋势，其中尤以大陆法系国家采纳英美法系国家当事人主义诉讼的诸多合理因素最为明显。例如，日本在第二次世界大战后修改了刑事诉讼法，意大利在 1988 年制定了新刑事诉讼法，它们在职权主义的框架内移植了当事人诉讼结构的因素，形成了一种新的折中式（或称混合式）的诉讼结构。

改革开放以来，我国法学界对诉讼结构的研究取得了重要进展，先后提出了“正三角形结构”“倒三角形结构”“线形结构”“双重结构”等理论。所谓“正三角形结构”，是指作为双方当事人的原、被告平等对立，法官作为第三方居于其上，公正裁判，解决当事人双方之间的纠纷。所谓“倒三角形结构”，是指控诉、裁判职能居于倒三角形的两个顶端，被告人居于倒三角形的底端，处于被追究、被审判的地位。所谓“线形结构”，是将诉讼视为一种“双方组合”，一方为整体的国家专门机关，另一方为犯罪嫌疑人、被告人，诉讼程序主要由国家专门机关积极推进；在这种结构下，侦查、控诉、审判三机关虽然职能不同，但目标一致，彼此协作，使整个刑事诉讼就如同工厂生产线，流水作业，而呈现为“线形”。所谓“双重结构”，是指在现代刑事诉讼中，控辩审三方组合，构成刑事诉讼的基本支点，随着诉讼活动的展开，既形成“正三角形结构”，又形成“线形结构”。

关于我国刑事诉讼结构的类型，应当说，1996 年第一次修改刑事诉讼法之前主要属于职权主义诉讼，即在侦查阶段，控辩双方地位不平等，不允许律师参与侦查程序，侦查活动具有很强的秘密性；在审判阶段，法官对检察机关提起公诉的案件进行实体审查，在庭审中居于主导地位，指挥诉讼活动的进行，负责审问被告人、询问证人、鉴定人，出示证据，甚至可以采取调查措施，等等。1996 年、2012 年、2018 年我国先后对刑事诉讼法进行了重大修改，吸收了当事人主义的许多合理因素，如允许犯罪嫌疑人在侦查阶段委托律师担任辩护人，允许犯罪嫌疑人在起诉阶段委托律师、人民团体或其所在单位推荐的人或其监护人、亲友担任辩护人，将法官对公诉案件的实体审查改为程序性审查，庭审中对被告人、证人、鉴定人主要由控辩双方进行交叉询问，法官只在必要时进行讯问或询问。由此可见，我国的刑事诉讼既不是单纯的职权主义诉讼结构，也没有完全照搬当事人主义诉讼结构，而是具有自己的特点，如规定人民法院、人民检察院、公安机关进行刑事诉讼，应当分工负责、互相配合、互相制约；人民检察院作为公诉机关不是一方当事人；人民检察院在刑事诉讼中既享有公诉权、侦查权，又享有法律监督权；侦查机关有权实施强制性处分；判处死刑的案件必须经过死刑复核程序；等等。当然，我国的刑事诉讼结构还有不够完善的地方，如对侦查活动缺乏有力的监督，法官的独立性、中立性缺乏应有的保障，犯罪嫌疑人、被告人的辩护权未能得到充分行使，审与判相脱节的现象比较严重，等等。这就需要我们既要考虑我国的实际情况，又要大胆吸收、借鉴西方国家的有益经验，特别是要贯彻“诉讼”结构本身所要求的理念和原则（包括控、审分离，控辩平衡和审判中立），以使我国的刑事诉讼结构更加科学、合理，进而更加有利于实现我国刑事诉讼的目的。

四、刑事诉讼职能

刑事诉讼职能，是指根据法律规定，国家专门机关和诉讼参与人在刑事诉讼中所承担的职责、具有的作用和功能。刑事诉讼参与者所承担的诉讼职能，与其在诉讼中的法律地位和参与诉讼的目的有着十分密切的关系。为了使国家专门机关和诉讼参与人能够履行或实现法律规定的刑事诉讼职能，刑事诉讼法相应地赋予其一定的权限或诉讼权利。

诉讼理论通说认为，刑事诉讼具有控诉、辩护、审判三种基本职能，这被称为“三职能说”。其中，控诉职能，是指向法院起诉并出庭支持起诉，要求追究被告人因其犯罪行为所应承担的刑事责任，该职能由国家追诉机关和被害人行使；辩护职能是指根据事实和法律，提出对被控诉人有利的材料和理由，维护被控诉人的合法权益，该职能由犯罪嫌疑人、被告人及其辩护人行使；审判职能，是指通过审理确定被告人是否犯有被指控的罪行、应否受到处罚以及应处以何种刑罚，该职能由法院行使。“三职能说”认为，由于侦查是公诉的必要准备，是追诉活动的组成部分，因而广义上可以将侦查视为行使控诉职能。控诉、辩护、审判三种基本职能互相联系，互相促进，彼此制约，构成了刑事诉讼活动的主要内容和基本表现形式。

控诉、辩护、审判三种基本职能的划分及为保障这种划分而确立的控审分离和控辩平衡原则，已成为现代刑事诉讼的重要理念和基本特征。由于历史及民族传统和政治、经济、文化的差异，不同国家的法律关于各项基本职能承担者的确定及其诉讼地位、相互关系和不同诉讼职能的发挥程度可能会有所差异，从而形成了不同类型的诉讼结构。因此，这三种基本诉讼职能之间的相互关系，是我们研究不同的刑事诉讼结构及其在运行机制方面特点的基本着眼点，也是我们考察各诉讼参与者在诉讼中的法律地位以及相应的权利与义务，进而采取措施保障刑事诉讼顺利进行的主要环节。

在我国，有的学者主张“四职能说”（侦查、控诉、辩护、审判），有的主张“五职能说”（侦查、控诉、辩护、审判、监督），也有的主张“七职能说”（侦查、控诉、辩护、审判、执行、协助诉讼、诉讼监督）。[①] 上述观点的主要理由是，三职能说是以审判中心论为背景的，随着刑事司法领域分工的日益细化、分权学说的影响、人权思想的发展、监督意识的加强以及适应与犯罪做斗争的需要，诉讼职能不断分化、发展和整合，传统的审判中心论已经为诉讼阶段论所取代。特别是在我国，侦查、执行程序均已成为独立的诉讼阶段，侦查职能与控诉职能的划分日益明显，执行程序亦具有诉讼性质，故此，侦查、执行均应作为独立的诉讼职能；根据法律规定，我国检察机关不仅是公诉机关，还是国家法律监督机关，依法对刑事诉讼实行法律监督，因此，诉讼监督应当成为我国刑事诉讼新的职能之一；与诉讼结果无利害关系的诉讼参与人站在客观公正的立场协助公安司法机关进行刑事诉讼，这种协助诉讼的职能是特定的，是其他职能无法代替的，因而也应成为一种独立的诉讼职能。尽管上述理由不无道理之处，但我们认为，刑事诉讼的基本职能只能是三种，即控诉、辩护和审判。

五、刑事诉讼阶段

刑事诉讼是按照法定的顺序、程序、步骤解决犯罪嫌疑人、被告人的刑事责任问题的连续过程。在刑事诉讼过程中按照法定程序进行的相对独立而又互相联系的各个组成部分，即为刑事诉讼阶段。

将统一的刑事诉讼过程区分为不同的诉讼阶段，这是社会发展和诉讼经验不断积累的结果。古代弹劾式诉讼建立在以私人追诉为原则的基础之上，诉讼过程集中表现为法庭审判，因而不存在侦查、起诉、审判等诉讼阶段的划分。在封建社会的纠问式诉讼中，法官集侦查、起诉、审判等多种诉讼职能于一身，特别是控诉与审判职能不分，往往是追究活动与审判活动合并进行。在这种情况下，侦查、起诉、审判等诉讼阶段均不能独立存在。近代以来，随着控诉职能与审判职能的分离，侦查、起诉等活动不再由法官负责进行，而由专门的警察机关或检察机关进行。这样，在刑事诉讼中就明显地出现了侦查、起诉和审判三大诉讼阶段的划分。各国刑事诉讼发展到今天，大体上都区分为侦查、起诉、审判、上诉和执行五个独立的阶段；在英美法系国家，其刑事诉讼又可划分为审判前阶段、审判阶段和判决后的上诉阶段。

我国刑事诉讼法受苏联法律和法学理论的影响，将“立案”作为一个独立的诉讼阶

---

① 陈卫东：《谈谈刑事诉讼职能》，《法学杂志》1990 年第 3 期；樊崇义：《刑事诉讼法学》，中国政法大学出版社 1996 年版，第 40 页。

段，把公诉案件的诉讼活动划分为立案、侦查、起诉、审判和执行五个阶段。与西方国家不同的是，我国不把"上诉"作为一个与侦查、审判并列的独立诉讼阶段，而是把它视为审判阶段的一个具体程序。

刑事诉讼的各个阶段之间存在着十分密切的联系。在诉讼阶段之间的关系问题上，法学界形成了"审判中心论"和"诉讼阶段论"两种主张。前者认为，审判阶段是刑事诉讼活动的中心。因为只有在这个阶段，控诉、辩护、审判三方组合关系才能得到集中的体现，被告人的刑事责任问题（也就是刑事诉讼的核心问题）才能得到最终的确定；侦查、起诉等审判前程序不过是审判的准备阶段，它们的合法性和有效性要通过审判程序加以确认；执行阶段旨在实现法院裁判所确定的内容，可视为审判程序的向后延伸阶段。后者则将立案、侦查、起诉、审判、执行视为平行的诉讼阶段，它们各自有其相对独立的诉讼任务，相互之间形成配合、制约的关系，各个诉讼阶段都是发挥诉讼整体功能的组成部分，对于刑事诉讼目的的实现具有同等重要的作用。应当说，这两种主张都有一定的道理，但亦不宜加以绝对化。

此外，刑事诉讼阶段与各个阶段的具体程序既有联系也有区别。刑事诉讼阶段由于其特定参与者和特定的任务等因素而使其在整个刑事诉讼过程中具有相当的独立性。例如，立案阶段决定是否开始追究刑事责任；侦查阶段调查、收集证据，查明犯罪事实，查获犯罪嫌疑人；起诉阶段决定是否对某一犯罪嫌疑人向法院提出指控；审判阶段审理查明犯罪事实并确定被告人是否犯有被指控的罪行和应否受到刑罚惩罚；执行阶段则实现生效裁判所确定的内容。各个阶段的具体诉讼程序，是指为完成该阶段的特定任务而实施一定的诉讼行为所应遵循的步骤和方式，如立案阶段要经过对立案材料的接受、立案审查和作出是否立案的决定等程序，审判阶段要经过开庭、法庭调查、法庭辩论、被告人最后陈述、评议和宣判等程序。诉讼阶段受具体诉讼程序的制约，具体诉讼程序应着眼于所在诉讼阶段确定的诉讼任务。

六、刑事诉讼主体

刑事诉讼主体，是指所有参与刑事诉讼活动，在刑事诉讼中享有一定权利、承担一定义务的国家专门机关和诉讼参与人。其中承担基本诉讼职能的专门机关和当事人是主要的诉讼主体，其他诉讼参与人是一般诉讼主体。[①] 刑事诉讼主体的研究在刑事诉讼法学基本理论中居于重要地位，它对于明确各专门机关和诉讼参与人的诉讼地位以及各自的权利和义务，完善诉讼结构，正确解决诉讼客体，均具有重要的意义。

刑事诉讼主体说是由资产阶级法学家首先提出的。他们认为，作为诉讼前提的是两个主体之间的争议，法庭则承认两个相互对立的主张中的某一个为正当并作出裁判；诉讼实际上是法官、检察官、被告人之间持续性的交涉过程，如果没有这些主体，那么诉讼就不可能成立。在这个意义上，把三者称为诉讼主体。诉讼主体说的提出，是诉讼理论

---

① 陈光中、徐静村：《刑事诉讼法学》，中国政法大学出版社 1999 年版，第 56 页。

的重大发展，它将诉讼职能、诉讼权利保障、诉讼公正等纳入了诉讼理论的研究范畴。特别是根据诉讼主体说，犯罪嫌疑人、被告人在刑事诉讼中是享有辩护权等法定诉讼权利的诉讼主体，而不能被当作诉讼客体，更不能被单纯地当作追诉的对象对其实施刑讯逼供。作为诉讼主体，犯罪嫌疑人、被告人应当拥有诉讼程序上的基本人权；进行刑事诉讼的国家专门机关应当尊重和保障犯罪嫌疑人、被告人的各项诉讼权利，并为这些权利的实现提供必要的条件和帮助。

随着刑事诉讼的不断发展，在一些国家和地区，刑事诉讼主体已开始成为一个法律概念。例如，意大利刑事诉讼法和我国澳门特别行政区刑事诉讼法均设有专门的篇章规定诉讼主体。其中，《意大利刑事诉讼法典》第一编规定的诉讼主体包括法官、公诉人、司法警察、被告人、民事诉讼当事人、被害人和辩护人；我国澳门特别行政区刑事诉讼法规定的诉讼主体包括法官、检察院、刑事警察机关、嫌犯及其辩护人、辅助人和民事当事人。值得注意的是，这两部法典对刑事诉讼主体范围的界定基本一致。

根据我国《刑事诉讼法》第 3 条、第 108 条的规定，我国刑事诉讼主体可以分为三大类：第一类是在刑事诉讼中代表国家行使侦查权、起诉权、审判权、刑罚执行权的国家专门机关，包括公安机关、监察机关、国家安全机关、人民检察院、人民法院和监狱；第二类是直接影响诉讼进程并且与诉讼结果有直接利害关系的当事人，包括被害人、自诉人、犯罪嫌疑人、被告人、附带民事诉讼的原告人和被告人；第三类是协助国家专门机关和诉讼当事人进行诉讼活动的其他诉讼参与人，包括法定代理人、诉讼代理人、辩护人、证人、鉴定人和翻译人员，他们也是进行刑事诉讼所必不可少的主体。其中，国家专门机关和当事人依法承担控诉、辩护、审判三种基本职能，它们相互依赖，彼此制约，推动诉讼程序的进行，是主要的诉讼主体；其他诉讼参与人协助国家专门机关和当事人进行刑事诉讼活动，是一般诉讼主体。

需要指出的是，有学者认为，应当区分刑事诉讼主体和刑事诉讼法律关系主体。在他们看来，刑事诉讼主体，仅指在刑事诉讼中，具有独立诉讼地位并承担相应诉讼职能，对诉讼程序的开始、发展和结束起决定性作用和影响的国家专门机关和当事人；而刑事诉讼法律关系主体则是指刑事诉讼程序的所有参与者，即在刑事诉讼中进行诉讼活动，依法享有一定的诉讼权利、承担一定的诉讼义务的机关和个人。我们认为，将刑事诉讼主体和刑事诉讼法律关系主体做上述划分，其实际意义不大；同时，将辩护人、证人、鉴定人等排除在刑事诉讼主体之外，不利于落实其主体地位，保障其权利义务的落实，也不利于发挥其对实现刑事诉讼目的的积极作用。目前，辩护人行使诉讼权利和证人、鉴定人出庭作证均缺乏有效保障，这与长期以来辩护人、证人、鉴定人诉讼主体地位的缺失不能说没有关系，应当引起高度重视。

七、刑事诉讼客体

刑事诉讼客体，是指刑事诉讼主体实施诉讼行为、进行刑事诉讼活动所指向的对象。刑事诉讼主体的活动围绕一定的诉讼客体进行，离开了诉讼客体，诉讼主体的活动也就失去了目标和对象。

刑事诉讼客体具体包括刑事诉讼中所要查明的案件事实和通过刑事诉讼活动所要确定的犯罪嫌疑人、被告人的刑事责任。刑事诉讼本身是一种主观见之于客观的认识活动，这里，认识主体也是诉讼主体，认识客体也是诉讼客体。刑事诉讼始终围绕着查明案件事实进行，案件事实是诉讼主体认识活动所指向的对象即刑事诉讼的客体，这是没有任何疑问的；之所以要将犯罪嫌疑人、被告人的刑事责任问题也作为刑事诉讼客体，是因为刑事诉讼主体进行刑事诉讼活动所指向的目标不仅包括案件实体本身，而且还必然涉及对案件事实的法律评价，其中最主要的是根据案件事实确定被告人刑事责任的有无及大小。

在我国台湾地区，有学者认为，刑事诉讼客体是指刑事诉讼实施的对象即具体的刑事案件，而刑事案件可以分为侦查案件和起诉案件两种。其基本构成要素有两个：一是涉嫌犯罪之人；二是待判定之犯罪事实。也就是说，刑事诉讼以特定人之特定犯罪事实为其对象。起诉案件应当审查单一性和同一性。所谓单一性，是指刑事诉讼中进行起诉和审判的案件，为单纯的一个不可分割的案件，对该案件只能行使一个处罚权，进行一次裁判，一旦经判决确定，便不能再作为诉讼客体；所谓同一性，是指在不同诉讼中，被告人同一和犯罪事实同一。根据一事不再理的原则，对于同一案件，应确保其不受重复起诉和二重判决。故法院受理刑事案件后，应当对案件是否具有同一性进行审查。在同一诉讼（即一诉）中，起诉之效力及审判之范围如何，应视案件是否具有单一性而定；在不同诉讼（即数诉）中，因诉讼关系先后发生，该案件是否已被起诉、是否已判决确定，应视案件是否具有同一性而定。[①]

在我国大陆地区，诉讼理论认为，法院审判的范围应当受到起诉范围的限制；同一案件，如已被起诉或已经判决确定，不得重复起诉，除非原判决确有错误而依照审判监督程序再审外，不得再次判决。[②]

刑事诉讼客体与刑事诉讼主体、刑事诉讼职能之间有着十分密切的联系，即在刑事诉讼中，诉讼主体承担相应的诉讼职能，并认识和解决诉讼客体。因此，研究诉讼客体，不仅可以深化对刑事诉讼基本原理的认识，而且对于明确起诉效力和审判范围，保持生效判决所确定的法律关系的稳定性，维护当事人的合法权益，实现刑事诉讼的目的，都具有十分重要的作用。

思考与训练

一、案例分析

2003 年 5 月 19 日，浙江省杭州市公安局西湖区分局刑警大队接到群众报警称，当日上午 10 时许，在西湖区留下镇留泗路东穆坞村路段水沟内发现一具赤裸女尸。经查，张

① 蔡墩铭：《刑事诉讼法论》，中国台湾五南图书出版公司 1993 年版，第 102—107 页。

② 宋英辉：《刑事诉讼法学》，中国人民大学出版社 2007 年版，第 37 页。

辉(男,1976年11月15日出生,汉族,住安徽省歙县徽城镇七川村七二组18号。2000年11月29日因犯寻衅滋事罪被判处有期徒刑一年六个月)、张高平(男,1965年9月28日出生,汉族,住安徽省歙县徽城镇七川村七二组19号)有重大犯罪嫌疑。同年5月23日,杭州市公安局西湖区分局刑警大队对张辉、张高平刑事拘留,后张辉于5月28日、张高平于6月18日先后供述了强奸杀人的作案经过,案件告破。

2004年2月,杭州市人民检察院以张辉、张高平犯强奸罪向杭州市中级人民法院提起公诉。杭州市中级人民法院指定一名审判员(担任审判长)、二名陪审员组成合议庭,对该案进行审理后认定:2003年5月18日晚9时许,张辉、张高平(张辉之叔)驾驶皖J·11260解放牌货车送货去上海,途中经过安徽省歙县竹铺镇非典检查站时,遇要求搭车的同县女青年王冬(女,1985年12月24日出生,汉族,安徽省歙县杞梓里镇杞梓里村人),张高平同意将王捎带至杭州市。当晚12时左右,该车到达临安市昌化镇停车休息片刻,于次日凌晨1时30分到达杭州市天目山路汽车西站附近,王冬借用张高平的手机打电话给朋友周荣箭要求其前来接人,周荣箭让王冬自己打的到钱江三桥后再与其联系。张辉见此遂起奸淫王冬的邪念,并将意图告诉张高平后,驾车调头驶至杭州市西湖区留下镇留泗路东穆坞村路段僻静处停下,在驾驶室内对王冬实施强奸。王冬挣扎,张高平即应张辉要求按住王冬的腿,尔后张辉采用掐颈等暴力手段对王冬实施奸淫,并致王冬因机械性窒息死亡。随后,张辉、张高平将被害人尸体抛于路边溪沟,并在开车逃离途中将被害人所携带的背包等物丢弃。

杭州市中级人民法院一审认为,被告人张辉因被害人孤立无援而产生奸淫之念,并与被告人张高平沟通后,采用掐颈等暴力手段,对王冬实施强奸并致其窒息死亡,两被告人的行为均已构成强奸罪,公诉机关指控的罪名成立。张辉刑满释放后五年内又犯本罪构成累犯,应依法从重处罚。两被告人的犯罪行为给附带民事诉讼原告人造成的经济损失,其合理合法部分应予以赔偿,遂于2004年4月21日作出(2004)杭刑初字第36号刑事附带民事判决:(1)被告人张辉犯强奸罪,判处死刑,剥夺政治权利终身;(2)被告人张高平犯强奸罪,判处无期徒刑,剥夺政治权利终身;(3)被告人张辉、张高平各赔偿附带民事诉讼原告人经济损失人民币5000元,互负连带责任。两被告人不服,向浙江省高级人民法院提出上诉。

浙江省高级人民法院按照二审程序审理后认为,本案与死刑案件办成"铁案"还有距离。鉴于本案的具体情况,张辉尚不属必须立即执行死刑的罪犯,遂于2004年10月19日作出(2004)浙刑一终字第189号刑事附带民事判决:(1)驳回附带民事诉讼原告人王朋里、吴玳君(被害人王冬父母)的上诉;(2)撤销一审判决中的量刑部分,维持判决的其他部分;(3)被告人张辉犯强奸罪,判处死刑,缓期2年执行,剥夺政治权利终身;(4)被告人张高平犯强奸罪,判处有期徒刑15年,剥夺政治权利5年。

浙江省高级人民法院在对该案按照死刑复核程序进行复核后,张辉、张高平分别被送往浙江省第三监狱和第四监狱服刑。两年后,张辉被浙江省高级人民法院减为无期徒刑,剥夺政治权利终身。后张辉、张高平分别被调遣至新疆生产建设兵团库尔勒监狱、石河子监狱服刑。在服刑期间,张辉被减刑两次,张高平因否认犯罪而拒绝减刑。

张辉之父、张高平之兄张高发不服原判,以张辉、张高平是冤枉的以及科学的DNA

鉴定反映，不能排除其他人致死王冬等为由，向浙江省高级人民法院提出申诉，两被告人家属也到省高级人民法院上访。该院窗口接待人员每次均给予认真接待和登记，认为该案有诸多疑点，便借2010年的信访积案大排查活动之机，进行调卷审查，但鉴于当时并无新证据出现，很难对该案予以再审。2012年初，该院畅通刑事案件申诉复查渠道，将该案列入首批重点案件复查范围，并于2月27日立案复查。复查期间，合议庭做了大量的阅卷调查核实工作，尤其是在6月29日获悉杭州市公安局有关DNA比对结论新证据后，合议庭快速开展工作，先后两次走访杭州市公安局刑侦支队、三次走访杭州市委政法委，调取有关材料，积极与省、市有关司法机关沟通协调，多次走访技术鉴定专家，调查“狱侦耳目”，赴杭州市出租汽车管理处、安徽省歙县被害人家、河南省高级人民法院、鹤壁市中级人民法院等地调查，还到新疆提审了张辉、张高平。2013年1月19日，浙江省高级人民法院将张辉、张高平从新疆换押至浙江省乔司监狱。

2013年2月5日，浙江省高级人民法院审判委员会对该案进行讨论，认为该案出现了新的犯罪嫌疑人勾海峰，该案使用“狱侦耳目”不当，原审被告人有罪供述的客观性、真实性存疑等情形，申诉人张高发的申诉符合2012年《刑事诉讼法》第242条、第243条第1款之规定，决定对该案另行组成合议庭进行再审，并于次日作出(2012)浙刑申字第20号再审决定书。

2013年3月20日，合议庭在乔司监狱依法不公开开庭审理了该案。在庭审中，原审被告人张辉、张高平及其辩护人均提出，根据再审阶段的新证据相关DNA鉴定，排除张辉和张高平作案，不能排除有其他人致死王冬；两原审被告人在被刑事拘留后长时间被非法关押；原一、二审法院认定张辉、张高平犯罪的事实，主要证据是两人的有罪供述，但两人的供述包括指认现场的笔录系侦查机关采用刑讯逼供等非法方法收集，公安机关对其收集证据的合法性至今未提供充分的证据予以证明，应依法予以排除；侦查机关还违法指使同监犯袁某某采用暴力、威胁等方法参与案件侦查，协助公安机关获取张辉有罪供述，同时又以该同监犯的证言作为证据，直接炮制了该起冤案，遂要求依法改判张辉、张高平无罪。

出庭检察员认为，该案没有证明原审被告人张辉、张高平强奸杀人的客观性直接证据，间接证据极不完整，缺乏对主要案件事实的同一证明力，没有形成有效的证据链；重要的技术鉴定不能排除勾海峰作案的可能；公安机关在侦查本案时，侦查程序不合法，相关侦查行为的一些方面确实存在不规范或个别侦查人员的行为存在不文明的情况，不能排除公安机关在侦查过程中有以非法方法获取证据的一些情形；该案定案的主要证据两原审被告人的有罪供述，依法不能作为定案的依据。因此应宣告两原审被告人无罪。

经再审查明，原判认定2003年5月18日晚9时许，被害人王冬经他人介绍搭乘张辉、张高平驾驶去上海送货的皖J·11260解放牌货车，途经临安市昌化镇，5月19日凌晨1时30分到达杭州市天目山路汽车西站附近，同日上午被人发现遇害，尸体被抛至杭州市西湖区留下镇留泗路东穆坞村路段路边溪沟的事实清楚。但原判认定原审被告人张辉、张高平犯强奸罪的证据，经查证不实。

1. 有新的证据证明，本案不能排除勾海峰杀害被害人王冬的可能。

根据杭州市公安局2003年6月23日作出的《法医学DNA检验报告》，所提取的被害人王冬8个指甲末端检出混合DNA谱带，可由死者王冬和一名男性的DNA谱带混合形成，排除张辉、张高平与王冬混合形成的情形。

杭州市公安局于2011年11月22日将王冬8个指甲末端擦拭滤纸上分离出来一名男性的DNA分型与数据库进行比对时，发现与勾海峰DNA分型七个位点存在吻合的情况，遂将此结果送公安部物证鉴定中心再次进行鉴定。2011年12月6日该中心出具的《物证鉴定查询比对报告》表明，经查询比对，王冬8个指甲末端擦拭滤纸上的DNA检出的混合STR分型中包含勾海峰的STR分型。根据对公安部物证鉴定中心和上海司法部司法鉴定中心等有关专家的调查走访，目前对混合DNA鉴定结果有三种，分别为包含(也就是不排除)、排除、得不出结论。DNA鉴定的位点，当时的技术做到7个位点已经很不错了，DNA有7个以上位点同一，基本上可以确定犯罪嫌疑人。杭州市公安局对相关样本和数据保存得比较好，被害人王冬8个指甲末端擦拭滤纸上的混合STR分型和勾海峰的STR分型质量都比较高，均达到1000以上峰值，图谱显示非常清晰。该局对王冬8个手指中混合DNA分型与勾海峰DNA分型的似然率进行过计算，似然率达10^{-10}。本案分析出来的数据显示，在这么多人中只对上了勾海峰一个人，可能性和概率还是非常大的。上述鉴定意见具有科学依据，符合客观性的要求。此外，本案作案手段与勾海峰杀害吴晶晶的手段基本相似。由于出现的新证据显示，勾海峰在本案中具有重大作案嫌疑，这使得本案定案的根基发生了根本性动摇。

罪犯勾海峰是吉林省汪清县人，2002年12月4日开始在杭州市从事出租汽车司机工作。2005年1月8日晚7时30分许，其利用驾驶出租汽车的便利，采用扼颈等手段将乘坐其出租汽车的浙江大学城市学院学生吴晶晶杀死并窃取吴随身携带的财物。2005年4月22日，勾海峰因犯故意杀人罪、盗窃罪被终审判处并核准死刑，剥夺政治权利终身，并处罚金人民币1000元，于同月27日被执行死刑。

2.原判据以认定案件事实的主要证据不能作为定案依据，依法应予排除。

原判认定原审被告人张辉、张高平强奸的事实，主要依据两原审被告人有罪供述与现场勘查笔录、尸体检验报告反映的情况基本相符来定案。经再审庭审查明，公安机关审讯张辉、张高平的笔录、录像及相关证据证明，该案不能排除公安机关存在以非法方法收集证据的情形。

(1)存在对犯罪嫌疑人不在规定的羁押场所关押、审讯的情况。原审被告人张辉、张高平均于2003年5月23日被刑事拘留，后张辉于5月29日送往杭州市拱墅区看守所羁押，张高平于5月30日送往浙江省看守所羁押。在这六七天时间里，两原审被告人均被关押在杭州市西湖区公安分局的办公室里进行审讯，违反公安部分别于1991年10月5日、1998年5月14日公布施行的《公安机关办理刑事案件程序规定》和《中华人民共和国看守所条例实施办法(试行)》的规定。

(2)本案使用“狱侦耳目”作为侦查手段，使原审被告人有罪供述的真实性、客观性存疑。原审被告人张辉被关押在杭州市西湖区公安分局期间，至2003年5月28日、29日作了有罪供述，即第4份(5月28日)和第5份(5月29日)笔录。但其这两次供述均存在反复，且供述的一些细节与现场勘查笔录存在矛盾。在其5月29日羁押至杭州市拱墅区看守所“狱侦耳目”袁某某介入之后，张辉此后的有罪供述趋于稳定，上述的矛盾之处逐渐消除。原审被告人张高平2003年5月30日进入浙江省看守所羁押（张高平尚未作有罪供述），7月10日离开该所。张高平的首次有罪供认，出现在其于2003年6月17日书写的自书笔录中，首份有罪供述的讯问笔录是6月18日，此后从6月18日至6月28日还有四份有罪供述的讯问笔录，张高平有罪供述的细节逐渐与现场勘查笔录、尸体检验报告等客观证据所反映的情况相吻合。张辉、张高平反映：当其说没有犯罪不会写交代材料时，“老大”就说帮其写，写好以后叫其抄，其不肯抄，“老大”就打其，“老大”对事情经过非常清楚，经“老大”教后其有罪供述就越来越详细了。张辉还称，指认现场时，就是按照袁某某先前画好的路线图去指认的。袁连芳在本案中所实施的贴靠手法与其在河南鹤壁马廷新案件中所实施的行为非常相似。

（3）原审被告人张辉、张高平在侦查阶段从不承认犯罪，到承认犯罪，又否定犯罪多次反复，到检察机关审查起诉阶段和一、二审审理时全面翻供，均认为以前的有罪供述系遭到刑讯逼供、诱供所致。讯问笔录和两张的审讯录像显示，侦查人员在审讯过程中存在“先入为主”，以威胁、引诱、欺骗以及其他非法方法收集证据的迹象。原审被告人张辉于2003年5月28日首次供认有罪的审讯录像并非全程录像，中间有两段中断，分别有一个多小时的中断和三个多小时的空白；录像反映，16时23分，当其中一名侦查人员问张辉，右眼下鼻梁右侧伤痕怎么回事时，张辉用手指着摄像机后面的人讲，是昨晚这个人打的，录像显示张辉右眼眶似有淤青，在场审讯人员没有反驳和否认。本案再审阶段，杭州市西湖区公安分局向浙江省检察院出具的书面报告中承认，对审讯录像上显示张辉脸上的伤疤，何时形成、如何形成无法查清。在两张的审讯录像中，两人均出现极度疲惫的状态。

（4）根据张辉的供述和省检察院对西湖区公安分局有关人员的调查反映，张辉先后被安排三次进行现场辨认。前两次辨认既没有录像也没有制作辨认笔录，更看不出有没有请见证人。2003年6月11日第三次现场辨认，镜头切换频繁没有连续性，且只有录像没有声音，从录像中无法看出是张辉指引侦查人员进行现场辨认，且此次辨认也没有单独制作辨认笔录，而只是在当天辨认回来后的审讯笔录中有辨认情况记录，辨认也没有见证人。对于张高平6月19日指认现场，公安机关虽然邀请人大代表金明亮、章玲华参与见证，而且辨认后公安机关还对金明亮制作询问笔录，证实当天是犯罪嫌疑人指引民警开车到达作案现场及抛尸现场。但两见证人在接受一审承办人调查时却称，两人驾车跟随公安车辆进行了见证，或没有下车，或距离嫌疑人十几米处，没有听清嫌疑人与公安人员具体说了些什么，见证没有实际意义。

经合议庭评议、审判委员会讨论决定，浙江省高级人民法院于2013年3月26日上午在乔司监狱公开宣判：（1）撤销本院（2004）浙刑一终字第189号刑事附带民事判决和杭州市中级人民法院（2004）杭刑初字第36号刑事附带民事判决及本院（2006）浙刑执字第953号刑事裁定；（2）原审被告人张辉、张高平无罪；（3）驳回原审附带民事诉讼原告人王朋里、吴玳君的起诉。

2013年5月2日，张辉、张高平分别以再审改判无罪为由向浙江省高级人民法院申请国家赔偿，两人共申请国家赔偿金 266 万元。其中，限制人身自由赔偿金 120 万元，精神损害抚慰金 120 万元，律师费 10 万元，低价转让的解放牌大卡车赔偿 15 万元，扣押的两部三星牌手机赔偿 1 万元。浙江省高级人民法院同日立案。赔偿案件审查期间，张辉、张高平分别要求增加限制人身自由赔偿金 5 万元、精神损害抚慰金 5 万元，并增加 3 万元的医疗费赔偿请求。

浙江省高级人民法院听取了张辉、张高平的意见，依法进行审查后认为，张辉、张高平自 2003 年 5 月 23 日被刑事拘留，至 2013 年 3 月 26 日经再审改判无罪释放，共被限制人身自由 3596 日。根据《国家赔偿法》第 33 条“侵犯公民人身自由的，每日赔偿金按照国家上年度职工日平均工资计算”的规定，应分别支付张辉、张高平侵犯人身自由权赔偿金 65.57306 万元。同时，根据《国家赔偿法》第 35 条的规定，综合考虑张辉、张高平被错误定罪量刑、刑罚执行和工作生活受到的影响等具体情况，应分别支付精神损害抚慰金 45 万元。至于赔偿请求人张辉、张高平提出的律师费、医疗费、车辆转卖差价损失等其他赔偿请求，依法均不属于人民法院国家赔偿范围。

2013 年 5 月 17 日，浙江省高级人民法院对张辉、张高平再审改判无罪作出国家赔偿决定，分别支付张辉、张高平国家赔偿金 110.57306 万元，共计 221.14612 万元人民币。

问题：

请结合本案，谈谈你对刑事诉讼、刑事诉讼法和刑事诉讼基本范畴的认识。

二、思考题

1. 简述刑事诉讼的概念和特征。
2. 我国刑事诉讼法的渊源有哪些？
3. 如何理解刑事诉讼法与刑法的关系？
4. 刑事诉讼的基本范畴有哪些？其各自的内容是什么？

（扫描二维码获取参考答案）

补充阅读

《公正审判权：超越当事人主义和职权主义的程序准则》

（扫描二维码阅读）

第二章

刑事诉讼法的历史发展

导读

通过本章的学习，要求掌握弹劾式诉讼制度、纠问式诉讼制度、混合式诉讼制度（辩论式诉讼制度）的概念和特点；理解外国刑事诉讼法的一般原则，了解我国奴隶社会、封建社会、半殖民地半封建社会刑事诉讼法的特点，了解中华人民共和国成立后刑事诉讼法的制定与历次修改的主要情况，掌握2018年对《刑事诉讼法》进行修订的背景和内容。

第一节　外国刑事诉讼法的历史发展

一、外国奴隶社会的刑事诉讼法

在原始社会，没有阶级，没有国家，更没有现代意义上的刑事诉讼法，调整氏族成员行为的规范是风俗习惯。部落社会没有严格意义上的司法，法律是随着人类文明进程的推进并随着国家的产生而产生的。奴隶社会时期，法律体系比较原始，部门法分工不明，界限不清，民刑混杂，实体、程序不分，刑事诉讼法律是与其他法律混合规定在一起的，因此没有专门的刑事诉讼法典。

随着阶级的产生和奴隶制国家的出现，刑事审判制度作为奴隶主阶级维护其统治的重要工具，和警察、法庭、监狱等暴力机构一起应运而生。据史料记载，古巴比伦、古罗马和古希腊时期已出现刑事审判制度。早在公元前 18 世纪，古巴比伦王国第六代国王汉穆拉比(前 1792—前 1750)制定的《汉穆拉比法典》就规定有诉讼程序的内容。《汉穆拉比法典》虽是诸法合体，但其对控告、传唤证人、举证责任、神明裁判等审判制度的规定历经 2000 年未发生显著变化。公元前 449 年，古罗马共和国制定的《十二铜表法》，对其诉讼程序亦作了规定。公元前 5 世纪，古希腊制定的《哥地那法典》和雅典制定的新“宪法”，都有关于诉讼程序的条文。

古巴比伦、古罗马及古希腊等古代国家实行弹劾式诉讼制度。所谓弹劾式诉讼制度，是指个人享有控告犯罪的绝对权力，审判机关不主动追究犯罪，而仅以仲裁者的身份处理刑事案件的制度。这种诉讼制度的产生，在很大程度上受到原始社会解决纠纷的传统方式的影响。其主要特征是：

1. 对犯罪的控诉由公民个人承担。即犯罪案件发生后，是否进行追究，完全取决于被害人或其他公民。如果被害人或其他公民不提起控诉或者提起后撤回的，则诉讼便无法进行，犯罪者就不受刑事审判。法院不主动开始诉讼程序，即使明知某人有罪也不能予以追究，即实行“没有原告，就没有法官”和“不告不理”的原则。

2. 法院或其他裁判机构在诉讼中处于消极的仲裁者地位。法官在接到被害人或其他公民的控诉后，不进行专门的调查，不主动收集证据，只是在开庭审理时听取原告、被告的陈述、辩论，判断当事人双方的证据和理由，然后作出裁判。

3. 原告和被告处于平等的诉讼地位，享有同等的诉讼权利。所有诉讼证据均由当事人自行收集、提供，甚至传唤被告出庭亦由原告负责；原告和被告在法庭上可以平等地进行辩论。

4. 对疑案的处理采用神明裁判、宣誓或决斗等证明方法。一般案件的处理由法官根据双方当事人提出的证据和辩论的情况作出裁判，但遇到疑难案件(如通奸、巫蛊等)，则采用神明裁判、宣誓或决斗等证明方法。

弹劾式刑事诉讼具有两个显著的优点：一是明确区分了控辩审三种职能，有利于防止控诉权和审判权集于法官一身，避免法官独断专行，同时也可以避免使被告人成为诉讼客体；二是原告和被告的诉讼地位和诉讼权利平等，双方可以在法庭上进行公开质证、辩论，这有利于法官听取双方的意见，判明是非，从而对案件作出正确的处理。但这种诉讼模式，将控诉权完全赋予被害人或其他公民，国家不设专门机关侦查、起诉犯罪，这样如果公民个人能力有限或当事人双方进行“私了”，则势必会影响对犯罪的有效追究，而且法官在审判中的消极态度也不利于查明案情、公正裁判。

二、外国封建社会的刑事诉讼法

公元476年古罗马帝国灭亡至资产阶级革命前，这一时期为欧洲封建时代，史称“中世纪”。在中世纪的前期，法国等一些国家仍实行弹劾式诉讼程序；到中世纪的中后期，为了加强对农民起义的镇压和对付海陆强盗的抢劫行径，进一步巩固封建君主的专制统治，法国等一些国家广泛采用纠问式诉讼制度。但英国在中世纪的诉讼制度是一个例外，它除了在其特设的星座法院实行过纠问式诉讼制度以外，仍沿袭古代的弹劾式诉讼制度。德意志帝国1532年颁布的《加洛林纳法典》和法国1670年颁布的《刑事诉讼法令》是典型的具有纠问式特征的法律。纠问式诉讼制度，是指国家司法机关对犯罪行为，不论是否有被害人的控告，均依据自己的职权主动进行追究和审判的制度。其主要特征是：

1.对犯罪的侦查、控诉、审判由法院统一负责。刑事诉讼程序的开始，主要不是取决于受害人，而是取决于握有国家司法权的官吏，只要发生了犯罪事件或认为某人有犯罪嫌疑，即使受害人不控告、其他人也不告发，国家的司法官吏也有权在其职责范围内进行追究和审判，比如勘验现场、检验尸体、审讯嫌疑人等。在这种诉讼形式下，侦查、控诉与审判合一，而且一切诉讼活动都在秘密进行。

2.对被告人实行有罪推定和刑讯逼供。某个人一旦被指控犯了罪，在没有确实证据证明他犯罪之前，先假定他有罪，并将其作为罪犯对待。因此，被告人不是诉讼主体，而是诉讼客体，没有任何诉讼权利，只是被拷问的对象，其口供是定案的主要依据。在诉讼中实行口供中心主义，必然导致刑讯逼供。实际上，法官不仅拷问被告人，而且有时也拷问原告人和证人。刑讯逼供制度化、合法化，是纠问式诉讼的重要特点。

3.采用法定证据制度，即各种证据证明力的大小及取舍和运用，都由法律预先做出规定，法官不得自由判断和取舍。

纠问式诉讼虽然克服了弹劾式诉讼完全由被害人行使控诉权所带来的弊端，提高了追诉犯罪的效率，但法官集侦查、控诉和审判权于一身，对被告人实行有罪推定，以及采用法定证据制度，因此必然导致权力失去制约，法官断案先入为主，以及刑讯逼供和追求形式真实，从而造成冤假错案的大量发生。

三、外国资本主义社会的刑事诉讼法

17—18 世纪，随着欧洲启蒙运动的兴起和大规模资产阶级反封建、反专制革命在欧洲的爆发，纠问式诉讼的不公正性和非人道性日益引起公众的不满，一股要求以英国诉讼程序为模式，彻底改革刑事诉讼制度的潮流在欧洲大陆逐渐兴起。各国资产阶级在夺取政权后，纷纷对原有的刑事诉讼制度进行彻底的改革，建立起崭新的刑事诉讼制度。例如，法国 1791 年 9 月 16 日颁布的法令规定了法庭审理的辩论原则，1808 年法国刑事诉讼法典规定了混合式诉讼制度(或称侦查辩论式诉讼制度)，即侦查是秘密的，审判是公开的，并采用言词辩论方式进行。1877 年德国刑事诉讼法典和 1890 年日本刑事诉讼法典等也纷纷效仿法国刑事诉讼法典，规定了与其大致相同的刑事诉讼制度。所谓混合式诉讼制度，又称辩论式诉讼制度或折中式诉讼制度，是指将弹劾式诉讼的优点和纠问式诉讼的优点结合而成的一种诉讼制度。其主要特征是:

1. 侦查、控诉与审判职能分离。刑事案件的侦查由警察机关或者由检察机关领导下的警察机关承担。侦查终结后对犯罪嫌疑人的起诉，则由检察机关或者检察机关委派的公职律师进行。法院不再承担控诉职能，而是专门负责对案件进行审判;同时不告不理原则被赋予新的内容，即只有检察官提起公诉，法院才能开始审判活动，而且其审理不能超出起诉书指控的范围。与此相适应，刑事诉讼程序明显地划分为侦查、起诉和审判三大阶段。

2. 对被告人实行无罪推定原则，并赋予广泛的诉讼权利。在被告人未正式被法庭审判认定为罪犯之前，假定其无罪;被告人不再是诉讼客体，而是诉讼主体，法律规定其在刑事诉讼中拥有辩护权，并有权获得律师的帮助;被告人的人格尊严和自愿陈述权得到承认，刑讯逼供被废止，被告人享有不予陈述的自由，等等。

3. 采用自由心证制度，即证据的取舍和证明力大小以及对事实的认定，都由法官按照自己的良心、经验和理性形成的内心确信，自由地作出决定。

资产阶级国家所建立的刑事诉讼制度虽然都是混合式诉讼制度，但是也有差异，并且互有借鉴。其中，英美法系国家的刑事诉讼采用当事人主义，它主要是继承和改造弹劾式诉讼制度而形成的。这种诉讼模式注重发挥控辩双方的积极性，在诉讼中由当事人双方提出证据、调查证据并相互对抗争辩，法官超然其间，居中裁判。而大陆法系国家的刑事诉讼则采用职权主义，它主要是批判地继承和改造纠问式诉讼制度，并吸收了英国辩论式诉讼程序而形成的。这种诉讼模式注重发挥侦查、检察、审判机关在刑事诉讼中的职能作用，特别是法官在审判中的能动作用。在法庭审判中，法官不是消极的仲裁者，而是指挥者，讯问被告人、询问证人和调查核实证据均由法官依职权主动进行。

资产阶级国家的刑事诉讼实行司法独立、法律面前人人平等、无罪推定、公开审判、辩护、陪审等一系列民主、人道的诉讼原则和制度，因此较之纠问式诉讼制度是一个很大的进步，对于追究犯罪和保障人权都发挥了积极作用。

第二次世界大战以后，随着国际人权运动的蓬勃发展，资本主义各国相继开展了刑事司法改革，两大法系国家的刑事诉讼不断兼收并蓄，互相借鉴，从而使其呈现出新的特点，并在某些方面表现出日益融合的发展趋势。

在大陆法系国家，刑事司法改革不断推进。德国于1950年彻底废除了纳粹时期颁布的法律，恢复了1877年刑事诉讼法典的效力，并加强了刑事诉讼中的人权保障；1974年又对刑事诉讼法进行了较大的修改，进一步加强了对犯罪嫌疑人在审判前程序中的防御权，同时取消预审程序，设立了简易程序；1987年再次对刑事诉讼法进行修改，提高了被害人的诉讼地位，扩大了被害人的诉讼权利。法国于1958年对刑事诉讼法进行了全面修改，制定了现行的《刑事诉讼法典》。该法典共分卷首和六卷，计934条。2000—2007年，法国又对刑事诉讼法典进行了多次修改，其内容包括：设立自由与羁押法官，增设重罪上诉程序，强化受害人的保护，确立辩诉交易程序即“庭前认罪答辩程序”，修改临时羁押程序和预审程序等。意大利在“二战”后对1930年颁布的刑事诉讼法典进行过数次大规模的修改，1988年终于颁布了新的刑事诉讼法典。这部法典以美国的对抗式诉讼程序为模式，对其原有的刑事诉讼结构进行了重大改革，对其他大陆法系国家刑事诉讼制度的变革产生了巨大影响。

在英美法系国家，刑事司法改革亦有重大进展。美国在20世纪60年代初就开始了被称作“正当法律程序革命”的刑事司法改革。美国联邦最高法院作为这场改革运动的领导者，将联邦宪法之“权利法案”中有关被告人权利保障的规定普遍适用于各州，从而使联邦和各州刑事被告人的诉讼地位大为提高。英国1985年颁布的《刑事起诉法》规定，从1986年1月1日起在英格兰和威尔士普遍设立检察机关，统一行使公诉权，从而彻底改变了原来主要由警察机关、公民个人和商号行使刑事起诉权的诉讼方式。

总体而言，外国现代刑事诉讼制度的发展主要表现为以下几个方面：(1)英美法系和大陆法系相互吸收，相互借鉴，职权主义和当事人主义之间的差距日益缩小。如意大利的法庭审判更多地采用美国对抗式的辩论程序；英国改由检察机关统一行使公诉权。(2)进一步扩大了被告人的诉讼权利，并采取措施加强了刑事诉讼中的人权保障，如前述的德国和美国。而且联合国和其他地区性国际组织通过的一系列国际法律文件为各国刑事诉讼中的人权保障提出了最低标准，这为各国刑事诉讼制度的改革提供了方向和目标。(3)提高刑事被害人的诉讼地位并扩大其诉讼权利，从而使原先只重视被告人的人权保障逐步转向被告人人权和被害人人权的同等保障。(4)适应犯罪增长和提高诉讼效率的需要，各国普遍重视并采用简易程序，如前述的意大利和德国。特别是意大利于1988年颁布的新刑事诉讼法典，既吸收了英美辩诉交易制度的诸多内容，又保留了大陆法系刑罚命令程序的某些特征，从而建立起独具特色的简易程序模式。

第二节　外国刑事诉讼法的一般原则

一、司法独立原则

法国启蒙时期思想家、西方法学理论的奠基人孟德斯鸠(1689—1755)从反对封建专制统治出发,提出了"三权分立"学说。他在《论法的精神》一书中指出:"如果司法权不同立法权和行政权分立,自由也就不存在了。如果司法权同立法权合二为一,则将对公民的生命和自由施行专断的权力,因为法官就是立法者。如果司法权同行政权合二为一,法官便将握有压迫者的力量。"根据这一学说,西方国家普遍把司法独立规定为一项宪法原则。1688 年,英国资产阶级革命以对封建贵族妥协而告终,建立了君主立宪政体。英国国会在 1689 年、1701 年先后通过的《权利法案》和《王位继承法》这两个宪法性文件中,明确规定了司法机关不受行政机关干涉的"法院独立原则"和"法官终身制"。此后,美国、法国及其他资产阶级国家的宪法都规定了"司法独立"原则。例如,1947 年的《日本宪法》第 76 条规定:"一切司法权属于最高法院及由法律规定设置的下级法院;所有法官依良心独立行使职权,只受本宪法及法律的约束。"

司法独立原则的基本含义:一是指审判权只能由法院行使,其他任何机关都不能行使;二是指法官独立行使审判权,只服从宪法和法律,既不受立法、行政机关的干涉,也不受其他法院或本法院其他法官的影响。这项原则作为大多数国家的一项宪法原则,不仅适用于刑事诉讼,而且也适用于民事诉讼和行政诉讼。它的确立和实行,有利于法院和法官排除任何外来干涉和影响,依法独立行使审判权,客观公正地处理案件,因而在外国刑事诉讼法中占有特别重要的地位。为了保障法院和法官独立行使审判权,许多国家还采取了一系列措施和制度:首先是法院的组织机构独立,即司法机关与立法、行政机关分离,自成体系,互不隶属;其次是实行法官终身制、高薪制、退休制等,以对法官的身份和生活实行有效保障,使其能够真正独立行使审判权。

二、无罪推定原则

意大利启蒙思想家和刑法学家、刑事古典学派创始人贝卡利亚(1738—1794)针对封建专制时期的有罪推定,首先提出了无罪推定原则。他在《犯罪与刑罚》一书中指出:"在没有作出有罪判决以前,任何人都不能称为罪犯。而且社会就不能不对他进行保护……如果犯罪行为没有得到证明,那就不应折磨无罪的人。因为任何人,当他的罪行没有得到证明时,根据法律他应当被看作无罪的人。"根据这一理论,法国在大革命胜利后制定的《人权宣言》第 9 条规定:"任何人在其被宣告有罪以前应推定为无罪。"此后,各国纷纷效仿,相继在各自的宪法和法律中对无罪推定作出规定,使其成为刑事诉讼的一项重要原则。第二次世界大战后，各国人民从纳粹、法西斯残害平民的暴行中认识到保护人权的重要性，从而开始重视对人权的保护。1948 年 12 月 10 日联合国大会通过的《世界人权宣言》第 11 条规定："凡受刑事控告者，在未经获得辩护上所需的一切保证的公开审判而依法证实有罪以前，有权被视为无罪。"从而首次为世界范围内贯彻无罪推定原则提供了法律依据。1966 年 12 月 16 日联合国大会通过的《公民权利和政治权利国际公约》再次确认了无罪推定原则。随后，一些重要的地区性法律文件和重要的国际性学术会议的决议也对无罪推定原则作了规定，如 1950 年 11 月 4 日在罗马签订的《欧洲人权公约》第 6 条第 2 款规定："凡受刑事罪的控告者在未经依法证明有罪之前，应被推定为无罪。"1994 年 9 月 10 日在巴西召开的世界刑法学协会第十五届代表大会通过的《关于刑事诉讼中的人权问题的决议》指出："被告人在直至判决生效为止的整个诉讼过程中享有无罪推定的待遇。"

无罪推定原则的基本含义是：在法院依法确定受追究者有罪前，应推定其为无罪。为有效地体现这一原则并保障其被实行，许多国家的法律和一些国际公约对保障被告人权利作了一系列规定或提出了具体要求。主要是：(1)被告人有沉默权。《公民权利和政治权利国际公约》第 14 条第 3 款规定，不得强迫被告人自供或认罪；美国联邦最高法院亦有被告人有权保持沉默的判例。(2)被告人有辩护权。与有罪推定把被告人作为诉讼客体刚好相反，无罪推定把被告人作为诉讼主体，并赋予他与控诉方对等的诉讼权利，他有权反驳控诉，为自己作无罪或罪轻的辩护。(3)控诉方负举证责任。如果控诉方不能证明被告人有罪，就应当认定被告人无罪，而被告人不负证明自己无罪、罪轻的义务。(4)疑罪应作为无罪处理。即控诉方不能确切地证明被告人有罪，即使被告人有犯罪嫌疑，法院也不能以有罪认定，而应当作出有利于被告人的无罪判决。

实行无罪推定原则，有利于建立科学的刑事诉讼结构，进而有效地保障人权，特别是保护犯罪嫌疑人、被告人的诉讼权利，真正发挥辩护制度的作用，并有利于疑案的解决。因此，无罪推定原则为世界各国立法所普遍确认，成为刑事诉讼法中一项极其重要的原则。

三、控审分离原则

在社会发展史上，奴隶制国家实行弹劾式诉讼制度，控诉与审判相分离，诉讼具有一定的民主性。封建制国家实行纠问式诉讼制度，控诉与审判不分，导致司法专横，诉讼民主荡然无存。为了既克服私人追诉的弊端，提高追诉犯罪的效能，又解决控审不分引起的司法专横的问题，专门的控诉机关即检察机关便逐步建立起来。12 世纪末，法国开始出现为国王处理私人事务的代理人，并逐渐发展为代表国王向法庭提起租税等民事诉讼的代理人。到 13 世纪中叶，代理人开始以国王名义参加有关国王利益的一切诉讼，包括对涉及国王利益的刑事案件提起诉讼。至此，代理人成为国家官吏。随着王权的不断加强，到 14 世纪初，法国国王腓力四世在最高法院正式设置检察官。检察官一方面代表国王对各封建领主和地方当局进行监督，另一方面又以国家公诉人的身份对犯罪案件进行侦查并提起诉讼。但随后的发展却十分缓慢，直到17世纪中叶路易十四统治时代，法国才设置总检察官一职，并在全国各级法院配置检察官，对刑事案件行使侦查和起诉的权力，从而初步建立起检察制度。英国在13世纪开始设置国王律师。其职责是：担任国王的法律顾问，就有关国王利益的支付租金和偿还土地案件提起诉讼，对杀人案件进行调查、起诉和听审等。1461年，国王律师改名为总检察长，并设置国王辩护人；1515年，国王辩护人定名为副总检察长，英国的检察制度自此形成。① 从那以后到现在，无论是资本主义国家还是社会主义国家都建立了检察机关，检察制度已成为世界各国普遍实行的一项政治制度与法律制度，从而使刑事诉讼中的控审分离成为必要和可能。

控审分离原则的基本含义：一是指起诉权与审判权相分离，起诉机关与审判机关互不隶属，互不干涉；二是指审判须以控诉为前提，只有起诉机关提起诉讼，审判机关才能对案件进行审判活动。例如，《德国刑事诉讼法》第151条规定："法院开始调查，以提起公诉为条件。"实行这项原则，有利于避免司法权的过分集中，防止司法专横的产生，提高追诉犯罪的效能。同时，审判机关不参与案件的侦查、起诉和在没有起诉的情况不得进行审判活动，这也有利于审判机关保持客观、公正的地位，有效地实现其审判职能。正因为如此，控审分离原则为世界各国立法所普遍确认和实行。

四、平等对抗原则

在弹劾式诉讼制度中，原告和被告处于平等地位，享有对等权利，双方可以平等地进行辩论。可见，当时已有平等对抗原则的雏形。但在纠问式诉讼制度中，控审不分而且实行有罪推定，被告人是诉讼客体，没有任何诉讼权利，因此平等对抗原则不复存在。在英国，除了在其特设的星座法院实行过纠问式诉讼制度以外，整个诉讼程序一直沿袭弹劾式诉讼制度。在司法体制上，英国并未出现过集侦查权、起诉权和审判权于一身的审判机构，而是将刑事司法权的相当一部分赋予非职业治安法官、起诉陪审团（即大陪审团）和审判陪审团（即小陪审团）；在起诉结构上，除严重罪行由大陪审团或检察官起诉外，其他案件也可以由商号、被害人或其他公民向法院起诉；在法庭审判上，则始终采用公开、直接和言词辩论的方式，证人必须出庭作证，接受询问和质证，法庭一般不采纳书面证言，被告人享有一定的辩护权，而且由于小陪审团参与法庭审理，法官的中立、消极地位一直得以保持。随着英国的对外扩张，英国的刑事诉讼制度在各殖民地得以传播和确立，特别是美国，在其独立后陪审团审判制度和对抗式诉讼程序更是获得了前所未有的发展。因此，平等对抗原则在英美法系国家的刑事诉讼中表现得更加鲜明和充分。第二次世界大战以来，随着国际人权保障运动的深入开展，被告人的诉讼地位不断提高，诉讼权利不断扩大；相应地，平等对抗原则在大陆法系国家的刑事诉讼法中也已得到普遍确立和实行，从而成为现代刑事诉讼的一项重要原则。

平等对抗原则的基本含义：一是控辩双方地位平等，即控诉方与辩护方在刑事诉讼

① 张穹、谭世贵：《检察制度比较研究》，中国检察出版社1990年版，第2—4页。

中的法律地位完全平等，诉讼权利和诉讼义务平等，任何一方都不能凌驾于对方之上；二是控辩双方在平等的基础上进行对抗，即控诉方和辩护方在法庭审判中围绕着有罪与无罪、罪重与罪轻问题，充分行使法律赋予的诉讼权利，展开诉讼攻防活动，论证己方主张，反驳对方主张，双方唇枪舌剑，针锋相对，力求法官采纳、接受自己的观点，作出于己方有利的判决。

实行平等对抗原则，对于加强诉讼民主，实现程序公正，查明案件事实，正确处理案件，维护被告人的合法权益，以及使被定罪处罚者心服口服，都具有十分重要的意义。

五、诉讼迅速原则

古代的刑事诉讼，由于当时人的认识能力有限，因此没有、实际上也无法对诉讼期限作出规定。但是，随着人的认识能力的提高和科学技术的发展，在一定时间内查明刑事案件逐渐成为可能；而且，由于刑事案件的特殊性，如果耽误的时间过长，犯罪现场将会受到破坏，证人记忆力也会下降，物证书证亦可能毁损，从而必然给案件的调查处理造成困难，甚至无法查清案情。这就要求控诉机关和审判机关在刑事案件发生后，尽可能快速地实施刑事诉讼程序。另外，如果诉讼的时间拖得过长，也会使被追诉者长期处于犯罪嫌疑人或被告人的状态，甚至受到长时间的羁押，从而严重侵犯公民的合法权益，影响其身心健康。因此，为加强对公民的人权保障，现代各国均通过立法对控诉机关和审判机关实施刑事诉讼行为作出具体明确的时间要求。

诉讼迅速原则的基本含义，是要求控诉机关、审判机关以及当事人必须在法律规定的期限内完成相应的诉讼行为，并且越快越好。这一原则体现在刑事诉讼的诸多方面。一是审判期限。不少国家都有关于快速审判的规定。如美国甚至将迅速审判作为公民宪法权利予以确认，并以立法形式规定了案件移送法院后开始法庭审判的时间。1946 年的《日本宪法》第 37 条第 1 款规定，凡刑事案件发生时，被告人有受法院公平之迅速公开审判之权利。《日本刑事诉讼法》规定，法院收到提起的公诉时，应当迅速将起诉书副本送达被告人，并应迅速告知被告人可以选任辩护人的意旨。二是羁押期限。不少国家实行限制羁押时间的制度。一方面在法律上准予逮捕羁押，另一方面又在时间、次数上予以严格限制。例如，《日本刑事诉讼法》规定，羁押期间在侦查中一般为十日，对特定案件可达二十五日，在审判中为自提起公诉之日起二个月；《德国刑事诉讼法》规定，为查明身份而剥夺自由，总共不允许超过十二小时。三是上诉时间。几乎所有国家都对上诉的期限作了规定。例如，《德国刑事诉讼法》规定，提起上诉，必须是在宣告判决后的一周之内向作出原判决的法院提起。《法国刑事诉讼法》规定，当事人向上诉法院上诉应在判决宣布之日起十日内提出。《日本刑事诉讼法》规定，上诉的提起期间定为十四日。

六、有效辩护原则

现代各国的宪法和法律均规定被告人（犯罪嫌疑人）有辩护权。按照各国通行的做法，有效辩护的基本含义：一是指被告人（犯罪嫌疑人）既可以自己进行辩护，也可以委托律师为其辩护，在法定情况下法院还应当为他指派辩护人。例如，《美国宪法修正案》第6条规定："在所有的刑事诉讼中，被告人享有……接受律师帮助自己辩护的权利。"《日本刑事诉讼法》第30条第1项规定："被告人或犯罪嫌疑人，可以随时选任辩护人。"只有允许被告人委托他人（特别是律师）为其辩护，其辩护权才能得到充分实现。二是指被告人（犯罪嫌疑人）在诉讼的任何阶段都可以行使辩护权，都可以委托他人为自己辩护。如《德国刑事诉讼法》第137条规定，被指控人可以在程序的任何阶段委托辩护人为自己辩护。只有这样，被告人（犯罪嫌疑人）才能与控诉方进行平等对抗，在任何一个阶段都能有效地维护自己的合法权益。三是法律应赋予被告人（犯罪嫌疑人）以广泛的诉讼权利，如有权获知本人被控告的内容，有权被告知可以委托辩护人，有权申请调取新的物证书证、通知新的证人到庭，有权询问证人和鉴定人，有权要求重新鉴定或者勘验，有权对判决、裁定提起上诉，等等，只有赋予被告人（犯罪嫌疑人）广泛的诉讼权利，被告人（犯罪嫌疑人）才能运用有效的手段来实现自己所享有的辩护权。四是指对于被告人及其辩护人正确的辩护意见，审判机关应当采纳，如果对其辩护意见不予采纳的，应在判决书中具体说明理由。通常，外国法院刑事判决书的篇幅都比较长，有的达一二百页甚至三四百页，原因即在于此。

实行有效辩护原则，有利于加强对被告人（犯罪嫌疑人）的人权保障，体现诉讼民主；有利于被告人（犯罪嫌疑人）充分行使辩护权；有利于提高法官、检察官的素质；同时还有利于促进法律的不断完善。因此，虽然各国在法律上均未对有效辩护原则作出明确规定，但其有关法律条文和司法实践都充分体现了这一原则。

七、禁止重复追究原则

禁止重复追究原则源于古罗马法律精神，在大陆法系国家的诉讼制度中称作"一事不再理"，在英美法系国家的诉讼制度中则称作"禁止双重归罪"。这一原则的基本含义，是指对被追究者的同一行为，一旦作出有罪或无罪的确定判决，即不得再次予以审判或处罚。许多国家的宪法和法律都对这一原则作了规定。例如，1946年的《日本宪法》第39条第2款规定，关于同一犯罪不得重复追究刑事责任。1982年的《加拿大宪法》第11条规定，被指控者如果已经终局性地被宣告无罪，不得因该行为再次受审理；如果已经终局性地被认定为有罪并且因该犯罪受过处罚，不得因该罪再次受审理或被处罚。同时，一些国际性法律文件也对这一原则作了规定。如1966年联合国大会通过的《公民权利和政治权利国际公约》第14条第7款规定，任何人经一国法院及刑事程序终局判决判定有罪或无罪开释者，不得就同一罪名再予审判或科刑。

禁止重复追究原则主要适用于两个方面：一是侦、控机关不得依同一理由重复侦查或起诉已作处理的行为；二是审判机关对上述行为不得再次审理，更不得予以处罚。规定这一原则的表面理由是国家刑罚权已经适用完毕，不得重复适用，但其深层原因还在于保护受追诉者的合法权利，防止国家权力的滥用。也正是基于这一考虑，从保护被追诉者利益的角度，在先行司法处理对被追诉者不利的情况下，可以从有利于被追诉者的角度改变先前的决定。因此，这一原则并不是绝对的。

八、适度原则

现代各国在刑法中实行罪刑相适应原则，即对犯罪分子判处的刑罚应与其所犯的罪行相当，不得过重也不能过轻。相应地，许多国家在刑事诉讼法中实行适度原则，以有效地保障人权，体现诉讼公正性。

适度原则的含义，是指在刑事诉讼中采取诉讼手段，特别是限制或剥夺公民权利的诉讼手段，其种类、轻重应与受追究行为的具体情况相适应，不得过度。这一原则适用于刑事诉讼的诸多领域，其中最突出的是强制措施的适用。纵观各国刑事诉讼法，绝大多数国家适用强制措施特别是人身强制措施，均以受追究行为的性质和严重程度以及被追诉者在诉讼中的表现为主要考虑因素，依此决定是否采取以及采取何种强制措施。例如，《德国刑事诉讼法》第 112 条规定，根据一定的事实，可以确定被指控人逃跑或者隐蔽，认为存在被指控人逃避刑事诉讼程序的危险，或被指控人的行为使他具有毁灭、变造、隐匿、压制或者伪造证据，或者以不正当方式向共同被指控人、证人或者鉴定人施加影响的，即构成逮捕理由；第 113 条规定，对只判处六个月以下剥夺自由或者一百八十日额罚金[①]以下的行为，不允许根据调查真相困难之虞命令逮捕。

第三节　中国刑事诉讼法的历史发展

一、中国奴隶社会的刑事诉讼法

公元前 21 世纪至公元前 476 年，为我国奴隶制时期，分为夏、商、周三朝和春秋时期。据《札记・王制》记载，殷商(公元前 14 世纪)狱讼的审判程序为："成狱辞，史以狱成告于王，王听之；王以狱成告于大司寇，大司寇听之棘木之下；大司寇以狱之成告于王，王命三公参听之；三公以狱之成告于王，王三又(宥)，然后制刑。"可见，重大案件从立案到庭讯，经过"三审"。如果是"疑狱，泛与众共之，众疑赦之，必察大小之比以成之。"这是说，如果案情疑似，难以处断，就广泛征求公众的意见，从疑则宽大处理，但仍须作出恰当的判决。

周朝的诉讼开始有刑事和民事之分，一般把刑事诉讼称为"狱"，把民事诉讼称为"讼"。所谓"狱"，即"告以罪名者"；所谓"讼"，即"以财货相告者"，法官审理案件叫作"听

---

① 日额罚金制：日额罚金制是西方国家刑法中罚金刑的一种裁量制度。即按照行为人的罪责决定罚金日数，然后参酌行为人的经济状况确定每日的罚金额。以罚金日数乘以每日的罚金额，即得出罚金总金额。

讼断狱”[①]“两造具备，师听五辞”[②]，意思是说，只有当受害人告发，原、被告双方齐备的情况下，法官才审理案件。审判时，双方当事人必须亲自到庭受讯、对质（贵族可以委托代理人），并须根据案情轻重，交纳“束矢”（一百支箭）或“钧金”（三十斤铜）作为保证。如果有一方不到庭，或者不交纳保证金，则被认为“自服不直”，[③]判处败诉。法官审问重口供，以原、被告双方的供词作为判决的主要根据，强调“听狱之两辞”，[④]而不轻信“单辞”，即一面之词。主张用察言观色的方法，来帮助确定口供的真实性，即所谓“以五声听狱讼，求民情，一曰辞听，二曰色听，三曰气听，四曰耳听，五曰目听”[⑤]。同时，也把当事人的“盟诅”作为一种证据，即“有狱讼者，则使之盟诅”。[⑥] 按照周朝的法律，违反誓约是要处刑的，一般狱讼中的盟誓，“其不信者，服墨刑。”[⑦]另外，周朝已有刑讯之制，当时称作“肆掠”。[⑧]

由上可见，我国奴隶社会的刑事诉讼制度，亦具有“弹劾式诉讼”的某些特征。

二、中国封建社会的刑事诉讼法

从战国开始至清朝，为我国封建社会时期。战国时期，魏国宰相李悝著《法经》六篇，后被魏文侯采纳为魏国法典。《法经》中的“囚法”和“捕法”两篇规定了有关刑事诉讼的规则。后来出土的云梦秦简中所记载的“治狱”和“讯狱”，则对刑事诉讼程序作了更为具体的规定。自隋唐以后，各朝代的律令中对诉讼程序均作了比较系统的规定。如隋朝《开皇律》第八卷“斗讼”、第十二卷“断狱”等明确规定了刑讯、听审等程序，后为唐律所采纳。《唐律疏议》中的“斗讼律”“捕亡律”“断狱律”对其刑事诉讼程序作了十分完备的规定。以后宋、元、明、清各朝的诉讼程序基本沿袭唐律的规定，变化不大。

中国封建社会的刑事诉讼与西欧封建社会的刑事诉讼一样，都实行纠问式诉讼制度，审判与控诉职能不分，司法官员一旦发现犯罪事实，即有权立案并对案件进行侦讯，对被告人进行刑讯，或收集其他证据，并根据上述活动的结果直接作出判决。在一定程度上讲，司法官吏对犯罪行为追诉活动的结束也就意味着诉讼程序的终结，因为他有权根据自己调查的情况直接确定被追诉人的刑事责任。但由于中国封建社会在政治、经济、文化方面的特殊性，因而刑事诉讼亦具有自己的显著特征。

1. 司法与行政不分，行政机关兼理司法事务。在我国封建社会，司法权从属于行政权，而不具有独立的地位。在中央一级，虽然历代封建王朝均设有专门的司法机构，如秦代的廷尉，隋唐以后的大理寺、刑部等，但他们既要服从最高统治者皇帝的命令，也要受

---

① 《周礼・秋官・大司寇》。
② 《尚书・吕刑》。
③ 《周礼・秋官・大司寇》。
④ 《尚书・吕刑》。
⑤ 《周礼・秋官・大司寇》。
⑥ 《周礼・秋官・司盟》。
⑦ 《周礼・秋官・司约》。
⑧ 《札记・月令》。

到其他中央行政机关的控制。封建皇帝实际上是最高的裁判官。自唐代以后,中央和地方司法机关审理的重大案件,尤其是死刑案件,均须奏请皇帝审核决定,皇帝有时还直接过问某些案件的审理,甚至亲自审判案件。在地方,秦以后直至明清均未设置专门的司法机构,而是由郡守、州牧、督抚、县令等地方行政长官直接受理、审判刑事案件。

2.实体法和程序法不分,刑事诉讼与民事诉讼合二为一。我国封建各朝代颁布的法令均没有实体法和程序法之分,如《唐律疏议》《大明律》《大清律》等都同时对犯罪与刑罚等实体问题和有关诉讼程序问题作出规定。同时,我国封建社会的律令大都具有以刑为主、刑民结合的特征,即以定罪、判刑等刑事手段来调整绝大多数的社会关系。例如,唐以后各代律令中的"户婚律"或"户律",对于田宅钱粮家庭婚姻等方面的纠纷,一般都采用科处刑罚的手段解决。相应地,对于这类案件的审理亦按照刑事诉讼程序进行。

3.刑讯逼供合法化,并且广泛采用。我国封建社会在证据制度上的一个突出特点是,强调"罪从供定",定案必须有口供,没有口供一般不能定案。而在生产力落后、人的认识能力有限的情况下,刑讯便成为获取口供的主要手段。为此,各朝代的律令大都对刑讯逼供作了具体明确的规定。根据云梦秦简的记载,刑讯在秦代已成为法定的必经程序。《唐律疏议》"断狱"篇则对刑讯的条件、对象、工具、数量、部位等作了十分详尽的规定,而且刑讯既可以适用于被告人,也可以适用于证人、被害人。封建社会的司法官吏坐堂问案时,大堂上都摆有刑具,都要进行拷问。在诉讼中不刑讯、不拷问的情况是非常罕见的。

4.建立多种监督制度,体现了慎刑慎杀的思想。我国封建统治者一直推崇"德主刑辅""明德慎刑"的儒家思想,反映在刑事诉讼上主要是对刑狱之事比较重视,不仅通过建立具体的制度来防止错杀无辜,而且对有罪者也注意慎用刑罚,特别是慎用死刑。例如,各封建朝代先后建立并长期实行的御史监察制度、法官责任制度、会审制度、直诉制度、复审制度、死刑复核复奏制度等,对防止出入人罪和滥用刑罚均发挥了一定的作用。

三、中国半封建半殖民地社会的刑事诉讼法

1840年鸦片战争以后至1949年中华人民共和国成立的一百多年里,中国沦为半殖民地半封建社会。在这一时期的前半段,清王朝仍沿用过去的刑事诉讼制度,但在这一时期的后半段刑事诉讼制度却发生了很大的变化。

清朝末年,清政府迫于内忧外患的压力,不得已在保持君主专制的前提下,引进西方资本主义国家的法律制度,对其原有的刑事诉讼制度进行了重大改革。1906年,清政府修订法律大臣沈家本主持制定了中国历史上第一部诉讼法典《大清刑事民事诉讼法》(暂缓执行),这标志着我国第一次冲破"诸法合一"的格局,开始制定单独的程序法。同年还制定了《大理院审判编制法》,并颁布施行。1907年制定了《各级审判厅试办章程》,1910年制定了《法院编制法》,并将刑事诉讼与民事诉讼分立,制定了《刑事诉讼法律草案》。清政府对刑事诉讼的改制,开始实现了司法与行政以及审判与检察的分立,并将律师制度、陪审制度、对抗式诉讼制度引入刑事诉讼领域,废除了刑讯等,从而为中国刑事诉讼的改革和发展奠定了基础。但《大清刑事民事诉讼法》确认了帝国主义在中国的领事裁

判权，从而使我国的司法主权遭受严重的侵犯。这是中国法制史上最耻辱的篇章，也是清末刑事诉讼法的最大缺陷。

1912 年 1 月 1 日，南京临时政府成立，同年 2 月和 3 月先后颁布的《中华民国临时政府组织大纲》和《中华民国临时约法》原则上确立了一些资产阶级国家的诉讼原则和制度，如公开审判、法官独立审判、法官任职终身制等。但由于袁世凯的窃国活动，年轻的资产阶级共和国为北洋政府所取代，上述资产阶级的刑事诉讼原则和制度也随之遭到扼杀。1912 年 4 月北洋政府成立。这是一个地主买办阶级的政权。为了适应其统治的需要，他们承袭了清末的旧传统，对清末颁行的《各级审判厅试办章程》和《法院编制法》等法律只略加修改，即予通令施行；对清末未及颁行的《刑事诉讼法律草案》先是分别援用其中的某些篇章，1921 年又将该"草案"加以修改，更名为《刑事诉讼条例》，予以公布施行。北洋政府还先后颁布了《陆军审判条例》和《海军审判条例》。按照这两个条例，无论是军人还是非军人犯罪，无论是刑事案件还是民事案件，军法机关均可受理，审判采取秘密方式，不准旁听，也不准上诉，实行反动的法西斯军事审判制度。

1927 年，国民党政府成立。1928 年，国民党政府公布其第一部《刑事诉讼法》，与《刑法》同时施行。该法的内容和体系与北洋政府的《刑事诉讼条例》基本相同，但也有某些重要增删。它以德、日当时的刑事诉讼法为蓝本，确立了职权主义的诉讼结构。1934 年，国民党政府对这部法律进行修正，并于次年公布。虽然该法确立了"公开审判""言词辩论""被告人有辩护权""禁止刑讯逼供""上诉不加刑"及"不告不理""一事不再理"等资产阶级的诉讼原则和制度，但国民党政府为了维护其反动统治，又于 1944 年和 1948 年先后颁布了《特种刑事案件诉讼条例》《特种刑事法庭组织条例》《特种刑事法庭审判条例》，对共产党人和爱国进步人士实行残酷镇压，使上述原则和制度荡然无存。

四、中国社会主义的刑事诉讼法

(一)新民主主义革命时期刑事诉讼制度的产生和发展

早在第一次国内革命战争和第二次国内革命战争时期，随着农村革命根据地的建立和发展，工农民主政权便制定了一些刑事诉讼法律规范。例如，1931 年 12 月和 1932 年 6 月，中华苏维埃共和国中央工农民主政府先后发布了《关于处理反革命案件和建立司法机关的暂行程序的训令》(第六号)和《裁判部暂行组织及裁判条例》，除了对根据地司法机关的设置、体制作出规定以外，还确定了一系列代表工农根本利益的诉讼原则和制度，如工人代表陪审、检察员预审和公诉、两审终审、巡回审判、公开审判、回避、被告人可派代表出庭辩护等。抗日战争时期，各根据地都结合本地的实际情况，颁布了有关司法组织和诉讼程序的法律、法令。如 1939 年 1 月，陕甘宁边区颁布了《陕甘宁边区高等法院组织条例》，1942 年又颁布了《陕甘宁边区保障人权财权条例》。按照上述条例，边区的公安司法组织体系由公安机关、检察机关、审判机关构成，边区的刑事诉讼确立了上诉、复核和再审制度以及人民陪审制度，产生了著名的马锡五审判方式(具体指就地审判、巡回审判、公开审判以及对轻微的刑事案件进行调解息讼等)。解放战争时期,解放区的公安司法组织体系仍沿用抗日战争时期的格局,但刑事诉讼的原则和制度出现了新的特点,如华北人民政府1948年11月发布的《关于县市公安机关与司法机关处理刑事案件职责的规定》,对公安司法机关在刑事诉讼中的分工协作问题作了规定;1949年3月发布的《为确定刑事复核制度的通令》,对实行案件复核制度作了全面具体的规定。

1949年2月,中共中央发布的《关于废除国民党的六法全书与确定解放区的司法原则的指示》明确指出:“在无产阶级领导的工农联盟为主体的人民民主专政的政权下,国民党的六法全书应该废除,人民的司法工作不能再以国民党的六法全书为依据,而应该以人民的新的法律作依据。”这一文件的发布,标志着中国刑事诉讼法的发展进入了一个新的历史阶段,也为新中国刑事诉讼法的发展指明了方向。

(二)中华人民共和国成立初期刑事诉讼制度的建立和发展

中华人民共和国成立后,党和国家十分重视社会主义法制建设,立即着手制定法律、法规,我国刑事诉讼法因此获得了较快的发展。1949年9月,中国人民政治协商会议制定的《共同纲领》第17条明确规定:“废除国民党反动政府一切压迫人民的法律、法令和司法制度,制定保护人民的法律、法令,建立人民的司法制度。”1951年9月,中央人民政府通过的《中华人民共和国人民法院暂行组织条例》《中央人民政府最高人民检察署组织条例》和《地方各级人民检察署组织通则》是中华人民共和国关于司法组织和诉讼程序的重要法律。这些法律对人民法院、人民检察署的性质、任务、职权、组织体系等作了明确规定,并确立了人民陪审制度、公开审判制度、辩护制度、合议制度、再审制度,同时还规定各民族公民均有权使用本民族语言文字进行诉讼,必要时人民法院应为之翻译。

1954年9月,我国召开了第一届全国人民代表大会第一次会议,制定并通过了《中华人民共和国宪法》,同时颁布了《中华人民共和国人民法院组织法》《中华人民共和国人民检察院组织法》,同年12月又颁布了《中华人民共和国逮捕拘留条例》,确立了国家的审判权、检察权、侦查权只能由人民法院、人民检察院和公安机关根据宪法和法律的规定分别行使的原则,人民法院、人民检察院独立行使职权的原则,对一切公民在适用法律上一律平等的原则,公安机关、人民检察院和人民法院在刑事诉讼中分工负责、互相配合和互相制约的原则,被告人有权获得辩护的原则,同时确立了两审终审制度、死刑复核制度、审判监督制度、审判人员回避制度等。但是,从20世纪50年代后期开始,由于“左”的思想的干扰,宪法和法律确立的上述原则和制度遭到错误的批判,特别是“文化大革命”时期,这些原则和制度更是遭到严重破坏,而且人民检察院也被撤销了,从而使我国刑事诉讼制度和整个法制建设一样陷于停滞状态。

(三)《中华人民共和国刑事诉讼法》的制定和修改

早在20世纪50年代初期,我国就开始了刑事诉讼法的起草工作。1955年,中央人民政府法制委员会曾拟出《中华人民共和国刑事诉讼条例(草案)》。1956年,全国人大委托最高人民法院负责刑事诉讼法的起草工作,并组成了专门机构,于次年5月拟出《中华人民共和国刑事诉讼法草案》(草稿),共7篇,325条。后因"反右"斗争开始,起草工作停顿下来。1962年6月,在中央政法小组的主持下,恢复了刑事诉讼法的起草工作。于1963年4月拟出《中华人民共和国刑事诉讼法草案》(初稿),共7篇,18章,200条。后由于政治运动的开始,特别是"文化大革命"的开始,刑事诉讼法的制定工作陷入了长期的停顿状态。

1978年12月中国共产党第十一届三中全会的召开,开始了我国社会主义建设的新阶段,同时也揭开了我国法制建设的新篇章。1979年2月全国人民代表大会常务委员会法制委员会成立。在抓紧刑法和其他几个法律草案的起草修订工作的同时,法制委员会还组织力量,以1963年形成的刑事诉讼法草案(初稿)为基础,先后拟出草案的修正一稿和修正二稿;1979年6月全国人大常委会将修正二稿提请第五届全国人民代表大会第二次会议审议,同年7月1日正式通过,7月7日公布,1980年1月1日起施行。至此,我国第一部社会主义的刑事诉讼法典终于诞生。该法共4编,164条。其中第1编为"总则",第2编为"立案、侦查和提起公诉",第3编为"审判",第4编为"执行"。

为适应打击严重刑事犯罪、保障社会主义现代化建设顺利进行的需要,第六届全国人大常委会于1983年9月2日和1984年7月7日分别通过了《关于迅速审判严重危害社会治安的犯罪分子的程序的决定》《关于刑事案件办案期限的补充规定》《关于修改〈中华人民共和国人民法院组织法〉的决定》《关于修改〈中华人民共和国人民检察院组织法〉的决定》,对刑事诉讼法规定的陪审制度、审判组织、审判程序、办案期限、死刑复核等问题进行了修改和补充。

随着社会主义市场经济体制的逐步形成,我国的政治、经济形势发生了巨大的变化,刑事犯罪也呈现出新的特点,司法实践面临着许多新情况新问题,1979年制定的刑事诉讼法与之日益不相适应。为此,全国人大常委会法制工作委员会于1993年正式将修改刑事诉讼法列入其立法规划,并委托刑事诉讼方面的专家组织起草《刑事诉讼法》修改建议稿。经过调查研究和起草工作,全国人大常委会法制工作委员会对专家修改建议稿进行补充、修改,在1995年12月草拟出《中华人民共和国刑事诉讼法修正案(草案)》,提交第八届全国人大常委会第十七次会议审议。

1996年2月,第八届全国人大常委会第十七次会议对《中华人民共和国刑事诉讼法修正案(草案)》进行第二次审议后,决定提交第八届全国人大四次会议审议。同年3月17日,第八届全国人大四次会议审议通过了《关于修改〈中华人民共和国刑事诉讼法〉的决定》(于1997年1月1日起施行,以下简称《决定》)。原刑事诉讼法共164条,《决定》增、删、改达110处,其中新增条文61条,使修正后的《刑事诉讼法》增加到225条,从而使我国刑事诉讼制度发生了重大变化,并得到进一步完善。归纳起来,这次修改的内容主要有:增设人民检察院依法对刑事诉讼实行法律监督的原则,赋予其立案监督等多项监督职权;吸收无罪推定的主要精神,确立了未经人民法院依法判决,对任何人都不得确定有罪的原则;对职能管辖进行了调整,特别是调整了检察机关自侦案件的范围;改革刑事辩护制度,允许犯罪嫌疑人在审查起诉阶段即可委托辩护人为其进行辩护,允许犯罪嫌疑人在侦查阶段聘请律师提供法律帮助;改革强制措施制度,放宽逮捕的条件,完善取保候审和监视居住的适用程序,废除收容审查制度,并将其适用的对象纳入刑事拘留措施;

废除免于起诉制度，完善审查起诉制度，扩大不起诉的适用范围；取消开庭前的实体审查，改革法庭审理程序，扩大控辩双方的参与权，强化合议庭在刑事审判中的作用；增设简易程序，以提高诉讼效率；赋予被害人以当事人的诉讼地位，扩大被害人的诉讼权利，加强了对被害人的人权保障；等等。

但是，由于我国刑事司法体制的局限和刑事诉讼法修订中的粗疏，修正后的刑事诉讼法在实施中发生了不少问题。为解决这些问题，保证刑事诉讼法的正确实施，1998 年 1 月最高人民法院、最高人民检察院、公安部、国家安全部、司法部、全国人大常委会法制工作委员会联合发布了《关于刑事诉讼法实施中若干问题的规定》，1997 年 1 月最高人民检察院发布了《人民检察院刑事诉讼规则》(1999 年 1 月作了个别修订)，1998 年 9 月最高人民法院发布了《关于执行〈刑事诉讼法〉若干问题的解释》，1998 年 5 月公安部发布了《公安机关办理刑事案件程序规定》等。

1997 年以来，我国全面推进和不断深化司法改革，在刑事诉讼等诸多领域取得了明显的改革成效。为了巩固司法改革成果，进一步有效惩罚犯罪，加强人权保障，加强和创新社会管理，维护社会和谐稳定，2003 年和 2009 年第十届、第十一届全国人大常委会先后两次将刑事诉讼法的再修改列入立法规划。2011 年 8 月 24 日，《中华人民共和国刑事诉讼法修正案(草案)》(以下简称《修正案(草案)》正式提请第十一届全国人大常委会第二十二次会议进行初次审议。同年 8 月 30 日，全国人大常委会公布《修正案(草案)》，在全国范围内征求意见。短短一个月时间，共收到 80953 条修改意见。12 月 26 日，第十一届全国人大常委会第二十四次会议再次对《修正案(草案)》进行了审议，并决定将草案提请十一届全国人大五次会议审议。第十一届全国人大五次会议经过审议，于 2012 年 3 月 14 日通过了《全国人民代表大会关于修改〈中华人民共和国刑事诉讼法〉的决定》(于 2013 年 1 月 1 日起施行)。1996 年修订后的《刑事诉讼法》共 225 条，《决定》增、删、改的条文达 149 处，其中新增条文 65 条，使修正后《刑事诉讼法》增加到 290 条，从而使我国的刑事诉讼法得到较大的完善，其科学性进一步增强。归纳起来，这次修改的内容主要有：将“尊重和保障人权”作为刑事诉讼法的任务之一；调整法院级别管辖的有关规定；改革完善辩护制度，规定犯罪嫌疑人在侦查阶段可以委托律师担任辩护人，扩大法律援助适用的阶段和案件范围，增加程序性辩护的规定，扩大律师在刑事诉讼中的权利；完善证据制度，对证据种类作出调整，增加规定“不得强迫任何人证实自己有罪”，确立非法证据排除制度，对刑事案件证明标准作出具体、明确的规定，加强对证人、鉴定人、被害人的保护；完善强制措施制度，进一步明确逮捕的条件和情形，对监视居住规定专门的适用条件，明确监视居住的执行方式，修改采取强制措施后通知家属的规定；改革完善侦查阶段讯问犯罪嫌疑人、询问证人的程序，增加对讯问过程进行录音、录像的规定，完善原有的侦查措施，增加技术侦查、秘密侦查和控制下交付等特殊侦查措施，强化对侦查活动的监督；规定检察机关提起公诉应将全部案卷材料、证据移送人民法院；完善证人、鉴定人出庭作证制度，扩大简易程序的适用范围和二审程序开庭审理的范围，规定第二审法院将案件发回重审“以一次为限”；完善死刑复核程序，规定复核死刑案件应当讯问被告人和听取辩护律师的意见；完善审判监督程序，增加程序性再审事由，规定上级法院指令下级法院再审的，应当指令原审法院以外的下级法院再审；完善执行程序，调整暂予监外执行的适用范围，设立社区矫正制度，强化对监外执行、减刑、假释的法律监督；增设未成年人刑事案件诉讼程序、当事人和解的公诉案件诉讼程序等四项特别程序。

2012 年 12 月 26 日最高人民法院、最高人民检察院、公安部、国家安全部、司法部、全国人大常委会法制工作委员会联合发布《关于实施刑事诉讼法若干问题的规定》，2012 年 11 月 22 日最高人民检察院发布《人民检察院刑事诉讼规则》，2012 年 12 月 20 日最高人民法院发布《关于适用〈刑事诉讼法〉的解释》，2012 年 12 月 13 日公安部发布《公安机关办理刑事案件程序规定》，2014 年 6 月 27 日全国人民代表大会常务委员会关于授权最高人民法院、最高人民检察院在部分地区开展刑事案件速裁程序试点工作的决定，2016 年 9 月 3 日全国人民代表大会常务委员会关于授权最高人民法院、最高人民检察院在部分地区开展刑事案件认罪认罚从宽制度试点工作的决定。毫无疑问，上述规定、解释和规章有利于弥补修正后的刑事诉讼法部分条文的粗疏、遗漏，增强其操作性，进而保证刑事诉讼法的有效实施。

党的十八大以来，以习近平总书记为核心的党中央协调推进“四个全面”战略布局，在深化国家监察体制改革、反腐败追逃追赃、深化司法体制改革等方面作出了一系列重大决策部署，取得了重大成果和进展。为落实党中央这一系列重大决策部署，适应新时期刑事政策的发展变化，根据宪法和监察法对刑事诉讼法进行修改完善显得尤为必要。从刑事诉讼制度来看，应当及时调整跟进：一是为保障国家监察体制改革顺利进行，需要完善监察与刑事诉讼的衔接机制；二是为加强境外追逃工作力度和手段，需要建立刑事缺席审判制度；三是总结认罪认罚从宽制度、速裁程序试点工作经验，需要将可复制、可推广的行之有效的做法上升为法律规范，在全国范围内实行。可见，从上述三个方面，有针对性地对刑事诉讼法进行适当的修改补充，是必要的。

2018 年 4 月 26 日至 10 月 23 日，第十三届全国人大常委会先后对《中华人民共和国刑事诉讼法（修正草案）》进行了三次审议，共作出 26 项决定，其中对 2012 年《刑事诉讼法》的 18 个条款进行了修改，并新增条款 18 条。《刑事诉讼法》的修订工作严格遵循四项原则，一是坚持法治思维，维护司法公正，遵循诉讼规律；二是坚持问题导向，总结实践经验，以立法形式巩固和推广实践证明行之有效的改革成果；三是注意处理好刑事诉讼法与监察法、刑法、律师法、公证法等法律的衔接，维护法律体系内部协调统一；四是坚持立足国情和实际，合理借鉴国外相关制度有益经验。

修改后的《刑事诉讼法》从 290 条增加到 308 条，具体规定了刑事诉讼的任务、基本原则与制度，规定了公安机关、人民检察院和人民法院在办理刑事案件过程中的立案、侦查、起诉、审判、执行等程序，是公安机关、检察机关和人民法院办理刑事案件必须遵循的“操作规程”。2018 年对《刑事诉讼法》的修订主要内容如下：

1. 完善与《监察法》的衔接机制。为落实《宪法》有关规定，做好与《监察法》的衔接，保障国家监察体制改革顺利进行，2018 年新修订的《刑事诉讼法》主要进行了以下修改补充。(1)删去人民检察院对贪污贿赂等案件行使侦查权的规定，保留人民检察院在诉讼活动法律监督中发现司法工作人员利用职权实施的非法拘禁、刑讯逼供、非法搜查等侵犯公民权利、损害司法公正犯罪的侦查权。(2)关于侦查期间辩护律师会见经许可、指定居所监视居住、采取技术侦查措施的规定中,删去贪污贿赂犯罪的内容。(3)对人民检察院审查起诉监察机关移送的案件、留置措施与刑事强制措施之间的衔接机制作出规定,依照《刑事诉讼法》和《监察法》的有关规定进行审查;认为需要补充核实的,应当退回监察机关补充调查,必要时可以自行补充侦查;对于监察机关采取留置措施的案件,人民检察院应当对犯罪嫌疑人先行拘留,留置措施自动解除,人民检察院应当在十日内作出是否逮捕、取保候审或者监视居住的决定。在特殊情况下,决定的时间可以延长。

2.建立刑事缺席审判制度。在《刑事诉讼法》第五编特别程序中增设"刑事缺席审判程序"一章,主要规定了以下内容:(1)建立犯罪嫌疑人、被告人潜逃境外的缺席审判程序,规定对于贪污贿赂等犯罪案件,犯罪嫌疑人、被告人潜逃境外,监察机关、公安机关移送起诉,人民检察院认为犯罪事实已经查清,证据确实、充分,依法应当追究刑事责任的,可以向人民法院提起公诉。(2)规定犯罪嫌疑人、被告人潜逃境外的缺席审判的具体程序。明确由犯罪地或被告人离境前居住地或者最高人民法院指定的中级人民法院组成合议庭进行审理。人民法院通过司法协助方式或者受送达人所在地法律允许的其他方式,将传票和起诉状副本送达被告人。规定被告人未按要求归案的,人民法院应当开庭审理,依法作出判决,并对违法所得及其他涉案财产作出处理。(3)充分保障被告人的诉讼权利,对委托辩护和提供法律援助作出规定。赋予被告人的近亲属上诉权。规定人民法院应当告知罪犯有权对判决、裁定提出异议。罪犯提出异议的,人民法院应当重新审理。这样规定,不违反刑事诉讼的公正审判和程序参与的原则,也符合国际上通行的司法准则的要求。(4)根据司法实践情况和需求,增加对被告人患有严重疾病中止审理和被告人死亡案件可以缺席审判的规定。建立刑事缺席审判制度对丰富惩治犯罪的手段、促进反腐败国际追逃工作具有积极意义。

3.完善刑事案件认罪认罚从宽制度和增加刑事速裁程序。(1)在《刑事诉讼法》第1编第1章明确刑事案件认罪认罚可以依法从宽处理的原则。(2)完善刑事案件认罪认罚的程序规定。包括侦查机关告知诉讼权利;人民检察院在审查起诉阶段就案件处理听取意见,犯罪嫌疑人认罪认罚的,签署认罪认罚具结书;人民检察院提出量刑建议和人民法院如何采纳量刑建议;人民法院审查认罪认罚自愿性和具结书真实性和合法性等。并增加规定,犯罪嫌疑人认罪认罚,有重大立功或者案件涉及国家重大利益的,经最高人民检察院核准,可以不起诉或者撤销案件。(3)增加速裁程序。适用于基层人民法院管辖的可能判处三年有期徒刑以下刑罚,案件事实清楚,证据确实、充分,被告人认罪认罚并同意适用速裁程序的案件。规定速裁程序不受《刑事诉讼法》规定的送达期限的限制,一般不进行法庭调查、法庭辩论,但应当听取辩护人的意见和被告人的最后陈述意见;应当当庭宣判。同时,对办案期限和不宜适用速裁的程序转化作出规定。(4)加强对当事人的权利保障。对诉讼权利告知、建立值班律师制度、明确将认罪认罚作为采取强制措施时判断社会危险性的考虑因素等作出规定。

此外,《刑事诉讼法》对关于死缓执行、罚金执行、不得担任辩护人的情形、人民陪审员参加审判的有关规定也作出修改。

第四节　中国刑事诉讼法的主要特色

我国刑事诉讼法经过六十多年的发展和完善，在不断实践并借鉴外国刑事诉讼法有益经验的基础上，逐步形成了自己的特色。

一、在加强惩罚犯罪的同时，切实尊重和保障人权

刑事诉讼法作为程序法决定了它的首要任务是要“保证准确、及时地查明犯罪事实，正确应用法律，惩罚犯罪分子”。只有这样，才能保障作为实体法的刑法全面有效实施。同时，在我国，党和国家一贯坚持“严肃和谨慎相结合”和“不枉不纵”的刑事政策，历来重视对公民人身自由和民主权利的保护，并将“国家尊重和保障人权”写入了宪法，2018 年修正后的《刑事诉讼法》亦明确规定“保障无罪的人不受刑事追究”，“尊重和保障人权”，“保护公民的人身权利、民主权利和其他权利”，“认罪认罚从宽原则”，并在许多方面具体体现了对人权的尊重与保障。首先，规定犯罪嫌疑人在侦查阶段可以委托律师担任辩护人，将法律援助从原来仅适用于审判阶段扩大到侦查、起诉阶段，从原来适用于未成年人和盲、聋、哑人扩大到间歇性精神病人，以及从原来仅适用于死刑案件扩大到无期徒刑案件，并扩大了律师在刑事诉讼中的权利。其次，规定“不得强迫任何人证实自己有罪”，确立非法证据排除制度，加强对证人、鉴定人、被害人的保护，并在特别程序中增设刑事缺席审判程序。规定被害人有权与加害人进行和解，获得加害人自愿的道歉和赔偿。再次，对公安司法机关采取强制措施的种类、对象、条件、期限和通知家属等作了具体、明确的规定，从而不仅有利于追究犯罪，而且也加强了犯罪嫌疑人、被告人的人权保障。同时对讯问过程进行录音、录像作了详细规定，有利于防止刑讯逼供的发生，保障犯罪嫌疑人的人身权利不受侵犯。复次，保障作为辩护人的律师在刑事诉讼中的权利，包括在案件侦查终结前，辩护律师提出要求的，侦查机关应当听取辩护律师的意见，并记录在案；公安机关将侦查终结的案件移送检察机关审查起诉时，应当将案件移送情况告知犯罪嫌疑人及其辩护律师；最高人民法院复核死刑案件，辩护律师提出要求的，应当听取辩护律师的意见；担任辩护人、诉讼代理人的律师认为公安机关、人民检察院、人民法院及其工作人员阻碍其依法行使诉讼权利的，有权向同级或者上一级人民检察院申诉或者控告，等等。律师诉讼权利的扩大，显然有助于切实加强对被告人、辩护人和被害人人权的保障。

二、建立了公、检、法三机关分工负责、互相配合、互相制约的诉讼机制

我国刑事诉讼法将刑事诉讼程序明确地划分为侦查、起诉、审判三个大的阶段，并且规定侦查由公安机关负责，提起公诉由人民检察院负责，审判由人民法院负责，除法律特

别规定的以外，其他任何机关、团体和个人都无权行使这些权力。由此可见，与国外许多国家的刑事诉讼法不同，我国的刑事诉讼法不仅把审判作为刑事诉讼，而且把侦查、起诉也作为刑事诉讼的重要组成部分。我国进行刑事诉讼的国家机关有公安机关、人民检察院和人民法院。这三个机关虽然性质不同，但在我国刑事诉讼中地位平等，都属于我国刑事诉讼中的专门机关。这与国外许多国家仅把法院作为司法机关明显不同。同时，在公、检、法三机关分工负责的基础上，我国刑事诉讼法还强调它们之间的互相配合、互相制约，并对之作了具体的规定，如逮捕犯罪嫌疑人、被告人，必须经过人民检察院批准或人民法院决定，由公安机关执行；公安机关对人民检察院不批准逮捕的决定，认为有错误的，可以要求复议，如果意见不被接受，可以向上一级人民检察院提请复核；人民检察院发现人民法院审理案件违反法律规定的诉讼程序，有权向人民法院提出纠正意见，等等。这在其他国家的刑事诉讼法中是绝无仅有的，构成了我国刑事诉讼法的重要特点。

三、确立了一系列科学的刑事诉讼原则

我国刑事诉讼法不仅以专章对刑事诉讼的基本原则作出明确规定，而且其中的一些原则为我国所独有，如公、检、法三机关分工负责、互相配合、互相制约的原则，依靠群众的原则，以事实为根据、以法律为准绳的原则，人民检察院对刑事诉讼实行法律监督的原则，保障诉讼参与人依法享有诉讼权利的原则，使用本民族语言文字原则，认罪认罚从宽原则等。这些原则是我国长期司法实践经验的总结，是我国公安司法机关打击敌人、惩罚犯罪、保护人民的根本保证，实践证明这是完全正确的，也是行之有效的。这些原则在国外的刑事诉讼中无法找到，因此具有鲜明的中国特色。

四、实行职权主义与当事人主义相结合的诉讼模式

我国 1979 年制定的刑事诉讼法采用职权主义的诉讼模式，即强调国家机关在刑事诉讼中的职能作用，侦查、起诉、审判活动完全由国家专门机关依职权进行，特别是在法庭审判中，法官不是消极的仲裁者，而是积极的指挥者，讯问被告人、询问证人鉴定人、出示物证书证等由法官依职权主动进行。1996 年修正的《刑事诉讼法》从我国的实际情况出发，保留了职权主义的合理部分。例如，在侦查、起诉阶段仍由公安机关和人民检察院依职权单方面采取侦查、起诉行为，在审判阶段仍保留了法官讯问被告人、询问证人鉴定人和庭审中调查核实证据的权力等。为了有效地保障人权，实现诉讼公正，1996 年、2012 年、2018 年先后修正的《刑事诉讼法》又借鉴了当事人主义的某些因素，规定犯罪嫌疑人在侦查阶段可以委托律师担任辩护人，在起诉阶段可以委托律师、其所在单位推荐的人或其监护人、亲友担任辩护人，为自己进行辩护；特别是在审判阶段，将法院的庭前审查由实体性审查改为程序性审查，以避免法官先入为主，做到“兼听则明”；庭审中讯问被告人、询问证人鉴定人、出示物证书证首先和主要由控辩双方进行，法官即使进行这些诉讼活动，也只是起到补充作用而已，而且法官已不能像过去那样在庭前进行调查取证活动，

只有在庭审过程中对证据有疑问时才可以对证据进行调查核实。同时，控辩双方不仅在法庭辩论阶段可以进行互相辩论，而且在法庭调查阶段也可以对证据和案件情况发表意见并且互相辩论。由此可见，我国的刑事诉讼既不是单纯的职权主义，也没有完全照搬当事人主义，而是实行职权主义和当事人主义相结合的一种诉讼模式。

五、赋予人民检察院对刑事诉讼的法律监督权

在我国，人民检察院是国家的法律监督机关，对宪法与法律的遵守和执行情况进行监督。根据《刑事诉讼法》的有关规定，人民检察院在刑事诉讼中，既是侦查机关、公诉机关，又是诉讼监督机关。具体地说，人民检察院有权对发现的司法工作人员利用职权实施的非法拘禁、刑讯逼供、非法搜查等侵犯公民权利、损害司法公正的犯罪行为进行立案侦查，有权对所有公诉案件进行审查并决定是否提起公诉，在人民法院审判案件时有权出席法庭支持公诉，同时又有权对公安机关的立案、侦查活动和人民法院的审判活动以及刑罚执行机关的执行活动是否合法进行监督。而在西方国家，其检察机关只负责公诉活动，不具有法律监督职能。

六、规定了一些符合我国实际情况且行之有效的诉讼程序

在总结长期司法实践经验的基础上，我国刑事诉讼法规定了一些符合我国实际情况、简便易行且有利于保证办案质量的诉讼程序。例如，建立刑事缺席审判程序；完善了刑事案件认罪认罚从宽的程序规定并增设速裁程序；引入值班律师制度，完善我国司法人权保障；危害国家安全、恐怖活动案件和可能判处无期徒刑、死刑的刑事案件，由中级人民法院进行第一审审判；公安机关在侦查过程中认为需要逮捕犯罪嫌疑人的，由人民检察院审查批准；人民法院审判刑事案件，实行两审终审制；判处死刑的案件必须经过死刑复核程序；判决裁定发生法律效力后如果发现确有错误的，可以提起审判监督程序重新审判，等等。

思考与训练

一、思考题

1. 简述弹劾式诉讼的概念与特征。
2. 简述纠问式诉讼的概念与特征。
3. 简述混合式诉讼的概念与特征。
4. 简述外国刑事诉讼法的各项基本原则。
5. 外国现代刑事诉讼法有哪些新发展？
6. 简述 2018 年《刑事诉讼法》修改的主要内容。

7. 简述我国刑事诉讼法的主要特色。

二、选择题

1. 从表面特征来看,我国刑事诉讼属于哪一种诉讼模式?(　　)

A. 当事人主义模式　　B. 职权主义模式

C. 当事人主义和职权主义相结合模式　　D. 弹劾主义模式

2. 下列哪一项不属于外国刑事诉讼法的一般原则?(　　)

A. 诉讼迅速原则　　B. 控审分离原则

C. 平等对抗原则　　D. 惩罚犯罪与保障人权相结合原则

3. 弹劾式诉讼最主要的特点是?(　　)

A. 司法机关依职权主动追究犯罪　　B. 不告不理

C. 采用神示证据制度　　D. 适用法定证据制度

4. 在刑事诉讼中,法官消极中立,通过当事人举证、辩论发现事实真相,并由当事人推动诉讼进程。这种诉讼构造属于哪一种类型?(　　)

A. 当事人主义　　B. 职权主义

C. 纠问主义　　D. 混合主义

5. 关于刑事诉讼构造,下列哪一选项是正确的?(　　)

A. 混合式诉讼构造是当事人主义吸收职权主义的因素形成的

B. 刑事诉讼价值观决定了刑事诉讼构造

C. 当事人主义诉讼构造与控制犯罪是矛盾的

D. 职权主义诉讼构造适用于实体真实的诉讼目的

6.《中共中央关于全面深化改革若干重大问题的决定》提出“让审理者裁判、由裁判者负责”。结合刑事诉讼基本原理,关于这一表述的理解,下列哪一选项是正确的?(　　)

A. 体现了刑事审判的程序性特征

B. 体现了我国刑事诉讼职能的进一步细化与完善

C. 体现了刑事诉讼直接原则的要求

D. 体现了刑事审判控辩式庭审方式改革的方向

7. 关于我国刑事诉讼构造,下列哪一选项是正确的?(　　)

A. 自诉案件审理程序适用当事人主义诉讼构造

B. 审查起诉程序中只存在控辩关系

C. 侦查程序已形成控辩审三方构造

D. 被告人认罪案件审理程序中不存在控辩对抗

8. 下列关于刑事诉讼中程序公正含义的表述哪一项不正确?(　　)

A. 诉讼参与人能充分有效地参与诉讼

B. 程序违法能得到救济

C. 刑事诉讼判决结果符合事实真相

D. 刑事诉讼程序能得到遵守

三、案例分析

清代同治十一年三月初四(1872年4月),毕生姑(俗名小白菜)与余杭镇上一家豆腐店伙计葛品连结为夫妇,葛入赘做毕家的上门女婿。婚后1个月,租住在杨乃武澄清巷口余屋。小白菜手脚勤快,常帮杨家做些家务,她的美貌和勤劳深得杨家的喜爱,待她如同家人,时常叫她同桌吃饭,杨乃武还教小白菜识字读经。时间一长,市井街坊便有了"羊(杨乃武)吃白菜(小白菜)"的流言蜚语。为避开闲言碎语,同治十二年闰六月,小白菜搬出杨家,搬到太平弄王心培隔壁县差赵福庆一间闲房租住。

葛品连患有流火病(大脚风丝虫病)。同治十二年十月初五,葛发冷发热不舒服,小白菜叫丈夫在家休息不要去豆腐店,他仍撑着要去。到了初九早晨,他从豆腐店回家途经一茶点店,买了粉团吃,原本有病的他吃后恶心呕吐不止,到家就倒在了床上,疑是痧症,服了萝卜籽、万年青,随后叫小白菜去买了东洋参、桂圆。买来后小白菜依他喂入口中。葛随即病重,口吐白沫,申时猝然暴死。

初十夜间,天气还有些热,尸体上可见口鼻流着淡血水,身上有疱疹,脸色灰暗。葛母沈喻氏便联想到住在杨家时的流言蜚语,认为儿子死得可疑,便连夜到县衙喊告追问,要求验尸。十一日,杭州余杭知县刘锡彤带仵作(验尸衙役)沈祥、门丁沈彩泉前往。沈祥没有按规定用皂角水擦拭验尸银针,把口鼻流入耳中的血水看作七孔流血,疑是生烟土中毒。而由于皮肤青黑色,沈彩泉坚称砒霜中毒身亡,两人各执一词。

刘锡彤想起幕僚陈竹山谈起过"羊吃白菜"的传闻,认定这是一起因奸合谋的案件。是日三更在白公祠提审小白菜,责成她供出砒霜来源及与杨乃武的私情。小白菜多次矢口否认。有一个与陈竹山相好多年的妇人阮金桂,对小白菜说:"只要说出是杨乃武给的药可免死罪。杨乃武是举人也不会被处死,否则你会被千刀万剐。"小白菜陷入深深的恐惧与迷茫之中。审讯重新开始,小白菜还是坚持原来的口供。然而屈打成招的悲剧发生了:一连三根枷子夹住她的手指,使她痛彻心扉,小白菜恐性命难保,只得按阮金桂的授意,违心妄供杨乃武十月五日有一包流火药交给她。

刘锡彤获得口供后,于十二日黎明传审杨乃武,但杨乃武是新科举人,要革去举人才能审讯。刘立马逐级上报,但未等到批文回复,就传讯杨乃武。杨性格桀骜,哪里会承认,杨说十月初五在南乡岳父詹耀昌家不在余杭,如何给小白菜毒药,还以举人身份藐视刘锡彤。刘动火,用夹棍、火砖重刑杨乃武招供。刘锡彤自认案情已明,遂向杭州知府陈鲁禀报。刘锡彤移送案宗时将死者"口鼻流血"改成"七孔流血",将小白菜供的十月初五改成十月初三。时隔几日,革去杨乃武举人的报告被同治皇帝批准。十月二十日,杨乃武、小白菜被押解至杭城,陈鲁在审讯一开始就严刑拷打,夹棍之下杨乃武几度昏死,出于本能被逼认罪。当追问砒霜来源时,他记起杭州返余杭途经仓前,街上见过有爿药铺,胡乱谎说向钱宝生买了40文红砒的老鼠药。

仓前老街上有爿钱爱仁堂药店,店主叫钱坦,而杨乃武重刑之下胡供钱宝生。当县衙要钱宝生作证卖砒霜给杨乃武时,钱坦说,我店从不进货砒霜,更不曾卖砒霜给杨乃武,况且我也不叫钱宝生。陈竹山、章浚受刘锡彤授意,写纸条规劝钱坦承认卖过砒霜给杨乃武，并保证他不与杨乃武当面对质。他还吓唬钱坦，如不从会有无尽的麻烦。老实胆小的钱坦在恐吓之下，写下了卖砒霜给杨乃武的甘结（在古代指受审人出具自己担保供述属实，否则愿承受处分的文书）。后来刑部要提人证到京时，钱坦突然死亡，这很有可能是县衙派人杀人灭口。

有了杨乃武、小白菜的口供和“钱宝生”的甘结，杭州知府陈鲁依据《大清律例》，作出杨乃武斩立决、小白菜凌迟处死的判决，并于同治十三年十一月六日上报浙按察司。按察使蒯贺荪虽觉得可疑，但看了刘锡彤拍胸脯的保证，也就不再说什么，将案件上报至浙江巡抚杨昌浚。接到案件，杨昌浚即派黄岩候补知县郑锡皋去仓前暗访。郑锡皋将此事告知刘锡彤，刘锡彤得知便用重金贿赂了郑锡皋。郑锡皋遂回禀杨昌浚：此案刘锡彤审理得“无冤无滥”。得到报告的杨昌浚进行会审，仍照原杭州府的判决，于同年十二月二十日上报朝廷。

得知判决，杨家陷入深深的悲愤之中。父母去世后，姐姐杨淑英（嫁夫叶梦堂，婚后不久夫死，后回娘家与杨乃武同住）如同母亲一般照料杨乃武，深信他的品行和清白。为了拯救弟弟的性命，她四处奔波。当她得知葛母前后供词不一，爱仁堂从未卖过砒霜，决定上京申冤。可杨乃武经县、府、按察使、学政、巡抚层层严刑，强令承认，他以为天下乌鸦一般黑，无清官无理可言。当杨淑英叫他写诉状，他已失去信心。在姐姐的一再劝说催促下，在杭州监狱，杨乃武趴在地上，杨淑英跪其侧旁，纸铺背上写了诉状。同治十四年四月，杨淑英携王阿木（詹氏之表弟）赴京向都察院递状（清时女子不能亲手递状），都察院批回浙江巡抚复审。九月，杨乃武妻詹彩凤携姚士法（杨乃武姨表兄）向步军统领衙门递交申诉状，仍批复回浙复审。接谕旨，杨昌浚会同按察使蒯贺荪亲提严审，还将案件交由绍兴知府龚嘉俊、富阳知县许嘉德、黄岩知县陈宝善共同复审，湖州知府锡光装病拖延。复审，杨、毕均翻供。

案件迟迟不能审结，引起了各种猜测，负责稽查的刑部官员王书瑞提请注意有人想用拖延的办法欲使犯人死在狱中，以维持原判。他上奏朝廷另派大员查办此案，并确保狱中人员的人身安全。上奏获准后，两宫皇太后谕旨兵部左侍郎提督、浙江学政胡瑞澜主持复审。胡瑞澜又动了极刑维持原判，将犯证供招咨送军机处。户部给事中边宝泉注意到此案在审讯中有官官相护之嫌，便上奏将案件移交到刑部审理。

内阁中书汪树屏等浙籍十八京官，非常关注发生在家乡的这桩轰动全国的大案，他们意识到这或许是一起冤案，还意识到如刑部提出疑点，可能会被胡瑞澜等弥合得看不出破绽，这就意味着冤案将永无昭雪的一天。在这紧要关头，他们联名上书都察院。杨毕案也惊动了朝廷一些高官，户部侍郎、都察院左都御史、同治光绪的老师翁同龢，听取夏同善（兵部吏部右侍郎）介绍案情后，仔细查阅了审讯记录与诉状，发现诸多可疑之处，逐条签出歧异，请刑部发回重审。都察院和步军统领衙门上奏提请重审。在众多正义官员的奏请下，经两宫皇太后获准，此案提交刑部重审。

光绪二年二月二十八日，杨乃武、杨恭治、吴玉琨、詹善政、钱姚氏、杨小桥、沈祥、喻王氏、喻敬天，第一批解京。三月二十七日，小白菜、葛喻氏、玉心培、王林、何春芳、阮德、沈体仁、王阿木，第二批解京。十二月初五，刘锡彤、沈彩祥、沈祥、葛品连尸棺及卷案，第三批解京。

光绪二年十二月初九，刑部邀请都察院、大理寺一同进行刑部大审，满汉六部都到堂。杨乃武膝伤未愈，准许席地而坐，他供述案情时，堂上堂下鸦雀无声，连差役也都全神贯注。小白菜和其他证人也据实陈述，尽数推翻先前的不实之词。同日，在京朝阳门外海会寺开棺验尸，刑部特别请出80多岁有着61年验尸经验的老仵作荀义亲自验尸。葛尸肉腐烂，但骨骼完整，老仵作打开头颅囟门骨，验十指十趾骨，均见骨黄白，报："此人委实病死，不是砒毒。"最终该案真相大白，杨乃武与小白菜绝处逢生。

光绪三年二月十六日，刑部向两宫皇太后和皇帝上奏审理结果，推翻原审判决，并对制造冤案的责任人提了处理意见。同日，谕旨批准刑部的意见，将杨昌浚、胡瑞澜、刘锡彤、陈鲁等一干官员全部革职，有的还予以流放；葛品连母、沈喻氏杖一百，徒刑四年，须交银才能赎罪；杨乃武因与小白菜同食教经，不知避嫌，杖一百，举人身份不予恢复；小白菜与杨乃武同桌同食，不守妇道，杖八十；王心培、王林、沈体仁分别折责追取赎银。

问题：

请结合该案，谈谈你对中国封建社会刑事诉讼特点的认识。

（扫描二维码获取参考答案）

补充阅读

《混合主义抑或职权主义：对日本刑事诉讼制度的一种再认识》

（扫描二维码阅读）

第三章

刑事诉讼法的基本理念

导读

刑事诉讼法的理念趋向，决定了一国刑事诉讼的价值和模式。通过本章的学习，要求掌握惩罚犯罪与保障人权相统一，公正优先、兼顾效率，程序公正与实体公正并重，控审分离、控辩平衡与审判中立等基本理念，正确理解各项理念的概念、意义、内容及其相互关系，并能够加以运用。

第一节　惩罚犯罪与保障人权相统一

一、人权的由来、含义及中国对保障人权的努力

“人权”是 17—18 世纪西方资产阶级启蒙思想家为反抗封建君主贵族和教会神权特权而提出的一个政治口号。人权被认为是人天赋的、基本的和不可剥夺的权利，由此产生了“天赋人权”一说。最初，人权仅指个人人权，其基本内容包括公民个人的人身权、财产权和政治权等，并且这些权利是公民平等享有的。1776 年美国《独立宣言》宣称：人人生而平等，“造物主”赋予了他们某些不可转让的权利，其中包括生命权、自由权和追求幸福的权利，马克思称为“第一个人权宣言”。1789 年法国国民议会通过的《人权和公民权宣言》宣布：人权是自然的、不可剥夺的和神圣的；在权利方面，人们生来是而且始终是自由平等的；这些权利就是自由、财产、安全和反抗压迫。该宣言的内容后来被载入法国宪法，而且第一次以法律形式确认了“人权”的内容。

19 世纪中后期，随着西方社会主义思潮的兴起，劳工阶层、女性团体等弱势族群开始争取自己的权利，人权逐渐成为社会各阶层平等享有的权利。同时，人权着重于在实质上为个人自由之实现提供基本的社会和经济条件，人权内容涉及经济、社会和文化等方面，如工作的权利、得到合理报酬的权利、组织和参加工会的权利、休息的权利、享受社会福利和教育的权利等等。第一次世界大战之后，国际社会还签订了若干保护人权的公约，如 1926 年的《禁奴公约》、1930 年的《禁止强迫劳动公约》等。

1945 年联合国成立。基于 20 世纪前半叶人类经历两次世界大战、人权遭受严重践踏的惨痛教训，由 50 个国家的代表起草并签署的《联合国宪章》在序言中即“重申基本人权，人格尊严与价值，以及男女与大小各国平等权利之信念”，并在第一章第 1 条第 3 款中明确规定：“促成国际合作，以解决国际间属于经济、社会、文化和人类福利性质之国际问题，且不分种族、性别、语言或宗教，增进并激励对于全体人类之人权及基本自由之尊重。”这是联合国首次提出人权概念，并在其“根本大法”中将人权作为其宗旨之一，由此标志着人权开始成为国际社会普遍关注，并为之共同奋斗的重要目标。

联合国成立 70 多年来，制定了大量的国际人权公约，主要有：1948 年 12 月 10 日通过的《世界人权宣言》；1965 年 12 月 21 日通过的《消除一切形式种族歧视国际公约》；1966 年 12 月 16 日通过的《公民权利和政治权利国际公约》（该公约经开放供各国签字、批准或加入后，于 1976 年 3 月 23 日生效）；1966 年 12 月 16 日通过的《经济、社会和文化权利国际公约》（该公约经开放供各国签字、批准或加入后，于 1976 年 1 月 3 日生效）；1979 年 12 月 18 日通过的《消除对妇女一切形式歧视公约》；1984 年 12 月 10 日通过的《禁止酷刑和其他残忍、不人道或有辱人格的待遇或处罚公约》；1989 年 11 月 20 日通过的《儿童权利公约》。除此之外，联合国还制定了一些其他有关人权的公约和一大批关于

各类人权的宣言和决议等重要文件，其内容涉及禁奴、无国籍人地位、已婚妇女国籍、强迫劳动、教育中的歧视、就业中的歧视、难民、种族分离、劳工权利和原住民权利等问题。需要特别指出的是，《世界人权宣言》和《公民权利和政治权利国际公约》《经济、社会和文化权利国际公约》一起被誉为“国际人权宪章”，并且成为联合国此后制定其他国际人权公约、决议等法律文件的理论上和法律上的重要依据。

《世界人权宣言》是第一个关于个人基本权利和自由的国际文件，由序言和 30 个条文组成，对公民权利、政治权利以及经济、社会、文化权利作了系统规定，包括生命权、人身自由与安全、禁止酷刑或残忍的不人道的待遇和刑罚，不受任何逮捕和拘禁、公开与公正审判、无罪推定、迁徙自由、男女平等、财产不被任意剥夺、思想良心以及宗教自由、和平集会和结社自由、社会保障等。《世界人权宣言》虽然不是国际公约，但却具有国际习惯法的性质，它所规定的各项基本人权，在以后制定的国际人权公约中得到了充分体现和发挥。目前，世界各国普遍表示“尊重”《宣言》的内容，没有一个国家予以公开反对。即使有的国家提出修改《宣言》的要求，也只是主张增加其所规定的权利（如一些发展中国家提出增加发展权等新一代人权），而不是削减现有的内容。[①]

《公民权利和政治权利国际公约》是迄今为止最集中全面规定个人基本权利和自由的国际文件，由序言和六部分共 53 条组成，其中在第一、二、三部分的第 1 条至第 27 条具体规定了各项公民权利和政治权利，即，所有人民都有自决权；一切个人享有本公约所承认的权利；任何一个被侵犯了本公约所承认的权利或自由的人，都能得到有效的补救；男子和妇女在享有本公约所载一切公民和政治权利方面有平等的权利；不得任意剥夺任何人的生命；对十八岁以下的人所犯的罪不得判处死刑。任何人不得加以酷刑或施以残忍的、不人道的或侮辱性的待遇或刑罚；人人有权享有人身自由和安全，任何人不得加以任意逮捕或拘禁；所有的人在法庭和裁判所前一律平等；人人在任何地方有权被承认在法律面前的人格；人人有资格由一个依法设立的合格的、独立的和无偏倚的法庭进行公正和公开的审讯；凡受刑事控告者，在未依法证实有罪之前，应有权被视为无罪；人人不被强迫作不利于他自己的证言或强迫承认犯罪；凡被判定有罪者，应有权由一个较高级法庭对其定罪及刑罚依法进行复审；任何人的私生活、家庭、住宅或通信不得加以任意或非法干涉，他的荣誉和名誉不得加以非法攻击；人人有权享受思想、良心和宗教自由；人人有自由发表意见的权利；人人有权享受与他人结社的自由；等等。该公约对各项公民权利和政治权利所作的具体规定，对于世界各国的人权实践活动（包括各国的人权立法和司法活动）具有深远的指导意义。

《经济、社会与文化权利国际公约》由序言和五部分共 31 条组成。它突破了将人权仅限于公民权利和政治权利的传统观念，扩大了人权在经济、社会和文化方面的丰富内容。该公约在第二、三部分的第 2 条至第 15 条具体规定了经济、社会和文化权利，即保障男女平等，工作和同工同酬权利，组织和参加工会权利，享受社会保障（包括社会保险）

---

① 杨诚：《略论国际人权法的体系与贯彻》，载程味秋、［加］杨诚、杨宇冠：《联合国人权公约与刑事司法文件汇编》，中国法制出版社 2000 年版，第 35—35 页。

权利，家庭、母亲、儿童和少年受广泛保护和协助的权利，获得相当的生活水准的权利，达到最高的体质和心理健康标准的权利，受教育的权利，参加文化生活和任何科学、文学或艺术作品所产生的精神上和物质上的利益享受被保护的权利，等等。该公约尤其强调各国政府在维护和促进经济、社会和文化权利方面的责任和义务，这对于维护和促进人权的全面实现以及世界的和平与发展具有重大意义。

何谓“人权”，根据《牛津法律大辞典》的解释，即：“人权，就是人要求维护或者有时要求阐明的那些应在法律上受到承认和保护的权利，以使每一个人在个性、精神、道德和其他方面的独立获得最充分与最自由的发展。作为权利，他们被认为生来就有的个人理性、自由意志的产物，而不仅仅是由实在法授予，也不能被实在法所剥夺或取消。”[①]根据这一定义和国际公约的规定，人权具有以下几方面的含义：第一，人权具有普适价值，应当得到普遍认同；第二，人权应为所有人普遍享有，而不论国籍、宗教、性别、社会身份、职业、财富、财产或其他任何种族、文化或社会特性方面的差异；第三，尊重和保障人权应当成为各国普遍的共同任务。

随着人权逐渐成为国际社会普遍承认的价值理念与政治道德观念，我国对人权保障亦日益重视并做出了不懈努力。1991 年 11 月 1 日，国务院新闻办公室发表了第一份以人权为主题的官方文件——《中国的人权状况》白皮书，将人权称为“伟大的名词”，指出“享有充分的人权是长期以来人类追求的理想”，并强调实现充分的人权“是中国人民和政府的一项长期的历史任务”。2004 年 3 月 14 日，我国第四次修宪，第十届全国人大二次会议将“国家尊重和保障人权”第一次写入《中华人民共和国宪法》。2009 年 4 月，国务院新闻办公室发布了《国家人权行动计划(2009—2010 年)》。这是我国政府制定的第一个以人权为主题的“国家规划”，它明确规定了我国政府在促进和保护人权方面的工作目标和具体措施。2007 年 3 月，四机关《关于进一步严格依法办案确保办理死刑案件质量的意见》明确要求，办理死刑案件应当“坚持惩罚犯罪与保障人权相结合”。2010 年 6 月，《办理死刑案件证据规定》明确规定：“为依法、公正、准确、慎重地办理死刑案件，惩罚犯罪，保障人权，……制定本规定。”同时颁布的两院三部《非法证据排除规定》，在我国第一次建立起非法证据排除规定，以遏制刑讯逼供等非法取证行为，有力保障犯罪嫌疑人、被告人、被害人、证人的基本人权。2012 年修正后的《刑事诉讼法》在第 2 条中增加了“尊重和保障人权”的内容，将其作为刑事诉讼法的根本任务之一，对于在刑事诉讼领域贯彻落实《宪法》规定，切实尊重和保障人权，具有十分重要的意义。

二、惩罚犯罪与保障人权在我国刑事诉讼中的体现

(一)惩罚犯罪在我国刑事诉讼中的体现

我国《刑事诉讼法》第 1 条规定：“为了保证刑法的正确实施，惩罚犯罪，保护人民，保

① ［英］沃克：《牛津法律大辞典》，李双元等译，法律出版社 2003 年版，第 537 页。

障国家安全和社会公共安全，维护社会主义社会秩序，根据宪法，制定本法。”第 2 条规定：“中华人民共和国刑事诉讼法的任务，是保证准确、及时地查明犯罪事实，正确应用法律，惩罚犯罪分子……”据此，惩罚犯罪既是我国刑事诉讼法的立法宗旨，也是我国刑事诉讼法的首要任务。所谓惩罚犯罪，就是指国家专门机关通过立案、侦查、起诉、审判、执行等刑事诉讼活动，准确、及时地查明犯罪事实，在此基础上正确适用刑法规定，对构成犯罪的行为进行追究与处罚。我国刑事诉讼法的制定与实施，其直接目的之一就在于保证国家专门机关能够及时、有效地追究和惩罚犯罪。

为了保证及时、有效地追究和惩罚犯罪，我国《刑事诉讼法》作了一系列规定，建立了比较科学的刑事诉讼程序和制度，主要如下：

在立案阶段，公安机关或者人民检察院发现犯罪事实或者犯罪嫌疑人，应当按照管辖范围，立案侦查（第 109 条）。公安机关、人民检察院或者人民法院对于报案、控告、举报，都应当接受；对于不属于自己管辖的，应当移送主管机关处理，并且通知报案人、控告人、举报人（第 110 条第 3 款）。人民法院、人民检察院或者公安机关对于报案、控告、举报和自首的材料，应当按照管辖范围，迅速进行审查，认为有犯罪事实需要追究刑事责任的时候，应当立案（第 112 条）。人民检察院认为公安机关对应当立案侦查的案件而不立案侦查的，或者被害人认为公安机关对应当立案侦查的案件而不立案侦查，向人民检察院提出的，人民检察院应当要求公安机关说明不立案的理由；人民检察院认为公安机关不立案理由不能成立的，应当通知公安机关立案，公安机关接到通知后应当立案（第 113 条）。

在侦查阶段，公安机关对已经立案的刑事案件，应当进行侦查，收集、调取犯罪嫌疑人有罪或者无罪、罪轻或者罪重的证据材料；对现行犯或者重大嫌疑分子可以依法先行拘留，对符合逮捕条件的犯罪嫌疑人，应当依法逮捕（第 115 条）。公安机关侦查终结的案件，应当做到犯罪事实清楚，证据确实、充分，并且写出起诉意见书，连同案卷材料、证据一并移送同级人民检察院审查决定（第 162 条）。

在审查起诉阶段，人民检察院审查案件，可以要求公安机关提供法庭审判所必需的证据材料；对于需要补充侦查的，可以退回公安机关补充侦查，也可以自行侦查（第 175 条）。人民检察院认为犯罪嫌疑人的犯罪事实已经查清，证据确实、充分，依法应当追究刑事责任的，应当作出起诉决定，按照审判管辖的规定向人民法院提起公诉，并将案卷材料、证据移送人民法院（第 176 条）。

在审判阶段，人民法院对提起公诉的案件进行审查后，对于起诉书中有明确的指控犯罪事实的，应当决定开庭审判（第 186 条）。经过开庭审理，对于案件事实清楚，证据确实、充分，依据法律认定被告人有罪的，人民法院应当作出有罪判决（第 200 条）。

（二）保障人权在我国刑事诉讼中的体现

所谓保障人权，是指在通过刑事诉讼惩罚犯罪的过程中，要切实保障人权得到尊重和实现，不受侵犯。我国《刑事诉讼法》不仅将“尊重和保障人权”作为其根本任务之一，而且作了一系列的程序与制度设计，以保障“尊重和保障人权”的理念和任务得到贯彻落实，具体体现在下列几方面：

1.保障犯罪嫌疑人、被告人的人权

犯罪嫌疑人、被告人处于被追诉的地位，与强大的国家机关相比，显得势单力薄，其权利很容易受到侵害，因此保障被追诉人的人权是刑事诉讼领域保障人权的重心所在。我国《刑事诉讼法》明确规定，保障无罪的人不受刑事追究（第3条）；未经人民法院依法判决，对任何人都不得确定有罪（第12条）；犯罪嫌疑人、被告人对于审判人员、检察人员和侦查人员侵犯其诉讼权利和人身侮辱的行为，有权提出控告（第14条）；犯罪嫌疑人、被告人在刑事诉讼中不仅可以自己行使辩护权，而且在侦查、审查起诉和审判阶段均有权委托辩护人为自己辩护（第33条）；犯罪嫌疑人、被告人享有不被强迫自证其罪的权利（第52条）；犯罪嫌疑人、被告人因经济困难或者其他原因没有委托辩护人的，本人及其近亲属有权申请法律援助机构指派律师为其提供辩护；犯罪嫌疑人、被告人是盲、聋、哑人，或者是尚未完全丧失辨认或者控制自己行为能力的精神病人，没有委托辩护人的，人民法院、人民检察院和公安机关应当通知法律援助机构指派律师为其提供辩护；犯罪嫌疑人、被告人可能被判处无期徒刑、死刑，没有委托辩护人的，人民法院、人民检察院和公安机关应当通知法律援助机构指派律师为其提供辩护（第34条）。犯罪嫌疑人、被告人及其法定代理人、近亲属或者辩护人有权申请变更强制措施。人民法院、人民检察院和公安机关收到申请后，应当在3日以内作出决定；不同意变更强制措施的，应当告知申请人，并说明不同意的理由（第95条）。犯罪嫌疑人、被告人及其法定代理人、近亲属或者辩护人对于人民法院、人民检察院或者公安机关采取强制措施法定期限届满的，有权要求解除强制措施（第97条）。犯罪嫌疑人及其辩护人对于侦查机关及其工作人员的违法侦查行为，有权向该机关申诉或者控告；对该机关的处理不服的，可以向同级人民检察院申诉（第117条）；法庭审理过程中，当事人和辩护人、诉讼代理人有权申请通知新的证人到庭，调取新的物证，申请重新鉴定或者勘验；公诉人、当事人和辩护人、诉讼代理人可以申请法庭通知有专门知识的人出庭，就鉴定人作出的鉴定意见提出意见（第197条）。被告人不服地方各级人民法院第一审的判决、裁定，有权用书状或者口头向上一级人民法院上诉（第227条）。被告人对已经发生法律效力的判决、裁定，可以向人民法院或者人民检察院提出申诉（第252条）。特别是，2012年修正的《刑事诉讼法》通过设立特别程序，加强了一些特殊群体如未成年人犯罪嫌疑人、被告人和精神病人的权利保障。

2.保障被害人的人权

在我国，被害人是首要的当事人，不仅人身、财产等权利受到犯罪行为的侵害，而且其身心也受到不同程度的伤害。因此，保障被害人的人权也是刑事诉讼领域保障人权的重要内容。关于保障被害人的人权，刑事诉讼法的规定中有一些与保障犯罪嫌疑人、被告人的人权相同，例如被害人及其诉讼代理人对于侦查机关及其工作人员的违法侦查行为，有权向该机关申诉或者控告；对该机关的处理不服的，可以向同级人民检察院申诉（第117条）；被害人对于审判人员、检察人员和侦查人员侵犯其诉讼权利和人身侮辱的行为，有权提出控告（第14条）。但也有许多不同的地方。例如，公诉案件的被害人自案件移送审查起诉之日起，有权委托诉讼代理人。自诉案件的自诉人及其法定代理人，有权随时委托诉讼代理人(第 46 条)。被害人认为因在诉讼中作证,本人或者其近亲属的人身安全面临危险的,可以向人民法院、人民检察院、公安机关请求予以保护(第 64 条)。被害人由于被告人的犯罪行为而遭受物质损失的,在刑事诉讼过程中,有权提起附带民事诉讼(第 101 条)。附带民事诉讼原告人可以申请人民法院采取保全措施(第 102 条),也有权申请人民法院进行调解(第 103 条)。被害人对侵犯其人身、财产权利的犯罪事实或者犯罪嫌疑人,有权向公安机关、人民检察院或者人民法院报案或者控告(第 110 条),并要求为他的姓名和报案、控告行为保密(第 111 条)。被害人有权要求侦查人员到他提出的地点进行询问,并有权对询问笔录提出补充或者改正(第 124 条、第 127 条)。被害人有不被强制检查的权利(参见第 132 条)。对于人民检察院的不起诉决定,被害人有向上一级人民检察院申诉或者向人民法院起诉的权利(第 180 条)。在法庭审理过程中,被害人经审判长许可,可以向被告人发问,可以和被告人及其辩护人进行辩论(第 191 条、第 194 条);被害人不服地方各级人民法院第一审的判决的,自收到判决书后五日内,有权请求人民检察院提出抗诉(第 229 条)。被害人对已经发生法律效力的判决、裁定,可以向人民法院或者人民检察院提出申诉(第 252 条)。

3.保障其他诉讼参与人的人权

根据《刑事诉讼法》第 108 条第 4 项的规定,其他诉讼参与人是指当事人以外的诉讼参与人,包括法定代理人、诉讼代理人、辩护人、证人、鉴定人和翻译人员。保障其他诉讼参与人的人权,既是刑事诉讼领域保障人权的内容之一,也是刑事诉讼活动能够顺利进行的必要保障。为此,我国《刑事诉讼法》作了许多具体的规定。例如,人民法院、人民检察院和公安机关应当保障诉讼参与人依法享有的辩护权和其他诉讼权利;诉讼参与人对于审判人员、检察人员和侦查人员侵犯公民诉讼权利和人身侮辱的行为,有权提出控告(第 14 条)。证人、鉴定人认为因在诉讼中作证,本人或者其近亲属的人身安全面临危险的,可以向人民法院、人民检察院、公安机关请求予以保护(第 64 条)。被害人死亡或者丧失行为能力的,被害人的法定代理人有权提起附带民事诉讼(第 101 条)。证人有权要求侦查人员到他提出的地点进行询问,并有权对询问笔录提出补充或者改正(第 122 条、第 124 条)。此外,辩护人、诉讼代理人还可以依法行使犯罪嫌疑人、被告人或被害人享有的一些权利,如经审判长许可,可以向被告人发问,可以和公诉人或被告人及其辩护人进行辩论,等等。

三、惩罚犯罪与保障人权的辩证关系

“惩罚犯罪”与“保障人权”是两种不同的价值取向,两者有着明显的区别,并容易导致顾此失彼、冲突对立。这是因为,“惩罚犯罪”强调对犯罪的揭露、证实和惩罚,由此容易产生“从重从快”“严厉打击”的思想,进而发生冤枉无辜、侵犯人权的问题;而“保障人权”强调对人权的全面、充分和有效保护,由此又容易产生谨小慎微、瞻前顾后的心理,进而发生效率低下、对犯罪打击不力的问题。这种将两者对立、割裂开来的做法,是完全错误的,应当予以纠正。

“惩罚犯罪”与“保障人权”是辩证统一的关系，两者相互联系、相互促进。一方面，只有有效地惩罚犯罪，即准确、及时地查明犯罪事实，正确应用刑法规定，将真正的犯罪分子绳之以法，才能保障无罪的人不受刑事追究，也才能使被害人的合法权益得到切实保障；另一方面，只有切实尊重和保障人权，严格依照法律规定的程序和要求进行刑事诉讼活动，坚决杜绝刑讯逼供、非法取证、超期羁押等违法行为，保障诉讼参与人的诉讼权利，才能准确、及时地查明犯罪事实，进而正确认定犯罪，并对犯罪分子作出公正的处罚。

许多国家的刑事诉讼法都强调惩罚犯罪和保障人权相统一的基本理念。如《日本刑事诉讼法》第 1 条规定：“本法以在刑事案件上，于维护公共福利和保障个人基本人权的同时，明确案件的事实真相，正当而迅速地适用刑罚法令为目的。”法国的一些著名法学家和资深法官也主张：“刑事诉讼法一方面要加强对人权的保障，另一方面要考虑社会治安。也就是说，刑事诉讼法的价值取向，应当是保障国家权力的行使，保证诉讼效率与保障人权的统一。”①

2018 年《刑事诉讼法》增加了认罪认罚从宽制度和缺席审判程序，这正是我国刑事诉讼法在追求高效打击犯罪的同时也注重切实保障人权的具体体现，鲜明地展现了我国在追求惩罚犯罪和保障人权相均衡方面所做的努力，而不是片面地强调惩罚犯罪或保障人权的重要性。

由此可见，惩罚犯罪与保障人权是刑事诉讼法目的的两个方面，两者相辅相成、辩证统一，不可偏废。

第二节　公正优先、兼顾效率

一、诉讼公正与效率的内涵

在英文中，与公正相对应的单词是 Justice，它可以译为公正、正义、公道、公理、正当、法官等，目前国内理论界大多是将公正与正义等同使用，未加区别。我们认为，如果从哲学或法理学的角度分析，两者不应有什么区别。英国哲学家罗尔斯说过：“正像真理是思想体系的首要价值一样，正义是社会制度的首要价值。”正因如此，古往今来，从古希腊哲人柏拉图的“和谐论”到当代正义大师罗斯的“自由与平等论”，从孔子的“天下为公”到康有为的“大同论”，多少哲人贤士为穷其精义而皓首穷经甚或身践力行，但历史从未给任何一方以肯定的答复。正所谓“关于永恒公平的观念不仅因时因地而变，甚至也因人而异，它是如米尔柏格说过的那样，‘一个人有一个理解’”，②而“正义具有一张普洛透斯的脸，变幻无常，随时可呈不同形状，并具有极不同的面貌”。③

① 余叔通：《法国刑事诉讼法的近期变革》，《法制日报》，1995 年 5 月 28 日。

② 马克思、恩格斯：《马克思恩格斯选集（第二卷）》，人民出版社 1995 年版，第 539 页。

③ ［美］博登海默：《法理学——法律哲学与法律方法》，邓正来译，中国政法大学出版社 1999 年版，第 238 页。

一般地说，公正可以分为个人公正与制度公正。个人公正是指人际公正，主要强调个人的善和德，表现为人与人之间相互对待的道德要求。我国古代儒家的所谓“己所不欲，勿施于人”“推己及人”，西方基督教道德的所谓“爱人如己”及“欠债还钱”“杀人偿命”、路见不平拔刀相助等民间格言，都是在倡导人际公正，反对人与人之间任何形式的不公平。制度公正，则是指社会制度决定社会成员权利和义务的恰当分配，包括基本权利的保障、机会均等、收入分配平等，等等。① 而在社会制度的架构中，法律与正义的关系最为密切，因为“正义所关注的却是法律规范和制度性安排的内容，它们对人类的影响以及它们在增进人类幸福与文明建设方面的价值”②。“法律被称作是一门公正的科学，有人说我们都是它的牧师，因为正义是我们的信仰，我们主持它神圣的仪式。”③从法律制定的目的来看，如果立足于法律的实施，则公正与诉讼制度的结合最为直接，因为诉讼制度旨在具体落实、实现法律的正义，任何一种正义的法律思想，都必须经由一个理性的程序运作过程才可转化为现实形态的公正。

实践证明，在各种公正中，诉讼（司法）公正是维护社会正义的最后一道屏障，是体现社会正义的窗口，是司法机关的灵魂和生命。西方国家司法的标志多为正义之神一手持剑、一手托天平，这表明其司法的目的是惩治邪恶，实现公正。我国最高人民法院负责人也曾明确提出：审判工作的核心是司法公正，我们要讲政治，法院最大的政治就是要严肃执法，确保司法公正。

诉讼公正，是指诉讼活动的过程和结果均应坚持和体现公平、正义的原则，司法机关和司法人员在诉讼活动中应当严格依法办案，准确认定案件事实与正确适用法律，对案件作出恰当的处理，切实保障当事人的合法权益。诉讼公正，包括实体公正与程序公正两个方面。在我国，人民法院、人民检察院和公安机关是刑事诉讼的重要主体，是进行刑事诉讼的专门国家机关，因此衡量刑事诉讼是否公正，其根本标准是人民法院、人民检察院和公安机关在刑事诉讼活动中是否严格遵守刑事程序法和刑事实体法的规定，亦即是否严格依法办案。具体包括：人民法院、人民检察院真正做到依法独立行使职权；人民法院切实做到审判公开；人民法院、人民检察院和公安机关切实贯彻对一切公民在适用法律上一律平等的原则，保障当事人和其他诉讼参与人充分行使诉讼权利；坚决杜绝刑讯逼供和以其他非法方法收集证据；严格依照法定的条件和程序采取拘留、逮捕等强制措施，切实保障公民的人身自由与权利不受侵犯；准确地认定案件事实，正确地适用法律，对案件作出客观、公正的处理；严格依照法定程序纠正生效裁判中的错误，并对违法行使职权给公民造成的损失予以国家赔偿，等等。

“效率”一词，最初是一个经济学概念。在经济学中，有“经济效率”之说，指的是投入与产出或者成本与收益之间的关系。④ 这里的产出或者收益不是任意的物品，而是能够满足人们需求的有用物。因此，经济效率含有“多快好省”的意思——多产出、快生产、好

---

① ［美］卞建林：《现代司法理念研究》，中国人民公安大学出版社 2012 年版，第 125—127 页。

② ［美］博登海默：《法理学——法律哲学与法律方法》，邓正来译，中国政法大学出版社 1999 年版，第 252 页。

③ ［美］约翰·麦·赞恩：《法律的故事》，江苏人民出版社 1998 年版，第 411 页。

④ 樊纲：《市场机制与经济效率》，上海人民出版社 1995 年版，第 67 页。

质量、省资源。此外，在经济学中还有一个“帕累托效率”，其强调的是“对资源的充分利用”。①

与经济效率有所不同的是，诉讼效率是指诉讼中所投入的司法资源（包括人力、资金、设备等）与案件处理的速度、数量的比例，而不包括“好质量”。这是因为，“质量”在诉讼领域已属于“公正”的范畴。具体地说，“诉讼效率”所反映的应当是诉讼进行的快慢程度，解决纠纷数量的多少，以及在诉讼过程中对各种资源的利用和节省程度。换言之，“诉讼效率”强调的是要尽可能地多解决、快解决纠纷，以及尽可能地节省司法资源，由此体现了效率的可比性——“多”“快”“省”。因此，公安司法机关要提高诉讼效率，就必须努力做到以下三点：一是在投入相同的情况下，应当尽可能地多办案；二是应当加快诉讼进度，减少案件拖延和积压；三是在办案过程中，应当注意节省司法资源，降低诉讼成本。

第二次世界大战以后，许多国家都把提高诉讼效率作为其刑事诉讼的基本理念和价值追求，并在立法中加以规定。例如，《日本刑事诉讼法》规定“本法的目的”之一是“正当而迅速地适用刑罚法令”。《美国联邦刑事诉讼规则》第 2 条规定：“本规则旨在为正确处理每一起刑事诉讼提供规则，以保证简化诉讼，公正司法，避免不必要的费用和延缓。”为了切实提供诉讼效率，一些国家对其诉讼程序和制度进行了广泛或重大的改革，如意大利建立了包括简易程序、依当事人的要求适用刑罚、快速审判、立即审判和处罚令程序在内的特别程序，而且置于普通程序之前优先适用；美国建立了辩诉交易制度，并对 90％以上的案件实行辩诉交易处理。特别是各国普遍建立了简易程序并广泛采用，如日本适用简易程序审理的案件占到全部案件的 94％，在英国则高达 97％。与国际刑事诉讼的发展潮流相适应，我国《刑事诉讼法》第 2 条规定了“准确、及时地查明犯罪事实”的内容，并建立了诉讼期限制度、轻罪不起诉制度、两审终审制度和简易审判程序，2018 年《刑事诉讼法》更是建立了速裁程序、缺席审判程序和认罪认罚从宽制度，这些程序规则均体现了我国刑事诉讼程序对诉讼效率的理念和价值追求。

二、诉讼公正与诉讼效率的关系

公正与效率都是理想型诉讼所追求的目标，因而在许多情况下，两者是相辅相成的。这一方面体现在诉讼公正与诉讼效率的基本构成当中，许多要素既是在追求效率时不可或缺的，又是在追求公正时必不可少的，例如司法的独立性、司法人员的专业性、诉讼的平等性和参与性等；另一方面则体现为诉讼公正与诉讼效率时常互为目的和手段。例如，“正义不仅要实现，而且要以看得见的方式实现”所强调的是公正（尤其是程序公正）对有效率地处理刑事案件的重要性，因为程序的公正性能够消除当事人的逆反心理，调动其积极性，而且能使其心甘情愿地接受由此产生的判决；而“迟来的正义为非正义”“对不公正的最好解释就是浪费资源”所强调的是效率对公正实现的重要性，因为拖延案件不但会造成当事人的利益长期处于不稳定状态，而且会大量耗费司法资源，从而影响其

① 樊纲：《市场机制与经济效率》，上海人民出版社 1995 年版，第 70 页。

他案件的公正处理。

但是，公正与效率对人们来说常常又是"鱼与熊掌"的关系，两者不可兼得。有时候人们认为是公正的，但却是低效率的；而有时候是高效率的，但人们却认为是不公正的。为此，如何正确处理两者之间的关系，就成为摆在我们面前的一个重要课题。

在刑事诉讼中，公正与效率之间的关系应当是公正优先、兼顾效率。这是因为，公正是社会制度的首要价值，从而也是刑事诉讼的首要价值。罗尔斯曾说："某些法律和制度，不管他们如何有效率和有条理，只要它们不正义，就必须加以改造和废除。"[①]此话虽然过于绝对，但亦有某些合理性。在刑事诉讼中，公正是灵魂和生命，效率必须以公正为基础和前提。如果离开公正去追求效率，则很可能因为图快求多、草率办案而损害公正，进而导致冤案错案的发生。而一旦发生冤案错案，事后再进行纠正和赔偿，必将无谓地增加成本，浪费资源，从而严重地损害效率。古人云："欲速则不达。"说的就是这样的道理。当然，公正的优先地位不是绝对的，在一定的情况下需要兼顾效率，如简易审判程序的适用。必须指出的是，提高效率不仅是法律本身的要求，而且是实现公正的重要保障，因而那种为了公正而置效率于不顾的做法，也是不可取的。

第三节　程序公正与实体公正并重

一、程序公正的由来和内涵

程序公正，又称过程公正，是指诉讼程序方面体现的公正。程序公正的理念起源于英国。1215 年英王约翰颁布了《自由大宪章》，其第 39 条规定，任何自由民，如未经其具有同等身份的人依法裁判或者根据王国的法律，皆不得被逮捕、监禁、没收其财产、剥夺其自由权或者自由习俗。这通常被认为是最早的程序公正之规范表述。1354 年英王爱德华三世颁布了《伦敦威斯敏斯特自由法》，其第 28 条规定，任何人，无论身份和地位如何，非经正当法律程序之审判，皆不得被剥夺土地、房产，不得被逮捕、监禁，或被取消继承权，或被剥夺其生命。1641—1689 年，英国议会先后通过的《人身保护法》《大抗议书》《人身保护法修正案》《权利宣言》和《权利法案》，确认了一系列正当程序权利，包括：不得任意拘禁、逮捕公民；逮捕公民要说明理由；迅速审判，最大限度地保障公民的自由；等等。[②] 美国最初是英国的殖民地，因而英国的普通法传统和正当程序理念也被带到了美国。1787 年美国通过联邦宪法，随后又起草并通过了 10 条宪法修正案，这些宪法修正案于 1791 年生效，后被称为《权利法案》。其中，第 4 条、第 5 条、第 6 条、第 8 条修正案属于正当法律程序的内容，分别规定了被追诉人所享有的一系列程序性权利。1868 年美国国

① ［美］罗尔斯：《正义论》，何怀宏、何包钢、廖申白译，中国社会科学出版社 1988 年版，第 3 页。

② ［美］沃克：《牛津法律大辞典》，光明日报出版社 1988 年版，第 392 页。

会通过《联邦宪法第 14 修正案》，其第 1 款规定，任何一州，都不得制定或实施限制合众国公民的特权或豁免权的任何法律；不经正当法律程序，不得剥夺任何人的生命、自由或财产；在州管辖范围内，也不得拒绝给予任何人以平等法律保护。第二次世界大战以后，随着人权保障的迅速发展，各国相继引入程序公正理念，并在其宪法与法律中加以规定。例如，《日本国宪法》第 31 条规定，不经法律规定的程序，不得剥夺任何人的生命和自由，或科以其他刑罚。《加拿大权利与自由宪章》第 7—14 条规定了公民在刑事诉讼中所享有的权利，包括不受无理搜查、扣押和拘禁的权利，在被逮捕或拘留时被告知原因、获得律师帮助和获得人身保护令的权利，不被强迫自证其罪的权利，获得保释的权利，等等。同时，以保障人权为重要宗旨的联合国也不遗余力地通过制定和实施国际人权公约，推动程序公正理念的贯彻落实。例如，联合国于 1966 年制定的《公民权利与政治权利国际公约》在第 9 条、第 14 条全面而系统地规定了对被追诉人在审前程序和审判阶段所享有的各项诉讼权利，包括在法庭和裁判所面前一律平等，法庭独立、公正，审判公正、公开，无罪推定，获悉指控性质和原因，有相当的时间和便利准备辩护，迅速审判，自行辩护、委托辩护和获得法律援助，询问不利的证人和传唤有利的证人，免费获得译员，不被强迫自证其罪，上诉，获得刑事赔偿，不受重复审判，等等。这些权利无疑构成了程序公正的重要内容。此外，一些区域性国际人权公约如《欧洲人权公约》《美洲人权公约》也对被追诉人所享有而构成程序公正内容的一系列权利作了具体的规定。

我国《刑事诉讼法》在总体上体现了程序公正的要求，其第 3 条第 2 款明确规定，人民法院、人民检察院和公安机关进行刑事诉讼，必须严格遵守刑事诉讼法和其他法律的有关规定。具体内容和要求包括：(1)人民法院依照法律规定独立行使审判权、人民检察院依照法律规定独立行使检察权，不受行政机关、社会团体和个人的干涉。(2)人民法院、人民检察院和公安机关应当保障犯罪嫌疑人、被告人和其他诉讼参与人依法享有的辩护权和其他诉讼权利。(3)审判人员、检察人员、侦查人员必须依照法定程序，收集能够证实犯罪嫌疑人、被告人有罪或者无罪、犯罪情节轻重的各种证据；严禁刑讯逼供和以威胁、引诱、欺骗以及其他非法方法收集证据，不得强迫任何人证实自己有罪。(4)人民法院、人民检察院和公安机关必须严格依照法律规定的条件和程序采取强制措施，切实保护犯罪嫌疑人、被告人的人身自由和权利不受非法侵犯。(5)人民法院、人民检察院和公安机关应当做到审判前程序尽量透明(如侦查活动邀请见证人参加，审查起诉符合检务公开的要求)，审判程序依法公开进行。(6)在审判程序中，控辩双方平等对抗，法庭居中裁判。(7)按照法律规定的期限进行立案、侦查、起诉、审判和执行活动，对犯罪嫌疑人、被告人无超期羁押现象。

二、实体公正的概念和内涵

实体公正，又称结果公正，是指案件事实认定、法律适用和处理结果方面所体现的公正。其总的要求是公安司法机关认定的案件事实符合客观实际，适用的法律条款正确，对刑事案件的处理公正、恰当。主要内容包括：(1)对刑事案件的处理必须做到事实清楚、证据确实充分或者达到法定的证明标准;(2)正确适用刑法规定,准确地认定犯罪嫌疑人、被告人是否有罪及其罪名;(3)认定犯罪嫌疑人、被告人有罪或罪重在事实或者法律上发生疑问的,应当作出有利于被追诉人的处理;(4)按照罪刑相适应原则,根据被告人犯罪的性质和情节判处适当的刑罚,避免发生量刑的畸轻畸重;(5)发现已经发生法律效力的判决、裁定或决定在认定事实和适用法律上确有错误的,应当依照法定程序及时纠正,并予以赔偿。

三、程序公正与实体公正的相互关系

由上可见,程序公正和实体公正各有其独立的要求和具体内容,不能互相代替。但在实际的诉讼活动中,由于当事人启动诉权、参与诉讼的主要目的是在结果上获得对自己有利的裁判,公安司法机关进行刑事诉讼的首要目的是惩罚犯罪分子。因此,在相当长的一段时间里,我国刑事诉讼活动存在着"重实体、轻程序"的现象。随着司法改革的逐步推进和诉讼法理论研究的不断深入,越来越多的人开始认识到程序公正与实体公正同等重要,有人甚至将之形象地比作"车之两轮,鸟之两翼"。之所以说程序公正与实体公正同等重要,其主要理由是:

第一,程序的首要价值在于保证实体法的实现。归根结底,程序公正是为实体公正服务的。实体的利益对于当事人而言才是有实际意义的,诉讼活动的公正最终还是要体现在实体公正上。而我们采取各种措施保证程序公正,正是为了通过科学有效的程序设计,最终实现实体公正。严格按照公正程序办理的案件,也许实体上最终不一定完全公正,但不按照公正程序办理的案件,其结果绝大多数会是不公正的。

第二,程序具有独立的价值。这一价值主要体现在保障人权方面。这是因为,许多程序上不公正的做法往往直接侵犯了公民的基本权利,如刑讯逼供、非法取证、超期羁押、剥夺被告人辩护权等。众所周知,我国在 1998 年 10 月 5 日已签署了《公民权利和政治权利国际公约》。依照公约的要求,这些侵犯人权的做法是绝对不允许的,因此坚持程序公正不仅是为了实现实体公正,同时也体现了保障人权的独立价值。

第三,程序的价值也体现在它的终局性上。公安司法机关和当事人进行刑事诉讼活动,虽然必须努力实现实体公正,但不能没完没了,无休止地进行下去。否则,既影响诉讼效率,也损害司法的权威性。因此,在某些情况下(如规定再审以一次为限;当事人对一审判决、裁定放弃上诉权利的,不得申请再审等),法律宁可以牺牲实体公正为代价去维持生效裁判的稳定性,以维护司法权威。

第四,程序的价值还体现在增加当事人对案件实体处理结果的可接受程度上。程序公正是看得见的,当事人往往能够清楚地了解。在一个案件中,如果公安司法人员非法取证、刑讯逼供、超期羁押、应当回避而没有回避,法院应当公开审判而没有公开审判,被告人被剥夺了辩护权,当事人被剥夺了上诉权,那么,即使实体处理结果公正,当事人一般也难以理解和接受,从而产生不必要的上诉或申诉;相反,如果程序公正,当事人的诉讼权利得到充分保障,那么,即使对实体处理结果略有不满,当事人也可能予以理解和容忍，进而服判息讼。

总之，程序公正不可或缺，它和实体公正互相依存、互相联系，难以区分孰轻孰重、孰先孰后。它们在总体上是统一的，但有时不可避免地会发生矛盾。当两者发生矛盾时，在一定情况下，应当采取程序优先的原则。例如，对于采用刑讯逼供等非法方法收集的犯罪嫌疑人、被告人供述和采用暴力、威胁等非法方法收集的证人证言、被害人陈述，即使能够证明案件真实情况，也应当予以排除；对于已经发生法律效力的判决或裁定，即使判刑有所不当，但只要不是畸轻畸重的情况，便应维持程序的终局性，而不得启动审判监督程序予以再审。但在某些情况下，又应当采取实体优先的原则。例如，由于错误地认定事实或适用法律，造成错判错杀、冤枉无辜的，一经发现，就必须予以纠正和平反，并且给予国家赔偿，而不受终局程序和诉讼期限的限制。

第四节　控审分离、控辩平衡与审判中立

一、控审分离的由来与要求

在刑事诉讼的历史发展中，经历了由控审分离到控审不分、再到控审分离的过程。在奴隶制社会，刑事诉讼实行弹劾式模式，对犯罪的起诉由被害人或其他公民提出，法院或其他裁判机关进行审判，即控诉与审判分离，但将对犯罪的追诉权完全交给个人，难以达到奴隶主有效维护其统治的目的。因而在进入封建社会以后，封建统治者转而实行纠问式诉讼模式，对犯罪的侦查、控诉和审判均由法院或其他审判机关统一负责，即法官集侦查、控诉与审判职能于一身，亦即控诉与审判不分。这种控审不分的诉讼机制虽然有利于对犯罪的追究，但容易导致权力失去制约，发生法官专横擅断的问题。资本主义国家建立后，吸收了弹劾式和纠问式两种诉讼模式的优点，采用混合式诉讼模式(亦称辩论式或折中式诉讼模式)，确立了控审分离原则。确立这一原则，不仅有利于司法机关内部分工明确，并强化国家追诉犯罪的能力，提高公诉的质量，而且有利于公诉权与审判权相互制约，保障其正确行使，防止司法腐败的发生。

控审分离是调整控诉和审判两种职能相互间关系的一种重要理念和基本原则。其基本要求是：刑事诉讼中的控诉职能由检察机关和特定的个人(自诉人)承担，审判由法院承担；未经检察机关和个人起诉的事项，法院不得审判；法院审判刑事案件的范围，受到起诉的制约。

现代各国的刑事诉讼法均秉持控审分离的理念和原则。在大陆法系国家，提起公诉一般由检察官负责，而审判由法院负责。《德国刑事诉讼法》第151条规定，法院开始调查，以提起公诉为条件；第152条第1项规定，提起公诉权，专属检察院行使；第155条第1项规定，法院的调查与裁判，职能延伸到起诉书写明的行为和以诉讼指控的人员。《日本刑事诉讼法》第248条规定：“公诉由检察官提起，而刑事案件则由裁判所审判。”《法国

刑事诉讼法典》第 31 条规定，检察官负责提起公诉，要求适用法律；第 231 条第 1 款规定，重罪法庭拥有审判经起诉决定移送其审理的人的职权；第 381 条规定，轻罪法庭受理轻罪案件。《俄罗斯联邦刑事诉讼法》第 15 条规定，指控辩护和刑事案件判决等职能相互分开，不得由同一机关或同一公职人员进行。在英美法系国家，刑事案件的控诉职能与审判职能同样也是分离的，起诉由检察官或控方律师负责，审判则由法院负责。

在我国，刑事案件分为公诉案件和自诉案件两类。其中，公诉案件的起诉由人民检察院负责，自诉案件的起诉则由受害人或其近亲属负责，并均由人民法院受理和审判。这表明，我国刑事诉讼法亦体现了控审分离的理念与原则要求。

二、控辩平衡的含义与保障

在刑事诉讼中，控诉（犯罪）是一个古老的概念，而辩护则是在资本主义社会才出现的概念。在奴隶制社会的弹劾式诉讼中，虽然被告与原告具有平等的诉讼地位，享有同等的诉讼权利，双方在法庭上可以平等地进行辩论，但当时并无“辩护”的概念和相关法律规定。在封建社会的纠问式诉讼中，对被告人实行有罪推定，因此被告人不是诉讼主体，而是诉讼客体，没有任何诉讼权利，只是被拷问的对象，其口供是定案的主要依据。而口供主义必然导致刑讯逼供。因此，纠问式诉讼中有控诉而无辩护，被告人根本不可能享有辩护的权利。资本主义国家实行混合式或辩论式诉讼，对被告人实行无罪推定，由此被告人不再是诉讼客体，而是诉讼主体，并在法律上赋予被告人以辩护权，同时规定被告人在刑事诉讼中不仅可以自己辩护，而且可以委托律师进行辩护。至此，与控诉相对应的辩护一词才得以产生，并由此出现了应当如何界定两者的关系这一问题。

控辩平衡是调整控诉与辩护两种职能之间相互关系的一项重要理念和基本原则。其基本含义是：在刑事诉讼中，控诉方与辩护方的诉讼地位应当平等，诉讼权利义务应当对等，诉讼手段应当大致相当，以实现双方的平等对抗。众所周知，在现代各国，对犯罪行为的追诉权均由国家公诉机关即检察机关垄断行使，或主要由国家公诉机关行使，而被追诉者则是一个个独立的主体——自然人，国家公诉机关以国家强制力为后盾，拥有大批高素质的检察官、一系列的追诉权力以及优越的追诉设备、高效的追诉手段。因此从双方的实际力量对比来看，被追诉人处于势单力薄的弱者地位，根本无法与公诉机关相抗衡。为了解决这一问题，各国均确立了控辩平衡的理念，并在各自的刑事诉讼法中进行了一系列的制度设计：第一，刑事案件的证明责任由控诉方承担，犯罪嫌疑人、被告人不负证明自己有罪的责任；第二，赋予犯罪嫌疑人、被告人以辩护权，使其能够进行积极的防御；第三，允许犯罪嫌疑人、被告人委托律师或其他人为自己进行辩护，并赋予辩护律师或其他辩护人查阅案卷材料、调查取证、与犯罪嫌疑人或被告人会见、刑事辩护豁免等权力；在犯罪嫌疑人、被告人没有委托辩护人的情况下，审判机关还可以或应当依法指派辩护人为其进行辩护。这就使得犯罪嫌疑人、被告人不仅可以进行积极的防御，而且可以做到攻防结合；第四，一些国家还赋予犯罪嫌疑人、被告人以沉默权，使其能够进行消极的防御，从而避免刑讯逼供、有罪推定、违法取证等违法行为的发生；第五，在审判阶段，还设置了法庭调查、法庭辩论、被告人最后陈述、提起上诉等程序，以保证被告人通过参与诉讼维护自己的合法权益。上述各项规定的目的就是最大限度地实现辩护方与控诉方在地位、权利、条件和手段上的平衡，进而能够与控诉方进行平等对抗，保护自己在诉讼中不受非法侵犯。

我国2012年修正后的《刑事诉讼法》增加规定：犯罪嫌疑人在侦查阶段便可委托律师担任辩护人；人民法院、人民检察院和公安机关均应当依法为符合条件的犯罪嫌疑人、被告人提供法律援助；辩护律师可以同在押的犯罪嫌疑人、被告人会见和通信，辩护律师持律师执业证书、律师事务所证明和委托书或者法律援助公函要求会见在押的犯罪嫌疑人、被告人的，看守所应当及时安排会见；审判人员、检察人员、侦查人员不得强迫任何人证实自己有罪；公诉案件中被告人有罪的举证责任由人民检察院承担，自诉案件中被告人有罪的举证责任由自诉人承担；在案件侦查终结前，辩护律师提出要求的，侦查机关应当听取辩护律师的意见，并记录在案，等等。这些规定都进一步强化了犯罪嫌疑人、被告人的诉讼权利，增加了控诉方的责任，有利于促进控辩平衡。

三、审判中立的要求与保障

在奴隶制社会的弹劾式诉讼中，法院或其他裁判机关在诉讼中处于消极的仲裁者地位，法官在庭前不进行专门的调查，不主动收集证据，只是在开庭时听取原告、被告的陈述、辩论，判断当事人双方的证据和理由，然后作出裁判。这具有了审判中立的某些特征，但还不是现代意义上的"审判中立"。而在封建社会的纠问式诉讼中，法官集侦查、控诉和审判权力于一身，其审判活动的中立性无从谈起。资产阶级推翻封建统治后，在刑事审判中建立起"等腰三角形"的诉讼结构，即抗辩双方的诉讼地位平等，法官在控辩之间保持中立，居中裁判。

审判中立，既是审判职能的基本特征，也是调整审判职能与控诉、辩护职能关系的一项重要理念和基本原则。其基本要求是：审判者既不能由控辩双方的任何一方担任，也不能由与案件有其他利害关系的人担任；在审判活动中，审判者应当对控辩双方不偏不倚，保持等距离的地位。审判中立是诉讼公正理念的必然要求，也是实现诉讼公正的根本保证。

我国的刑事诉讼法虽然没有明文规定审判中立原则，但却围绕审判中立的要求进行了一系列的制度设计，如规定人民法院依照法律规定独立行使审判权，人不受行政机关、社会团体和个人的干涉；审判人员与当事人或本案有利害关系的，应当回避；审判人员不得接受当事人及其委托的人的请客送礼，不得违反规定会见当事人及其委托的人；在法庭审理中，公诉人、辩护人应当向法庭出示物证，让当事人辨认，对未到庭的证人的证言笔录、鉴定人的鉴定意见、勘验笔录和其他作为证据的文书，应当当庭宣读，审判人员应当听取公诉人、当事人和辩护人、诉讼代理人的意见，等等。当然，我国刑事诉讼法有关审判中立的规定比较薄弱，应当进一步加强与完善。

四、控审分离、控辩平衡与审判中立的关系

在控诉、辩护与审判三大基本职能之间的关系中，控审分离是基础，控辩平衡是保障，审判中立是关键。这是因为，实行控审分离，不仅有利于强化国家追诉犯罪的能力、提高追诉的质量，而且有利于审判机关在刑事诉讼中保持中立性，防止法官专横和擅断；维护控辩平衡，既可以保证辩护权的有效行使，又可以对公诉权进行有力的约束，防止公诉权的滥用；而实现审判中立，则既可以体现控审分离，又能够切实维护控辩平衡。因此，控审分离、控辩平衡与审判中立，构成了控辩审三者之间最科学、最能动的关系，是现代刑事诉讼的基本理念和核心要求，是实现司法公正、提高司法效率、树立司法权威的根本保证。

2016 年 10 月 11 日，最高人民法院、最高人民检察院、公安部、国家安全部、司法部共同发布了《关于推进以审判为中心的刑事诉讼制度改革的意见》，推进以审判为中心的诉讼制度改革，成为推进公正司法、严格司法，新一轮司法改革的重要内容。“以审判为中心”的诉讼制度改革，重点针对的是刑事审判诉讼活动，目的是要改变我国侦、诉、审三方关系呈“流水作业”型的刑事诉讼构造，旨在切实发挥审判程序应有的制约、把关作用，确实保证控审分离、控辩平衡与审判中立，促使侦查、审查起诉严格依法依规进行，全力防范冤假错案。

思考与训练

一、案例分析

1998 年 4 月 20 日晚上 8 时左右，昆明市公安局通讯处民警王晓湘及昆明市石林县公安局副局长王俊波被人枪杀，两人的尸体后被人发现置于一辆牌照号为云 O・A0455 的昌河微型面包车上，载尸汽车被人从第一现场移动弃置于昆明市圆通北路 40 号一公司门外人行道上。

这一案件引起了云南省和昆明市的高度重视，昆明市公安局刑侦支队抽调精兵强将组成专案组侦破此案。4 月 22 日下午，犯罪嫌疑人杜培武（系王晓湘的丈夫、昆明市公安局戒毒所民警）被拘押讯问。杜培武被反复讯问在 4 月 20 日的活动情况，专案组为了让他交代问题，连续 3 天 3 夜不让他睡觉。从 4 月 22 日下午到 5 月 2 日，杜培武连续 10 天被留置讯问。其间，身为警察的杜培武多次向办案民警索要留置他的法律手续，但对方只给了他一张《传唤证》，杜说，一张传唤证最多只能留置我 12 个小时，你们却关我 10 个昼夜，又拿不出其他法律手续，凭什么还要扣押我？办案人员竟然说：“想扣你，就扣你，要什么法律手续？”

审查 10 天以后，因为案情没有多大进展，办案人员只好将杜培武送到其单位昆明市强制戒毒所变相关押。与此同时，专案组内查外调的工作却一刻也没有停止。由于杜培

武作为杀人嫌疑人“有诸多疑点，且无直接证据”，6 月 30 日上午，办案人员将杜培武押到昆明市中级人民法院进行测谎。最后的综合结论是杜培武在说谎，于是他被当作杀害“二王”的重大嫌疑犯。

从测谎的当天晚上开始，办案人员便给杜培武戴上了脚镣，要求他交代杀害“二王”的犯罪过程。据杜培武后来陈述，他遭到了十分残酷的刑讯，超出人的生理、心理忍耐极限，于是他被迫承认自己实施犯罪：怎样对来往密切的“二王”怀恨在心，怎样骗枪杀人，怎样抛尸，怎样选择第一现场……7 月 2 日，杜培武被刑事拘留。7 月 19 日，杜培武被送到昆明市第一看守所关押，在向在押犯了解看守所民警不会打人的情况后，杜培武于 7 月 28 日分别向驻所检察官和市检察院提出《刑讯逼供控告书》，并向驻所检察官展示他手上、脚上、膝盖上受刑后留下的伤情。次日即 7 月 29 日，该检察官当着两名管教干部及上百名在押犯的面为杜培武验伤并拍下 4 张伤情照片。8 月 3 日，杜培武被执行逮捕。

1998 年 10 月 20 日，昆明市人民检察院向昆明市中级人民法院提起公诉，认定杜培武构成“故意杀人罪”。起诉书称：被告人杜培武因怀疑其妻子王晓湘与王俊波有不正当两性关系，而对两人怀恨在心，1998 年 4 月 20 日晚 8 时许，被告人杜培武与王晓湘、王俊波相约见面后，杜培武骗得王俊波随身携带的“七・七”式手枪，用此枪先后将王俊波、王晓湘枪杀于王俊波从路南县驾驶到昆明的云 O・A0455 昌河微型车中排座位上。作案后，杜培武将微型车及两被害人尸体抛置于本市圆通北路 40 号一公司门外人行道上，并将作案时使用的手枪及两人随身携带的移动电话、传呼机等物品丢弃。以上犯罪事实，有现场勘验笔录、尸检报告、枪弹痕迹检验鉴定书、查获的杜培武所穿长袖警服衬衣以及衬衣手袖射击残留物和附着泥土、作案车上泥土的鉴定和分析报告、有关技术鉴定结论和证人证言等证据为证，被告人亦有供述在卷。

1998 年 12 月 17 日，昆明市中级人民法院开庭审理“杜培武故意杀人案”。开庭不久杜培武就向法庭展示他手腕、膝盖及脚上被办案人员刑讯时留下的伤痕，当庭控告办案人员对他进行刑讯逼供，并要求公诉人出示驻所检察官 7 月 29 日在看守所为他拍下的能够证明他遭受刑讯逼供的伤情照片，但未得到理睬。

杜培武的辩护律师指出，公诉机关出示的杜培武有罪供述笔录只是多达几十次供述中的四次，是否在其他笔录中杜培武也作了有罪供述？为什么不全部出示？而且，这些有罪供述是在 7 月 5 日至 7 月 10 日这一时段作出的，在长达 8 个月的关押时间里，杜培武只在这一期间作了有罪供述，故他在此期间到底处于何种精神状态？是否有刑讯逼供、威胁、引诱等情况存在？不能不让人质疑。再则，在四份有罪供述中杜培武表述同一犯罪事实竟然互相矛盾，如杀人的过程、弃物的地点、杀人的手段、杀人的时间、杀人的地点均不一致，这样的供述岂能采信？此外，公诉机关出示的认为能够证明杜培武犯罪的鉴定，如泥土、射击残留物、气味的鉴定不仅均存在着取材时间、取材地点不具备法定条件的问题，而且与勘验报告等所描述的情况也不相符，不能作为证据使用，因而不能据此认定被告人有罪和处以刑罚。另外，在本案的勘验、鉴定中，没有见到见证人的签名或盖章，也没有看到犯罪嫌疑人得知鉴定结论的说明。据此，辩护律师认为本案取证程序违法，现有的证据不能作为定罪量刑的依据。

杜培武的辩护律师还指出，在客观方面没有证据能够证明杜培武实施了故意杀人行为：(1)杜培武没有作案时间；(2)公诉机关说不出明确的发案地点，指控杜在车内杀人不成立；(3)即使气味鉴定取证程序合法，由于嗅源没有与王晓湘的气味进行鉴别，加上市公安局两条警犬一条肯定一条否定的鉴定结论，无法说明杜培武是否到过车上，更何况在车上杀人；(4)杀人凶器——王俊波的手枪至今去向不明。这只有两种可能，一是杜培武不如实交代，二是杜培武根本不知道枪的去向。公诉机关既然当庭说杜培武过去的交代是老实的，那么就只有后一种可能：杜培武没有作案，因而不知枪的去向。

面对律师提出的问题，公诉人感到需要休庭补充取证，于是合议庭宣布延期审理。

1999年1月15日该案再次开庭审理。为了引起法官的注意，这次杜培武悄悄地将他在遭受刑讯逼供时被打烂的一套衣服藏在腰部，利用冬季穿衣较多的有利条件，外罩一件风衣将这一有力证据带进法庭。开庭不久，他再次提出刑讯逼供问题，要求公诉人出示照片，公诉人说照片找不到了。杜培武转而对审判长说："我还有他们刑讯逼供的证据！"只见他解开风衣，当着法官、公诉人、律师及几百名旁听者的面从裤子里扯出了血迹斑斑的衣服，"这是我当时穿在身上被他们打烂的衣服！"审判长让法警收起血衣，"不要再纠缠这些问题了。"杜培武不顾一切地申辩："我没有杀人，我受到了刑讯逼供！……"审判长说："你没有杀人，你拿出证据来！"

审理该案的合议庭认为律师的辩护是"纯属主观、片面认识的推论，无充分证据予以支持，该辩护意见不予采纳"。对杜培武在法庭上没有杀人的申辩，则认为是"纯属狡辩，应予驳斥"。1999年2月5日，昆明市中级人民法院以杜培武犯故意杀人罪，一审判处杜培武死刑，剥夺政治权利终身。

一审判决后，杜培武于1999年3月8日向云南省高级人民法院提出上诉。同年10月20日，云南省高级人民法院"刀下留人"，以"根据本案的具体情节和辩护人所提其他辩护意见有可采纳之处"为由，终审改判杜培武死刑、缓期二年执行。12月8日，杜培武被送到关押重刑犯的云南省第一监狱服刑。

2000年6月17日，昆明市公安机关破获以铁路警察杨天勇为首的特大抢劫杀人团伙案，缴获王俊波被抢手枪等赃物，犯罪嫌疑人供认1998年4月20日杀害"二王"系他们所为。

2000年7月11日，云南省高级人民法院下达再审判决书，认定"被害人……被枪杀……的事实，已有由公安机关提供并经本院查证属实的新的证据证明非杜培武所为。原审判决认定杜培武犯罪的证据已不能成立"，遂宣告杜培武无罪。

问题：

本案的办理在哪些方面违背了惩罚犯罪与保障人权相统一、程序公正与实体公正并重、控审分离与审判中立等刑事诉讼法的基本理念？

二、思考题

1. 如何理解惩罚犯罪与保障人权的关系？
2. 简述刑事诉讼公正、效率及其相互关系。

3. 为什么应当坚持程序公正与实体公正并重？

4. 简述控审分离、控辩平衡与审判中立。

（扫描二维码获取参考答案）

补充阅读

《刑事诉讼制度改革走向以审判为中心》

（扫描二维码阅读）

第二编 总 论

第四章

刑事诉讼法的宗旨和任务

导读

通过本章的学习，掌握刑事诉讼法的宗旨和任务，正确理解刑事诉讼法的宗旨与任务之间的关系、刑事诉讼法各具体任务之间的关系。

第一节　刑事诉讼法的宗旨

刑事诉讼法的宗旨，是指国家制定和实施刑事诉讼法，建立刑事诉讼制度，进行刑事诉讼活动的预期目标。《刑事诉讼法》第 1 条规定："为了保证刑法的正确实施，惩罚犯罪，保护人民，保障国家安全和社会公共安全，维护社会主义社会秩序，根据宪法，制定本法。"

一、保证刑法的正确实施

刑法与刑事诉讼法之间是实体法与程序法的关系。刑法作为实体法，规定了什么是犯罪、犯罪的构成以及对犯罪应当处以什么样的刑罚。刑事诉讼法作为程序法，规定了通过什么样的刑事诉讼程序查明犯罪和惩罚犯罪。离开了刑法，刑事诉讼法就失去了追究犯罪、惩罚犯罪的依据；没有刑事诉讼法，刑法的规定就成为一纸空文。刑事诉讼法与刑法是形式与内容、手段与目的的关系。因此，保证刑法的正确实施，是刑事诉讼法作为刑事程序法的首要目标和直接目标。

二、惩罚犯罪，保护人民

惩罚犯罪和保护人民，是刑事诉讼法宗旨不可分割的两个方面。惩罚犯罪是为了保护人民，想要保护人民就要对犯罪进行惩罚。犯罪行为破坏国家安全和社会公共安全，破坏社会秩序，侵犯人民合法的人身权利、财产权利、民主权利和其他合法权利，具有最严重的社会危害性。刑事诉讼制度通过对犯罪行为进行立案、侦查、起诉、审判、执行等一系列诉讼活动，查明犯罪事实，正确适用刑法，惩罚犯罪分子，可以有效地保障国家安全和社会公共安全，维护社会秩序，保护人民合法的人身权利、财产权利、民主权利和其他合法权利。

三、保障国家安全和社会公共安全，维护社会主义社会秩序

国家安全和社会公共安全，社会秩序的安定，是国家和社会有效运行和健康发展的基础，是我国法律体系的根本宗旨，也是包括刑事诉讼法在内的我国各个部门法追求的共同目标。刑事诉讼就是依法通过对危害国家安全和社会公共安全犯罪，破坏社会经济秩序犯罪，妨害社会管理秩序犯罪，侵犯公民人身权利和民主权利犯罪，侵犯公私财产犯罪等犯罪的正确及时的惩罚，保障国家安全和社会公共安全，维护社会主义社会秩序。

第二节　刑事诉讼法的任务

我国刑事诉讼法的任务与刑事诉讼法的宗旨是紧密相连的。刑事诉讼法的宗旨是从宏观上明确了我国刑事诉讼法的使命，刑事诉讼法的任务是从微观上规定了我国刑事诉讼法的具体目标。《刑事诉讼法》第2条规定："中华人民共和国刑事诉讼法的任务，是保证准确、及时地查明犯罪事实，正确应用法律，惩罚犯罪分子，保障无罪的人不受刑事追究，教育公民自觉遵守法律，积极同犯罪行为做斗争，维护社会主义法制，尊重和保障人权，保护公民的人身权利、财产权利、民主权利和其他权利，保障社会主义建设事业的顺利进行。"根据这一规定，我国刑事诉讼法的任务可以分为基本任务和根本任务。

一、刑事诉讼法的基本任务

（一）保证准确、及时地查明犯罪事实，正确应用法律，惩罚犯罪分子，保障无罪的人不受刑事追究

刑事诉讼法的这一基本任务，是从刑事诉讼制度与刑事诉讼程序的建立与设计和刑事诉讼活动的开展的角度而言的。

为了实现刑事诉讼法的预期目标，无论是立法者建立刑事诉讼制度与设计刑事诉讼程序，还是刑事诉讼法规定的行使国家公权力并主导刑事诉讼活动的侦查机关、检察机关、审判机关等专门机关及其工作人员开展刑事诉讼活动，都应当围绕保证刑法的正确实施、惩罚犯罪、保护人民的宗旨展开。

一方面，刑事诉讼法建立的管辖制度、回避制度、辩护制度、二审终审制度等基本制度和设定的立案、侦查、起诉、审判、执行等诉讼程序，都要求侦查机关、检察机关、审判机关等专门机关及其工作人员依法行使职权和履行职责，准确、及时地查明犯罪事实，保证通过刑事诉讼程序受到惩罚的人是真正的犯罪行为实施者。另一方面，刑事诉讼法通过建立的诉讼制度和设定的诉讼程序，规制刑事诉讼中侦查权、检察权、审判权等公权力的行使，规范侦查机关、检察机关、审判机关等专门机关及其工作人员在刑事诉讼过程中的诉讼行为，依法保障诉讼参与人尤其是犯罪嫌疑人、被告人的诉讼权利，避免无罪的人受到刑事追究。

依法准确惩罚犯罪分子与保障无罪的人不受刑事追究是相辅相成的。保证准确、及时地查明犯罪事实，正确应用法律，惩罚犯罪分子，保障无罪的人不受刑事追究；不冤枉无辜，保证准确、及时地查明犯罪事实，正确应用法律，惩罚犯罪分子。

（二）教育公民自觉遵守法律，积极同犯罪行为做斗争，维护社会主义法制

刑事诉讼的这一基本任务，是从刑事诉讼的社会宣传和社会教育功能的角度而

言的。

首先，侦查机关、检察机关、审判机关等专门机关及其工作人员依法开展刑事诉讼活动，准确、及时地查明犯罪事实，正确应用法律，惩罚犯罪分子，是向社会公众宣传刑事法制，进行法制教育的过程。比如在刑事诉讼中，公民可以依法担任人民监督员、担任人民陪审员、作为证人依法作证等，参与刑事诉讼活动，接受法制宣传和教育。

其次，侦查机关、检察机关、审判机关等专门机关准确、及时地查明犯罪事实，正确应用法律惩罚犯罪分子，可以使公民分清是非，明白什么是犯罪行为，提高公民自觉遵守法律的意识。

最后，侦查机关、检察机关、审判机关等专门机关积极主动依靠群众开展刑事诉讼活动，让人民群众了解积极同犯罪做斗争与人民群众的利害关系，接受群众检举犯罪行为，鼓励群众扭送犯罪分子，充分调动群众同犯罪行为做斗争的积极性，从而使群众积极支持并协助侦查机关、检察机关、审判机关等专门机关的刑事诉讼活动，维护社会主义法制，实现预防犯罪和减少犯罪。

(三)尊重和保障人权

保障人权是我国宪法规定的重要内容，也是我国社会制度发展所追求的基本价值。2004 年 3 月 14 日，第十届全国人民代表大会第二次会议通过了宪法修正案，此次修正案在宪法原有规定的公民基本权利的基础上，首次把“人权”概念引入宪法，在《宪法》条文中明确规定了“国家尊重和保障人权”。从此，我国的人权发展和保护进入了一个新的时代。

保障人权作为宪法的价值目标，在总体上对国家权力的行使设定了边界。宪法作为我国依法治国的总纲领，是制定刑事诉讼法的根据，在诉讼目的、诉讼原则、诉讼制度、程序设计等方面均指引和制约着刑事诉讼法。

刑事诉讼过程中，为了查明犯罪、证实犯罪、惩罚犯罪，侦查机关、检察机关、审判机关对犯罪嫌疑人、被告人采取限制或剥夺人身自由的强制措施，对有关的财产采取查封、扣押、冻结等强制措施，使个人与国家公权力机关直接对话，国家刑事诉讼权力对个人的基本人权影响巨大。刑事诉讼中的人权状况，是现代法治国家人权状况的一面镜子。刑事诉讼法在现代法治国家常被称为“应用宪法”①“国家基本法的测震器”②。我国把“尊重和保障人权”写入 2012 年修订的《刑事诉讼法》第 2 条，作为刑事诉讼法的基本任务之一，使《刑事诉讼法》承载并体现了《宪法》规定的“国家尊重和保障人权”的价值目标。

《刑事诉讼法》规定的“尊重和保障人权”的基本任务，需要把握以下两点：

首先，刑事诉讼中尊重和保障人权的责任主体。刑事诉讼制度的建立、刑事诉讼程序的设计、刑事诉讼活动的开展应当把尊重和保障人权作为基本任务，不能违背。犯罪

---

① [日]田口守一：《刑事诉讼法》，刘迪等译，法律出版社 2000 年版，第 8 页。

② [德]克劳思·罗科信：《刑事诉讼法》，吴丽琪译，法律出版社 2003 年版，第 13 页。

是侵犯人权的行为,依法追究犯罪是为了保护人权。但追究犯罪,不能通过违法拘留、刑讯逼供等侵犯人权的刑事诉讼活动和手段来实现。因此,刑事诉讼中的侦查机关、检察机关、审判机关及其工作人员,是刑事诉讼中尊重和保障人权的责任主体,在进行刑事侦查、起诉、审判等刑事行为时,不能违法侵犯人权。

其次,刑事诉讼中尊重和保障人权的内容。具体而言,应当包括三个方面的内容:一是作为被追诉对象的犯罪嫌疑人、被告人的人权。尽管刑事诉讼中的犯罪嫌疑人、被告人是被追诉对象,但是,其人权仍然受到法律尊重和保护。现代刑事诉讼中,犯罪嫌疑人、被告人已经不是被追诉的客体,而是依法享有广泛诉讼权利的诉讼主体。同时,犯罪嫌疑人、被告人在刑事诉讼中直接面对国家公权机关,其人权在刑事诉讼中的自卫能力有限,最容易受到违法滥用权力行为的威胁甚至侵害。刑事诉讼中犯罪嫌疑人、被告人的人权,包括人身自由权、人格尊严权、不被强迫证实自己有罪权、辩护权、控告权、接受公平审判权等等。二是被害人、自诉人的人权。被害人是犯罪的受害者,自诉人主要是被害人或者被害人的亲属。追究犯罪考虑的重要因素是犯罪侵害了被害人的合法权益。对犯罪的追诉本身就意味着对被害人的保护。刑事诉讼中被害人、自诉人的人权包括控告权、人格尊严权、自诉权、申诉权、获得物质赔偿权等等。三是辩护人、诉讼代理人、证人、鉴定人等诉讼参与人的人权。辩护人、诉讼代理人、证人、鉴定人等诉讼参与人参加诉讼,是为了帮助保护犯罪嫌疑人、被告人、被害人的合法权利,或者是为了协助刑事案件的办理,他们在刑事诉讼中的诉讼权利,应当受到尊重和保护。

二、刑事诉讼法的根本任务

根据《刑事诉讼法》第2条的规定,保护公民的人身权利、财产权利、民主权利和其他权利,保障社会主义建设事业的顺利进行,是我国刑事诉讼法的根本任务。依法开展刑事诉讼活动,准确、及时地查明犯罪,惩罚犯罪,就是为了维护国家安全和社会公共安全,维护社会的生产秩序和生活秩序,给人民群众创造安定有序的社会环境。刑事诉讼法的基本任务,最终都是为了保护公民的人身权利、财产权利、民主权利和其他权利,保障社会主义建设事业的顺利进行。

思考与训练

思考题

(扫描二维码获取参考答案)

1.什么是刑事诉讼法的宗旨?

2.我国刑事诉讼法的宗旨是什么?

3.我国刑事诉讼法有哪些任务?相互之间是什么关系?

4.刑事诉讼中的人权保障有哪些内容?

补充阅读

《论“尊重和保障人权”对刑事诉讼法的进步意义》

（扫描二维码阅读）

第五章

刑事诉讼中的专门机关和诉讼参与人

导读

通过本章的学习，掌握公安机关、人民检察院、人民法院在刑事诉讼中的职权与组织体系及各种诉讼参与人的概念，正确理解公安机关、人民检察院、人民法院的性质及各种诉讼参与人在刑事诉讼中的地位及权利和义务，熟悉并能够运用刑事诉讼法及相关法律、司法解释对专门机关在刑事诉讼中的职权及主要诉讼参与人在刑事诉讼中的诉讼权利与义务的规定。

第一节　刑事诉讼中的专门机关

一、刑事诉讼中的专门机关概述

刑事诉讼中的专门机关，是指依照法定职权进行刑事诉讼活动的国家机关，包括人民法院、人民检察院和公安机关。《刑事诉讼法》第 4 条规定："国家安全机关依照法律规定，办理危害国家安全的刑事案件，行使与公安机关相同的职权。"该法第 308 条规定："军队保卫部门对军队内部发生的刑事案件行使侦查权。中国海警局履行海上维权执法职责，对海上发生的刑事案件行使侦查权。对罪犯在监狱内犯罪的案件由监狱进行侦查。军队保卫部门、中国海警局、监狱办理刑事案件，适用本法的有关规定。"

此外，从 1998 年开始，国家在各级海关均设立了走私犯罪侦查部门(2003 年走私犯罪侦查局更名为缉私局)，专门负责对走私犯罪案件的侦查工作(列入公安机关序列，实行双重领导)。因此，刑事诉讼中的专门机关还有国家安全机关、军队保卫部门、监狱、中国海警局和缉私局等。

二、人民法院

(一)人民法院的性质和任务

我国《宪法》第 123 条规定："中华人民共和国人民法院是国家的审判机关。"《刑事诉讼法》第 12 条规定："未经人民法院依法判决，对任何人都不得确定有罪。"据此，在我国，人民法院是有权定罪和判刑的唯一国家机关。人民法院是国家的审判机关，代表国家行使审判权。审判权是指依法对刑事案件、民事案件、行政案件进行审理和判决的权力，是国家权力的重要组成部分。

根据我国《人民法院组织法》第 5 条和有关法律的规定，人民法院的任务是：审判刑事案件、民事案件和行政案件，并且通过审判活动惩办一切犯罪分子，解决民事和行政纠纷，以保卫人民民主专政制度，维护社会主义法制和社会秩序，保护国有财产和劳动群众集体所有的财产，保护公民私人所有的合法财产，保护公民的人身权利、民主权利和其他权利，保障社会主义建设事业的顺利进行；同时，用它的全部活动教育公民忠于社会主义祖国，自觉遵守宪法和法律。

(二)人民法院的组织体系

根据《宪法》《人民法院组织法》的规定，我国设立最高人民法院、地方各级人民法院和军事法院等专门人民法院。

1.最高人民法院

最高人民法院是最高审判机关，负责审判法律规定由它管辖的第一审案件，对高级人民法院的第一审判决、裁定不服提起上诉、抗诉的案件，以及负责复核死刑立即执行案件。此外，最高人民法院还负责指导和监督地方各级人民法院和专门人民法院的审判工作，并对在审判工作中如何具体应用法律问题进行解释。

2.地方各级人民法院

高级人民法院包括省、自治区、直辖市高级人民法院。高级人民法院负责审判法律规定由它管辖的第一审案件，对中级人民法院的第一审判决、裁定不服提起上诉、抗诉的案件，以及负责复核死刑缓期二年执行案件。

中级人民法院包括：在省、自治区内按地区设立的中级人民法院；在直辖市内设立的中级人民法院；省、自治区辖市的中级人民法院；自治州中级人民法院。中级人民法院负责审判法律规定由它管辖的第一审案件，以及对基层人民法院的第一审判决、裁定不服提起上诉、抗诉的案件。

基层人民法院是设立在县、自治县、市辖区及不设区的市的人民法院。《人民法院组织法》规定，基层人民法院根据地区、人口和案件情况可以设立若干人民法庭。人民法庭是基层人民法院的组成部分，不是一级审判机关，它的判决和裁定就是基层人民法院的判决和裁定。

3.专门人民法院

专门人民法院是在上述普通人民法院之外设立的专门性人民法院。我国目前设立的专门人民法院有军事法院（三级）、铁路运输法院（二级）、海事法院、互联网法院（杭州、北京、广州）、知识产权法院（北京、上海、广州）等，其中海事法院、互联网法院、知识产权法院不承担对刑事案件的审判权。截至2012年6月底，全国铁路运输法院完成管理体制改革，全部移交地方管理。

（三）人民法院的领导体制

1.人民法院与国家权力机关之间的关系

各级人民法院由同级人民代表大会产生，对它负责并报告工作，受它监督。人民法院院长由同级人民代表大会选举或者罢免，副院长、庭长、副庭长、审判员由同级人民代表大会常务委员会任免。

2.人民法院上下级之间的关系

人民法院上下级之间是审判监督关系，而不是行政隶属关系。审判监督主要表现在：上级人民法院有权依法决定案件的管辖；有权按照第二审程序和审判监督程序重新对案件进行审判；高级人民法院和最高人民法院有权按照死刑复核程序复核死刑案件；最高人民法院有权对如何具体应用法律进行解释等。

各级人民法院都有独立审判依法属于自己管辖的案件的权力，下级人民法院无需就案件的处理等问题请示上级人民法院。司法实践中，由于错案追究制的存在，下级法院的法官为了推卸责任，通常对正在办理的案件主动向上级法院请示汇报，有时上级法院也对下级法院正在办理的案件进行“具体指导”。这种请示、指导案件的做法损坏了两审终审制，使得法定的监督程序流于形式，也影响了当事人上诉权、申诉权和检察院抗诉权的行使。

（四）人民法院在刑事诉讼中的地位和职权

在刑事诉讼中，人民法院是唯一的审判机关。从实体上讲，人民法院对刑事案件的审判，将解决被告人是否有罪，犯的什么罪，应不应当判处刑罚以及判处何种刑罚的问题，即审判将最终决定被告人的命运；从程序上讲，审判既是对立案、侦查、起诉等诉讼活动的检验，又是执行的依据；从诉讼结构来看，控诉、辩护、审判三项职能只有在审判阶段才能得到充分的体现；从诉讼手段和目的来看，刑事诉讼的各项原则和制度，只有在审判阶段才能得到全面的贯彻落实，刑事诉讼的任务也只有在审判阶段才能彻底实现。因此，人民法院在刑事诉讼中处于核心地位，没有法院就没有审判，也就不能解决被告人的刑事责任问题，刑事诉讼的任务就不能完成，从而刑事诉讼失去存在的价值。我国人民法院的职权主要有以下几个方面：(1)有权对所有公诉案件、自诉案件和附带民事诉讼案件进行审理并作出判决或裁定，以及对自诉案件和附带民事诉讼案件进行调解；(2)有权主持和指挥法庭的审判活动，对违反法庭秩序的人予以警告制止，强行带出法庭，罚款，拘留，直至追究刑事责任；(3)有权对刑事被告人决定逮捕、拘传、取保候审和监视居住；(4)有权决定是否延期审理、中止审理或终止审理；(5)为调查核实证据，可以进行勘验、检查、扣押、鉴定和查询、冻结；(6)如果有附带民事诉讼，必要的时候可以查封或者扣押被告人的财产；(7)有权执行部分生效的判决、裁定；(8)有权对确有错误的生效判决、裁定按照审判监督程序进行再审，予以纠正。

三、人民检察院

（一）人民检察院的性质和任务

我国的《宪法》和《人民检察院组织法》规定，中华人民共和国人民检察院是国家的法律监督机关，代表国家行使检察权。检察权是依法监督国家机关和国家工作人员、企事业单位、人民团体和全体公民遵守宪法与法律的权力。

根据最高检察院《规则》第 2 条的规定，人民检察院在刑事诉讼中的任务是立案侦查直接受理的案件、批准或者决定逮捕、审查起诉和提起公诉、对刑事诉讼实行法律监督，保证准确、及时地查明犯罪事实，正确应用法律，惩罚犯罪分子，保障无罪的人不受刑事追究，保障国家刑事法律的统一正确实施，维护社会主义法制，尊重和保障人权，保护公民的人身权利、财产权利、民主权利和其他权利，保障社会主义建设事业的顺利进行。

（二）人民检察院的组织体系

根据《宪法》《人民检察院组织法》的规定，我国设立最高人民检察院、地方各级人民检察院和军事检察院等专门人民检察院。

1.最高人民检察院

最高人民检察院是国家最高检察机关，是全国检察院的领导机关，其主要职责是：领导地方各级人民检察院和专门人民检察院的工作；对全国性的重大刑事案件行使检察权；对于检察过程中具体应用法律、法令的问题进行解释；制定检察工作条例、细则和办法，等等。

2.地方各级人民检察院

地方各级人民检察院分为：省、自治区、直辖市人民检察院；省、自治区、直辖市人民检察院分院，自治州和省辖市人民检察院；县、市、自治县和市辖区人民检察院。省一级人民检察院和县一级人民检察院，根据工作需要，提请本级人民代表大会常务委员会批准，可以在工矿区、农垦区、林区等区域设置人民检察院，作为派出机构。此外，为适应检察工作的需要，地方各级人民检察院还先后在监狱、看守所设立了驻监、驻所检察室。

3.专门人民检察院

专门人民检察院是在最高人民检察院领导下，在特定的组织系统或行业内设立的检察机关，包括军事检察院和铁路运输检察院。军事检察院是设立在中国人民解放军中的专门法律监督机关，对现役军人的违反职责罪和其他刑事案件依法行使检察权。铁路检察院包括铁路运输检察分院和基层铁路运输检察院。

（三）人民检察院的领导体制

1.各级人民检察院由同级人民代表大会产生，对它负责并报告工作，受它监督。检察长由本级人大选举和罢免，并须报上一级检察院检察长提请该级人大常委会批准；副检察长、检察委员会委员、检察员均由本级人大常委会任免。

2.上下级人民检察院之间是领导关系。最高人民检察院领导地方各级人民检察院和专门人民检察院的工作，上级人民检察院领导下级人民检察院的工作。在刑事诉讼中，上级人民检察院对下级人民检察院作出的决定，有权予以撤销或者变更，发现下级人民检察院办理的案件有错误的，有权指令下级人民检察院予以纠正；下级人民检察院对上级人民检察院的决定应当执行，如果认为有错误的，应当在执行的同时向上级人民检察院报告。

3.在人民检察院内部，实行检察长负责制，检察长统一领导检察院工作。各级人民检察院设立检察委员会。检察委员会实行民主集中制。在检察长的主持下，讨论决定重大案件和其他重大问题。如果检察长在重大问题上不同意多数人的决定，可以报请本级人大常委会决定。对于本级人大常委会的决定，检察长应当执行，如果仍有不同意见，可以在执行时提请上级检察长审查处理。

（四）人民检察院在刑事诉讼中的地位和职权

人民检察院在刑事诉讼中地位特殊，具有双重职能和双重身份，它既行使控诉职能，又行使法律监督职能；既是侦查机关和公诉机关，又是诉讼监督机关。检察院的具体职权包括以下三个方面：

1. 立案、侦查权

人民检察院对自侦案件有权立案、侦查，同时也有权决定对犯罪嫌疑人进行拘传、取保候审、监视居住、拘留和逮捕。

《刑事诉讼法》第19条第2款规定："人民检察院在对诉讼活动实行法律监督中发现的司法工作人员利用职权实施的非法拘禁、刑讯逼供、非法搜查等侵犯公民权利、损害司法公正的犯罪，可以由人民检察院立案侦查。对于公安机关管辖的国家机关工作人员利用职权实施的重大犯罪案件，需要由人民检察院直接受理的时候，经省级以上人民检察院决定，可以由人民检察院立案侦查。"

由此可见，新修改的《刑事诉讼法》删除了人民检察院对"贪污贿赂犯罪，国家工作人员的渎职犯罪"的直接立案侦查权。其缘由在于监察体制的改革，将上述职能转至监察委员会。此外，人民检察院直接立案侦查的对象从国家机关工作人员变更为司法工作人员，直接立案侦查的罪名删除了利用职权侵犯公民民主权利犯罪，而增加了利用职权损害司法公正犯罪。经省级以上人民检察院决定，可以由人民检察院立案侦查的案件范围，限于公安机关管辖的国家机关工作人员利用职权实施的重大犯罪案件，即排除了监察委等其他机关管辖的国家机关工作人员利用职权实施的重大犯罪案件。

2. 公诉权

人民检察院是我国唯一的公诉机关，凡需要提起公诉的案件，一律由人民检察院审查决定，也只有人民检察院才享有提起公诉的权力。《刑事诉讼法》第169条规定："凡需要提起公诉的案件，一律由人民检察院审查决定。"《刑事诉讼法》第170条规定："人民检察院对于监察机关移送起诉的案件，依照本法和监察法的有关规定进行审查。人民检察院经审查，认为需要补充核实的，应当退回监察机关补充调查，必要时可以自行补充侦查。"此条款完善了监察委移送案件的机制，也明确了只有人民检察院才能提起公诉的职能。人民检察院的公诉活动包括审查起诉、提起公诉、出庭支持公诉以及由审查起诉派生出来的不起诉等活动。其中，审查起诉是提起公诉的前提与基础，提起公诉是人民检察院公诉活动的核心内容，出庭支持公诉则是提起公诉活动在人民法院审判阶段的延伸。

3. 法律监督权

(1)立案监督。人民检察院认为公安机关对应当立案侦查的案件而不立案侦查的，应当要求公安机关说明不立案的理由；认为公安机关不立案的理由不能成立的，应当通知公安机关立案，公安机关接到通知后应当立案。

(2)侦查监督。人民检察院审查逮捕、审查起诉时，应当审查侦查活动是否合法，当发现有违法情况时，应当通知公安机关纠正，公安机关应当将纠正情况通知人民检察院。在审查起诉中认为需要补充侦查的，有权自行侦查。同时，人民检察院根据需要可以派员参加公安机关对于重大案件的讨论和其他侦查活动，发现有违法行为时，应当及时要求纠正。

(3)审判监督。人民法院审判公诉案件，人民检察院应当派员出庭支持公诉，并对审判活动是否合法进行法律监督。人民检察院发现人民法院审理案件违反法律规定的诉讼程序，有权向人民法院提出纠正意见。对人民法院的判决、裁定认为确有错误的，有权按照第二审程序或审判监督程序提出抗诉。

(4)执行监督。人民检察院对执行机关的刑罚执行活动是否合法实行监督，如果发现有违法的情况，应当通知执行机关纠正；如果对罪犯暂予监外执行的决定或者人民法院减刑、假释的裁定不当，应当书面提出纠正意见，有关机关应当在法定期限内重新审查处理。

四、公安机关

(一)公安机关的性质和任务

公安机关是国家的治安保卫机关，属于国家行政机关系统，是政府的职能部门，是行政执法机关。公安机关的任务是维护公共安全和社会治安秩序，预防犯罪，侦查和打击犯罪，保护国家、集体和个人所有的财产，保护公民的人身安全和其他合法权益，保障社会主义现代化建设事业的顺利进行。

(二)公安机关的组织体系

1.公安部

公安部隶属于国务院，是国家最高行政执法机关。

2.地方各级公安机关

省、自治区、直辖市一级设公安厅(局)；地区、自治州和省辖市设公安局(处)；县、自治县、不设区的市设公安局；在直辖市和市辖区设公安分局；城市街道和乡镇设公安派出所或公安特派员。

3.专门公安机关

目前，我国在铁路、民航、航运、林业、农垦等行业中设立有公安局或公安处，负责本系统的治安、保卫工作。

(三)公安机关的领导体制

公安机关实行双重领导体制，一方面，公安机关作为同级人民政府的组成部门，要接受同级人民政府的领导；另一方面，上级公安机关有权直接领导和指挥下级公安机关。

(四)公安机关在刑事诉讼中的地位和职权

公安机关是我国的主要侦查机关，公安机关的具体职权包括以下几个方面：

1.立案侦查权。公安机关的主要职责是负责刑事案件的侦查、拘留、执行逮捕和预审。

2.刑事诉讼过程中的强制措施。如拘传、取保候审、拘留、逮捕、监视居住均由公安机关负责执行。

3. 部分刑罚执行权。公安机关负责对被判处管制、拘役、剥夺政治权利的罪犯的执行；对于有期徒刑缓刑、监外执行、假释的罪犯，执行期间也由公安机关予以监督。

五、国家安全机关

国家安全机关是国家安全工作的主管机关，依法行使着与危害国家安全的违法犯罪行为做斗争、保卫国家安全、巩固人民民主专政、维护社会主义制度的职能。1983 年 7 月 1 日，国家安全部成立。作为国务院的重要职能部门之一，国家安全部负责领导和管理全国的国家安全工作，开展隐蔽战线的斗争，保卫和促进社会主义现代化建设和统一祖国大业，巩固和加强人民民主专政，维护国家安全。在省、自治区、直辖市设国家安全厅、局，在省、自治区、直辖市以下，根据需要设立国家安全机构和人员。地方各级国家安全机关是地方各级人民政府的职能部门，业务上受国家安全部的领导。

六、军队保卫部门

根据我国的军事体制，中国人民解放军内部设立保卫部门，负责军队内部发生的刑事案件的侦查工作，军队保卫部门承担军队内部发生的刑事案件的侦查工作，同公安机关对刑事案件的侦查工作性质是相同的。因此，军队保卫部门对军队内部发生的刑事案件，可以行使宪法和法律规定的公安机关的侦查、拘留、预审和执行逮捕的职权。

七、海关缉私局

从 1998 年开始，国家在各级海关设立走私犯罪侦查部门，专门负责对走私犯罪案件的侦查工作。例如，海关总署下设缉私局，负责走私案件的侦查，下级海关设缉私分局，负责走私案件的侦查。这些走私犯罪侦查部门在侦查活动中，享有与公安机关同样的权力，具有与公安机关同等的诉讼地位。

八、海警局

中国海警局履行海上维权执法职责。为依法惩治海上犯罪，维护国家主权、安全、海洋权益和海上秩序，2018 年《刑事诉讼法》规定海警局对海上发生的刑事案件行使侦查权。

九、监狱

监狱是国家的刑罚执行机关，广义上的监狱还包括未成年犯管教所。《刑事诉讼法》

第 264 条第 2 款规定："对于被判处死刑缓期二年执行、无期徒刑、有期徒刑的罪犯，由公安机关依法将该罪犯送交监狱执行刑罚。"同时，《刑事诉讼法》第 308 条第 2 款规定："对罪犯在监狱内犯罪的案件由监狱进行侦查。"执行是刑事诉讼的最后阶段。监狱是刑罚执行机关，能否对罪犯进行有效的监管和改造，直接关系到刑事诉讼的成效和国家改造罪犯方针政策的贯彻实施。虽然对罪犯的具体改造教育活动不属于刑事诉讼的范围，而是一种行政活动，但在执行阶段必然会发生一些诉讼问题。对此，由监狱就地处理或者提出意见，无疑有利于问题的及时、妥善解决。

第二节　诉讼参与人

一、诉讼参与人概述

诉讼参与人，是指在刑事诉讼中享有一定诉讼权利、负有一定诉讼义务的，除国家专门机关工作人员以外的人。诉讼参与人一般可分为两大类：当事人和其他诉讼参与人。

当事人是指与案件的结局有着直接利害关系，对刑事诉讼进程发挥着较大影响的诉讼参与人。根据我国《刑事诉讼法》第 108 条第 2 项的规定，当事人是指被害人、自诉人、犯罪嫌疑人、被告人、附带民事诉讼的原告人和被告人。

其他诉讼参与人，是指除当事人外，参与诉讼活动并在诉讼中享有一定诉讼权利、承担一定诉讼义务的参与人。根据我国《刑事诉讼法》第 108 条第 4 项的规定，其他诉讼参与人是指法定代理人、诉讼代理人、辩护人、证人、鉴定人和翻译人员。

二、被害人

1. 被害人的诉讼地位

被害人，是指其人身、财产及其他权益遭受犯罪行为直接侵害的人。被害人在诉讼中可能担当多种角色，如自诉人、附带民事诉讼的原告人等。一般来说，刑事诉讼法中所称的被害人，仅指公诉案件的被害人。被害人既可以是自然人，也可以是法人。应当注意：被害人的身份是由犯罪行为造成的，因而具有不可替代性。如果被害人死亡或者致残后神志不清不能陈述，也不能由亲属或者其他人代替被害人陈述遭受犯罪行为侵害的情况，其亲属或者其他人如果知悉案件中的某些情况，应当以证人的身份提供证言，但该证言不能作为"被害人陈述"。被害人及其法定代理人可以委托诉讼代理人参加诉讼，其法定代理人或者委托代理人均有权代表被害人提出诉讼要求，行使诉讼权利，但均不能代替被害人来提供"被害人陈述"这样的证据。

我国 1996 年修改后的《刑事诉讼法》将公诉案件的被害人从原来诉讼参与人的地位提升为独立的诉讼当事人的地位，而不像西方国家那样一般将其作为证人对待。

被害人具有以下特点:(1)被害人作为遭受犯罪行为侵害的人,与案件结局有着直接的利害关系(如要求赔偿、惩罚犯罪等),这是赋予被害人当事人诉讼地位的理论基础;(2)被害人基于实现使被告人受到合法报应的要求,具有积极主动地参与诉讼进程、影响裁判结局的愿望;(3)被害人作为诉讼当事人,与被告人居于大致相同的诉讼地位,也拥有许多与被告人相对应的诉讼权利;(4)被害人尽管具有当事人的诉讼地位,但他一般也是了解案件事实的人,其陈述本身也是法定的证据来源之一。

需要强调的是,被害人并非传统意义上的原告,他只能协助人民检察院执行控诉职能。因此,被害人的诉讼权利受到某些限制,如不享有原告方的四项权利:起诉权、变更诉讼请求权、撤诉权和上诉权。

2.被害人的诉讼权利和义务

被害人诉讼地位的提升,意味着其诉讼权利和人权保障的加强。被害人的权利包括两个方面:一是与其他当事人所共有的诉讼权利;二是特有的诉讼权利。

被害人的特有诉讼权利主要有:(1)有权自案件移送审查起诉之日起,委托诉讼代理人。(2)报案或者控告,要求公检法机关立案,公检法三机关决定不予立案的,被害人有权获知不立案的原因,并可以申请复议;被害人认为公安机关对应当立案侦查的案件而不立案侦查,向人民检察院提出的,人民检察院应当要求公安机关说明不立案的理由。(3)对于人民检察院所作的不起诉的决定,有权获得不起诉决定书,并向上一级人民检察院申诉,要求提起公诉;对于上一级人民检察院维持不起诉决定的,有权向人民法院起诉;也可以不经申诉,直接向人民法院起诉。(4)对于有证据证明对被告人侵犯自己人身、财产权利的行为应当依法追究刑事责任,而公安机关或者人民检察院不予追究被告人刑事责任的案件,被害人有权向人民法院提起自诉。(5)对地方各级人民法院第一审的判决不服的,有权请求人民检察院抗诉。

被害人的诉讼义务主要包括:(1)接受司法机关传唤;(2)如实陈述案件事实;(3)接受司法机关对其进行人身检查;(4)在法庭上接受询问和回答问题;(5)在法庭上遵守法庭秩序,听从审判长的指挥。

三、自诉人

自诉人,是指在自诉案件中依法直接向人民法院提起诉讼,要求追究被告人刑事责任和保护自己合法权益的诉讼参与人。自诉人通常是自诉案件的被害人。另外,《刑事诉讼法》第 114 条规定:“被害人死亡或者丧失行为能力的,被害人的法定代理人、近亲属有权向人民法院起诉。人民法院应当依法受理。”《刑法》第 98 条规定:“如果被害人因受强制、威吓无法告诉的,人民检察院和被害人的近亲属也可以告诉。”自诉人在自诉案件中的地位是原告,执行控诉职能。当自诉案件的被告人在诉讼过程中提起反诉时,自诉人转而成为反诉案件的被告人,行使辩护职能。关于自诉人,需要强调以下两点:

1. 自诉主体的可分性

当一个犯罪行为侵害了多个被害人的合法权益时，每个被害人都有权单独起诉。根据最高法院《解释》第266条的规定，共同被害人中只有部分人告诉的，人民法院应当通知其他被害人参加诉讼，并告知其不参加诉讼的法律后果。被通知人接到通知后表示不参加诉讼或者不出庭的，视为放弃告诉。第一审宣判后，被通知人就同一事实又提起自诉的，人民法院不予受理。但是，当事人另行提起民事诉讼的，不受本解释限制。

2. 自诉对象的可分性

自诉人明知有其他共同侵害人，但只对部分侵害人提起自诉的，人民法院应当受理，并视为自诉人对其他侵害人放弃告诉权利。判决宣告后自诉人又对其他共同侵害人就同一事实提起自诉的，人民法院不再受理。

四、犯罪嫌疑人、被告人

1. 犯罪嫌疑人与被告人的区分

犯罪嫌疑人、被告人，是在刑事诉讼中被控犯罪并被追究刑事责任的对象。在我国的刑事诉讼中，涉嫌犯罪的人，在不同的诉讼阶段称谓不同：在立案、侦查和审查起诉阶段，被称为“犯罪嫌疑人”；在审判阶段，则被称为“被告人”。以提起公诉为界限，在称谓上进行区分具有深刻的实质意义：(1)提起正式的控诉是刑事审判程序的启动器，是确定“被告人”的前提，将被追诉人在起诉前后作不同称谓，符合不告不理原则；(2)将“犯罪嫌疑人”确定为“被告人”需要具备法定的条件，经过侦查阶段收集证据，再经过审查起诉阶段从实体和程序两方面的审查，认为证据足以达到正式起诉所要求的质和量，检察机关才能正式提起公诉；(3)不称“人犯”“犯人”，而称“犯罪嫌疑人”“被告人”，标志着被追诉人在诉讼过程中不是“罪犯”，而处于诉讼主体的地位，这是废止有罪推定、确立无罪推定所必需的，也是诉讼公正、民主、文明的标志。

2. 犯罪嫌疑人、被告人的诉讼地位

犯罪嫌疑人、被告人是刑事诉讼中的核心人物。刑事诉讼围绕着犯罪嫌疑人、被告人而展开，没有犯罪嫌疑人、被告人就没有刑事诉讼，犯罪嫌疑人、被告人死亡，刑事诉讼也就终止了。犯罪嫌疑人、被告人在刑事诉讼中的地位，经历了从古代纠问式诉讼中的“诉讼客体”到现代诉讼中的“诉讼主体”的发展过程，刑事诉讼的发展史就是犯罪嫌疑人、被告人人权保障不断强化的历史。

在刑事诉讼中，犯罪嫌疑人、被告人具有以下显著特点：

(1)犯罪嫌疑人、被告人是拥有一系列诉讼权利的诉讼主体，居于当事人的地位。这就意味着他们虽然是被追诉人，但并不是只能被动地接受传讯、追诉和审判，消极地等待国家专门机关的处理，而是可通过积极主动的防御活动与追诉方展开对抗，并对裁判方施加积极影响。特别是作为辩护权的主体，是辩护职能的主要承担者。

(2)犯罪嫌疑人、被告人是刑事诉讼中最主要的当事人，与刑事案件的处理结果有着最为直接的利害关系，同时又处于被追诉人的地位。刑事诉讼活动就是要解决犯罪嫌疑人、被告人的行为是否构成犯罪、构成何种犯罪、应否处以刑罚、处以何种刑罚的问题，犯罪嫌疑人、被告人具有人身不可替代性。作为被追诉人，犯罪嫌疑人、被告人在一定程度上负有接受强制处分、协助国家专门机关顺利进行刑事诉讼的义务。

(3)犯罪嫌疑人、被告人本身是重要的证据来源。犯罪嫌疑人、被告人的供述和辩解是法定的证据种类之一，对查清案件事实，进一步收集案件中的其他证据具有独特的作用。

3. 犯罪嫌疑人、被告人的诉讼权利和义务

诉讼权利按其性质和作用的不同，可分为防御性权利和救济性权利两种。防御性权利，是指犯罪嫌疑人、被告人为对抗追诉方的指控、抵消其控诉效果所享有的诉讼权利，如知悉权、辩护权等。救济性权利，是指犯罪嫌疑人、被告人对国家专门机关所作的对其不利的行为、决定或裁判，要求另一专门机关予以审查并作出改变或撤销的权利，如申请回避、控告、上诉、申诉等。

犯罪嫌疑人、被告人所应承担的法律义务主要有：(1)在符合法定条件的情况下承受各种强制措施，接受侦查人员的讯问、搜查、扣押等侦查行为；(2)对侦查人员的讯问，应当如实回答；(3)不得毁灭、伪造证据；(4)承受检察机关的起诉，依法按时出庭并接受法庭审判；(5)对于生效的裁判，有义务执行或协助执行。

五、附带民事诉讼原告人和被告人

附带民事诉讼的原告人，是指因被告人的犯罪行为而遭受物质损失并在刑事诉讼中提出赔偿请求的人。附带民事诉讼的原告人可以是遭受犯罪行为直接侵害的被害人本人，但也可以是死亡或者丧失行为能力的被害人的法定代理人、近亲属。

附带民事诉讼的被告人，是在刑事诉讼中对犯罪行为所造成的物质损失负有赔偿责任的人。附带民事诉讼的被告人，通常是刑事被告人以及没有被追究刑事责任的其他共同致害人，也可以是未成年刑事被告人的监护人，共同犯罪案件中已死亡被告人的遗产继承人，以及其他对刑事被告人的犯罪行为依法应当承担民事赔偿责任的单位和个人。

六、其他诉讼参与人

其他诉讼参与人，是指除当事人以外的参与诉讼活动并在诉讼中享有一定诉讼权利、负担一定诉讼义务的诉讼参与人，具体包括：法定代理人、诉讼代理人、辩护人、证人、鉴定人和翻译人员。

(一)法定代理人

法定代理人，是指根据法律规定对被代理人负有专门保护义务，并代理其参加诉讼的人，包括被代理人的父母、养父母、监护人和负有保护责任的机关、团体的代表。

法定代理人具有以下特点:(1)法定代理人代理权的产生,不是基于被代理人的授权和委托,也不是司法机关的决定或批准,而是由法律直接规定的;(2)法定代理人参与刑事诉讼的目的,是帮助被代理人行使诉讼权利,履行某些诉讼行为;(3)并不是每一个案件都存在法定代理人,只有当被代理人是无诉讼行为能力或限制诉讼行为能力时,才有可能出现法定代理人。

法定代理人具有独立的诉讼地位。法定代理人的诉讼行为,被视为被代理人的诉讼行为,具有相同的法律效果。但是,对于某些与被代理人人身有关的特定的诉讼行为,法定代理人不得代为进行,如不得代替被代理人进行供述、辩解或陈述。

(二)诉讼代理人

诉讼代理人,是指接受公诉案件的被害人及其法定代理人或者近亲属、自诉案件的自诉人及其法定代理人、附带民事诉讼的当事人及其法定代理人的委托,代理其参加诉讼的人。

诉讼代理人的地位既不同于法定代理人,又不同于辩护人,主要表现在以下五个方面:

1.可以担任诉讼代理人的人员范围特定。根据《刑事诉讼法》第33条的规定,可以被委托为诉讼代理人的人员范围和辩护人相同,具体包括:(1)律师;(2)人民团体或者犯罪嫌疑人、被告人所在单位推荐的人;(3)犯罪嫌疑人、被告人的监护人、亲友。但是,正在被执行刑罚或者依法被剥夺、限制人身自由的人,不得担任诉讼代理人。

2.诉讼代理人不具有独立的诉讼地位,只是帮助被代理人行使法律赋予的诉讼权利。诉讼代理人的代理权是基于被代理人及其法定代理人的委托,而不是法律的规定,这是同法定代理人的根本区别。作为公诉案件被害人、自诉案件自诉人的代理人,基本上是代理控诉职能,属于控诉一方的诉讼参与人,是被害一方合法权益的保护者。作为附带民事诉讼当事人的代理人,分别属于原告或被告方的诉讼参与人,是原告或被告方合法权益的保护者。

3.诉讼代理人在诉讼中所享有的权利范围由两部分组成:一是法律对诉讼代理人权利的直接规定,如查阅案卷材料、向有关单位和个人调查,这部分权利并不是经委托人授权取得的;二是被代理人的授权,这实质上是委托人将其依法享有的权利委托给诉讼代理人行使,委托人的授权不是任意的,他只能将法律规定的权利授予诉讼代理人行使。

4.诉讼代理人以被代理人的名义参加诉讼活动,只能在授权范围内进行代理。诉讼代理人对被代理人有一定的从属性,不能与被代理人的意志相悖。此外,有些诉讼事宜是不能由诉讼代理人代理的,如接受人身检查、出庭作证等,只能由被代理人亲自履行。

5.诉讼代理人在授权范围内进行代理活动,具有相对独立性。这就是说,只要不是越权代理,诉讼代理人的代理活动有一定的能动性和自主性。

(三)辩护人

辩护人是指在刑事诉讼中接受犯罪嫌疑人、被告人及其法定代理人的委托,或者接受人民法院的指派,依法为犯罪嫌疑人、被告人进行辩护,以维护其合法权益的人。辩护人是犯罪嫌疑人、被告人合法权益的专门维护者。对此,应当从以下两个方面进行理解:

一方面,辩护人在刑事诉讼中担任的唯一职能就是辩护,除此之外不承担任何别的职能。在我国,公安司法机关也具有维护犯罪嫌疑人、被告人合法权益的职责,但这只是在履行其他诉讼职能的过程中,兼顾犯罪嫌疑人、被告人的合法权益,只有辩护人才是犯罪嫌疑人、被告人合法权益的专门维护者。所以,辩护人在刑事诉讼中,绝对不能充当第二控诉人,检举、揭发犯罪嫌疑人、被告人已经实施的犯罪行为,即使这种行为是没有被司法机关所掌握的。

另一方面,辩护人在刑事诉讼中所维护的是犯罪嫌疑人、被告人的合法权益,而不是非法权益。因此,辨护人只能依据事实和法律为犯罪嫌疑人、被告人进行辩护,而不能为其当事人谋取非法利益,更不得教唆犯罪嫌疑人、被告人翻供,帮助犯罪嫌疑人、被告人威胁、引诱证人或者进行其他妨碍诉讼的活动。

(四)证　人

证人,是指当事人以外的向公安司法机关提供自己所知道的案件情况的人。在西方国家,证人包括两类:事实证人和专家证人。《刑事诉讼法》第 62 条规定:“凡是知道案件情况的人,都有作证的义务。生理上、精神上有缺陷或者年幼,不能辨别是非、不能正确表达的人,不能作证人。”据此,证人需要具备以下条件:

1.必须知道案件情况,这是证人的前提条件。只有在诉讼之前就对案件情况有所了解,才能起到证明的作用;反之,则不能成为证人。

2.必须能够辨别是非、正确表达,这是对证人能力的限制条件。若证人对客观事物辨别不清,不能正确反映,不能正确表达,那就丧失了对案件事实的证明作用。虽然生理上、精神上有缺陷或年幼,但能辨别是非,能对自己所了解的案件事实进行正确表达的,仍旧可以成为证人,如盲人讲述所听到的情况,聋哑人描述所看到的情况等。可见,“生理上、精神上有缺陷或者年幼”只是丧失证人资格的相对条件,“能够辨别是非、正确表达”是取得证人资格的必要条件。

3.必须是当事人以外的人,这是证人的主体资格限制条件。证人必须知道案件情况,但知道案件情况的人并不都是证人,证人必须是与案件没有直接利害关系而知道某一事实情况的第三人。

4.必须是自然人,而非法人或其他非法人组织。这既是对证人的主体资格限制,又是对证人能力限制的延续。因为对案件事实的了解必须通过感官才能取得,而感官只有自然人拥有,法人及非法人组织不具有该功能。并且,自然人作证应当履行相应的法律义务,作伪证或隐匿罪证的必须依法处理,构成犯罪的要予以刑事处罚,而法人及非法人组织不具备构成伪证罪的刑事责任能力。

需要强调的是,证人具有优先性。由于证人以知道案件情况为前提,具有不可替代性和不可指定性,凡在刑事诉讼开始前就知道案件情况的人,都应优先地作为证人,而不应作为本案的侦查人员、检察人员、审判人员、辩护人、鉴定人、翻译人员等。如果有多人同时知道案件事实的，他们都可以作为证人，不得互相代替，证人也不得由侦查机关、检察机关或审判机关指定。另外，刑事诉讼中的见证人应当视为“特殊的证人”。见证人，是指与案件无关，而仅在勘验、检查、搜查、扣押和侦查实验等诉讼活动中，被司法工作人员邀请在现场观察并为此作证的人。这种人被邀请见证是可以选择和替代的，但被邀请到现场见证之后，就成为了了解诉讼活动的特定人，具有了不可替代性。

（五）鉴定人

鉴定人，是指接受公安司法机关的聘请或指派，运用自己的专门知识和技能，对案件中的专门性问题进行分析判断并提出鉴定意见的人。

鉴定人必须符合一定的条件：(1)必须是自然人；(2)具有解决案件中某些专门性问题的知识和技能；(3)应当由公安司法机关指派或聘请；(4)必须与本案没有利害关系，否则应当回避。

鉴定人和证人的区别：(1)鉴定人是在案件发生后由公安司法机关指派或聘请的，既可以选择，也可以更换；证人是由案件本身决定的，具有不可选择性和不可替代性。(2)鉴定人事先并不了解案情，否则应当作为证人。(3)鉴定人必须具备有关的专门知识和技能，证人则不需要具备专门知识和技能。(4)某人如果与案件或案件当事人有利害关系，应当回避，不能作鉴定人；证人不存在回避的问题，只要知道案件情况的人，依法都有作证的义务。(5)鉴定人为了提供科学的结论，可以了解有关案情，互相讨论；证人则不能了解案情，询问证人应当个别进行，证人之间不能互相讨论。

（六）翻译人员

翻译人员，是指受公安司法机关的聘请或指派，为参与诉讼活动的外国人、少数民族人员、聋哑人等进行语言、文字或手势翻译的人员。

《刑事诉讼法》第 9 条第 1 款规定：“各民族公民都有用本民族语言文字进行诉讼的权利。人民法院、人民检察院和公安机关对于不通晓当地通用的语言文字的诉讼参与人，应当为他们翻译。”因此，翻译人员必须具有通晓诉讼参与人所使用的语言文字(包括哑语)和当地通用的语言文字并正确传达被翻译人原意的能力。

翻译人员进行翻译活动时，必须实事求是，力求准确无误。翻译人员不能同本案有利害关系，否则适用回避的规定。

翻译人员为了正确地进行翻译，有权了解同翻译内容有关的案件情况；有权查阅记载其翻译内容的笔录，如果笔录同实际翻译内容不符，有权要求修正或补充；有权获取相应报酬。翻译人员应当按语言文字的原意如实进行翻译，不得隐瞒、歪曲或伪造，如果有意弄虚作假，也应负法律责任。

第三节　单位诉讼参与人

一、单位被害人

诉讼参与人在一般情况下是由自然人充当的，但在一些特殊情况下，单位也可以直接成为刑事诉讼的参与人。随着我国社会主义市场经济建设的发展和改革开放的深入进行，单位作为犯罪嫌疑人、被告人、被害人以及附带民事诉讼的原告人或被告人等参与刑事诉讼的机会越来越多。我国《刑法》已经明确将单位作为犯罪主体，但单位能否作为刑事诉讼中的被害人参加诉讼，《刑事诉讼法》尚未作出规定，在学术界也存在争议。

1. 单位被害人的诉讼主体资格。我国《刑事诉讼法》将被害人确立为当事人，并赋予其一系列的诉讼权利。这既适用于自然人被害人，也适用于单位被害人。换言之，作为被害人的单位在公诉案件中应与自然人一样，拥有诉讼主体的资格，成为案件的当事人。

2. 单位被害人参与刑事诉讼的方式。单位作为被害人参与刑事诉讼，与自然人在刑事诉讼中的诉讼地位、所享有的诉讼权利和所负担的诉讼义务基本相同。但由单位本身性质所决定，单位被害人参与刑事诉讼的方式与自然人有所不同。单位被害人参与刑事诉讼时，应由其法定代表人作为代表参加刑事诉讼，法定代表人也可以委托诉讼代理人参加刑事诉讼。

二、单位犯罪嫌疑人、单位被告人

最高法院《解释》在第十一章规定了单位犯罪案件的审理，对人民法院受理单位犯罪案件的庭前审查，诉讼代表人的遴选，诉讼代表人的出庭，诉讼代表人的权限，遗漏单位当事人等问题做出了具体规定。

我国《刑法》分则有些条文规定的犯罪只能由单位实施，如第 137 条工程重大安全事故罪、第 161 条提供虚假财会报告罪、第 162 条妨害清算罪、第 244 条强迫职工劳动罪、第 387 条单位受贿罪、第 393 条单位行贿罪、第 396 条私分国有资产罪、私分罚没财物罪。我国刑法对单位犯罪的处罚是以双罚制为原则，以单罚制为例外。单罚制，是指只处罚单位的代表人、主管人员和直接责任人员（如第 135、137、161、162、244、396 条），或者只处罚单位组织本身。

在单位犯罪的情况下，单位可以独立成为犯罪嫌疑人、被告人，与作为自然人的直接负责的主管人员和其他直接责任人员一起参与刑事诉讼。代表涉嫌单位参加刑事诉讼的诉讼代表人，应当是单位的法定代表人或者主要负责人；法定代表人或者主要负责人被指控为单位犯罪直接负责的主管人员的，应当由单位的其他负责人作为被告单位的诉讼代表人出庭。在审判阶段,被告单位的诉讼代表人与被指控为单位犯罪直接负责的主管人员是同一人的,人民法院应当要求人民检察院另行确定被告单位的诉讼代表人出庭。

诉讼代表人以单位的名义,代表单位的利益,并在单位授权范围内从事诉讼行为。诉讼代表人是一种独立的诉讼参与人,具有独立的诉讼地位。诉讼代表人不是证人,其陈述是一种犯罪嫌疑人、被告人的供述和辩解。

思考与训练

一、思考题

1. 我国刑事诉讼中的专门机关有哪些?它们在刑事诉讼中分别享有哪些职权?
2. 公检法三机关的关系应该如何调整?
3. 刑事诉讼当事人有哪些?他们各自有哪些诉讼权利和义务?
4. 如何才能有效地保护被告人的诉讼权利?
5. 单位被害人为什么具备诉讼主体资格?
6. 单位犯罪嫌疑人、被告人参与刑事诉讼的方式有哪些?

二、选择题

1. 在袁某涉嫌故意杀害范某的案件中,下列哪些人员属于诉讼参与人?(　　)(多选)
   A. 侦查阶段为袁某提供少数民族语言翻译的翻译人员
   B. 公安机关负责死因鉴定的法医
   C. 就证据收集合法性出庭说明情况的侦查人员
   D. 法庭调查阶段就范某死因鉴定意见出庭发表意见的有专门知识的人
2. 犯罪嫌疑人、被告人在刑事诉讼中享有的诉讼权利可分为防御性权利和救济性权利。下列哪些选项属于犯罪嫌疑人、被告人享有的救济性权利?(　　)(多选)
   A. 侦查机关讯问时,犯罪嫌疑人有申辩自己无罪的权利
   B. 对办案人员人身侮辱的行为,犯罪嫌疑人有提出控告的权利
   C. 对办案机关应退还取保候审保证金而不退还的,犯罪嫌疑人有申诉的权利
   D. 被告人认为一审判决量刑畸重,有提出上诉的权利
3. 关于刑事诉讼当事人中被害人的诉讼权利,下列哪些选项是正确的?(　　)(多选)
   A. 撤回起诉、申请回避
   B. 委托诉讼代理人、提起自诉
   C. 申请复议、提起上诉
   D. 申请抗诉、提起申诉

三、案例分析

陈某交通肇事案

某年3月下午，陈某驾一辆小货车沿人民路自北向南行驶，恰遇胡某驾一摩托车同向行驶。陈某驾车追上胡某，然后减速贴着胡某的摩托车行驶。当行驶到某一路段时，陈某突然向右偏驶，导致胡某的摩托车前轮撞到小货车厢尾部倾倒，胡某右臂粉碎性骨折。陈某从车镜中看到胡某倒地后迅速驾车逃离现场。

某区人民检察院以交通肇事罪对陈某提起公诉，该区人民法院审理后以交通肇事罪判处陈某有期徒刑6个月，缓刑1年，并赔偿被害人经济损失。被害人胡某不服，向某市中级人民法院提起上诉。某市中级人民法院对此案进行了审理，认为两人系邻居，关系一直不甚和睦，事发前两天刚发生过口角，此次陈某路遇胡某产生伤害念头，并导致胡某重伤。因此，认定陈某的行为已构成故意伤害罪，判处其有期徒刑3年，并赔偿胡某经济损失。

问题：

被害人胡某是否有权提起上诉？

（扫描二维码获取参考答案）

补充阅读

《监察委员会的性质和职能》

（扫描二维码阅读）

第六章

我国刑事诉讼法的基本原则

导读

通过本章的学习，掌握刑事诉讼法基本原则的概念和特征，正确理解我国刑事诉讼法各项基本原则的含义、内容、基本要求和意义，熟悉并能够运用刑事诉讼法及相关法律、司法解释对基本原则的规定。

第一节　刑事诉讼法基本原则概述

一、刑事诉讼法基本原则的概念和特征

刑事诉讼法基本原则，是指刑事诉讼法规定的，贯穿于刑事诉讼的全过程，对刑事诉讼活动具有普遍指导意义，为公安司法机关和诉讼参与人参加刑事诉讼活动所必须遵循的基本准则。现代社会中的刑事诉讼法基本原则，反映了现代法治在刑事诉讼程序方面的基本要求，应当调和追诉犯罪与人权保障之间的冲突和矛盾。具体而言，“刑事诉讼法乃国家行使刑罚权，实现刑事实体法之程序规定。为使此等程序规则，一方面，能够与宪法所明揭之精神，以及与‘法治国家原则’相符合；另一方面，又要有效地追诉犯罪，使犯罪者无可逃避，无辜者免受冤屈，而能以刑罚威吓，达到抗制犯罪之目的，则在繁杂之刑事诉讼程序中，建立一些可资遵循之基本原则”①。在刑事诉讼的目的、任务、基本原则和诉讼制度程序之间，刑事诉讼法基本原则起着承上启下和桥梁纽带的作用：刑事诉讼的目的、任务决定了刑事诉讼法基本原则的内容和范围，而刑事诉讼法基本原则是完成刑事诉讼的目的、任务的基本保障；刑事诉讼法基本原则是公安司法机关和诉讼参与人进行刑事诉讼的基本行为准则，是对诉讼制度、诉讼程序之实质精神的提炼和概括，而诉讼制度、诉讼程序则是各项基本原则的具体体现和实施机制。

作为刑事诉讼法确立的基本法律原则，刑事诉讼法基本原则具有以下特征：

1. 具有普遍意义。这些原则不是只能适用于某一时期、某一国家刑事诉讼的特有规则，而是反映了刑事诉讼的一般规律，反映了人类制度文明在刑事诉讼程序方面的基本要求，因此具有公理意义。

2. 贯穿诉讼全过程。这些原则不是刑事诉讼中某一阶段，如侦查、起诉或审判阶段所特有的原则，而是作用于整个诉讼过程或者主要诉讼阶段，对司法机关和诉讼参与人的行为具有指导和规范的意义。也就是说，这些基本原则的精神在刑事诉讼中具有一以贯之的作用。

3. 体现诉讼价值。刑事司法的两大基本价值：公正与效率，即实现公正审判和实现犯罪控制的效率，在诉讼中，突出体现在基本原则的确立和贯彻上。也就是说，刑事诉讼法的基本原则集中体现了公正与效率的要求，同时为实现这两大目的提供了最重要的制度保障。要实现刑事诉讼的任务，就必须遵循这些基本原则。

4. 决定具体程序。刑事诉讼，是一整套复杂的操作程序的集合。刑事诉讼法对刑事诉讼每个阶段上每一方面主体的诉讼行为都给予了规范。这些具体的规则，都产生于刑事诉讼法的基本原则，并受基本原则的指导和作用。例如，及时性原则，决定了各种诉讼

---

① 林山田：《刑事诉讼程序之基本原则》，《台大法学论丛》第 28 卷第 2 期。

行为在时间上应有严格的规定。总体上看，刑事诉讼法基本原则在某一国家的确认和贯彻，决定了该国刑事诉讼的基本特征与类型。

5. 指导诉讼操作。由于刑事诉讼的复杂性，法律不可能对在特定条件下的每一个行为选择都作出规定，此时，刑事诉讼法基本原则就起着原则性的指导作用，从而保证诉讼手段的适当，保证刑事诉讼的正常进行。如程序法定原则，要求司法人员依法办案，在追究犯罪时不得采用所禁止的方法和手段。

二、刑事诉讼法基本原则的体系

我国刑事诉讼法的基本原则是由《刑事诉讼法》明确规定的。我国《刑事诉讼法》第 1 编第 1 章规定的刑事诉讼的目的、任务和基本原则，形成了一个完整的体系。这些原则互相联系、相辅相成，任何一项原则的实现均以其他原则的正确执行为前提，破坏其中一项原则，其他原则的贯彻实施也会受到影响。根据《刑事诉讼法》第 1 编第 1 章的相关规定，我国刑事诉讼法的基本原则有以下十四项：

(1)侦查权、检察权、审判权由专门机关依法行使；

(2)人民法院、人民检察院依法独立行使职权；

(3)依靠群众；

(4)以事实为根据、以法律为准绳；

(5)对一切公民在适用法律上一律平等；

(6)分工负责、互相配合、互相制约；

(7)人民检察院依法对刑事诉讼实行法律监督；

(8)使用本民族语言文字；

(9)犯罪嫌疑人、被告人有权获得辩护；

(10)未经人民法院依法判决不得确定有罪；

(11)保障诉讼参与人的诉讼权利；

(12)认罪认罚从宽；

(13)具有法定情形不予追究刑事责任；

(14)追究外国人刑事责任适用我国刑事诉讼法。

《刑事诉讼法》第 1 章规定的其他一些内容，如公开审判、两审终审、人民陪审员陪审、司法协助等，不符合基本原则的特征，是刑事诉讼的基本制度，因此不纳入刑事诉讼法基本原则的体系，这些内容将在本书中有关章节加以论述。

三、刑事诉讼法基本原则的意义

我国《刑事诉讼法》确定的各项基本原则是对公安司法机关办理刑事案件优良传统和成功经验的科学总结，同时也是对世界各国刑事诉讼立法与司法实践经验的学习借鉴，体现了辩证唯物主义和历史唯物主义的科学思想，贯穿了实事求是、依法治国、公平正义和司法民主的理念，同时也反映了刑事诉讼的客观规律和基本要求，对于正确理解刑事诉讼法的各项具体规定和保障刑事诉讼法的正确、有效实施，对于规范公安司法机关和诉讼参与人的诉讼行为，进而实现诉讼公正、提高诉讼效率，均具有十分重要的意义。

第二节　侦查权、检察权、审判权由专门机关依法行使

一、侦查权、检察权、审判权由专门机关依法行使的含义

《刑事诉讼法》第3条规定："对刑事案件的侦查、拘留、执行逮捕、预审，由公安机关负责。检察、批准逮捕、检察机关直接受理的案件的侦查、提起公诉，由人民检察院负责。审判由人民法院负责。除法律特别规定的以外，其他任何机关、团体和个人都无权行使这些权力。人民法院、人民检察院和公安机关进行刑事诉讼，必须严格遵守本法和其他法律的有关规定。"这一规定确立了"侦查权、检察权、审判权由专门机关依法行使"的原则。

这一原则主要包括以下四层含义：

1. 办理刑事案件的职权具有专属性和排他性。除法律特别规定的以外，侦查权、检察权、审判权只能由公、检、法三机关行使，其他任何机关、团体和个人都无权行使这些权力。"法律特别规定"主要指以下四种情形：(1)国家安全机关对危害国家安全的刑事案件行使侦查权；(2)军队保卫部门对军队内部发生的刑事案件行使侦查权；(3)监狱可以侦查罪犯在监狱内又犯罪的案件；(4)海关缉私局对走私犯罪案件行使侦查权。

2. 专门机关在办理刑事案件时有明确的职权分工。各专门机关在办理刑事案件时分别行使侦查权、检察权和审判权，彼此分工明确，只能分别行使各自的职权，不能混淆和互相取代。不过，三机关在工作中也有需要协同配合。根据《刑事诉讼法》第110条的规定，公安机关、人民检察院或者人民法院对于报案、控告、举报都应当接受。对于不属于自己管辖的，应当移送主管机关处理，并且通知报案人、控告人、举报人；对于不属于自己管辖而又必须采取紧急措施的，应当先采取紧急措施，然后移送主管机关。

3. 专门机关必须严格依法行使侦查权、检察权、审判权，遵守法定程序。对于其越权行为，任何单位和个人都有权抵制，并向有关机关提出控告或举报，乃至要求赔偿。

4. 专门机关根据自己的意志进行刑事诉讼活动，分别行使侦查权、检察权和审判权，不受当事人和其他诉讼参与人意志的约束。对于专门机关的职权行为，任何公民和单位均无权拒绝，在法定情形下还须配合。

二、侦查权、检察权、审判权由专门机关依法行使的意义

确立和实行侦查权、检察权、审判权由专门机关依法行使的原则具有重要的意义：

1. 侦查权、检察权、审判权由国家专门机关行使，明确了专门机关与犯罪做斗争的职责和权力，一旦发生犯罪，各专门机关应当依法分别行使各自的职权，主动及时查明犯罪，正确运用法律惩罚犯罪，以实现国家刑罚权，从而有效地维护社会主义法制的统一和尊严，保障国家法律的正确统一实施，保护国家、集体利益和公民个人的合法权益，保障社会主义建设事业的顺利进行。

2. 侦查权、检察权、审判权由国家专门机关专属行使，可以防止其他机关、团体或个人私设公堂，非法抄家，非法拘禁，避免在追究犯罪问题上发生混乱状态，保障公民个人的合法利益，维护国家法律的统一正确实施。

3. 侦查权、检察权、审判权由国家专门机关专属行使，有利于公、检、法三机关不断深化对刑事案件的认识，并且在相互之间建立起彼此制约关系和及时发现并纠正错误的机制，从而保障办案质量，做到不枉不纵。同时还能有效防止权力滥用，维护司法的廉洁与公正。

第三节　人民法院、人民检察院依法独立行使职权

一、人民法院、人民检察院依法独立行使职权的含义

我国《刑事诉讼法》第 5 条规定："人民法院依照法律规定独立行使审判权，人民检察院依照法律规定独立行使检察权，不受行政机关、社会团体和个人的干涉。"该规定是对《宪法》第 131 条和第 136 条、《人民法院组织法》第 4 条、《人民检察院组织法》第 4 条的重申，可以概括为人民法院、人民检察院独立行使职权原则。这一原则包括两项内容：一是人民法院依法独立行使审判权，即审判独立；二是人民检察院依法独立行使检察权，即检察独立。

这一原则主要具有以下含义：

1. 人民法院行使审判权，人民检察院行使检察权，在法律规定的范围内都是独立的，不受行政机关、社会团体和个人的干涉。由于国家将审判权、检察权只赋予人民法院、人民检察院，同时由于审判权、检察权的特殊性质，人民法院、人民检察院应当独立自主地行使这些权力。

2. 人民法院行使审判权和人民检察院行使检察权，都必须遵守宪法和法律的各项规定。这就要求人民法院、人民检察院必须在宪法和法律规定的范围内行使职权，不得越权行事；人民法院、人民检察院必须严格按照法律的规定行使职权，既要遵守实体法，也要遵守程序法，按法定程序和规则办事。

3. 人民法院、人民检察院作为一个组织整体，集体对审判权、检察权的行使负责。也就是说，独立行使审判权、检察权的主体是人民法院、人民检察院，是人民法院、人民检察院依法独立行使审判权、检察权，而不是某个审判员或者检察员个人行使审判权或者检察权。

二、人民法院、人民检察院依法独立行使职权的意义

实行人民法院、人民检察院独立行使职权原则。可以保障人民法院、人民检察院在刑事诉讼中坚持以事实为根据、以法律为准绳，正确行使法律赋予的职权，充分发挥其职能作用，防止和排除行政机关、社会团体和个人对审判、检察工作的干扰，维护司法行为的纯洁性，树立司法机关的权威性，实现司法公正，保障法律的正确统一实施。

第四节　依靠群众

一、依靠群众原则的含义

我国《刑事诉讼法》第 6 条规定："人民法院、人民检察院和公安机关进行刑事诉讼，必须依靠群众……"依靠群众原则在《刑事诉讼法》中有明确的体现。《刑事诉讼法》第 52 条规定："……必须保证一切与案件有关或者了解案情的公民，有客观地充分地提供证据的条件，除特殊情况外，可以吸收他们协助调查。"对于现行犯、通缉在案的人、越狱逃跑的人或者正在被追捕的人，任何公民都可以立即将其扭送至公安机关。在刑事审判中，可以吸收公民参加陪审，允许公民旁听公开审判的案件。在执行阶段，也贯彻了依靠群众的原则，如监外执行的群众监督、管制刑的执行等。

二、依靠群众原则的意义

具体地说，依靠群众原则主要有以下几个方面的意义：

1.犯罪总是发生在一定的时间和空间，总是针对一定的人和物进行，犯罪分子生活在人民群众之间，无论犯罪分子多么狡猾，犯罪手段多么隐蔽，总要留下些蛛丝马迹，终究逃不过群众的眼睛。因此，只要公安司法人员深入群众调查研究，发动群众提供线索，收集证据，就一定能够揭露犯罪，查明犯罪。

2.犯罪行为不仅危害国家和集体的利益，也直接威胁或者损害了人民群众的个人利益。犯罪破坏了正常的社会秩序和安宁，破坏了人民群众的工作生活环境，给人民群众造成了切身的影响，因此群众中间蕴藏着与犯罪做斗争的主动性和积极性。公安司法机关进行刑事诉讼，只要依靠群众、发动群众，就会使犯罪分子无藏身之地。

3.依靠群众原则，要求公安司法机关将自己的活动置于人民群众的监督之下，可以增强办案人员的工作责任心，防止和减少工作中的错误，出现错误也能够及时发现并予以纠正。同时，有人民群众的参与和监督，可以约束公安司法机关人员的行为，预防和减少徇私舞弊、贪赃枉法等腐败现象的发生，保持司法廉洁，实现司法公正。

第五节　以事实为根据、以法律为准绳

一、以事实为根据、以法律为准绳原则的含义

我国《刑事诉讼法》第 6 条规定："人民法院、人民检察院和公安机关进行刑事诉讼……必须以事实为根据，以法律为准绳。"所谓以事实为根据，以法律为准绳，是要求公安司法机关办理刑事案件，必须以案件本身的客观事实为基础和依据，以国家法律为标尺和尺度，正确定罪量刑，处理案件。

所谓以事实为根据，是指人民法院、人民检察院和公安机关进行刑事诉讼，必须以犯罪的时间、地点、目的、动机、手段、过程和危害结果，以及被告人的年龄和精神状态等案件事实本身，作为对案件的实体问题和程序问题作出处理决定的根据，而不能以与案件事实本身无关的其他事实为根据。而且，司法机关所依据的案件事实，必须是经过查证属实、有充分确凿的证据加以证明的事实，而不是凭想象、推测、怀疑等主观臆造出来的所谓事实。

所谓以法律为准绳，是指人民法院、人民检察院和公安机关对案件作出处理决定时，须以刑法和其他有关的实体法为标准，做到定罪准确、量刑适当、罚当其罪。

以事实为根据，以法律为准绳是紧密联系、相辅相成的。只有以事实为根据，才能在此基础上正确适用法律，才能对案件作出正确处理。只有以法律为准绳，才能保证查明案件事实，正确适用法律。两者是一个有机的整体，必须在刑事诉讼中全面贯彻执行。

二、以事实为根据、以法律为准绳原则的贯彻执行

公、检、法三机关和诉讼参与人贯彻以事实为根据、以法律为准绳原则，要注意做到以下几点：

第一，公安司法机关在办理刑事案件过程中，遵循辩证唯物主义认识论的要求，深入实际进行调查研究，客观全面地收集一切对案件事实有证明意义的证据，按照案件的本来面貌去认识案件，查清案件的客观真相。

第二，要坚持重证据，不轻信口供，严禁刑讯逼供和以威胁、引诱、欺骗以及其他方法收集证据。只有被告人口供，没有其他证据，不能对被告人定罪量刑。

第三，公安司法机关人员要努力学习法律，精通法律。特别是要准确全面地领会法律条文的含义和宗旨，熟悉办案程序，端正诉讼观念，提高业务水平，为客观公正地处理刑事案件打好基础。

第四，坚持有法必依，执法必严，公正司法，不徇情，不枉法，不怀私念，不畏权势，忠实于事实真相，忠实于法律，忠实于国家和人民利益，以保证法律的正确实施。

三、以事实为根据、以法律为准绳原则的意义

以事实为根据，以法律为准绳在我国刑事诉讼法基本原则中处于核心地位，是对公安司法机关和诉讼参与人进行刑事诉讼的基本要求，是贯彻执行其他诉讼原则的根本保证。实践证明，公安司法机关在刑事诉讼中遵守这项基本原则，就能保证办案质量，既能准确及时地查明犯罪分子，惩罚犯罪分子，又能保障无罪的人不受刑事追究，从而树立起法律的权威和国家专门机关的良好形象。反之，违背这项原则，就会产生冤假错案，给国家和人民利益造成重大损失，损害法律的尊严和公安司法队伍自身的建设。

第六节　对一切公民在适用法律上一律平等

一、对一切公民在适用法律上一律平等原则的含义

我国《刑事诉讼法》第 6 条规定："人民法院、人民检察院和公安机关进行刑事诉讼……对于一切公民，在适用法律上一律平等，在法律面前，不允许有任何特权。"基本含义是指我国刑事诉讼法对于全体公民同等适用，不存在任何例外，不容许有超越法律的特权，不容许有不受法律约束的特殊公民，也不容许对某些公民进行歧视性适用。具体来说，这一原则包括以下两方面的含义：

1. 公、检、法三机关对于任何犯了罪的公民，不管其社会地位、家庭出身如何，都应当严格依法追究刑事责任，既不能以行政处分、党纪处分、经济制裁来代替刑事处罚，也不能将此罪定为彼罪，亦不能重罪轻判或者轻罪重判。公、检、法三机关对于任何没有犯罪的公民，都不得追究其刑事责任。如已错误追究的，应当立即纠正，并依法予以赔偿。

2. 公、检、法三机关对于所有诉讼参与人都应平等地适用《刑事诉讼法》，保证诉讼参与人充分行使诉讼权利并履行诉讼义务，既不能剥夺或者限制诉讼参与人依法享有的诉讼权利，也不得免除或者减少其应尽的诉讼义务。

二、对一切公民在适用法律上一律平等原则的意义

确立和实行这一原则，具有十分重要的意义。

首先，有利于反对和防止封建特权，保证刑事诉讼的顺利进行。我国是一个有着几千年封建历史的国家，封建社会的特权思想还没有完全肃清。实行对一切公民在适用法律上一律平等的原则，就可以有效地铲除封建特权思想，反对和防止一些人搞封建特权，从而使公、检、法三机关能够依法办事，正确及时地处理刑事案件。

其次，有利于调动人民群众与犯罪做斗争的积极性。公、检、法三机关认真贯彻执行对一切公民在适用法律上一律平等的原则，就一定能够提高自己在人民群众中的威信，密切与人民群众的联系，得到人民群众的信任和支持，从而有效地揭露犯罪、证实犯罪和惩罚犯罪。

第七节　分工负责、互相配合、互相制约

一、分工负责、互相配合、互相制约原则的含义

《刑事诉讼法》第 7 条规定："人民法院、人民检察院和公安机关进行刑事诉讼，应当分工负责，互相配合，互相制约，以保证准确有效地执行法律。"这是调整公、检、法三机关在刑事诉讼中相互关系的一项基本原则，我国《宪法》第 140 条对此作出了规定，《刑事诉讼法》第 7 条再予规定。

分工负责，是指在刑事诉讼过程中，公、检、法三机关分别按照法律的规定行使职权，各司其职，各尽其责，既不能相互替代，也不能相互推诿。

互相配合，是公、检、法三机关在分工负责的基础上，应当通力合作，使案件的处理能够前后衔接，协调一致，共同完成查明事实、惩罚犯罪的任务。

互相制约，是指公、检、法三机关应当按照诉讼职能的分工和程序上的设置，相互约束，相互制衡，以防止发生错误或及时纠正错误，保证准确执行法律，做到不错不漏，不枉不纵。

在分工负责、互相配合、互相制约三种关系中，分工负责是基础，没有分工就没有互相配合与监督，互相配合是严格分工在公、检、法三机关职责衔接上的表现，而互相制约则是公、检、法三机关之间关系的核心。因为如果没有互相制约，三机关的分设和权力的分立就是完全不必要的。司法权力的分立和制衡正是现代司法为保障其民主性与科学性所需要的一种基本结构与关系。

二、分工负责、互相配合、互相制约原则在刑事诉讼中的体现

根据我国刑事诉讼法的规定，分工负责在刑事诉讼中主要体现在两个方面：(1)职能上的分工。公安机关负责侦查、拘留、执行逮捕、预审；人民检察院负责检察、批准逮捕、对直接受理的案件的侦查和提起公诉；人民法院负责审判；刑事判决、裁定的执行由人民法院、公安机关和监狱分别行使。(2)案件管辖上的分工。人民法院直接受理自诉案件；人民检察院负责立案侦查司法工作人员利用职权实施的非法拘禁、刑讯逼供、非法搜查等侵犯公民权利、损害司法公正的犯罪；公安机关则负责人民法院直接受理和人民检察院自侦案件以外的案件的侦查。

互相配合体现于刑事诉讼的各个阶段：(1)公安机关的立案、侦查，为人民检察院审查批捕、提起公诉做好准备；人民检察院对于公安机关提请逮捕而应该逮捕的犯罪嫌疑人，要及时批准逮捕；人民检察院直接受理的案件中，若需要拘留、逮捕犯罪嫌疑人、被告人的，则由人民检察院决定，由公安机关执行；人民检察院需要通缉犯罪嫌疑人时，应当通知公安机关执行，由公安机关发布通缉令。(2)公安机关侦查终结的案件，应当做到犯罪事实清楚，证据确实、充分，并且写出起诉意见书，连同案卷材料、证据一并移送同级人民检察院审查决定。人民检察院审查案件，可以要求公安机关提供法庭审判所必需的证据材料。对于需要补充侦查的，可以退回公安机关补充侦查，也可以自行侦查。对于补充侦查的案件，应当在一个月以内补充侦查完毕。补充侦查以二次为限。(3)人民检察院的起诉为法院的审判做好准备，法院对检察院提起的公诉，只要起诉书中有明确的指控犯罪事实并附有证据目录、证人名单、主要证据的复印件或者照片的，就应当及时开庭审判；人民法院审理公诉案件，人民检察院除特定情况外应当派员出席法庭支持公诉。人民法院在审判中对被告人作出逮捕决定的，公安机关应及时执行。(4)公、检、法对于报案、控告、举报或者自首，都应当接受。对于不属于自己管辖的，应当移送主管机关处理，但必须采取紧急措施的，应当先采取紧急措施，然后移送主管机关。(5)人民法院在必要的时候，可以会同公安机关执行没收财产的判决。(6)人民法院在交付执行死刑前，应当通知同级人民检察院派员临场监督。

互相制约主要体现在：(1)公安机关认为需要逮捕犯罪嫌疑人的，应提请人民检察院批准；对于检察院不批准逮捕的决定，公安机关认为有错误的时候，可以要求复议，如果意见不被接受，可向上一级检察院提请复核。(2)对于公安机关移送审查起诉的案件，人民检察院经审查决定不起诉的，应当将不起诉决定书送达公安机关；公安机关认为不起诉决定有错误的时候，可以要求复议，如果意见不被接受，可以向上一级检察院提请复核。(3)人民法院对人民检察院提起公诉的案件，认为被告人的行为不应追究刑事责任或证据不足的，有权作出无罪裁判。(4)人民检察院对公安机关的立案和侦查活动有权进行监督，如果发现有违法情况，应当通知公安机关纠正。(5)人民检察院对人民法院的审判活动也有权实行法律监督，如果发现人民法院的审判活动违反法定程序的，有权提出要求纠正的意见；对人民法院的判决、裁定认为有错误时，有权按照第二审程序或审判监督程序提出抗诉。(6)人民检察院对执行机关执行刑罚的活动是否合法实行监督，如果发现有违法情况，应当通知执行机关纠正。

三、分工负责、互相配合、互相制约原则的意义

确立和实行分工负责、互相配合、互相制约的原则，具有十分重要的意义。

一方面，可以保证公、检、法三机关准确有效地执行法律，顺利完成刑事诉讼任务。我国《刑事诉讼法》总结司法实践经验，对公、检、法三机关在刑事诉讼中的职能作了明确的分工。它们之间的关系，就像工厂的三个车间和分别完成产品生产的三个工序，每个工序必须严格遵守一定的操作规程。这三道工序配合和制约得好，产品的质量和生产的

效率就会提高；如果有一道工序发生故障，就会影响生产的全过程，从而影响产品的质量和数量。

另一方面，可以防止和减少错案，防止权力滥用和发生腐败现象。公、检、法三机关在刑事诉讼中分工负责，相互配合，互相制约，可以防止诉讼中的主观片面性以及由此而发生的错误，即使某个机关发生了错误，其他机关也可以及时发现和纠正，从而防止和减少错案。同时，由于侦查权、检察权、审判权分别由三机关行使，并使其互相监督，互相制约，因此还可以避免权力过分集中和被滥用，从而有效地防止腐败现象的发生。

第八节　人民检察院依法对刑事诉讼实行法律监督

一、人民检察院依法对刑事诉讼实行法律监督原则的含义

《刑事诉讼法》第 8 条规定："人民检察院依法对刑事诉讼实行法律监督。"人民检察院是国家的法律监督机关，对宪法和法律的实施实行监督。人民检察院除了对司法工作人员利用职权侵犯公民权利的犯罪依法进行查处外，还表现为对诉讼活动是否合法进行法律监督。在刑事诉讼中，人民检察院的职权可以分为两部分：

一是作为刑事诉讼活动的一个必要组成部分所享有的诉讼权利，如作为国家公诉机关，人民检察院享有批准逮捕、提起公诉、对司法工作人员利用职权侵犯公民权利的犯罪案件进行立案侦查等权利。

二是作为法律监督机关为保证诉讼活动依法进行而享有的监督权，如人民检察院对公安机关不立案的监督，对审判活动、执行活动的监督。

二、人民检察院依法对刑事诉讼实行法律监督原则的体现

人民检察院对刑事诉讼的法律监督贯穿在刑事诉讼的全过程，刑事诉讼法对人民检察院在每一个诉讼阶段进行监督的范围、对象、方式和程序均作了具体规定，具体概括起来有以下几个方面：

1. 立案监督。人民检察院认为公安机关对应当立案侦查的案件而不立案侦查的，应当要求公安机关说明不立案的理由；人民检察院认为公安机关不立案的理由不能成立的，应当通知公安机关立案，公安机关接到通知后应当立案。

2. 侦查监督。人民检察院审查逮捕、审查起诉时，应当审查公安机关的侦查活动是否合法，发现违法情况，应当通知公安机关纠正，公安机关应当将纠正情况通知人民检察院。同时，人民检察院根据需要可以派员参加公安机关对于重大案件的讨论和其他侦查活动，如发现违法行为，应当立即纠正。

3. 审判监督。人民法院审判公诉案件，人民检察院应当派员出庭支持公诉，并对审

判活动是否合法进行监督。人民检察院发现人民法院审理案件违反法律规定的诉讼程序，有权向法院提出纠正意见。对人民法院的判决、裁定认为确有错误的，有权按照第二审程序或审判监督程序提出抗诉。

4.执行监督。人民检察院对执行机关执行刑罚的活动是否合法实行监督，如果发现有违法的情况，应当通知执行机关纠正。如果认为司法行政机关对罪犯暂予监外执行的决定或者人民法院减刑、假释的裁定不当，应当书面提出纠正意见，有关机关应当在法定期限内重新审查处理。

三、人民检察院依法对刑事诉讼实行法律监督原则的意义

我国《刑事诉讼法》将人民检察院依法对刑事诉讼实行法律监督规定为刑事诉讼法的基本原则，具有重大的意义。

一方面，它为公安机关依法行使侦查权、人民法院依法行使审判权、执行机关依法执行刑事判决等提供了一种制约和监督，从而有利于保障刑事案件得到公正、正确的处理。

另一方面，它又为纠正公安机关、人民法院等可能出现的程序违法、实体法律适用错误增设了一条重要途径，从而为保障公民的合法权益以及国家和社会的公共利益提供了更为完善的机制。

第九节　使用本民族语言文字

一、使用本民族语言文字原则的含义

我国《刑事诉讼法》第9条明确规定："各民族公民都有用本民族语言文字进行诉讼的权利。"这一原则确立了"各民族公民有权使用本民族语言文字进行诉讼"的原则，是我国《宪法》规定的"各民族一律平等""各民族都有使用和发展自己的语言文字的自由"的原则在刑事诉讼中的体现。

这一原则具体包括以下三层含义：

1.各民族公民都有使用自己本民族语言文字进行诉讼的权利。无论是当事人，还是辩护人、证人、鉴定人，都有权使用本民族的语言进行陈述、辩论，有权使用本民族文字书写有关诉讼文书。

2.公、检、法三机关在少数民族聚居或者多民族杂居的地区，要用当地通用的语言进行侦查、起诉和审判，用当地通用的文字发布判决书、布告和其他文件。

3.如果诉讼参与人不通晓当地的语言、文字，公、检、法三机关有义务为其指派或者聘请翻译人员进行翻译。

二、使用本民族语言文字原则的意义

我国是一个多民族的国家。实行使用本民族语言文字的原则，对于巩固和发展民族团结，保证刑事诉讼的顺利进行，有着极其重要的意义。

1.有利于贯彻宪法民族平等原则，保护各民族公民尤其是各少数民族公民在刑事诉讼中平等诉讼的权利，进而保护他们相应的实体权利，加强民族团结和合作。

2.保证刑事诉讼的顺利进行和刑事诉讼目的的实现。法律允许各民族公民使用本民族语言文字进行诉讼陈述案情、提供证据和进行辩论，有利于司法机关准确及时地查明案件事实，对案件作出正确处理。

3.为刑事诉讼其他原则的实现提供保证。没有这一原则，在适用法律上一律平等原则、辩论原则等就难以实现。

第十节　犯罪嫌疑人、被告人有权获得辩护

一、犯罪嫌疑人、被告人有权获得辩护原则的含义

《宪法》第125条规定："被告人有权获得辩护。"《刑事诉讼法》第11条规定："人民法院审判案件，除本法另有规定的以外，一律公开进行。被告人有权获得辩护，人民法院有义务保证被告人获得辩护。"犯罪嫌疑人、被告人有权获得辩护原则，是指在法律上确认犯罪嫌疑人、被告人享有辩护权，并在刑事诉讼过程中体现和保障这一权利的诉讼原则。该原则包括四层含义：

1.犯罪嫌疑人、被告人有权自行辩护。这种自行辩护权不受诉讼阶段的限制，即不论在侦查、审查起诉还是审判阶段，均享有自行辩护权。

2.犯罪嫌疑人、被告人有权获得辩护人的法律帮助。为什么需要辩护人，是因为自行辩护尚不足以充分维护犯罪嫌疑人、被告人的合法权益，仍有必要通过辩护人来帮助他们行使辩护权。(1)大部分犯罪嫌疑人、被告人不懂法律，不仅不知如何行使自己的法定权利，甚至常常不知到底有些什么权利。(2)大部分犯罪嫌疑人、被告人在诉讼中都被司法机关限制或剥夺了人身自由，不可能进行调查、收集证据，以证明自己无罪或罪轻。(3)犯罪嫌疑人、被告人在诉讼中处于被追诉的地位，决定了他难以冷静理智地进行自我辩护活动，司法人员也常常难以相信他为自己所作的辩护。(4)犯罪嫌疑人、被告人在刑事诉讼中属于弱势群体，无法与国家追诉机关相抗衡，因而有必要通过辩护人的帮助来增强防御力量。

3.在整个诉讼阶段，犯罪嫌疑人有权获得辩护律师的法律帮助。在侦查阶段、起诉阶段和审判阶段，犯罪嫌疑人、被告人既可以自行辩护，也可以委托辩护。《刑事诉讼法》

第 34 条第 1 款规定:“犯罪嫌疑人自被侦查机关第一次讯问或者采取强制措施之日起,有权委托辩护人;在侦查期间,只能委托律师作为辩护人。被告人有权随时委托辩护人。”

4.公安司法机关有义务保障犯罪嫌疑人、被告人辩护权的行使。《刑事诉讼法》第 34 条第 2 款规定:“侦查机关在第一次讯问犯罪嫌疑人或者对犯罪嫌疑人采取强制措施的时候,应当告知犯罪嫌疑人有权委托辩护人。人民检察院自收到移送审查起诉的案件材料之日起三日以内,应当告知犯罪嫌疑人有权委托辩护人。人民法院自受理案件之日起三日以内,应当告知被告人有权委托辩护人。犯罪嫌疑人、被告人在押期间要求委托辩护人的,人民法院、人民检察院和公安机关应当及时转达其要求。”此外,《刑事诉讼法》第 35 条还对人民法院的指派辩护作出了具体的规定。

二、犯罪嫌疑人、被告人有权获得辩护原则在刑事诉讼中的体现

在侦查阶段,犯罪嫌疑人有权获知被控告的内容;有权提出无罪、罪轻的辩解;有权阅读讯问笔录,如果记载有遗漏或者差错,可以提出补充或者更正;有权请求自己书写供述;有权对用作证据的鉴定意见提出异议,要求补充鉴定或者重新鉴定;有权获得辩护律师的法律帮助。

在审查起诉阶段,犯罪嫌疑人有权提出无罪、罪轻的辩解;有权向人民检察院提交书面的辩护意见;对人民检察员以犯罪情节轻微,依照《刑法》规定不需要判处刑罚或者免除刑罚为由作出的不起诉决定,有权向人民检察院提出申诉,要求重新审查;犯罪嫌疑人除自行辩护外,还有权委托辩护人为自己辩护。

在审判阶段,被告人有权申请通知证人到庭和调取其他证据;有权申请对证人、鉴定人发问;有权对案件一切证据和全部事实进行辩解;有权申请重新鉴定或者勘验;有权依据事实和法律发表辩护意见;有权参加法庭辩论;有权在法庭辩论终结后作最后陈述;有权对人民法院未生效的判决或者裁定提出上诉;被告人除自行辩护外,还有权委托辩护人为自己辩护。

三、犯罪嫌疑人、被告人有权获得辩护原则的意义

保证犯罪嫌疑人、被告人获得辩护,尤其是获得辩护人的辩护,具有以下几个方面的积极意义:(1)确保犯罪嫌疑人、被告人充分参与刑事诉讼活动,有效地对抗公安机关和检察机关的刑事追诉活动,并最终影响法院的司法判决;(2)确保公安机关、检察机关和法院严格依法进行诉讼活动,避免使犯罪嫌疑人、被告人的自由和权益受到无理的限制和剥夺;(3)确保犯罪嫌疑人、被告人以及社会公众对国家机关的诉讼活动保持最大限度的信任和尊重。

第十一节　未经人民法院依法判决不得确定有罪

一、未经人民法院依法判决不得确定有罪原则的含义

《刑事诉讼法》第12条规定："未经人民法院依法判决，对任何人都不得确定有罪。"这是1996年修正后的《刑事诉讼法》所确立的一项基本原则，它吸收了无罪推定原则的合理内核，明确了只有人民法院享有定罪权的法治要求。

该原则的基本含义是：

1.确定被告人有罪的权利由人民法院统一行使。定罪权是刑事审判权的核心，审判权依法只能由人民法院统一行使，因此废除了检察院定罪的免于起诉制度。公安机关和人民检察院在立案、侦查和审查起诉阶段，根据已经查明的事实和证据可以认为犯罪嫌疑人有罪，但这只是程序意义上的，而不是实体上的最终定性。

2.人民法院的判决必须依法作出，严格按照程序法和实体法的规定进行。人民法院判决被告人有罪，必须严格依照法定程序，组成合格的独立的法庭进行公正、公开的审理，并须予以被告人一切辩护上所需的保障。非经法定程序，即使是人民法院，也不得确定任何人有罪。

二、未经人民法院依法判决不得确定有罪原则的意义

确立和实行未经人民法院依法判决不得确定有罪的原则，具有十分重要的意义，具体如下：

1.有利于维护国家法治的统一。由人民法院统一行使定罪权，有利于防止分割和侵犯审判权现象的发生，维护国家审判权的统一，进而有效地维护社会主义法治的统一和尊严。

2.有利于保护公民的合法权益。实行这一原则，除人民法院外，其他任何机关、团体、组织和个人都无权给公民定罪；即使是人民法院确定公民有罪，也必须严格按照法律规定进行，这样就可以防止审判权的滥用，切实保护公民的合法权益。

3.有利于刑事诉讼制度的完善。人民法院依法判决有罪，必须建立在犯罪事实清楚、证据确实充分的基础上。这就要求控诉方指控被告人有罪，必须承担举证责任；如果不能举出事实、充分的证据，即使怀疑有罪，人民法院也不能判决被告人有罪。

第十二节　保障诉讼参与人的诉讼权利

一、保障诉讼参与人的诉讼权利原则的含义

《刑事诉讼法》第 14 条规定:“人民法院、人民检察院和公安机关应当保障犯罪嫌疑人、被告人和其他诉讼参与人依法享有的辩护权和其他诉讼权利;诉讼参与人对于审判人员、检察人员和侦查人员侵犯公民诉讼权利和人身侮辱的行为,有权提出控告。”这一规定确立了保障诉讼参与人的诉讼地位原则。该原则具有以下三种含义:

1.诉讼参与人依法享有并充分行使诉讼权利,是刑事诉讼顺利进行的必要条件,应当受到法律的保护。

2.人民法院、人民检察院和公安机关对诉讼参与人依法享有的诉讼权利,应当加以尊重和保护,并有责任采取必要措施排除妨碍他们行使诉讼权利的各种障碍。

3.诉讼参与人有权采取法律手段维护自己的合法权益,对公安司法机关侵犯自己诉讼权利和人身侮辱的行为,有权提出控告。

二、保障诉讼参与人的诉讼权利原则的意义

依法保障当事人及其他诉讼参与人的诉讼权利,是程序公正的必然要求,是司法文明的重要标志。只有切实保障诉讼参与人的诉讼权利,才能使诉讼参与人积极参与诉讼,协助公安司法机关查明犯罪、惩罚犯罪;才能保障当事人及其他诉讼参与人实体合法权益的实现;才能保障诉讼程序的顺利进行和刑事案件的正确处理;才能体现诉讼民主,实现程序公正。诉讼民主是现代法制的要求和诉讼发展的趋势,它不仅要求赋予被告人及其他诉讼参与人广泛的诉讼权利,更要求对被告人等的诉讼权利予以充分的保障。程序公正,不仅要求对刑事案件的处理结果要公正,不能冤枉无辜,而且要求在诉讼过程中要充分尊重被告人等诉讼参与人的人格尊严,严禁一切人身侮辱的行为,保障其充分行使诉讼权利,维护其合法权益。

第十三节　认罪认罚从宽

一、认罪认罚从宽原则的含义

《刑事诉讼法》第 15 条规定:“犯罪嫌疑人、被告人自愿如实供述自己的罪行,承认指

控的犯罪事实，愿意接受处罚的，可以依法从宽处理。”认罪认罚可以依法从宽处理这一规定体现了我国刑事法律一直坚持贯彻的宽严相济刑事政策，是对该政策中宽缓一面的规范化、制度化。

党的十八届四中全会《关于全面推进依法治国若干重大问题的决定》提出了“完善刑事诉讼中认罪认罚从宽制度”的改革要求。2016 年 9 月，第十二届全国人大常委会第二十二次会议表决通过了《关于授权最高人民法院、最高人民检察院在部分地区开展刑事案件认罪认罚从宽制度试点工作的决定》，决定在北京、上海、天津、杭州等 18 个城市开展试点工作，为期两年。随后，最高人民法院、最高人民检察院、公安部、国家安全部、司法部联合发布了《关于在部分地区开展刑事案件认罪认罚从宽制度试点工作的办法》，为试点工作依法有序开展提供了制度支持。2018 年修改刑事诉讼法，根据试点经验和各方面意见，对认罪认罚从宽制度作了系统规定，从而将该制度在刑事诉讼法中明确下来，使得被追诉人认罪认罚可以依法从宽处理成为贯穿刑事诉讼全过程的指导性准则。

司法实践中，办理认罪认罚从宽案件，是在充分听取犯罪嫌疑人、被告人和被害人的意见并在保障其权利的基础上，犯罪嫌疑人、被告人认罪认罚并签署具结书，检察机关提出从宽的量刑建议，由法院予以确认，形成控辩审之间的良性互动。认罪认罚从宽制度明显区别于域外的辩诉交易制度，其内涵包括以下三个方面：

1.认罪认罚从宽制度兼具实体法和程序法的内容。认罪认罚从宽制度存在于刑法上的定罪量刑，体现在量刑方面的从轻、减轻或免除刑罚；也存在于诉讼程序的各个阶段，体现在变更、解除强制措施，简化诉讼程序，使案件得到尽快处理，使追诉人尽快脱离权利不稳定的状态，等等。“认罪”“认罚”“从宽”在实体法意义上互为条件，在程序法意义上层层递进，认罪是前提，认罚是关键，从宽是结果。

2.认罪认罚从宽制度包括“认罪”和“认罚”两个方面。“认罪”指犯罪嫌疑人、被告人自愿如实供述自己的罪行，承认指控的犯罪事实；“认罚”指明确表示愿意接受司法机关给予的刑罚等处罚，特别是接受人民检察院提出的包括主刑、附加刑及是否适用缓刑等具体的量刑建议。要适用认罪认罚从宽制度，必须要有“认罪”和“认罚”两个方面的态度和行为。犯罪嫌疑人自愿认罪，同意量刑建议和程序适用的，应当在辩护人或者值班律师在场的情况下签署认罪认罚具结书。

3.对于认罪认罚的犯罪嫌疑人、被告人，可以依法从宽处罚。适用认罪认罚从宽制度仍然要遵循刑法、刑事诉讼法的其他基本原则，不可否认，在办理认罪认罚从宽案件中，司法机关与被追诉人在量刑上难免会有一些“协商”，这是借鉴了英美法系国家辩诉交易制度的一些积极因素，但认罪认罚从宽制度与辩诉交易存在本质上的区别。公、检、法等机关办理认罪认罚从宽案件，必须以事实为根据、以法律为准绳，坚持以证据作为认定事实的基础，坚持罪责刑相适应，根据犯罪的事实和情节依法作出从宽处理。因此，认罪认罚从宽，一是在事实清楚的基础之上的从宽，不能就案件事实的认定进行“交易”；二是在法律规定的范围内从宽，不是量刑上的“讨价还价”和“无限退让”；三是并非一律从宽、必须从宽，对于一些罪大恶极的案件则应当严惩不贷。

二、认罪认罚从宽原则的意义

对认罪认罚案件依法从宽、从简处理，形成速裁程序、简易程序、普通程序相结合的诉讼体系，通过繁简分流实现了诉讼程序层次化改造，节约了司法资源，提高了诉讼效率。对认罪认罚的犯罪嫌疑人、被告人依法从宽处理，鼓励和促使更多的犯罪人认罪服法，可以减少社会对抗，修复社会关系，有利于社会治理法治化水平的提升。

第十四节　具有法定情形不予追究刑事责任

一、具有法定情形不予追究刑事责任原则的含义

根据《刑事诉讼法》第 16 条的规定，有下列情形之一的，不追究刑事责任，已经追究的，应当撤销案件，或者不起诉，或者终止审理，或者宣告无罪：

1.情节显著轻微、危害不大，不认为是犯罪的。这是根据《刑法》第 13 条作出的规定，目的是严格区分罪与非罪的界限。

2.犯罪已过追诉时效期限的。根据《刑法》第 87 条规定，犯罪经过一定期限不再追诉，即超过追诉期限的犯罪不再追究刑事责任。

3.经特赦令免除刑罚的。根据《宪法》第 67 条的规定，全国人民代表大会常务委员有权决定特赦，减轻或者免除罪犯的刑罚。

4.依照刑法规定告诉才处理的犯罪，没有告诉或者撤回告诉的。我国刑法规定，侮辱罪、诽谤罪、暴力干涉婚姻自由罪、虐待罪、侵占罪属于“告诉才处理”的犯罪，即这五种犯罪以被害人的告诉作为追究刑事责任的前提条件。

5.犯罪嫌疑人、被告人死亡的。我国实行罪责自负的原则，刑事追诉的对象已不复存在，那么就不再追究刑事责任。

6.其他法律规定免予追究刑事责任的。

在刑事诉讼中，只要有上述情形之一的，就不能追究刑事责任，而应当分别作出如下处理：(1)在立案阶段，应作出不立案的决定。(2)在侦查阶段，侦查机关应当决定撤销案件。(3)在审查起诉阶段，检察机关应当作出不起诉处理。(4)在审判阶段，对于符合《刑事诉讼法》第 16 条规定的第一种情形的，应判决宣告无罪；对于符合其他五种情形的，应裁定终止审理或决定不予受理。需要注意的是，在第二审程序中，如果共同犯罪案件中提出上诉的被告人死亡，其他被告人没有提出上诉，第二审人民法院仍应当对全案进行审查，死亡的被告人不构成犯罪的，应当宣告无罪；审查后认为构成犯罪的，应当宣布终止审理。对其他同案被告人仍应当作出判决或者裁定。

二、具有法定情形不予追究刑事责任原则的意义

确立和实行具有法定情形不予追究刑事责任的原则，可以保障国家追诉权统一正确地实施，防止对不应追究刑事责任的人错误地追究，从而保护公民的合法权益；也可以避免公安司法机关进行无效劳动，节省司法资源，提高诉讼效率。

第十五节　追究外国人刑事责任适用我国刑事诉讼法

一、追究外国人刑事责任适用我国刑事诉讼法原则的含义

《刑事诉讼法》第 17 条规定："对于外国人犯罪应当追究刑事责任的，适用本法的规定。对于享有外交特权和豁免权的外国人犯罪应当追究刑事责任的，通过外交途径解决。"这是国家主权原则在刑事诉讼中的具体体现。该原则具有以下两方面的含义：

1. 作为一般原则，外国人（包括无国籍人）犯罪，依照我国刑法规定应当追究刑事责任的，依照我国刑事诉讼法规定的诉讼程序进行追诉。外国被告人只能委托我国律师进行辩护，外国律师不能在我国从事辩护业务。

2. 作为例外，享有外交特权和豁免权的外国人犯罪应当追究刑事责任的，通过外交途径解决，这一般是指建议派遣国依法处理、宣布为不受欢迎的人、责令限期出境、宣布驱逐出境等。

二、追究外国人刑事责任适用我国刑事诉讼法原则的意义

确立追究外国人刑事责任适用我国刑事诉讼法这一原则，既能体现和维护我国的司法主权，保护我们国家和公民的利益，维护我国的法律尊严，又可以妥善处理我国与外国的关系，防止因对刑事案件处理不当而影响我国与其他国家之间平等正常的交往。

思考与训练

一、思考题

1. 如何理解刑事诉讼法基本原则的概念和特性？
2. "侦查权、检察权、审判权由专门机关依法行使"原则的含义是什么？
3. 如何理解审判独立和检察独立的含义？
4. 公、检、法三机关如何在刑事诉讼中贯彻依靠群众原则？

5. 简述以事实为根据、以法律为准绳原则。
6. 简述对一切公民在适用法律上一律平等原则。
7. 分工负责、互相配合、互相制约原则在刑事诉讼中有哪些体现？
8. 如何理解人民检察院依法对刑事诉讼实行法律监督原则的含义？
9. 简述各民族公民有权使用本民族语言文字进行诉讼原则的含义。
10. 简述犯罪嫌疑人、被告人有权获得辩护原则的含义。
11. 如何理解未经人民法院依法判决不得确定有罪原则的含义？
12. 简述保障诉讼参与人的诉讼权利原则。
13. 如何理解认罪认罚可以依法从宽处理原则？
14. 具有法定情形不予追究刑事责任的情况有哪些？
15. 简述追究外国人刑事责任适用我国刑事诉讼法原则的含义。

二、选择题

1. 关于《刑事诉讼法》“尊重和保障人权，保护公民的人身权利、财产权利、民主权利和其他权利”的规定，下列哪一选项是正确的？（　　）
   A. 体现了以人为本、保障和维护公民基本权利和自由的理念
   B. 体现了犯罪嫌疑人、被告人权利至上的理念
   C. 体现了实体公正与程序公正并重的理念
   D. 体现了公正优先、兼顾效率的理念
2. 甲发现自家优质甜瓜常被人在夜里偷走，怀疑系乙所为。某夜，甲带上荧光恐怖面具，在乙偷瓜时突然发出怪叫，乙受到惊吓精神失常。甲后悔不已，主动承担乙的治疗费用。公安机关以涉嫌过失致人重伤将甲拘留，乙父母向公安机关表示已谅解甲，希望不追究甲的责任。在公安机关主持下，乙父母与甲签订和解协议，公安机关将案件移送检察院并提出从宽处理建议。下列社会主义法治理念和刑事诉讼理念的概括，哪一选项与本案处理相一致？（　　）
   A. 既要充分发挥司法功能，又要构建多元化的矛盾纠纷化解机制
   B. 既要坚持法律面前人人平等，又要考虑对特殊群体区别对待
   C. 既要追求公平正义，又要兼顾诉讼效率
   D. 既要高度重视程序的约束作用，又不应忽略实体公正
3. 社会主义法治的公平正义，要通过法治的一系列基本原则加以体现。“未经法院依法判决，对任何人都不得确定有罪”是《刑事诉讼法》确立的一项基本原则。关于这一原则，下列哪些说法是正确的？（　　）（多选）
   A. 明确了定罪权的专属性，法院以外任何机关、团体和个人都无权行使这一权力
   B. 确定被告人有罪需要严格依照法定程序进行
   C. 表明我国刑事诉讼法已经全面认同和确立无罪推定原则
   D. 按照该规定，可以得出疑罪从无的结论

4. 北京市某区法院审理一起盗窃案件。被告人胡某，汉族，广东广州人，在法庭审理前，他提出自己只会广东方言，听不懂普通话，要求带个翻译。对此，以下说法正确的是（　　）。

A. 胡某无权提出这一请求，因为普通话是我国通用语言，胡某提出请求只是借口

B. 对胡某的这一请求，法院不应当准许，因为不符合申请翻译的条件

C. 对胡某的这一请求，法院应当准许，但应由胡某承担翻译费用

D. 对胡某的这一请求，法院应当准许，并且无须胡某承担翻译费用

5. 关于认罪认罚从宽原则，下列说法正确的是（　　）。（多选）

A. 要适用认罪认罚从宽制度，必须有"认罪"和"认罚"两个方面的态度和行为

B. 所谓"认罪"，是指犯罪嫌疑人、被告人自愿如实供述自己的罪行，承认指控的犯罪事实

C. 所谓"认罚"，是指明确表示愿意接受司法机关给予的刑罚等处罚

D. 认罪认罚从宽原则作为一项特殊性原则，在保障案件公平公正审理的基础上，可适当突破刑事诉讼法其他法律规定

三、案例分析

案例一

河南省卢氏中药材集团总公司总工程师张冲波，1997 年以来，因多次撰文反映作为国家贫困县的卢氏县政府大搞劳民伤财的"形象工程"，被某些领导授意公安部门逮捕。2000 年 2 月 24 日，卢氏县人民法院开庭审理张冲波案。因证据不足，合议庭认为无罪，后经审委会讨论时，11 个委员中，包括院长在内的 9 人认为张冲波无罪。法院院长向县委书记杜保乾汇报了合议庭和审委会的意见，杜怒气冲冲地训斥道："你们都是一群笨蛋，弄了七八个月弄个无罪？给我判三年，必须得判！"法院院长无奈地向法官们传达了领导的旨意："杜书记认为张有罪，必须判三年。"几天后有罪判决下来，张冲波被判三年有期徒刑。

问题：

县委书记的做法是否符合法律规定？

案例二

某村村民王某（男，23 岁）与李某（女，17 岁）同村。2005 年 7 月 20 日傍晚，王某在村头的小路上看见李某孤身一人，遂将其拖到菜园里强奸。李某回家后，其父母怒不可遏，当即找到王某家找王某算账。王某表示其是因为喜欢李某才强奸李某的，意图是生米煮成熟饭，愿意与李某结婚。王某的父母表示愿意补偿李某人民币 2 万元，希望能将此事私了。李某的父母为保全女儿的名声，答应私了。

问题：

本案中，王某与李某私了的做法是否符合法律规定？

案例三

肖某，男，23 岁。某年 6 月 15 日晚，潜入一居民家中盗窃，共得现金 3000 元。肖某搜遍全屋，没有找到更多的财物，不由得怒上心头，在墙上写了几句打油诗："今夜光顾，所获不多，充分准备，来日方长。"然后用脚将一只价值 20 元的暖水瓶和一面价值 120 元的衣镜踢碎，跳窗逃走。后公安机关将其抓获，在侦查期间，肖某又从看守所逃走，后又被抓回。公安机关以盗窃罪、故意毁公私财物罪移送人民检察院审查起诉。区人民检察院审查后认为，肖某毁坏财物的行为不构成犯罪，但肖某在羁押期间逃跑的行为构成脱逃罪。于是，区人民检察院以盗窃罪、脱逃罪向区人民法院提起公诉。区人民法院受理此案后，认为如果追究当事人的脱逃罪，必然要牵涉到公安机关有关人员的责任问题。根据刑事诉讼法有关三机关互相配合的规定，对公安机关的工作不可苛刻要求，所以区法院仅以盗窃罪判处肖某有期徒刑 3 年。接到人民法院的判决书后，区人民检察院认为一审人民法院不追究肖脱逃罪的刑事责任是错误的，于是向市人民法院提起抗诉。市人民法院采纳了人民检察院的意见，以盗窃罪、脱逃罪判处肖某有其徒刑 4 年。

问题：

在本案中，人民检察院是如何对刑事诉讼实行法律监督的？

（扫描二维码获取参考答案）

补充阅读

《充分认识认罪认罚从宽制度的时代意义》

（扫描二维码阅读）

第七章 管辖

导读

通过本章的学习，要求掌握管辖、立案管辖、审判管辖、级别管辖、地区管辖、专门管辖的概念，正确理解划分立案管辖、审判管辖的根据和原则，熟悉并能运用刑事诉讼法及相关法律、司法解释对审判管辖、级别管辖、管辖变通、专门管辖和特殊情况管辖的规定，了解2018年修订的《刑事诉讼法》中对管辖的最新法律规定。

第一节　管辖概述

一、管辖的概念和意义

从辞源上看，“管”是用来开闭门户的钥匙，“辖”是用来锁住或卸除车轮的销子。[①] 因此，“管辖”的原意是指控制某一活动进程的关键和枢纽。刑事诉讼管辖，是指侦查机关、检察机关、审判机关等国家专门机关依法受理刑事案件所应当遵循的权限分工要求。就我国刑事诉讼活动而言，管辖是指公安机关（还包括国家安全机关、军队保卫部门、海警局和监狱，下同）、人民检察院和人民法院之间在直接受理刑事案件方面的权限分工，以及人民法院系统内部在审判第一审刑事案件方面的权限划分。对于各类刑事案件，公安机关、人民检察院和人民法院都必须在法定权限内行使刑事管辖权。

针对刑事案件中占绝大多数的公诉案件，管辖不仅包括人民法院系统内部的审判权限分工，而且还涉及公安机关、人民检察院与人民法院之间的立案管辖。因此，与民事诉讼和行政诉讼管辖相比，刑事诉讼管辖主体具有多样性特征。但是，我国刑事诉讼当事人（包括被害人、自诉人、犯罪嫌疑人、被告人、附带民事诉讼的原告人和被告人）无权参与有关管辖问题的处理过程，更不能提出选择或者变更的要求。[②]

管辖是启动相关刑事诉讼程序的合法性前提，成为依法开展刑事诉讼活动的首要问题。建立健全刑事诉讼管辖制度，对于实现刑事诉讼的价值与功能、保障刑事诉讼活动的顺利进行具有十分重要的意义。首先，对公安司法机关而言，有利于明确各自受理刑事案件的职责和权限，做到各司其职、各尽其责，防止因管辖不明而导致国家专门机关在受理具体刑事案件时互相争执或推诿，以确保刑事案件获得客观、公正的处理。其次，对国家司法资源而言，有利于根据公安司法机关的各自特点进行资源整合，缓解司法资源相对不足的矛盾，有效调动各级国家专门机关及其办案人员的积极性，实现资源优化配置，充分发挥系统效能，以确保刑事司法功能的实现。再次，对刑事诉讼活动而言，有利于保证侦查、起诉、第一审、第二审和执行等相关诉讼阶段合法、有序地进行，避免因为管辖权的不当行使而导致有关诉讼活动发生混乱，或者诉讼结果不具有法律效力，从而影响司法公正与司法效率的实现。最后，对一般机关、团体、企事业单位和公民而言，有利于正确、有效地行使报案、举报、控告或者提起自诉的权利，发挥人民群众同犯罪做斗争

---

① 《中国大百科全书》编委会：《中国大百科全书》，中国大百科全书出版社 1999 年版，第 1848 页。

② 目前，有学者对此存在不同观点，主张赋予当事人及其法定代理人对于刑事诉讼管辖的异议权，建立我国刑事诉讼管辖权异议制度。参见张处社：《论刑事诉讼管辖权异议》，《青海社会科学》2003 年第 3 期，第 104—107 页；房保国：《刑事诉讼管辖权异议的裁判体系》，《烟台大学学报（哲学社会科学版）》2004 年第 1 期，第 54—61 页；石晓波：《刑事诉讼管辖权异议制度研究》，《中国刑事法杂志》2004 年第 4 期，第 69—79 页；周永年：《构建刑事管辖争议问题的解决机制》，《法学》2007 年第 2 期，第 158—160 页。

的积极性，同时避免或者减少不必要的案件移送环节，便于公安司法机关及时立案、调查取证，以确保刑事诉讼的顺利进行。

二、确定管辖的原则

刑事诉讼中的管辖，一般是根据刑事案件的性质、情节轻重和复杂程度、案发地点、社会影响等案件本身特征及公安司法机关在刑事诉讼中的职责确定的。为了确保刑事侦查与刑事审判的质量和效能，保证刑事诉讼目标的顺利实现，管辖的确定应当满足合法性、合理性和科学性要求，并遵循以下基本原则：

1. 合理配置司法资源原则

管辖确定的实质，是将有限的国家刑事司法资源合理地配置到控制与惩罚犯罪、保障人权的刑事诉讼活动中。刑事诉讼管辖主体分别具有不同的性质和职权，在国家司法体制中处于不同的地位，在刑事诉讼中发挥着不同的作用。因此，确定管辖应当充分考虑公安司法机关的基本性质与职能、人员素质与规模、技术装备与设施等综合因素，科学体现工作量均衡原理，做到管辖工作量与机关实际能力相符合，从而确保公安司法机关分工负责、互相配合、互相制约，在刑事诉讼中有效履行各自职责，以形成刑事司法合力，全面完成刑事诉讼任务。

2. 诉讼公正与诉讼效率相结合原则

在确定刑事案件管辖的过程中，应当充分体现刑事诉讼的基本价值取向，即诉讼公正与诉讼效率。因此，通过对刑事诉讼管辖权限进行明确、合理的划分，努力确保公安司法机关能够迅速调查取证，准确查明案情，正确适用法律，使案件获得合法、公正、及时的处理，以保证诉讼公正，提高诉讼效率，实现诉讼公正与诉讼效率的有机结合。

3. 便利公众参加诉讼原则

刑事诉讼管辖的确定，应当便利各类诉讼参与人按时、就近参加诉讼活动，以避免不必要的人力、物力、财力浪费；应当便利机关、团体、企事业单位和公民报案、控告、举报，避免出现“状告无门”现象，切实维护公民、法人和其他组织的合法权益；应当便利群众旁听案件庭审，自觉接受社会各方面对审判工作的监督，同时扩大办案的社会效果，增强法制宣传力度。

4. 原则性与灵活性相结合原则

刑事诉讼管辖具有法定性和原则性，法律对于刑事管辖的权限划分必须作出明确的规定，以使公安司法机关依法履行各自的管辖职责。但是，由于具体刑事案件错综复杂，法律难以预测和穷尽刑事案件管辖的所有情形。因此，应当在坚持原则性的前提下，根据司法实践的具体情况，依法灵活处理管辖争议、例外情形等有关管辖事宜。如《刑事诉讼法》第24条规定：“上级人民法院在必要的时候，可以审判下级人民法院管辖的第一审刑事案件；下级人民法院认为案情重大、复杂需要由上级人民法院审判的第一审刑事案件，可以请求移送上一级人民法院审判。”第27条规定：“上级人民法院可以指定下级人民法院审判管辖不明的案件，也可以指定下级人民法院将案件移送其他人民法院审判。”

这些法律条文都体现了原则性与灵活性相结合的原则。

三、管辖的分类

根据《刑事诉讼法》的有关规定，我国刑事诉讼管辖主要分为两类：一是立案管辖，是指人民法院、人民检察院和公安机关之间在直接受理刑事案件范围内的权限分工，体现了专门机关依法独立行使职权和分工负责、互相配合、互相制约的刑事诉讼基本原则；二是审判管辖，是指人民法院在第一审刑事案件审判权限上的分工，即各级人民法院之间、同级人民法院之间、普通人民法院与专门人民法院之间以及专门人民法院之间在第一审刑事案件受理范围上的权限分工。其中，审判管辖包括普通管辖和专门管辖，而普通管辖又可分为级别管辖和地区管辖。此外，根据司法实践的具体情况，还可能出现管辖权的变通情形，具体包括优先管辖、移送管辖、指定管辖以及其他特殊情况下的管辖。

第二节　立案管辖

我国的刑事诉讼程序首先从立案开始。刑事诉讼中的立案管辖，又称职能管辖或部门管辖，是指人民法院、人民检察院和公安机关在直接受理刑事案件范围内的权限分工。具体来说，对于不同种类的刑事案件必须确定相应的专门机关负责受理或者立案侦查，以明确公安司法机关的管辖权限和职责。立案管辖主要依据管辖主体的职权特性、组织建构、办案能力，以及各种刑事案件的基本犯罪构成、案件性质特征、案情复杂程度等不同情况予以确定。

《刑事诉讼法》第 19 条对于公安司法机关的立案管辖范围作了原则性规定。为了正确贯彻落实该条规定，避免或减少立案管辖冲突，六机关《规定》、最高检察院《规则》、最高法院《解释》及公安部《规定》等规范性文件对立案管辖问题均做了具体明确的规定。

一、公安机关直接受理的刑事案件

《刑事诉讼法》第 19 条规定："刑事案件的侦查由公安机关进行，法律另有规定的除外。"对刑事案件进行侦查是公安机关的重要职责。因此，除法律另有规定的以外，所有刑事案件的侦查工作都应由公安机关负责。所谓"法律另有规定"，主要指《刑事诉讼法》第 4 条、第 19 条第 2 款和第 308 条的规定。由人民检察院立案侦查的司法工作人员利用职权实施的非法拘禁、刑讯逼供、非法搜查等侵犯公民权利、损害司法公正的犯罪案件；由国家安全机关立案侦查的危害国家安全的刑事案件；由军队保卫部门立案侦查的军队内部发生的刑事案件；[①]由监狱立案侦查的罪犯在监狱内犯罪的刑事案件；由中国海警立案侦查海上发生的刑事案件。也就是说，除了上述几种类型的刑事案件外，其余刑事案件均由公安机关负责立案侦查。

公安机关是我国具有武装性质的治安行政力量和刑事司法力量，是国家的治安保卫机关，其主要职责是维护国家安全和社会秩序，保护公民的人身和财产安全，预防、制止和惩治违法犯罪活动，保障经济发展和社会进步。由于公安机关通常配备比较先进的科学侦查设备和警械武器装备，具有强有力的专门侦查手段，建立了比较完备的组织体系，因此有能力承担大部分刑事案件的侦查职责，从而在刑事诉讼中发挥重要作用。

二、国家安全机关直接受理的刑事案件

国家安全机关是国家安全工作的主管机关，在隐蔽战线上巩固中国共产党的执政地位，捍卫人民民主专政的国家政权。根据第六届全国人大常委会第二次会议通过的《关于国家安全机关行使公安机关的侦查、拘留、预审和执行逮捕的职权的决定》以及《刑事诉讼法》第 4 条的规定，国家安全机关依照法律规定，办理危害国家安全的刑事案件，行使与公安机关相同的职权。在刑事诉讼中，国家安全机关与公安机关属于性质相同的侦查机关，按照职权划分，各司其职，密切配合，共同维护国家安全和社会稳定。

危害国家安全的行为是指境外机构、组织、个人实施或者指使、资助他人实施的，或者境内组织、个人与境外机构、组织、个人相勾结实施的下列危害我国安全的行为：阴谋颠覆政府，分裂国家，推翻社会主义制度的；参加间谍组织或者接受间谍组织及其代理人的任务的；窃取、刺探、收买、非法提供国家秘密的；策动、勾引、收买国家工作人员叛变的；进行危害国家安全的其他破坏活动的。具体来说，国家安全机关直接受理的犯罪案件包括：背叛国家罪，分裂国家罪，煽动分裂国家罪，武装叛乱、暴乱罪，颠覆国家政权罪，煽动颠覆国家政权罪，资助危害国家安全犯罪活动罪，投敌叛变罪，叛逃罪，间谍罪，为境外窃取、刺探、收买、非法提供国家秘密、情报罪，资敌罪，等等。

三、人民检察院直接受理的刑事案件

人民检察院是国家的法律监督机关，它的基本职能是行使国家的检察权，以维护社会主义法制的统一和尊严。同时，宪法和法律还赋予人民检察院对部分刑事案件的立案侦查权。根据《刑事诉讼法》第 19 条第 2 款关于人民检察院自侦案件范围的规定，人民检察院立案侦查的案件主要有以下两大类：

1. 检察机关在对诉讼活动实施法律监督中发现的司法工作人员利用职权实施的非法拘禁、刑讯逼供、非法搜查等侵犯公民权利、损害司法公正的犯罪案件。这里的司法工

---

① 根据中国人民解放军总政治部保卫部、军事法院、军事检察院《关于〈刑法〉第十章所列刑事案件管辖范围的通知》，包括军队保卫部门负责侦查战时违抗命令案、投降案等 20 类刑事案件。

作人员主要指有侦查、检察、审判、监管职责的工作人员。在侦查阶段可能涉及的罪名包括:非法拘禁罪(《刑法》第 238 条)、非法搜查罪(《刑法》第 245 条)、刑讯逼供罪(《刑法》第 247 条)、暴力取证罪(《刑法》第 247 条)等。审判阶段可能涉及的罪名包括:徇私枉法罪(《刑法》第 399 条第 1 款),民事、行政枉法裁判罪(《刑法》第 399 条第 2 款),等等。监管、执行过程中可能涉及的罪名包括:虐待被监管人罪(《刑法》第 248 条),执行判决、裁定失职罪(《刑法》第 399 条第 3 款),执行判决、裁定滥用职权罪(《刑法》第 399 条第 3 款),私放在押人员罪(《刑法》第 400 条),失职致使在押人员脱逃罪(《刑法》第 400 条第 2 款),徇私舞弊减刑、假释、暂予监外执行罪(《刑法》第 401 条),等等。此外,发生在司法活动中的司法工作人员玩忽职守、滥用职权罪(《刑法》第 397 条)也属于《刑事诉讼法》第 19 条第 2 款所说的“对诉讼活动实行法律监督中”发现的司法工作人员利用职权实施的侵犯公民权利、损害司法公正的犯罪。这些犯罪并非典型的贪腐犯罪,主要是司法工作人员不严格执法,违背了司法公正,由检察机关行使侦查权,有利于其有效履行法律监督职能,保障刑事诉讼的正常进行。

2.对于公安机关管辖的国家机关工作人员利用职权实施的其他重大犯罪案件,需要由人民检察院直接受理的时候,经省级以上人民检察院决定,可以由人民检察院立案侦查。这一规定也是检察机关行使法律监督权的体现,有利于加强检察机关对公安机关立案侦查情况的监督,即当公安机关应当立案而不立案或者虽然立案但怠于侦查时,检察机关有权依法立案侦查。最高检察院《规则》第 15 条规定,人民检察院需要直接立案侦查的,应当层报省级人民检察院决定。报请省级人民检察院决定立案侦查的案件,应当制作提请批准直接受理书,写明案件情况以及需要由人民检察院立案侦查的理由,并附有关材料。省级人民检察院应当在收到提请批准直接受理书后十日以内作出是否立案侦查的决定。省级人民检察院可以决定由设区的市级人民检察院立案侦查,也可以自行立案侦查。对于这类案件,一是要求“重大犯罪案件”,由检察院立案侦查更为适宜;二是要经省(自治区、直辖市)人民检察院或最高人民检察院决定才可以由检察机关立案侦查。

四、人民法院直接受理的刑事案件

《刑事诉讼法》第 19 条第 3 款规定:“自诉案件由人民法院直接受理。”根据《刑事诉讼法》第 211 条以及最高法院《解释》第 1 条的规定,人民法院直接受理的自诉案件包括以下三类:

1.告诉才处理的案件。具体包括:侮辱、诽谤罪(但是严重危害社会秩序和国家利益的除外),暴力干涉婚姻自由罪,虐待罪,侵占罪。

2.被害人有证据证明的轻微刑事案件。具体包括:故意伤害罪(轻伤),非法侵入住宅罪,侵犯通信自由罪,重婚罪,遗弃罪,生产、销售伪劣商品罪(严重危害社会秩序和国家利益的除外),侵犯知识产权罪(但是严重危害社会秩序和国家利益的除外),属于《刑法》分则第四章、第五章规定的,对被告人可能判处三年有期徒刑以下刑罚的案件。对于上述案件,被害人直接向人民法院起诉的,人民法院应当依法受理。对于其中证据不足、可由公安机关受理的,或者认为对被告人可能判处三年有期徒刑以上刑罚的,应当告知被害人向公安机关报案,或者移送公安机关立案侦查。

3.被害人有证据证明对被告人侵犯自己人身、财产权利的行为应当依法追究刑事责任,且有证据证明曾经提出控告,而公安机关或者人民检察院不予追究被告人刑事责任的案件。根据《刑事诉讼法》第180条的规定,被害人对人民检察院不起诉决定不服,可以自收到不起诉决定书后七日以内向上一级人民检察院申诉,请求提起公诉。对于人民检察院维持不起诉决定的,被害人可以向人民法院起诉。被害人也可以不经申诉,直接向人民法院起诉。这类自诉案件起诉时,被害人应提供公安机关或人民检察院不予追究被告人刑事责任的书面决定。

五、关于执行立案管辖的几个问题

1.立案管辖牵涉问题

根据六机关《规定》,公安机关侦查刑事案件涉及人民检察院管辖的案件时,应当将案件移送人民检察院;人民检察院侦查案件涉及公安机关管辖的刑事案件时,应当将属于公安机关管辖的刑事案件移送公安机关。在上述情况中,如果涉嫌主罪属于公安机关管辖,由公安机关为主侦查,人民检察院予以配合;如果涉嫌主罪属于人民检察院管辖,由人民检察院为主侦查,公安机关予以配合。这一规定在理论上被称作“次罪随主罪管辖原则”。

2.立案管辖监督问题

《刑事诉讼法》第113条规定:“人民检察院认为公安机关对应当立案侦查的案件而不立案侦查的,或者被害人认为公安机关对应当立案侦查的案件而不立案侦查,向人民检察院提出的,人民检察院应当要求公安机关说明不立案的理由。人民检察院认为公安机关不立案理由不能成立的,应当通知公安机关立案,公安机关接到通知后应当立案。”根据这一规定,公安机关在收到人民检察院要求说明不立案理由通知书后七日内应当将说明情况书面答复人民检察院;人民检察院认为公安机关不立案理由不能成立,发出通知立案书时,应当将有关证明应该立案的材料同时移送公安机关;公安机关在收到通知立案书后,应当在十五日内决定立案,并将立案决定书送达人民检察院。

3.立案管辖受理问题

《刑事诉讼法》第110条第3款规定:“公安机关、人民检察院或者人民法院对于报案、控告、举报,都应当接受。对于不属于自己管辖的,应当移送主管机关处理,并且通知报案人、控告人、举报人;对于不属于自己管辖而又必须采取紧急措施的,应当先采取紧急措施,然后移送主管机关。”

4.立案管辖移送问题

人民法院在审理自诉案件的过程中,如果发现被告人涉嫌必须由人民检察院提起公诉的犯罪时,应当将犯罪线索、有关证据等案件材料另案移送有管辖权的公安机关或者人民检察院。另外,公安机关或者人民检察院在立案侦查过程中,如果发现犯罪嫌疑人涉嫌人民法院直接受理的自诉案件(告诉才处理的除外)时,应当先接受控告并进行必要调查,在提起公诉时随案移送人民法院,由人民法院合并审理。如果侦查终结对公诉案件作出不起诉决定的,则应当将该自诉案件直接移送人民法院处理。

第三节　审判管辖

审判管辖是指人民法院系统内部在第一审刑事案件审判权限上的分工,即各级人民法院之间、同级人民法院之间、普通人民法院与专门人民法院之间及各专门人民法院之间在第一审刑事案件受理范围内的权限分工。审判管辖所要解决的问题是:特定刑事案件应当由哪个地区、哪一类、哪一级人民法院作为第一审法院进行审理。对于自诉案件来说,人民法院的立案管辖与审判管辖是重合的。

根据《人民法院组织法》的规定,我国人民法院的组织体系由最高人民法院、地方各级人民法院和专门法院构成。其中,地方各级人民法院包括高级人民法院、中级人民法院和基层人民法院。具有刑事审判权的专门法院包括军事法院和铁路运输法院。与此机构设置相对应的,我国刑事诉讼中的审判管辖分为普通管辖和专门管辖,普通管辖又可以分为级别管辖和地区管辖。

一、级别管辖

级别管辖,是指不同级别的人民法院之间在审判第一审刑事案件范围内的权限划分,即法律对于具体刑事案件应当由哪一级人民法院直接受理所作的明确规定。确定级别管辖的依据主要包括:案件的性质、社会影响、审判难易程度以及可能判处的刑罚轻重;各级人民法院在国家审判组织体系中的地位、职权、工作负担;各类刑事案件获得公正、及时审理的保障条件。需要强调的是,在级别管辖中,如果一人犯数罪、共同犯罪和其他需要并案审理的案件,只要其中一人或者一罪属于上级人民法院管辖的,全案就应当由上级人民法院管辖。

1. 基层人民法院管辖的第一审刑事案件

根据《刑事诉讼法》第 20 条的规定,基层人民法院管辖第一审普通刑事案件,但是依法由上级人民法院管辖的除外。我国基层人民法院数量最多,分布广泛,辖区明确,具体包括县人民法院和县级市人民法院、自治县人民法院、市辖区人民法院。并且,根据地区、人口和案件发生情况,基层人民法院还可以设立若干人民法庭,行使部分审判权。因此,将绝大多数普通刑事案件交由基层人民法院进行第一审审判,不仅有利于案件事实的调查和及时审判,而且也便于诉讼参与人参加诉讼活动,同时也能取得良好的法制宣传效果。

2. 中级人民法院管辖的第一审刑事案件

根据《刑事诉讼法》第 21 条的规定，中级人民法院管辖下列第一审刑事案件：(1)危害国家安全、恐怖活动案件；(2)可能判处无期徒刑、死刑的案件。由于中级人民法院负责审判对基层人民法院判决和裁定的上诉案件和抗诉案件，以及人民检察院按照审判监督程序提出的抗诉案件，并监督基层人民法院的审判工作，其审判和监督工作任务较重，因此中级人民法院管辖的第一审案件范围不宜过多。一般来说，上述两类案件的案情比较复杂，性质比较严重，社会影响比较大，无论在案件事实的认定上还是在法律适用上难度往往也比较大，由较高层级的中级人民法院作为第一审法院进行审判是适宜的，这样更有利于保证一审案件质量，实现司法公正。当然，上述两类案件必要时也可以由高级人民法院或者最高人民法院予以直接受理。需要指出的是，人民检察院认为可能判处无期徒刑、死刑而向中级人民法院提起公诉的案件，中级人民法院受理后，认为不需要判处无期徒刑以上刑罚的，应当依法审判，而不再交基层人民法院审判。

此外，犯罪嫌疑人、被告人在境外的缺席审判案件由相应的中级人民法院进行审理。根据《刑事诉讼法》第 291 条的规定，对于贪污贿赂犯罪案件，以及需要及时进行审判，经最高人民检察院核准的严重危害国家安全犯罪恐怖活动犯罪案件，犯罪嫌疑人、被告人在境外，监察机关、公安机关移送起诉，人民检察院认为犯罪事实已经查清，证据确实、充分，依法应当追究刑事责任的，可以向人民法院提起公诉。此类案件，由犯罪地、被告人离境前居住地或者最高人民法院指定的中级人民法院组成合议庭进行审理。

3. 高级人民法院管辖的第一审刑事案件

根据《刑事诉讼法》第 22 条的规定，高级人民法院管辖的第一审刑事案件，是全省(自治区、直辖市)性的重大刑事案件。高级人民法院包括省、自治区、直辖市高级人民法院，是地方各级人民法院中的最高层级，不仅要受理下级人民法院移送审判的第一审案件，不服中级人民法院第一审判决和裁定的上诉、抗诉案件，以及死刑缓期二年执行的案件的复核工作，而且还要对本辖区的中级和基层人民法院的审判工作进行监督和业务指导，承担着繁重的审判和监督工作。因此，高级人民法院直接受理的第一审刑事案件必须同时满足影响范围涉及全省(自治区、直辖市)和案情重大两个条件。

4. 最高人民法院管辖的第一审刑事案件

根据《刑事诉讼法》第 23 条的规定，最高人民法院管辖的第一审刑事案件，是全国性的重大刑事案件。最高人民法院是我国的最高审判机关，负责监督地方各级人民法院和专门人民法院的审判工作，对审判工作中如何具体适用法律作出司法解释，受理不服高级人民法院和专门人民法院第一审判决和裁定的上诉、抗诉案件，而且还负责死刑立即执行案件的复核工作。因此，只有在全国有重大影响并且情节、性质都特别严重的案件，才可以由最高人民法院进行第一审审判。实践中，最高人民法院受理第一审案件的情形非常罕见，其典型案例是 1980 年审判的林彪、江青反革命集团案件。

二、地区管辖

地区管辖，是指同级人民法院之间在审判第一审刑事案件上的权限划分。在我国刑事诉讼中，地区管辖以犯罪地和被告人居住地作为确定依据。《刑事诉讼法》第 25 条规定："刑事案件由犯罪地的人民法院管辖。如果由被告人居住地的人民法院审判更为适宜的，可以由被告人居住地的人民法院管辖。"据此，我国刑事案件的地区管辖遵循以犯罪地法院管辖为主、以被告人居住地法院管辖为辅的原则。

将犯罪地作为地区管辖的首要依据，主要基于以下理由：一是便于人民法院调查、收集、核实被告人涉嫌犯罪的有关证据，正确、及时地处理案件；二是便于被害人、证人（通常在犯罪地）参加刑事诉讼；三是便于当地群众旁听庭审，增强法制宣传效果；四是便于及时掌握当地犯罪情况，积极采取对策，实现社会治安综合治理。当然，如果由被告人居住地人民法院审判更为适宜的，也可以由被告人居住地（如户籍所在地、经常居住地等）人民法院管辖。一般认为，所谓"更为适宜"，是指被告人流窜作案，或者利用互联网犯罪，主要犯罪地难以确定；犯罪活动在被告人居住地造成恶劣影响，民愤极大，当地群众强烈要求在当地进行审判；人民法院认定的其他适宜情形。

对于单位犯罪的刑事案件，其地区管辖同样适用该原则，即"单位犯罪的刑事案件，由犯罪地的人民法院管辖。如果由被告单位住所地的人民法院管辖更为适宜的，可以由被告单位住所地的人民法院管辖"。

根据最高法院《解释》第 2 条的规定，犯罪地包括犯罪行为发生地和犯罪结果发生地。针对或者利用计算机网络实施的犯罪，犯罪地包括犯罪行为发生地的网站服务器所在地，网络接入地，网站建立者、管理者所在地，被侵害的计算机信息系统及其管理者所在地，被告人、被害人使用的计算机信息系统所在地，以及被害人财产遭受损失地。公安部《规定》第 16 条进一步明确规定，犯罪行为发生地，包括犯罪行为的实施地以及预备地、开始地、途经地、结束地等与犯罪行为有关的地点；犯罪行为有连续、持续或者继续状态的，犯罪行为连续、持续或者继续实施的地方都属于犯罪行为发生地。犯罪结果发生地，包括犯罪对象被侵害地、犯罪所得的实际取得地、藏匿地、转移地、使用地、销售地。

三、专门管辖

专门管辖，是指专门人民法院与普通人民法院之间、各专门人民法院之间以及专门人民法院系统内部在第一审刑事案件受理范围内的权限分工。

《刑事诉讼法》第 28 条规定："专门人民法院案件的管辖另行规定。"在司法实践中，军事法院管辖的刑事案件主要是现役军人和军内在编职工违反《刑法》分则第 10 章，犯军人违反职责罪的犯罪案件。根据最高法院《解释》的规定，军队和地方互涉刑事案件，实行分别管辖原则。现役军人（含军内在编职工，下同）和非军人共同犯罪的，分别由军事法院和地方人民法院或者其他专门法院管辖。但是，如果该刑事案件涉及国家军事秘密的，则全案应当由军事法院管辖。对于下列案件，由地方人民法院或者军事法院以外的其他专门法院管辖：非军人、随军家属在部队营区内犯罪的；军人在办理退役手续后犯罪的；现役军人入伍前犯罪的（需与服役期内犯罪一并审判的除外）；退役军人在服役期内犯罪的（犯军人违反职责罪的除外）。

四、管辖的变通

在司法实践中,由于刑事案件错综复杂,在审判管辖的确定过程中,还可能出现管辖冲突、牵连或者竞合等情形。因此,《刑事诉讼法》及最高法院《解释》对于管辖的变通问题作了具体规定。

(一)优先管辖和移送管辖

如果具体犯罪涉及多个犯罪地点,或者被告人具有两个以上的居住地,那么就可能出现多个同级法院同时具有刑事管辖权的情况。为了解决这个问题,《刑事诉讼法》第26条规定,几个同级人民法院都有权管辖的案件,由最初受理的人民法院审判。在必要的时候,可以移送主要犯罪地的人民法院审判。也就是说,对于几个同级人民法院都有管辖权的案件,实行以最初受理的人民法院审判为主、主要犯罪地人民法院审判为辅的原则,即优先管辖与移送管辖相结合。所谓主要犯罪地,是指数罪中起主要和关键作用的犯罪的实际发生地、同一犯罪所涉及的多个地点中对于犯罪构成起主要作用的犯罪地等。移送管辖是否确属必要,由人民法院根据主要犯罪事实查清难易程度以及诉讼便利原则作出决定。

(二)指定管辖

《刑事诉讼法》第27条规定:"上级人民法院可以指定下级人民法院审判管辖不明的案件,也可以指定下级人民法院将案件移送其他人民法院审判。"这是针对可能出现的管辖不明或者争议所作出的变通性规定。具体来说,指定管辖适用以下情形:第一,地区管辖不明,即由于犯罪地所处的地理位置不明确,根据地区管辖的基本原则无法确定具体的管辖法院;第二,有管辖权的人民法院因存在本院院长或者本院法官全体回避,以及其他不能或者不宜行使管辖权的特殊情形;第三,几个同级人民法院依法都享有案件管辖权,但是彼此推诿或者争执,且协商不成。

最高法院《解释》对于指定管辖作了进一步规定,即管辖权发生争议的,应当在审理期限内协商解决;协商不成的,由争议的人民法院分别层报共同的上级人民法院指定管辖。有管辖权的人民法院因案件涉及本院院长需要回避等原因,不宜行使管辖权的,可以请求上一级人民法院管辖;上一级人民法院可以管辖,也可以指定与提出请求的人民法院同级的其他人民法院管辖。在必要的时候,上级人民法院可以将下级人民法院管辖的案件指定其他下级人民法院管辖。

如果上级人民法院决定指定管辖的,应当将指定管辖决定书分别送达被指定管辖的人民法院和其他有关的人民法院。原受理案件的人民法院,在收到上级人民法院指定其他人民法院管辖的决定书后,不再行使管辖权。对于公诉案件,应当书面通知提起公诉的人民检察院,并将全部案卷材料退回,同时书面通知当事人;对于自诉案件,应当将全部案卷材料移送被指定管辖的人民法院,并书面通知当事人。

(三)特殊情况的管辖

1.级别管辖的变通

《刑事诉讼法》第24条规定:“上级人民法院在必要的时候,可以审判下级人民法院管辖的第一审刑事案件;下级人民法院认为案情重大、复杂需要由上级人民法院审判的第一审刑事案件,可以请求移送上一级人民法院审判。”这是对级别管辖的变通规定。与民事诉讼和行政诉讼的级别管辖不同的是,刑事诉讼级别管辖只能单向移送,即只能由下级法院向上级法院转移。在任何情况下,下级法院都无权审判由上级法院管辖的第一审刑事案件。

根据最高法院《解释》第15条的规定,基层人民法院对于认为案情重大、复杂,新类型的、疑难的或者在法律适用上具有普遍指导意义的第一审刑事案件,拟请求移送中级人民法院审判的,应当经合议庭报请院长决定后,至迟于案件审理期限届满十五日前书面请求移送。中级人民法院应当在接到申请后十日内作出决定。不同意移送的,应当下达不同意移送决定书,由请求移送的人民法院依法审判;同意移送的,应当下达同意移送决定书,并书面通知同级人民检察院。基层人民法院接到上级人民法院同意移送决定书后,应当通知同级人民检察院和当事人,并将起诉材料退回同级人民检察院。如果上级人民法院认为有必要审理下级人民法院管辖的第一审刑事案件,应当向下级人民法院下达改变管辖决定书,并书面通知同级人民检察院。

2.地区管辖的特殊规定

(1)关于服刑罪犯漏罪、新罪管辖的特殊规定。正在服刑的罪犯在判决宣告前还有其他罪没有判决的,由原审地人民法院管辖;由罪犯服刑地或者犯罪地的人民法院审判更为适宜的,可以由罪犯服刑地或者犯罪地的人民法院管辖。罪犯在服刑期间又犯罪的,由服刑地的人民法院管辖。罪犯在脱逃期间犯罪的,由服刑地的人民法院管辖。但是,在犯罪地抓获罪犯并发现其在脱逃期间的犯罪的,由犯罪地的人民法院管辖。

(2)关于境外中国运输工具上犯罪管辖的特殊规定。在我国领域外的中国船舶内的犯罪,由该船舶最初停泊的我国口岸所在地的人民法院管辖;在我国领域外的中国航空器内的犯罪,由该航空器在我国最初降落地的人民法院管辖;在国际列车上的犯罪,根据我国与相关国家签订的有关管辖协定确定管辖;没有协定的,由该列车最初停靠的我国车站所在地或者目的地的铁路运输法院管辖。

(3)关于中国公民境外犯罪管辖的特殊规定。中国公民在驻外中国使领馆内的犯罪,由其主管单位所在地或者原户籍所在地的人民法院管辖;中国公民在我国领域外的犯罪,由其入境地或者离境前居住地的人民法院管辖;被害人是中国公民的,也可由被害人离境前居住地的人民法院管辖。

(4)关于外国人犯罪管辖的特殊规定。外国人在我国领域外对中国或者公民犯罪,根据《刑法》应当受处罚的,由该外国人入境地、入境后居住地或者被害中国公民离境前居住地的人民法院管辖。

思考与训练

一、思考题

1. 什么是管辖？确定管辖的原则有哪些？
2. 公安机关、国家安全机关、人民检察院和人民法院分别管辖哪些刑事案件？
3.《刑事诉讼法》对级别管辖是如何规定的？
4. 划分地区管辖的一般原则是什么？
5. 对审判管辖有争议的案件应当如何处理？
6. 军事法院管辖哪些刑事案件？

二、选择题

1. 某市政府机关职员林某，因涉嫌犯间谍罪被有关部门立案侦查，后被依法采取强制措施。下列哪些说法是不正确的？（　　）（多选）
   A. 本案应由公安机关立案侦查
   B. 本案应由人民检察院立案侦查
   C. 对王某的取保候审应由国家安全机关执行
   D. 对王某的取保候审应由公安机关执行
2. 根据 2018 年新修订的《刑事诉讼法》的规定，下列哪些案件应由人民检察院立案侦查？（　　）（多选）
   A. 骗取出口退税案　　　　B. 受贿案
   C. 刑讯逼供罪　　　　D. 徇私枉法罪
3. 甲和乙是盗窃案的共犯，被人民法院判处有期徒刑后在同一监狱服刑。两人在服刑期间脱逃至河口市。甲在 A 市某宾馆吃饭时被抓获，押解回监狱后发现甲在河口市还犯有盗窃罪；乙在河口市抢劫时被当场抓获。对甲和乙所犯的新罪应当如何进行侦查？（　　）
   A. 两人均由监狱一并进行侦查
   B. 两人均由河口市公安局一并进行侦查
   C. 甲由监狱进行侦查，乙由河口市公安局进行侦查
   D. 乙由监狱进行侦查，甲由河口市公安局进行侦查
4. 根据《刑事诉讼法》的规定和有关的司法解释，下列哪些说法是不正确的？（　　）
   A. 上级人民法院不能审判下级人民法院管辖的第一审刑事案件
   B. 上级人民法院不能指定下级人民法院审判应由上级人民法院管辖的第一审刑事案件
   C. 上级人民法院不能指定下级人民法院审判管辖不明的案件
   D. 上级人民法院不能指定下级人民法院审判管辖明确的案件

5. 几个同级人民法院都有管辖权的案件，应由最初受理的人民法院审判。在必要的时候可以移送下列哪一个法院审判？（　　）

A. 犯罪地人民法院　　B. 被告人居住地人民法院

C. 主要犯罪地人民法院　　D. 被告人经常居住地人民法院

6. 被告人丁某系退伍军人，被告人迟某系现役军人。丁某曾在服役期间伙同迟某犯有抢劫罪。关于该案的审判管辖，下列说法哪一个是正确的？（　　）

A. 应当由军事法院一并管辖

B. 应当由地方人民法院一并管辖

C. 被告人丁某由地方人民法院管辖，被告人迟某由军事法院管辖

D. 应当先由军事法院一并管辖，然后再把被告人丁某移交地方人民法院管辖

7. 许某系某市出租汽车公司司机，住该市河东区。2005 年 12 月 25 日晚，我国香港居民覃某在河西区乘坐许某驾驶的出租车至该区天平大酒店，下车时将背包遗忘在车上，内有价值近 4 万元的笔记本电脑。覃下车后即意识到背包遗忘在车上，于是找到许某，向其索要。许某谎称并未见到背包，拒不交出。该案一审管辖法院应当是下列哪个法院？（　　）

A. 河东区人民法院　　B. 河西区人民法院

C. 市中级人民法院　　D. 市中级人民法院指定的其他基层人民法院

8. 潘某担任甲省副省长期间受贿 800 多万元，有关法院指定乙省 Y 市中级人民法院管辖。该项指定应当由下列哪一个法院作出？（　　）

A. 甲省高级人民法院　　B. 乙省高级人民法院

C. Y 市中级人民法院　　D. 最高人民法院

9. 下列第一审刑事案件，哪些应当由中级人民法院管辖？（　　）（多选）

A. 张某玩忽职守案　　B. 陈某组织武装叛乱案

C. 钱某故意杀人案　　D. 岳某抢夺外国人财物案

10. 某市检察院以洪某犯有抢劫罪向市中级法院提起公诉，法院受理后认为该案不需要判处无期徒刑以上刑罚。对于此案，下列哪些处理是正确的？（　　）（多选）

A. 驳回检察院的起诉　　B. 将案件交由下级法院审理

C. 继续审理本案　　D. 向上级法院请示可否审理

三、案例分析题

案例一

被告人郑某，男，45 岁，某市税务局局长。被告人钟某，男，38 岁，某塑料厂厂长。该塑料厂经营业绩一直很好，是该市的纳税大户。在连续缴纳了几个年度巨额税款后，钟某发现该市另一家同是生产塑料制品的厂家效益也不错，却没有上缴多少税款。钟某思前想后，认为那家厂家一定给了税务局局长郑某好处。于是，钟某找到郑某要求其帮忙，郑某开始没有表态，并在谈话中表示自己的女儿近日将要出国，正缺一笔资金，钟某听到此处，便从大衣口袋中将事先准备好的 15 万元送给了郑某，并暗示郑某在向自己的企业

收税时给予关照，郑某未置可否。后在税务机关收取企业所得税时，该企业要缴的税并没有减少。为此钟某非常生气，向市公安局告发。市公安局认为这事应由检察院受理，钟某无奈，继而向检察院告发了此事。而检察院的同志又说，这事应由公安机关管辖，自己无此权力，并通知公安局立案侦查，但公安机关立案后又作了撤诉处理。

问题：

按照《刑事诉讼法》的有关规定，该案的立案管辖应当如何确定？

案例二

犯罪嫌疑人贾某，男，北京市人。1999 年前后贾某流窜至河北、山东等省盗窃作案，盗窃财物数万元。2000 年 3 月 2 日，贾某流窜至江苏省徐州市，在夜间入户盗窃时被户主吕某发觉，贾某即行抢劫，吕某在反抗时被其用水果刀刺死。后贾某被公安机关依法逮捕。

问题：

按照《刑事诉讼法》的有关规定，该案的审判管辖应当如何确定？

（扫描二维码获取参考答案）

补充阅读

最高人民法院、最高人民检察院、中国海警局《关于海上刑事案件管辖等有关问题的通知》

（扫描二维码阅读）

第八章

回　避

导读

通过本章的学习，掌握回避的概念和意义、回避的种类，正确理解回避的适用人员、回避的理由、回避的决定机关或人员、回避的程序，熟悉并能运用刑事诉讼法及相关法律、司法解释对回避的规定。

第一节　回避的概念和意义

一、回避的概念

回避制度源于英国普通法的自然正义原则，是实现诉讼制度民主性和公正性的重要保障，现代各国都在刑事诉讼中对回避制度作了明确规定。根据英国《牛津法律大辞典》的解释："自然正义这一理念源于自然法的概念。在近代实践中，这个术语通常指在处理纠纷时所采取的一般原则和最低的公平标准，它体现了以下两个特定要求：(1)不得做自己案件的法官；(2)应当听取双方当事人的陈述。按照第一项要求，假如法官与判决结果有任何法律上或金钱上的利害关系，或者法官是当事一方的亲戚或涉案机构的成员，从而会导致偏见的现实可能性或迹象，那么，法官就应回避。"①可见，西方国家的回避制度旨在确保法官和陪审团保持中立地位，使案件当事人获得公平对待、公正审判的机会。

我国刑事诉讼中的回避，是指侦查人员、检察人员、审判人员以及其他有关人员，因与案件本身或者与案件当事人具有法定的利害关系，或者具有其他可能影响案件获得公正处理的特殊关系，不得参与该案诉讼活动的诉讼制度。所谓其他有关人员，包括参与案件办理的鉴定人、翻译人员以及书记员等。

二、回避的意义

在刑事诉讼中，回避具有十分重要的意义，具体表现在以下几个方面：

1.有利于实现刑事司法公正

公正(Justice)是刑事司法的核心价值目标，包括实体公正和程序公正两个方面。所谓实体公正，是指刑事案件的处理结果所体现的公正，即正确适用刑法，准确认定被追诉人是否有罪。如果有罪，则依法认定其罪名，并按照罪刑法定和罪刑相适应原则，依法判定刑罚；如果无罪，对于采取强制措施的应当立即解除，并依法给予相应的刑事赔偿。所谓程序公正，是指在刑事诉讼过程中所体现的公正，包括平等保障当事人和其他诉讼参与人的诉讼权利、确保控辩双方平等对抗、法官居中裁判等。而回避制度的重要价值就在于确保实际承办案件的公安司法工作人员始终保持中立地位，做到秉公办案。如果公安司法人员等(包括书记员、翻译人员和鉴定人，下同)与该案的处理结果或者该案当事人有着直接或者间接的利害关系，那么在案件办理过程中，他们极有可能出现徇私情、谋私利等情况，或者由于其对案件先入为主、心存预断或者偏见等因素，将会对

① [英]戴维·M.沃克：《牛津法律大辞典》，李双元等译，法律出版社2003年版，第787页。

证据的收集、判断、运用以及案件裁量产生负面影响，进而直接导致案件处理结果发生偏差，实体公正难以实现。同时，在这种情况下，公安司法人员等还可能在有关诉讼程序中有意无意地偏袒或者贬损一方当事人，导致诉讼当事人的平等对抗地位遭到破坏，程序公正也就无从谈起。可见，只有实行回避制度，才能对妨碍司法公正的种种人为因素实施有效屏蔽，充分保障诉讼当事人的平等参与权，以便公安司法机关准确及时地查明案情，正确适用法律，客观公正地处理各类刑事案件，切实保障刑事诉讼公正的实现。

2. 有利于提高刑事司法效率

效率是刑事司法的重要价值目标。意大利著名刑法学家贝卡利亚曾指出："惩罚犯罪的刑罚越是迅速和及时，就越是公正和有益。……诉讼本身应该在尽可能短的时间结束。"[①]实行回避制度，一方面，在承办案件前或者案件办理初期，就可以使具有法定回避情形的公安司法人员自行回避、依申请回避或者根据指令回避，防止因出现回避事由而使得相关诉讼阶段不得不进行回复或重置，从而导致诉讼效率降低，造成司法资源的浪费；另一方面，还可以消除诉讼当事人以及其他诉讼参与人对于"关系案""人情案""金钱案"的种种顾虑和担心，增强他们对于诉讼公正的信心，促使他们依法充分行使诉讼权利，积极参加相关刑事诉讼活动，配合公安司法机关有效完成各诉讼阶段的既定任务，进而保障刑事诉讼的顺利进行，确保刑事诉讼的高效率。

3. 有利于维护刑事司法权威

权威是建立在国家强制力基础上的刑事司法外在公信力，是司法结果获得当事人信服和遵从、得到社会公众普遍认同的前提条件。然而，司法权威的树立，在很大程度上还有赖于刑事司法的公正性。同时，正义不仅要实现，还应当以人们看得见的方式实现。公安司法人员在办理案件过程中必须始终保持客观公正的态度，当出现可能影响案件正确处理的法定情形需要回避时，应当依法回避，以排除假公济私、以权谋私的嫌疑。在我国，绝大多数公安司法人员具有较高的政治思想觉悟，能够做到不徇私情，秉公执法，依法裁判。但是，由于具体刑事案件情况错综复杂，在适用刑事法律的过程中，法定裁量和酌情裁量往往并存。因此，如果办案人员存在回避事由而继续办案，难免会引起人们种种猜测和怀疑。特别是，部分办案人员不惜损毁司法名誉，违背法律职业道德，违反司法人员的行为规范和行为准则，肆意偏袒一方当事人，势必导致司法公信力严重下降。因此，只有严格实行回避制度，才能增强当事人以及社会公众对刑事司法的信任感，提高刑事诉讼程序的透明度，自觉接受诉讼参与人以及社会舆论对于办案人员的监督，进而树立刑事司法权威。

---

① [意]贝卡利亚：《论犯罪与刑罚》，黄风译，中国大百科全书出版社 1993 年版，第 70 页。

第二节 回避的种类、理由和适用人员

一、回避的种类

根据提出主体和实施方式的不同，我国刑事诉讼中的回避可以分为自行回避、申请回避和指令回避三种。

所谓自行回避，是指审判人员、检察人员、侦查人员以及其他有关人员在刑事诉讼过程中发现存在法定回避事由，自己不适宜继续履行司法、执法职务或者与办理案件有关的其他职务时，主动要求退出该案件诉讼活动。自行回避的显著特征是主动性，即相关人员自觉遵守职业道德规范和行为准则，主动避嫌，以维护刑事司法的公正性和权威性。

所谓申请回避，是指案件当事人及其法定代理人、辩护人、诉讼代理人如果认为审判人员、检察人员、侦查人员以及其他有关人员存在法定回避情形时，有权依法向有上述人员所在机关提出申请，要求他们不得介入案件诉讼活动。申请回避权是当事人及其法定代理人、辩护人、诉讼代理人的重要诉讼权利，也是司法民主性、文明性的重要体现，公安司法机关必须依法保障这一权利的有效行使。

所谓指令回避，是指审判人员、检察人员、侦查人员以及其他有关人员存在法定回避事由，但是没有自行回避，案件当事人及其法定代理人、辩护人、诉讼代理人也没有申请回避，在这种情形下，公安司法机关依照职权作出决定，命令相关人员退出该案件诉讼活动。可见，指令回避是自行回避和申请回避的必要补充。

二、回避的理由

回避的理由，是指法律规定的有关人员应当回避的原因和条件。根据《刑事诉讼法》第 29 条、第 30 条和相关司法解释的规定，回避的理由主要包括以下几种情形：

1. 是本案的当事人或者是当事人的近亲属的

任何人都不得在自己的案件中充任法官，这是程序正义的基本要求。如果承办案件的公安司法人员本身就是该案的当事人，如被害人、自诉人、犯罪嫌疑人、被告人，案件处理结果与其切身利益休戚相关，那么指望他们在办案过程中做到客观公正，这几乎是天方夜谭。根据《刑事诉讼法》第 108 条的规定，近亲属是指夫、妻、父、母、子、女、同胞兄弟姐妹。最高人民法院《关于审判人员严格执行回避制度的若干规定》则做了扩大解释，即近亲属包括与当事人有直系血亲、三代以内旁系血亲及姻亲关系。可见，近亲属彼此之间的血缘关系非常密切，可能导致办案人员有意无意地偏袒近亲属的诉讼利益，从而给案件处理工作造成极大的负面影响。而且，即便办案人员能够做到刚直不阿，恪守中立，乃至大义灭亲，但作为当事人的近亲属，也难免会受到对方当事人以及社会公众舆论对于其所应持公正、中立立场的严重质疑。此外，根据最高法院《解释》第 23 条第 4 项的规定，审判人员与案件当事人虽然没有近亲属关系，但如果与当事人委托的辩护人、诉讼代理人有近亲属关系的，很可能会影响对案件的公正处理，审判人员应当自行回避，当事人及其法定代理人、辩护人、诉讼代理人有权申请其回避。

2. 本人或者其近亲属和本案有利害关系的

趋利避害乃人之本性。如果办案人员或者其近亲属的利益与案件的处理结果具有相关性，那么办案人员将始终在家族的私人利益与司法的公平正义之间进行博弈，其结果很可能导致司法偏私、司法寻租等丑恶现象，办案人员本人或其近亲属将会谋取非法的、不正当的利益，从而损害了刑事司法工作的廉洁性和公正性。

3. 担任过本案的证人、鉴定人、辩护人、诉讼代理人、翻译人员的

证人、鉴定人、辩护人、诉讼代理人、翻译人员在刑事诉讼活动中具有特殊诉讼地位和相应诉讼权利，各自发挥着不同的作用。如果办案人员曾经担任过所承办案件的证人、鉴定人、辩护人、诉讼代理人或者翻译人员，则会对案件的基本情况形成初步的印象和看法，办案中容易先入为主，主观臆断，忽视对其他证据材料的收集、调查与采信，不能准确认定案件事实，进而影响到案件获得客观、公正的处理。

4. 与本案当事人有其他关系，可能影响公正处理案件的

这是对上述三种情形的补充性规定。由于社会生活纷繁复杂，法律无法穷尽办案人员与当事人之间可能存在的所有社会关系，包括同学关系、同事关系、恋爱关系、邻里关系等。只要与当事人之间的关系达到了可能影响公正处理案件的程度，就成为回避的理由，相关人员应当予以回避。

《刑事诉讼法》第 30 条规定的回避理由可以视为“与本案当事人有其他关系”的一种情形，即“审判人员、检察人员、侦查人员不得接受当事人及其委托的人的请客送礼，不得违反规定会见当事人及其委托的人”。否则，当事人及其法定代理人、辩护人、诉讼代理人有权要求他们回避。根据最高法院《解释》第 24 条的规定，审判人员违反规定，具有下列情形之一的，当事人及其法定代理人、辩护人、诉讼代理人有权申请其回避：违反规定会见本案当事人、辩护人、诉讼代理人的；为本案当事人推荐、介绍辩护人、诉讼代理人，或者为律师、其他人员介绍办理本案的；索取、接受本案当事人及其委托人的财物或者其他利益的；接受本案当事人及其委托人的宴请，或者参加由其支付费用的活动的；本案当事人及其委托人借用款物的；有其他不正当行为，可能影响公正审判的。

根据《刑事诉讼法》第 239 条、第 256 条的规定，原审法院对于二审发回重新审判的案件，以及人民法院按照审判监督程序重新审判的案件，原一审或者二审合议庭的全体成员应当回避，另行组成合议庭。根据最高法院《解释》第 25 条的规定，参与过本案侦查、审查起诉工作的侦查、检察人员，调至人民法院工作的，不得担任本案的审判人员。在一个审判程序中参与过本案审判工作的合议庭组成人员或者独任审判员，不得再参与本案其他程序的审判。但是，发回重新审判的案件，在第一审人民法院作出裁判后又进入第二审程序或者死刑复核程序的，原第二审程序或者死刑复核程序中的合议庭组成人员不受本款规定的限制。

三、回避的适用人员

回避的适用人员，是指回避制度的适用对象。根据《刑事诉讼法》第 29 条至第 32 条的规定，我国刑事诉讼回避制度的适用对象主要包括：

1. 审判人员，包括人民法院院长、副院长、审判委员会委员、庭长、副庭长、审判员、助理审判员和人民陪审员。

2. 检察人员，包括人民检察院检察长、副检察长、检察委员会委员、检察员和助理检察员。

3. 侦查人员，包括在各级各类侦查机关中从事侦查工作的侦查人员，以及对侦查工作进行组织指挥的负责人，即有权参与讨论和作出决定的检察长、副检察长、检察委员会委员和公安机关负责人。

4. 书记员，包括公安机关、人民检察院、人民法院的书记员。

5. 翻译人员，包括在侦查、起诉、审判各个阶段指派或聘请的翻译人员。

6. 鉴定人，包括在侦查、起诉、审判各个阶段指派或聘请的，就案件中某些专门问题进行鉴定并提供鉴定意见的人员。

此外，根据有关司法解释，司法警察、勘验人员、司法执行人员等也属于回避的适用对象，符合法定情形的，应当依法回避。

第三节　回避的程序

一、回避的期间

所谓回避期间，是指在刑事诉讼中能够依法启动回避程序的诉讼阶段范围。由于回避制度是诉讼民主制度的基本内容，申请回避权是当事人及其法定代理人、辩护人、诉讼代理人的重要诉讼权利，因此回避期间包括刑事诉讼的各个阶段，涵盖办理刑事案件的全过程。也就是说，无论在案件的侦查、审查起诉阶段，还是在审判阶段和部分刑罚（包括死刑立即执行、没收财产等）的执行阶段，均可以依法启动回避程序。

在刑事诉讼的各个阶段，公安机关、人民检察院和人民法院都负有告知当事人及其法定代理人、辩护人、诉讼代理人享有回避申请权的义务。例如，在各级人民法院开庭审理的时候，审判长应当宣布合议庭的组成人员、书记员、公诉人、辩护人、诉讼代理人、鉴定人和翻译人员的名单，并告知当事人有权对合议庭组成人员、书记员、公诉人、鉴定人和翻译人员申请回避。在一审、二审、再审和死刑复核程序中，审判人员都必须履行上述告知义务。在侦查阶段和起诉阶段，侦查人员和检察人员也必须依法履行告知义务，以保障申请回避的权利。

二、回避的申请、审查与决定

(一)回避的告知与申请

权利只有在被拥有权利者知晓的情况下才能行使,回避权的告知是回避权得以行使的逻辑起点,也是正当程序的基本要求之一。

我国《刑事诉讼法》第190条规定:“开庭的时候,审判长查明当事人是否到庭,宣布案由;宣布合议庭的组成人员、书记员、公诉人、辩护人、诉讼代理人、鉴定人和翻译人员的名单;告知当事人有权对合议庭组成人员、书记员、公诉人、鉴定人和翻译人员申请回避;告知被告人享有辩护权利。”此外,最高法院《解释》、最高检察院《规则》也根据这一条款就本部门告知当事人及其法定代理人的相关程序步骤做了具体规定。尽管在侦查阶段未有关于回避程序的明确规定,但根据立法精神和保障诉讼参与人合法权利的原则,侦查人员也应当就回避申请权享有者告知这一权利的存在。

提出申请是启动自行回避程序和申请回避程序的首要步骤。就自行回避而言,侦查人员、检察人员、审判人员等回避适用对象可以口头或者书面形式,主动向具有回避决定权的相关机构或者人员提出申请,并说明理由。就申请回避而言,当事人及其法定代理人、辩护人、诉讼代理人的回避要求,应当以书面或者口头形式,向公安机关、人民检察院、人民法院提出申请,并说明理由;依据《刑事诉讼法》第30条和最高法院《解释》第24条申请回避的,应当提供证明材料。

(二)回避的审查与决定

根据《刑事诉讼法》第31条的规定,审判人员、检察人员、侦查人员的回避,应当分别由院长、检察长、公安机关负责人决定;院长的回避,由本院审判委员会决定;检察长和公安机关负责人的回避,由同级人民检察院检察委员会决定。

1.人民法院对于回避的审查与决定

人民法院审判人员、书记员、翻译人员和鉴定人的回避,由人民法院院长决定;院长自行申请回避,或者当事人及其法定代理人申请院长回避的,由副院长主持审判委员会讨论决定,院长不得参加。应当回避的上述人员,本人没有自行回避,当事人及其法定代理人、辩护人、诉讼代理人也没有申请其回避的,院长或者审判委员会应当决定其回避。

2.人民检察院对于回避的审查与决定

当事人及其法定代理人、辩护人、诉讼代理人申请出庭的检察人员回避的,人民法院应当决定休庭,并通知人民检察院。检察长的回避,由副检察长主持检察委员会讨论决定,检察长不得参加;检察人员、书记员、司法警察以及人民检察院聘请或者指派的翻译人员、鉴定人的回避由本院检察长决定。当事人及其法定代理人、辩护人、诉讼代理人要求公安机关负责人回避,应当向公安机关同级的人民检察院提出,由检察长提交检察委员会讨论决定。应当回避的人员,本人没有自行回避,当事人及其法定代理人、辩护人、诉讼代理人也没有申请其回避的,检察长或者检察委员会应当决定其回避。

3.公安机关对于回避的审查与决定

公安机关侦查人员以及记录人、翻译人员和鉴定人需要回避的,由县级以上公安机关负责人决定;县级以上公安机关负责人的回避,由同级人民检察院检察委员会决定。当事人及其法定代理人、辩护人、诉讼代理人对侦查人员提出回避申请的,公安机关应当在收到回避申请后二日以内作出决定并通知申请人;情况复杂的,经县级以上公安机关负责人批准,可以在收到回避申请后五日以内作出决定。公安机关负责人、侦查人员具有法定回避情形,本人没有自行回避,当事人及其法定代理人、辩护人、诉讼代理人也没有申请其回避的,应当由同级人民检察院检察委员会或者县级以上公安机关负责人决定其回避。

回避决定一经作出,即发生法律效力,应当回避的人员须立即退出诉讼活动。考虑到侦查工作的特殊性和时效性,对侦查人员的回避作出决定前,侦查人员不能停止对案件的侦查。

对于回避决定作出以前所取得的证据和进行的诉讼行为的效力问题,最高检察院《规则》第 36 条和公安部《规定》第 39 条作出了具体规定:被决定回避的检察长在回避决定作出以前所取得的证据和进行的诉讼行为是否有效,由检察委员会根据案件具体情况决定。被决定回避的其他检察人员在回避决定作出以前所取得的证据和进行的诉讼行为是否有效,由检察长根据案件具体情况决定。被决定回避的公安机关负责人在回避决定作出以前所进行的诉讼行为是否有效,由作出决定的人民检察院检察委员会根据案件具体情况决定;被决定回避的侦查人员、鉴定人、记录人和翻译人员,在回避决定作出以前所进行的诉讼活动是否有效,由作出决定的机关根据案件情况决定。根据《刑事诉讼法》第 238 条第 2 项的规定,违反回避制度是二审法院作出撤销原判、发回重审裁定的法定依据。由于回避制度是确保审判公正的重要前提,因此,对于审判人员在依法回避前所进行的诉讼行为和形成的诉讼结果,应当确立排除原则,以保障司法的中立和公正。

三、对驳回回避申请的复议

法谚有云:"无救济则无权利。"为了有效保障当事人及其法定代理人、辩护人、诉讼代理人的回避申请权,《刑事诉讼法》赋予其对驳回决定申请复议的权利。同时为了避免回避复议申请权的随意行使,提高诉讼效率,维护刑事诉讼活动的正常秩序,《刑事诉讼法》第 31 条第 3 款规定了行使次数,即对驳回申请回避的决定,当事人及其法定代理人、辩护人、诉讼代理人可以申请复议一次。对于复议后所作出的决定,有关机关应当及时通知复议申请人。

1.在人民法院审判阶段,对当事人及其法定代理人、辩护人、诉讼代理人提出的回避申请,人民法院可以口头或者书面作出决定,并将决定告知申请人。申请回避被驳回的,可以在接到决定时申请复议一次。不属于《刑事诉讼法》第 29 条、第 30 条规定情形的回避申请,由法庭当庭驳回,并不得申请复议。

2. 在人民检察院审查起诉阶段和直接受理案件的侦查阶段，作出驳回申请回避的决定后，应当告知当事人及其法定代理人、辩护人、诉讼代理人：如不服该决定，有权在收到驳回申请回避决定书后五日内向原决定机关申请复议一次。申请复议的，决定机关应当在三日内作出复议决定并书面通知申请人。

3. 在公安机关侦查阶段，作出驳回申请回避的决定后，应当告知当事人及其法定代理人、辩护人、诉讼代理人：如不服本决定，可以在收到驳回申请回避决定书后五日内向原决定机关申请复议一次。申请复议的，决定机关应当在三日以内作出复议决定并书面通知申请人。

一、思考题

1. 实行回避制度的意义是什么？
2. 回避的理由有哪些？
3. 回避适用于哪些人员？
4. 回避的决定权由哪些人行使？

二、选择题

1. 于某和张某共同实施了盗窃行为，张某因情节轻微被人民检察院作出不起诉决定。在开庭审判时于某发现张某被法院通知出庭作证，而张审判长是张某的姐姐，本案还存在有附带民事诉讼。那么关于本案中的回避问题，下列说法中错误的是？（　　）（多选）

   A. 张某作为证人不属于回避制度适用的范围，故张某不应回避

   B. 张某作为共同犯罪人之一，如不出庭作证，案件就无法查明，故张某不应回避

   C. 张审判长的弟弟与整个案件有利害关系，故其应当回避

   D. 张审判长是本刑事诉讼中当事人张某的近亲属，故其应当回避

2. 在刘某杀人一案中，办理该案的侦查员小李是被害人的表哥，而另一位侦查员小王后因工作调动，进入检察院，成为该案的审查起诉人员。本案合议庭组成人员如下：审判长甲，为刘某辩护人的表哥；审判员乙，曾担任过本案的勘验人；审判员丙，是刘某的岳父。本案一审判处刘某无期徒刑。刘某不服，提起上诉，二审法院以事实不清为由，撤销一审判决，发回原审法院重审。原审法院院长考虑到原合议庭对该案案情熟悉，决定仍由其担任本案的重审工作。本案中的下列哪些做法，违反了法律的规定？（　　）（多选）

   A. 审判长甲参加合议庭

   B. 审判员乙参加合议庭

   C. 审判员丙参加合议庭

D. 原审法院院长考虑到原合议庭对该案案情熟悉，决定仍由其担任本案的重审工作

3. 在刘某杀人一案中，办理该案的侦查员小李是被害人的表哥，而另一位侦查员小王后因工作调动，进入检察院，成为该案的审查起诉人员。本案合议庭组成人员如下：审判长甲，为刘某辩护人的表哥；审判员乙，曾担任过本案的勘验人；审判员丙，是刘某的岳父。本案一审判处刘某无期徒刑，刘某不服，提起上诉，二审法院以事实不清为由，撤销一审判决，发回原审法院重审。原审法院院长考虑到原合议庭对该案案情熟悉，决定仍由其担任本案的重审工作。关于侦查员小李的回避，下列说法正确的有（　　）。

A. 小李是本案当事人的近亲属，故其应当回避

B. 小李不是被害人的同胞哥哥，故其回避理由不成立

C. 决定小李是否回避的主体为该公安机关负责人

D. 决定小李是否回避的主体为同级检察院的检察委员会

4. 关于回避的复议程序，下列说法正确的是？（　　）

A. 案件被告人提出审理该案的审判员王某是被害人从前的朋友，申请回避，被当庭驳回，被告人不能申请复议

B. 案件被告人提出审理该案的审判员王某是被害人从前的朋友，申请回避，被当庭驳回，被告人可以申请复议

C. 案件未成年被告人提出审理该案的审判员和被害人李某有近亲属关系，被驳回，该被告人不能在恢复庭审前申请复议一次

D. 案件未成年被告人提出审理该案的审判员和被害人李某有近亲属关系，被驳回，该被告人的法定代理人不能在恢复庭审前申请复议一次

5. 在某刑事公诉案件中，如果审判长与案件有利害关系，那么，下列哪些人员有权申请审判长回避？（　　）（多选）

A. 被害人的诉讼代理人有权申请审判长回避

B. 被害人的近亲属有权申请审判长回避

C. 被害人有权申请审判长回避

D. 被害人的法定代理人有权申请审判长回避

6. 新疆维吾尔自治区某多民族杂居的地区（当地通用语言为汉语）发生了一起故意伤害案件，其中被告人杨光（汉族），男，17 岁；被害人买买提（维吾尔族），男，19 岁。崔义是杨光的辩护律师，刘兴是买买提的诉讼代理人。在侦查过程中，由于买买提不会讲汉语，公安机关只好为他聘请了一名翻译人员。后经检察院审查起诉至人民法院。关于公安机关为买买提聘请翻译人员的行为，下列说法正确的有（　　）。

A. 买买提只是本案的被害人，公安机关没有义务为他聘请翻译人员

B. 如果该翻译人员同时又是本案的证人，则可以兼任证人与翻译人员

C. 如该翻译同本案有利害关系，则其应当回避

D. 如果在法庭上买买提申请该翻译人员回避，则对此有权作出决定的是本案的审判长

7. 在某一抢劫案件的诉讼过程中，犯罪嫌疑人冯某、被害人齐某先后提出回避请求。对于下列哪一请求，有关机关应不予支持？（　　）

A. 负责侦查此案的公安人员是齐某的表弟
B. 负责此案审查起诉的检察人员是齐某的前夫
C. 审理阶段负责此案记录的人员曾经在冯某故意伤害一案中当过证人
D. 负责审理此案的审判员是冯某的邻居

8. 某甲是某公安局的刑侦人员，根据刑诉法规定，下列哪些情形，某甲应当回避？（　　）（多选）

A. 本案犯罪嫌疑人是某甲的亲侄子
B. 某甲目击了本案案发经过
C. 某甲与本案被害人是情侣关系
D. 某甲收过本案犯罪嫌疑人父亲送的两条烟

三、案例分析

某县人民检察院依法对于某和张某共同实施的盗窃行为提起公诉，张某因情节轻微被人民检察院作出不起诉决定，同时本案还附有附带民事诉讼。在开庭审判时于某发现张某被法院通知出庭作证，而审判长正是张某的姐姐，于是于某先是口头提出要求张某回避，不得作证。随后又以张某姐姐与张某存在近亲属关系为由要求其回避，退出审判。针对前一申请，审判长以回避申请方式理由错误当庭驳回，对后一申请，以不符合法律规定为由同样予以驳回。

问题：

1. 被告人于某第一次申请回避的方式和理由是否正确？为什么？
2. 审判长能否当庭驳回被告人于某提出的后一个回避申请和复议申请？为什么？

（扫描二维码获取参考答案）

补充阅读

《从王成忠案谈我国的刑事审判回避制度》

（扫描二维码阅读）

第九章

辩护与代理

导读

通过本章的学习，掌握辩护、辩护人、自行辩护、委托辩护、指派辩护、拒绝辩护、法律援助、值班律师、刑事代理的概念，正确理解辩护人的范围、辩护的种类、辩护人的责任、诉讼地位及权利和义务，熟悉并能运用刑事诉讼法及相关法律、司法解释对辩护与代理的规定，学会制作辩护词、代理词。

第一节　辩护的概念和意义

一、辩护的概念

所谓辩护，是指在刑事诉讼中，犯罪嫌疑人、被告人及其辩护人针对控诉方的指控，根据事实和法律，提出证明犯罪嫌疑人、被告人无罪、罪轻或者减轻、免除其刑事责任的材料和意见，以维护犯罪嫌疑人、被告人合法权益的诉讼活动。简言之，辩护就是犯罪嫌疑人、被告人行使辩护权的活动。而辩护权是宪法和法律赋予犯罪嫌疑人、被告人针对指控进行辩解和反驳，以维护自己合法权益的基本诉讼权利。可以说，辩护权是辩护的内在动因，而辩护则是辩护权的外在表现形式，即辩护权是通过各种具体的辩护活动实现的。

辩护是刑事诉讼的专有概念，可以从以下几方面进行理解：

1.辩护是犯罪嫌疑人、被告人的基本诉讼权利

在刑事诉讼中，法律赋予犯罪嫌疑人、被告人广泛的诉讼权利，包括：有权使用本民族的语言文字进行诉讼；有权及时获知被指控的内容和原因；有权申请审判人员、检察人员、侦查人员回避；有权拒绝回答侦查人员提出的与本案无关的问题；有权在开庭十日以前获得起诉书副本；有权自行辩护和委托辩护人为自己辩护；对地方各级人民法院第审的判决、裁定不服的，有权向上一级人民法院提出上诉；对于公安司法机关采取强制措施超过法定期限的，有权要求解除；对于审判人员、检察人员和侦查人员侵犯其诉讼权利和人身侮辱的行为，有权提出控告；等等。其中，辩护权是犯罪嫌疑人、被告人所拥有的一项基本的诉讼权利，是犯罪嫌疑人、被告人其他诉讼权利的核心。可以说，犯罪嫌疑人、被告人其他诉讼权利都是围绕辩护权展开的，是辩护权的延伸或者是为辩护权的行使服务的。离开辩护权这一核心权利，其他诉讼权利的行使就会失去意义和保障。

2.辩护是刑事诉讼的基本职能

辩护与控诉、审判均是现代刑事诉讼的基本职能，三者之间相互作用、相互影响，共同形成刑事诉讼的基本结构。其中，控诉职能由公诉人、被害人、自诉人行使，即控诉方依据事实和法律，向法院提出控告，要求法院对刑事被告人进行审判并予以刑事制裁。而辩护职能由被告人及其辩护人行使，即辩护方通过提出有利于被告人的材料和意见，努力说服法院采纳己方的主张和辩解，作出被告人无罪、罪轻或者减轻、免除刑罚的裁判。审判职能则由人民法院行使，即人民法院在开庭审理查明事实、核实证据和听取控辩双方意见的基础上，正确适用法律规定，对被告人是否有罪、所犯何罪、应否处以刑罚以及处以何种刑罚作出裁判。由此可见，辩护是与控诉相对应的一项基本诉讼职能，离开了辩护，控辩平等对抗、审判中立的现代刑事诉讼理念就无从体现，科学的刑事诉讼结构亦无法形成。

3.辩护是贯穿于刑事诉讼全过程的基本诉讼活动

根据刑事诉讼法的规定，在刑事案件的侦查、审查起诉或审判阶段，犯罪嫌疑人、被告人均可以为自己进行辩护；在公诉案件的审查起诉阶段和审判阶段，犯罪嫌疑人、被告人还可以委托律师或其他辩护人为自己辩护，而自诉案件的被告人则有权随时委托辩护人为自己辩护；在审判阶段，对于被告人没有委托辩护人的，人民法院根据情况可以或者应当指派承担法律援助义务的律师为其提供辩护。由此可见，辩护是贯穿于刑事诉讼全过程的基本诉讼活动，成为刑事诉讼顺利进行的必要条件。任何剥夺、限制犯罪嫌疑人、被告人自行辩护权、委托辩护权或者获得指派辩护权的做法，都将妨碍刑事诉讼活动的顺利进行，严重影响诉讼公正的实现。

二、辩护制度的意义

所谓辩护制度，是指有关辩护权、辩护种类、辩护方式、辩护人的范围、辩护人的责任、辩护人的权利与义务以及辩护程序等方面规范的总称。在当今世界，大多数国家都建立了比较完善的辩护制度。在我国，宪法、刑事诉讼法、律师法等法律法规以及司法解释和部门规章等对辩护的有关问题作了比较具体明确的规定，从而逐步建立起具有中国特色的辩护制度。

辩护制度是司法民主、公正的标志和象征，体现了法治理念和法治精神，成为现代各国法律制度的重要组成部分，对于实现刑事司法价值和功能具有十分重要的意义。

1.有利于构建现代刑事诉讼结构，彰显控辩平衡理念

刑事诉讼结构，又称刑事诉讼模式，是指国家专门机关在当事人和其他诉讼参与人的参加下进行刑事诉讼的基本方式，以及上述机关和人员在诉讼中所形成的基本法律关系。刑事诉讼结构集中体现为控诉、辩护、审判三方在刑事诉讼中的地位及其相互关系。控辩双方诉讼地位平等是实现审判公正的重要内在因素。侦查权、公诉权和审判权都是以国家强制力为后盾的公权力，以拥有国家司法资源为保障，在刑事诉讼中占有绝对优势。同时，代表国家意志的权力天生具有扩张性和侵犯性，而作为辩护方却往往缺少相应的对抗能力和有效的救济手段。为了弥补和纠正控辩双方力量的先天性失衡，法律应当进一步强化辩护方的诉讼手段和诉讼权利，积极实现控辩双方“平等武装”[①]。特别是在审判中，辩护方应当获得与控诉方同等的对待，法官对于控辩双方向法庭提出的证据和争辩，必须给予同等程度的关注，在作出裁判前应当充分考虑控辩双方的意见，不能因为控辩双方身份上的差别而影响到证据采信、事实判断、刑罚裁量的客观公正性。如果能够有效保障犯罪嫌疑人、被告人的辩护权利，就能够对司法权力产生制衡作用，进而建立符合控辩平衡原理的刑事诉讼结构。

---

① 在1972年举行的第十二届国际刑法学大会上，欧洲人权委员会首次以“平等武装”为题对在刑事诉讼中控辩双方诉讼地位的平衡问题进行了探讨。

2.有利于维护被追诉人合法权益,体现司法公正价值

司法公正是司法制度赖以存在的基础,是司法永恒的主题,反映了司法活动所固有的维护公平、主持正义的价值准则。我国刑事诉讼法要求审判人员、检察人员、侦查人员必须依照法定程序,收集能够证实犯罪嫌疑人、被告人有罪或者无罪、犯罪情节轻重的各种证据,严禁刑讯逼供和以威胁、引诱、欺骗及其他非法的方法收集证据。但是,在刑事诉讼实践中,少数办案人员基于狭隘的刑事目的观,忽视程序公正,不惜采取各种非法手段妨碍、限制甚至剥夺被追诉方的辩护权利,并对犯罪嫌疑人、被告人的人格权造成严重伤害。同时,由于犯罪嫌疑人、被告人处于受追诉的地位,人身自由通常受到一定程度的限制,并且普遍缺乏法律知识,难以有效行使辩护权利。因此,只有建立完善的辩护制度及救济机制,通过辩护人特别是辩护律师的有效帮助,才能保障被追诉人充分行使辩护权。在庭审中,辩护律师运用丰富的法律知识,根据事实和法律与控诉方围绕争论点激烈辩论。显然,"如果控辩双方都发出全力以赴一击,事实才最可能在庭审中真相大白"[①]。这样,法官就可以兼听则明,查明案件真实情况,正确应用法律,防止和减少冤假错案的发生,使案件处理达到实体公正的效果,从而有效维护被追诉人的合法权益。

3.有利于培育社会公众维权意识,弘扬民主法治精神

辩护制度的实施过程,既是犯罪嫌疑人、被告人维护自身合法权益的过程,也是对社会公众进行维权意识教育和民主法治观念宣传的过程。法治的核心理念之一就是以公民权利制约国家权力,以使国家权力的行使始终符合人民群众的意志和根本利益,避免公民权利受到国家权力的肆意践踏,防止国家权力发生异化。从基本性质来看,作为私权利的辩护权利在刑事诉讼中发挥着制约侦查权、公诉权和审判权等公权力的重要作用。辩护制度的完善与否,直接影响着一个国家民主化程度和法治化进程。宪法至上原则是法治国家的奠基石,而辩护权是宪法赋予公民的基本权利。因此,有效保障犯罪嫌疑人、被告人的辩护权利,在刑事司法活动中真正体现惩罚犯罪与保障人权并重的原则,有助于在全社会形成普遍遵从宪法的氛围。而"民众的法治意识对于一国法治的形成具有关乎成败的影响。民众法治意识能否形成,对于法治能否建立具有根本性的决定作用"[②]。通过对刑事案件的依法处理,社会公众可以深切感受到现实生活中的法治理念和法治精神,增强自身的维权意识和维权能力,进而促进法治国家的建设和民主精神的张扬。

---

① [美]大卫·P.格林伯格:《美国辩护律师的审前角色:权利和义务》,载陈卫东:《"3R"视角下的律师法制建设》,中国检察出版社2004年版,第153页。

② 卓泽渊:《法治国家论》,中国方正出版社2001年版,第96页。

第二节 辩护的种类

根据不同的分类标准，可以对辩护进行不同的划分。根据辩护主体的不同，辨护可以分为被追诉人的自行辩护和他人接受委托或者指派的代为辩护；根据辩护人的确定方式不同，辨护可以分为委托辩护和指派辩护；根据辩护阶段的不同，辨护可以分为侦查阶段的辩护、审查起诉阶段的辩护和审判阶段的辩护；根据辩护人性质的不同，辨护可以分为律师辩护和非律师辩护；根据辩护内容的不同，辨护可以分为实体性辩护和程序性辩护；等等。根据《刑事诉讼法》第33条、第35条的规定，我国刑事诉讼中的辩护种类包括自行辩护、委托辩护和指派辩护三种。

一、自行辩护

自行辩护，是指犯罪嫌疑人、被告人本人针对刑事指控所进行的反驳、申辩和解释等有利于己方的行为。犯罪嫌疑人、被告人的自行辩护权不受诉讼阶段的限制。根据《刑事诉讼法》第33条的规定，犯罪嫌疑人、被告人在刑事诉讼过程中可以自己行使辩护权，自行辩护权的行使贯穿于刑事诉讼的全过程，这是犯罪嫌疑人、被告人最基本的辩护形式。犯罪嫌疑人自被侦查机关第一次讯问或者采取强制措施之日前，只能进行自行辩护。一般来说，被追诉人最了解案情，洗脱或减轻罪责的愿望最强烈，法律赋予其自行辩护权，就是尊重他们表达意见的权利，允许并希望他们能够向公安司法机关充分说明有关案件情况，协助查清案件事实，防止出现冤案、错案。

二、委托辩护

委托辩护，是指犯罪嫌疑人、被告人及其法定代理人依法委托律师或其他公民担任辩护人，协助其在刑事诉讼中进行辩护。委托辩护有利于弥补犯罪嫌疑人、被告人辩护能力方面的不足，是对自行辩护的重要补充。特别是辩护律师，通常具有比较全面的法律知识和刑事辩护能力，能够在认定事实和适用法律方面与国家专门机关进行有效的抗辩，进而最大限度地维护犯罪嫌疑人、被告人的合法权益。根据《刑事诉讼法》第34条的规定，犯罪嫌疑人、被告人委托辩护人的时间，也即辩护人介入诉讼的时间，可分为以下两种情形：

1. 犯罪嫌疑人自被侦查机关第一次讯问或者采取强制措施之日起，有权委托辩护人。在侦查期间，犯罪嫌疑人只能委托律师作为辩护人。侦查机关在第一次讯问犯罪嫌疑人或者对犯罪嫌疑人采取强制措施的时候，应当告知犯罪嫌疑人有权委托辩护人。人民检察院自收到移送审查起诉的案件材料之日起三日以内，应当告知犯罪嫌疑人有权委托辩护人。公安机关、人民检察院同时还应当告知犯罪嫌疑人，如果因经济困难或者其他原因没有委托辩护律师的，可以向法律援助机构申请法律援助。

2.被告人有权随时委托辩护人。人民法院自受理案件之日起三日内,应当告知其有权委托辩护人。犯罪嫌疑人、被告人在押的,也可以由其监护人、近亲属代为委托辩护律师。在押的犯罪嫌疑人、被告人向看守所提出委托辩护律师要求的,看守所应当及时将其请求转达给办案部门,办案部门应当及时向犯罪嫌疑人、被告人委托的辩护律师或者律师事务所转达该项请求。在押的犯罪嫌疑人、被告人仅提出委托辩护律师的要求,但提不出具体对象的,办案部门应当及时通知犯罪嫌疑人、被告人的监护人、近亲属代为委托辩护律师。犯罪嫌疑人、被告人无监护人或者近亲属的,办案部门应当及时通知当地律师协会或者司法行政机关为其推荐辩护律师。

三、指派辩护

指派辩护,是指对于没有委托辩护人的犯罪嫌疑人、被告人,存在法定的情形,而由人民法院、人民检察院和公安机关通知法律援助机构指派律师为其提供辩护。根据《刑事诉讼法》第35条和第278条的规定,指派辩护分为强制指派辩护和任意指派辩护两种。其中,强制指派辩护是指对于没有委托辩护人且具有下列情形之一的被告人,人民法院、人民检察院和公安机关应当通知法律援助机构指派律师为其提供辩护:盲、聋、哑人或者是尚未完全丧失辨认或者控制自己行为能力的精神病人;审判时不满十八周岁的未成年人;可能被判处无期徒刑、死刑的人。任意指派辩护是指被告人没有委托辩护人而具有下列情形之一的,人民法院、人民检察院和公安机关可以通知法律援助机构指派律师为其提供辩护:经济困难的;共同犯罪案件中,其他被告人已经委托辩护人的;有重大社会影响的案件;人民检察院抗诉的案件;被告人的行为可能不构成犯罪;有必要指派律师提供辩护的其他情形。

根据最高法院《解释》第45条的规定,被告人拒绝法律援助机构指派的律师为其辩护,坚持自己行使辩护权的,人民法院应当准许。属于应当提供法律援助的情形,被告人拒绝指派的律师为其辩护的,人民法院应当查明原因。理由正当的,应当准许,但被告人须另行委托辩护人;被告人未另行委托辩护人的,人民法院应当在三日内书面通知法律援助机构另行指派律师为其提供辩护。

第三节　辩护人

一、辩护人的概念和范围

辩护人是指在刑事诉讼中接受犯罪嫌疑人、被告人的委托或者受法律援助机构的指派,协助犯罪嫌疑人、被告人行使辩护权,依法维护犯罪嫌疑人、被告人合法权益的诉讼参与人。司法实践中,犯罪嫌疑人、被告人可以委托哪些人担任他们的辩护人,构成了辩护人的范围。针对这个问题,我国《刑事诉讼法》《律师法》以及有关司法解释均做了明确的规定。

(一)准入性规定:可以担任辩护人的范围

1.律师。律师是依法取得律师执业证书,接受委托或者指派,为当事人提供法律服务的执业人员。《律师法》第28条第3项规定:“律师接受刑事案件犯罪嫌疑人、被告人的委托或者依法接受法律援助机构的指派,担任辩护人,接受自诉案件自诉人、公诉案件被害人或者其近亲属的委托,担任代理人,参加诉讼。”根据我国《律师法》的规定,只有通过国家统一法律职业资格考试,并在律师事务所实习满一年,且拥护中华人民共和国宪法,品行良好,方可取得律师执业证书。律师是法律职业共同体的重要组成部分,在建设社会主义法治国家进程中发挥着积极作用。辩护律师通常具有法律专业素养和刑事辩护经验,在刑事诉讼中具有独立的诉讼地位,享有比其他辩护人更多的诉讼权利。他们依据事实和法律,积极维护犯罪嫌疑人、被告人的合法权益。因此,律师应当成为刑事辩护的主力军。

2.人民团体或者犯罪嫌疑人、被告人所在单位推荐的人。所谓人民团体,主要是指工会、妇联、学联、共青团等在民政部门登记注册的合法的群众性团体。被追诉人可以向上述团体寻求法律帮助。这些团体可以根据实际情况决定是否推荐合适人选帮助犯罪嫌疑人、被告人进行辩护。如果被追诉人有工作单位的,还可以请求该单位指派具有法律知识的人协助其行使辩护权。

3.犯罪嫌疑人、被告人的监护人、亲友。其中,亲友是指犯罪嫌疑人、被告人的亲戚朋友;监护人是指对未成年人、无行为能力或限制行为能力的精神病人承担保护其合法权益责任的人或单位。根据我国《民法典》第27条、第28条的规定,未成年人的监护人依次为:父母;祖父母、外祖父母;兄、姐;其他愿意担任监护人的个人或者组织,但是须经未成年人住所地的居民委员会、村民委员会或者民政部门同意。无民事行为能力或者限制民事行为能力的成年人的监护人依次为:配偶;父母、子女;其他近亲属;其他愿意担任监护人的个人或者组织,但是须经被监护人住所地的居民委员会、村民委员会或者民政部门同意。此外,没有依法具有监护资格的人的,监护人由民政部门担任,也可以由具备履行监护职责条件的被监护人住所地的居民委员会、村民委员会担任。

(二)禁止性规定:不得担任辩护人的范围

我国《刑事诉讼法》第33条第2款和第3款规定,正在被执行刑罚或者依法被剥夺、限制人身自由的人,不得担任辩护人。被开除公职和被吊销律师、公证员执业证书的人,不得担任辩护人,但系犯罪嫌疑人、被告人的监护人、近亲属的除外。之所以规定被开除公职和被吊销律师、公证员执业证书的人不得担任辩护人,一方面是因为上述人员本身涉及违法违纪行为或严重的刑事犯罪行为,若允许其担任辩护人,会引发公众对司法公正的疑问,而对例外情况的规定,则是基于人道主义视角的考量。①

根据最高法院《解释》第35条第2款的规定,下列人员不得担任辩护人:(1)正在被

① 陈卫东:《2018刑事诉讼法修改条文理解与适用》,中国法制出版社2019年版,第31—32页。

执行刑罚或者处于缓刑、假释考验期间的人；(2)依法被剥夺、限制人身自由的人；(3)无行为能力或者限制行为能力的人；(4)人民法院、人民检察院、公安机关、国家安全机关、监狱的现职人员；(5)人民陪审员；(6)与本案审理结果有利害关系的人；(7)外国人或者无国籍人。上述第(4)项至第(7)项规定的人员，如果是被告人的近亲属或监护人，由被告人委托担任辩护人的，可以准许。根据最高法院《解释》第 36 条的规定，审判人员和人民法院其他工作人员从人民法院离任后二年内，不得以律师身份担任辩护人。审判人员和人民法院其他工作人员从人民法院离任后，不得担任原任职法院所审理案件的辩护人，但作为被告人的监护人、近亲属进行辩护的除外。审判人员和人民法院其他工作人员的配偶、子女或者父母不得担任其任职法院所审理案件的辩护人，但作为被告人的监护人、近亲属进行辩护的除外。

此外，一名被告人委托辩护人不得超过两人；一名辩护人不得为两名以上的同案被告人，或者未同案处理但犯罪事实存在关联的被告人辩护。在司法实践中，本案的证人、鉴定人和翻译人员不能同时担任本案的辩护人，因为其诉讼地位和诉讼权利、诉讼义务与辩护人存在冲突和矛盾。

二、辩护人的责任

《刑事诉讼法》第 37 条从实体意义上对于辩护人的责任作出规定，即根据事实和法律，提出证明犯罪嫌疑人、被告人无罪、罪轻或者减轻、免除其刑事责任的材料和意见，维护犯罪嫌疑人、被告人的诉讼权利和其他合法权益。根据法律法规、司法解释以及刑事辩护实践，辩护人的责任主要包括以下内容：

1.应当积极行使诉讼权利，维护犯罪嫌疑人、被告人的合法权益

控辩双方是刑事诉讼中彼此对抗、冲突的两极，辩护人必须运用所有智慧，在事实认定和法律适用方面与控诉方展开激烈辩论，力求审判组织采信己方的证据和观点。一方面，辩护人应当进行实体辩护，即根据事实和法律，提出证明犯罪嫌疑人、被告人无罪、罪轻或者减轻、免除其刑事责任的材料和意见，反驳控诉方的不正确指控，协助司法机关全面查清案情，正确适用法律，依法公正处理案件；另一方面，辩护人还应当进行程序辩护，即在发现犯罪嫌疑人、被告人的诉讼权利受到不法侵犯或非法剥夺时，依法向有关司法机关提出意见和建议，或者直接向有关部门提出控告，以维护刑事司法的程序正义。

2.应当主动提供法律帮助，注意进行法制教育，努力增强被追诉人的法制意识和抗辩能力

犯罪嫌疑人、被告人通常缺乏基本的法律知识，对于自己所享有的诉讼权利和实体权利并不清楚，当受到非法侵犯时也不知道应当如何进行抗辩和申诉。因此，辩护人应当及时主动地向犯罪嫌疑人、被告人提供法律帮助，为他们代写法律文书、解释有关法律条文、明示各项基本诉讼权利、提出有关诉讼建议等。这可以在很大程度上弥补被追诉人辩护能力不足的缺陷，帮助他们有效行使自己的诉讼权利。同时，被追诉人在接受辩护人法律帮助的过程中，也能够受到比较深刻、全面的法制教育，这将有利于增强其对公

正裁判的认同感，使其能够自觉接受相应的法律后果。

3.应当严格遵守宪法和法律，恪守律师职业道德和执业纪律

在辩护人群体中，辩护律师占绝大多数。聘请律师担任辩护人是刑事辩护的重要特征。辩护律师不仅需要具备深厚的法律专业知识、丰富的法律工作经验、高超的法律辩论能力、较强的法律文字功底等法律专业素质，而且还必须自觉培养崇高的政治理想、坚定的法治信仰、高尚的道德情操、正直的人格品质、诚信的执业态度及不畏权势、坚持真理、护法维权的敬业精神等职业道德素质。为保障律师在辩护活动中真正做到维护犯罪嫌疑人、被告人的合法权益，维护法律正确实施，维护社会公平和正义，《律师法》第3条规定，律师执业必须遵守宪法和法律，恪守律师职业道德和执业纪律。此外，中华全国律师协会专门制定了《律师办理刑事案件规范》，对律师在刑事辩护执业活动中应当遵守的规范与准则做了明确规定。

三、辩护人的诉讼地位

根据《刑事诉讼法》第108条第4项的规定，辩护人属于诉讼参与人，是犯罪嫌疑人、被告人合法利益的专门维护者，具有独立的诉讼地位，享有一系列诉讼权利。辩护人的诉讼地位具有三大特征，即维权性、独立性和冲突性。

（一）辩护人诉讼地位的首要特征：维权性

辩护人参与刑事诉讼的根本目的就是维护犯罪嫌疑人、辩护人的合法权益。因此，其职能和服务对象是明确的，也是单一的。辩护人不应当承担控诉职能，不能成为“第二控诉人”。虽然侦查机关、公诉机关和审判机关都有义务依法维护被追诉者的法定权益，但是其主要职能是通过行使侦查权、控诉权和审判权，惩罚犯罪和保障人权，维护社会秩序，保障社会主义现代化建设的顺利进行。而辩护人是被追诉人合法权益的专门维护者，辩护人的各项诉讼权利均是为此目的而设置的。辩护人的诉讼地位，是同公诉人的控诉地位相对应而存在的。没有控诉也就没有辩护。因此，辩护律师和控诉方的诉讼地位是平等的，都是依据事实和法律履行职务，诉讼活动的最终目的都是保证客观公正地查明案件事实，保证国家法律的正确实施，使案件获得公正处理。需要指出的是，辩护人在刑事诉讼中所维护的应当是犯罪嫌疑人、被告人的合法权益，而不能为他们谋取非法利益，更不得置事实与法律于不顾，教唆犯罪嫌疑人、被告人翻供，引诱证人做伪证或者进行其他妨碍司法的行为。

（二）辩护人诉讼地位的基本特征：独立性

辩护人既不从属于犯罪嫌疑人、被告人，也不从属于公安机关、人民检察院、人民法院，而是具有独立诉讼地位的诉讼参与人。首先，律师担任辩护人或为犯罪嫌疑人提供法律帮助，依法独立进行诉讼活动，不受委托人或指派机关的意志限制。辩护人一旦接受犯罪嫌疑人、被告人的委托或经人民法院的指派后，就取得了独立的诉讼地位。在诉

讼过程中，辩护人依据自己对案件事实和适用法律的认识，独立开展辩护活动。其次，辩护人的诉讼活动不受侦查机关和公诉机关的非法干涉。庭审中，公诉人代表国家行使公诉职能，主要目的是追诉犯罪，保证被告人受到应有的刑事处罚；辩护人则予以辩护和反驳，目的是维护犯罪嫌疑人、被告人的合法权益，防止犯罪嫌疑人、被告人受到不公正的对待。控辩双方地位平等、彼此独立，围绕事实认定和法律适用展开辩论。再次，辩护人依法独立行使辩护权，人民法院应当予以保障。只有审判人员依法保障辩护人行使诉讼权利，履行辩护职责，认真听取辩护人的意见，秉承客观中立的立场，切实采纳辩护人的正确观点，控辩平衡才可能得以实现。

（三）辩护人诉讼地位的职业特征：冲突性

所谓冲突性，是指辩护人履行辩护职责时与普通社会伦理之间在一定程度上所存在的不和、抵触乃至对立的状态。对于辩护律师来说，职业冲突性尤为明显。一方面，《律师法》第 38 条规定："律师应当保守在执业活动中知悉的国家秘密和当事人的商业秘密，不得泄露当事人的隐私。"另一方面，《刑事诉讼法》第 62 条规定："凡是知道案件情况的人，都有作证的义务。"这就意味着任何人（包括辩护律师）通过任何途径所获知的与诉讼案件有关情况时，都有义务和责任向公安司法机关如实作证。于是律师的作证义务与保密义务之间产生了重大冲突。我们认为，律师在对自身利益、委托人利益和社会公益、国家利益等各方利益的取舍过程中，应当遵循以维护律师职业的独立性和公信力为前提，以必要性为例外的原则，其目的是实现权利（力）制衡和法治效益最大化，以避免为了追求个案公正而动摇辩护制度乃至整个刑事司法制度的根基。《律师法》第 38 条就较好地体现了必要性原则，即律师应当保守在执业活动中知悉的国家秘密、商业秘密，不得泄露当事人的隐私。律师对在执业活动中知悉的委托人和其他人不愿泄露的有关情况及信息，应当予以保密，但是，委托人或者其他人准备或者正在实施危害国家安全、公共安全以及严重危害他人人身安全的犯罪事实和信息除外。

四、辩护人的权利和义务

（一）辩护人的诉讼权利

1. 辩护职务保障权

辩护人有权依照事实和法律独立的原则进行各种辩护活动，国家机关、社会团体、个人不得非法干预和限制，其法庭上的辩论活动受法律保护。根据《律师法》第 36 条、第 37 条的规定，律师担任辩护人的，其辩论或者辩护的权利依法受到保障。律师在执业活动中的人身权利不受侵犯；律师在法庭上发表的代理、辩护意见不受法律追究，但是，发表危害国家安全、恶意诽谤他人、严重扰乱法庭秩序的言论除外；律师在参与诉讼活动中涉嫌犯罪的，侦查机关应当及时通知其所在的律师事务所或者所属的律师协会；被依法拘留、逮捕的，侦查机关应当依照刑事诉讼法的规定通知该律师的家属。根据《刑事诉讼法》第 14 条和第 49 条的规定，辩护人认为公安机关、人民检察院、人民法院及其工作人员阻碍其依法行使诉讼权利的，有权向同级或者上一级人民检察院申诉或者控告；对于审判人员、检察人员和侦查人员侵犯自己诉讼权利和进行人身侮辱的行为，有权提出控告。

2. 会见、通信权

根据《刑事诉讼法》第 39 条的规定，辩护律师可以同在押的犯罪嫌疑人、被告人会见和通信。其他辩护人经人民法院、人民检察院许可，也可以同在押的犯罪嫌疑人、被告人会见和通信。辩护律师持律师执业证书、律师事务所证明和委托书或者法律援助公函要求会见在押的犯罪嫌疑人、被告人的，看守所应当及时安排会见，至迟不得超过四十八小时。危害国家安全犯罪、恐怖活动犯罪案件，在侦查期间辩护律师会见在押的犯罪嫌疑人，应当经侦查机关许可。上述案件，侦查机关应当事先通知看守所。辩护律师会见在押的犯罪嫌疑人、被告人，可以了解案件有关情况，提供法律咨询等；自案件移送审查起诉之日起，可以向犯罪嫌疑人、被告人核实有关证据。辩护律师会见犯罪嫌疑人、被告人时不被监听。

3. 阅卷权

根据《刑事诉讼法》第 40 条的规定，辩护律师自人民检察院对案件审查起诉之日起，可以查阅、摘抄、复制本案的案卷材料。其他辩护人经人民法院、人民检察院许可，也可以查阅、摘抄、复制上述材料。案卷材料包括案件的诉讼文书和证据材料。合议庭、审判委员会的讨论记录以及其他依法不公开的材料不得查阅、摘抄和复制。

4. 申请变更、解除强制措施权

根据《刑事诉讼法》第 95 条、第 97 条的规定，辩护人有权申请变更强制措施，人民法院、人民检察院和公安机关收到申请后，应当在三日内作出决定；不同意变更强制措施的，应当告知申请人，并说明不同意的理由。对于公安机关、人民检察院、人民法院采取强制措施法定期限届满的，辩护人有权要求解除强制措施。

5. 调查取证权

根据《刑事诉讼法》第 43 条的规定，辩护律师经证人或者其他有关单位和个人同意，可以向他们收集与本案有关的材料，也可以申请人民检察院、人民法院收集、调取证据，或者申请人民法院通知证人出庭作证。辩护律师经人民检察院或者人民法院许可，并且经被害人或者其近亲属、被害人提供的证人同意，可以向他们收集与本案有关的材料。

根据《刑事诉讼法》第 41 条的规定，辩护人认为在侦查、审查起诉期间公安机关、人民检察院收集的证明犯罪嫌疑人、被告人无罪或者罪轻的证据材料未提交的，有权申请人民检察院、人民法院调取。

6. 发表意见权

在侦查期间，辩护律师可以向侦查机关了解犯罪嫌疑人涉嫌的罪名和与案件有关的情况，根据《刑事诉讼法》的相关规定，辩护人在刑事诉讼过程中均有提出或发表意见的权利，具体包括：(1)在侦查期间，辩护律师可以向侦查机关了解犯罪嫌疑人涉嫌的罪名和案件有关情况，提出意见。(2)人民检察院审查批准逮捕，可以听取辩护律师的意见；辩护律师提出要求的，应当听取辩护律师的意见。人民检察院审查批准逮捕和人民法院决定逮捕，应当听取辩护律师的意见。(3)在案件侦查终结前，辩护律师提出要求的，侦查机关应当听取辩护律师的意见，并记录在案。辩护律师提出书面意见的，应当附卷。(4)在审查起诉阶段，人民检察院审查案件，应当听取辩护人的意见，并制作笔录附卷。辩护人提出书面意见的，应当附卷。(5)在开庭以前，审判人员可以对回避、出庭证人名单、非法证据排除等与审判相关的问题，了解情况，听取辩护人的意见。(6)在法庭审理中，辩护人可以对证据和案件情况发表意见。(7)最高人民法院复核死刑案件，辩护律师提出要求的，应当听取辩护律师的意见。

7.获得开庭通知权

人民法院确定开庭日期后，辩护人有权在开庭三日以前获得人民法院的出庭通知书。

8.参加法庭调查和法庭辩论的权利

在法庭调查阶段，辩护人有权向法庭出示物证、书证和其他证据文书；在公诉人讯问被告人之后，经审判长许可，可以向被告人发问；可以对证人、鉴定人发问，但发问的内容应当与本案有关；可以申请法庭通知有专门知识的人出庭，就鉴定人作出的鉴定意见提出意见；有权申请通知新的证人到庭、调取新的物证，申请重新鉴定和勘验。在法庭辩论阶段，辩护人可以对证据和案件情况发表意见，并且可以和控方展开辩论。

9.代理上诉权

经被告人同意，辩护人可以代理被告人对地方各级人民法院的第一审判决、裁定提起上诉。

10.拒绝辩护权

律师接受委托后，无正当理由的，不得拒绝辩护或者代理。但是，委托事项违法、委托人利用律师提供的服务从事违法活动或者委托人故意隐瞒与案件有关的重要事实的，律师有权拒绝辩护或者代理。

(二)辩护人的诉讼义务

1.忠于职守义务

辩护人必须遵守法律、法规，恪守律师职业道德和执业纪律；必须以事实为根据、以法律为准绳；必须忠于职守，认真负责，依法维护犯罪嫌疑人、被告人的合法权益。

辩护律师接受委托后，无正当理由的，不得拒绝辩护或者代理。受法律援助机构指派，进行法律援助的律师应当按照国家规定履行法律援助义务，为受援人提供符合标准的法律服务，维护受援人的合法权益。

2.告知义务

辩护人接受犯罪嫌疑人、被告人委托后，应当及时告知办理案件的机关。

辩护人收集的有关犯罪嫌疑人不在犯罪现场、未达到刑事责任年龄、属于依法不负刑事责任的精神病人的证据，应当及时告知公安机关、人民检察院。

3.保守秘密义务

辩护律师应当保守在执业活动中知悉的国家秘密、商业秘密,不得泄露当事人的隐私;辩护律师对在执业活动中知悉的委托人的有关情况和信息,应当予以保密。但是,辩护律师在执业活动中知悉委托人或者其他人,准备或者正在实施危害国家安全、公共安全及严重危害他人人身安全的犯罪的,应当及时告知司法机关。

4.依法辩护义务

辩护人不得帮助犯罪嫌疑人、被告人隐匿、毁灭、伪造证据或者串供,不得威胁、引诱证人做伪证以及进行其他干扰司法机关诉讼活动的行为。

辩护律师在执业活动中不得有下列行为:私自接受委托、收取费用,接受委托人的财物或者其他利益;利用提供法律服务的便利牟取当事人争议的权益;接受对方当事人的财物或者其他利益,与对方当事人或者第三人恶意串通,侵害委托人的权益;违反规定会见法官、检察官以及其他有关工作人员;向法官、检察官以及其他有关工作人员行贿,介绍贿赂或者指使、诱导当事人行贿,或者以其他不正当方式影响法官、检察官以及其他有关工作人员依法办理案件;故意提供虚假证据或者威胁、利诱他人提供虚假证据,妨碍对方当事人合法取得证据;煽动、教唆当事人采取扰乱公共秩序、危害公共安全等非法手段解决争议;扰乱法庭秩序,干扰诉讼活动的正常进行。

5.遵守诉讼纪律义务

辩护人有义务遵守诉讼纪律,如遵守法庭规则和法庭秩序,按时到庭参加庭审,在法庭上服从审判长的指挥,会见在押犯罪嫌疑人、被告人时遵守监管场所的规定等。

第四节　刑事诉讼代理

一、刑事代理的概念和意义

刑事代理,是指代理人接受公诉案件的被害人及其法定代理人或者近亲属、自诉案件的自诉人及其法定代理人、附带民事诉讼的当事人及其法定代理人的委托,在代理权限范围内以被代理人的名义依法参加诉讼,其代理行为的法律后果由被代理人承担的诉讼活动。其中,被代理人具体包括公诉案件的被害人、自诉案件的自诉人以及附带民事诉讼的当事人。

在刑事诉讼中实行代理制度,具有十分重要的意义。

1.有利于维护被代理人的合法权益。被代理人通常对于法律规定不甚了解,并且刑事被害人或自诉人的身心往往遭受犯罪行为的严重侵害,难以在刑事诉讼中有效维护自身权益。同时,侦查机关和公诉机关是以国家的名义追诉犯罪,其宗旨是维护国家利益和恢复社会秩序,被害人利益无法获得国家机关的全面保障。因此,他们需要具有专门法律知识的代理人(通常是律师)参加诉讼,维护自身合法权益。

2.有利于公安司法机关及时、公正地处理案件。代理人，特别是代理律师，根据事实和法律，从被代理人的立场提出处理案件的有关意见和建议，可以使办案人员兼听则明，更好地查明案件的真实情况，准确适用法律，确保案件获得公正处理。

3.有利于进行法制宣传教育，保障刑事诉讼顺利进行。一方面，通过刑事诉讼代理活动，被代理人将会懂得不少法律知识，从而增强法制意识；另一方面，通过代理人客观分析案情和解释有关法律问题，可以促使被代理人积极配合公安司法机关的诉讼活动，自觉履行公安司法机关的正确决定和裁判，从而有利于刑事诉讼活动的顺利进行。

二、刑事代理的种类

根据《刑事诉讼法》第46条的规定，刑事代理可以分为公诉案件中的代理、自诉案件中的代理、刑事附带民事诉讼中的代理三种。

公诉案件中的代理，是指接受公诉案件的被害人及其法定代理人或者近亲属的委托，担任诉讼代理人的诉讼活动。公诉案件的被害人及其法定代理人或者近亲属，附带民事诉讼的当事人及其法定代理人，自案件移送审查起诉之日起，有权委托诉讼代理人。

自诉案件中的代理，是指在刑事自诉案件中，接受自诉人及其法定代理人的委托，担任诉讼代理人的诉讼活动。

刑事附带民事诉讼中的代理，是指接受自诉案件或者公诉案件中附带民事诉讼当事人及其法定代理人的委托，担任诉讼代理人的诉讼活动。自诉案件的自诉人及其法定代理人，附带民事诉讼的当事人及其法定代理人，有权随时委托诉讼代理人。

根据《刑事诉讼法》第46条的规定，人民检察院自收到移送审查起诉的案件材料之日起三日内，应当告知被害人及其法定代理人或者其近亲属、附带民事诉讼的当事人及其法定代理人有权委托诉讼代理人。人民法院自受理自诉案件之日起三日内，应当告知自诉人及其法定代理人、附带民事诉讼的当事人及其法定代理人有权委托诉讼代理人。

被代理人应当与诉讼代理人签订委托代理合同，载明代理事项、代理权限、代理期间等重大事项。如果属于特别授权，应当在代理权限中注明。

三、诉讼代理人的范围

刑事诉讼代理人，是指在刑事诉讼中，接受被代理人的委托，代为参加诉讼的人。律师、人民团体或者被代理人所在单位推荐的人以及被代理人的亲友均可以接受委托，成为刑事诉讼代理人。但是，正在被执行刑罚或者依法被剥夺、限制人身自由的人，不得接受委托成为诉讼代理人。被开除公职和被吊销律师、公证员执业证书的人不得担任诉讼代理人，但系犯罪嫌疑人、被告人的监护人、近亲属的除外。

至于被代理人的监护人是否可以成为诉讼代理人，值得商榷。我们认为，根据《刑事诉讼法》第47条的规定，诉讼代理人范围是“参照”该法第33条关于辩护人范围的规定执行，而非根据该规定执行。因此，在确定诉讼代理人的范围时，应当将法定代理人与诉讼代理人进行区分。《刑事诉讼法》第108条第3项规定:"'法定代理人'是指被代理人的父母、养父母、监护人和负有保护责任的机关、团体的代表。"因此,监护人属于法定代理人。同时,该条第4项规定:"'诉讼参与人'是指当事人、法定代理人、诉讼代理人、辩护人、证人、鉴定人和翻译人员。"可见,法定代理人与诉讼代理人共同属于诉讼参与人,诉讼地位彼此独立。也就是说,法定代理人不能同时具有诉讼代理人的身份,否则就可能导致诉讼地位发生紊乱。因此,如果监护人在刑事诉讼中履行法定代理人职责,就不宜再接受监护对象的委托,成为诉讼代理人。

四、诉讼代理人的责任

根据最高法院《解释》第56条的规定,诉讼代理人的责任是:根据事实和法律,维护被害人、自诉人或者附带民事诉讼当事人的诉讼权利和其他合法权益。这是由诉讼代理人所接受委托的性质和目的所决定的。无论是公诉案件的被害人、自诉案件的自诉人,还是刑事附带民事诉讼的当事人,都是出于维护自身利益的目的,聘请具有法律专业知识的人作为自己的诉讼代理人,期待他们在刑事诉讼活动中能够认真履行职责,使自身权益获得全面、有效的保障。因此,作为诉讼代理人,其基本职责无疑是维护被代理人的合法权益,这应当成为其参加诉讼活动的根本目的。

具体来说,在公诉案件中,诉讼代理人应当协助追诉机关执行控诉职能。在自诉案件中,诉讼代理人应当协助自诉人执行控诉职能,积极调查取证,根据事实和法律证实被告人行为符合犯罪构成要件,要求人民法院依法追究被告人的刑事责任。如果被告人对自诉人提出反诉,要求追究自诉人刑事责任的,诉讼代理人则要为自诉人行使辩护职能,对反诉进行辩驳,为自诉人进行辩护。在刑事附带民事诉讼中,诉讼代理人应当围绕如何解决因被告人的犯罪行为给被害人造成物质损失的赔偿问题进行诉讼活动,努力使被害人获得应有的赔偿。在各类刑事案件的审理过程中,诉讼代理人应当按照委托权限范围履行相应职责。如果只是一般授权,诉讼代理人可以行使基本的诉讼权利,进行一般的诉讼代理行为,如提供证据、申请回避、出庭辩论等;如果是特别授权,诉讼代理人可以代为承认、放弃、变更诉讼请求,进行和解,提起反诉等。

五、诉讼代理人的权利和义务

(一)诉讼代理人的诉讼权利

诉讼代理人开展诉讼活动的依据有两个:一是法律规定;二是委托权限。因此,诉讼代理人的诉讼权利可以相应地分为法定诉讼权利和基于委托人授权的诉讼权利。

1.法定诉讼权利

法定诉讼权利,是指诉讼代理人根据《刑事诉讼法》《律师法》及相关司法解释的规定,在刑事诉讼中履行代理职责所享有的诉讼权利。诉讼代理人的法定诉讼权利主要包括:(1)经人民检察院、人民法院许可,可以查阅、摘抄、复制本案的案卷材料;(2)申请人民检察院、人民法院收集、调取与本案有关的证据材料,人民检察院、人民法院收集、调取证据材料时,诉讼代理人可以在场;(3)认为人民检察院、人民法院及其工作人员具有阻碍其依法行使诉讼权利的行为的,可以向同级或者上一级人民检察院申诉或者控告。

2.基于委托人授权的诉讼权利

实际上,基于授权的诉讼权利与被代理人在刑事诉讼中所享有的诉讼权利是基本一致的。也就是说,公诉案件的被害人、自诉案件的自诉人以及附带民事诉讼的当事人通过合同约定的形式,将自己依法享有的诉讼权利中的若干权利授予诉讼代理人行使。这样,被代理人授予的部分诉讼权利也就相应地转化为诉讼代理人的诉讼权利,但是诉讼代理行为的法律后果仍然由被代理人承担。例如,在特别授权情形下,诉讼代理人有权以被害人的名义向人民法院提起自诉;有权对一审判决提起上诉;有权代理刑事附带民事诉讼原告申请诉讼保全或先行给付,请求调解或与被告人自行和解,在判决宣告以前撤诉;有权代理刑事附带民事诉讼被告提起反诉或者上诉;有权代理当事人对已发生法律效力的判决、裁定,向人民法院或人民检察院提起申诉等。

(二)诉讼代理人的诉讼义务

诉讼代理人享有一定诉讼权利的同时,也应当承担相应的诉讼义务,主要包括:(1)诉讼代理人只能在当事人授权范围内代理进行诉讼活动,其超越代理权限所实施的诉讼行为属于无效诉讼行为,由其自行承担相应的法律后果,但得到被代理人事后追认的除外;(2)诉讼代理人参加诉讼时,必须向人民法院或者人民检察院提交由被代理人签名或者盖章的授权委托书,代理律师还应当提交律师事务所证明律师身份的信函;(3)代理律师接受委托后,无正当理由的,不得拒绝代理,但委托事项违法,委托人利用律师提供的服务从事违法活动或者委托人故意隐瞒与案件有关的重要事实的,律师有权拒绝代理;(4)诉讼代理人应当遵守法庭规则,遵守开庭时间,维护法官权威;(5)诉讼代理人应当积极调查取证,参加法庭辩论,向法庭提出有利于维护被代理人合法权益的证据材料和主张;(6)诉讼代理人不得毁灭、伪造证据,不得帮助当事人毁灭、伪造证据,也不得威胁、引诱证人违背事实改变证言或者作伪证;(7)诉讼代理人应当保守国家秘密、当事人的商业秘密和委托人的隐私。

第五节　刑事法律援助

一、刑事法律援助概述

(一)刑事法律援助的概念

法律援助,是指在国家设立的法律援助机构的指导和协调下,律师、公证员、基层法律工作者等法律服务人员为经济困难或特殊案件的当事人给予减免收费提供法律帮助的一项法律制度。我国首部法律援助行政法规——《法律援助条例》于2003年9月1日开始施行。该条例的出台为促进和规范刑事法律援助工作提供了重要依据，标志着我国刑事法律援助工作逐步实现制度化、系统化、规范化和效能化。

刑事法律援助制度，是指在刑事诉讼活动中，对于因经济困难而没有委托辩护人、诉讼代理人的当事人或者部分特殊案件的当事人，由法律援助机构指派律师为其提供辩护或代理的法律保障制度。根据援助对象的不同，刑事法律援助可以分为刑事法律援助辩护和刑事法律援助代理。其中，刑事法律援助辩护，是指法律援助机构接受人民法院指派或者受援人（犯罪嫌疑人、被告人）及其法定代理人、近亲属的申请，指派法律援助律师担任受援人的辩护人，参加刑事诉讼活动，维护受援人合法权益的行为。[①] 刑事法律援助代理，是指法律援助机构对符合法律援助条件的受援人，指派法律援助人员担任其诉讼代理人，根据受援人出具的授权委托书确定的授权范围，参加刑事诉讼活动，维护受援人合法权益的行为。[②]

（二）刑事法律援助的意义

1.有利于贯彻法律面前人人平等原则

公民在法律面前人人平等是一项重要的宪法原则，应当努力实现形式平等和实质平等的有机统一。由于社会不断发展，竞争日趋激烈，公民个体之间在社会地位、个人财富等方面的差距存在着扩大趋势，社会弱势群体逐渐形成。虽然他们享有形式上的平等权，但是在实际生活中因为受到条件制约，却基本丧失了获得实质平等权的能力。如果国家不采取有效措施对社会弱势群体进行司法救济，放任这种情形日益恶化，那么，所谓“法律面前人人平等”的宪法原则就将成为一句空话，公民平等权也将会永远成为停留在纸上的权利。这无疑是对宪法原则的极大嘲讽，也势必成为影响社会稳定和发展的重要因素。因此，国家建立和完善刑事法律援助制度，对于需要获得刑事法律帮助的社会弱势群体及时伸出援助之手，指派承担法律援助义务的律师给予全面、周到的法律服务，可以确保法律规定的形式平等变成现实生活中的实质平等，从而在司法体制上完善诉讼民主机制，在刑事诉讼中切实保障公民平等地受法律保护的权利。

2.有利于实现司法公正和社会正义

刑事法律援助制度，特别是对符合法定条件的被告人给予法律援助，是保障刑事司法人权的重要制度，是国家政治文明和法治化程度的重要标志，有利于促进司法公正，维护社会正义。在社会制度的架构中，法律与社会正义的关系最为密切，因为“正义所关注的却是法律规范和制度性安排的内容，它们对人类的影响以及它们在增进幸福与文明建设方面的价值”[③]。而从法律体系来看，正义与司法制度的结合最为直接，因为司法制度具体落实、实现法律的正义。刑事司法公正的前提条件是有效保障犯罪嫌疑人、被告人

① 谭世贵：《律师法学》，法律出版社2005年版，第98页。

② 谭世贵：《律师法学》，法律出版社2005年版，第96页。

③ [美]E.博登海默：《法理学：法律哲学与法律方法》，邓正来译，中国政法大学出版社1999年版，第252页。

的诉讼权利以及其他合法权益，实现控辩双方平等武装、平等对抗。如果犯罪嫌疑人、被告人由于经济困难等原因，无力聘请辩护律师帮助自己进行抗辩，则控辩双方的力量将会更加失衡，司法公正也将无法保障。此外，公诉机关在追诉犯罪、维护国家利益和社会秩序的时候，也常常忽视被害人的合法利益，被害人往往因此遭受“第二次伤害”。对于符合法定条件的被害人，国家也应当给予相应的法律援助。因此，刑事法律援助制度有助于保障在刑事诉讼中处于弱势地位的诉讼群体的平等诉讼权利，为司法公正和社会正义的实现创造条件。

二、刑事法律援助的范围

刑事法律援助的范围，是指刑事法律援助的适用对象，即具有法定资格、可以或者应当获得刑事法律援助的刑事诉讼当事人以及其他有关人员。《刑事诉讼法》及其司法解释对于刑事诉讼中指派辩护的适用情形作了明确规定。为加强和规范刑事法律援助工作，最高人民法院、最高人民检察院、公安部、司法部于 2013 年 2 月对《关于刑事诉讼法律援助工作的规定》作出了修改并予以发布。

犯罪嫌疑人、被告人因经济困难没有委托辩护人的，本人及其近亲属可以向办理案件的公安机关、人民检察院、人民法院所在地同级司法行政机关所属法律援助机构申请法律援助。具有下列情形之一，犯罪嫌疑人、被告人没有委托辩护人的，可以申请法律援助：(1)有证据证明犯罪嫌疑人、被告人属于一级或者二级智力残疾的；(2)共同犯罪案件中，其他犯罪嫌疑人、被告人已委托辩护人的；(3)人民检察院抗诉的；(4)案件具有重大社会影响的。

公诉案件中的被害人及其法定代理人或者近亲属，自诉案件中的自诉人及其法定代理人，因经济困难没有委托诉讼代理人的，可以向办理案件的人民检察院、人民法院所在地同级司法行政机关所属法律援助机构申请法律援助。

人民法院自受理强制医疗申请或者发现被告人符合强制医疗条件之日起三日内，对于被申请人或者被告人没有委托诉讼代理人的，应当向法律援助机构送交通知代理公函，通知其指派律师担任被申请人或被告人的诉讼代理人，为其提供法律帮助。

由此可见，我国刑事法律援助的适用范围比较广泛。就实施阶段而言，包括侦查、审查起诉和审判的各个诉讼阶段；就援助对象而言，包括犯罪嫌疑人、被告人、被害人及其法定代理人或者近亲属、自诉人及其法定代理人；就援助形式而言，包括刑事辩护和刑事诉讼代理，以及提供法律咨询和法律帮助；就援助内容而言，包括程序性内容和实体性内容。

三、刑事法律援助的机构

《法律援助条例》对法律援助的机构作出了统一规定，由国务院司法行政部门监督管理全国的法律援助工作，县级以上地方各级人民政府司法行政部门监督管理本行政区域的法律援助工作,中华全国律师协会和地方律师协会应当按照律师协会章程对法律援助工作予以协助。直辖市、设区的市或者县级人民政府司法行政部门根据需要确定本行政区域的法律援助机构。法律援助机构负责受理、审查法律援助申请,指派或者安排人员提供法律援助。

四、刑事法律援助的程序

(一)告知

公安机关、人民检察院在第一次讯问犯罪嫌疑人或者采取强制措施的时候,应当告知犯罪嫌疑人有权委托辩护人,并告知其如果符合刑事法律援助规定的,本人及其近亲属可以向法律援助机构申请法律援助。

人民检察院自收到移送审查起诉的案件材料之日起三日内,应当告知犯罪嫌疑人有权委托辩护人,并告知其如果符合刑事法律援助规定的,本人及其近亲属可以向法律援助机构申请法律援助;应当告知被害人及其法定代理人或者近亲属有权委托诉讼代理人,并告知其如果经济困难,可以向法律援助机构申请法律援助。

人民法院自受理案件之日起三日内,应当告知被告人有权委托辩护人,并告知其如果符合刑事法律援助规定的,本人及其近亲属可以向法律援助机构申请法律援助;应当告知自诉人及其法定代理人有权委托诉讼代理人,并告知其如果经济困难,可以向法律援助机构申请法律援助。人民法院决定再审的案件,应当自决定再审之日起三日内履行相关告知职责。

告知可以采取口头或者书面形式,告知的内容应当易于被告知人理解。口头告知的,应当制作笔录,由被告知人签名;书面告知的,应当将送达回执入卷。对于被告知人当场表达申请法律援助意愿的,应当记录在案。

(二)援助申请

在刑事诉讼中,犯罪嫌疑人、被告人及其近亲属,公诉案件中的被害人及其法定代理人或者近亲属,自诉案件中的自诉人及其法定代理人,因经济困难没有委托辩护人、诉讼代理人的,可以向办理案件的公安机关、人民检察院、人民法院所在地同级司法行政机关所属法律援助机构申请法律援助

被羁押的犯罪嫌疑人、被告人提出法律援助申请的,公安机关、人民检察院、人民法院应当在收到申请二十四小时内将其申请转交或者告知法律援助机构,并于三日内通知申请人的法定代理人、近亲属或者其委托的其他人员协助向法律援助机构提供有关证件、证明等相关材料。犯罪嫌疑人、被告人的法定代理人或者近亲属无法通知的,应当在转交申请时一并告知法律援助机构。

公民申请刑事辩护、刑事诉讼代理的法律援助应当提交下列证件、证明材料:(1)身份证或者其他有效的身份证明,代理申请人还应当提交有代理权的证明;(2)经济困难的

证明;(3)与所申请法律援助事项有关的案件材料。

申请应当采用书面形式,填写申请表;以书面形式提出申请确有困难的,可以口头申请,由法律援助机构工作人员或者代为转交申请的有关机构工作人员做书面记录。

(三)审查决定

法律援助机构收到法律援助申请后,应当进行审查。如果认为申请人提交的证件、证明材料不齐全的,可以要求申请人作出必要的补充或者说明,申请人未按要求作出补充或者说明的,视为撤销申请。如果认为申请人提交的证件、证明材料需要查证的,由法律援助机构向有关机关、单位查证。法律援助机构收到申请后应当及时进行审查并于七日内作出决定。对符合法律援助条件的,应当决定给予法律援助,并制作给予法律援助决定书;对不符合法律援助条件的,应当决定不予法律援助,制作不予法律援助决定书。给予法律援助决定书和不予法律援助决定书应当及时发送申请人,并函告公安机关、人民检察院、人民法院。法律援助机构应当自作出给予法律援助决定或者自收到通知辩护公函、通知代理公函之日起三日内,确定承办律师并函告公安机关、人民检察院、人民法院。法律援助机构出具的法律援助公函应当载明承办律师的姓名、所属单位及联系方式。

承办律师接受法律援助机构指派后,应当按照有关规定及时办理委托手续。承办律师应当在首次会见犯罪嫌疑人、被告人时,询问是否同意为其辩护,并制作笔录。犯罪嫌疑人、被告人不同意的,律师应当书面告知公安机关、人民检察院、人民法院和法律援助机构。

对于依申请提供法律援助的案件,犯罪嫌疑人、被告人坚持自己辩护,拒绝法律援助机构指派的律师为其辩护的,法律援助机构应当准许,并作出终止法律援助的决定;对于有正当理由要求更换律师的,法律援助机构应当另行指派律师为其提供辩护。对于应当通知辩护的案件,犯罪嫌疑人、被告人拒绝法律援助机构指派的律师为其辩护的,公安机关、人民检察院、人民法院应当查明拒绝的原因,有正当理由的,应当准许,同时告知犯罪嫌疑人、被告人需另行委托辩护人。犯罪嫌疑人、被告人未另行委托辩护人的,公安机关、人民检察院、人民法院应当及时通知法律援助机构另行指派律师为其提供辩护。

具有下列情形之一的,法律援助机构应当作出终止法律援助决定,制作终止法律援助决定书发送受援人,并自作出决定之日起三日内函告公安机关、人民检察院、人民法院:(1)受援人的经济收入状况发生变化,不再符合法律援助条件的;(2)案件终止办理或者已被撤销的;(3)受援人自行委托辩护人或者代理人的;(4)受援人要求终止法律援助的,但应当通知辩护的情形除外;(5)法律、法规规定应当终止的其他情形。

申请人对法律援助机构不予援助的决定有异议的,可以向主管该法律援助机构的司法行政机关提出。司法行政机关应当在收到异议之日起五个工作日内进行审查,经审查认为申请人符合法律援助条件的,应当以书面形式责令法律援助机构及时对该申请人提供法律援助,同时通知申请人;认为申请人不符合法律援助条件的,应当维持法律援助机构不予援助的决定,并书面告知申请人。受援人对法律援助机构终止法律援助的决定有异议的,按照前述规定办理。

五、值班律师制度

随着认罪认罚从宽制度和刑事速裁程序的改革，辩护律师的重要性日益突显，但囿于现实情况，我国辩护律师的数量难以满足实践需求。在此背景下，值班律师制度的设立，可以促进速裁程序和认罪认罚从宽制度的运作，实现程序正义和分流。《关于在部分地区开展刑事案件速裁程序试点工作的办法》首次提出了要“建立法律援助值班律师制度，法律援助机构在人民法院、看守所派驻法律援助值班律师”；《关于在部分地区开展刑事案件认罪认罚从宽制度试点工作的办法》进一步明确了值班律师的职责是为犯罪嫌疑人、被告人“提供法律咨询、程序选择等法律帮助”。

2018年《刑事诉讼法》第36条正式规定了值班律师制度。法律援助机构可以在人民法院、看守所等场所派驻值班律师。犯罪嫌疑人、被告人没有委托辩护人，法律援助机构没有指派律师为其提供辩护的，由值班律师为犯罪嫌疑人、被告人提供法律咨询、程序选择建议、申请变更强制措施、对案件处理提出意见等法律帮助。人民法院、人民检察院、看守所应当告知犯罪嫌疑人、被告人有权约见值班律师，并为犯罪嫌疑人、被告人约见值班律师提供便利。而后，《关于适用认罪认罚从宽制度的指导意见》进一步对认罪认罚从宽案件中值班律师的职责、法律帮助的衔接等问题予以细化。从内涵来看，值班律师制度是指律师根据法律援助机构的安排在人民法院、看守所轮流值班，不以申请人的财产状况和案件类型为选择标准，免费为没有辩护人的犯罪嫌疑人、被告人提供法律帮助的一项法律制度。①

根据《关于适用认罪认罚从宽制度的指导意见》的规定，法律援助值班律师的具体职责包括：(1)提供法律咨询，包括告知涉嫌或指控的罪名、相关法律规定，认罪认罚的性质和法律后果等；(2)提出程序适用的建议；(3)帮助申请变更强制措施；(4)对人民检察院认定罪名、量刑建议提出意见；(5)就案件处理，向人民法院、人民检察院、公安机关提出意见；(6)引导、帮助犯罪嫌疑人、被告人及其近亲属申请法律援助；(7)法律法规规定的其他事项。

从定位来看，学界对于值班律师的地位存在争议。一种观点认为，应当赋予值班律师准辩护人的地位，具体而言，宜区分不同的诉讼阶段分别赋予值班律师不同的身份。在侦查阶段，应当赋予值班律师“法律帮助者”的身份；在审查起诉和审判阶段，可以考虑赋予值班律师“准辩护人”的身份，允许其调查取证和查阅卷宗，并在此基础上充分发挥其诉讼监督和量刑协商等程序功能。② 一种观点则认为，值班律师与辩护律师在会见权、调查权、阅卷权等方面有着明显区别，并且值班律师不能出庭辩护，这将导致值班律师在刑事诉讼中所能发挥的作用难以与辩护律师相提并论。从制度定位来看，值班律师相当于急诊科医生，而辩护律师相当于日常科医生，两者有着明显的区别。③ 本书的观点认

① 陈卫东：《2018刑事诉讼法修改条文理解与适用》，中国法制出版社2019年版，第38页。

② 姚莉：《认罪认罚程序中值班律师的角色与功能》，《法商研究》2017年第6期，第49页。

③ 熊秋红：《审判中心视野下的律师有效辩护》，《当代法学》2017年第6期，第18页。

为，值班律师的定位应为“法律帮助者”而非辩护人，两者的履职方式和诉讼地位存在差异，值班律师临时性的法律帮助有别于辩护律师全过程诉讼服务的提供。

思考与训练

一、思考题

1. 我国辩护的种类有哪些？
2. 我国辩护人的范围是什么？
3. 我国辩护人的诉讼权利和义务有哪些？
4. 我国刑事法律援助的适用范围有哪些？

二、选择题

1. 孙某涉嫌参加恐怖组织罪被逮捕，随后委托律师郑某担任辩护人。关于郑某履行辩护职责，下列哪一选项是正确的？（　　）

   A. 郑某到看守所会见孙某时，可带 1—2 名律师助理协助会见

   B. 看守所可对孙某与郑某的往来信件进行必要的检查，但不得截留、复制

   C. 法庭审理中郑某作无罪辩护的，也可当庭对孙某从轻量刑的问题发表辩护意见

   D. 郑某申请法院收集、调取证据而法院不同意的，法院应书面说明不同意的理由

2. 在下列哪种情形下，人民法院应当为被告人指派辩护人？（　　）

   A. 在一起团伙抢劫案件中，被告人李某、王某委托了辩护人，而张某没有委托辩护人

   B. 孙某涉嫌故意杀人，审理时未满 18 周岁，没有委托辩护人

   C. 万某涉嫌收受巨额贿赂，被人民检察院提起公诉，人民法院认为可能对被告人判处死刑缓期二年执行

   D. 外国人克里涉嫌诈骗，被人民检察院提起公诉时没有委托辩护人

3. 在某县人民法院审理胡某诈骗案时，胡某的辩护律师认为，侦查机关在侦查过程中收集的证明被告人罪轻的证据材料需要在法庭上出示。在此情况下，律师可以进行哪些诉讼活动？（　　）

   A. 申请人民法院向人民检察院调取该证据材料，并可以到人民法院查阅、摘抄、复制该证据材料

   B. 申请人民法院向人民检察院调取该证据材料，但不得到人民法院查阅、摘抄、复制该证据材料

   C. 申请人民检察院调取该证据材料

   D. 申请公安机关提供该证据材料

4. 根据《刑事诉讼法》的规定，下列何人有权委托诉讼代理人？（　　）

   A. 涉嫌强奸罪被告人的父亲　　B. 抢劫案被害人的胞妹

   C. 伤害案中附带民事被告人的胞弟　　D. 虐待案自诉人的胞妹

三、案例分析[①]

上海市人民检察院第二分院指控，2007年10月5日晚，被告人杨佳在沪骑一辆无牌照电动自行车而受到上海市公安局闸北分局（以下简称“闸北公安分局”）芷江西路派出所（以下简称“芷江西路派出所”）巡逻民警询问和盘查。之后，杨佳向公安机关投诉并提出赔偿精神损失费人民币一万元等要求。闸北公安分局派员疏导劝解。杨佳因要求未被接受，而决意对闸北公安分局民警行凶报复。

2008年6月26日，杨佳来沪后购买了“鹰达”牌单刃刀（刀全长29cm，其中刀刃长17cm）、催泪喷射器、防毒面具、汽油、铁锤、手套等犯罪工具。同年7月1日上午9时40分许，杨佳携带上述犯罪工具，至本市天目中路578号闸北公安分局办公大楼门前，投掷装有汽油的啤酒瓶引起燃烧，并趁保安员灭火之际，杨佳头戴防毒面具闯入闸北公安分局办公大楼。在闸北公安分局办公大楼底层大厅等处，杨佳先用刀砍击保安员顾建明头部，继而持刀分别猛刺正在工作且赤手空拳、毫无防备的民警方福新、倪景荣、张义阶、张建平的头、颈、胸腹等要害部位，致四名民警当场受伤倒地。之后，杨佳沿消防楼梯九楼至十一楼途中，又持刀先后猛刺、猛砍赤手空拳且猝不及防的民警徐维亚、王凌云、李坷的头、胸腹等要害部位，致徐维亚、李坷当场受伤倒地，并致王凌云受伤。杨佳继续冲上二十一楼后，又持刀刺伤正在等候电梯的民警吴钰骅，并闯入2113室行凶，致民警李伟受伤，被在场民警林玮等人当场捕获。

被告人杨佳以辩护人申请传唤薛耀、陈银桥、吴钰骅等证人出庭作证未获法庭准许，诉讼程序有失公正为由，拒绝回答法庭审理中的讯问和发问；对控辩双方宣读或出示的证据不发表意见，也没有为自己作辩护。

被告人杨佳的辩护人当庭宣读了2008年7月29日会见杨佳的笔录，请求法庭播放了芷江西路派出所对杨佳盘查时的相关录音、录像等视听资料，并经法庭同意，还申请法庭传唤证人顾海奇出庭作证，据此提出如下辩护意见：1. 芷江西路派出所民警对杨佳的盘查缺乏法律依据，且不能排除杨佳在接受盘查的过程中遭公安人员殴打的可能性，而警方对杨佳的投诉处置不当是引起本案发生的重要因素。2. 杨佳认为，闸北公安分局警务督察支队民警吴钰骅对杨佳的投诉处理不当。杨欲对吴进行报复伤害，其间遭到其他被害人的阻拦。被害人的死亡是出于杨佳的意料之外，且杨佳未对保安人员实施加害。因此，杨佳的行为构成故意伤害罪，不构成故意杀人罪。3. 参与部分侦查工作的闸北公安分局的侦查人员，与本案被害人是同事，没有依照《中华人民共和国刑事诉讼法》第28条之规定进行回避，因此，所收集的证人证言不能作为定案的证据。4. 杨佳很有可能存在精神方面的异常，具有精神疾病，故有必要对其精神状态和刑事责任能力重新进行鉴定和评定。此外，辩护人还以杨佳案发前表现良好，到案后有一定的悔罪表现等为由，请求法庭对杨佳慎用极刑。

---

① 来源：上海市第二中级人民法院（2008）沪二中刑初字第99号刑事判决书。

问题：

结合该案内容，谈谈对辩护人职责的认识。

（扫描二维码获取参考答案）

补充阅读

《刑事辩护制度四十年来的回顾》

（扫描二维码阅读）

第十章

刑事诉讼证据

导读

通过本章的学习，了解证据、证人证言、犯罪嫌疑人、被告人供述和辩解、被害人陈述、鉴定意见、勘验、检查笔录及人证、物证、书证、原始证据、传来证据、控诉证据、辩护证据、直接证据、间接证据等概念；明确刑事诉讼证据的特点和意义；掌握各种法定证据的特点和相互间的区别，理论上对证据分类的依据及间接证据的特点和运用，重证据不轻信口供、非法证据排除规则的要求和意义，证明责任的历史发展及我国刑事诉讼证明责任的分配，审判判断证据的任务、标准和对法定各种证据的审判判断。

第一节　证据与证据法

一、证据的概念与特征

(一)证据的概念

“证据”一词,在日常生活中被广泛使用。所谓证据,通常是指“能够证明某事物的真实性的有关事实或材料”①。而作为法律术语的“证据”,与其既有共同点也有差别。诉讼中的证据,受到证据法及其他相关法律的规范,体现出司法赋予其的独特品性。

从法律规定来看,除了我国和俄罗斯以外,大多数国家的刑事诉讼法或证据法没有对证据下定义。我国《刑事诉讼法》第 50 条规定:“可以用于证明案件事实的材料,都是证据。证据包括:(1)物证;(2)书证;(3)证人证言;(4)被害人陈述;(5)犯罪嫌疑人、被告人供述和辩解;(6)鉴定意见;(7)勘验、检查、辨认、侦查实验等笔录;(8)视听资料、电子数据。证据必须经过查证属实,才能作为定案的根据。”

关于证据的定义,中外理论对此众说纷纭,主要有“事实说”“根据说”“材料说”“信息说”“方法说”“事物说”等代表性观点。这些学说在语词表达、思考角度等方面存在一定的差异,但也有一定的共识。我国《刑事诉讼法》规定的证据定义采取了“材料说”。

我们认为,证据应当是内容与形式的统一,证据的内容是证据所表达的事实,证据的形式是事实赖以存在的载体。例如,张三在法庭上作证说:“我当时看见一个中年男子拿菜刀对一个年轻姑娘砍了几刀。”此案中,证据形式是张三的证人证言,而证据内容是“张三看见一男子拿刀砍一姑娘”。《刑事诉讼法》将证据定义为“可以用于证明案件事实的材料”,这里的“材料”是证据事实与证据载体相统一的表述。

(二)证据的属性

事物的属性是指事物固有的本性或特征。对证据的属性,西方国家的法理概括,两大法系有所不同。大陆法系国家通常采用证据能力和证明力来表达证据的属性。简而言之,证据能力是指证据资格,即允许该证据在诉讼中使用,并且大陆法系一般对其只做消极规定,如德国依据证据禁止和程序禁止规定对证据能力加以限制。证明力是指证据对案件事实有无证明作用以及证明作用的大小。

英美法系国家通常强调证据的关联性与可采性。英美证据法中关于关联性的学理解释不胜枚举,不过通常是指证据必须与案件的待证事实有关,从而具有能够证明案件待证事实的作用,但并不重点关注证据的真实性问题。英美证据法中的可采性,是指该

---

① 中国社会科学院语言研究所词典编辑室:《现代汉语词典(第 5 版)》,商务印书馆 2005 年版,第 1741 页。

证据在审判中可以被采用。而且，具有可采性的证据都具有关联性，但有关联性的证据未必都具有可采性。

我国的证据属性问题，理论上存在争论，主要有两种主张：一种主张认为参照大陆法系学说，证据的属性包括证据能力和证明力两个方面；另一种主张为传统的三性说，即客观性、关联性、合法性。我们认为这两种主张有很大的共同之处，客观性和关联性大体相当于证据的证明力，而证据能力与合法性近似。现就传统的三性说论述如下：

1. 证据的客观性

所谓证据的客观性，又称真实性、确实性，是指证据所表达的内容或证据事实是客观存在的，不以办案人员的意志为转移，不是主观想象、臆断或虚构的。

我们认为，对证据的收集、审查判断是一个辨别真伪的过程。在这个过程中，暂时难以分辨证据的真假。从语言逻辑来说，真假证据都是证据。因此，我国《刑事诉讼法》第50条第1款规定："可以用于证明案件事实的材料，都是证据。"但我们应当注意到《刑事诉讼法》第50条第3款又规定："证据必须经过查证属实，才能作为定案的根据。"也就是说，证据最终还是要讲客观真实性的。否则，证据数量再多也不可能准确认定案件真实情况，实现司法公正之目标。从这个意义上说，客观性是证据的本质属性之一。

2. 证据的关联性

证据的关联性又称证据的相关性，是指证据事实与案件事实存在着客观上的内在联系性，从而能起到证明作用。证据的关联性是由案件本源事实所决定、派生的。犯罪事实总是在一定的时空下发生，并与一定的人、物等外界环境发生作用，必然留下相应的印象、痕迹等。这些痕迹和印象有可能在诉讼中以不同方式转化，成为能够证明案件事实的证据。例如，留在凶杀案现场的一把刀，只有客观上是作案工具，才能成为物证。又如，在一起银行抢劫案中，如果银行的监控录像能显示出作案人员的形象和作案过程，则此视听资料就具有与案件事实的关联性，成为认定案情的关键性证据。当然，证据的关联性也是从最后查证属实这个意义上说的，在查证开始或过程中不能先设定哪个证据的表面关联性是实质的关联。例如，发现犯罪现场留有两个人的指纹，是两人共同犯罪留下的指纹，或者是其中一人犯罪留下的指纹而另一个人与犯罪无关，或者是两个人指纹都与犯罪无关，这只有到最后才能查清指纹与犯罪事实的真正关联性。

3. 证据的合法性

所谓证据的合法性，是指证据的形式以及证据收集的主体、方法和程序应当符合法律的规定，并且证据必须经过法定的审查程序，其中重点强调证据收集手段、方法的合法性。我国《刑事诉讼法》第52条规定："审判人员、检察人员、侦查人员必须依照法定程序，收集能够证实犯罪嫌疑人、被告人有罪或者无罪、犯罪情节轻重的各种证据。严禁刑讯逼供和以威胁、引诱、欺骗以及其他非法方法收集证据，不得强迫任何人证实自己有罪……"证据的合法性是证据的客观性与关联性的法律保障，对确保办案质量、体现诉讼正义价值意义重大。

为了保证证据的合法性，我国《刑事诉讼法》第56条规定了非法证据排除规则："采用刑讯逼供等非法方法收集的犯罪嫌疑人、被告人供述和采用暴力、威胁等非法方法收集的证人证言、被害人陈述,应当予以排除。收集物证、书证不符合法定程序,可能严重影响司法公正的,应当予以补正或者作出合理解释;不能补正或者不能作出合理解释的,对该证据应当予以排除。在侦查、审查起诉、审判时发现有应当排除的证据的,应当依法予以排除,不得作为起诉意见、起诉决定和判决的依据。”最高人民检察院于 2019 年 12 月通过的《人民检察院刑事诉讼规则》第 66 条至第 78 条对非法证据排除规则从排除的种类、排除的范围、排除的程序等都做了相应的规定,可见,《刑事诉讼法》对证据的合法性提出了明确的要求,但并非一切违法取得的言词证据和实物证据都必须排除,排除的只是符合排除条件的这部分证据。从这个意义上讲,证据的合法性可以理解为证据的可采性。

二、证据的意义与证据裁判原则

(一)证据的意义

刑事诉讼活动离不开证据,它是围绕运用证据、认定案件事实而展开的。证据对于完成刑事诉讼任务、实现司法公正发挥着基础性的作用,具有非常重要的意义,具体表现在以下几个方面:

1.证据是准确认定案件事实的主要手段

刑事诉讼的过程首先是运用证据认定案件事实的过程。案件事实发生在过去,不可能真正重新出现,司法人员只有通过证据,才能使过去发生的案件事实全景式地或片段式地在自己面前近似显现。也就是说,司法人员是依靠证据去查明案件事实真相的。当然在特定情况下,根据法律规定,司法人员可以通过司法认知来确定事实,但这并不妨碍证据作为准确认定案件事实的主要手段而存在,司法实践中诉讼证明活动主要是依靠证据而进行的。

2.证据是有效实现司法公正的基石

这一方面是由于在运用证据准确认定案件事实的基础上适用法律,案件才能得到正确的处理,最大限度地做到不枉不纵,从而实现司法的实体公正。另一方面,围绕证据而确立的一系列诉讼程序(如证据的收集程序)和证据规则(如非法证据排除规则、特权规则),有利于限制国家权力,保障个人权利,凸显司法的程序公正。

3.证据是当事人维护合法权利的重要依据

在证据裁判原则占基础地位的现代刑事诉讼中,证据对于被害人和犯罪嫌疑人、被告人而言,都是维护其合法权利的重要依据。就被害人而言,证据能使真正的犯罪分子受到应有的惩罚,抚平被害人及其家属的心灵创伤,并使其受犯罪带来的财产损失得到赔偿;就被追诉人而言,通过证据,既可以避免其被无辜冤枉,也可以防止国家专门机关对其滥用权力。

4.证据是进行社会主义法制宣传与教育的有效工具

在刑事诉讼活动中,通过确凿充分的证据可以有效地揭露犯罪、证实犯罪、惩罚犯罪，迫使犯罪嫌疑人、被告人认罪伏法；也可以震慑一部分社会不稳定分子，使他们悬崖勒马，不敢实施犯罪；还可以提高判决对当事人和社会公众的可接受性，提升司法的公信力，有利于当事人息讼，促进社会和谐安定。

（二）证据裁判原则

在现代诉讼中，证据的重要意义与证据裁判原则是密切联系的。证据裁判原则，也称证据裁判主义，是指对于案件争议事实的认定应当依据证据。它包括以下三方面的要求：首先，裁判所认定的案件事实必须以证据为依据；其次，裁判所依据的证据是具有证据能力的证据；最后，作为综合裁判所依据的证据，必须达到法律规定的证明标准。

在司法证明史上，最初处于“神明裁判”阶段。当时被控犯罪的人不承认有罪，便采取“神判”的方式，把案件事实的裁判交给“神”来行使。这种非证据裁判的方式是与当时的生产力落后、人类处于愚昧状态相适应的。随着社会的发展，人类的认知能力不断提高，司法裁判者开始主要依靠证据认定案件事实，在欧洲中世纪后期则实行法定证据制度，但这时期的证据以被告人的口供为主，并实行法定刑讯制度。如果从包括中国在内的世界范围来看，这时期可视为口供裁判阶段，因此也不能认为已实行了证据裁判原则。到了近代西方资产阶级革命和启蒙运动以后，才逐步确立了证据裁判原则。

证据裁判原则作为刑事诉讼的一项基本原则，已为现代法治国家和地区的立法所普遍确认。但在法律中明文规定这一原则的，仅仅是大陆法系的部分国家和地区。例如，日本《刑事诉讼法》第 317 条规定：“认定事实，应当依据证据。”[①]在英美法系国家，大量存在的证据规则和刑事程序中关于证据出示、认定等规定，也都是证据裁判原则的具体体现。

我国的立法和司法也遵循证据裁判原则。《刑事诉讼法》虽然没有明确规定这一原则，但有关条文包含了证据裁判原则的内容。如第 55 条第 1 款规定：“对一切案件的判处都要重证据，重调查研究，不轻信口供。只有被告人供述，没有其他证据的，不能认定被告人有罪和处以刑罚；没有被告人供述，证据确实、充分的，可以认定被告人有罪和处以刑罚。”2010 年发布的《办理死刑案件证据规定》第 2 条明确规定：“认定案件事实，必须以证据为根据”，正式确立了刑事诉讼中的证据裁判原则。之后，2012 年最高法院《解释》第 61 条规定：“认定案件事实，必须以证据为根据。”2019 年最高检察院《规则》第 61 条也规定：“认定案件事实，应当以证据为根据。”这进一步说明证据裁判原则已成为我国刑事证据制度之基石性原则。

① 《日本刑事诉讼法》，宋英辉译，中国政法大学出版社 2000 年版，第 73 页。

第二节　证据的种类

证据的种类，也称证据的法定形式，是指法律规定的证据的不同表现形式。我国《刑事诉讼法》第50条第2款规定："证据包括：(1)物证；(2)书证；(3)证人证言；(4)被害人陈述；(5)犯罪嫌疑人、被告人供述和辩解；(6)鉴定意见；(7)勘验、检查、辨认、侦查实验等笔录；(8)视听资料、电子数据。"

一、物　证

物证是指以其外部特征、物质属性、存在状况等证明案件真实情况的一切物品或痕迹。物证一般表现为一定的物品或痕迹，并且必须与案件事实有关联性。《刑事诉讼法》将物证列为第一种证据，反映出物证在刑事诉讼中的重要作用，是查明案件事实的重要手段。

作为物品的物证通常有：(1)犯罪使用的工具。例如，盗窃案件中使用的万能钥匙，杀人案件中的凶器、毒药等。(2)犯罪行为侵犯的客体、物。例如，被犯罪人杀害的人的尸体，抢劫的财物，盗窃的赃款、赃物，窃取的机密文件等。(3)犯罪现场留下的物品。例如，衣服、烟头、纸屑甚至气味等，以及其他可以用来发现犯罪行为和查获犯罪分子的存在物。作为痕迹的物证通常表现为犯罪遗留下来的物质痕迹，例如，指纹、脚印、体液及作案工具形成的各种痕迹等。

根据不同的标准可以将物证进行划分。例如，根据物证的形态可以将其分为有形物证和无形物证；根据物证是否有生命可以将其划分为有生命的物证和无生命的物证；根据物证外观形态的不同可以将其划分为固态物证、液态物证和气态物证；根据物证与感官的关系可以将其分为嗅觉物证、视觉物证、听觉物证和触觉物证；根据物证的体积不同可以将其分为常态物证、微量物证和巨型物证；等等。

与其他证据相比，物证具有以下特征：

第一，物证是以其外部特征、存在状态、物质属性等来证明案件真实情况的。"外部特征"是指物品的外观、颜色、体积、数量、重量等；"存在状态"是指固态、气态、液态等；"物质属性"是指密度以及坚硬、柔软、尖锐、圆钝、容易破碎、容易折断、有毒、有害等物理或者化学属性。物证正是基于这些特征而对有关案件的事实起证明作用的。由于物证是客观存在的物品、痕迹，一般情况下可以用肉眼进行观察，易于了解。物证在证明活动中不仅应用广泛，而且有着其他证据不能替代的作用。

第二，物证的客观性较强，比较容易查实。这一特点与言词证据显然不同。言词证据是由人提供的，不可避免地受到主客观因素的影响，有可能提供虚假或者错误的信息，有时虚假与真实的信息混杂，不容易分辨。而物证被形象地称为"哑巴证据"，虽然不能自明其意，但一旦形成，便具有较强的客观性，不容易发生改变。物证在形成后可以独立存在，即使有人加以损毁，也往往会留下新的物品或者痕迹，形成新的物证。

第三，许多物证具有对科学技术的依赖性。不仅其收集和固定要依赖一定的科技设备，而且对物证内容的揭示也要进行检验或者鉴定，才能发挥其证明作用。例如，微量物证需要凭借仪器或者辅助手段加以显现。

第四，证明范围的狭窄性，是物证的一个缺陷。通常一个物证只能证明案件的某个环节，因此物证与案件事实的关联性需要由人加以揭示。另外，每个物证所能证明的，往往是有关案件事实的局部事实，通常不能证明案件的主要事实或者全部事实。

关于物证的收集，司法工作人员通常通过勘验、检查、搜查、扣押、辨认、鉴定等途径和方法收集和认识物证。依据法律规定，有关人员和单位应当积极配合提供物证；收集和固定物证应当及时、细致并采取先进、科学的技术和方法，防止伪造、丢失或发生意外变化而致使物证失去证明作用。收集和调取的物证应当是原物，只有在原物不便搬运、不宜保存或者依法应当返还被害人时，才可以拍摄足以反映原物外形或者内容的照片、录像在案佐证。拍摄物证的照片、录像，制作人不得少于二人，并应当附有制作过程的文字说明及原物存放何处的说明，并由制作人签名或者盖章。

对于物证必须妥善保管，不应擅自使用，防止损毁。对于可能产生环境和精神污染的物证，要按有关规定严格保管和处置；对于不易搬动的物证，要以相应的科学方法固定，以保留其证明价值；移送案件时，应当将物证随同案卷一并移送。

运用物证时，应当查明来源，注意是否伪造，是否发生了变化等情况；必须认真仔细地审查物证的外部特征，以确定其同案件事实的关联性；在许多情况下，必须经过辨认、检验和鉴定才能揭示物证本身的证明力；必须与其他证据相对照才能认定某一物证的证明作用。据以定案的书证应当是原件。取得原件确有困难的，可以使用副本、复制件。据以定案的物证应当是原物。原物不便搬运，不易保存，依法应当由有关部门保管、处理，或者依法应当返还的，可以拍摄、制作足以反映原物外形和特征的照片、录像、复制品。物证的照片、录像、复制品，不能反映原物的外形和特征的，不得作为定案的根据；物证的照片、录像、复制品，经与原物核对无误、经鉴定为真实或者以其他方式确认为真实的，可以作为定案的根据。用作定案根据的物证，必须经过法庭出示和辨认。

二、书　证

书证是指以文字、符号、图画、图表等表达的思想内容来证明有关案件事实的书面文字或者其他物品。书证的范围十分广泛，包括文字、符号、数字、图画、印章或其他具有表情达意功能的许多实物材料，诸如：出生证、工作证、身份证、护照、营业执照、户口本、账册、账单、票据、收据、经济合同、车船票、飞机票等。

书证具有以下特征：

第一，表现形式和形成方式具有多样性。书证既可以表现为文字（包括本国文字和外国文字）、数字、图画、图形等，也可表现为符号；文字、符号等的载体，既可以是纸张，也可以是木头、石头、金属或者其他物质材料；制作书证的工具，既可以是笔，也可以是刀、印刷机等多种工具；制作书证的方法，既可以是书写，也可以是雕刻或印刷；等等。

第二，书证以文字、符号或图画等来表述和反映人的思想、内心世界或传递信息，即具有思想性。这是书证区别于其他证据的显著特点。其所记载的内容或者所表达的思想，必须与待证案件事实有关联，能够借以证明案件事实。此外，这种思想内容能够为一般大众所认识和了解。鉴于书证是以其所记载或者表达的思想内容来证明案件事实，所以，当有些证据不是以其所包含的思想内容起证明作用，而是以其存在场所、外部特征等起证明作用时，就不应当是书证，而是物证。

第三，书证具有较强的稳定性。书证不仅内容明确，而且形式相对固定，稳定性较强，一般不受时间的影响，易于长期保存。只要作为书证载体的物质材料未遭毁损，即使是经历了很长时间，其思想内容仍然能够借助有形的文字、符号或图画等起到应有的证明作用。

第四，书证能直接表明案件主要或部分事实的真实情况。由于书证有具体、明确的思想内容，所以在很多情况下，能够依据其内容直接判明其与案件事实的联系。书证一般不需要通过任何媒介或中间环节来对其加以分析和判断，能够以其独特的客观化、具体化、形象化和固定化的文字、符号和图画本身所体现的思想内容起到证明案件事实的作用。

对于书证，可以从不同角度进行分类。

依照书证是否为国家机关等依据职权所制作，可以将书证分为公文性书证与非公文性书证。凡国家机关、企事业单位、社会团体在法定的权限范围内依职权所制作的文书，称为公文性书证。例如，由人民法院制作的判决书、裁定书或调解书。所谓非公文性书证，是指公文性书证以外的其他书证，不仅包括一般自然人制作的文书，还包括国家机关、企事业单位、社会团体等在其职权范围以外制作的与行使职权无关的文书。将书证划分为公文性书证和非公文性书证，对于案件事实的认定具有重要意义。一般情况下，公文性书证较之非公文性书证更为真实可靠，对非公文性书证的审查判断要更为慎重、严格。

依照书证的形成是否有特别要求，可以将书证分为一般书证与特别书证。凡依法不要求必须具备特定的形式、格式或必须履行特定的程序，而只要求具有明确的意思表示并由当事人签名、填写日期而形成的书证，为一般书证。例如，某人领取有关物品的收据。此类书证只要在内容上具有明确的意思表示，有当事人的签名，有制作该书证的具体日期，即为有效。对这类书证在形式上并无特殊的要求，只注重其内容，而不注重形式。凡是依照法律规定必须具备特定形式、格式或必须履行特定程序的文书，称为特别书证。例如，人民法院依法制作的判决书。特别书证的形成，必须具备法定条件，具备特定的法律形式，并严格履行法定的制作手续。特别书证除了应具备明确的意思表示之外，还强调其外在的形式、格式或形成的程序，这是其与一般书证的不同之处。

根据书证内容的不同，可以将书证分为处分性书证与报道性书证。凡是制作书证的目的是基于设定、变更或消灭一定的法律关系的，称为处分性书证。例如，人民法院制作的发生法律效力的判决书、裁定书。凡是制作者仅用以记录或报道、记载已经发生的或认知的具有法律意义的事实的书证,称为报道性书证。例如,会议记录、医院的病历、新闻报道、日记等。这些书证仅记载某些客观事实的发生和经过,其本身不能引起相应的法律后果,所以属于报道性书证。将书证划分为处分性书证与报道性书证的意义在于:可以更好地把握书证在诉讼证明中的不同作用。处分性书证具有较强的证明力。报道性书证所表述的内容并不与特定的法律后果相联系,因而其证明力与前者相比较为有限。

依照书证制作方法的不同,可以将书证分为原本、正本、副本、节录本、影印本及译本等。此种划分旨在说明只有原本才是最初制作的文本,能在客观上最大限度地反映书证所记载的内容,因此其更为可靠。

对书证应当严格依法定程序收集。对书证的收集应当注意以下问题:原则上,公安司法机关等国家专门机关收集、调取的书证应当是原件,只有在取得原件、原本、正本确有困难时,才可以是副本、影印本、节录本、翻译本等其他形式。副本、影印本或者其他形式的书证必须经与原件核实无误或者经鉴定证明是真实的,才具有与原件相等的证明力;制作书证的副本、影印本、节录本、翻译本等其他形式的书证时,制作人不得少于二人,并应当附有关于制作过程的文字说明及原件存放何处的说明,由制作人签名或者盖章。扣押信件、电报等书证和提取机密文件时,必须严格遵守有关特殊规定。扣押邮件、电报等要经公安机关或者人民检察院批准。对被扣押的书证要妥善保管或者封存,不得使用或者毁损。在复制、摘抄书证时,要注意内容的完整性,不得任意取舍,不得断章取义。对于收集的书证,应当妥善保管。

书证的运用应当注意以下几点:第一,审查书证的制作。通过对书证的制作主体、制作过程等情况的审查,查明有无伪造、变造的情形,查明书证制作过程有没有受到暴力、威胁、欺骗等行为的影响,内容是否是制作人的真实意思表示,从而判断是否可以作为定案根据。第二,审查书证的内容和形式。注意审查书证的内容是否具体明确、前后是否一致,特别是书证的形式是否符合法律规定。第三,审查书证记载的内容和案件事实是否有关联。与案件事实没有关联的书证,不能作为定案根据采用。第四,审查书证的类别。一般而言,书证的原件比副本、影印本等可靠;公文性书证比非公文性书证更为真实。根据有关司法解释规定,据以定案的书证应当是原件;取得原件确有困难的,可以使用副本、复制件。书证有更改或者更改迹象不能作出合理解释,或者书证的副本、复制件不能反映原件及其内容的,不得作为定案的根据。书证的副本、复制件,经与原件核对无误、经鉴定为真实或者以其他方式确认为真实的,可以作为定案的根据。

在法定的各种证据种类中,书证与物证既有密切关系又有显著区别。书证与物证之间的联系,主要在于书证的外形是一种客观物质材料,并以此作为其内容的必要载体。从这种意义上讲,书证也属于广义上物证的范畴。因此,广义上讲,书证也具有物证的特征。尽管如此,由于书证是人的主观意识和思想内容的表达,因而与以其存在的状况和外部特征证明案件事实的物证又有着显著的差异。书证与物证的差异,主要表现在以下几个方面:

第一,对案件事实起证明作用的根据不同。书证以文字、符号、图表、图画等表达的思想内容来证明案件事实，而物证则以其存在方式、外部特征和物质属性来证明案件事实。

书证的存在和表现形式是书面文件和其他物品，但并非凡是存在和表现形式是书面文件和其他物品的证据就一定是书证。有些书面文件和其他物品，如果所记载或者表达的思想内容与案件事实无关，只是其存在方式、外部特征等有证据意义，那它们就不是书证，而是物证。例如，遗留在犯罪现场的一封信，其内容与案件事实无关，但是根据笔迹鉴定找到了犯罪嫌疑人，则这封信就是根据其存在方式、外部特征等对案件事实起证明作用，属于物证。

第二，反映人的思想不同。书证是以其内容反映和表达人的主观思想及其行为的物质材料，而物证则并不反映人的主观思想。书证在内容上具有主观属性，而物证只有客观属性。

第三，内容和形式为人所理解不同。书证表达、记载的内容和形式一般都能为常人所理解，一般都比较清楚、明了；而物证在表现形式上则会受客观存在的特殊状态所决定，有些必须借助专门的技术手段进行鉴定，才能揭示其与案件事实的联系。

第四，对案件事实所起的证明作用不同。书证在许多情况下可以直接证明案件主要事实或案件中的某一部分事实，其证明的案件事实情节一般较为完整，而物证往往只能证明案件事实的某个环节或者局部。

第五，保存和固定的方法不同。一般而言，书证最为常见的是以纸张等物质材料作为载体，所以，对书证通常可采用复印等方式予以保存、固定，而物证的保存与固定则不尽相同。

根据以上分析可以得知，并不是所有的文字材料都是书证。有些文字材料不是以其所记载的内容对案件起证明作用，而是以其存放地点对案件起证明作用，那么它是物证而不是书证。同样地，并不是所有的书证都写在纸张上。有些思想内容并不是写在纸上的，而是表现在其他物质材料如石头、金属等上面的，只要它是以所记载的内容或表达的思想对案件起证明作用，那么就应当是书证而不是物证。

三、证人证言

证人证言是指当事人以外的了解有关案件情况的人，就其所了解的案件情况向公安司法机关所作的陈述。在一些国家，证人包括两类：一类是事实证人，一类是专家证人。前者就自己感知的有关案件事实进行陈述，后者根据自己的专业知识就案件涉及的专门性问题提出意见。我国《刑事诉讼法》中的“证人”是指事实证人。

证人证言具有如下特点：证人证言属于言词证据的一种，与物证相比，具有生动、形象、具体、丰富的优点，但是由于受到主观因素的影响较大，容易含有虚假成分。虚假的陈述包括证人无意形成的错证与故意提供的伪证，故意提供伪证要承担法律责任，而无意形成的错证则无须承担法律责任。有些证人与被告人有亲情或友情关系，为掩盖不利于被告人的事实而做伪证；有些证人对作证存在顾虑，不敢或不愿如实陈述案件事实而做虚伪陈述；有些证人人品不良，为了达到某种卑劣目的而提供伪证；有些证人为了陷害别人，虚构或者夸大事实；有些证人可能被贿买而做伪证；有些证人为了迎合公安司法人员、当事人等，按照他们的意愿提供伪证。由于受到感知、记忆和表达能力的制约，证人虽然本着良心作证，但仍然有可能提供虚假的陈述。

根据《刑事诉讼法》第62条的规定，有资格作为证人的条件是：感知案件事实；具有辨别是非的能力；具有正确表达的能力。以上三个条件必须同时具备，才有资格作为证人。这里的"辨别是非"是指对事实存在与否、状态如何及性质怎样能够正确认识和辨别；"正确表达"是指能够对自己所认识和辨别的事实存在与否、状态如何以及性质怎样进行正确的描述。"生理上、精神上有缺陷或者年幼，不能辨别是非、不能正确表达的人，不得作证人。"这里所谓"生理上有缺陷"，是指存在盲、聋、哑或者其他生理方面的缺陷。"精神上有缺陷"，是指在智力上或者精神上存在障碍。年幼是指未成年人。如果在生理上、精神上有缺陷或者年幼，但是能够辨别是非、能够正确表达，仍然可以成为证人，应当作证。法律规定，处于明显醉酒、中毒或者麻醉等状态，不能正常感知或者正确表达的证人所提供的证言，不得作为证据使用。

在刑事诉讼中，证人证言有以下作用：能够直接或者间接证明案件有关事实，或为调查、侦查提供线索，为进一步取得其他证据提供帮助；由于证人证言丰富、生动、具体，更易于了解案件事实的经过和全貌；与被害人陈述和犯罪嫌疑人、被告人供述、辩解相比，证人证言客观性较强，证明力较强；因为证人证言是诉讼中常见的证据，该证据可以被用于与同案件中的其他证据相互对照，从中发现证据间存在的矛盾，促使调查、侦查或者审判人员进一步对证据进行审查、调查、核实，甄别证据的真伪。

证人证言的内容包括能够证明案件真相的一切事实。与案件无关的内容不应当成为证人证言。因此，证人证言只是证人就案件有关事实的感知所作的陈述，不应当包括其个人的推测或分析判断意见。最高法院《解释》第75条规定："证人的猜测性、评论性、推断性的证言，不得作为证据使用，但根据一般生活经验判断符合事实的除外。"

对证人证言应当着重审查以下内容：(1)证言的内容是否为证人直接感知；(2)证人作证时的年龄，认知、记忆和表达能力，生理和精神状态是否影响作证；(3)证人与案件当事人、案件处理结果有无利害关系；(4)询问证人是否个别进行；(5)询问笔录的制作、修改是否符合法律、有关规定，是否注明询问的起止时间和地点，首次询问时是否告知证人有关作证的权利义务和法律责任，证人对询问笔录是否核对确认；(6)询问未成年证人时，是否通知其法定代理人或者有关人员到场，其法定代理人或者有关人员是否到场；(7)证人证言有无以暴力、威胁等非法方法收集的情形；(8)证言之间以及与其他证据之间能否相互印证，有无矛盾。

鉴于证人证言对查明案件事实的重要性以及司法实践中证人作证难的情况，《刑事诉讼法》对证人的安全保障和经济补助作了规定。第63条规定："人民法院、人民检察院和公安机关应当保障证人及其近亲属的安全。对证人及其近亲属进行威胁、侮辱、殴打或者打击报复，构成犯罪的，依法追究刑事责任；尚不够刑事处罚的，依法给予治安管理处罚。"第64条规定："对于危害国家安全犯罪、恐怖活动犯罪、黑社会性质的组织犯罪、毒品犯罪等案件，证人、鉴定人、被害人因在诉讼中作证，本人或者其近亲属的人身安全面临危险的，人民法院、人民检察院和公安机关应当采取以下一项或者多项保护措施：(1)不公开真实姓名、住址和工作单位等个人信息；(2)采取不暴露外貌、真实声音等出庭作证措施；(3)禁止特定的人员接触证人、鉴定人、被害人及其近亲属；(4)对人身和住宅采取专门性保护措施；(5)其他必要的保护措施。证人、鉴定人、被害人认为因在诉讼中作证，本人或者其近亲属的人身安全面临危险的，可以向人民法院、人民检察院、公安机关请求予以保护。人民法院、人民检察院、公安机关依法采取保护措施，有关单位和个人应当配合。”第 65 条规定：“证人因履行作证义务而支出的交通、住宿、就餐等费用，应当给予补助。证人作证的补助列入司法机关业务经费，由同级政府财政予以保障。有工作单位的证人作证，所在单位不得克扣或者变相克扣其工资、奖金及其他福利待遇。”2019 年的最高检《人民检察院刑事诉讼规则》也对证人保护和证人补偿问题作了明确规定。第 79 条规定：“人民检察院在办理危害国家安全犯罪、恐怖活动犯罪、黑社会性质的组织犯罪、毒品犯罪等案件过程中，证人、鉴定人、被害人因在诉讼中作证，本人或者其近亲属人身安全面临危险，向人民检察院请求保护的，人民检察院应当受理并及时进行审查。对于确实存在人身安全危险的，应当立即采取必要的保护措施。人民检察院发现存在上述情形的，应当主动采取保护措施。人民检察院依法决定不公开证人、鉴定人、被害人的真实姓名、住址和工作单位等个人信息的，可以在起诉书、询问笔录等法律文书、证据材料中使用化名。但是应当另行书面说明使用化名的情况并标明密级，单独成卷。人民检察院依法采取保护措施，可以要求有关单位和个人予以配合。对证人及其近亲属进行威胁、侮辱、殴打或者打击报复，构成犯罪或者应当给予治安管理处罚的，人民检察院应当移送公安机关处理；情节轻微的，予以批评教育、训诫。”第 80 条规定：“证人在人民检察院侦查、审查逮捕、审查起诉期间因履行作证义务而支出的交通、住宿、就餐等费用，人民检察院应当给予补助。”

四、被害人陈述

被害人陈述是指刑事被害人就其受犯罪行为侵害的情况和其他与案件有关的情况向公安司法机关所作的陈述。自诉人和附带民事诉讼的原告人如果是被害人，则他们的陈述也是被害人陈述。被害人陈述有两种情况：一种是与犯罪分子有直接接触或耳闻目睹犯罪行为的被害人陈述，这种陈述可以直接指出犯罪过程和犯罪分子的特征；另一种是与犯罪分子没有直接接触或耳闻目睹犯罪行为的被害人陈述，这种陈述的内容不如前者丰富和具体。

在刑事诉讼中，被害人陈述有以下特点：由于案件的诉讼过程和诉讼结果与被害人有着直接的利害关系，被害人对被害经过一般能够进行充分陈述，从而揭露有关犯罪事实和犯罪人。但正是因为被害人与案件有直接利害关系，被害人陈述虚假的可能性很大。一些被害人可能出于各种动机而在陈述中夸大或者缩小犯罪事实。

被害人作出虚假陈述的原因有以下几种：在受到犯罪侵害时精神高度紧张，心理状态异常，观察有偏差或者有遗漏，记忆模糊，造成陈述存在差错；在受到犯罪侵害后，出于仇恨犯罪人的心理而夸大犯罪事实；由于自身存在一定过错，对案件中某些事实加以掩盖，为此进行虚假陈述；出于个人私利或者某种卑劣目的，虚构事实，企图以虚假陈述诬告陷害他人；受到犯罪行为侵害后，失去了感知能力或者记忆出现障碍，甚至出现幻觉而作出虚假陈述；顾虑个人利益，如名誉、前途、家庭关系、子女利益等，没有进行如实的陈述；出于亲情或者人情，或者受到他人威胁、恐吓、干扰而作出虚假陈述。

应当注意分析被害人陈述的内容。被害人陈述中往往包括三部分内容：一是对案件事实的陈述；二是对案件事实的分析判断；三是诉讼请求。其中具有证据价值的只有第一部分内容。

五、犯罪嫌疑人、被告人的供述和辩解

犯罪嫌疑人、被告人的供述和辩解，又称为“口供”“自白”，是指犯罪嫌疑人、被告人就其被指控的犯罪事实和其他有关情况，向公安司法机关所作的陈述。其通常包括以下三种情形：(1)供述，即犯罪嫌疑人、被告人对被指控的犯罪事实表示承认，并如实陈述其实施犯罪的全部事实和情节；(2)辩解，即犯罪嫌疑人、被告人否认自己实施了犯罪行为或者虽然承认犯罪，但辩称依法不应当追究刑事责任或者应当从轻、减轻或者免除处罚等；(3)攀供，即犯罪嫌疑人、被告人揭发、检举他人的犯罪行为的陈述，攀供可能出于各种动机，有些确因悔过而揭发、检举他人的犯罪行为，有些为了推卸自己的罪责而揭发、检举他人的犯罪行为，有些则是为了得到宽大处理，揭发、检举他人的犯罪行为以便“立功”。

犯罪嫌疑人、被告人在刑事诉讼中既是诉讼主体，受到多种诉讼权利的保护，又是可能被定罪量刑的对象，案件的诉讼过程和结果与他有着密切的利害关系，同时又是证据的来源。犯罪嫌疑人、被告人诉讼地位的多重性决定了犯罪嫌疑人、被告人的供述和辩解有以下特点：

第一，如果犯罪嫌疑人、被告人进行如实陈述，有可能全面、直接地解释有关案件事实情况。毕竟犯罪嫌疑人、被告人对自己是否实施过犯罪行为，犯罪的经过，特别是犯罪时的主观心理状态，知道得最清楚。

第二，犯罪嫌疑人、被告人的供述和辩解虚假的可能性较大。作为可能被定罪量刑的对象，案件的诉讼过程处理结果与其有着直接的利害关系。基于趋利避害的普遍心理，真正的犯罪人在诉讼过程中往往设法掩盖事实真相，或者编造谎言，企图蒙混过关。有的犯罪嫌疑人、被告人为他人开脱，将全部犯罪事实揽在自己身上；或者代人受过，供认自己没有犯过的罪行。

对犯罪嫌疑人、被告人供述和辩解应当进行细致的审查判断。只有经过查证属实以后，才能将其作为定案的根据。对于犯罪嫌疑人、被告人的供述和辩解主要从以下几个方面进行审查：

第一，犯罪嫌疑人、被告人的自然情况。因犯罪嫌疑人、被告人存在个体差异，其作

出真实的供述与辩解的可能性也会不同。通常来说，一时激愤情况下的犯罪、初犯、偶犯以及过失犯罪的犯罪嫌疑人、被告人，在犯罪后容易悔过，其作出真实供述或者辩解的可能性较大。而累犯、有预谋等犯罪的犯罪嫌疑人、被告人供述或者辩解之虚假的可能性较大。

第二，犯罪嫌疑人、被告人供述和辩解的动机。犯罪嫌疑人、被告人供述和辩解的真伪与动机密切相关。有些犯罪嫌疑人、被告人主动真诚悔过，或者是经过规劝而承认自己的罪行；有些是面对确凿的证据，无法抵赖而不得不陈述，出于上述动机的供述，真实的可能性较大；而有些犯罪嫌疑人、被告人供认有罪，是将全部罪责揽到自己头上，以掩盖共同作案的其他人，使他们逃避处罚；有些冒名顶替，目的是为亲友开脱罪责或者受到诱惑、胁迫而代人受过。由此形成的供述，虚假的可能性较大。犯罪嫌疑人、被告人的辩解也因动机不同而存在差异，有的是没有实施犯罪，理直气壮地进行澄清；有的是确实实施了犯罪，但为了逃避处罚，虚构事实或者隐瞒真相，加以狡辩。

第三，取得犯罪嫌疑人、被告人供述的手段。首先，应当审查口供是否为合法取得，由此判断其真实或者虚假的可能性大小。一般情况下，在暴力、胁迫、引诱、欺骗等情况下形成的供述，虚假的可能性较大；犯罪嫌疑人、被告人自愿进行的有罪供述，较为可信。其次，应当确认有无暴力、胁迫、引诱、欺骗等非法取证行为，以确定是否应当排除这些非法证据。

第四，犯罪嫌疑人、被告人供述和辩解是否符合情理。社会生活通常有其内在的逻辑性，符合实际情况的供述和辩解，一般是符合情理的；虚假的供述和辩解往往是自相矛盾，不能自圆其说，与情理不相符合的。

第五，犯罪嫌疑人、被告人供述和辩解与其他证据是否相互印证。审查犯罪嫌疑人、被告人供述和辩解的真伪，需要将其与其他证据的内容进行对比，审查其是否相互印证。

根据最高法院《解释》第 81 条和第 82 条的规定，被告人供述具有下列情形之一的，不得作为定案的根据：(1)讯问笔录没有经被告人核对确认的；(2)讯问聋、哑人，应当提供通晓聋、哑手势的人员而未提供的；(3)讯问不通晓当地通用语言、文字的被告人，应当提供翻译人员而未提供的。讯问笔录有下列瑕疵，经补正或者作出合理解释的，可以采用；不能补正或者不能作出合理解释的，不得作为定案的根据：(1)讯问笔录填写的讯问时间、讯问人、记录人、法定代理人等有误或者存在矛盾的；(2)讯问人没有签名的；(3)首次讯问笔录没有记录告知被讯问人相关权利和法律规定的。最高检察院《规则》第 66 条规定："对采用刑讯逼供等非法方法收集的犯罪嫌疑人供述和采用暴力、威胁等非法方法收集的证人证言、被害人陈述，应当依法排除，不得作为移送审查逮捕、批准或者决定逮捕、移送起诉以及提起公诉的依据。"第 75 条规定："人民检察院调取公安机关讯问犯罪嫌疑人的录音、录像，公安机关未提供，人民检察院经审查认为不能排除有刑讯逼供等非法取证行为的，相关供述不得作为批准逮捕、提起公诉的依据。"

犯罪嫌疑人、被告人揭发、检举他人犯罪的情况，又有以下不同情形，应具体情形具体分析：一是对有共同犯罪关系的同案犯的揭发；二是对同案犯其他犯罪事实的揭发；三是对非同案犯犯罪事实的揭发。上述三种情形只有第一种情形属于犯罪嫌疑人、被告人供述和辩解,后两种情形应属于证人证言。

《刑事诉讼法》第55条规定:“对一切案件的判处都要重证据,重调查研究,不轻信口供。只有被告人供述,没有其他证据的,不能认定被告人有罪和处以刑罚;没有被告人供述,证据确实、充分的,可以认定被告人有罪和处以刑罚。”

六、鉴定意见

刑事诉讼中的鉴定意见是指国家专门机关就案件中的专门性问题,指派或聘请具有专门知识的人进行鉴定后作出的判断性意见。主要有:(1)法医类鉴定,包括法医病理鉴定、法医临床鉴定、法医精神病鉴定、法医物证鉴定和法医毒物鉴定;(2)物证类鉴定,包括文书鉴定、痕迹鉴定和微量鉴定;(3)声像资料鉴定,包括对录音带、录像带、磁盘、光盘、图片等载体上记录的声音、图像信息的真实性、完整性及对其所反映的情况过程进行的鉴定和对记录的声音、图像中的语言、人体、物体作出种类或者同一认定。

作为证据种类之中的一种独立证据,鉴定意见只能对案件中的专门性问题作出结论,而不能对案件中的法律问题和普通事实作出结论。鉴定意见的形式必须是书面《鉴定书》,由鉴定人本人签名并加盖单位公章。单位公章用于证明鉴定人身份和鉴定机构的资质,但是不能代替鉴定人本人的签名。鉴定意见只是证据的一种,没有高于其他证据的效力,能否定案必须综合全案证据认定。

鉴定意见与医疗单位的诊断证明书在产生的程序上存在原则性的区别,目的和作用也完全不同。在刑事诉讼中简单地用诊断证明代替鉴定意见是不对的。医疗单位的诊断证明书就其形成而言,是医生的正常工作行为,本与诉讼无关。它往往形成于诉讼之前,在诉讼中的出现则是基于诉讼过程中的证明需要,可能是被害人、被告人或者辩护人提供的,也可能是司法人员在工作中收集的。医生的诊断仅需依病人的病情而定,医生本人与病人之间也基本不存在回避的问题。这些都是与鉴定意见不同的,而且,鉴定意见的范围远比医生的诊断证明宽广得多。但是,当医疗单位或者医生受到司法机关指派或聘请,对案件中有的专门性问题进行有关的工作,并且履行了相应的法律手续的时候,其所作的诊断证明可以在诉讼中作为鉴定意见,如果经过与其他证据相同的程序查证属实,则能够作为定案的依据。

根据《刑事诉讼法》第148条,侦查机关应当将用作证据的鉴定意见告知犯罪嫌疑人、被害人。如果犯罪嫌疑人、被害人提出申请,可以补充鉴定或者重新鉴定。在庭审中,鉴定意见应当当庭宣读,鉴定人一般应当出庭,对鉴定过程和内容、结论作出说明,接受质证。

实践中大多数的鉴定意见都是对鉴定问题提出肯定性结论意见,有时因为材料不充分或鉴定条件不能满足等原因,鉴定人只能提出倾向性意见而不能作出肯定性结论。后者不是严格意义上的鉴定意见,不能作为定案的根据使用,只供办案人员参考。

最高法院《解释》第85条规定:“鉴定意见具有下列情形之一的,不得作为定案的根据:(1)鉴定机构不具备法定资质,或者鉴定事项超出该鉴定机构业务范围、技术条件的;

(2)鉴定人不具备法定资质，不具有相关专业技术或者职称，或者违反回避规定的；(3)送检材料、样本来源不明，或者因污染不具备鉴定条件的；(4)鉴定对象与送检材料、样本不一致的；(5)鉴定程序违反规定的；(6)鉴定过程和方法不符合相关专业的规范要求的；(7)鉴定文书缺少签名、盖章的；(8)鉴定意见与案件待证事实没有关联的；(9)违反有关规定的其他情形。"

鉴定意见与证人证言在分类上都属于言词证据，但各有不同。其区别是：(1)鉴定意见是一种运用专门知识和技能进行的判断，属于意见性证据；证人证言是证人就其所知道的案件事实情况所作的陈述，属于对事实的描述，而不是根据一定的专业知识、技能而进行的专门判断。(2)鉴定人具有一定的专门知识或者技能，由专门机关指派或聘请产生。指派或者聘请何人进行鉴定具有可选择性，即鉴定人员具有人身的可代替性。但是证人具有人身不可替代性。(3)其内容的形成时间不同。鉴定意见是在案件发生后形成的；证人通常是在犯罪事实发生过程中或者发生前后了解了有关事实的情况，对于某些程序事实则是在诉讼过程中了解的，因此证言内容大多在案件进入诉讼程序之前形成。

七、勘验、检查、辨认、侦查实验等笔录

勘验、检查笔录是指公安司法人员对与犯罪有关的场所、物品、人身、尸体进行勘查，检查时就所观察、测量的情况所作的实况记载。其中对于与犯罪有关的场所、物品和尸体所作的叫作勘验，形成的记载是勘验笔录，目的是发现和收集证据材料，包括现场勘验笔录、尸体检验笔录、物证检验笔录和侦查实验笔录。而对于活体的人身进行的叫作检查，形成的记载是检查笔录，目的是确定犯罪嫌疑人、被害人的某些特征、生理状态或者伤害情况。勘验、检查笔录的记载方式主要有文字记录、现场绘图、现场照相、摄像、制作模型等。

勘验、检查笔录有以下特点：制作主体特定，只能是刑事诉讼中的侦查人员、检察人员或者审判人员。而在其他证据种类中，除鉴定意见应当由依法接受指派或者聘请的鉴定人作出外，其他证据对于制作主体并没有特殊要求；实质上，勘验、检查笔录是一种固定和保全证据的方法和手段。其证明作用在于其内容与案件事实的关联性，因此，对于勘验、检查笔录的基本要求是客观和全面。

辨认是在侦查人员主持下由被害人、证人、犯罪嫌疑人对犯罪嫌疑人、与案件有关或疑与案件有关的物品、尸体、场所进行识别认定的一项侦查措施。辨认笔录是以笔录的方式全面、客观地记录辨认的全过程和辨认结果，并有在场相关人员签名的笔录。辨认以及辨认笔录的制作都必须依照法定的程序进行。最高法院《解释》第 90 条规定："对辨认笔录应当着重审查辨认的过程、方法，以及辨认笔录的制作是否符合有关规定。""辨认笔录具有下列情形之一的，不得作为定案的根据：(1)辨认不是在侦查人员主持下进行的；(2)辨认前使辨认人见到辨认对象的；(3)辨认活动没有个别进行的；(4)辨认对象没有混杂在具有类似特征的其他对象中，或者供辨认的对象数量不符合规定的；(5)辨认中给辨认人明显暗示或者明显有指认嫌疑的；(6)违反有关规定、不能确定辨认笔录真实性

的其他情形。”

侦查实验是指为了确定与案件有关的某一事件或者事实在某种条件下能否发生或者怎样发生而按照原来的条件，将该事件或者事实加以重演或者进行试验的一种证据调查活动。侦查实验笔录是侦查机关对进行侦查实验的时间、地点、实验条件，以及实验经过和结果等所做的客观记录，并由进行实验的侦查人员、其他参加人员和见证人签名或者盖章。

需要指出的是，《刑事诉讼法》中规定的是“勘验、检查、辨认、侦查实验等笔录”，是因为在司法实践中，除了“勘验、检查、侦查实验、辨认笔录”以外，事实上还有“搜查、扣押笔录”等也可以作为证据使用。

勘验、检查、辨认、侦查实验等笔录不同于其他证据。首先，与鉴定意见有区别：勘验、检查、辨认、侦查实验等笔录由办案人员制作，鉴定意见则由办案机关指派或聘请的鉴定人制作；勘验、检查、辨认、侦查实验等笔录是对所见情况的客观记载，鉴定意见的主要内容是科学的分析判断意见，是主观性的；勘验、检查、辨认、侦查实验等笔录大多是解决一般性问题，鉴定意见则是解决案件中的专门性问题。其次，与物证、书证有区别：勘验、检查、辨认、侦查实验等笔录所反映的是物品等的特征、空间位置、相互关系等，并非物证、书证本身；不仅如此，勘验、检查、辨认、侦查实验等笔录是在案发后由公安司法人员制作的，而物证、书证形成于案发之前或者案发过程中。

八、视听资料、电子数据

视听资料是指载有能够证明有关案件事实的内容的录音带、录像带、电影胶片、电子计算机的磁盘等，以其所载的音响、活动影像和图形，以及电子计算机所存储的资料等来证明案件事实的证据。立法上，不仅《刑事诉讼法》将其列为独立的一种证据，而且《民事诉讼法》和《行政诉讼法》早已将其列为独立的证据。

与其他证据相比，视听资料的特殊性在于：(1)它表现为载有一定的科技成分的载体，例如，录音、录像设备、电子计算机磁盘等，而且我们需要通过高科技的终端设备才能感知或者读取其中的内容；(2)具有高度的直观性和动态连续性，其所记录的音响、影像往往是一个动态的过程，一目了然，这是其他任何一种证据都不可比拟的；(3)在现代科技条件下，伪造、变造视听资料并非难事，而视听资料一旦被伪造，不易分辨和甄别，这也正是视听资料这种证据的缺点；(4)视听资料的形成、运用和审查判断往往都需要依赖科学技术，科学技术的发展对其在司法领域的运用具有至关重要的作用。

电子数据，是指以电子形式存在的、用作证据使用的一切材料及其派生物。它既包括反映法律关系产生、变更或消灭的电子信息正文本身，又包括反映电子信息生成、存储、传递、修改、增删等过程的电子记录，还包括电子信息所处的硬件和软件环境。具体来说，在当今网络社会经常使用的电子邮件、电子数据交换、网上聊天记录、网络博客、手机短信、电子签名、域名、电子公告牌记录、电子资金划拨记录、网页等文件均属于电子数据。综观这些电子数据，具有如下特点：一是电子数据的存在需要借助一定的电子介质；

二是电子数据可以通过互联网络快速地在全球传播；三是人们对电子数据的感知必须借助电子设备，且不能脱离特定的系统环境。

在现代刑事诉讼中，视听资料、电子数据作为科技含量很高的证据，越来越发挥出日益重要的作用。

最高法院《解释》第 94 条规定："视听资料、电子数据具有下列情形之一的，不得作为定案的根据：(1)经审查无法确定真伪的；(2)制作、取得的时间、地点、方式等有疑问，不能提供必要证明或者作出合理解释的。"

第三节 证据的分类

证据的分类是在理论研究上将刑事证据按照不同的标准划分为不同的类别，这种划分不具有法律约束力。证据分类不同于证据种类，证据的种类是由法律所明确规定的，具有法律约束力。诉讼中作为定案根据的证据，应当符合我国《刑事诉讼法》第 50 条规定的八种证据种类形式。证据的分类是在理论上对证据进行的学术归类，目的是便于人们分析和理解不同归类证据的特点，以便把握不同类别证据的规律并加以运用。法律上的划分和理论上的划分不相矛盾，互为补充，以便人们正确认识和运用刑事诉讼证据。

关于证据的分类，一般认为，最早对证据进行划分的是英国著名学者边沁。在其所著的《司法证据原理》一书中，他将证据划分为实物证据与人证、直接证据和情况证据、原始证据和传来证据等。后来各国学者对证据分类有过多种不同的划分，划分标准和方法也不尽统一。我国学者从 20 世纪中后期开始对证据分类进行研究，多数学者主张在理论上将刑事证据划分为原始证据与传来证据、有罪证据与无罪证据、言词证据与实物证据、直接证据与间接证据。

一、原始证据与传来证据

原始证据与传来证据是根据证据的来源进行分类的。凡是直接来源于案件事实，未经复制、转述的证据是原始证据，也就是通常所说的第一手材料。凡不是直接来源于案件事实，而是间接地来源于案件事实，经过复制或者转述原始证据而派生出来的证据，是传来证据，即通常所说的第二手或者第二手以上的材料。

将证据划分为原始证据和传来证据的意义是，使公安司法人员注意到证据的不同来源，从而在收集、审查和判断时加以区别。信息传递的一般规律告诉我们，原始证据比传来证据更可靠，而且中间环节越多的传来证据就越不可靠。在刑事诉讼中，应当尽力取得原始证据，努力掌握第一手资料。但是不能因此认为传来证据不重要，它们往往是发现原始证据的线索，而且能够审查和鉴别原始证据的可靠程度。

运用传来证据时，除遵守一般的证明规则以外，还应当注意遵守如下相应的特殊规则：(1)来源不明的材料不能作为证据使用，如道听途说、街谈巷议等无法追根溯源的材料;(2)在运用传来证据时,应采用传闻、转抄或复制次数最少的材料,可靠性相对较强;(3)只有传来证据,不应轻易认定犯罪嫌疑人、被告人有罪。

我国证据分类中的传来证据不同于英美法系国家证据理论中的传闻证据。其主要区别在于:第一,划分标准不同,传来证据是以证据的来源作为划分标准,凡不是直接来源于案件事实的证据就属于传来证据;而传闻证据是以是否在法庭上提出、是否经过宣誓具结和交叉询问等为划分标准,二者是从不同角度对证据所作的划分。第二,知道案件情况的证人在法庭外所做的证人证言笔录、书面证言甚至非语言的行为等,都属于传闻证据,但不一定都属于我国证据法中的传来证据,二者的内涵和外延均不相同。第三,传闻证据受传闻证据规则调整,除非具备法定的例外情形,不得作为证据使用;而我国关于传来证据的分类,目的重在揭示此类证据特点,并不是重在排除传来证据的证据能力。

二、有罪证据与无罪证据

根据证据的内容和证明作用是肯定还是否定犯罪嫌疑人、被告人实施了犯罪行为,可以将证据分为有罪证据与无罪证据。凡是能够肯定犯罪事实存在和犯罪行为是犯罪嫌疑人、被告人所实施的证据,是有罪证据;凡是能够否定犯罪事实存在,或者能够证明犯罪嫌疑人、被告人未实施犯罪行为的证据,是无罪证据。有学者将证据划分为有利于被告人的证据和不利于被告人的证据,也有学者划分为控诉证据和辩护证据,这几种划分的标准不尽相同但相类似。

应当指出的是,有罪证据和无罪证据的划分,并不以证据由哪一方提供作为标准,而是以证据的内容和证明作用作为划分标准。

将证据分为有罪证据和无罪证据的意义,在于使办案人员全面、客观、细致地收集和运用证据,对所有与案件事实有关的证据加以注意,不应当只注重收集有罪证据而忽视无罪证据,防止先入为主和主观片面。

三、言词证据与实物证据

根据证据的表现形式的不同,可以将证据划分为言词证据与实物证据。凡是表现为人的陈述,即以言词作为表现形式的证据,属于言词证据。言词证据包括法律中规定的证人证言,被害人陈述,犯罪嫌疑人、被告人的供述和辩解及鉴定意见。其中,鉴定意见虽然具有书面形式,但因其实质是鉴定人就鉴定的专门问题所表达的个人意见,而且在法庭审理时要求鉴定人以言词形式对于鉴定意见接受控辩双方的质证,所以属于言词证据。言词证据的共同特点是:生动、形象、内容丰富、涵盖面大,往往能够直接证明有关案件的事实;但其真实性受到提供证据的人自身道德素质、外界影响以及感知能力、判断能力、记忆能力和表达能力的影响,对其审查判断比较复杂。

凡是以物品的性质或外部形态、存在状况以及其内容表现证据价值的证据(包括书面文件),都属于实物证据。法定证据种类中的物证、书证、勘验检查笔录均属于实物证据。其中，勘验检查笔录之所以被列入实物证据，是因为它是办案人员在勘验、检查中对所见情况的客观记载。实物证据客观性、直观性较强，不像言词证据那样容易受到人的各种主观因素的影响。此外，对于视听资料、电子数据属于言词证据还是实物证据，应当具体分析。

四、直接证据与间接证据

直接证据与间接证据是根据证据与案件主要事实证明关系的不同而进行划分的。刑事案件的主要事实是指犯罪事实是否存在，以及该行为是否系犯罪嫌疑人、被告人所实施。所谓直接证据，是指能够单独地直接证明案件主要事实的证据。间接证据，是指不能单独地直接证明案件主要事实，而需要与其他证据相结合才能证明案件主要事实的证据。

在理解直接证据与间接证据的划分时，应当注意以下三个问题：(1)分类范围只涉及证明案件主要事实的证据，其余与案件主要事实无关但对量刑有作用的证据并不纳入这种分类方法之中。(2)直接证据分为肯定性直接证据和否定性直接证据。肯定性直接证据的内容必须同时证明发生了犯罪案件和谁是实施者这两个要素，否则就不是肯定性直接证据。例如，犯罪嫌疑人、被告人的供述就是典型的肯定性直接证据；否定性直接证据则不然，只要一项证据足以否定上述两个要素中的任意一个，就是否定性直接证据。因为只要有一项否定性直接证据成立，就可以断定案件的主要事实不存在，或者不是刑事案件，或者犯罪嫌疑人、被告人无罪。(3)直接证据或间接证据都可以是原始证据或传来证据，其划分标准与证据的来源或者出处无关。不应当将直接证据与间接证据的划分同原始证据与传来证据的划分相混淆。

间接证据有以下特点：(1)间接证据之间互相依赖、互相关联，必须互相结合才能证明案件主要事实；(2)相比直接证据，间接证据的证明过程要复杂很多，需要一个推理和判断的过程。

鉴于间接证据的特点，最高法院《解释》第 105 条规定了全部根据间接证据定罪的规则："没有直接证据，但间接证据同时符合下列条件的，可以认定被告人有罪：(1)证据已经查证属实；(2)证据之间相互印证，不存在无法排除的矛盾和无法解释的疑问；(3)全案证据已经形成完整的证明体系；(4)根据证据认定案件事实足以排除合理怀疑，结论具有唯一性；(5)运用证据进行的推理符合逻辑和经验。"

思考与训练

一、思考题

1. 什么是刑事诉讼中的证明？什么是证明对象？
2. 如何理解重证据、不轻信口供的原则？
3. 间接证据有什么特点？运用间接证据定案有什么规则？

二、选择题

1. 公安机关向与犯罪嫌疑人李某住同一个单元的黄某了解情况时，黄某称有一次和李某喝酒，李某醉后曾讲出自己因疏忽而导致董某死亡的事实。关于黄某的陈述，下面哪些选项是正确的？（　　）（多选）

A. 间接证据　　B. 传来证据

C. 言词证据　　D. 实物证据

2. 公安机关勘验杀人现场时，提取了插在被害人胸部的一把匕首。从证据分类的角度看，该匕首属于下列哪种分类？（　　）

A. 原始证据、直接证据　　B. 传来证据、间接证据

C. 实物证据、直接证据　　D. 原始证据、间接证据

3. 刘某涉嫌强奸罪、杀人罪，在公安机关收集到的下列证据中，哪些属于间接证据？（　　）（多选）

A. 在现场提取的刘某的毛发

B. 从被害人身上提取的遗留物，经鉴定系刘某所留

C. 王某证明案发前看到刘某进入被害人住宅的证言

D. 带血的菜刀

4. 下列哪一选项既属于原始证据，又属于间接证据？（　　）

A. 被告人丁某承认伤害被害人的供述

B. 证人王某陈述看到被告人丁某在案发现场擦拭手上血迹的证言

C. 证人李某陈述被害人向他讲过被告人丁某伤害她的经过

D. 被告人丁某精神病鉴定结论的抄本

5. 甲、乙两家曾因宅基地纠纷诉至法院，尽管有法院生效裁判，但甲、乙两家关于宅基地的争议未得到根本解决。一日，甲、乙因各自车辆谁先过桥引发争执继而扭打，甲拿起车上的柴刀砍中乙颈部，乙当场死亡。对此，下列哪一选项是不需要用证据证明的免证事实？（　　）

A. 甲的身份状况

B. 甲用柴刀砍乙颈部的时间、地点、手段、后果

C. 甲用柴刀砍乙颈部时精神失常

D. 法院就甲、乙两家宅基地纠纷所作出的裁判事项

6. 下列哪一证据规则属于调整证据证明力的规则？（　　）

A. 传闻证据规则　　B. 非法证据排除规则

C. 关联性规则　　D. 意见证据规则

7. 甲涉嫌利用木马程序盗取 Q 币并转卖他人，公安机关搜查其住处时，发现一个 U 盘内存储了用于盗取账号密码的木马程序。关于该 U 盘的处理，下列哪些选项是正确的？（　　）（多选）

A. 应扣押 U 盘并制作笔录

B. 检查 U 盘内的电子数据时，应将 U 盘拆分过程进行录像

C. 公安机关移送审查起诉时，对 U 盘内提取的木马程序，应附有该木马程序如何盗取账号密码的说明

D. 如 U 盘未予封存，且不能补正或作出合理解释的，U 盘内提取的木马程序不得作为定案的根据

8. 关于我国刑事诉讼的证明主体，下列哪些选项是正确的？（　　）（多选）

A. 故意毁坏财物案中的附带民事诉讼原告人是证明主体

B. 侵占案中提起反诉的被告人是证明主体

C. 妨害公务案中就执行职务时目击的犯罪情况出庭作证的警察是证明主体

D. 证明主体都是刑事诉讼主体

三、案例分析

胡某与黄某相互勾结贩卖毒品，一次两人卖得赃款 30 万元，后双方因分赃产生矛盾。11 月 23 日晚 7 时许，黄某去找胡某讲理，胡某假意与黄某喝酒，称有话好说。在黄某喝酒时，胡某趁黄某未注意之际，抄起身边一把板斧向黄某砍去，黄某一闪，斧头砍在肩上，黄某痛叫一声后又被胡某砍中头部死去。此时恰逢邻居一 8 岁小孩因风筝落到胡某房子的屋檐上，爬到胡某屋窗台上，想把风筝取下来，看见了倒在地上的黄某血流不止，心里害怕，急忙跳下窗台跑回家。胡某将黄某的尸体用袋子装好，绑在自行车后座上，用自行车推到桥上，扔到江心。后因黄某失踪，家属报案后，某区公安局派侦查人员侦查时，先对胡某家进行现场勘查，在地板缝里取到血迹，经鉴定与被害人血型相同。在调查取证时，由于人数众多，便由侦查人员对数名证人共同询问。经询问收集到下列证人证言：居民乔某（男，43 岁，与胡某家隔一条小路。患青光眼，晚上视物不清，但听力灵敏，与胡某无亲属或其他利害关系）证明：秋季的一天晚上，他看到黄某进了胡某院内，不久听到两人大声吵叫，其中一句是黄某说胡某贪心的话，具体什么内容没有听清。过了 1 小时，黄某从胡某家屋内出来走了，好像带着很大的袋子。时间是 11 月 23 日，因为那天家中买电视，发票上记载的是 11 月 23 日。

居民王某（男，35 岁，感官正常，与胡某住同一小区，认识但无特别关系）证明：某天晚上，出门办事遇见胡某骑车带一沉重的袋子往江桥方向骑去。王某问话时，胡某说去卖西瓜，并且证实那天王某准备送孩子学钢琴，应是 11 月 23 日。

胡某邻居 8 岁小孩（智力正常发育、感官机能、辨别能力、表达能力均达同年龄儿童平均标准）证明：一天晚上，在胡某家屋外放风筝，听到过屋内有人喊叫，后来在窗台上看到一人躺在胡某屋地上，流了好多血。

黄某之妻袁某证实黄某最后离家是 11 月 23 日晚上，走前没说去哪里，以后一直没有回家。

胡某的父亲胡强（对胡某自幼便溺爱有加，与胡某感情深厚）证明：胡某当天晚上一直在家看电视，看的是一部武打片，中间有一个剧中人惨叫一声，晚上没有任何外人到家里来。

詹某(男,31岁,感官正常,是胡某的邻居,平素关系很好,经常往来)证明:11月23日那天晚上,他下班回来路过江桥时,看见胡某往江心扔东西。问胡某时,胡某说是扔垃圾。

询问证人乔某、王某、詹某时,他们要求对自己的姓名保密,被侦查人员拒绝。后来侦查人员又讯问了犯罪嫌疑人胡某,胡某否认犯罪,称自己当晚一直在家,未见过被害人黄某。

本案经市检察院审查起诉,又向市法院提起公诉。法院受理后,依法公开审理。在审理过程中,证人胡强旁听法庭审判时,在法庭大吵大闹,审判长决定对其处以1500元罚款。证人詹某提出申请审判员回避,审判长宣布休庭,由院长作出了回避决定。审判结束后,经合议庭评议,判决被告人胡某犯故意杀人罪,判处死刑,立即执行。

问题:

1.本案诉讼程序有何不当之处?并说明理由。

2.试分析本案中证人证言的可信度。

(扫描二维码获取参考答案)

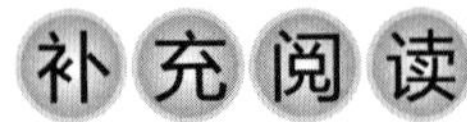

《科学证据一定是科学的吗?》

(扫描二维码阅读)

第十一章

刑事诉讼证明

导读

通过本章的学习，掌握刑事诉讼证明、证明对象、证明责任和证明标准的概念，以及证据审查判断的步骤及方法，正确理解证明对象的范围、证明责任的分配、证明标准和免证事实的种类，熟悉我国现行刑事法律规范对证明对象、证明责任、证明标准及证据审查判断和运用证据认定案情的具体规定并能实践运用。

第一节　证明概述

一、证明的概念和特征

证明广泛存在于社会生活的各个领域，通常是指“用可靠的材料来表明或断定人或事物的真实性”。

诉讼活动中的证明，是指司法人员和当事人等在诉讼过程中依法收集并运用证据材料来说明或确定全部或部分案件事实的活动。在我国，刑事诉讼证明是指公安司法机关、当事人及其辩护人、诉讼代理人在刑事诉讼过程中依法收集并运用证据材料来揭示全部或部分案件事实的活动，即依法运用证据材料确定案件事实的活动。[①] 刑事诉讼证明概念界定体现于我国现行刑事法律规范中，如《刑事诉讼法》第 59 条第 1 款规定：“在对证据收集的合法性进行法庭调查的过程中，人民检察院应当对证据收集的合法性加以证明。”在英美法系国家，通常将刑事诉讼证明界定为双方当事人(或控辩双方)在法庭上举证以说明法官确认本方所主张案件事实的活动。[②]

关于刑事诉讼证明(后简称“证明”)的含义，我国学界存有争议。有学者持广义论，认为：“证明是指公安、司法机关和有关当事人查清、阐明和确定案件事实的诉讼活动。”[③]广义的证明涵盖侦查、起诉、审判等诉讼活动，其主体包括公安司法机关及有关诉讼参与人。此说为当前我国刑事诉讼法学界主流观点。也有学者持狭义论，认为：“刑事诉讼中的证明通常是指公安司法机关在刑事诉讼中运用证据认定案件事实的活动。”[④]狭义的证明概念所界定的证明主体排除刑事诉讼当事人及其辩护人、诉讼代理人。

刑事诉讼证明与一般意义上的证明相比，具有自己的明显特征：

1. 证明的主体是特定的机关和人员。查明犯罪事实是否发生、行为人是否应当承担刑事责任及如何对被告人定罪量刑，是刑事诉讼的中心任务。围绕这一中心，要进行大量的证据收集、审查、判断活动，只有客观、全面地收集、审查和判断证据，才能确保案件结果的正确、公正。因此，对案件进行侦查、起诉、审判的公安机关、人民检察院、人民法院首先是证明的主体，它们要通过自己的诉讼活动确保侦查、起诉、审判能够查明案件事实真相。同时，诉讼当事人为了维护自己的合法权益，也会提出证据支持自己的诉讼主张；担任辩护人、诉讼代理人的律师为履行职责，也要进行一定的证据收集活动，以有效地进行辩护或者代理活动。因此，诉讼当事人和律师也是证明的主体。

2. 证明的目的是还原案件事实。案件事实是司法机关、诉讼当事人进行诉讼首先必

---

① 中国社会科学研究院语言研究所词典编辑室：《现代汉语词典(第 5 版)》，商务印书馆 2005 年版，第 1741 页。

② 陈光中：《刑事诉讼法(第六版)》，北京大学出版社、高等教育出版社 2016 年版，第 176 页。

③ 陈卫东：《刑事诉讼法(第三版)》，人民出版社 2012 年版，第 138 页。

④ 陈光中、徐静村：《刑事诉讼法学(修订二版)》，中国政法大学出版社 2002 年版，第 134 页。

须解决的问题，是适用法律的前提。只有查明了案件事实，才能根据案件情况作出正确的决定，保证最终对案件的处理符合法律的要求，从而保障当事人的合法权益。只是在刑事诉讼中的不同阶段，证明的目的及要求不完全相同而已。

3.证明的根据是证据。由于案件客观事实伴随时间的流逝而全部或部分消失，是一种未知事实。各证明主体通过收集、运用相关证据材料来揭示案件事实，是用已知的事实即证据材料来推断未知事实的过程即案件客观事实真相的活动。一般意义的证明，通常适用公理或某种定律来推断某种未知事实。

4.证明是一种诉讼活动，应受法律的规范和制约。一般意义上的证明是人类某种逻辑思维活动，体现为人类对自然、对社会及对自身的某种认识；证明具有明显的刑事法律性。因证明活动能产生某种刑事法律后果即关联着被追诉人的刑事责任问题，因此，证明应由刑事法律予以规范和约束。例如，如何界定证明标准、证明主体，如何合理设定证明程序等，均应予以明确法律规定。

二、证明的意义

《刑事诉讼法》第 53 条明确规定："公安机关提请批准逮捕书、人民检察院起诉书、人民法院判决书，必须忠实于事实真相。"证明是诉讼各方准确查明案件事实的必要活动，也是案件得以正确处理的前提及保障。

1.证明是查清案件事实的重要方法。刑事案件发生过程及相关要素是已经发生的事实，或被淡忘，或被假象所隐藏，欲使案件客观事实得以真实、全面还原，只能通过收集相关证据材料并予以审查，去伪存真，并通过科学方法予以推断，方可还原事实本原。因此，证明是查清案件事实的重要方法。

2.证明是正确适用法律的前提。我国现行《刑事诉讼法》第 6 条明确规定，我国刑事诉讼根本原则之一是以事实为根据、以法律为准绳。查清案件事实，是正确适用法律的前提与保障。证明，作为查清案件事实的重要方法，其程度直接影响刑事纠纷的处理质量。另外，在诉讼过程中，公安司法机关实施某一具体诉讼行为，如对犯罪嫌疑人、被告人采取某种强制措施等等，而这些诉讼行为实施的前提都是相同的，即要以查清的案件事实为前提。而查清案件事实须以公安司法机关实施正确的证明活动为基础。

3.证明贯穿于刑事诉讼整个过程。刑事诉讼是案件事实发现及法律适用活动。证明是案件事实发现的重要方法，也是法律适用正确的前提。因此，证明贯穿于刑事诉讼全过程。刑事立案前，立案机关通过初查收集相关证据材料并进行审查判断来确定是否立案；侦查机关通过收集相关证据材料来完成侦查任务；审查起诉机关通过运用、审查判断相关证据材料来决定是否提起刑事公诉；审判机关通过运用、审查判断相关证据材料来准确界定被告人刑事责任问题；执行机关通过收集、审查相关证据材料来决定是否对罪犯予以减刑、假释。同时，在诉讼过程中，当事人及其辩护人、诉讼代理人均可提交相关证据材料来支持自己的诉讼主张，也是一种证明活动。因此，证明贯穿于刑事诉讼全过程。

第二节　证明对象

一、证明对象的概念

刑事诉讼中的证明对象，又称为待证事实，即指在刑事诉讼中需要运用证据材料予以证明的案件事实。由于刑事诉讼任务主要是解决被追诉人刑事责任问题，因此证明对象必须与对犯罪嫌疑人、被告人定罪量刑及保证程序公正有关。证明对象的准确界定，一方面可有效节省司法办案资源，提升刑事司法效率，另一方面也可有助于公安司法机关全面了解案情，避免因遗漏案件事实而导致冤假错案发生。

二、证明对象的内容

公安部《规定》第69条规定："需要查明的案件事实包括：（一）犯罪行为是否存在；（二）实施犯罪行为的时间、地点、手段、后果以及其他情节；（三）犯罪行为是否为犯罪嫌疑人实施；（四）犯罪嫌疑人的身份；（五）犯罪嫌疑人实施犯罪行为的动机、目的；（六）犯罪嫌疑人的责任以及与其他同案人的关系；（七）犯罪嫌疑人有无法定从重、从轻、减轻处罚以及免除处罚的情节；（八）其他与案件有关的事实。"最高法院《解释》第64条规定："应当运用证据证明的案件事实包括：（一）被告人、被害人的身份；（二）被指控的犯罪是否存在；（三）被指控的犯罪是否为被告人所实施；（四）被告人有无刑事责任能力，有无罪过，实施犯罪的动机、目的；（五）实施犯罪的时间、地点、手段、后果以及案件起因等；（六）被告人在共同犯罪中的地位、作用；（七）被告人有无从重、从轻、减轻、免除处罚情节；（八）有关附带民事诉讼、涉案财物处理的事实；（九）有关管辖、回避、延期审理等的程序事实；（十）与定罪量刑有关的其他事实。"根据我国现行刑事法律规范及司法实践经验，刑事诉讼证明对象包括实体法事实和程序法事实两方面的内容。

（一）实体法事实

由于刑事诉讼主要解决被追诉人刑事责任问题，因此实体法事实即指有关犯罪构成要件的事实及量刑事实。犯罪构成要件事实主要包括犯罪客体、犯罪的客观方面、犯罪主体、犯罪的主观方面四个部分内容；量刑事实主要包括从重、加重或者从轻、减轻、免除处罚的事实，以及犯罪嫌疑人、被告人的个人情况和犯罪后的表现。

1. 与犯罪构成要件有关的事实

被追诉人是否构成犯罪，决定着被追诉人是否应被刑事处罚。因此，与犯罪构成要件有关的事实，是证明对象的核心部分，也是进行刑事诉讼首先要查明的事实。这主要包括：(1)犯罪事实是否存在；(2)犯罪行为是否为犯罪嫌疑人、被告人所实施；(3)犯罪行为实施过程;(4)犯罪造成的危害后果;(5)危害后果与犯罪行为之间是否存在着法律上的因果关系;(6)犯罪嫌疑人、被告人的刑事责任能力;(7)犯罪嫌疑人、被告人实施犯罪行为时的主观罪过,包括故意和过失;(8)犯罪嫌疑人、被告人实施犯罪行为的动机和目的;(9)行为人应否追究刑事责任。

刑事诉讼的宗旨是打击犯罪与保障人权的和谐统一。刑事诉讼的根本任务是准确及时地惩罚犯罪,并且保障无罪的人不受刑事追究。因此,证明主体在查明犯罪构成要件事实时,应排除刑事责任和行为违法性、可罚性的事实以避免冤假错案发生。(1)排除刑事责任的事实,这主要包括:该事实并非犯罪嫌疑人、被告人所为;行为情节显著轻微,危害不大,不认为是犯罪;行为人不具备刑事责任能力的事实;等等。(2)排除行为违法性的事实,这主要包括正当防卫、紧急避险及行使职权行为等。(3)排除行为可罚性的事实,这主要指我国现行《刑事诉讼法》第16条所规定的部分情形,主要包括犯罪已过追诉时效期限的事实;经特赦令免除刑罚的事实;犯罪嫌疑人、被告人死亡的事实;等等。

关于犯罪构成要件事实,我国有学者借鉴国外证据理论,将上述有关犯罪构成要件的事实概括为"七何"要素或"7W"要素,即何人(Who)、何时(When)、何地(Where)、为何(Why)、如何(How)、侵害何种对象(Which)、产生何种结果(What)。当然上述"七何"要素并非在每个具体案件中均不可或缺,应根据案件具体情况具体分析,应将犯罪构成四要件作为证明对象的核心。[①]

2. 与量刑有关的事实

量刑是人民法院对被告人依法裁量决定刑罚的一种诉讼活动,包括对被告人作出从重、从轻、减轻处罚或者免除处罚的各种裁决。依据"以事实为根据,以法律为准绳"原则,对被告人的量刑必须以查证属实的事实为依据。根据我国现行刑事法律规范,与量刑有关的事实包括法定情节和酌定情节两类。其中,法定情节包括:(1)从重处罚的事实。这主要包括累犯事实及我国现行刑事法律规范所规定的具体犯罪时应当从重处罚的情节,如教唆未成年人犯罪事实等。(2)从轻、减轻或者免除处罚的事实。这主要包括自首、立功事实、防卫过当事实、紧急避险超过必要限度事实、未成年人犯罪事实,又聋又哑的人或者盲人犯罪事实及犯罪形态事实等。酌定情节是根据刑事立法精神及司法实践概括出来的、在量刑时酌情考虑的情节。酌定情节是法定情节的补充,通常散见于具体案件事实中。当法定从重、从轻、减轻或免除处罚情节发生重叠时,可依据酌定情节进行量刑。常见酌定情节主要包括:(1)犯罪动机;(2)犯罪手段;(3)犯罪时环境和条件;(4)犯罪造成的损害后果;(5)犯罪侵害的对象情况等。[②]

3. 犯罪嫌疑人、被告人的个人情况和犯罪后的表现。犯罪嫌疑人、被告人的个人情况,包括姓名、性别、年龄、籍贯、家庭出身、本人成分、文化程度、民族、职业、住址、工作经历、是否受过刑事处罚和其他处分、政治面貌、一贯表现等。犯罪嫌疑人、被告人犯罪后的表现,主要包括赔偿情况、认罪悔罪情况等。

---

① 刘金友:《证据理论与实务》,法律出版社1992年版,第149页;陈一云:《证据学》,中国人民大学出版社1991年版,第130页。

② 卞建林:《证据法学(第三版)》,中国政法大学出版社2007年版,第236页。

在刑事诉讼中查明犯罪嫌疑人、被告人的个人情况及其犯罪后的表现，同样具有重要意义，主要体现在：(1)可以准确地确定真正的犯罪嫌疑人，防止出现张冠李戴的情况，避免错案。(2)在犯罪嫌疑人、被告人的个人情况中，除属于犯罪构成必备要件方面的事实外，还有一些与正确量刑有关，如犯罪时不满十八周岁的人，不适用死刑；怀孕的女性罪犯，不适用死刑等。(3)查明犯罪嫌疑人、被告人犯罪后的表现和态度，如是否有自首、坦白或检举立功等悔改表现，或者是否有逃跑、串供、毁灭证据等情况，可借以判断其主观恶性的程度、社会危害性的大小和教育改造的难易，从而在量刑时予以综合考虑。

(二)程序法事实

程序法事实是指对解决诉讼程序纠纷具有法律意义的事实。程序纠纷的解决既会影响案件的程序公正，也会影响案件的实体公正。为保障刑事纠纷处理结果的公正性，程序法事实也是我国刑事诉讼证明对象。在司法实践中需要证明的程序法事实主要包括：(1)有关回避的事实；(2)有关诉讼行为的进行是否违反诉讼期间的事实；(3)关于对犯罪嫌疑人、被告人采取强制措施的事实；(4)有关诉讼行为是否违反法定程序的事实，如搜查、扣押、讯问犯罪嫌疑人、询问证人等诉讼行为是否违反法律的规定，人民法院审判案件是否违反公开审判制度；(5)关于管辖的事实；(6)影响执行的事实，如刑事执行机关对罪犯是否可适用暂予监外执行的事实、对罪犯是否可适用减免罚金的事实等；(7)其他需要证明的程序事实。

第三节　证明标准

证明标准，又称证明要求，是指各证明主体运用证据材料证明待证事实应达到的程度和要求，即证明应达到何种程度，方可进行某种诉讼活动或作出某种结论。证明标准的明确界定，可有效避免刑事纠纷处理机关擅断，影响着诉讼结果的公正性。在当代刑事诉讼中，大陆法系国家或地区的有罪裁判证明标准表述为“内心确信”；英美法系国家或地区的有罪裁判证明标准表述为“排除合理怀疑”。

一、我国刑事诉讼中的证明标准

我国公诉案件通常要经过立案、侦查、移送审查起诉、提起公诉、裁判等环节。公安司法机关在上述环节中作出的司法决定，均应对案件事实作出证明。由于各司法决定内容及条件不同，证明标准也有所不同。《刑事诉讼法》第 112 条明确规定：“人民法院、人民检察院或者公安机关对于报案、控告、举报和自首的材料，应当按照管辖范围，迅速进行审查，认为有犯罪事实需要追究刑事责任的时候，应当立案；……”这说明，我国刑事立案的证明标准是“有犯罪事实需要追究刑事责任”。《刑事诉讼法》第 162 条所规定的移送审查起诉的证明标准表述为“犯罪事实清楚，证据确实、充分”。此条款所述的“犯罪事实清楚”仅指侦查机关的判断，不具有实体裁决意义。《刑事诉讼法》第176条所规定的提起公诉证明标准表述为“犯罪事实已经查清，证据确实、充分”。此条款所述的“犯罪事实已经查清”也属公诉机关的判断，不具有实体裁决意义。《刑事诉讼法》第200条第1项所规定的有罪判决的证明标准表述为“案件事实清楚，证据确实、充分”。根据我国现行刑事法律规范，学界通常认为我国刑事诉讼的证明标准可表述为“犯罪事实清楚，证据确实、充分”。

所谓“犯罪事实清楚”，即指案件中影响到对犯罪嫌疑人、被告人定罪量刑的事实及情节，均已查清或认识清楚。对于与犯罪嫌疑人、被告人定罪量刑无关的案件细枝末节，则不必查清。所谓“证据确实、充分”，依据《刑事诉讼法》第55条第2款规定，应同时具备“（一）定罪量刑的事实都有证据证明；（二）据以定案的证据均经法定程序查证属实；（三）综合全案证据，对所认定事实已排除合理怀疑”。此条款第3项所提到的“排除合理怀疑”，通常是指证据之间、证据与案件事实之间不存在合理矛盾，即使存在矛盾也可通过合理解释或理性论证予以排除，综合全案证据，得出结论具有唯一性，排除其他可能性。

二、疑难案件的处理

基于刑事案件的复杂性及人类认知的局限性，对刑事案件的证明有时不能完全实现法律事实与客观事实的完全重叠。在刑事司法实践中，部分案件虽有一定证据证明犯罪嫌疑人、被告人有犯罪嫌疑，但基于种种原因无法达到“犯罪事实清楚，证据确实、充分”的证明要求，因此，刑事疑案在现实生活中客观存在。对刑事疑案的处理，在实行有罪推定原则的封建社会通常按有罪处理，即疑罪从有；在实行无罪推定原则的资本主义社会通常按无罪处理，即疑罪从无。

我国现行《刑事诉讼法》第12条明确规定，未经人民法院依法判决对任何人都不得确定有罪原则，吸收了无罪推定原则的合理内容。在该原则指导下，我国《刑事诉讼法》第175条第4款明确规定人民检察院在审查起诉案件过程中，对于二次补充侦查的案件，仍然认为证据不足，不符合起诉条件的，应当作出不起诉的决定；《刑事诉讼法》第200条第3款明确规定，人民法院在审判时对于证据不足、不能认定被告人有罪的，应当作出证据不足、指控的犯罪不能成立的无罪判决。因此，我国刑事诉讼法对疑案的处理同样采用“疑罪从无”的原则。这要求我国人民法院在处理疑案时应做到：当被告人罪疑无法证明其有罪时，应做出无罪判决；当被告人罪重罪轻难以确定时，只能认定证据充分的轻罪。

第四节　证明责任

证明责任是指证明主体依照法律规定提出相关证据材料并对自己提出的诉讼主张予以证明的责任。证明主体因举证不能或不足，或无法予以相关证据材料来证实自己的诉讼主张，则承担败诉结果。

一、公诉案件证明责任的承担

在公诉案件中，证明责任由公安司法机关承担。《刑事诉讼法》第 52 条规定："审判人员、检察人员、侦查人员必须依照法定程序，收集能够证实犯罪嫌疑人、被告人有罪或者无罪、犯罪情节轻重的各种证据。"这说明两点：一是我国公安司法机关调查收集刑事诉讼证据材料，是法定职责；二是我国公安司法机关应当调查收集的刑事诉讼证据材料范围是全案证据，包括能够证实犯罪嫌疑人、被告人有罪、罪重的证据即控诉证据，也包括能够证实犯罪嫌疑人、被告人无罪、罪轻的证据即辩护证据。对于犯罪嫌疑人、被告人所提供的证据线索材料，应当有责任予以查清。

在公诉案件中，犯罪嫌疑人、被告人一般不承担证明责任，即没有提出证据证明自己无罪的义务。如刑事指控方不能提出充分证据证实犯罪嫌疑人、被告人有罪，则依据无罪推定司法精神，应当认定犯罪嫌疑人、被告人无罪。《刑事诉讼法》第 52 条规定："严禁刑讯逼供和以威胁、引诱、欺骗以及其他非法方法收集证据，不得强迫任何人证实自己有罪。"《刑事诉讼法》第 120 条规定："犯罪嫌疑人对侦查人员的提问，应当如实回答。但是对与本案无关的问题，有拒绝回答的权利。"这说明，犯罪嫌疑人、被告人虽依法享有不被自证其罪的权利，但犯罪嫌疑人并不享有沉默权，对于侦查人员提出的与其所涉嫌案件的相关问题，犯罪嫌疑人应当如实回答。另外，依据《刑事诉讼法》第 33 条规定，犯罪嫌疑人、被告人依法享有辩护权，可针对刑事指控，自行或委托他人提出相关证据材料进行申辩以说明自己无罪或罪轻。这说明公诉案件中的犯罪嫌疑人、被告人虽依法不承担证明责任，但可依法提出相关证据材料来进行辩护。

公诉案件的犯罪嫌疑人、被告人通常不负证明责任，但在巨额财产来源不明案件中，犯罪嫌疑人、被告人应当对某些事项进行解释说明来证实自己无罪或罪轻。根据《刑法》第 395 条的规定，国家工作人员的财产、支出明显超过合法收入，差额巨大的，可以责令该国家工作人员说明来源，不能说明来源的，差额部分以非法所得论并对其依法追究刑事责任。这说明，在巨额财产来源不明的犯罪案件中，公安司法机关应首先承担证明责任，依法收集到足够的证据证明某国家工作人员的财产或支出明显超过合法收入且差额巨大；犯罪嫌疑人、被告人在公安司法机关承担证明责任后说明差额部分的来源是合法的，若不能说明即以非法所得论并被追究刑事责任，即犯罪嫌疑人、被告人承担证实自己无罪的证明责任。

二、自诉案件证明责任的承担

《刑事诉讼法》第 51 条规定，自诉案件中被告人有罪的举证责任由自诉人承担。同时《刑事诉讼法》第 210 条明确规定，自诉人向人民法院提起刑事自诉时，必须提供证据。人民法院认为缺乏罪证，而自诉人又提不出补充证据时，人民法院应当说服自诉人撤回自诉，或者裁定驳回。这说明在自诉案件中，自诉人负有证明责任。

自诉案件中的被告人同样不负证明责任。如果被告人在诉讼过程中提起反诉，他在反诉中便成为自诉人，进而对反诉负有证明责任，必须提供证据来证明反诉主张。

三、有关程序事实的证明责任

对于程序法事实的证明责任，我国现行刑事法律规范未给予明确规定，但在刑事司法实践中，通常采取“谁主张，谁证明”原则。如公安司法机关欲对犯罪嫌疑人、被告人适用某种强制措施，则须承担证明责任，提出证据来证实公安司法机关对犯罪嫌疑人、被告人采取该强制措施的必要性。对于某些程序法事实，提出主张的诉讼当事人也负有证明责任。例如，《刑事诉讼法》第 106 条规定：“当事人由于不能抗拒的原因或者有其他正当理由而耽误期限的，在障碍消除后五日以内，可以申请继续进行应当在期满以前完成的诉讼活动。”如果当事人提出此项申请，则必须提供有关耽误期限是因为不能抗拒的原因或者其他正当理由的证据。

第五节　免证事实

所谓免证事实，是指证明主体不需要提供证据，可直接予以认定的事实。对于免证事实，控辩双方在庭审过程中不必加以举证，因此可减少证明环节，加快诉讼进程，提高诉讼效率。我国现行《人民检察院刑事诉讼规则》第 401 条规定：“在法庭审理中，下列事实不必提出证据进行证明：(一)为一般人共同知晓的常识性事实；(二)人民法院生效裁判所确认并且未依审判监督程序重新审理的事实；(三)法律、法规的内容以及适用等属于审判人员履行职务所应当知晓的事实；(四)在法庭审理中不存在异议的程序事实；(五)法律规定的推定事实；(六)自然规律或者定律。”根据诉讼理论，免证事实一般主要包括以下几种：

一、众所周知的事实

所谓众所周知的事实，是指一定区域内大多数人都知道的事实。众所周知的事实，其范围包括自然规律及定理、历史事件、时事新闻、法定节日、国界省界、日常生活知识和经验等。某件事实是否众所周知，往往因时间、地域、领域而异，其成为免证事实须同时具备两个条件：一，诉讼发生时为当地大多数人包括处理本案的司法工作者所知晓；二，因认定为免证事实而处于不利诉讼地位的当事人认同。如处于不利诉讼地位的当事人不认同，应允许其提出相反主张，并允许其提出相关证据予以证明。

二、司法认知事实

所谓司法认知事实，是指法官在审理案件的过程中，对于某些特殊事实，无须当事人举证，即直接确认其真实性而予以采信，并作为认定案情、据以裁判的依据，从而及时平息没有合理根据的争议，保证审判顺利进行，又称“审判上的知悉”。[①] 司法认知事实，主要包括审判中适用的本国法、本国加入的国际公约和一些外国法，还有诸如辨认本院工作人员等司法事项，以及本国的“政府行为、政策，以及政治、经济等方面的事实”。在刑事诉讼证明中，司法认知的事实主要是指法院依其职责或者职务所知悉的显著事实。因信息不对称，司法者基于其职务所获得的司法认知事实，在直接认定后应予以详细说明，以增强司法裁决的公正性。

三、推定事实

推定的事实是指依照法律规定或经验法则，从已知的前提事实推断未知的结果事实存在，并允许当事人举证推翻的事实。其中，即已知的前提事实，为基础事实；根据基础事实而推定存在的事实，即推定的事实。推定根据在于基础事实与推定事实之间存在着逻辑上或法律上的联系。由于基础事实比较容易证明，而推定事实通常难以证明，因此允许证明主体根据法律规定或经验法则，通过对基础事实的证明而达到对推定事实的证明。由于推定的事实无相应证据来证明，并且基础事实和推定事实之间是否存在着因果关系或逻辑关系，控辩双方可能会认知不同，因此推定事实的认定应允许不利方反证。因认定推定事实而处于不利地位的控方或辩方，既可就基础事实提出反证，也可对推定事实提出反证，也可对基础事实与推定事实之间存在的因果关系或逻辑关系予以反证。

四、预决事实

预决事实是指已经为生效法律文书所确认的事实。所谓生效法律文书，主要包括法院作出的司法文书、仲裁机关作出的仲裁书及公证机构作出的公证文书。理论上，这些事实在审判之前就已经预先被决定为真实，因而当事人在审判中主张这些事实时就不再需要进行证明，只需出示记载确认相应事实的有效法律文书，法院即予以认定。但对于公证证明的事实，其成为预决事实，还应具备一条件，即因直接认定公证证明事实而处于不利地位的控方或辩方未提出足以推翻公证证明的相反证据。

---

① 叶自强：《民事诉讼证据》，法律出版社 1999 年版，第 20 页。

第六节　证据的审查判断

一、审查判断证据的概念和意义

审查判断证据是指我国公安、司法人员对于已收集到的各种证据进行分析、研究，确定其合法性、关联性及客观性，从而对整个案件事实作出某种认定的活动。审查判断证据是包括对个别证据进行审查判断，又包括对整个案件中所有证据进行审查判断，其特征主要有：

1. 审查判断证据的主体是公安司法人员。证据的审查判断是特定主体即公安司法人员为履行责任而运用职权进行的一种单方面诉讼活动。当事人及其辩护人、诉讼代理人等其他个人或单位为维护自身或委托人利益对证据进行分析、研究等类似活动均不能称为证据的审查判断。这是因为公安、司法人员对单一证据的证明能力及证明力进行分析及对所有证据进行综合判断的活动能产生相应的法律效果，如排除或采纳某种证据、某种案件事实的法律认定，这会对当事人产生决定性的影响。因此审查判断证据的活动应受法律规范调整。当事人等对证据进行审查判断的结果通常只作为公安、司法人员审查判断证据时的参考意见，该证据是否具有证明能力及证明力的大小最终取决于公安、司法人员的认定。因此当事人等对证据进行审查判断活动只是一种事实行为而非法律行为，并不能产生某种法律效果。

2. 审查判断证据的目的在于对单一证据的证明能力和证明力进行判断，从而对整个案件事实作出某种正确认定。诉讼的目的在于公正地止争息纷，合法地获取或给予纠纷当事人“一个说法”。诉讼目的的实现则以案件客观事实能得以最大限度地再现为基础，而案件客观事实能否得以再现及程度则必须依赖证据。由于证据在司法过程中可能会受到“污染”，因此所有用作定案依据的证据必须进行审查判断以确定其是否符合“三性”要求，即证明能力是否存在。对符合“三性”要求的证据还必须确定该证据与案件事实之间的关联程度，即证明力的大小。单一证据与案件事实之间关联性越强，则其证明力越大；反之，证明力越小。由于单一证据不能自证，故需对全案证据进行综合分析，并运用逻辑推理来对单一证据的证明能力和证明力进行判断，进而对整个案件事实作出正确认定。

3. 审查判断证据活动的本质是一种思维活动。公安、司法人员在对各种证据进行审查判断的过程中必然会运用推理、判断等逻辑思维对单一证据的证明能力、证明力及所有证据对案件事实的证明程度进行认定，因此审查判断证据活动应属于理性认识活动，其外在表现为质证、认证活动。审查主体通过一系列的逻辑思维活动来分析、甄别已收集到的证据，并从中筛选出真实、有说服力的证据来认定案件事实。

由于审查判断证据与证据、待证事实紧密关联，是刑事诉讼证明活动的关键环节，具有十分重要的意义。首先，审查判断证据是诉讼证明的必经程序。在司法实践中，有权收集证据的相关人员根据自身感性认识收集若干种证据，但这些已被收集到的证据是否客观真实、收集过程是否合法，以及该证据与案件事实间是否存在关联性等情况必须经过审查主体的审查判断。依法查证属实的证据才能作为定案依据。因此对证据进行审查判断是诉讼证明的必经阶段。其次，审查判断证据是证据体系充分的必要保证。通常而言，单一证据只能证明案件的某一方面。证据确实、充分是客观事实能得以最大程度再现的前提。在司法实践中，公安、司法人员在依据感性认识收集相关证据的过程中，通常会自觉或不自觉地进行分析、推理等思维活动以判断证据体系是否充分，从而推动证据收集工作的继续进行，保证证据体系完整、充分。再次，审查判断证据是验证单一证据是否属实的根本方法。在司法实践中，因受人类认识的局限性、证据收集技术缺陷等方面原因影响，致使被收集到的证据通常是鱼龙混杂，真伪难辨。因此公安、司法机关应对现有证据进行必要的筛选，去伪存真，以提高定案证据的证明能力。否则未经审查判断的伪证在诉讼过程中将混淆视听，干扰公安、司法人员对案件客观事实的判断，从而可能导致冤假错案的出现。最后，审查判断证据是提高诉讼效率的重要方法之一。公正与效率是目前我国司法的理想价值目标。诉讼及时、尽可能减少不必要拖延是提高诉讼效率的重要途径之一。如所有证据都经审查主体进行过审查判断，则合法、真实、有较强证明力的证据能最大限度地再现案件客观事实，从而有效缩短裁判者对案件事实的判断时间，节约人力、物力消耗，提高诉讼效率。

二、审查判断证据的任务

审查判断证据的任务就是实现审查判断证据的目的。审查判断证据目的的实现便意味着审查判断证据的任务得以顺利完成。因此，审查判断证据的任务便是查清单一证据的证明能力、证明力和证据体系是否完善、充分。

（一）审查判断单一证据的证明能力和证明力

单一证据的证明能力和证明力体现在证据是否具有客观真实性、关联性及合法性方面，因此审查主体在对证据进行审查判断过程中应审查单一证据是否符合“三性”要求，是否具有证明力及证明力大小，以及能否作为定案依据。

1. 审查判断证据的客观真实性。证据的客观真实性是指作为证据的客观物质痕迹和主观知觉痕迹均为已经发生的案件事实的客观反映，均不以人的主观意志为转移而存在的事实。证据的客观真实性是证据的本质属性，也是证据具有证明能力的前提。任何证据必须查证属实才能作为定案依据。由于证据的客观真实性在现实生活中通常会受多方面因素影响，因此审查主体在审查判断证据的客观真实性时要注意以下方面：一是证据的来源。从证据的来源方面审查判断证据的客观真实性时，可审查提供证据者的身份、动机、与本案是否有利害关系；提供证据者的思想品德、一贯表现以及其感知条件和状况，是否有影响其真实反映的因素存在，如被贿买、逼迫等；该证据的提取方法是否科学;鉴定条件和鉴定人的能力是否足够解决证据的确凿性问题,以及其他发现证据时的主客观条件。二是证据内容。由于证据内容能充分显示证据是否具有客观真实性及其程度,因此对证据客观真实性的审查判断应以证据所反映的内容为重点。对证据内容是否具有客观真实性的审查判断可从以下方面进行:(1)证据所反映的社会现象或事实是否符合情理。所谓"情理"是指"人的常情和事情的一般道理",通常体现为人之常情、自然法则及蕴藏在大量民间习俗中的某些风俗习惯和地方性知识。证据内容的合情理性包括两个方面:第一,证据本身所表明的情况或事实是否符合情理;第二,证据内容与其要证明的案件事实之间是否存在合理的逻辑关系。如杀人凶器上的指纹只能证明某人曾接触过该杀人凶器,却不能证明其是凶手。因为该指纹和凶手身份的确立之间无合理的逻辑关系。悖于情理的证据内容可信度低,必须通过其他证据对其佐证。(2)证据内容本身及证据之间在内容方面是否存在矛盾。内容不一致的证据真实性较差。证据内容不一致可以有三种表现形式:第一,证据内容内部自相矛盾,即证据内容的不同组成部分之间有不一致之处。第二,该证据内容与本案中其他证据内容的不一致。如同一个证人就同一事实的两次陈述不一致。第三,该证据内容与本案中已知事实不一致。所谓"已知事实"通常是诉讼双方都无异议的事实或者是经查证属实的证据所证明的事实,如公证文书所证明的事实等。

2.审查判断证据的关联性。证据的关联性,又称为证据的相关性,是指证据与待证案件事实之间的联系及联系程度。证据的作用在于其能一定程度地展示案件事实。如证据所反映的事实与待证事实间无任何联系,则该证据也就不存在证明作用,应从证据体系中剔除。证据的关联性体现着证据对于待证事实的证明力大小。根据我国相关法律法规规定和司法实践,审查主体在对证据关联性审查判断过程中可注意以下几个方面:一是证据的关联性是否客观存在。证据与待证事实间的联系是客观存在的,而非审查主体主观想象,是不以审查主体的主观意志为转移的。审查主体应尊重二者间的这种客观联系,不能牵强附会,否则易导致冤假错案的出现。二是证据与待证事实间的联系形式及联系程度。证据与待证事实间的联系十分复杂,既有因果联系、内在联系、直接联系,又有非因果联系、外在联系和间接联系。审查主体应审查判断各种证据的证明对象及其与待证事实间的联系形式。证据与待证事实间的联系形式通常决定着其证明力的大小。通常而言,证据与待证事实间如客观存在着因果联系、内在联系或直接联系,则其证明力较强。三是证据与案件事实间联系的确定性程度。证据与案件事实间联系的确定性程度是由证据的确定性程度决定的。证据的确定性程度通常依据证据的种类属性来确定。以人身同一认定为例,指纹鉴定意见与辨认结果均可作为认定人身同一与否的证据,但因指纹鉴定意见来源于精密仪器和科学方法测定,故其确定性较强,而辨认结果因受辨认人主观因素影响较大,因而相对于鉴定意见,其确定性程度较低。但在司法实践中,也应具体情况具体分析,如该指纹不清晰且纹线数量较少,则鉴定结果的确定性就偏低;如辨认主体对辨认对象非常熟悉,则其辨认结果的确定性则偏高。通常而言,证据的确定性程度与其证明力成正比。确定性程度高的证据通常可单独作为认定某一案件事实的证据,而确定性程度低的证据必须与其他证据结合在一起,才能作为认定某一案件事实的证据。

3. 审查判断证据的合法性。证据的合法性，又称为证据的法律性，是指证据的形式及收集应符合我国现行法律法规的相关规定。证据的合法性问题，尽管法学界对此还存在一些争论，但司法界已普遍认同。根据目前我国相关法律法规的规定和司法实践，对证据合法性的审查判断应注意以下方面：一是证据是否具有合法的形式。证据要符合法定的表现形式。我国现行《刑事诉讼法》第 50 条第 2 款明确规定刑事诉讼证据形式包括物证、书证、证人证言、被害人陈述、犯罪嫌疑人、被告人供述和辩解、鉴定意见、视听资料、电子数据及勘验、检查、辨认、侦查实验等笔录。审查主体在对证据进行审查判断过程中，如发现即使有些事实或材料与案件有一定关联，但无上述法定证据表现形式，也不能作为认定案件事实的根据。二是证据是否由法定人员依照合法的程序和方法收集或提供。根据我国现行《刑事诉讼法》的规定，在刑事诉讼过程中依法享有调查取证权的主体是公安、司法人员和辩护律师、代理律师。另外，我国诉讼法律法规对于司法人员、当事人及其辩护人、代理人收集或提供证据的权利或义务、方法与途径均作出明确的规定。如《刑事诉讼法》第 52 条规定："严禁刑讯逼供和以威胁、引诱、欺骗以及其他非法方法收集证据，不得强迫任何人证实自己有罪。"三是证据是否具有合法的来源。作为定案依据的任何证据都应来源合法。如证人证言、鉴定笔录，均应由具备证人资格、鉴定人资格的自然人提供。《刑事诉讼法》第 62 条第 2 款规定："生理上、精神上有缺陷或者年幼，不能辨别是非、不能正确表达的人，不能作证人。"《刑事诉讼法》第 43 条规定："辩护律师经证人或者其他有关单位和个人同意，可以向他们收集与本案有关的材料，也可以申请人民检察院、人民法院收集、调取证据，或者申请人民法院通知证人出庭作证。辩护律师经人民检察院或者人民法院许可，并且经被害人或者其近亲属、被害人提供的证人同意，可以向他们收集与本案有关的材料。"四是证据是否经过法定程序查证属实。一切证据必须查证属实，才能作为认定案件事实的根据。《最高人民法院关于执行〈中华人民共和国刑事诉讼法〉若干问题的解释》第 58 条规定："证据必须经过当庭出示、辨认、质证等法庭调查程序查证属实，否则不能作为定案的根据。对于出庭作证的证人，必须在法庭上经过公诉人、被害人和被告人、辩护人等双方询问、质证，其证言经过审查确实的，才能作为定案的根据；未出庭证人的证言宣读后经当庭查证属实的，可以作为定案的根据。法庭查明证人有意做伪证或者隐匿罪证时，应当依法处理。"

（二）审查判断全案证据的充分性

通常而言，符合"三性"要求并经依法查证属实的单一证据，只能证明案件事实的某一方面。案件客观事实则是由多个方面组成的。因此在司法实践中，审查主体在对单一证据是否符合"三性"要求进行审查判断的同时，应对本案证据是否具备充分性进行审查判断。根据相关法律法规和司法实践，审查主体在审查判断本案证据是否具备充分性时应注意以下问题：

1. 证据数量问题。证据充分性是针对证明整个案件真实情况的证据体系来说的，首先是指证据的数量问题。只有一定数量的证据才能互相印证、互相支持、互相强化，共同证明案情。根据这个要求，在将言词证据作为直接证据使用时，必须要有其他证据予以印证，才能定案。这是因为这些直接证据都是人的陈述，它的真实性很容易受到主观因素的影响。而任何一个间接证据，只能证明有关整个案情的某一个环节，它不能证明案件的全貌和本质。如果有其他几个相应的间接证据也证明了案件中的其他几个环节并达到足以认定案件事实的程度，那么这些间接证据就形成了完整的证据链条，就达到了充分的要求。因此我们一方面对证据提出了充分的要求，一方面又不能有一个具体数量的规定。但这不是说证据的数量越多，它的证明力就越大。如果所有的证据形成不了完整的锁链，那么这样的证据再多，对认定案情也没有多大意义。究竟多少证据才能达到充分的要求，要由得出某一案件必然结论的需要而定。从形式上看，充分的证据体系中应该符合对待证事实各要素全面证明的要求。也就是说，对待证事实中所包含的时间、地点、人物、原因、行为、手段、结果等要素都应有相应种类的证据来加以证明，这些证据可以是书证，也可以是物证，或者是勘验笔录、鉴定意见等。所谓待证事实，仅指有法律意义的事实，而非全部案件客观事实。在司法实践中因各种因素干扰，有些案件可能无法收集到全部证据。但对于那些"必要"的证据，是非收集不可的。例如对于伤害案件，为了查明伤者的伤情程度，鉴定意见就是不可缺少的。从内容上看，本案中已被收集到的所有证据能够证明的内容，应该符合法律对该待证事实构成要件要求。在刑事案件中，证据的充分性应表现为对被指控的某一犯罪，所提供的证据已能满足对该犯罪构成要件的证明要求。也就是说，对于某种具体的犯罪，法律已经规定了明确的构成要件。而对这些构成要件中涉及的事实，所提供的证据已经能够予以确实、充分的证明。在民事、行政案件中，证据的充分性则表现为对需要确认的法律关系及其构成要素、导致法律关系产生、变更、消灭法律事实及其后果等内容，所提供的证据已经能够予以确实、充分的证明。

2. 证据与待证事实间的逻辑关系问题。证据的充分必然要求有一定的数量。但审查主体不能将证据的"充分性"等同于证据的"齐全性"。充分含有相对性，齐全则具有绝对性。"证据充分"与否在于证据与案件事实之间是否具有必然的逻辑联系，一定数量的证据能否必然推导出所要证明的案件事实。"'证据充分'并不是从数量上要求证据有多少，而是从案件事实上，从案件的证明对象上要求能否将其证明清楚。即案件事实证明清楚了，证据为充分，否则，证据为不足。"在司法实践中，具备下列情形之一的通常可被认为"证据不充分"：一是据以定案的证据存在疑问，无法查证属实的；二是案件主要事实缺乏必要的证据予以证明的；三是据以定案的证据之间的矛盾不能合理排除的；四是根据证据得出的结论具有其他可能性的。

三、审查判断证据的步骤和方法

（一）审查判断证据的步骤

对已收集到的证据进行审查判断是理性认识活动，是达到证明目的的必经程序和查明案件事实真相的根本方法,也是检查前期调查收集证据工作的成效。审查主体在对证据进行审查判断过程中应坚持以辩证唯物主义的认识论为指导,联系实际,具体问题具体分析,并结合证据调查收集工作有条不紊,由点到面,循序渐进。如发现证据有瑕疵或遗漏,应及时进行调查取证以消除疑问或完善证据体系,将调查取证工作贯穿于对证据审查判断的整个过程。由于不同案件对证明要求各有特点,对证据进行审查判断的步骤也有所不同,但都可依据以下步骤进行:

1. 单一证据的审查判断。审查主体对单一证据的审查判断任务主要是查清该证据的证明能力和证明力问题,主要围绕该证据是否具有客观真实性、关联性和合法性三方面进行。当然对该证据"三性"的审查判断可同时进行。对单一证据进行审查判断过程及其应注意的问题,在本章第二节中已详述。至于对各种证据种类进行审查判断过程中应注意的事项,请参见本书其他章节相关内容。

2. 全案证据的审查判断。全案证据的审查判断是指公安、司法人员对收集到的各种证据材料进行综合审查、对比、鉴别、分析,以确定各种证据的证明能力、证明力以及证据体系是否完善,从而确定案件事实的活动。对全案证据进行审查判断是一项复杂的系统工程,应当有重点、有步骤地进行。根据司法实践,对全案证据的审查判断大体可包含以下步骤:

(1)明确待证事实。在对全案证据进行审查、判断之前,首先,要明确待证事实。不管是刑事案件的诉、辩双方,还是民事、行政案件的当事人各方,在诉讼过程中都会提出自己的诉讼主张,以及用以支持其主张的相关法律事实,这些主张和事实有的是与案件有关的,有的则是与案件无关的。在与案件有关的事实中,有一些是不具有法律意义的。它们即使被证明,甚至被确证,但其结果对案件性质的认定不起作用,或在证明案件中涉及的法律关系时处于可有可无的地位。这就使得审查主体应先明确本案中的待证事实。审查主体在对民事、行政案件的全案证据进行审查判断前,通常应对待证事实中的无争议部分和有争议部分经归纳后予以明确。在无争议事实被确认后,审查主体可仅就"有争议事实"进行审查判断。在对刑事证据进行审判前,各审查主体应对案件进行全面审查,此时的"待证事实"应是起诉书所指控的全部犯罪事实,以及与此相关的、由辩护方提出或法院认为需要审查的其他事实。其次,对待证事实要确定其审查顺序。在通常情况下,这种审查顺序应与事件发生的时间顺序相一致,以便于以后的进一步审查和判断。但从实际案情出发,也可另定审查顺序,如在刑事案件审理时先审查起诉书指控被告人所触犯的重罪,在民事侵权案件中先审查侵权行为、损害后果、主观过错,最后审查因果关系等。①

(2)整理到案证据。待证事实确定之后,就应当对诉讼各方收集到的证据进行整理。首先,面对诸多的证据,应当从是否符合证据的"三性"入手来加以过滤。不具备合法性的证据不能纳入证据链,这是因为采用非法手段取得的证据特别脆弱,其内容往往是在外力或其他外界因素影响下形成的,很容易因为外界条件的改变而改变,如证人证言,当

① 蔡作斌:《证据链完整性的标准及其审查判断》,《律师世界》2003年第3期,第12—13页。

事人陈述，等等。尽管在制作此类证据时叙述者可能也确有作过叙述，但是由于在证据内容上存在不稳定性，所以，当这些外界因素变化时，叙述也会跟着变化，使得其所证明的内容反复多变，无法使用。不具备客观性的证据同样不能纳入证据链，因为证据的客观性对于认定案件事实是至关重要的。如果证据不是对客观现实的正确反映，或者仅是其部分的、片面的反映，那么将其纳入证据链的结果，势必出现严重的内部矛盾，甚至歪曲事实，形成虚假的证据链，或使得证据链脱节或断裂。不具备关联性的证据没有必要纳入证据链。这一类证据即使是合法取得的，能够反映客观真实，但是因为它与我们将要证明的事实没有关系，它既不能证明某些或某个具体的待证事实，也不能在证明具体事实的证据之间起到连接作用。因而，对于案件事实的证明，它是可有可无的。其次，应区分程序证据和实体证据。在刑事诉讼过程中，区分实体证据与程序证据，进而在刑事诉讼中审查有关诉讼当事人是否适格，有关办案机关是否依法办案，其违反法定程序的行为是否影响案件的公正审理，是十分必要的。

(3)进行逻辑判断。在明确待证事实、处理到案证据后，就必须采用逻辑方法，将现有证据与待证事实进行对照，以确定各待证事实是否均有有效证据与其相对应。如能做到一一对应，该步骤即告完成。如发现某些待证事实尚无相应证据可资证明，则须进一步审查这些待证事实在整个案件事实中的地位，以及这一证据欠缺对全案事实认定的影响，如认为这一证据欠缺使得已被证明的案件各事实中存在脱节现象，足以对案件的定性或当事人的诉讼请求产生影响时，就应该认定该证据链不具有完整性，则应要求证据收集主体对证据进行补充或补强。当各待证事实均有有效证据与其相对应时，就需进一步分析各个证据的具体内容，审查这些内容是否合理，有无矛盾，并进而确定其与待证事实之间存在何种联系，以及这种联系紧密程度。对于证据反映的内容不合理，或者自相矛盾的，无疑不应采信。对全案证据审查判断的重点是审查判断各证据与同案中其他证据的关系。通过把每个证据与其他证据进行对照、印证、归纳分析，从相互的联系上考察它们对待证事实的证明是否吻合，是否一致。在诉讼双方或各方均有较多证据且内容相反，甚至可能出现数条“证据链”，分别证明“是甲杀人”与“非甲杀人”、“甲向乙借钱”与“甲未向乙借钱”的命题时，更应注意区分不同种类证据和同种类的不同证据的证明力，运用逻辑方法进行比较、分析、推理，根据不同的案件事实，选用不同的证据规则，作出理性的判断。在有两条以上证据链存在，且完整性较接近，均难以否定时，应当采信说服程度相对较高者。最后，还有一个重要问题不能忽略，那就是证据链与相应法律规范的关系。我们论证证据链具有完整性并不是目的，而是借此证明待证事实，从而用被证明了的案件事实去适用相应的法律规范。因而，在证据链的完整性被确认之后，必须将其与相应的法律规范(即逻辑学“三段论”的大前提)相对照。通过对大、小前提的对照，才能最后判定案件的性质或法律关系的内容，对各方当事人的诉讼请求和主张作出支持或不支持的司法结论。[①]

① 蔡作斌:《证据链完整性的标准及其审查判断》,《律师世界》2003年第3期,第12—13页。

(二)审查判断证据的方法

对证据进行审查判断是审查主体依据自身理性，运用逻辑思维进行的一项主观认识活动。大多数案件中被收集到的证据通常数量较多且真伪难辨，因此对证据进行审查判断是一项复杂活动，需运用一种或多种方法进行去粗取精、去伪存真、由此及彼、由表及里以完成审查判断证据的任务。在司法实践中，审查主体审查判断证据的主要方法有以下几种：

1. 鉴别法。鉴别法是根据客观事物发生、发展、变化的一般规律和常识去分析、判断单一证据是否符合"三性"要求及证明力大小的方法。事物发生、发展、变化的一般规律和生活常识通常由审查判断主体通过生活经验积累而成。如在无灯光和月光的夜晚，自然人通常难以辨清行为人的脸部特征；行为人通常不可能从后面重力击打被害人的腹部等。该法通常是审判判断证据最常用、最先使用的方法。该法的使用可对证据进行初次净化和筛选，为以后的审查判断缩小范围。

2. 比对法。比对法是指将证据体系中多个具有可比性的证据进行比较对照，判断它们所反映的案件事实是否一致并据此判断其是否符合"三性"要求及证明力的方法。所谓"可比性"是指用以比对的证据所证明的对象必须是同一事实或事物。比如，将遗留在现场不可移动物上的指纹和被告人(或嫌疑人)平时留下或特意令他捺下的指纹相比较。如果两者完全相同，便可以得出该待证的指纹系被告人(或嫌疑人)所留下的结论；否则，便予以排除。

3. 印证法。印证法是指将若干证据分别证明的若干事实联系起来进行考察，以判明它们之间是否相互协调一致的证明方法。按照事物处于互相联系的辩证原理，案件发生后，证据和一定的案件事实，以及证据与证据之间必然存在着一定的联系。也就是说，某个证据的存在往往和有关证据的存在互为条件。比如，从现场收集到的一把带血的匕首，侦查人员为了判明它是否为作案的凶器，除了对它本身进行研究外，还需要查对刀上血迹和死者血型是否一致；刀形和伤口形状是否吻合。只有得出肯定性的认识，才能作为本案证据加以运用。①

4. 实验法。实验法是指为了分析判断某一现象或事实在某种条件下能否发生或者怎样发生而按原来的条件，将该事件或事实加以重演或者进行试验的一种侦查活动。验证法通常用于核实某些言词证据的客观性时加以采用。在刑事诉讼过程中，侦查人员经过公安局长批准，可以进行侦查实验。通过侦查实验，可帮助审查主体判明在某种条件或情形下，能否听到、看到某种声音或现象；或使用某种工具能否留下某种痕迹等问题，从而判明言词证据的真伪。依据相关法律法规规定，审查主体在进行侦查实验时应遵守以下规则：(1)侦查实验时在自然条件方面应当和被审查事件的条件一致或相似，应尽可能使用原有物品或工具并尽可能在案件发生地进行。(2)侦查实验，在必要的时候可以聘请有关人员参加，也可以要求犯罪嫌疑人、被害人、证人参加。侦查实验可反复多次进

① 曾斯孔：《证据的审查判断新探》，《西北政法学院学报》1998年第1期，第52—53页。

行，以保证准确性。(3)侦查实验，禁止一切足以造成危险、侮辱人格或者有伤风化的行为。(4)侦查实验，应当制作笔录，记明侦查实验的条件、经过和结果，由参加侦查实验的人员签名或者盖章。

5. 鉴定法。鉴定法是指对于案件中的某些专门性问题，由具有专门知识的人进行鉴别判断并作出结论性意见的方法。对于某些物证、书证或视听资料，仅凭审查主体的感官通常难以辨别真伪，由鉴定人员利用科技手段进行检查验证并作出鉴定意见后才能作为定案依据。司法实践中，常见的鉴定有法医鉴定、司法精神病鉴定、司法会计鉴定、刑事科技鉴定等。对于鉴定意见，还需要和其他证据联系起来进行对比分析，经查证属实后才能作为定案依据。

6. 辨认法。辨认法是指对与案件有关的物证、书证或犯罪嫌疑人不能确定时，组织相关人员加以指认与确定的活动。辨认有助于审查主体判明物证、书证的真伪和犯罪嫌疑人是否是作案人。辨认在刑事侦查活动中经常被采用。为了查明案情，在必要的时候，侦查人员可以让被害人、犯罪嫌疑人或者证人对与犯罪有关的物品、文件、尸体、场所或者犯罪嫌疑人进行辨认。但对犯罪嫌疑人进行辨认，应当经办案部门负责人批准。在司法实践中，辨认活动应遵循以下规则：(1)主持辨认的审查主体不得少于二人。组织辨认前，应当向辨认人详细询问辨认对象的具体特征，避免辨认人见到辨认对象，并应当告知辨认人有意作假辨认应负的法律责任。几名辨认人对同一辨认对象进行辨认时，应当由辨认人个别进行。必要的时候，可以有见证人在场。(2)辨认时，应当将辨认对象混杂在其他对象中，不得给辨认人任何暗示。被辨认对象的数量应符合相关法律规定。如在由公安机关组织的辨认犯罪嫌疑人时，被辨认的人数不得少于七人；对犯罪嫌疑人照片进行辨认的，不得少于十人的照片。(3)对犯罪嫌疑人的辨认，辨认人不愿意公开进行时，可以在不暴露辨认人的情况下进行，侦查人员应当为其保守秘密。(4)辨认的情况，应当制作笔录，由参加辨认的有关人员签名或者盖章。

7. 对质法。对质法是指审查主体就某一案件事实出现相反陈述时，按照法定程序组织和指挥了解该案件事实的多个自然人进行互相质询和盘诘以判明其陈述真实的方法。对质应在个别询问的基础上进行，由参加对质的自然人就所了解的事实情况分别进行陈述后，再组织其他对质人就其陈述中相矛盾之处提出问题进行质证。由于对质易导致相互串供或出现集体口供现象，因此在司法实践中，组织者应在涉及案件的重要问题无法查清时才采用这种审查判断方法。

四、审查判断证据的基本法则

审查判断证据的基本法则是指我国公安、司法人员在对证据进行综合审查判断时依法应遵守的基本准则。审查判断证据的基本法则是调整我国审查主体对证据进行审查判断活动的基本原则，也是我国公安司法人员在对证据进行审查判断时的基本行为准则。

(一)全面、客观原则

全面、客观原则是我国公安司法人员审查判断证据时应遵循的首要原则。该原则要求我国公安司法人员在对各种证据进行判断时应实事求是，不以自己或其他人员主观意志为转移，根据证据所承载的信息客观、全面地审查判断各种证据的客观性、关联性、合法性及证明力的大小，同时应根据事物产生、发展的客观规律来审查判断所有证据间是否协调一致，是否能够形成完整的证据链条来揭示案件事实真相。

(二)依法审查判断原则

诉讼的合法性原则是我国公安司法机关在诉讼过程中应遵循的基本准则，也是我国审查主体在对各种形式的证据进行审查判断时应遵循的基本行为准则。该原则主要包括以下内容：

1. 依据实体法、程序法对证据是否符合“三性”要求进行审查判断。我国立法机关在单行法或司法解释中对各种诉讼证据的法律要求均作出明确规定。因此审查主体在司法实践中对各种证据是否符合法律要求进行审查判断时应遵循相关法律法规规定。这里所说的“法律法规”应包括实体法和程序法。实体法的法律要件规定，不仅为审查判断证据确定证明对象的范围、证据的关联性、证明的充分性提供了重要尺度，而且其有关推定或法律拟制的规定，可直接作为审查判断证据的依据。程序法为审查判断证据规定了必须遵循的程序。审查主体在审查判断证据时必须严格依照法定程序进行，严禁刑讯逼供和以威胁、引诱、欺骗等非法的方法审查判断证据。同时程序法的某些规定，如对证据规则、证据能力、证据证明力的规定，可直接作为审查判断证据的取舍和采信证据的依据。①

2. 依据法定规则确定证据的证明力。审查主体在对证据进行审查判断时，还应严格依照法定规则确定有关证据的证明力并据以确定有关案件事实。例如，法律或司法解释明确规定，在刑事诉讼中某些证据材料没有证据能力，诸如以刑讯、威胁、引诱、欺骗等非法手段取得的犯罪嫌疑人、被告人供述，证人证言，被害人陈述，不能作为定案根据。

3. 依据相关法律法规的规定来审查判断证据体系是否完善，能否形成完整的证据链条。关于证据体系的充分性及能否形成完整的证据链条，我国三大诉讼法及相关司法解释均作出相同或相类似的规定。根据我国相关法律法规和司法实践经验，完整的证据体系应同时具备以下情形：(1)本案中所有待证事实均有相应的证据予以证明；(2)任何单一证据均符合客观性、关联性及合法性要求；(3)证据之间能协调一致或相互间的矛盾能得以合理排除；(4)全案证据经综合分析后，所得到的结论只能是一个或能排除其他可能性。

(三)运用逻辑推理和生活经验进行审查判断原则

审查判断证据是通过逻辑推理、判断等思维形式进行事实推定的一种主观思维活

---

① 裴国智、彭剑鸣、王彬：《证据法学教程》，中国人民公安大学出版社2005年版，第280页。

动。事实推定是指审查主体依据已知事实、根据经验法则、通过逻辑上的演绎从而得出待证事实存在与否的推定。事实推定依据的是生活经验和日常常识,若甲事实一经确立,即可推断与之有内在联系的乙事实的存在。例如,根据合同已经得到履行的事实,便可推定当事人之间存在着合同关系;根据原告经过一块高尔夫球场时,被一只高尔夫球击中,如果这一事实得到证明,同时没有证据表明球来自何处,审查主体可推定球是从高尔夫球场飞出的。运用事实推定时审查主体必须基于经验法则,根据人们在日常生活中的常识、所熟知的道理、情理和司法经验审慎进行推定,必要时可运用自己所掌握或由相关专家提供的某些专业知识进行事实推定。审查主体运用逻辑思维作出的事实推定必须符合常识、常情、常理,具有可接受性。因为法官进行事实推定时,不以法律法规为依据而以经验法则为基础,而由于经验法则一般具有主观性、相对性,它在诉讼中的运用要通过法官的主观思维活动,这样就必然带有一定的偶然性和随意性,因此法官作出的事实推定应符合常识、常情、常理,能为普通大众所接受和认可,具有可接受性。①

推定应属于自由心证范畴。为追求司法理性,各国法律法规赋予公安司法人员在审查判断证据时实行自由心证原则。该原则意味着审查主体在审查判断证据证明力大小时拥有较大的自由裁量权,但并不表明审查主体在对证据进行审查判断时拥有绝对自由而任意擅断。审查主体对证据进行的审查判断行为应受审查判断理由公开原则、符合逻辑推理规则等诸多因素制约。逻辑推理方式主要有演绎、归纳、类比。不同的逻辑推理方式有着不同的规则要求,但都包括:(1)推理的前提要真实,概念要明确,判断要恰当;(2)推理的形式要正确,要遵循同一律、不矛盾律、排中律等基本规律。② 事实推定时法官自由裁量权较大,为防止事实推定的滥用,必须强调基础事实与推定事实之间具有高度盖然性时,方能进行事实推定。运用事实推定得出的结果必须同时具备以下要件:无法直接证明待证事实的存否,只能借助间接事实推断待证事实;前提事实已得到确认;前提事实与推定事实之间有内在必然的逻辑联系;对方当事人提出反证,并以反证的成立与否确认推定的成立与否。事实推定的思维过程也可以表述为演绎推理形式,它的大前提是经验法则,小前提是符合经验法则特点的确认的基础事实,结论是与基础事实之间具有高度盖然性联系的推定事实(待证事实)。事实推定和法律推定都属于推定,都是由基础事实推出推定事实。但二者在逻辑推导中的逻辑大前提不同,法律推定的逻辑大前提是法律规定,小前提是基础事实,结论是推定事实。而事实推定的逻辑大前提是经验法则,小前提是基础事实,结论是推定事实。③

(四)遵循司法职业道德原则

司法职业道德是指与司法职业活动联系紧密、具有自身职业特征的道德准则和规

---

① 王书堂:《司法审判实践中事实认定的方法及逻辑推理应用研究——以民事诉讼为例》,《河南省政法管理干部学院学报》2008 年第 3 期,第 86 期。

② 何家弘、刘品新:《证据法学(第 2 版)》,法律出版社 2007 年 10 月版,第 387—388 页。

③ 王书堂:《司法审判实践中事实认定的方法及逻辑推理应用研究——以民事诉讼为例》,《河南省政法管理干部学院学报》2008 年第 3 期,第 86 页。

范。司法职业道德具有严肃性、政治性、独立性和约束性等特征。公安司法人员除了要遵守基本的社会道德规范外，还应遵守与其职业相适应的社会主义司法职业道德规范。根据我国社会主义司法活动的特点，司法职业道德规范应当包括：约束公安司法人员自身行为的道德规范、处理公安司法人员与其同事之间关系的道德规范、处理公安司法人员与当事人之间关系，以及处理公安司法人员与司法机关以外的一般社会成员之间关系的道德规范四个方面。社会主义司法职业道德规范的核心是秉公执法、清正廉明、无私无畏，具体包括：要忠诚于国家的法律及自己的正义信念，提高法律素养，不断加强自身的道德修养；要顾全大局、相互尊重、通力协作；司法人员的从业态度及日常行为要严肃端正，不允许有偏见，不徇私情，保持公正司法；要勇于与一切损害司法独立的外来影响做合法的抗争，与有损于司法独立的商业及政治活动保持距离；忠于事实真相，严禁枉法裁判和主观擅断。[①]

思考与训练

一、思考题

简述我国刑事诉讼证明责任的分配。

二、选择题

1. 下列案件能够作出有罪认定的是（　　）。
   A. 甲供认自己强奸了乙，乙否认，该案没有其他证据
   B. 甲指认乙强奸了自己，乙坚决否认，该案没有其他证据
   C. 某单位资金 30 万元去向不明，会计说局长用了，局长说会计用了，该案没有其他证据
   D. 甲、乙二人没有通谋，各自埋伏，几乎同时向丙开枪，后查明丙身中一弹，甲、乙对各自犯罪行为供认不讳，但收集到的证据无法查明这一枪到底是谁打中的
2. 下列关于刑事诉讼中负有证明责任主体的各种说法中，错误的有（　　）。（多选）
   A. 在张某巨额财产来源不明一案中，张某负有责任证明其为国家机关工作人员
   B. 在李某贪污一案中，公安机关负有责任证明其具备逮捕的条件
   C. 在王某虐待一案中，自诉人王老太太负有责任证明王某对其存在虐待行为
   D. 在李某故意伤害一案中，犯罪嫌疑人李某负有责任证明其无罪
3. 小刚是一名 17 岁的职业高中生，2013 年 10 月 1 日国庆节放假期间，他潜入某单位办公室窃得手机 3 部，公安机关对此案进行侦查。下列属于刑事诉讼的证明对象的有（　　）。（多选）
   A. 小刚盗窃的事实　　　　B. 小刚的年龄

---

① 耿劲松：《我国司法职业道德存在的问题与对策》，《信阳农业高等专科学校学报》2006 年第 1 期，第 30 页。

C. 2013年国庆放假事实　　D. 小刚犯罪后的表现

4. 关于我国刑事诉讼中证明责任的分配，下列说法中正确的是(　　)。(多选)

A. 犯罪嫌疑人应当如实回答侦查人员的提问，承担证明自己无罪的责任

B. 自诉人对其控诉承担提供证据予以证明的责任

C. 律师进行无罪辩护时必须承担提供证据证明其主张成立的责任

D. 在巨额财产来源不明案中，检察机关应当证明国家工作人员的财产明显超过合法收入且差额巨大这一事实的存在

三、案例分析

案情

2010年10月2日午夜，A市某区公安人员在辖区内巡逻时，发现路边停靠的一辆轿车内坐着3个年轻人(朱某、尤某、何某)形迹可疑，即上前盘查。经查，在该车后备箱中发现盗窃机动车工具，遂将三人带回区公安分局进一步审查。案件侦查终结后，区检察院向区法院提起公诉。

证据

朱某：在侦查中供称，其作案方式是3人乘坐尤某的汽车在街上寻找作案目标，确定目标后由朱某、何某下车盗窃，得手后共同分赃。作案过程由尤某策划、指挥。在法庭调查中承认起诉书指控的犯罪事实，但声称在侦查中被刑讯逼供。

尤某：在侦查中与朱某供述基本相同，但不承认作案由自己策划、指挥。在法庭调查中翻供，不承认参与盗窃机动车的犯罪，声称对朱某盗窃机动车毫不知情，并声称在侦查中被刑讯逼供。

何某：始终否认参与犯罪。声称被抓获当天从C市老家来A市玩，与原先偶然认识的朱某、尤某一起吃完晚饭后坐在车里闲聊，才被公安机关抓获。声称以前从没有与A市的朱某、尤某共同盗窃，并声称在侦查中被刑讯逼供。

公安机关：在朱某、尤某供述的十几起案件中核实认定了A市发生的3起案件，并依循线索找到被害人，取得当初报案材料和被害人陈述。调取到某一案发地录像，显示朱某、尤某盗窃汽车经过。根据朱某、尤某在侦查阶段的供述，认定何某在2010年3月19日参与一起盗窃机动车案件。

何某辩护人：称在案卷材料中看到朱某、尤某、何某受伤后包有纱布的照片，并提供4份书面材料：(1)何某父亲的书面证言：2010年3月19日前后，何某因打架被当地公安机关告知在家等候处理，不得外出。何某未离开C市。(2)2010年4月5日，公安机关发出的行政处罚通知书。(3)C市某机关工作人员赵某的书面证言：2010年3月19日案发前后，经常与何某在一起打牌，何某随叫随到，期间未离开C市。(4)何某女友范某的书面证言：2010年3月期间，何某一直在家，偶尔与朋友打牌，未离开C市。

法庭审判

庭审中，3名被告人均称受到侦查人员刑讯。辩护人提出，在案卷材料中看到朱某、尤某、何某受伤后包有纱布的照片，被告人供述系通过刑讯逼供取得，属于非法证据，应

当予以排除，要求法庭调查。公诉人反驳，被告人受伤系因抓捕时3人有逃跑和反抗行为造成，与讯问无关，但未提供相关证据证明。法庭认为，辩护人意见没有足够根据，即开始对案件进行实体审理。

法庭调查中，根据朱某供述，认定尤某为策划、指挥者，系主犯。

审理中，何某辩护人向法庭提供了证明何某没有作案时间的4份书面材料。法庭认为，公诉方提供的有罪证据确实充分，辩护人提供的材料不足以充分证明何某在案发时没有来过A市，且材料不具有关联性，不予采纳。

最后，法院采纳在侦查中朱某、尤某的供述笔录、被害人陈述、报案材料、监控录像作为定案根据，认定尤某、朱某、何某构成盗窃罪（尤某为主犯），分别判处有期徒刑9年、5年和3年。

问题：

1. 法院对尤某的犯罪事实的认定是否已经达到事实清楚、证据确实充分？为什么？

2. 现有证据能否证明何某构成犯罪？为什么？

（扫描二维码获取参考答案）

补充阅读

《非法证据排除规则的确立和发展》

（扫描二维码阅读）

第十二章

强制措施

导读

通过本章的学习，要求掌握强制措施的概念、特点及拘传、取保候审、监视居住、拘留、逮捕的概念，正确理解各种强制措施的适用对象、适用条件、适用机关、决定（批准）程序和执行程序，熟悉并能够运用刑事诉讼法及相关法律、司法解释和行政规章对强制措施的规定。

第一节　强制措施概述

一、强制措施的概念和意义

（一）强制措施的概念和特点

刑事诉讼中的强制措施，是指公安机关、人民检察院和人民法院为了保障刑事诉讼的顺利进行，依法对犯罪嫌疑人、被告人的人身自由进行限制或者剥夺的强制性手段和方法。我国法定的强制措施包括拘传、取保候审、监视居住、拘留和逮捕五种。刑事诉讼强制措施具有以下几个特点：

1.适用主体仅限于国家专门机关。有权采取强制措施的国家专门机关主要包括公安机关、人民检察院和人民法院。另外，根据《刑事诉讼法》《国家安全法》的规定，国家安全机关、军队保卫部门、中国海警局、监狱以及海关缉私局在侦查所管辖的刑事案件的过程中，也可以对犯罪嫌疑人依法采取有关的强制措施。除此之外，其他任何机关、社会团体和个人都无权行使该项权力。

2.适用对象仅限于被追诉人。在刑事诉讼中，强制措施的适用对象是犯罪嫌疑人、被告人，也包括现行犯和重大嫌疑分子。对于其他诉讼参与人和案外人，即使具有妨碍刑事诉讼的行为，只要不构成犯罪或者成为被追诉的对象，有关机关就不能对其采取强制措施。

3.适用目的是保障刑事诉讼的顺利进行。刑事诉讼强制措施并不是对被追诉人做出实体意义上的否定评价，而是为了确保侦查、审查起诉和审判等诉讼活动的顺利进行。只要被追诉人能够配合公安司法机关进行刑事调查和审判工作，不妨碍依法开展的刑事诉讼活动，就没有必要对其采取强制措施。对于妨碍程度不严重的，可以酌情采取比较轻缓的强制措施。

4.适用过程必须严格遵循法律规定。我国《刑事诉讼法》对于各种强制措施的适用条件、程序、期限、救济措施等做了明确规定，其目的就是防止滥用强制措施，依法保障人权。因此，专门机关在适用强制措施的过程中，必须严格依照法定程序和条件，遵循合法性、必要性和比例性原则，自觉维护被追诉人的合法权益。

我国《刑事诉讼法》规定的强制措施与外国大多数国家的法律规定不尽相同。在外国，一般将强制措施分为三种：第一种是限制人身自由的强制措施；第二种是对物的强制处分，如搜查、扣押等；第三种是对隐私权的干预，如窃听、强制采样等。我国强制措施限于对人身自由的限制措施。我国强制措施由拘传、取保候审、监视居住、拘留和逮捕构成，形成了一个有机联系的整体。

(二)强制措施的重要意义

正确适用强制措施,对于保障刑事诉讼活动的顺利进行,实现惩罚犯罪和保障人权的刑事诉讼目标具有十分重要的意义。

1.有助于防止犯罪嫌疑人、被告人逃避侦查、起诉和审判。趋利避害是人的本性,为了摆脱沉重的心理压力,部分被追诉人选择了逃逸、躲藏等方式,企图逃避公安司法机关的追诉和审判。因此,公安司法机关有必要对其及时采取强制措施,限制或者剥夺他们的人身自由,以确保犯罪嫌疑人、被告人接受刑事司法调查和审判。

2.有助于防止犯罪嫌疑人、被告人妨碍案情查明工作。犯罪分子为了逃避或者减轻刑事处罚,往往采取毁灭、伪造证据,故意制造假象,收买或威胁证人,与其同伙订立攻守同盟等方法,企图掩盖犯罪真相,误导公安司法机关对案情作出错误判断。因此,及时采取强制措施,限制或者剥夺他们的人身自由,就可以避免其实施妨碍查明案情的行为。

3.有助于防止犯罪嫌疑人、被告人继续实施危害社会的行为。有的犯罪分子具有较强的社会危险性以及继续犯罪的可能,有的犯罪分子还可能对证人、检举人、被害人以及侦查、审判人员实施行凶报复。因此,适用强制措施,就可以及时消除犯罪分子再次作案的可能,防患于未然。

4.有助于防止发生犯罪嫌疑人、被告人自杀、自残等各种意外事故。如果发生这种情况,既不利于查清案件事实,也可能造成不良的社会影响。因此,对他们及时采取强制措施,就可以有效防止此类意外事故的发生。

5.有助于预防犯罪,加强社会治安的综合治理。实施强制措施,可以震慑犯罪分子,警戒社会上的不法人员,鼓励人民群众积极与犯罪行为做斗争,从而可以预防和制止犯罪,在社会治安的综合治理过程中发挥重要的作用。

二、适用强制措施的原则和应当考虑的因素

(一)适用强制措施的原则

适用强制措施的根本目的在于保障刑事诉讼活动的顺利进行。客观上,强制措施对于犯罪嫌疑人、被告人的人身自由造成较大影响,被追诉人的基本人权往往受到不同程度的限制甚至剥夺。如果强制措施适用不当,势必导致被追诉人的人权受到非法侵犯。因此,在强制措施的实施过程中,必须贯彻打击犯罪与保护人权并重的指导方针,并坚持以下原则:

1.合法性原则。国家专门机关适用强制措施必须严格遵守《刑事诉讼法》及相关司法解释、部门规章对于实施条件、对象、期限、权限、程序、救济等方面的规定,切实贯彻法治原则。

2.必要性原则。并非对每一个犯罪嫌疑人、被告人都必须采取强制措施,不能将强制措施视为处罚手段,随意适用于各类犯罪嫌疑人、被告人。只有在不适用强制措施就

可能影响刑事诉讼顺利进行的情况下，才可以适用。

3.比例性原则。强制措施的具体适用，应当与案件性质、犯罪轻重以及人身危险程度相适应，避免畸轻畸重。

4.变更性原则。强制措施的适用种类及其强度应当随着刑事诉讼的进程以及适用对象个人情况的变化而有所变更或者解除。实质上，这是比例性原则的动态实现模式。

(二)适用强制措施应当考虑的因素

为了正确适用强制措施，保障刑事诉讼的顺利进行，确保公民的基本权利不受非法侵犯，公安机关、人民检察院和人民法院在具体实施过程中除遵循上述基本原则外，还应当考虑以下因素：

1.犯罪行为的性质和社会危害性的大小。是否采取强制措施，以及采取何种严厉程度的强制措施，必须与犯罪行为的性质及社会危害程度呈正相关。

2.适用对象的人身危险性程度。一般来说，犯罪嫌疑人、被告人的人身危险性越大，如屡犯、累犯，适用强制措施的可能性就较大，并应采取较严厉的强制措施。如果是偶犯或者过失犯罪，则适用强制措施的可能性就较小。

3.适用对象逃避刑事追究的可能性。如果犯罪嫌疑人、被告人具有逃避刑事追究的可能性，就应当对其及时采取强制措施。而且，逃避的可能性越大，适用强制措施的强度也应随之增强。

4.适用证据的收集、认定情况。只有在国家专门机关通过调查取证所掌握的证据材料符合适用强制措施的法定条件时，才能对犯罪嫌疑人、被告人的人身自由采取限制或者暂时剥夺的强制性手段。

5.适用对象的个人情况。例如，犯罪嫌疑人、被告人是否为正在怀孕或哺乳自己婴儿的妇女，是否为未成年人，是否存在其他不宜实施某种或者各类强制措施的情况等，以确定是否采取强制措施和采取何种强制措施。

需要指出的是，由于强制措施具有相对的可变性，因此当案件的情况发生变化，已经采用的强制措施也应当相应地变更或撤销。例如，原先没有逮捕，而采取取保候审，由于出现了新情况，导致取保候审的条件消失，此时需要逮捕的，就应当决定逮捕。

三、强制措施和刑罚、行政处罚、监察留置的区别

(一)强制措施和刑罚的区别

刑罚，是指刑法所规定的，国家审判机关依法对犯罪分子所适用的并由专门机构执行的最严厉的法律强制方法。在限制或剥夺犯罪公民的人身自由方面，刑事强制措施与刑罚中的自由刑有相似之处。而且，根据《刑法》的规定，对于被采取拘留、逮捕的人，在被判处管制、拘役、有期徒刑后，判决执行以前先行羁押的期间应当折抵刑期。但是，二者在本质上是不同的，主要区别如下：

1.法律性质和适用目的不同。强制措施属于诉讼保障制度，其主要目的是为了防止犯罪嫌疑人、被告人逃跑、串供、毁灭、伪造证据或继续犯罪，保障刑事诉讼的顺利进行；而刑罚属于审判机关对犯罪人在实体上所作的否定性评价，其主要目的是惩罚和改造罪犯，并预防犯罪的发生。

2.适用对象不同。强制措施仅适用于涉嫌犯罪但刑事责任尚未确定的犯罪嫌疑人和被告人，而刑罚只适用于经人民法院依法判决并确定有罪的人。

3.法律依据不同。强制措施是根据《刑事诉讼法》所规定的条件和程序适用的，而刑罚则是根据《刑法》所规定的犯罪构成和刑事责任适用的。

4.适用机关不同。为了保障刑事诉讼的顺利进行，公安机关、人民检察院和人民法院均有权依法适用强制措施；而对被告人处以刑罚属于审判权范畴，只能由人民法院行使。

5.适用时间不同。强制措施适用于刑事诉讼自立案开始到作出生效判决的全过程，而刑罚仅适用于人民法院作出生效判决之后的执行阶段。

6.适用稳定性不同。强制措施的适用应当符合比例性原则和可变性原则，即国家专门机关可以根据实际情况对所采取的强制措施进行变更或者予以撤销；刑罚则相对稳定，一经作出非经法定程序不得改变。

7.法律后果不同。根据无罪推定原则，被采取强制措施的犯罪嫌疑人、被告人，如果法院最终判决其无罪，或者不负刑事责任，则不能认为他有犯罪记录；而刑罚是根据《刑法》作出的，在刑罚执行完毕后，犯罪分子就被认为有犯罪前科；构成累犯的，还应从重处罚。

（二）强制措施和行政处罚的区别

行政处罚是国家行政管理机关为维护公共利益和社会秩序，保护公民、法人和其他组织的合法权益，对具有行政违法行为的公民、法人或者其他组织的行政制裁。具体方法有警告、罚款、没收违法所得、没收非法财物、责令停产停业、暂扣或者吊销许可证、暂扣或者吊销执照、行政拘留等。强制措施与行政处罚在某些方面具有相似性，如都具有强制性，都可以对被适用对象的人身自由进行一定程度的限制或剥夺。但是，强制措施与行政处罚也具有重大区别：

1.法律性质不同。强制措施属于刑事诉讼范畴，其目的是保证刑事诉讼的顺利进行，具有强制性和防范性，但不具有处罚性；而行政处罚属于行政法范畴，是对违反行政法律规范的人所实施的一种行政制裁，具有处罚性。

2.适用对象不同。强制措施仅适用于刑事诉讼中的犯罪嫌疑人、被告人，且只能针对自然人；而行政处罚的对象为行政违法人，包括公民、法人和其他组织。

3.法律依据不同。强制措施的实施依据是《刑事诉讼法》，而行政处罚的实施依据是《行政处罚法》以及其他相关法律、行政法规或部门规章。

4.适用机关不同。公安机关、人民检察院和人民法院均有权依法采取强制措施，而行政处罚则由行政处罚机关和法律法规授权的组织依法实施。

5.稳定性不同。强制措施具有可变性,在实施过程中可以根据实际情况予以变更或者撤销,相对不稳定。而行政处罚作为一种行政制裁手段,具有相对稳定性,非经法定程序不得变更。

(三)强制措施与监察留置的区别

《监察法》第22条规定,被调查人涉嫌贪污贿赂、失职渎职等严重职务违法或者职务犯罪,监察机关已经掌握其部分违法犯罪事实及证据,仍有重要问题需要进一步调查,并有下列情形之一的,经监察机关依法审批,可以将其留置在特定场所:(一)涉及案情重大、复杂的;(二)可能逃跑、自杀的;(三)可能串供或者伪造、隐匿、毁灭证据的;(四)可能有其他妨碍调查行为的。对比《刑事诉讼法》和《监察法》的相关规定,可以看出,强制措施与监察留置有以下区别:

1.依据不同。强制措施的实施依据是《刑事诉讼法》,监察留置的实施依据是《监察法》。

2.性质不同。强制措施是刑事诉讼中的诉讼保障措施,尤其是侦查阶段的强制措施更多是侦查权的体现。而留置措施是监察制度中的程序保障措施,是监察权的体现。

3.对象不同。强制措施针对的是刑事诉讼中的犯罪嫌疑人、被告人;监察留置针对的是涉嫌贪污贿赂、失职渎职等严重职务违法或职务犯罪的被调查人。

4.决定主体不同。我国刑事诉讼中的强制措施,除逮捕之外,都可以由侦查机关自行决定采取。关于监察留置,设区的市级以下监察机关采取留置措施,应当报上一级监察机关批准。省级监察机关采取留置措施,应当报国家监察委员会备案。

四、公民的扭送

在我国强制措施的体系中,需要注意公民扭送这种带有"私力救济"性质的措施。所谓扭送,是指公民将当场抓获的现行犯或者将抓获的被追捕的犯罪嫌疑人、罪犯等强制送交公安司法机关予以处理的一种法定行为。扭送是法律赋予公民在紧急情况下同犯罪做斗争的权利。公民在发现具有法律规定情形的人时,有权将其扭送至公安司法机关处理。《刑事诉讼法》第84条规定:"对于有下列情形的人,任何公民都可以立即扭送公安机关、人民检察院或者人民法院处理:(一)正在实行犯罪或者在犯罪后即时被发觉的;(二)通缉在案的;(三)越狱逃跑的;(四)正在被追捕的。"

扭送的直接目的是抓获现行犯、在逃的犯罪嫌疑人或罪犯,它是公安司法机关依靠人民群众查获犯罪分子、及时制止和打击现行犯罪活动的手段之一。它体现了我国特有的刑事司法专门机关与群众路线相结合的刑事方针和政策。扭送有助于及时发现和捕获犯罪和在逃的犯罪分子,有利于预防和打击犯罪,也是刑事案件立案材料的一项来源。

公民扭送的行为带有一定的强制性,但它并不是刑事强制措施,只是强制措施的一种必要辅助手段。对于公民来说,扭送只是法律上的授权,而非法律责任和义务。公民扭送必须严格依法进行,在对符合法定情形的涉嫌犯罪的人员采取强制性控制手段后,应当毫不迟延地将其送交公安司法机关，而不能肆意殴打、侮辱被扭送人，更不能私设公堂，严重侵犯被扭送人的人身权利。公民扭送后，既不能将被扭送人私自羁押，又不能对其采取法律上的处理，不一定由此必然引起刑事诉讼程序的发生，必须立即送交司法机关处置。只有经过司法机关对被扭送的人进行审查后，才能作出法律决定。如果确认被扭送者已经构成犯罪，应当追究刑事责任，才能提起刑事诉讼程序，或者依法采取强制措施。如果确认被扭送者无罪或罪轻，不应当追究刑事责任，没有采取强制措施，就应当释放。因此，公民扭送的行为，在刑事诉讼中并没有独立的法律意义，它只是群众协助司法机关与犯罪做斗争的一种辅助手段。

根据《刑事诉讼法》的有关规定，公民将涉嫌犯罪的人扭送至公安机关、人民检察院或者人民法院之后，上述机关应当无条件地立即接受，并且根据具体情况决定是否采取相应的紧急措施。同时，应当立即对被扭送人进行讯问，审查有关扭送的情况，并按照不同情况分别作出处理。如果发现不符合拘留或逮捕条件的，应当向实施扭送行为的公民讲明情况，做好其思想工作，然后将被扭送人释放；同时应当告诫被扭送人不得对实施扭送行为的公民进行打击报复，否则将承担法律责任。如果需要立案侦查的，应当按刑事案件管辖分工，决定负责处理的机关或部门；对不属于接受扭送的机关管辖的，应当由该机关及时移送主管机关处理。

第二节　拘　传

一、拘传的概念和意义

拘传，是指人民法院、人民检察院和公安机关对于未被羁押的犯罪嫌疑人、被告人，依法强制其到案接受讯问的一种强制方法。拘传是我国刑事强制措施中严厉程度最轻微的一种，公安机关、人民检察院和人民法院在刑事诉讼过程中都有权适用。

拘传的适用情形有两种：一是犯罪嫌疑人、被告人经合法传唤无正当理由不到案的；二是根据案件处理需要，可以不经传唤，直接拘传。拘传的适用对象是未被羁押的犯罪嫌疑人、被告人。对于已经被拘留、逮捕的犯罪嫌疑人、被告人可以直接进行讯问，不需要经过拘传程序。对于其他诉讼参与人也不能适用拘传，其中，自诉人起诉以后，经过两次依法传唤，无正当理由拒不到庭的，或者未经法庭许可中途退庭的，按撤诉处理。

在刑事诉讼中，拘传与传唤是两种独立的诉讼行为，不能混淆。其中，传唤要求犯罪嫌疑人、被告人在接到传票或传唤通知后按照指定时间、指定地点自行到案，并接受公安机关、人民检察院或者人民法院的讯问。传唤属于通知性质，不具有强制性，因此执行传唤时不能使用戒具或者押送被传唤人到案。而拘传则属于强制措施，如果犯罪嫌疑人、被告人抗拒拘传，执行拘传的人员可以使用戒具等手段强制其到案。在实践中，拘传一般是在传唤以后采用的，即当传唤以后，犯罪嫌疑人、被告人无正当理由而不到案时才使用拘传。但是，传唤不是拘传的必经程序，根据《刑事诉讼法》第66条规定的精神，也可以根据案件的具体情况，不经传唤，直接拘传犯罪嫌疑人、被告人。公安部《规定》第78条规定："公安机关根据案件情况对需要拘传的犯罪嫌疑人，或者经过传唤没有正当理由不到案的犯罪嫌疑人，可以拘传到其所在市、县内公安机关执法办案场所进行讯问。"最高法院《解释》第114条规定："对经依法传唤拒不到庭的被告人，或者根据案件情况有必要拘传的被告人，可以拘传。"

拘传对于及时查明案情、保证刑事诉讼的顺利进行具有十分重要的意义：(1)有利于依法保证犯罪嫌疑人、被告人及时到案，接受公安司法人员的讯问和审查，提高刑事诉讼效率；(2)有利于及时获取犯罪嫌疑人、被告人的供述或者辩解，并可能获得其他有关证据材料；(3)有利于增强犯罪嫌疑人、被告人的法制意识，教育其自觉遵守诉讼程序的有关规定；(4)有利于维护犯罪嫌疑人、被告人的合法权益，避免因不当羁押导致其正常的工作、学习和生活受到不必要的干扰。

二、拘传的程序和期限

为了确保公安司法机关正确行使拘传权，《刑事诉讼法》、公安部《规定》、最高检察院《规则》和最高法院《解释》对于拘传的适用、变更、解除程序以及相关期限做了如下具体规定：

1. 办理拘传手续。由案件的承办人提出申请，填写《呈请拘传报告书》，经本部门负责人审核后，报县级以上公安机关负责人、检察院检察长、法院院长批准，签发拘传证。拘传证上应载明被拘传人的姓名、性别、年龄、籍贯、住址、工作单位、案由、接受讯问的时间和地点，以及拘传的理由。

2. 执行拘传任务。拘传应当在犯罪嫌疑人、被告人所在市、县内的地点进行。公安机关、人民检察院或人民法院在本辖区外拘传犯罪嫌疑人、被告人的，应当通知当地的公安机关、人民检察院或人民法院，当地的公安机关、人民检察院、人民法院应当予以协助。拘传应当由侦查人员或者司法警察执行，且执行拘传的人员不得少于两人。拘传时，应当向被拘传人出示拘传证，对抗拘传的，可以使用械具，强制其到案。对犯罪嫌疑人、被告人拘传后应当立即讯问。

3. 确定拘传期间。拘传持续的时间从犯罪嫌疑人、被告人到案时开始计算，一次拘传持续的时间不得超过十二小时；案情特别重大、复杂，需要采取拘留、逮捕措施的，拘传持续的时间不得超过二十四小时。两次拘传间隔的时间一般不得少于十二小时，不得以连续拘传的方式变相拘禁犯罪嫌疑人、被告人，应当保证被拘传人的饮食和必要的休息时间。

4. 拘传的变更。被拘传人接受讯问后，根据案件情况，需要变更强制措施的，应当经有关机关负责人决定，在拘传期限内办理变更手续。在拘传期间内决定不采取其他强制措施的，拘传期限届满，应当结束拘传。

第三节　取保候审

一、取保候审的概念和适用条件

取保候审是指人民法院、人民检察院和公安机关依法责令犯罪嫌疑人、被告人提供保证人或者交纳保证金，保证其不逃避或者妨碍侦查、起诉、审判工作，并随传随到的一种强制措施。

取保候审是限制人身自由的一种强制措施，其适用对象是犯罪嫌疑人、被告人。根据《刑事诉讼法》第 67 条及相关司法解释的规定，取保候审适用于下列情形：

1. 可能判处管制、拘役或者独立适用附加刑的。管制、拘役或者独立适用附加刑是我国刑法中规定的较轻的刑罚，可能判处管制、拘役或者独立适用附加刑的犯罪嫌疑人、被告人的罪行较轻，社会危害性较低，不必采用逮捕。对其中有逃避侦查、起诉和审判以及其他妨碍诉讼顺利进行可能的，可以对其取保候审，令其随传随到。

2. 可能判处有期徒刑以上刑罚，采取取保候审不致发生社会危险性的。这一条件是由两个内容结合在一起的，前者以可能判处的刑罚来衡量行为的危害性大小以及人身危险性高低；后者是取保候审必须达到的效果。有期徒刑的刑罚重于管制和拘役，可能判处有期徒刑以上刑罚的犯罪嫌疑人、被告人所犯罪行较为严重，应当被采取强制措施。对于其中采用取保候审足以防止发生社会危险性，因而没有逮捕必要的，可以采用取保候审。因此，“不致发生社会危险性的”是“可能判处有期徒刑以上刑罚”时采取取保候审的限制性条件。

3. 患有严重疾病、生活不能自理，怀孕或者正在哺乳自己婴儿的妇女，采取取保候审不致发生社会危险性的。出于人道主义考虑，对于这些对象可以适用取保候审。

4. 羁押期限届满，案件尚未办结，需要采取取保候审的。犯罪嫌疑人、被告人被羁押的案件，不能在刑事诉讼法规定的侦查、起诉、一审、二审的办案期限内办结的，对犯罪嫌疑人、被告人可以取保候审。

5. 对拘留的犯罪嫌疑人，证据不符合逮捕条件，以及提请逮捕后，人民检察院不批准逮捕，需要继续侦查，并且符合取保候审条件的。

需要指出的是，对累犯，犯罪集团的主犯，以自伤、自残办法逃避侦查的犯罪嫌疑人，严重暴力犯罪以及其他严重犯罪的犯罪嫌疑人不得取保候审，但犯罪嫌疑人具有上述第 3、4 项规定情形的除外。

二、取保候审的方式

《刑事诉讼法》第 68 条规定：“人民法院、人民检察院和公安机关决定对犯罪嫌疑人、被告人取保候审，应当责令犯罪嫌疑人、被告人提出保证人或者交纳保证金。”这表明取保候审的方式包括两种：保证人担保和保证金担保。而且，对同一犯罪嫌疑人、被告人决定取保候审的，不能同时适用保证人和保证金保证。

（一）保证人保证

保证人保证，又称人保，是指公安机关、人民检察院和人民法院责令犯罪嫌疑人、被告人提出保证人并出具保证书，保证被保证人在取保候审期间不逃避和妨碍侦查、起诉和审判，并随传随到的保证方式。保证人保证的特点是以保证人的信誉来保证，不涉及金钱。通过保证人与犯罪嫌疑人、被告人之间特殊的人际关系，督促被保证人遵纪守法，履行法定诉讼义务。

根据《刑事诉讼法》第69条的规定，保证人必须符合下列条件：

1.与本案无牵连。与案件有牵连的人，很可能被作为共犯受到传讯或审判，从而利用保证人身份妨碍刑事诉讼活动顺利进行。因此，保证人必须与本案无牵连。

2.有能力履行保证义务。即保证人应当具有完全的行为能力，并且能有效地约束被担保人的人身行动。保证人要履行的义务，包括：第一，监督被保证人遵守刑事诉讼法对被取保候审人的规定；第二，当发现被保证人有违反《刑事诉讼法》规定的行为时，应及时向执行机关报告。

3.享有政治权利，人身自由未受到限制。人身自由受到限制的人不能担任保证人，依法被判处刑罚或被采取刑事、行政等强制措施，由于本人的行动受到法律的限制，因此不具备履行保证人义务的能力。

4.有固定的住处和收入。由于采取取保候审后，公安司法机关要将被保证人交保证人看管，保证人要向公安司法机关履行担保的义务，公安司法机关要通过保证人间接控制被保证人的人身自由。如果保证人尚且居无定所，不仅人民法院、人民检察院和公安机关之间无法与之保持联系，而且保证人也无法有效地监管犯罪嫌疑人、被告人，取保候审必流于形式，形同虚设。保证人还应当有收入，即有在社会中所从事的工作，以获取经济收入，作为主要生活来源。根据《刑事诉讼法》第70条的规定，被取保候审的犯罪嫌疑人、被告人如果违反有关规定，人民法院、人民检察院和公安机关有权对保证人处以罚款。如果保证人没有收入，罚款自然无从谈起。

公安司法机关应当严格审查保证人是否符合法定条件。如果符合保证人条件，应当告知其必须履行的义务，并由其出具保证书。保证人应当在取保候审保证书上签名、捺指印。对符合取保候审条件，具有下列情形之一的犯罪嫌疑人，在决定取保候审时，可以责令其提供一至二名保证人：无力交纳保证金的；未成年人或者已满七十五周岁的人；其他不宜收取保证金的。

根据《刑事诉讼法》第70条的规定，保证人应当履行以下义务：（1）监督被保证人遵守本法第71条的规定；（2）发现被保证人可能发生或者已经发生违反本法第71条规定的行为的，应当及时向执行机关报告。被保证人有违反本法第71条规定的行为，保证人未履行保证义务的，对保证人处以罚款，构成犯罪的，依法追究刑事责任。

犯罪嫌疑人被取保候审期间，如果保证人在取保候审期间情况发生变化，不愿继续担保或者丧失担保条件，应当责令被取保候审人重新提出保证人或者交纳保证金，或者作出变更强制措施的决定。负责执行的公安机关应当自发现保证人不愿继续担保或者丧失担保条件之日起三日以内通知决定取保候审的机关。

（二）保证金保证

保证金保证，又称财产保，是指公安司法机关责令犯罪嫌疑人、被告人缴纳一定数额的金钱并出具保证书，保证在取保候审期间不逃避和妨碍侦查、起诉和审判，并随传随到的保证方式。

《刑事诉讼法》第72条规定："取保候审的决定机关应当综合考虑保证诉讼活动正常进行的需要，被取保候审人的社会危险性，案件的性质、情节，可能判处刑罚的轻重，被取保候审人的经济状况等情况，确定保证金的数额。提供保证金的人应当将保证金存入执行机关指定银行的专门账户。"根据有关司法解释，目前对保证金的形式仅规定为"保证金应当以人民币交纳"。对犯罪嫌疑人、被告人采取保证金保证的，由决定机关根据案件具体情况确定保证金的数额。保证金的具体数额由决定机关根据犯罪嫌疑人、被告人的社会危险性、所涉犯罪的性质、情节可能判处刑罚的轻重以及被保证人的实际经济能力大小等确定。提供保证金的人应当将保证金存入执行机关指定银行的专门账户。

取保候审的决定机关应当在核实保证金已经存入公安机关指定银行的专门账户后，将银行出具的收款凭证一并送交公安机关。如果被取保候审人拒绝交纳保证金或者交纳保证金不足决定数额时，应当作出变更取保候审措施、变更保证方式或者变更保证金数额的决定。

如果被取保候审人在取保候审期间没有违反应当遵守的规定的，也没有重新故意犯罪的，在解除取保候审的同时，应当告知犯罪嫌疑人可以凭取保候审的通知或者有关法律文书到银行领取退还的保证金。

三、被取保候审人的义务

对于取保候审期间犯罪嫌疑人、被告人应当遵守的义务，《刑事诉讼法》第71条分两类情况进行了规定。

一类是所有被取保候审人均应遵守的规定，包括：(1)未经执行机关批准不得离开所居住的市、县；(2)住址、工作单位和联系方式发生变动的，在24小时以内向执行机关报告；(3)在传讯的时候及时到案；(4)不得以任何形式干扰证人作证；(5)不得毁灭、伪造证据或者串供。

另一类是根据案件情况而做的选择性规定，即人民法院、人民检察院和公安机关可以根据案件情况，责令被取保候审的犯罪嫌疑人、被告人遵守以下一项或者多项规定：(1)不得进入特定的场所；(2)不得与特定的人员会见或者通信；(3)不得从事特定的活动；(4)将护照等出入境证件、驾驶证件交执行机关保存。

被取保候审的犯罪嫌疑人、被告人违反上述规定，已交纳保证金的，没收部分或者全部保证金，并且区别情形，责令犯罪嫌疑人、被告人具结悔过，重新交纳保证金、提出保证人，或者监视居住、予以逮捕。对违反取保候审规定，需要予以逮捕的，可以对犯罪嫌疑人、被告人先行拘留。

四、取保候审的程序

（一）取保候审的申请

取保候审申请权是被追诉方所享有的一项重要的诉讼权利，公安司法机关应当予以有效保障。根据《刑事诉讼法》第 38 条和第 97 条的规定，有权提出取保候审申请的人员包括：犯罪嫌疑人、被告人及其法定代理人、近亲属和辩护人。

取保候审的申请，应当以书面形式提出。人民法院、人民检察院和公安机关收到申请后，应当在三日以内作出决定；同意取保候审的，应当依法办理取保候审手续；不同意变更为取保候审的，应当告知申请人，并说明不同意的理由。

（二）取保候审的决定

根据法律规定，公、检、法机关都有权采用取保候审，在程序上又分为：一是公、检、法机关根据案件具体情况，直接主动地采用取保候审；二是根据侦查阶段犯罪嫌疑人所聘任的律师的申请或者根据犯罪嫌疑人、被告人及其法定代理人的申请，决定取保候审。可见，取保候审的决定权在公、检、法机关。

决定取保候审后，由办案人员填写取保候审决定书和取保候审通知书，经部门负责人审核，由领导签发，再由承办人员向犯罪嫌疑人、被告人及保证人宣读取保候审决定书，告知其各自应当遵守的规定及承担的义务，违反规定和义务所应承担的法律后果等，并要求其出具保证书并签名或者盖章。

根据《全国人民代表大会和地方各级人民代表大会代表法》第 30 条第 2 款、第 3 款的规定，对县级以上各级人民代表取保候审的，应当经人大代表所在的人民代表大会主席团或者其常务委员会许可；对乡、民族乡、镇人民代表大会代表取保候审的，执行机关应当立即向该人大代表所在的该级人民代表大会报告。

（三）取保候审的执行

公安机关、人民检察院和人民法院决定取保候审的，由公安机关执行。国家安全机关决定取保候审的，以及人民检察院、人民法院在办理国家安全机关移送的犯罪案件时决定取保候审的，由国家安全机关执行。

执行取保候审的派出所应当履行下列职责：(1)告知被取保候审人必须遵守的规定及其违反规定或者在取保候审期间重新犯罪应当承担的法律后果；(2)监督、考察被取保候审人遵守有关规定，及时掌握其活动、住址、工作单位、联系方式及变动情况；(3)监督保证人履行保证义务;(4)被取保候审人违反应当遵守的规定以及保证人未履行保证义务的,应当及时制止、采取紧急措施,同时告知决定机关;(5)责令被取保候审人定期报告有关情况并制作笔录。

对犯罪嫌疑人、被告人决定取保候审的,不得中止对案件的侦查、起诉和审理。严禁以取保候审变相放纵犯罪。

(四)取保候审的解除、撤销和变更

根据《刑事诉讼法》第79条的规定,取保候审应当解除的情形包括以下两种:一是发现对被取保候审的人不应追究刑事责任;二是取保候审期限届满。当出现这两种情形时,人民法院、人民检察院或者公安机关应当及时解除或者撤销取保候审。为了监督公安司法机关严格按照法定期限执行,《刑事诉讼法》第97条还规定:犯罪嫌疑人、被告人及其法定代理人、近亲属或者犯罪嫌疑人、被告人委托的律师及其他辩护人对取保候审超过法定期限的,有权要求解除取保候审。对超过法定期限要求解除取保候审的,应当及时审查决定。对经审查未超过法定期限的,应书面答复申请人。

根据公安部《规定》第108条的规定,需要解除取保候审的,由决定取保候审的机关制作解除取保候审决定书、通知书,送达负责执行的公安机关。负责执行的公安机关应当根据决定书及时解除取保候审,并通知被取保候审人、保证人和有关单位。

人民法院、人民检察院和公安机关如果发现对犯罪嫌疑人、被告人采取取保候审不当的,应当及时撤销或者变更;对不应当采取强制措施的人采取了取保候审的,应当撤销取保候审。

五、取保候审的期限

根据《刑事诉讼法》第79条的规定,人民法院、人民检察院和公安机关对犯罪嫌疑人、被告人取保候审最长不得超过十二个月。在取保候审期间,不得中断对案件的侦查、起诉和审理。在取保候审的过程中,如果犯罪嫌疑人、被告人违反法定义务,决定机关在执行机关没收保证金或者对保证人进行罚款后,仍决定对其采取取保候审的,期限应当连续计算,即总期限不得超过十二个月。但是,根据有关司法解释,不同决定机关对同一犯罪嫌疑人、被告人的取保候审期限应当分别计算。最高检察院《规则》第103条规定:"公安机关决定对犯罪嫌疑人取保候审,案件移送人民检察院审查起诉后,对于需要继续取保候审的,人民检察院应当依法重新作出取保候审决定,并对犯罪嫌疑人办理取保候审手续。取保候审的期限应当重新计算并告知犯罪嫌疑人。"根据最高法院《解释》第127条的规定,决定继续取保候审的,应当重新办理手续,期限重新计算。可见,《刑事诉讼法》所规定的十二个月期限是指人民法院、人民检察院和公安机关分别计算的最高期限。①

---

① 不过,学术界对此仍存在一定争议,认为最高法院《解释》和最高检察院《规则》的上述规定对于法律条文进行了扩张性解释,似有违背法律本义之嫌。

第四节　监视居住

一、监视居住的概念和适用条件

监视居住，是指人民法院、人民检察院和公安机关依法责令犯罪嫌疑人、被告人不得擅自离开住处或指定居所，并对其活动予以监视和控制的一种强制措施。

根据《刑事诉讼法》第74条的规定，人民法院、人民检察院和公安机关对符合逮捕条件，有下列情形之一的犯罪嫌疑人、被告人，可以监视居住：(1)患有严重疾病、生活不能自理的；(2)怀孕或者正在哺乳自己婴儿的妇女；(3)系生活不能自理的人的唯一扶养人；(4)因为案件的特殊情况或者办理案件的需要，采取监视居住措施更为适宜的；(5)羁押期限届满，案件尚未办结，需要采取监视居住措施的。对符合取保候审条件，但犯罪嫌疑人、被告人不能提出保证人，也不交纳保证金的，可以监视居住。根据公安部《规定》第109条的规定，对人民检察院决定不批准逮捕的犯罪嫌疑人，需要继续侦查，并且符合监视居住条件的，可以监视居住。需要指出的是，不得对同一犯罪嫌疑人、被告人同时适用取保候审和监视居住。

二、监视居住的场所

根据《刑事诉讼法》第75条的规定，监视居住应当在犯罪嫌疑人、被告人的住处执行；无固定住处的，可以在指定的居所执行。对于涉嫌危害国家安全犯罪、恐怖活动犯罪，在住处执行可能有碍侦查的，经上一级公安机关批准，也可以在指定的居所执行。但是，不得在羁押场所、专门的办案场所执行。根据公安部《规定》第111条、第112条的规定，固定住处，是指被监视居住人在办案机关所在的市、县内生活的合法住处；指定的居所，是指公安机关根据案件情况，在办案机关所在的市、县内为被监视居住人指定的生活居所。指定的居所应当符合下列条件：具备正常的生活、休息条件；便于监视、管理；保证安全。“有碍侦查”的情形包括：可能毁灭、伪造证据，干扰证人作证或者串供的；可能引起犯罪嫌疑人自残、自杀或者逃跑的；可能引起同案犯逃避、妨碍侦查的；犯罪嫌疑人、被告人在住处执行监视居住有人身危险的；犯罪嫌疑人、被告人的家属或者所在单位人员与犯罪有牵连的。指定居所监视居住的，不得要求被监视居住人支付费用。

三、被监视居住人的义务

根据《刑事诉讼法》第77条的规定，被监视居住的犯罪嫌疑人、被告人应当遵守以下规定：(1)未经执行机关批准不得离开执行监视居住的处所。(2)未经执行机关批准不得会见他人或者通信。但是，被监视居住的犯罪嫌疑人、被告人会见辩护律师以及与被监视居住人共同生活的家庭成员，不需要经过批准。(3)在传讯的时候及时到案。(4)不得以任何形式干扰证人作证。(5)不得毁灭、伪造证据或者串供。(6)将护照等出入境证件、身份证件、驾驶证件交执行机关保存。

根据公安部《规定》第121条的规定，被监视居住人违反应当遵守的规定，公安机关应当区分情形责令被监视居住人具结悔过或者给予治安管理处罚。情节严重的，可以予以逮捕；需要予以逮捕的，可以对其先行拘留。人民法院、人民检察院决定监视居住的，被监视居住人违反应当遵守的规定，执行监视居住的县级公安机关应当及时告知决定机关。根据最高检察院《规则》第111条和最高法院《解释》第130条的规定，被监视居住人有下列违反监视居住规定的行为，应当或者可以决定逮捕：故意实施新的犯罪行为的；企图自杀、逃跑的；毁灭、伪造证据，干扰证人作证或者串供的；对被害人、证人、举报人、控告人及其他人员实施打击报复的；未经批准，擅自离开执行监视居住的处所，造成严重后果，或者两次未经批准，擅自离开执行监视居住的处所的；未经批准，擅自会见他人或者通信，造成严重后果，或者两次未经批准，擅自会见他人或者通信的；经传讯不到案，造成严重后果，或者经两次传讯不到案的；因患有严重疾病、生活不能自理，或者因怀孕、正在哺乳自己婴儿而未予逮捕的被告人，疾病痊愈或者哺乳期已满的。

四、监视居住的程序

(一)监视居住的决定

根据《刑事诉讼法》第66条的规定，人民法院、人民检察院和公安机关都有权决定对犯罪嫌疑人、被告人采取监视居住措施。办案人员认为需要采取监视居住措施的，应当写出《监视居住意见书》，部门负责人审核后，由县级以上公安机关负责人、人民检察院检察长、人民法院院长批准，制作《监视居住决定书》和《监视居住执行通知书》。

(二)监视居住的执行

根据《刑事诉讼法》的相关规定，监视居住由公安机关执行。人民法院和人民检察院决定监视居住的，应当将“监视居住决定书”和“执行监视居住通知书”及时送达公安机关。

指定居所监视居住的，除无法通知的以外，应当在执行监视居住后二十四小时以内，通知被监视居住人的家属。有下列情形之一的，属于“无法通知”：不讲真实姓名、住址、身份不明的；没有家属的；提供的家属联系方式无法取得联系的；因自然灾害等不可抗力导致无法通知的。无法通知的情形消失以后，应当立即通知被监视居住人的家属；无法通知家属的，应当在监视居住通知书中注明原因。

被监视居住的犯罪嫌疑人、被告人委托辩护人，适用《刑事诉讼法》第34条的规定。此外，根据《刑事诉讼法》第39条的规定，对于危害国家安全犯罪、恐怖活动犯罪，在侦查期间辩护律师会见被监视居住的犯罪嫌疑人，应当经侦查机关许可。

根据《刑事诉讼法》第78条的规定，执行机关对被监视居住的犯罪嫌疑人、被告人，可以采取电子监控、不定期检查等监视方法对其遵守监视居住规定的情况进行监督；在侦查期间，可以对被监视居住的犯罪嫌疑人的通信进行监控。

人民检察院对指定居所监视居住的决定和执行是否合法实行监督。

（三）监视居住的解除

监视居住的解除条件与取保候审的相同，即发现不应当追究被监视居住人的刑事责任或者监视居住期限届满的，应当解除或者撤销监视居住。对于解除或者撤销监视居住，应当由办案人员提出意见，部门负责人审核后，由县级以上公安机关负责人、人民检察院检察长和人民法院院长批准，制作《解除监视居住决定书》或《撤销监视居住通知书》，并及时通知执行的派出所或者办案部门、被监视居住人和有关单位。

人民法院、人民检察院或者公安机关对被监视居住期限届满的犯罪嫌疑人、被告人，应当予以解除监视居住。犯罪嫌疑人、被告人及其法定代理人、近亲属或者辩护人认为监视居住法定期限届满的，有权要求解除监视居住。

五、监视居住的期限

根据《刑事诉讼法》第79条的规定，监视居住的期限最长不得超过六个月。监视居住期间，公安司法机关不得中断对案件的侦查、起诉和审理。但是，根据有关司法解释，不同决定机关对同一犯罪嫌疑人、被告人的监视居住期限应当分别计算。最高检察院《规则》第113条规定："公安机关决定对犯罪嫌疑人监视居住，案件移送人民检察院审查起诉后，对于需要继续监视居住的，人民检察院应当依法重新作出监视居住决定，并对犯罪嫌疑人办理监视居住手续。监视居住的期限应当重新计算并告知犯罪嫌疑人。"根据最高法院《解释》第127条的规定，决定继续监视居住的，应当重新办理手续，期限重新计算。据此，在处理同一个刑事案件时，针对同一个被追诉人，公安机关、人民检察院和人民法院有权分别决定实施不超过六个月的监视居住措施。①

由于指定居所监视居住已经与羁押措施较为接近，因而指定居所监视居住的期限应当折抵刑期。被判处管制的，监视居住一日折抵刑期一日；被判处拘役、有期徒刑的，监视居住二日折抵刑期一日。

此外，对各级人大代表实施监视居住的审批和执行程序与取保候审的相同。

---

① 与取保候审相类似，对于监视居住期限的计算方式，学术界同样存在争议。

第五节 拘 留

一、拘留的概念、特点及适用条件

刑事诉讼中的拘留，又称刑事拘留，是指公安机关、人民检察院在侦查过程中，遇有法定的紧急情况时，对现行犯或重大犯罪嫌疑分子所采取的暂时剥夺其人身自由的强制措施。拘留具有以下特点：

1. 适用拘留的机关具有特定性。依照法律规定，有权决定拘留的机关是公安机关、人民检察院等对刑事案件具有侦查权的机关。除此之外，其他任何机关（包括人民法院）、团体和个人都没有拘留、剥夺其人身自由的权力。

2. 拘留是剥夺人身自由的强制措施。与拘传、取保候审、监视居住等限制人身自由的措施相比较，拘留的突出特点在于剥夺人身自由。

3. 适用对象的紧急性。只有在紧急情况下，来不及办理逮捕手续而又需要马上采取强制措施剥夺现行犯或重大嫌疑分子的人身自由的，才能采取拘留。

4. 它是一种临时性措施。刑事诉讼法对被拘留的犯罪嫌疑人员羁押期限作了严格的规定。拘留的期限较短，随着诉讼的进程，拘留一定要发生变更，或者转为逮捕，或者转为取保候审或监视居住，或者释放被拘留的人。

5. 拘留是侦查阶段适用的强制措施。拘留的临时性和适用对象的特定性都表明其适用仅限于侦查阶段。因此，拘留的决定主体不包括作为审判机关的人民法院。拘留的对象是现行犯和重大嫌疑分子，不是被告人。同时，在审查起诉和审判阶段的犯罪嫌疑人和被告人就其案件的处理而言，已经不可能再符合拘留的条件，除非涉及另案的罪行。

刑事拘留必须同时具备两个法定条件：一是拘留的对象是现行犯或者重大嫌疑分子。现行犯是指正在进行犯罪的人；重大嫌疑分子是指有证据证明有重大犯罪嫌疑的人。二是必须具有法定的紧急情形之一。根据《刑事诉讼法》第 82 条的规定，可以适用刑事拘留的法定情形有：(1)正在预备犯罪、实行犯罪或者在犯罪后即时被发觉的；(2)被害人或者在场亲眼看见的人指认他犯罪的；(3)在身边或者住处发现有犯罪证据的；(4)犯罪后企图自杀、逃跑或者在逃的；(5)有毁灭、伪造证据或者串供可能的；(6)不讲真实姓名、住址，身份不明的；(7)有流动作案、多次作案、结伙作案重大嫌疑的。根据《刑事诉讼法》第 165 条的规定，人民检察院直接受理的案件中，对于上述第(4)(5)项两种情形的，即犯罪后企图自杀、逃跑或者在逃的，有毁灭、伪造证据或者串供可能的，人民检察院有权决定拘留，并由公安机关执行。

二、拘留的程序

(一)拘留的决定

公安机关在侦查过程中决定拘留犯罪嫌疑人的,应当由办案部门填写《呈请拘留报告书》,经县级以上公安机关负责人审查批准,签发拘留证。人民检察院在直接受理侦查的案件中需要拘留犯罪嫌疑人的,应当由办案人员提出意见,部门负责人审核,检察长决定。人民检察院作出拘留决定后,应当将《拘留决定书》等法律文书和有关案由、犯罪嫌疑人基本情况的材料送交同级公安机关执行。

根据我国《地方各级人民代表大会和地方各级人民政府组织法》第35条和最高检察院《规则》第148条的规定,担任县级以上人民代表大会代表的犯罪嫌疑人因现行犯被拘留的,人民检察院应当立即向该代表所属的人民代表大会主席团或者常务委员会报告;因为其他情形需要拘留的,人民检察院应当报请该代表所属的人民代表大会主席团或者常务委员会许可。具体为:(1)拘留担任本级人民代表大会代表的犯罪嫌疑人,直接向本级人民代表大会主席团或常务委员会报告或者报请许可。(2)拘留担任上级人民代表大会代表的犯罪嫌疑人,应当立即层报该代表所属的人民代表大会同级的人民检察院报告或者报请许可。(3)拘留担任下级人民代表大会代表的犯罪嫌疑人,可以直接向该代表所属的人民代表大会主席团或者常务委员会报告或者报请许可,也可以委托该代表所属的人民代表大会同级的人民检察院报告或者报请许可;拘留担任乡、民族乡、镇的人民代表大会代表的犯罪嫌疑人,由县级人民检察院报告乡、民族乡、镇的人民代表大会。(4)拘留担任两级以上人民代表大会代表的犯罪嫌疑人,分别按照上述规定报告或者报请许可。(5)拘留担任办案单位所在省、市、县(区)以外的其他地区人民代表大会代表的犯罪嫌疑人,应当委托该代表所属的人民代表大会同级的人民检察院报告或者报请许可;担任两级以上人民代表大会代表的,应当分别委托该代表所属的人民代表大会同级的人民检察院报告或者报请许可。

(二)拘留的执行

拘留的法定执行机关是公安机关。执行拘留时必须出示拘留证,并责令被拘留人在拘留证上签名、捺指印,拒绝签名、捺指印的,侦查人员应当注明。紧急情况下,应当将犯罪嫌疑人带至公安机关后立即审查,办理法律手续。人民检察院决定拘留犯罪嫌疑人的,由县级以上公安机关凭人民检察院送达的决定拘留的法律文书制作拘留证并立即执行。必要时,可以请人民检察院协助。拘留后,应当及时通知人民检察院。公安机关未能抓获犯罪嫌疑人的,应当将执行情况和未能抓获犯罪嫌疑人的原因通知作出拘留决定的人民检察院。对于犯罪嫌疑人在逃的,在人民检察院撤销拘留决定之前,公安机关应当组织力量继续执行。公安机关在异地执行拘留的时候,应当通知被拘留人所在地的公安机关,被拘留人所在地的公安机关应当予以配合。

拘留后，应当立即将被拘留人送看守所羁押，至迟不得超过二十四小时。异地执行拘留的，应当在到达管辖地后二十四小时以内将犯罪嫌疑人送看守所羁押。除无法通知或者涉嫌危害国家安全犯罪、恐怖活动犯罪通知可能有碍侦查的情形以外，应当在拘留后二十四小时以内通知被拘留人的家属。无法通知、有碍侦查的情形消失以后，应当立即通知被拘留人的家属。“无法通知”的情形包括：不讲真实姓名、住址、身份不明的；没有家属的；提供的家属联系方式无法取得联系的；因自然灾害等不可抗力导致无法通知的。“有碍侦查”的情形包括：可能毁灭、伪造证据，干扰证人作证或者串供的；可能引起同案犯逃避、妨碍侦查的；犯罪嫌疑人的家属与犯罪有牵连的。

（三）拘留的变更与撤销

对被拘留的人，应当在拘留后的二十四小时以内进行讯问。公安机关决定拘留的犯罪嫌疑人，如果经讯问发现不应当拘留的，应当经县级以上公安机关负责人批准，制作《释放通知书》，看守所凭《释放通知书》发给被拘留人《释放证明书》，将其立即释放。人民检察院决定拘留的犯罪嫌疑人，如果经讯问发现不应当拘留的，应当立即释放。需要逮捕的，按照有关规定办理逮捕手续；决定不予逮捕的，应当及时变更强制措施。

根据公安部《规定》第 131 条的规定，对被拘留的犯罪嫌疑人审查后，根据案件情况报经县级以上公安机关负责人批准，分别作出如下处理：(1)需要逮捕的，在拘留期限内，依法办理提请批准逮捕手续；(2)应当追究刑事责任，但不需要逮捕的，依法直接向人民检察院移送审查起诉，或者依法办理取保候审或者监视居住手续后，向人民检察院移送审查起诉；(3)拘留期限届满，案件尚未办结，需要继续侦查的，依法办理取保候审或者监视居住手续；(4)具有依法应当撤销案件情形之一的，释放被拘留人，发给释放证明书；需要行政处理的，依法予以处理或者移送有关部门。

三、拘留的期限

根据《刑事诉讼法》第 91 条的规定，公安机关拘留犯罪嫌疑人的羁押期限分为下列情况：(1)对被拘留的人认为需要逮捕的，应当在拘留后的三日内，提请人民检察院审查批准逮捕，检察院应当在七日以内决定是否批准逮捕，因此，在一般情形下，拘留羁押的期限为十日。(2)在特殊情况下，公安机关提请审查批捕的时间可以延长一日至四日，而检察院应当在七日以内决定是否批准逮捕。因此，特殊情形下，拘留羁押的最长时间为十四日。(3)对流窜作案、多次作案、结伙作案的重大嫌疑分子，提请批捕的时间可以延长至三十日，加上检察机关审查批捕的七日，拘留羁押的最长时间为三十七日。

根据《刑事诉讼法》第 167 条的规定，人民检察院对直接受理的案件中被拘留的人，认为需要逮捕的，应当在十四日以内作出决定。在特殊情况下，决定逮捕的时间可以延长一日至三日。对不需要逮捕的，应当立即释放；对需要继续侦查，并且符合取保候审、监视居住条件的，依法取保候审或者监视居住。

四、刑事拘留与行政拘留、司法拘留的区别

我国法律规定了三种拘留形式，包括刑事拘留、行政拘留与司法拘留。各类拘留都具有剥夺被拘留人的人身自由这一共同特征。但是，它们彼此之间存在着显著差异，不能互相混淆。

（一）刑事拘留与行政拘留的区别

1. 法律性质不同。刑事拘留是刑事诉讼中的保障性措施，是一种诉讼行为，本身不具有惩罚性；行政拘留是治安管理的一种处罚方式，实质上是一种行政制裁，具有惩罚性。

2. 法律依据不同。刑事拘留的实施依据是《刑事诉讼法》，而行政拘留的实施依据是《治安管理处罚法》《道路交通安全法》《居民身份证法》《消防法》等行政法律法规。

3. 适用对象不同。刑事拘留适用于符合法定情形的现行犯或者重大嫌疑分子，他们有可能被追究刑事责任；行政拘留则适用于尚未构成犯罪的行政违法人员。

4. 羁押期限不同。公安机关决定刑事拘留的羁押期限一般最长为十四日，对于流窜作案、多次作案、结伙作案的重大嫌疑分子刑事拘留的最长期限三十七日，检察机关决定刑事拘留的羁押期限一般最长为十四日，特殊情况下可以延长一至三日；行政拘留的最长期限为十五日。

5. 适用机关不同。有权决定适用刑事拘留的机关是公安机关、人民检察院；有权决定适用行政拘留的机关只能是公安机关。

6. 适用目的不同。刑事拘留的适用目的是保障刑事诉讼的顺利进行；行政拘留的适用目的是惩罚和教育行政违法人员。

7. 救济措施不同。刑事拘留属于刑事司法行为，被拘留人无权向人民法院提起诉讼，要求判决撤销；行政拘留属于行政执法行为，被拘留人依法有权向人民法院提起行政诉讼，要求判决撤销。

（二）刑事拘留与司法拘留的区别

1. 法律性质不同。刑事拘留是一种预防性措施，它是针对可能出现妨碍刑事诉讼的行为而采用的，不具有惩罚性；司法拘留是一种排除性措施，是针对已经出现的妨碍诉讼程序的严重行为而采取的，具有惩罚性。

2. 法律依据不同。刑事拘留的实施依据《刑事诉讼法》，而司法拘留的实施依据三大诉讼法。

3. 适用对象不同。刑事拘留适用于符合法定情形的现行犯或者重大嫌疑分子；司法拘留则是适用于实施了严重妨碍民事、行政和刑事诉讼活动的所有人员，既包括当事人、诉讼参与人，也包括没有参与诉讼活动的案外人。

4. 羁押期限不同。刑事拘留的羁押期限如前所述；司法拘留的最长期限为十五日，

被拘留人在拘留期间承认并改正错误的，人民法院可以提前予以解除。

5.适用机关不同。刑事拘留由公安机关、人民检察院决定，由公安机关执行；司法拘留则由人民法院决定，并由人民法院的司法警察执行，然后交公安机关有关场所看管。

6.与判决的关系不同。刑事拘留的羁押期限可以折抵刑期；司法拘留的羁押期限与判决结果不存在关联性，不得因为被司法拘留而要求减轻或免除判决应负的义务和刑罚。

7.救济措施不同。刑事拘留属于刑事司法行为，不具有惩罚性，因此被拘留人无权向决定机关申请复议；司法拘留具有惩罚性，被拘留人对决定不服的，可以向(上一级)人民法院申请复议。

第六节 逮 捕

一、逮捕的概念和适用条件

(一)逮捕的概念

逮捕，是指公安机关、人民检察院和人民法院为了防止犯罪嫌疑人、被告人逃避或者妨碍侦查、起诉、审判，防止其出现社会危险性，而依法对其予以羁押、暂时剥夺其人身自由的一种强制措施。

逮捕是刑事诉讼强制措施中最为严厉的一种，如果适用得当，可以有效地防止犯罪嫌疑人、被告人串供、毁灭或者伪造证据、自杀、逃跑或继续犯罪，有助于保障侦查、起诉和审判的顺利进行；但如果适用不当甚至滥施逮捕，将会严重侵害公民的人身自由。

(二)逮捕的适用条件

我国《刑事诉讼法》第 81 条第 1 款规定：“对有证据证明有犯罪事实，可能判处徒刑以上刑罚的犯罪人、被告人，采取取保候审尚不足以防止发生下列社会危险性的，应当予以逮捕……”据此，适用逮捕措施应当具备以下三个方面的条件：

1.证据条件

逮捕的证据条件，是有证据证明有犯罪事实。证据条件是适用逮捕必须具备的首要条件，以防止无中生有，凭空想象，甚至无端捏造。根据最高检察院《规则》第 128 条和公安部《规定》第 134 条的规定，有证据证明有犯罪事实，是指同时具备下列情形：(1)有证据证明发生了犯罪事实；(2)有证据证明该犯罪事实是犯罪嫌疑人实施的；(3)证明犯罪嫌疑人实施犯罪行为的证据已有查证属实的。其中，“犯罪事实”既可以是单一犯罪行为的事实，也可以是数个犯罪行为中任何一个犯罪行为的事实。

逮捕的证据条件并不要求查清全部犯罪事实。根据最高检察院《规则》第 142 条的规定，对实施多个犯罪行为或者共同犯罪案件的犯罪嫌疑人，具有下列情形之一的，应当批准或者决定逮捕：有证据证明犯有数罪中的一罪的；有证据证明实施多次犯罪中的一次犯罪的；共同犯罪中，已有证据证明有犯罪事实的犯罪嫌疑人。

2.刑罚条件

逮捕的刑罚条件，是可能判处徒刑以上刑罚。刑罚条件是适用逮捕的量化指标。只有当犯罪嫌疑人、被告人所犯罪行已经达到了可能判处有期徒刑以上刑罚的程度时，才考虑对其实行逮捕。如果罪行较轻，即只可能判处管制、拘役、罚金或者剥夺政治权利、没收财产等刑罚的，就不应当逮捕。

3.必要性条件

逮捕的必要性条件，是采取取保候审、监视居住等方法，尚不足以防止发生社会危险性，而有逮捕必要。必要性条件是防止错捕、滥捕，确保逮捕措施获得正确实施的重要保障。所谓“社会危险性”，是指犯罪嫌疑人、被告人给社会公众、社会秩序造成新的危害的可能性，包括人身危险性和罪行危险性，即分别基于犯罪嫌疑人、被告人的自身因素和罪行因素可能给社会带来危险。所谓“有逮捕必要”，是指如果不及时果断地采取逮捕措施，不进行羁押审查，那么犯罪嫌疑人、被告人极有可能通过各种非法手段严重妨碍刑事诉讼活动的顺利进行，并且有可能严重威胁被害人、证人、鉴定人及公安司法人员的人身和财产安全。

基于社会危险性的判断，《刑事诉讼法》第 81 条明确了应当予以逮捕和可以予以逮捕的情形。应当予以逮捕的情形有以下三种：(1)对有证据证明有犯罪事实，可能判处十年有期徒刑以上刑罚的；(2)对有证据证明有犯罪事实，可能判处徒刑以上刑罚，曾经故意犯罪或者身份不明的；(3)对有证据证明有犯罪事实，可能判处徒刑以上刑罚的犯罪嫌疑人、被告人，采取取保候审尚不足以防止发生社会危险性的。“尚不足以防止发生社会危险性”是指：可能实施新的犯罪的；有危害国家安全、公共安全或者社会秩序的现实危险的；可能毁灭、伪造证据，干扰证人作证或者串供的；可能对被害人、举报人、控告人实施打击报复的；企图自杀或者逃跑的。需要注意的是，批准或决定逮捕，应当将犯罪嫌疑人、被告人涉嫌犯罪的性质、情节，认罪认罚等情况，作为是否可能发生社会危险性的考虑因素。基于认罪认罚从宽制度的基本原理，“从宽”包含了“程序从宽”这一要素，因此犯罪嫌疑人、被告人在认罪认罚之后可以得到非羁押性强制措施的优待处理。可以予以逮捕的情形为：被取保候审、监视居住的犯罪嫌疑人、被告人违反取保候审、监视居住规定，情节严重。

逮捕的三个条件是一个缺一不可的有机整体。证据条件是一个先决条件，为衡量嫌疑人、被告人罪行是否达到可能判处徒刑以上刑罚奠定了事实基础；刑罚条件限制了适用逮捕的范围；必要性条件意味着如果适用其他强制方法，也能起到与逮捕相同的效果，就不应当采取逮捕的措施，体现了对逮捕审慎适用的原则。只有同时具备这三个条件，才能对犯罪嫌疑人、被告人采取逮捕措施，从而最大限度地防止错捕、滥捕现象的发生。

二、逮捕的权限

我国宪法和法律将逮捕措施的批准、决定权与执行权进行分置,使其彼此监督,互相制约。《宪法》第37条明确规定:“任何公民,非经人民检察院批准或者决定或者人民法院决定,并由公安机关执行,不受逮捕。”《刑事诉讼法》第80条也强调:“逮捕犯罪嫌疑人、被告人,必须经过人民检察院批准或者人民法院决定,由公安机关执行。”《监察法》第47条规定:“对监察机关移送的案件,人民检察院依照《中华人民共和国刑事诉讼法》对被调查人采取强制措施。”根据上述规定,我国刑事诉讼中适用逮捕的权限具体包括以下几项:

1.人民检察院行使批准逮捕权或决定逮捕权。批准逮捕,是指公安机关等侦查机关在案件侦查过程中需要逮捕犯罪嫌疑人的,应当提请人民检察院审查批准。人民检察院在审查起诉中,认为犯罪嫌疑人符合法律规定的逮捕条件,应予逮捕的,依法有权自行决定逮捕。

2.人民法院行使决定逮捕权,是指人民法院在审理刑事案件的过程中,根据案件的需要而自行作出决定的逮捕。

3.公安机关行使逮捕执行权,即无论是人民检察院批准、决定逮捕犯罪嫌疑人的,还是人民法院决定逮捕被告人的,都必须交由公安机关执行。

三、逮捕的程序

(一)逮捕的审查批准程序

1.提请批准逮捕。公安机关要求逮捕犯罪嫌疑人的时候,应当经县级以上公安机关负责人批准,制作《提请批准逮捕书》一式三份,连同案卷材料、证据,一并移送同级人民检察院审查批准。必要的时候,人民检察院可以派人参加公安机关对于重大案件的讨论。如果是拘留转请逮捕的,公安机关应当在拘留后的三日内,提请人民检察院审查批准逮捕。在特殊情况下,提请审查批捕的时间可以延长一日至四日。对流窜作案、多次作案、结伙作案的重大嫌疑分子,提请批捕的时间可以延长至三十日。

2.审查逮捕材料。人民检察院审查批准或者决定逮捕犯罪嫌疑人,由侦查监督部门办理。办案人员应当审阅案卷材料和证据,依法讯问犯罪嫌疑人、询问证人等诉讼参与人、听取辩护律师意见,制作审查逮捕意见书,提出批准或者决定逮捕、不批准或者不予逮捕的意见,经部门负责人审核后,报请检察长批准或者决定;重大案件应当经检察委员会讨论决定。侦查监督部门办理审查逮捕案件,不另行侦查,不得直接提出采取取保候审措施的意见。

侦查监督部门办理审查逮捕案件,可以讯问犯罪嫌疑人。有下列情形之一的,应当讯问犯罪嫌疑人:(1)对是否符合逮捕条件有疑问的;(2)犯罪嫌疑人要求向检察人员当面陈述的;(3)侦查活动可能有重大违法行为的;(4)案情重大疑难复杂的;(5)犯罪嫌疑人系未成年人的;(6)犯罪嫌疑人是盲、聋、哑人或者是尚未完全丧失辨认或者控制自己行为能力的精神病人的。侦查监督部门办理审查逮捕案件,可以调取并审查公安机关讯问犯罪嫌疑人的录音、录像,询问证人、被害人、鉴定人等诉讼参与人,听取辩护律师的意见。辩护律师提出要求的,应当听取辩护律师的意见。

3.审查决定期限。对公安机关提请批准逮捕的犯罪嫌疑人,已被拘留的,人民检察院应当在收到提请批准逮捕书后的七日以内作出是否批准逮捕的决定;未被拘留的,应当在收到提请批准逮捕书后的十五日以内作出是否批准逮捕的决定,重大、复杂的案件不得超过二十日。

4.作出审查决定。人民检察院对于公安机关提请批准逮捕的案件进行审查后,对于符合逮捕条件的,应当作出批准逮捕的决定,连同案卷材料送达公安机关执行,并可以对收集证据、适用法律提出意见;对于不符合逮捕条件的,应当作出不批准逮捕决定,并说明理由,连同案卷材料送达公安机关执行。需要补充侦查的,应当同时通知公安机关。人民检察院决定不批准逮捕的,公安机关在收到不批准逮捕决定书后,应当立即释放在押的犯罪嫌疑人或者变更强制措施,并且将执行情况及时通知人民检察院。对于需要继续侦查,并且符合取保候审、监视居住条件的,依法取保候审或者监视居住。

5.不批准逮捕决定的复议。公安机关对人民检察院不批准逮捕的决定,认为有错误的时候,可以要求复议,但必须立即释放被拘留的犯罪嫌疑人。提请复议时,公安机关应当在五日内制作《要求复议意见书》,经县级以上公安机关负责人批准后,送交同级人民检察院复议。对公安机关要求复议的不批准逮捕的案件,人民检察院侦查监督部门应当另行指派办案人员复议,并在收到提请复议书和案卷材料后的七日以内作出是否变更的决定,通知公安机关。

6.不批准逮捕决定的复核。如果复议意见不被接受,公安机关认为需要复核的,应当在五日内制作《提请复核意见书》,报经县级以上公安机关负责人批准后,连同人民检察院的《复议决定书》,一并提请上一级人民检察院复核。对公安机关提请复核的不批准逮捕的案件,上一级人民检察院应当在收到提请复核意见书和案卷材料后的十五日以内由检察长或者检察委员会作出是否变更的决定,通知下级人民检察院和公安机关执行。如果需要改变原决定,应当通知作出不批准逮捕决定的人民检察院撤销原决定,另行制作批准逮捕决定书。必要时,上级人民检察院也可以直接作出批准逮捕决定,通知下级人民检察院送达公安机关执行。

7.补充侦查。对人民检察院不批准逮捕并通知补充侦查的,公安机关应当按照人民检察院补充侦查提纲的要求补充侦查。公安机关补充侦查完毕,认为符合逮捕条件的,应当重新提请批准逮捕。

(二)逮捕的审查决定程序

1.人民检察院决定逮捕的程序

根据最高人民检察院2018年11月颁布的《关于人民检察院立案侦查司法工作人员

相关职务犯罪案件若干问题的规定》，人民检察院在对诉讼活动实行法律监督中，发现司法工作人员涉嫌利用职权实施的14类侵犯公民权利、损害司法公正的犯罪案件，可以立案侦查。人民检察院办理上述犯罪案件，不再适用对直接受理立案侦查案件决定立案报上一级人民检察院备案，逮捕犯罪嫌疑人报上一级人民检察院审查决定的规定。也就是说，如果上述14类案件中的某一案件由某一检察机关立案侦查，那么就由该检察机关对案件直接审查决定逮捕，而无须再报请上一级检察机关审查决定。

《监察法》实施后，职务犯罪案件由监察委员会调查。监察调查后的案件，仍然需要司法机关通过刑事诉讼程序来最终决定犯罪嫌疑人、被告人是否构成犯罪以及构成何种犯罪。故包括强制措施在内的监察程序与刑事诉讼程序需要有一种科学的衔接机制，以保障程序之间的有效运行。根据《刑事诉讼法》第170条的规定，人民检察院对于监察机关移送起诉的案件，依照本法和《监察法》的有关规定进行审查。对于监察机关移送起诉的已采取留置措施的案件，人民检察院应当对犯罪嫌疑人先行拘留，留置措施自动解除。人民检察院应当在拘留后的十日以内作出是否逮捕、取保候审或者监视居住的决定。在特殊情况下，决定的时间可以延长一日至四日。人民检察院决定采取强制措施的期间不计入审查起诉期限。

2. 人民法院决定逮捕的程序

人民法院决定逮捕被告人有两种情况：(1)对于直接受理的自诉案件，认为需要逮捕被告人时，由案件承办人员提交院长决定，对于重大、疑难、复杂案件的被告人实施逮捕，提交审判委员会讨论决定；(2)对于人民检察院提起公诉时未予逮捕的被告人，人民法院认为符合逮捕条件应予逮捕的，也可以决定逮捕。

人民法院决定逮捕的，由院长签发《决定逮捕通知书》，通知公安机关执行。如果是公诉案件，还应当通知人民检察院。

(三)对于特殊犯罪嫌疑人的逮捕审批程序

1. 对于具有人大代表身份的犯罪嫌疑人的逮捕审批程序

根据《宪法》第74条和《中华人民共和国地方各级人民代表大会和地方各级人民政府组织法》第35条的规定，全国人民代表大会和县级以上地方各级人民代表大会代表，在大会开会期间非经本级人民代表大会主席团许可，在大会闭会期间非经本级人民代表大会常务委员会同意，不受逮捕，只有在得到许可或同意后，才能批准或者决定逮捕。

人民检察院对担任本级人民代表大会代表的犯罪嫌疑人批准或者决定逮捕，应当报请本级人民代表大会主席团或者常务委员会许可。对担任上级人民代表大会代表的犯罪嫌疑人批准或者决定逮捕，应当层报该代表所属的人民代表大会同级的人民检察院报请许可。对担任下级人民代表大会代表的犯罪嫌疑人批准或者决定逮捕，可以直接报请该代表所属的人民代表大会主席团或者常务委员会许可，也可以委托该代表所属的人民代表大会同级的人民检察院报请许可；对担任乡、民族乡、镇的人民代表大会代表的犯罪嫌疑人批准或者决定逮捕，由县级人民检察院报告乡、民族乡、镇的人民代表大会。对担任两级以上的人民代表大会代表的犯罪嫌疑人批准或者决定逮捕，分别按上述规定报请许可。

2.对于具有非中国国籍的犯罪嫌疑人的逮捕审批程序

在侦查、审查起诉和审判过程中需要逮捕外国人和无国籍人的，如果是涉嫌危害国家安全犯罪的案件，或者涉及国与国之间政治、外交关系的案件以及在法律适用上确有疑难的案件，需要逮捕犯罪嫌疑人的，由分、州、市人民检察院审查并提出意见，层报最高人民检察院审查。最高人民检察院在征求外交部的意见后，决定是否批准逮捕。对外国人、无国籍人涉嫌其他犯罪的案件，决定批准逮捕的人民检察院应当在作出批准逮捕决定后四十八小时以内报上一级人民检察院备案，同时向同级人民政府外事部门通报。上一级人民检察院对备案材料经审查发现错误的，应当依法及时纠正。

（四）逮捕的执行程序

逮捕犯罪嫌疑人、被告人，一律由公安机关执行。在对犯罪嫌疑人、被告人执行逮捕的过程中，公安机关应当遵循以下程序：

1.公安机关接到人民检察院的《批准逮捕决定书》《决定逮捕通知书》或者人民法院的《决定逮捕通知书》后，由县级以上公安机关负责人签发逮捕证，立即执行。必要时，可以请人民法院、人民检察院协助执行。执行逮捕后，应当及时通知决定机关。

2.公安机关执行逮捕时不得少于二人，必须向被逮捕人出示逮捕证，并责令被逮捕人在逮捕证上签名或者捺指印；拒绝签名、捺指印的，侦查人员应当注明。执行时可以使用警械、戒具，必要时可以使用武器。逮捕后，应当立即将被逮捕人送看守所羁押，并应当及时通知决定机关。

3.公安机关在异地执行逮捕时，应当通知被逮捕人所在地的公安机关，并携带《批准逮捕决定书》或《决定逮捕通知书》及其副本、逮捕证、介绍信以及被逮捕人犯罪的主要材料等，被逮捕人所在地的公安机关应当予以配合。

4.对犯罪嫌疑人执行逮捕后，除无法通知的情形以外，应当在逮捕后二十四个小时以内，制作逮捕通知书，通知被逮捕人的家属。逮捕通知书应当写明逮捕原因和羁押处所。无法通知的情形消除后，应当立即通知被逮捕人的家属。

5.人民法院、人民检察院对于各自决定逮捕的人，公安机关对于经人民检察院批准逮捕的人，都必须在逮捕后的二十四个小时以内进行讯问。对于发现不应当逮捕的，应当变更强制措施或者立即释放。立即释放的，应当发给释放证明。

四、逮捕的变更、撤销或解除

根据《刑事诉讼法》第96条的规定，人民法院、人民检察院和公安机关如果发现对犯罪嫌疑人、被告人采取逮捕措施不当的，应当及时撤销或者变更。所谓“采取逮捕措施不当”，主要包括两类情形：一是批准或者决定逮捕时的依据不充分，即不符合逮捕条件；二是执行逮捕后，羁押期间出现了可以或者应当变更、撤销或解除逮捕措施的法定情形，即被羁押人的身体状况、案件的处理情况等发生了变化，不适宜继续予以羁押。

1. 变更、撤销或解除逮捕的理由

根据《刑事诉讼法》第 98 条的规定，犯罪嫌疑人、被告人被羁押的案件，不能在法定的侦查羁押、审查起诉、一审、二审期限内办结的，对犯罪嫌疑人、被告人应当予以释放；需要继续查证、审理的，对犯罪嫌疑人、被告人可以取保候审或者监视居住。

根据《刑事诉讼法》第 99 条的规定，人民法院、人民检察院或者公安机关对被采取逮捕措施法定期限届满的犯罪嫌疑人、被告人，应当予以释放或者依法变更强制措施。

根据《刑事诉讼法》第 163 条的规定，在侦查过程中，发现不应对犯罪嫌疑人追究刑事责任的，应当撤销案件；犯罪嫌疑人已被逮捕的，应当立即释放，发给释放证明，并且通知原批准逮捕的人民检察院。

根据最高法院《解释》第 133 条、第 134 条的规定，被逮捕的被告人具有以下情形的，人民法院可以变更强制措施：患有严重疾病、生活不能自理的；怀孕、哺乳自己婴儿的妇女；系生活不能自理的人的唯一扶养人。被逮捕的被告人具有以下情形之一，人民法院应当变更强制措施或者释放被逮捕人：第一审人民法院判处管制、宣告缓刑、单独适用附加刑，判决尚未发生法律效力的；被告人被羁押的时间已到第一审人民法院对其判处的刑期期限的；案件不能在法律规定的期限内审结的。

2. 变更、撤销或解除逮捕的程序

犯罪嫌疑人、被告人及其法定代理人、近亲属或者辩护人有权申请变更强制措施。人民法院、人民检察院和公安机关收到申请后，应当在三日以内作出决定；不同意变更强制措施的，应当告知申请人，并说明不同意的理由。

对于采取强制措施法定期限届满的，犯罪嫌疑人、被告人及其法定代理人、近亲属或者辩护人有权要求予以解除。人民法院、人民检察院和公安机关应当进行审查，对于情况属实的，应当立即解除或者变更强制措施。对于犯罪嫌疑人、被告人羁押期限即将届满的，看守所应当立即通知办案机关。

在发现不应当逮捕的时候，承办案件的公安司法人员应当报经县级以上公安机关负责人、人民检察院检察长、人民法院院长批准，撤销逮捕决定或者变更为取保候审、监视居住，并由公安机关执行。对于释放的犯罪嫌疑人、被告人，应当发给释放证明书。

五、人民检察院对逮捕的监督

《刑事诉讼法》第 95 条、第 96 条、第 100 条和相关司法解释赋予了人民检察院对逮捕工作的监督权，主要内容如下：

1. 人民检察院在审查批准逮捕工作中，如果发现公安机关的侦查活动有违法情况，应当通知公安机关纠正，公安机关应当将纠正的情况通知人民检察院。

2. 犯罪嫌疑人、被告人被逮捕后，人民检察院仍应当对羁押的必要性进行审查。对不需要继续羁押的，应当建议予以释放或者变更强制措施。有关机关应当在十日以内将处理情况通知人民检察院。

3.公安机关释放被逮捕的人或者变更逮捕措施的，应当通知原批准的人民检察院。

4.人民检察院办理审查逮捕案件，发现应当逮捕而公安机关未提请批准逮捕的犯罪嫌疑人的，应当建议公安机关提请批准逮捕。如果公安机关仍不提请批准逮捕或者不提请批准逮捕的理由不能成立的，人民检察院也可以直接作出逮捕决定，送达公安机关执行。

5.对已作出的批准逮捕决定发现确有错误的，人民检察院应当撤销原批准逮捕决定，送达公安机关执行。对已作出的不批准逮捕决定发现确有错误，需要批准逮捕的，人民检察院应当撤销原不批准逮捕决定，并重新作出批准逮捕决定，送达公安机关执行。

思考与训练

一、思考题

1.适用强制措施应考虑的原则和因素有哪些？

2.强制措施与刑罚、行政处罚、监察留置有何区别？

3.拘传何时适用？适用拘传需履行何种程序？

4.取保候审适用于哪些情形？

5.取保候审分为哪几类？其中保证人需符合哪些条件？

6.监视居住的适用情形有哪些？

7.拘留适用于哪些情形？当犯罪嫌疑人为人大代表时，程序上有何不同？

8.刑事拘留与行政拘留、司法拘留各自有何区别？

9.逮捕的适用条件有哪些？采取逮捕措施应遵循何种程序？

10.我国现行强制措施制度存在哪些弊端？应如何加以完善？

二、选择题

1.甲与邻居乙发生冲突致乙轻伤，甲被刑事拘留期间，甲的父亲代为与乙达成和解，公安机关决定对甲取保候审。关于甲在取保候审期间应遵守的义务，下列哪一项是正确的？（　　）

A.将驾驶证件交由执行机关保存

B.不得与乙接触

C.工作单位调动，在24小时内报告执行机关

D.未经公安机关批准，不得进入特定的娱乐场所

2.郭某涉嫌报复陷害申诉人蒋某，侦查机关因郭某可能毁灭证据将其拘留。在拘留期限即将届满时，因逮捕郭某的证据不充足，侦查机关责令其缴纳2万元保证金取保候审。关于本案处理，下列哪一选项是正确的？（　　）

A. 取保候审由本案侦查机关执行

B. 如郭某表示无力全额缴纳保证金,可降低保证金数额,同时责令其提出保证人

C. 可要求郭某在取保候审期间不得进入蒋某居住的小区

D. 应要求郭某在取保候审期间不得变更住址

3. 未成年人郭某涉嫌违法犯罪被检察院批准逮捕。在审查起诉中,经羁押必要性审查,拟变更为取保候审并适用保证人保证。关于保证人,下列哪一选项是正确的?( )

A. 可由郭某的父亲担任保证人,并由其交纳 1000 元保证金

B. 可要求郭某的父亲和母亲同时担任保证人

C. 如果保证人协助郭某逃匿,应依法追究保证人的刑事责任,并要求其承担相应的民事连带赔偿责任

D. 保证人未履行保证义务应处罚款的,由检察院决定

4. 关于取保候审的程序限制,下列哪一选项是正确的?( )

A. 保证金应当由决定机关统一收取,存入指定银行的专门账户

B. 对于可能判处徒刑以上刑罚的,不得采取取保候审措施

C. 对同一犯罪嫌疑人不得同时使用保证金担保和保证人担保两种形式

D. 对违反取保候审规定需要予以逮捕的,不得对犯罪嫌疑人、被告人先行拘留

5. 关于刑期计算,以下哪一说法是不正确的?( )

A. 甲被判处拘役六个月,其被指定居所监视居住 154 天的期间折抵刑期 154 天

B. 乙通过贿赂手段被暂予监外执行,其在监外执行的 267 天不计入执行刑期

C. 丙在暂予监外执行期间脱逃,脱逃的 78 天不计入执行刑期

D. 丁被判处管制,其判决生效前被逮捕羁押 208 天的期间可折抵刑期 416 天

6. 在符合逮捕条件时,对下列哪些人可以适用监视居住措施?( )(多选)

A. 甲患有严重疾病,生活无法自理

B. 乙正在哺乳自己的婴儿

C. 丙系生活不能自理的人的唯一扶养人

D. 丁系聋哑人

7. 关于拘传,下列哪些说法是正确的?( )(多选)

A. 对在现场发现的犯罪嫌疑人,经出示工作证件可以口头拘传,并在笔录中注明

B. 拘传持续时间不得超过 12 小时

C. 案情特别重大、复杂,需要采取拘留、逮捕措施的,拘传持续时间不得超过 24 小时

D. 对于被拘传的犯罪嫌疑人,可以连续讯问 24 小时

8. 下列哪些情形,法院应当变更或解除强制措施?( )(多选)

A. 甲涉嫌绑架被逮捕,案件起诉至法院时发现怀有身孕

B. 乙涉嫌非法拘禁被逮捕,被法院判处有期徒刑 2 年,缓期 2 年执行,判决尚未发生法律效力

C. 丙涉嫌妨害公务被逮捕,在审理过程中突发严重疾病

D. 丁涉嫌故意伤害被逮捕,因对被害人伤情有异议而多次进行鉴定,致使该案无法在

法律规定的一审期限内审结

9. 甲、乙涉嫌非法拘禁罪被取保候审。本案提起公诉后，法院认为对甲可继续适用取保候审，乙因有伪造证据的行为而应予逮捕。对于法院适用强制措施，下列哪些选项是正确的？（　　）（多选）

A. 对甲可变更为保证人作证

B. 决定逮捕之前可先行拘留乙

C. 逮捕乙后应在 24 小时内讯问

D. 逮捕乙后，同级检察院可主动启动对乙的羁押必要性审查

三、案例分析

案例一

犯罪嫌疑人江某，男，68 岁，农民，因涉嫌诈骗被公安机关依法拘留。拘留后公安机关发现其患有严重肺结核，经医院检查属实，需要隔离。公安机关遂作出取保候审决定，要求江某提供保证人。江某向公安机关提出由其弟做保证人。公安机关调查发现，江某之弟有一定资财，但常年在外地做生意，住处较多，行踪极不稳定。故没有同意江某之弟做保证人。

问题：

1. 本案中可否对江某采取取保候审措施？

2. 公安机关不同意江某之弟做保证人的做法是否正确？

3. 若江某无法提供别的保证人，公安机关还可以采取什么处理方式？

案例二

2006 年 3 月，张某（男，19 岁）因涉嫌盗窃被公安机关抓获。公安机关经过研究决定对张某采取监视居住的强制措施，并交由张某家所在的村委会执行。村委会委托治保主任将张某关押在村委会一间 20 多平方米的弃用办公室内，不许张某外出，一日三餐由家里人给其供应。在此期间，张某多次企图逃跑，均未遂。治保主任把此情况反映给了公安机关，公安机关对张某采取拘留的强制措施。

问题：

1. 对张某采取监视居住是否合适？

2. 监视居住执行方式是否正确？

3. 公安机关对张某企图逃跑采取拘留的强制措施是否正确？如不正确，应该怎么做？

（扫描二维码获取参考答案）

补充阅读

《人民检察院刑事诉讼规则重点解读——完善监察机关移送案件强制措施衔接机制》

（扫描二维码阅读）

第十三章

附带民事诉讼

导读

通过本章的学习，要求掌握附带民事诉讼的概念、意义、特点、当事人范围、赔偿范围、附带民事诉讼的提起和审判程序的特殊性，熟悉有关附带民事诉讼的法律规定和司法解释，并能运用熟悉和掌握的知识提起附带民事诉讼、代理附带民事诉讼、审判附带民事诉讼。

第一节　附带民事诉讼概述

一、附带民事诉讼的概念

附带民事诉讼，是指司法机关在刑事诉讼过程中，在解决被告人刑事责任的同时，附带解决因被告人的犯罪行为给被害人造成物质损失的赔偿问题而进行的诉讼。《刑事诉讼法》第101条规定："被害人由于被告人的犯罪行为而遭受物质损失的，在刑事诉讼过程中，有权提起附带民事诉讼。被害人死亡或者丧失行为能力的，被害人的法定代理人、近亲属有权提起附带民事诉讼。如果是国家财产、集体财产遭受损失的，人民检察院在提起公诉的时候，可以提起附带民事诉讼。"

在附带民事诉讼中，实质上进行的是刑事诉讼和民事诉讼两种诉讼，这两种不同性质的诉讼程序分别解决案件中被告人的刑事责任和民事侵权责任。由于附带民事诉讼中被害人要求被告人赔偿的损失是因被告人的犯罪行为直接造成的，民事侵权责任与刑事责任之间有着密切的关系，两种诉讼之间也具有特殊的关联性。因此，在解决被告人刑事责任的同时，一并解决被告人相应的民事侵权责任。但附带民事诉讼主要是按照刑事诉讼程序解决被告人的刑事责任，然后再在同一案件审理中按照民事诉讼程序解决被告人相应的民事侵权责任，所以，才称为附带民事诉讼。

按照刑事诉讼和民事诉讼性质的不同，大部分刑事诉讼案件的程序包括侦查、起诉、审判，但附带民事诉讼案件的赔偿只能由人民法院审判。而被告人给被害人造成的损失一般在刑事案件发生后就存在，所以，有权提起附带民事诉讼的被害人可以在审判前的刑事侦查、审查起诉程序中提出赔偿要求。公安机关、人民检察院对于被害人提出赔偿要求的，可以进行调解。公安机关对于被害人提出附带民事诉讼的，应当记录在案。移送审查起诉时，应当在起诉意见书中注明。人民检察院审查移送起诉的案件，应当查明有无附带民事诉讼。对于国家财产、集体财产遭受损失的，应查明是否需要由人民检察院提起附带民事诉讼；对于破坏生态环境和资源保护，食品药品安全领域侵害众多消费者合法权益，侵害英雄烈士的姓名、肖像、名誉、荣誉等损害社会公共利益的行为，应查明是否需要由人民检察院提起附带民事公益诉讼。人民检察院对案件进行审查后，应当依法作出是否提起附带民事诉讼、附带民事公益诉讼的决定。

二、附带民事诉讼的意义

在解决被告人刑事责任的同时，解决被告人犯罪行为给被害人的人身权利或财产权利造成损失的赔偿，对被害人、国家、集体和社会公共利益的维护，对民事侵权赔偿的正确处理，对被告人的恰当量刑，对诉讼效率的提高和司法资源的节约，都具有重要意义。

第一，有利于及时维护被害人、国家、集体和社会公共利益。犯罪是具有社会危害性的行为，侵害的是国家、集体、社会和个人的合法权益。刑事诉讼不仅要正确及时地查明犯罪和惩罚犯罪，而且要及时保护个人、国家、集体、社会的合法权益，让犯罪分子在承担刑事责任的同时赔偿犯罪行为造成的物质损失，及时弥补受害利益。尽管对被告人犯罪行为给被害人、国家、集体和社会公共利益造成的物质损失的赔偿，可以在解决被告人的刑事责任后，再通过另行提起民事诉讼解决，但这样的解决方式必然使赔偿的及时性大受影响。附带民事诉讼可以使因犯罪造成的损失及时得到赔偿，特别是可以及时缓解被害人的困境。

第二，有利于正确处理案件。在犯罪行为给被害人造成物质损失的案件中，犯罪行为与侵权行为同时发生，刑事责任与民事侵权责任同时存在。只要被害人的物质损失与被告人的犯罪行为存在法律上的因果关系，被告人就要承担民事赔偿责任。查明了犯罪事实，有利于侵权责任的正确认定，避免刑事责任的认定和民事侵权赔偿之间的矛盾。

同时，在刑事和解的案件、认罪认罚从宽处理的案件中，被告人对被害人的损失是否已经赔偿及被害人对赔偿的满意度，不仅直接体现了民事侵权责任的承担，还直接反映了被告人的认罪悔罪情况，甚至影响到对被告人的量刑。如果被告人认罪悔罪，与被害人达成和解，实际赔偿被害人的损失，被害人谅解被告人的，被告人就会得到从宽处理，从而体现惩办与宽大相结合的刑事政策，案件的处理结果也更合理。

第三，有利于提高诉讼效率，节约司法资源。附带民事诉讼把民事诉讼附带在刑事诉讼中进行，不仅在诉讼主体上进行了合并，在诉讼程序上也进行了合并。在解决被告人刑事责任的同时解决了民事赔偿责任，既节约了人力物力资源，也加快了诉讼的进程，减轻了诉讼当事人的负担，提高了诉讼效率和效益。

三、附带民事诉讼的特点

附带民事诉讼作为依附于刑事诉讼的程序，具有以下特点。

（一）诉讼类型的民事性

人民法院审理附带民事诉讼案件，诉讼过程所遵循的程序是民事诉讼程序，作为诉讼结果的民事赔偿的性质也是民事责任而不是刑事责任。除刑法、刑事诉讼法以及刑事司法解释已有规定的以外，适用民事法律的有关规定。因此，附带民事诉讼在本质上仍然是民事诉讼，应当遵循民事诉讼法的规定进行。

（二）诉讼方式的依附性

根据最高法院《解释》第147条的规定，附带民事诉讼应当在刑事案件立案后及时提起。因此，附带民事诉讼以刑事诉讼正在进行为前提，体现了附带民事诉讼对刑事诉讼的依附性。如果刑事立案决定尚未作出，刑事诉讼尚未开始，即使提起民事诉讼也无从依附。但是，附带民事诉讼也不能在刑事诉讼第一审审判程序结束后提出。第一审审判结束后，无论案件是否进入第二审审判程序，被害人再提起附带民事诉讼都不会被人民法院受理，只能另行提起民事诉讼。因为第一审审判程序结束后，如果案件不进入第二审程序，审判程序就结束了，附带民事诉讼就无从依附。如果案件进入第二审程序，被害人在第二审期间再提起附带民事诉讼，但因我国审判制度实行两审终审制，那就意味着附带的民事诉讼只能经历第二审程序就终结了，违背了两审终审制。但是，第一审期间未提起附带民事诉讼，在第二审期间提起的，第二审人民法院可以依法进行调解；调解不成的，告知当事人可以在刑事判决、裁定生效后另行提起民事诉讼。

（三）要求赔偿范围的特定性

根据《刑事诉讼法》第 101 条的规定："被害人由于被告人的犯罪行为而遭受物质损失的，在刑事诉讼过程中，有权提起附带民事诉讼。"最高法院《解释》第 138 条规定："被害人因人身权利受到犯罪侵犯或者财物被犯罪分子毁坏而遭受物质损失的，有权在刑事诉讼过程中提起附带民事诉讼；因受到犯罪侵犯，提起附带民事诉讼或者单独提起民事诉讼要求赔偿精神损失的，人民法院不予受理。"因此，附带民事诉讼原告人在提起诉讼时要求赔偿的范围是特定的，只限于因犯罪遭受的物质损失。

1. 要求赔偿的损失只限于物质损失，不包括精神损失

所谓物质损失，就是因人身权利受到犯罪侵犯遭受的物质损失或者财物被犯罪分子毁坏而遭受的物质损失。根据最高法院《解释》第 155 条的规定，因人身权利受到犯罪侵犯遭受的物质损失，包括医疗费、护理费、交通费等为治疗和康复支付的合理费用，以及因误工减少的收入，被害人残疾生活辅助器具费等费用，死亡被害人的丧葬费等费用。同时规定，附带民事诉讼当事人就民事赔偿问题达成调解、和解协议的，赔偿范围、数额不受上述规定的限制。很明显，这里指的物质损失，不包括残疾赔偿金、死亡赔偿金、继续治疗费。只有在附带民事诉讼当事人就民事赔偿问题达成调解、和解协议的情况下，残疾赔偿金、死亡赔偿金、继续治疗费等费用才被允许赔偿。但是，2014 年最高法院研究室在《关于交通肇事刑事案件附带民事赔偿范围问题的答复》中要求："交通肇事刑事案件无论附带民事诉讼被告人是否投保机动车第三者强制责任保险，均可将死亡赔偿金、残疾赔偿金纳入赔偿的范围。"所以，在交通肇事刑事案件的附带民事诉讼中，死亡赔偿金、残疾赔偿金被纳入赔偿范围。另外，2003 年最高法院《关于审理人身损害赔偿案件适用法律若干问题的解释》第 17 条规定，受害人遭受人身损害因伤致残的，其因增加生活上需要所支出的必要费用以及因丧失劳动能力导致的收入损失，包括残疾赔偿金、残疾辅助器具费、被扶养人生活费，以及因康复护理、继续治疗实际发生的必要的康复费、护理费、后续治疗费，赔偿义务人也应当予以赔偿。受害人死亡的，赔偿义务人还应当赔偿丧葬费、被扶养人生活费、死亡补偿费以及受害人亲属办理丧葬事宜支出的交通费、住宿费和误工损失等其他合理费用。根据《侵权责任法》第 16 条的规定，侵害他人人身，造成残疾的，应当赔偿残疾生活辅助器具费和残疾赔偿金；造成死亡的，应当赔偿丧葬费和死亡赔偿金。因此，在民事侵权赔偿中，残疾赔偿金、死亡赔偿金、继续治疗实际发生的必要的康复费、护理费、后续治疗费，都属于赔偿的范围。

可见，对于同样是人身权利遭受侵害案件的赔偿范围，我国法律对残疾赔偿金、死亡赔偿金、继续治疗费是否属于赔偿范围的规定是不一样的。在一般民事赔偿诉讼案件中，残疾赔偿金、死亡赔偿金、继续治疗费都被纳入诉讼赔偿范围，而在一般刑事附带民事诉讼案件中，以上都没有被纳入物质损失的范围。但在交通肇事刑事附带民事诉讼案件中，残疾赔偿金、死亡赔偿金被纳入诉讼赔偿范围。我们认为，应当按照侵权责任法的一般规定，把残疾赔偿金、死亡赔偿金、继续治疗费都纳入一般刑事附带民事诉讼案件的物质损失范围。

但是，无论是《刑事诉讼法》还是司法解释，无论提起附带民事诉讼还是单独提起民事诉讼，都把精神损失排除在因受到犯罪侵犯要求诉讼赔偿的范围之外。

2.要求赔偿的损失不包括因被告人非法占有、处置被害人财产造成的损失

刑事案件被害人因犯罪遭受的物质损失，除因人身权利受到犯罪侵犯遭受的物质损失或者财物被犯罪分子毁坏而遭受物质损失外，还有其他形式的物质损失，但并不是所有的物质损失都被纳入附带民事诉讼的赔偿范围。《刑法》第64条规定："犯罪分子违法所得的一切财物，应当予以追缴或者责令退赔；对被害人的合法财产，应当及时返还。"与此相对应，最高法院《解释》第139条规定："被告人非法占有、处置被害人财产的，应当依法予以追缴或者责令退赔。被害人提起附带民事诉讼的，人民法院不予受理。"因此对因被告人非法占有、处置被害人财产造成的损失，不需要通过附带民事诉讼解决，只需要办案机关直接追缴后依法发还给被害人，或者由办案机关判决责令被告人退赔被害人，这样比提起附带民事诉讼更便捷高效，也更有利于维护被害人的合法权益。被告人非法占有、处置国家财产、集体财产的，也应当依法予以追缴或者责令退赔。如果人民检察院提起附带民事诉讼的，人民法院不予受理。

3.要求赔偿的物质损失是由犯罪行为造成的

要求赔偿的物质损失是由犯罪行为造成的，是指附带民事诉讼原告人要求赔偿的物质损失是因被告人的犯罪行为直接引起的，物质损失与犯罪行为之间具有直接的因果关系。

第二节　附带民事诉讼当事人

一、附带民事诉讼的原告人

附带民事诉讼的原告人，是指以自己的名义向司法机关提起附带民事诉讼的人。根据《刑事诉讼法》和司法解释的有关规定，被害人因人身权利受到犯罪侵犯或者财物被犯罪分子毁坏而遭受物质损失的，有权在刑事诉讼过程中提起附带民事诉讼。被害人死亡或者丧失行为能力的，被害人的法定代理人、近亲属有权提起附带民事诉讼。因此，一般说来，附带民事诉讼的原告人可以是被害人、被害人的法定代理人、近亲属。

(一)因犯罪行为遭受物质损失的被害人

附带民事诉讼中的被害人,是因自己人身权利受到犯罪侵犯或者财物被犯罪分子毁坏而遭受物质损失的直接受害者,也是最常见的附带民事诉讼的原告人,依法有权在刑事诉讼过程中提起附带民事诉讼。因犯罪行为遭受物质损失的被害人,包括因犯罪行为遭受物质损失的自然人,也包括因犯罪行为遭受物质损失的单位。

(二)被害人的法定代理人、近亲属

因犯罪遭受物质损失的被害人死亡或者丧失行为能力的,被害人的法定代理人、近亲属有权提起附带民事诉讼。被害人的近亲属与被害人之间是血亲或姻亲关系,一般与被害人具有人身上和财产上的关系。刑事诉讼中的法定代理人是指被代理人的父母、养父母、监护人和负有保护责任的机关、团体的代表,近亲属是指夫、妻、父、母、子、女、同胞兄弟姐妹。

(三)人民检察院

根据《刑事诉讼法》和司法解释规定,如果国家财产、集体财产因犯罪遭受损失,受损失的单位未提起附带民事诉讼的,人民检察院在提起公诉的时候,可以提起附带民事诉讼。对破坏生态环境和资源保护,食品药品安全领域侵害众多消费者合法权益,侵害英雄烈士的姓名、肖像、名誉、荣誉等损害社会公共利益的犯罪行为提起公诉时,人民检察院依法可以向人民法院一并提起附带民事公益诉讼。人民检察院提起附带民事诉讼的,应当被列为附带民事诉讼原告人。对人民检察院提起的附带民事诉讼,人民法院经审理,认为附带民事诉讼被告人依法应当承担赔偿责任的,应当判令附带民事诉讼被告人直接向遭受损失的单位作出赔偿。遭受损失的单位已经终止,有权利义务继受人的,应当判令其向继受人作出赔偿;没有权利义务继受人的,应当判令其向人民检察院交付赔偿款,由人民检察院上缴国库。

另外,对实践中发生的被害人是流浪者、身份不明者、鳏寡独孤等人员的刑事案件,如果此类案件中的被害人死亡或者丧失行为能力,无法确定法定代理人或者没有近亲属的,应当如何保护其民事权益,现行法律没有规定。这类刑事案件的附带民事诉讼原告人在实践中有不同的做法。有的是由国家民政部门或者民政部门所属的社会救助站提起附带民事诉讼,有的由人民检察院在提起公诉时提起附带民事诉讼。[①] 从我国《道路交通安全法》及各地实施该法的有关规定中可以发现,对身份不明的人在道路交通事故中遭受伤亡的,肇事者支付的损害赔偿金是由社会救助基金管理机构提存保管的。其原因

---

① 2006年,江苏省南京市高淳县民政局在为因被告人交通肇事犯罪致死的无名流浪人员提出赔偿的两个案件中,尽管是单独提起民事诉讼,但均被法院以民政部门主体不适格为由驳回起诉。但同样在2006年,浙江省桐庐县人民法院对肇事司机姚某因交通肇事罪被判处刑罚时,同时判决被告人赔偿附带民事诉讼原告人桐庐县民政局33.8666万元。但在2007年,天津市红桥区人民法院在依法对犯交通肇事罪的被告人刘明依判处刑罚时,支持了人民检察院提出的刑事附带民事诉讼请求。

就是因为身份不明的人属于《社会救助暂行办法》规定的社会救助对象，民政部门作为负责处理社会救助事务的部门，由其代为被害人主张权利比较合理。因此，从国家承担的责任、社会管理的需要、促进司法公正的角度考虑，此类刑事案件中，应当规定由国家民政部门提起附带民事诉讼。

二、附带民事诉讼的被告人

附带民事诉讼的被告人，是指在刑事诉讼中，对被告人犯罪行为造成的物质损失依法负有赔偿责任而参加诉讼的人。通常情况下，对被告人犯罪行为造成的物质损失依法负有赔偿责任的人就是刑事被告人，但刑事被告人以外的人也可能成为附带民事诉讼的被告人。根据最高法院《解释》第 143 条的规定，可以成为附带民事诉讼被告人的包括以下几类。

（一）刑事被告人以及未被追究刑事责任的其他共同侵害人

刑事被告人因自己的犯罪行为造成被害人物质损失，依法应当赔偿责任。如果刑事被告人以外的人与被告人共同实施了造成被害人物质损失的侵害行为，尽管该共同侵害人没有被追究刑事责任，但对其共同实施的侵害行为造成的物质损失的民事赔偿责任，仍然应当承担。比如在共同犯罪案件中，因罪轻被检察机关决定不起诉的犯罪嫌疑人，可以被作为附带民事诉讼的共同被告人。再如，成年人甲与未满十六周岁的乙共同伤害丙致轻伤，则乙依法不被追究刑事责任，但乙与甲共同实施了伤害丙的行为，对丙因此受到轻伤造成的损失，乙应当承担赔偿责任，丙有权在该案的刑事诉讼过程中，以甲和乙为被告人提起附带民事诉讼。但是，共同犯罪案件的同案犯在逃的，不应列为附带民事诉讼被告人。逃跑的同案犯到案后，可以对其提起附带民事诉讼。

（二）刑事被告人的监护人

刑事被告人的监护人主要是指应承担刑事责任的未成年被告人的监护人和尚未完全丧失辨认或者控制自己行为能力的精神病被告人的监护人。根据民事法律的规定，该两类刑事被告人的监护人，对被告人侵害他人的行为造成的损失，应当承担监护人责任，可以被列为附带民事诉讼被告人。

（三）死刑罪犯的遗产继承人

根据《刑事诉讼法》的规定，附带民事诉讼应当在刑事诉讼过程中提起，最迟必须在刑事案件一审宣判以前提起，否则只能待刑事案件生效后另行提起民事诉讼。而“死刑罪犯的遗产继承人”意味着刑事案件的刑事诉讼程序已经结束，如果被害人在该案的刑事诉讼过程中没有提起附带民事诉讼，就不能再提起；如果被害人在该案的刑事诉讼过程中已经提起附带民事诉讼，民事赔偿部分一般也应已经判决或调解解决。除非被告人已经被执行死刑但该案的附带民事赔偿诉讼尚未审结，才有可能把死刑罪犯的遗产继承人列为附带民事诉讼被告人。但是，根据附带民事诉讼制度的初衷、刑事诉讼的过程和期限，结合我国法院的办案考核制度，被告人已经被执行死刑但该案的附带民事赔偿诉讼尚未审结的情形，几乎不可能出现。因此，在被告人单独犯罪的案件中，死刑罪犯的遗产继承人不可能成为附带民事诉讼被告人。如果死刑罪犯已经被执行死刑的，被害人可以对死刑罪犯的遗产继承人另行提起民事诉讼，但不是附带民事诉讼。

但是，在共同犯罪案件中，死刑罪犯的遗产继承人成为附带民事诉讼被告人还是有可能的。比如，甲与乙共同故意伤害丙致死，甲被抓获归案，但乙在逃。在司法机关依法对甲以故意伤害罪进行审判期间，丙的近亲属没有提出附带民事诉讼。甲被依法判处死刑并执行。此后，乙被抓获归案，被以故意伤害罪依法提起公诉。此时，丙的近亲属以乙和甲的遗产继承人为被告人向法院提起附带民事诉讼。这种情形下，甲的遗产继承人是附带民事诉讼中依法负有赔偿责任的人，是附带民事诉讼被告人。

当然，死刑罪犯的遗产继承人对被害人的赔偿责任，以其继承的财产或继承财产的价值为限，但继承人明确表示放弃继承的除外。

（四）共同犯罪案件中，案件审结前死亡的被告人的遗产继承人

在附带民事诉讼过程中，如果被告人死亡且案件没有审结的，那么，死亡被告人的遗产继承人应当被列为附带民事诉讼被告人。同理，死亡被告人的遗产继承人对被害人的赔偿责任，以其继承的财产或继承财产的价值为限。如果继承人明确表示放弃继承的，不应被列为附带民事诉讼被告人。

（五）对被害人的物质损失依法应当承担赔偿责任的其他单位和个人

除被告人对被害人的物质损失应当承担赔偿责任外，对被害人的物质损失依法应当承担赔偿责任的其他单位，也是附带民事诉讼的被告人。这里的其他单位，可以是法人，也可以是其他组织。比如某单位的机动车驾驶员，在执行单位事务的过程中交通肇事构成犯罪，对被害人造成物质损失的，该单位就可以成为附带民事诉讼的被告人。

此外，附带民事诉讼被告人的亲友自愿代为赔偿的，应当准许。被害人或者其法定代理人、近亲属仅对部分共同侵害人提起附带民事诉讼的，人民法院应当告知其可以对其他共同侵害人，包括没有被追究刑事责任的共同侵害人，一并提起附带民事诉讼，但共同犯罪案件中同案犯在逃的除外。被害人或者其法定代理人、近亲属放弃对其他共同侵害人的诉讼权利的，人民法院应当告知其相应法律后果，并在裁判文书中说明其放弃诉讼请求的情况。共同犯罪案件，同案犯在逃的，不应列为附带民事诉讼被告人。逃跑的同案犯到案后，被害人或者其法定代理人、近亲属可以对其提起附带民事诉讼，但已经从其他共同犯罪人处获得足额赔偿的除外。

第三节　附带民事诉讼的提起和审判

一、附带民事诉讼的提起

（一）提起附带民事诉讼的期间

根据最高法院《解释》的规定，附带民事诉讼应当在刑事案件立案后及时提起。因此，附带民事诉讼应当在刑事诉讼过程中提出，具体期间应当是在刑事案件立案以后至第一审判决宣告以前。公诉案件，被害人有权在立案以后的侦查期间、审查起诉期间、第一审判决宣告以前的审判期间提出附带民事诉讼。在侦查、审查起诉期间，被害人提出赔偿要求的，公安机关、人民检察院可以对民事赔偿要求进行调解。经公安机关、人民检察院调解，当事人双方已经达成协议并全部履行，被害人或者其法定代理人、近亲属又提起附带民事诉讼的，人民法院不予受理，但有证据证明调解违反自愿、合法原则的除外。在侦查期间、审查起诉期间双方达成调解协议但没有全部履行的，应当将提起附带民事诉讼的材料移送下一阶段的办案机关。经人民检察院审查，对犯罪嫌疑人作出不起诉决定的，人民检察院应告知被害人向人民法院另行提起民事诉讼。在第一审期间人民检察院撤回对被告人的公诉，但被害人已经提起附带民事诉讼的，人民法院可以进行调解。调解不成的，人民法院应当裁定驳回起诉。有权提起附带民事诉讼的人放弃诉讼权利的，人民法院应当准许。

（二）提起附带民事诉讼的方式

根据最高法院《解释》的规定，被害人提起附带民事诉讼应当提交附带民事起诉状。因此，附带民事诉讼的提起方式应当采取书面形式。但是，对于书写起诉状确有困难的，可以口头起诉，由人民法院记入笔录，经起诉人确认无误后签名。

起诉状应当记明原告人和被告人的姓名、性别、年龄、住所、联系方式，法人或者其他组织的名称、住所和法定代表人或者主要负责人的姓名、职务、联系方式等信息，要求被告人赔偿的金额和所根据的事实与理由，并提交相应的证据。

（三）提起附带民事诉讼的条件

根据最高法院《解释》的规定，附带民事诉讼的起诉条件是：（1）起诉人符合法定条件，起诉人属于规定的附带民事诉讼原告人；（2）有明确的被告人，附带民事诉讼被告人属于规定的附带民事诉讼中依法负有赔偿责任的人；（3）有请求赔偿的具体要求和事实、理由，要有具体的请求赔偿的金额和遭受犯罪侵害造成物质损失的事实及相应的证据；（4）属于人民法院受理附带民事诉讼的范围。

二、附带民事诉讼案件的审判

尽管附带民事诉讼作为刑事诉讼中的一项制度，但其本质上是民事诉讼，人民法院审判附带民事诉讼案件，除刑事诉讼法以及司法解释已有规定的以外，适用民事诉讼法的规定，按照民事诉讼程序审判。但附带民事诉讼案件的审判，在以下方面有其特殊性。

（一）一并审判

附带民事诉讼是对被告人的犯罪行为同时触犯刑法和民法应承担的刑事责任和民事责任在刑事案件审判中一并处理的诉讼，其优势是既有利于依法正确处理被告人的刑事责任和民事责任，又能节约司法资源、提高诉讼效率。因此，《刑事诉讼法》第104条规定，附带民事诉讼应当同刑事案件一并审判，只有为了防止刑事案件审判的过分迟延，才可以在刑事案件审判后，由同一审判组织继续审理附带民事诉讼。但是，如果同一审判组织的成员确实不能继续参与审判的，也可以更换。

法院审理附带民事案件，在法庭调查和法庭辩论中，应当先进行刑事部分，再进行民事部分。在查明被告人刑事犯罪事实和给被害人造成物质损害事实的基础上，对刑事部分和民事部分一并进行评议和裁判。当然，在附带民事诉讼原告人和被告人双方自愿的前提下，在评议裁判前，法庭可以对民事裁判部分进行调解，调解不成的，应当依法判决。

如果附带民事诉讼赔偿部分案情复杂或者当事人不能及时到庭参加诉讼等，影响了刑事部分的及时判决，则可以先对刑事案件进行审判，在刑事案件审判后，再继续审判附带民事诉讼。

（二）财产保全

根据《民事诉讼法》的规定，民事诉讼中，人民法院对于可能因当事人一方的行为或者其他原因，使判决难以执行或者造成当事人其他损害的案件，根据对方当事人的申请，可以裁定对其财产进行保全。当事人没有提出申请的，人民法院在必要时也可以裁定采取保全措施。人民法院接受当事人提出的财产保全申请后，对情况紧急的，必须在四十八小时内作出裁定。裁定采取保全措施的，应当立即开始执行。利害关系人在提起民事诉讼之前，如果因情况紧急，不立即申请财产保全将会使其合法权益受到难以弥补的损害的，可以在提起诉讼之前，向被保全财产所在地、被申请人住所地或者对案件有管辖权的人民法院申请采取保全措施。人民法院接受申请后，必须在四十八小时内作出裁定。裁定采取保全措施的，应当立即开始执行。申请人在人民法院采取保全措施后三十日内不依法提起诉讼的，人民法院应当解除保全。保全限于请求的范围，或者与本案有关的财物。

《刑事诉讼法》第102条规定，附带民事诉讼中，人民法院在必要的时候可以采取保全措施，查封、扣押或者冻结被告人的财产。附带民事诉讼原告人或者人民检察院可以申请人民法院采取保全措施。因此，附带民事诉讼中，起诉时，人民法院对可能因被告人的行为或者其他原因,使附带民事判决难以执行的案件,根据附带民事诉讼原告人的申请,可以裁定采取保全措施,查封、扣押或者冻结被告人的财产。附带民事诉讼原告人未提出申请的,必要时,人民法院也可以采取保全措施。起诉前,有权提起附带民事诉讼的人因情况紧急,不立即申请保全将会使其合法权益受到难以弥补的损害的,可以在提起附带民事诉讼之前,向被保全财产所在地、被申请人居住地或者对案件有管辖权的人民法院申请采取保全措施。申请人在人民法院受理刑事案件后十五日内未提起附带民事诉讼的,人民法院应当解除保全措施。人民法院采取保全措施,除刑事诉讼法规定外,适用民事诉讼法有关财产保全的规定。

(三)受理和庭审准备

人民法院受理刑事案件后,对符合规定的,可以告知被害人或者其法定代理人、近亲属有权提起附带民事诉讼。有权提起附带民事诉讼的人放弃诉讼权利的,应当准许,并记录在案。

被害人或者其法定代理人、近亲属提起附带民事诉讼的,人民法院应当在七日内决定是否立案。符合附带民事诉讼受理规定的,应当受理;不符合的,裁定不予受理。不同于《民事诉讼法》规定当事人进行民事诉讼应当交纳案件受理费和其他诉讼费用的是,人民法院审理附带民事诉讼案件,不收取诉讼费。

人民法院受理附带民事诉讼后,应当在五日内将附带民事起诉状副本送达附带民事诉讼被告人及其法定代理人,或者将口头起诉的内容及时通知附带民事诉讼被告人及其法定代理人,并制作笔录。人民法院送达附带民事起诉状副本时,应当根据刑事案件的审理期限,确定被告人及其法定代理人提交附带民事答辩状的时间。

附带民事诉讼原告人经传唤,无正当理由拒不到庭,或者未经法庭许可中途退庭的,应当按撤诉处理。刑事被告人以外的附带民事诉讼被告人经传唤,无正当理由拒不到庭的,或者未经法庭许可中途退庭的,附带民事部分可以缺席判决。

(四)调解与和解

根据《民事诉讼法》的规定,人民法院审理民事案件,应根据当事人自愿的原则,在事实清楚的基础上,分清是非,进行调解。调解应当依法进行。当事人一方或者双方坚持不愿调解或者调解不成的,应当及时裁判。附带民事诉讼中,人民法院可以根据自愿、合法的原则进行调解,经调解达成协议的,应当制作调解书。调解书经双方当事人签收后,即具有法律效力。调解达成协议并即时履行完毕的,可以不制作调解书,但应当制作笔录,经双方当事人、审判人员、书记员签名或者盖章后即发生法律效力。附带民事诉讼当事人就民事赔偿问题达成调解、和解协议的,赔偿范围、数额不受规定的限制。

附带民事诉讼当事人一方或者双方坚持不愿调解,或者调解不成的,或者调解书签收前当事人反悔的,人民法院应当根据被害人遭受犯罪侵犯造成的物质损失,结合案件具体情况,同刑事诉讼一并判决。人民法院认定公诉案件被告人的行为不构成犯罪,对已经提起的附带民事诉讼,经调解不能达成协议的,应当一并作出刑事附带民事判决。

人民法院准许人民检察院撤回起诉的公诉案件，对已经提起的附带民事诉讼，可以进行调解。不宜调解或者经调解不能达成协议的，应当裁定驳回起诉，并告知附带民事诉讼原告人可以另行提起民事诉讼。

（五）审理和裁判

人民法院审理附带民事诉讼案件，除刑法、刑事诉讼法以及刑事司法解释已有规定的以外，适用民事法律的有关规定。附带民事诉讼当事人对自己提出的主张，有责任提供证据加以证明。附带民事诉讼当事人一方或者双方坚持不愿调解，或者调解不成的，或者调解书签收前当事人反悔的，人民法院应当根据被害人遭受犯罪侵犯造成的物质损失，结合案件具体情况，确定被告人应当赔偿的数额，同刑事诉讼一并判决。经人民法院审理，附带民事诉讼原告人主张的赔偿请求和事实缺乏证据证明的，应当判决驳回原告人的诉讼请求。

人民检察院提起附带民事诉讼的，人民法院经审理，认为附带民事诉讼被告人依法应当承担赔偿责任的，应当判令附带民事诉讼被告人直接向遭受损失的单位作出赔偿。遭受损失的单位已经终止，有权利义务继受人的，应当判令其向继受人作出赔偿；没有权利义务继受人的，应当判令其向人民检察院交付赔偿款，由人民检察院上缴国库。

人民法院审理刑事附带民事诉讼案件，应当结合被告人赔偿被害人物质损失的情况认定其悔罪表现，并在量刑时予以考虑。被告人非法占有、处置被害人财产的，应当依法予以追缴或者责令退赔。追缴、退赔的情况，可以作为量刑情节考虑。

对附带民事判决、裁定的上诉、抗诉期限，应当按照刑事部分的上诉、抗诉期限确定。附带民事部分另行审判的，上诉期限也应当按照刑事诉讼法规定的期限确定。只有附带民事诉讼当事人及其法定代理人上诉的，第二审人民法院应当对全案进行审查。经审查，第一审判决的刑事部分并无不当的，第二审人民法院只需就附带民事部分作出处理。第一审判决的附带民事部分事实清楚，适用法律正确的，应当以刑事附带民事裁定维持原判，驳回上诉。只有附带民事诉讼当事人及其法定代理人上诉的，第一审刑事部分的判决在上诉期满后即发生法律效力。应当送监执行的第一审刑事被告人是第二审附带民事诉讼被告人的，在第二审附带民事诉讼案件审结前，可以暂缓送监执行。

第二审人民法院审理对刑事部分提出上诉、抗诉，附带民事部分已经发生法律效力的案件，发现第一审判决、裁定中的附带民事部分确有错误的，应当依照审判监督程序对附带民事部分予以纠正。第二审人民法院审理对附带民事部分提出上诉，刑事部分已经发生法律效力的案件，发现第一审判决、裁定中的刑事部分确有错误的，应当依照审判监督程序对刑事部分进行再审，并将附带民事部分与刑事部分一并审理。第二审期间，第一审附带民事诉讼原告人增加独立的诉讼请求或者第一审附带民事诉讼被告人提出反诉的，第二审人民法院可以根据自愿、合法的原则进行调解。调解不成的，告知当事人另行起诉。

思考与训练

一、思考题

1. 什么是附带民事诉讼？附带民事诉讼有什么意义？
2. 哪些人有权提起附带民事诉讼？附带民事诉讼中依法负有赔偿责任的人有哪些？
3. 附带民事诉讼应当在什么时候提出？提出附带民事诉讼的方式有哪些？
4. 附带民事诉讼的赔偿内容有什么特点？

二、选择题

1. 张三在深夜翻窗进入李四家行窃，经翻找后，窃得现金 13000 元，苹果牌 iPad 一台，苹果牌 10 型手机一台。翻找时，碰倒了放在橱窗里的一个花瓶，掉在地上摔破，慌忙逃走。张三把窃得的 iPad 和手机出售，获得 1000 元和 3000 元，并把款项挥霍殆尽。经公安机关查明，摔破的花瓶系李四在拍卖会上以 25000 元的价格购得。本案中，李四对哪些损失可以通过附带民事诉讼要求张三赔偿？（　　）

   A. 现金 13000 元　　B. 苹果牌 iPad　　C. 苹果牌手机　　D. 摔破的花瓶
2. 关于附带民事诉讼中的财产保全，下列正确的表述是（　　）。

   A. 当事人不提出申请，法院不得采取财产保全措施

   B. 不能申请诉前财产保全

   C. 财产保全的范围不受限制

   D. 人民检察院可以提出财产保全申请
3. 张三伤害李四致死，下列无权提起附带民事诉讼的是（　　）。

   A. 李四的父母　　B. 李四的外祖父

   C. 李四的妻子　　D. 李四的儿子
4. 甲酒后驾驶汽车，在路口闯红灯撞倒骑自行车正常行驶的乙。甲逃逸，乙经医院抢救无效去世。本案中，提起附带民事诉讼可以赔偿的范围包括（　　）。（多选）

   A. 因乙去世导致乙妻痛苦的精神损失　　B. 乙被送到医院抢救的医疗费

   C. 乙的死亡赔偿金　　D. 被撞坏的乙的自行车的损失
5. 陈某某（女）驾驶小型客车在某市一路段行驶至路口时车辆失控，冲撞在路口行驶的车辆和行人，造成 4 人死亡、13 人受伤，多辆车辆、道路设施损坏。陈某某被检察机关以交通肇事罪提起公诉。有关本案的附带民事诉讼，下列表述中正确的是（　　）。

   A. 死亡被害人的父母和祖父母都有权提起附带民事诉讼

   B. 陈某某和肇事车主苏某应一并被列为附带民事诉讼的被告人

   C. 伤者吴某可通过附带民事诉讼要求赔偿其在被送往医院途中丢失的手机

   D. 在案件审查起诉阶段，伤者李某与陈某某就民事赔偿达成调解协议并收到赔偿款后又提起附带民事诉讼，法院不予受理

三、案例分析

案例一

张三与李四系邻居，一年前张三因购车需要向李四借款 10 万元。借款到期后，张三没有如数归还借款。在李四向其催讨时，两人发生口角，进而升级为互殴，张三觉得自己吃亏了，跑回家拿了菜刀，把李四砍成重伤。李四因住院治疗花去医疗费 56000 元，因此无法上班请假 3 个月，觉得自己借钱给了白眼狼，还被砍成重伤，精神极其痛苦，得了抑郁症。

问题：

本案中，李四的哪些损失可以通过提起附带民事诉讼要求张三赔偿？

案例二

黄五系 A 公司销售经理，负责 A 公司在浙江省区域的货物销售和货款催收。2019 年年底，黄五对其销售给 B 公司货物的货款 150 万元，要求 B 公司开出本票后，把 150 万元打入自己的账户，然后玩起了失踪，后经公安机关侦查，黄五被抓获。

问题：

A 公司是否可以就 150 万元货款损失，提出附带民事诉讼要求黄五赔偿？

（扫描二维码获取参考答案）

补充阅读

《关于刑事附带民事诉讼制度的几个问题》

（扫描二维码阅读）

第十四章

期间、送达

导读

通过本章的学习，掌握刑事诉讼期间、送达的概念与意义，正确理解期间的计算与恢复及送达的方式、程序与要求。

第一节　期　间

一、期间的概念

刑事诉讼的期间，是指公安司法机关、诉讼当事人与其他诉讼参与人进行刑事诉讼活动应当遵守的时间期限。刑事诉讼期间一般由法律明确规定，例如，侦查羁押期限、审查起诉期限、审判期限等，称为法定期间；在法律允许的范围内可以由公安司法机关指定，称为指定期间。因刑事诉讼主体的不同，期间可划分为公安司法机关应当遵守的期间和当事人与其他诉讼参与人应当遵守的期间。

与期间概念相关联，在刑事诉讼中有一个期日的概念。所谓期日，是指公安司法机关和当事人与其他诉讼参与人共同进行刑事诉讼活动的特定时间。例如，人民法院通知公诉人、当事人、辩护人、诉讼代理人、证人等诉讼各方开庭审理案件的日期。刑事诉讼中的期日不是由法律明文规定的，一般是在法定的诉讼期间内，由办案机关依职权决定，或者由办案机关与有关诉讼参与人协商确定后通知有关人员。相比较而言，期间是一个时间段，而期日是一个时间点；期间针对特定主体，期日针对多方主体；期间法定，而期日由公安司法机关指定。因此，期日的确定较期间更具灵活性。

刑事诉讼中的期间，是对诉讼主体进行或者完成某种诉讼活动时间上的要求。其意义在于：

1. 有利于规范或约束公安司法机关、当事人与其他诉讼参与人在法定的期限内实施或完成某种诉讼行为。只有在此期间内所进行的诉讼行为才是有效的，违反相关的期限规定将导致消极或不利的后果，例如，被告人未在法定上诉期内行使上诉权可能会导致一审法院的裁判生效的后果。

2. 有利于增强公安司法机关办案人员履职的责任感，促使其提高工作效率，按期完成诉讼程序要求的各种诉讼活动，防止诉讼拖延，确保刑事诉讼活动的顺利进行。

3. 有利于敦促当事人与其他诉讼参与人在法定期限内行使有关的诉讼权利，以保障他们的合法权益得以实现。

二、期间的计算

（一）期间的计算单位

根据《刑事诉讼法》第105条的规定，我国刑事诉讼的期间是以时、日、月为计算单位的。这里的“时”就是指“小时”，例如，“传唤、拘传持续的时间不得超过十二小时；案情特别重大、复杂，需要采取拘留、逮捕措施的，传唤、拘传持续的时间不得超过二十四小时”。

以“日”为计算单位的，例如，“公安机关对被拘留的人，认为需要逮捕的，应当在拘留后的三日以内，提请人民检察院审查批准”。以“月”为计算单位的，例如，“人民法院、人民检察院和公安机关对犯罪嫌疑人、被告人取保候审最长不得超过十二个月，监视居住最长不得超过六个月”。

（二）期间的计算方法

1. 期间开始的确定方法。期间以“时”和“日”为计算单位的，开始之“时”和开始之“日”不计算在期间内。即以时、日为计算单位的期间，应当从第二时或第二日起开始计算。

以“月”为计算单位的期间，通常按照公历月，不分大月、小月，自本月某日至下月同日为一个月。但是根据最高法院《解释》的规定，如果下月没有同一日期，则以最后一日为一个月。如遇有以半月为期的，不分大月、小月，半月一律按十五日计算期限，不受当月实际天数的影响。

2. 期间届满或终止的计算方法。如果期间终止日为正常工作日的，即以该日为期间的届满之日。但是，如果期间的最后一日为法定节假日的，以节假日后的第一个工作日为期间届满的日期。节假日有变通规定的，以实际休假日后的第一个工作日为期间届满的日期。

但是，对于犯罪嫌疑人、被告人或罪犯在押期间，应当至期间届满之日为止，不得因节假日而延长在押期限至节假日后的第一日。

3. 法定期间是否包括路途时间。对于法定期间的计算，不包括路途上的时间，应当将路途上的时间扣除。上诉状或其他诉讼文书在期满前已经交邮的，不算过期。也就是说，通过邮寄的上诉状或者其他文件，只要是在法定的期满前已经交邮的，即使公安司法机关收到时已过法定期限，也不算过期。上诉状或者其他文件是否在法定期满前交邮以当地邮局所盖邮戳为准。

（三）特殊情况的期间计算

根据我国《刑事诉讼法》及相关司法解释的规定，在特殊情形下期间的计算方法如下：

1. 在侦查期间，发现犯罪嫌疑人另有重要罪行的，自发现之日起重新计算侦查羁押期限。“另有重要罪行”，是指与逮捕时的罪行不同种类的重大犯罪或者同种类犯罪并且可能影响定罪量刑的重大犯罪。

2. 犯罪嫌疑人不讲真实姓名、住址，身份不明的，应当对其身份进行调查，侦查羁押期限自查清其身份之日起计算，但是不得停止对其犯罪行为的侦查取证。对于犯罪事实清楚，证据确实、充分，确实无法查明其身份的，也可以按其自报的姓名起诉、审判。

3. 人民检察院审查起诉的案件，改变管辖的，从改变后的人民检察院收到案件之日起计算审查起诉期限。人民法院改变管辖的案件，从改变后的人民法院收到案件之日起计算审理期限。

4.公安机关或者人民检察院补充侦查完毕后移送人民检察院或者人民法院的，人民检察院或者人民法院重新计算审查起诉或者审理期限。

5.指定管辖案件的审理期限，自被指定管辖的人民法院收到指定管辖决定书和有关案卷、证据材料之日起计算。

6.对犯罪嫌疑人、被告人在押的案件，对他们作精神病鉴定的期间不计入办案期限。除此之外的其他鉴定时间，都应当计入办案期限。对于因鉴定时间较长，办案期限届满仍不能终结的案件，自期限届满之日起，应当对被逮捕的犯罪嫌疑人、被告人变更强制措施，改为取保候审或者监视居住。

7.中止审理的期间不计入审理期限。根据《刑事诉讼法》第206条的规定，在审判过程中，有下列四种情形之一，致使案件在较长时间内无法继续审理的，可以中止审理。具体包括：(1)被告人患有严重疾病，无法出庭的；(2)被告人脱逃的；(3)自诉人患有严重疾病，无法出庭，未委托诉讼代理人出庭的；(4)由于不能抗拒的原因。中止审理的原因消失后，应当恢复审理。上述中止审理的期间不计入审理期限。

8.第二审人民法院发回原审人民法院重新审判的案件，原审人民法院从收到发回的案件之日起，重新计算审理期限。

9.由简易程序转为普通程序的第一审刑事案件的期限，从决定转为普通程序次日起重新计算。

10.延期审理的期限不计入审理期限。根据最高人民法院《关于严格执行案件审理期限制度的若干规定》，下列期限不计入审理期限：刑事案件因另行委托或指定辩护人，人民法院决定延期审理的，自案件决定延期审理之日起至第10日止准备辩护的时间；公诉人发现案件需要补充侦查，提出延期审理建议后，合议庭同意延期审理的期间；刑事案件二审期间，人民检察院查阅案卷超过7日后的时间；因当事人、辩护人、诉讼代理人申请通知新的证人到庭、调取新的证据、申请重新鉴定或者勘验，人民法院决定延期审理1个月之内的期间。

三、期间的恢复

期间的恢复是指当事人因某种特殊原因未能在法定期间内进行特定的诉讼活动，经法院准许，可以继续进行应当在期满前完成的诉讼活动的一种补救措施。

鉴于当事人耽误期间确属不可抗拒的原因或者有其他正当理由，为充分保护当事人的合法权利，《刑事诉讼法》对当事人有正当理由耽误期间的，规定了相应的补救措施。《刑事诉讼法》第106条规定：“当事人由于不能抗拒的原因或者有其他正当理由而耽误期限的，在障碍消除后五日以内，可以申请继续进行应当在期满以前完成的诉讼活动。前款申请是否准许，由人民法院裁定。”根据上述规定，期间的恢复必须具备以下四个条件：

1.申请的主体。期间的恢复必须由当事人提出申请，其他任何人都不可以提出期间的恢复。鉴于当事人与案件本身及裁判结果有着直接的利害关系，为了充分维护当事人的诉讼权利和其他合法权益，在特定的情况下才可以补救与恢复其诉讼期间。

2. 申请的理由。造成当事人期间的耽误必须是出于不可抗拒的原因或者有其他正当理由。例如，由于遭受水灾、地震、台风、滑坡、泥石流、战争、大火等当事人本身无法抗拒的自然和社会现象，或者是当事人发生车祸、突患严重疾病等情况，使当事人无法继续进行或完成诉讼行为。

3. 申请的时间。当事人应当在障碍或原因消除后的五日内提出期间恢复的申请。这意味着并非具有"不能抗拒的原因或者有其他正当理由"，已经耽误的期间就可以无条件地恢复，而是要由当事人在上述障碍或影响期间进行的阻断原因消除后的五日以内主动提出申请。

4. 申请的裁决。期间恢复的申请是否准许，须由人民法院作出裁定。当事人申请恢复期间时，应当向审判本案的人民法院提出。对当事人的申请，人民法院查证属实后，应当裁定准许；如果认为当事人的申请不符合法定条件的，则裁定不予准许。

四、刑事诉讼的法定期间

由法律明确规定的法定期间包括以下几种。

（一）强制措施期间

根据《刑事诉讼法》的规定，我国刑事诉讼强制措施的期间分为以下几种：

1. 传唤、拘传持续的时间不得超过十二小时；案情特别重大、复杂，需要采取拘留、逮捕措施的，传唤、拘传持续的时间不得超过二十四小时。两次拘传间隔的时间一般不得少于十二小时，不得以连续传唤、拘传的形式变相拘禁犯罪嫌疑人。

2. 人民法院、人民检察院和公安机关对犯罪嫌疑人、被告人取保候审最长不得超过十二个月。人民法院、人民检察院决定取保候审的，负责执行的县级公安机关应当在收到法律文书和有关材料后二十四小时以内，指定被取保候审人居住地派出所核实情况后执行。

3. 监视居住最长不得超过六个月。指定居所监视居住的，除无法通知的以外，应当制作监视居住通知书，在执行监视居住后二十四小时以内，由决定机关通知被监视居住人的家属。人民法院、人民检察院决定监视居住的，负责执行的县级公安机关应当在收到法律文书和有关材料后二十四小时以内，通知被监视居住人住处或者指定居所所在地的派出所，核实被监视居住人的身份、住处或者居所等情况后执行。

4. 公安机关对被拘留的人，应当在拘留后的二十四小时以内进行讯问。在发现不应当拘留的时候，必须立即释放，发给释放证明。拘留后，应当立即将被拘留人送看守所羁押，至迟不得超过二十四小时。除无法通知或者涉嫌危害国家安全犯罪、恐怖活动犯罪通知可能有碍侦查的情形以外，应当在拘留后二十四小时以内，通知被拘留人的家属。有碍侦查的情形消失以后，应当立即通知被拘留人的家属。

5. 公安机关对被拘留的人，认为需要逮捕的，应当在拘留后的三日以内，提请人民检察院审查批准。在特殊情况下，提请审查批准的时间可以延长一日至四日。对于流窜作案、多次作案、结伙作案的重大嫌疑分子，提请审查批准的时间可以延长至三十日。人民检察院应当自接到公安机关提请批准逮捕书后的七日以内，作出批准逮捕或者不批准逮捕的决定。逮捕后，应当立即将被逮捕人送交看守所羁押。除无法通知的情形外，应当在逮捕后二十四小时以内通知被逮捕人的家属。

6. 人民检察院对直接受理的案件中被拘留的人，认为需要逮捕的，应当在十四日内作出决定。在特殊情形下，决定逮捕的时间可以延长一日至三日。

7. 犯罪嫌疑人、被告人被逮捕后，人民检察院仍应当对羁押的必要性进行审查。对不需要继续羁押的，应当建议予以释放或者变更强制措施。有关机关应当在十日以内将处理情况通知人民检察院。

8. 犯罪嫌疑人、被告人及其法定代理人、近亲属或者辩护人有权申请变更强制措施。人民法院、人民检察院和公安机关收到申请后，应当在三日以内作出决定；不同意变更强制措施的，应当告知申请人，并说明不同意的理由。

9. 人民法院、人民检察院对于各自决定逮捕的人，公安机关对于经人民检察院批准逮捕的人，都必须在逮捕后的二十四小时以内进行讯问。在发现不应当逮捕的时候，必须立即释放，发给释放证明。

（二）侦查羁押期间

1. 对犯罪嫌疑人逮捕后的侦查羁押期限不得超过二个月。案情复杂、期限届满不能终结的案件，可以经上一级人民检察院批准延长一个月。

2. 对于下列四类特殊的刑事案件，在三个月侦查羁押期限内不能办结的，经省、自治区、直辖市人民检察院批准或者决定，可以延长二个月：(1)交通十分不便的边远地区的重大复杂案件；(2)重大的犯罪集团案件；(3)流窜作案的重大复杂案件；(4)犯罪涉及面广、取证困难的重大复杂案件。

3. 对犯罪嫌疑人可能判处十年有期徒刑以上刑罚，在上述五个月内仍不能侦查终结的，经省、自治区、直辖市人民检察院批准或者决定，可以再延长二个月。

4. 因为特殊原因，在较长时间内不宜交付审判的特别重大复杂的案件，由最高人民检察院报请全国人民代表大会常务委员会批准延期审理。

（三）审查起诉期间

1. 人民检察院对于监察机关、公安机关移送起诉的案件，应当在一个月以内作出决定，重大、复杂的案件可以延长十五日。

2. 犯罪嫌疑人认罪认罚，符合速裁程序适用条件的，人民检察院应当在十日以内作出决定，对可能判处的有期徒刑超过一年的，可以延长至十五日。

3. 人民检察院审查案件，对于需要补充侦查的，可以退回公安机关补充侦查，也可以自行侦查。对于补充侦查的案件，应当在一个月以内补充侦查完毕。补充侦查以二次为限。

4.被害人对于人民检察院作出的不起诉决定不服的，可以自收到决定书后七日以内向上一级人民检察院申诉，请求提起公诉。被不起诉人对于人民检察院因“犯罪情节轻微，依照刑法规定不需要判处刑罚或者免除刑罚的”而作出的不起诉决定不服，可以自收到决定书后七日以内向作出决定的人民检察院提出申诉。

（四）补充侦查期间

对于补充侦查的案件，应当在一个月内补充侦查完毕。以两次为限，补充侦查后的案件重新计算审查起诉期限。

（五）一审程序期间

1.庭审前告知期间。人民法院决定开庭审判后，应当将人民检察院的起诉书副本至迟在开庭十日以前送达被告人及其辩护人。在确定开庭日期后，还应当将开庭的时间、地点通知人民检察院，传唤当事人，通知辩护人、诉讼代理人、证人、鉴定人和翻译人员，传票和通知书至迟在开庭三日以前送达。公开审判的案件，应当在开庭三日以前先期公布案由、被告人姓名、开庭时间和地点。

2.附带民事诉讼的立案受理期间。根据最高法院《解释》第149条的规定，被害人或者其法定代理人、近亲属提起附带民事诉讼的，人民法院应当在七日内决定是否立案。符合《刑事诉讼法》及司法解释有关规定的，应当受理；不符合的，裁定不予受理。人民法院受理附带民事诉讼后，应当在五日内将附带民事起诉状副本送达附带民事诉讼被告人及其法定代理人，或者将口头起诉的内容及时通知附带民事诉讼被告人及其法定代理人，并制作笔录。人民法院送达附带民事起诉状副本时，应当根据刑事案件的审理期限，确定被告人及其法定代理人提交附带民事答辩状的时间。

3.自诉案件的受理期间。根据最高法院《解释》第263条的规定，对自诉案件，人民法院应当在十五日内审查完毕。经审查，符合受理条件的，应当决定立案，并书面通知自诉人或者代为告诉人。

4.庭审中需要补充侦查的期间。检察人员在庭审中发现提起公诉的案件需要补充侦查并提出建议的，人民检察院应当在一个月以内补充侦查完毕。

5.公诉案件的审理期间。人民法院审理公诉案件，应当在受理后二个月以内宣判，至迟不得超过三个月。对于可能判处死刑的案件或者附带民事诉讼的案件，以及有《刑事诉讼法》第158条规定情形之一的，经上一级人民法院批准，可以延长三个月；因特殊情况还需要延长的，报请最高人民法院批准。根据最高法院《解释》第173条的规定，申请上级人民法院批准延长审理期限，应当在期限届满十五日前层报。有权决定的人民法院不同意延长的，应当在审理期限届满五日前作出决定。因特殊情况申请最高人民法院批准延长审理期限，最高人民法院经审查予以批准的，可以延长审理期限一至三个月。期限届满案件仍然不能审结的，可以再次提出申请。

6.自诉案件的审理期间。人民法院审理自诉案件的期限，被告人被羁押的，适用审理公诉案件的期限的规定；未被羁押的，应当在受理后六个月以内宣判。

7.简易程序的审理期间。适用简易程序审理案件，人民法院应当在受理后二十日以内审结；对可能判处的有期徒刑超过三年的，可以延长至一个半月。

8.速裁程序审理的期间。适用速裁程序审理案件，人民法院应当在受理后十日以内审结；对可能判处的有期徒刑超过一年的，可以延长至十五日。

9.判决宣告的期间。人民法院当庭宣告判决的，应当在五日以内将判决书送达当事人和提起公诉的人民检察院；定期宣告判决的，应当在宣告后立即将判决书送达当事人和提起公诉的人民检察院。判决书应当同时送达辩护人、诉讼代理人。判决被告人无罪、免除刑事处罚的，如果被告人在押，在宣判后应当立即释放。

（六）上诉、抗诉期间

1.被告人、自诉人和他们的法定代理人等不服地方各级人民法院第一审刑事判决的上诉和抗诉的期限为十日，不服裁定的上诉和抗诉的期限为五日，从接到判决书、裁定书的第二日起计算。

2.被害人及其法定代理人不服地方各级人民法院第一审的判决的，自收到判决书后五日以内，有权请求人民检察院提出抗诉。人民检察院自收到被害人及其法定代理人的请求后五日以内，应当作出是否抗诉的决定并且答复请求人。

3.对附带民事判决、裁定的上诉、抗诉期限，应当按照刑事部分的上诉、抗诉期限确定。附带民事部分另行审判的，上诉期限也应当按照《刑事诉讼法》规定的期限确定。

（七）二审程序期间

1.移送上诉状与案卷材料及证据的期间。被告人、自诉人、附带民事诉讼的原告人和被告人通过原审人民法院提出上诉的，原审人民法院应当在三日以内将上诉状连同案卷、证据移送上一级人民法院，同时将上诉状副本送交同级人民检察院和对方当事人。被告人、自诉人、附带民事诉讼的原告人和被告人直接向第二审人民法院提出上诉的，第二审人民法院应当在三日以内将上诉状交原审人民法院送交同级人民检察院和对方当事人。

2.检察机关查阅案卷的期间。人民检察院提出抗诉的案件或者第二审人民法院开庭审理的公诉案件，同级人民检察院都应当派员出席法庭。第二审人民法院应当在决定开庭审理后及时通知人民检察院查阅案卷。人民检察院应当在一个月以内查阅完毕。人民检察院查阅案卷的时间不计入审理期限。

3.二审法院的审理期间。第二审人民法院受理上诉、抗诉案件，应当在二个月以内审结。对于可能判处死刑的案件或者附带民事诉讼的案件，以及有《刑事诉讼法》第156条规定情形之一的，经省、自治区、直辖市高级人民法院批准或者决定，可以延长二个月；因特殊情况还需要延长的，报请最高人民法院批准。最高人民法院受理上诉、抗诉案件的审理期限，由最高人民法院决定。

（八）再审程序期间

1.人民法院按照审判监督程序重新审判的案件，应当在作出提审、再审决定之日起三个月以内审结，需要延长期限的，不得超过六个月。

2. 接受抗诉的人民法院按照审判监督程序审判抗诉的案件，审理期限适用前述规定；对需要指令下级人民法院再审的，应当自接受抗诉之日起一个月以内作出决定，下级人民法院审理案件的期限适用前述规定。

（九）执行期间

1. 死刑的执行期间。下级人民法院接到最高人民法院执行死刑命令后，应当在七日内交付执行。第一审人民法院在执行死刑三日前，应当通知同级人民检察院派员临场监督。负责执行的人民法院应当在执行死刑后十五日内将执行情况，包括罪犯被执行死刑前后的照片，上报最高人民法院。

2. 死缓、徒刑与拘役的执行期间。被判处死刑缓期执行、无期徒刑、有期徒刑、拘役的罪犯，交付执行时在押的，第一审人民法院应当在判决、裁定生效后十日内，将判决书、裁定书、起诉书副本、自诉状复印件、执行通知书、结案登记表送达看守所，由公安机关将罪犯交付执行。

3. 管制与缓刑的执行期间。对被判处管制、宣告缓刑的罪犯，人民法院应当在判决、裁定生效后十日内，将判决书、裁定书、执行通知书等法律文书送达罪犯居住地的县级司法行政机关，同时抄送罪犯居住地的县级人民检察院。

4. 剥夺政治权利的执行期间。对单处剥夺政治权利的罪犯，人民法院应当在判决、裁定生效后十日内，将判决书、裁定书、执行通知书等法律文书送达罪犯居住地的县级公安机关，并抄送罪犯居住地的县级人民检察院。

5. 对监外执行不当提出纠正意见期间。人民检察院认为暂予监外执行不当的，应当自接到通知之日起一个月以内将书面意见送交决定或者批准暂予监外执行的机关，决定或者批准暂予监外执行的机关接到人民检察院的书面意见后，应当立即对该决定进行重新核查。

6. 减刑、假释裁定的作出与送达期间。对被判处拘役、管制的罪犯的减刑，由罪犯服刑地中级人民法院，在收到同级执行机关审核同意的减刑、假释建议书后一个月内作出裁定；对被判处有期徒刑和被减为有期徒刑的罪犯的减刑、假释，由罪犯服刑地的中级人民法院，在收到执行机关提出的减刑、假释建议书后一个月内作出裁定，案情复杂或者情况特殊的，可以延长一个月；对被判处无期徒刑的罪犯的减刑、假释，由罪犯服刑地的高级人民法院，在收到同级监狱管理机关审核同意的减刑、假释建议书后一个月内作出裁定，案情复杂或者情况特殊的，可以延长一个月。

人民法院作出减刑、假释裁定后，应当在七日内送达提请减刑、假释的执行机关、同级人民检察院及罪犯本人。检察机关认为减刑、假释裁定不当的，应当在收到裁定书副本后二十日以内，向人民法院提出书面纠正意见。人民法院在收到纠正意见后一个月以内应当重新组成合议庭进行审理，作出最终裁定。

7. 减免罚金的裁定期间。因遭遇不能抗拒的灾祸缴纳罚金确有困难，被执行人申请减少或者免除罚金的，应当提交相关证明材料。人民法院应当在收到申请后一个月内作出裁定。符合法定减免条件的，应当准许；不符合条件的，驳回申请。

8.缓刑、假释的撤销期间。罪犯在缓刑、假释考验期限内，具有法律明确规定撤销缓刑或假释情形的，原作出缓刑、假释判决、裁定的人民法院应当在收到执行机关的撤销缓刑、假释建议书后一个月内，作出撤销缓刑、假释的裁定。

（十）辩护人、诉讼代理人参与刑事诉讼期间

1.辩护人参与刑事诉讼的期间。犯罪嫌疑人自被侦查机关第一次讯问或者采取强制措施之日起，有权委托辩护人；在侦查期间，只能委托律师作为辩护人。被告人有权随时委托辩护人。侦查机关在第一次讯问犯罪嫌疑人或者对犯罪嫌疑人采取强制措施的时候，应当告知犯罪嫌疑人有权委托辩护人。人民检察院自收到移送审查起诉的案件材料之日起三日以内，应当告知犯罪嫌疑人有权委托辩护人。人民法院自受理案件之日起三日以内，应当告知被告人有权委托辩护人。

辩护律师持律师执业证书、律师事务所证明和委托书或者法律援助公函要求会见在押的犯罪嫌疑人、被告人的，看守所应当及时安排会见，至迟不得超过四十八小时。危害国家安全犯罪、恐怖活动犯罪案件，在侦查期间辩护律师会见在押的犯罪嫌疑人，应当经侦查机关许可。上述案件，侦查机关应当事先通知看守所。

2.诉讼代理人参与刑事诉讼的期间。公诉案件的被害人及其法定代理人或者近亲属，附带民事诉讼的当事人及其法定代理人，自案件移送审查起诉之日起，有权委托诉讼代理人。人民检察院自收到移送审查起诉的案件材料之日起三日以内，应当告知被害人及其法定代理人或者其近亲属、附带民事诉讼的当事人及其法定代理人有权委托诉讼代理人。

自诉案件的自诉人及其法定代理人，附带民事诉讼的当事人及其法定代理人，有权随时委托诉讼代理人。人民法院自受理自诉案件之日起三日以内，应当告知自诉人及其法定代理人、附带民事诉讼的当事人及其法定代理人有权委托诉讼代理人。

（十一）特殊程序的期间

在未成年人刑事案件诉讼程序中，附条件不起诉的考验期为六个月以上一年以下，自附条件不起诉决定作出之日起计算；在缺席审判中，因被告人患有严重疾病无法出庭中止审理超过六个月的，被告人及其法定代理人、近亲属申请或者同意恢复审理的，人民法院可以在被告人不出庭的情况下缺席审理，依法作出判决；在犯罪嫌疑人、被告人逃匿、死亡案件违法所得的没收程序中，人民法院受理没收违法所得的申请后，应当发出公告，公告时间为六个月；在依法不负刑事责任的精神病人的强制医疗程序中，对于符合强制医疗条件的，人民法院应当在一个月内作出强制医疗的决定。

第二节 送 达

一、送达的概念和特点

刑事诉讼中的送达，是指公安机关、人民检察院、人民法院按照法定的程序和方式将有关的诉讼文书送交诉讼当事人及其他诉讼参与人、有关机关和单位的诉讼活动。从形式上看，送达是公安司法机关向相关收件人交付某种诉讼文件的履职行为，但实质上是公安司法机关的告知行为，是一项具有重要法律意义的诉讼活动。

送达具有以下特点：

1.送达的主体是公安司法机关。公安机关、人民检察院、人民法院是法律规定的主导刑事诉讼的专门机关，为了保证依法、及时、有效地进行诉讼活动，就需要向当事人、其他诉讼参与人以及有关机关、单位等送达有关的诉讼文书。在送达行为中有发件人与收件人。根据我国《刑事诉讼法》的规定，送达行为的发件人只能是公安司法机关，收件人可以是当事人、其他诉讼参与人，也可以是有关的机关或者单位等。由此可见，送达是有所特指的，诉讼参与人向公安司法机关递交诉讼文书或者诉讼参与人相互之间传递诉讼文书的行为，不属于法律意义上的送达。

2.送达的内容是各种诉讼文书。刑事诉讼中需要送达的诉讼文书是多种多样的，其中主要是公安司法机关制作的诉讼文书，包括传票、通知书、起诉书、不起诉决定书、判决书、裁定书等。此外，诉讼参与人制作的自诉状副本、附带民事诉讼诉状及答辩状副本、上诉状副本等诉讼文书在法律规定的情形下也通过人民法院向有关人员或机关送达。

3.送达的程序和方式是法定的。诉讼文书的送达是一项极其严肃的诉讼活动，是诉讼程序的有机组成部分，直接关系诉讼活动的顺利进行和诉讼决定的法律效力。送达机关若违反法定程序和方式送达诉讼文书的，不能产生法律效力。

由此可见，诉讼文书的送达具有以下重要意义：

首先，送达是保证刑事诉讼活动得以顺利进行的重要条件。通过诉讼文书的送达，公安司法机关与诉讼参与人才能在特定的时间、场所进行诉讼活动。例如，将起诉书副本送达被告人，使被告人了解被控告的具体内容，便于其针对指控的犯罪进行供述或辩解。又如，将传票送达当事人，将开庭的通知书送达提起公诉的人民检察院和辩护人、诉讼代理人、证人等诉讼参与人，以保证审判活动如期顺利地进行；否则，办案机关与诉讼参与人的诉讼活动，便不能协调一致地完成。

其次，送达是当事人维护诉讼权利和其他合法权益的重要保障。例如，将起诉书副本送达被告人，便于他为自己辩护做好准备。又如，将一审法院的判决书、裁定书送达当事人，他们才能有效地行使上诉权，而且上诉的期限是从他们收到判决书、裁定书的第二日起计算的。正是通过诉讼文书的送达，当事人才可以知道诉讼活动的进展、诉讼决定的内容，进而依法、及时、有效地行使相关的诉讼权利。

最后，送达也是督促公安司法机关依法履行职责的重要手段。诉讼文书的送达，对公安司法机关而言，起到了克服办案随意性、严格依法履职的作用。

二、送达的方式和程序

根据我国《刑事诉讼法》以及相关司法解释的规定，送达的方式和程序主要有以下几种。

（一）直接送达

直接送达，是指公安司法机关派员将诉讼文书直接交给收件人的一种送达方式。直接送达的特点是承办案件的公安司法机关将诉讼文书直接送达收件人，而不是通过中介人或中间环节，它具有直接、可靠、快速的特点。正因为如此，办案机关在送达诉讼文书的方式上，应当以直接送达为原则，其他方式为例外。根据法律规定，直接送达的程序是：送达人将诉讼文书交给收件人本人，由收件人本人签收；如果收件人本人不在的，可以交给他的成年家属或者所在单位的负责人员代收，代收人也应当在送达回证上签名并注明日期。收件人本人或者代收人在送达回证上签收的日期即为送达日期。

（二）留置送达

留置送达，是指收件人本人或者代收人拒绝接收或者拒绝签名、盖章时，送达人将诉讼文书留在收件人或代收人住处的一种送达方式。

留置送达的程序是：遇有收件人本人或者代收人拒绝接收或者拒绝签名、盖章的时候，送达人邀请他的邻居或者其他见证人到场，说明情况，在送达回证上注明拒收的事由、送达的日期，由送达人、见证人签名或者盖章，并将诉讼文书留在收件人或代收人住处或者单位后，即视为送达；也可以把诉讼文书留在收件人的住处，并采用拍照、录像等方式记录送达过程，视为送达。

需要注意的是，如果找不到收件人，也找不到代收人，不能采用留置送达的方式。留置送达虽然与直接送达具有同等的法律效力，但是，并非所有的诉讼文书都适用留置送达。例如，调解书不适用留置送达，因为调解书必须送交本人，不得由别人代收。调解书一经接受签收，即发生法律效力；当事人如果不接受，即视为调解未能成立。所以，留置送达并未经当事人签收，不对其产生法律效力。

（三）委托送达

委托送达，是指承办案件的公安司法机关直接送达诉讼文书有困难时，委托收件人所在地的公安司法机关代为送交收件人的送达方式。

委托送达一般是在收件人不住在承办案件的公安司法机关所在地，而且直接送达有困难的情况下所采用的一种送达方式。其程序是：委托送达的公安司法机关应当将委托函、送达的诉讼文书及送达回证，寄送收件人所在地的公安司法机关。受委托的公安司法机关收到委托送达的诉讼文书，应当登记并及时送达收件人，同时将送达回证寄回委托的公安司法机关；无法送达的，应当告知委托的公安司法机关，并将诉讼文书与送达回证退回。

（四）邮寄送达

邮寄送达，是指公安司法机关通过邮局将诉讼文书用挂号信方式邮寄给收件人的送达方式。邮寄送达一般是在直接送达有困难的情况下采用的送达方式。其程序是：公安司法机关将诉讼文书、送达回证挂号邮寄给收件人，收件人签收挂号邮件后即认为诉讼文书已经送达。挂号回执上注明的日期为送达的日期。

（五）转交送达

转交送达，是指对特殊的收件人由有关部门转交诉讼文书的送达方式。特殊的收件人一般是指军人、正在服刑的犯人和正在被采取强制性教育措施的人。根据有关司法解释，转交送达的程序是：诉讼文书的收件人是军人的，应当通过其所在部队团以上单位的政治机关转交；收件人正在服刑的，应当通过其所在监狱或者其他执行机关转交；收件人正在被采取强制性教育措施的，应当通过其所在的强制性教育机构转交。代为转交的部门、单位收到诉讼文书后，应当立即交收件人签收，并将送达回证及时退回送达的公安司法机关。采取转交送达方式主要是考虑到收件人的特殊身份，转交机关、单位的可靠性以及便于转交机关、单位及时了解有关情况，给收件人做好相关工作。例如，对正在服刑的犯人通过转交送达，有利于监狱或其他执行机关了解情况，及时掌握收件人的思想动态和情绪，防止意外情况的发生。

思考与训练

一、思考题

1. 什么是诉讼期间？
2. 如何计算刑事诉讼期间？
3. 期间的恢复应当具备哪些条件？
4. 什么是送达？
5. 送达的方式和程序有哪些？

二、选择题

1. 被告人张某于 2017 年 12 月 20 日收到某县法院对其作出犯盗窃罪判处有期徒刑 3 年的一审判决书。张某上诉期限的截止日期是（　　）。

   A. 2018 年 12 月 25 日　　B. 2017 年 12 月 29 日

   C. 2017 年 12 月 30 日　　D. 2018 年 1 月 4 日

2. 当事人由于不能抗拒的原因或者有其他正当理由而耽误期限的，在障碍消除后（　　）以内，可以申请继续进行应当在期满以前完成的诉讼活动。

A. 3 日　　B. 5 日　　C. 7 日　　D. 10 日

3. 当事人不服人民法院一审刑事裁定的上诉期是（　　）。

A. 15 天　　B. 10 天　　C. 7 天　　D. 5 天

4. 刑事诉讼期间的计算单位包括（　　）。（多选）

A. 时　　B. 日　　C. 月　　D. 年

5. 送达的方式主要有（　　）。（多选）

A. 直接送达　　B. 留置送达

C. 邮寄送达　　D. 委托送达

6. 转交送达适用于特殊收件人的情形主要有（　　）。（多选）

A. 军人　　B. 正在服刑的犯人

C. 边远地区的人　　D. 正在被采取强制性教育措施的人

7. 送达的主体依法应当包括（　　）。（多选）

A. 公安机关　　B. 人民检察院

C. 人民法院　　D. 诉讼参与人

8. 下列关于留置送达的表述，其中正确的说法有（　　）。（多选）

A. 留置送达的前提是收件人或者代收人拒绝签收诉讼文书

B. 留置送达与直接送达具有同等的法律效力

C. 如果找不到收件人，也找不到代收人，可以采用留置送达

D. 调解书不适用留置送达

9. 下列关于期间的表述中，正确的说法有（　　）。（多选）

A. 以“日”为计算单位的，开始之“日”不计算在期间内

B. 期间最后一日为法定节假日的，以节假日后的第一个工作日为届满之日

C. 对于犯罪嫌疑人、被告人或罪犯在押期间，应至期间届满之日为止

D. 法定期间包括路途上的时间

10. 人民检察院审查公安机关移送起诉的案件，对需要补充侦查的可以退回公安机关补充侦查，但退回的次数和时间是（　　）。

A. 补充侦查以 1 次为限，1 个月内补充侦查完毕

B. 补充侦查以 1 次为限，2 个月内补充侦查完毕

C. 补充侦查以 2 次为限，每次 1 个月内补充侦查完毕

D. 补充侦查以 2 次为限，每次 2 个月内补充侦查完毕

三、案例分析

案例一

犯罪嫌疑人张某，男，25 岁，因涉嫌故意杀人罪被公安机关立案侦查。某市中级人民法院于 2018 年 9 月 7 日公开审理张某故意杀人案件，法院受理此案后的开庭情况是：9

月1日将检察院的起诉书副本送达被告人张某,并告知被告人可以委托辩护人;9月5日,将开庭的时间、地点分别通知了人民检察院和诉讼参与人。9月6日,在法院门口贴出关于公开审判的公告。

问题:

本案在程序上存在哪些错误?请说明理由。

案例二

刑事自诉案件被告人李某的居住地与县人民法院之间无公路,步行到县法院需要3日,李某于4月18日接到县法院的一审判决书,5月2日他将上诉状递交到该法院。(五一劳动节放假一天)

问题:

县法院应否接受被告人李某的上诉?请说明理由。

(扫描二维码获取参考答案)

补充阅读

《人民检察院刑事执行检察部门预防和纠正超期羁押和久押不决案件工作规定》

(扫描二维码阅读)

第十五章

刑事诉讼的中止和终止

导读

通过本章的学习，要求掌握刑事诉讼中止的概念和意义，以及诉讼中止的条件和程序；正确理解诉讼中止的具体情形，以及区分诉讼中止与诉讼终止。

第一节　诉讼中止

一、诉讼中止的概念和意义

刑事诉讼中止，是指在刑事诉讼过程中，由于发生某种情况或出现某种障碍影响诉讼的正常进行而将诉讼暂时停止，待有关情况或障碍消失后，再恢复诉讼的制度。

诉讼中止的特点是：既不撤销案件，也不终止诉讼，只将诉讼程序暂时地、不定期地停止，待引起中止诉讼的情况消失后，再行诉讼。中止期间所占用的时间既不计入专门机关的诉讼期间，也不影响当事人行使一定的诉讼权利。

有些刑事案件由于一定的情况发生，中途发生变化，必然会导致刑事诉讼的间断。建立刑事诉讼中止制度，可以使公安司法机关集中力量办理其他刑事案件，提高诉讼效率；促使有关方面积极消除导致诉讼中止的情况，同时也有利于保护当事人的合法权益。

二、诉讼中止的条件和程序

（一）中止侦查

中止侦查是侦查机关在立案后侦查终结前，出现了一些使侦查工作在一定时期内无法继续进行的情况，决定暂时停止案件侦查，待有关情形消失以后，再行恢复侦查的活动。根据司法实践，在侦查过程中，犯罪嫌疑人长期潜逃，采取有效追捕措施仍不能缉拿归案的，或者犯罪嫌疑人患有精神病及其他严重疾病不能接受讯问，丧失诉讼行为能力的，经侦查机关负责人决定，可以中止侦查。中止侦查的理由和条件消失后，经侦查机关负责人决定，应当恢复侦查。中止侦查期间，如果犯罪嫌疑人在押，对符合延长侦查羁押期限条件的，应当依法延长侦查羁押期限；对侦查羁押期限届满的，应当依法变更为取保候审或者监视居住措施。

（二）中止审查

中止审查是人民检察院在受理移送起诉案件后，作出审查决定前，出现了一些使审查起诉在一定时期内无法继续进行的情况，决定暂时停止案件审查，待有关情形消失以后，再行恢复审查起诉的活动。在审查起诉过程中，犯罪嫌疑人潜逃或者患有精神病及其他严重疾病不能接受讯问，丧失诉讼行为能力的，人民检察院可以中止审查。共同犯罪中的部分犯罪嫌疑人潜逃的，对潜逃犯罪嫌疑人可以中止审查；对其他犯罪嫌疑人的审查起诉应当照常进行。中止审查应当由办案人员提出意见，部门负责人审核，报请检察长决定。

(三)中止审理

中止审理是人民法院在受理案件后，作出判决前，出现了一些使审判在一定时期内无法继续进行的情况，决定暂时停止案件审理，待有关情形消失以后，再行恢复审判的活动。《刑事诉讼法》第 206 条第 1 款规定："在审判过程中，有下列情形之一，致使案件在较长时间内无法继续审理的，可以中止审理：(1)被告人患有严重疾病，无法出庭的；(2)被告人脱逃的；(3)自诉人患有严重疾病，无法出庭，未委托诉讼代理人出庭的；(4)由于不能抗拒的原因。"出现上述情形，人民法院决定中止审理的，应当使用裁定。

根据最高法院《解释》第 257 条的规定，有多名被告人的案件，部分被告人具有《刑事诉讼法》第 206 条第 1 款规定情形的，人民法院可以对全案中止审理；根据案件情况，也可以对该部分被告人中止审理，对其他被告人继续审理。对中止审理的部分被告人，可以根据案件情况另案处理。

中止审理的裁定应当通知同级人民检察院或者自诉案件的对方当事人。中止审理的原因消失后，应当恢复审理。中止审理的期间不计入审理期限。

决定中止的案件，如果犯罪嫌疑人、被告人在押，一般应变更强制措施，防止超期羁押。共同犯罪的案件，如果只有部分犯罪嫌疑人、被告人符合诉讼中止的条件，则只对这部分人中止诉讼，另案处理；对其他人的刑事追诉活动仍可照常进行。

根据《刑事诉讼法》第 291 条的规定，对于贪污贿赂犯罪案件，以及需要及时进行审判，经最高人民检察院核准的严重危害国家安全犯罪、恐怖活动犯罪案件，犯罪嫌疑人、被告人在境外，可以适用缺席审判程序。

根据《刑事诉讼法》第 298 条的规定，对于贪污贿赂犯罪、恐怖活动犯罪等重大犯罪案件，犯罪嫌疑人、被告人逃匿，在通缉一年后不能到案，依照刑法规定应当追缴其违法所得及其他涉案财产的，可以适用违法所得的没收程序。

第二节　诉讼终止

一、诉讼终止的概念和意义

刑事诉讼终止，是指在刑事诉讼中，由于出现某种法定的特殊情况，致使刑事诉讼没有必要或者不可能继续进行，从而由有关机关决定结束诉讼的制度。

诉讼终止的基本特点是：在判决生效以前终结案件，处于连续状态的各种诉讼活动都要停止进行，已经对犯罪嫌疑人、被告人采取的各种强制措施，也都会因诉讼终止的决定而失效。

刑事诉讼终止可以及时停止依法不应继续进行的或者没实际意义的诉讼，有利于司法机关集中力量打击犯罪，也有利于不应被追究刑事责任的人不再受到追诉，还可以使得有关的诉讼参与人及时脱离诉讼，免受讼累，以维护法制的严肃性。

二、诉讼终止的条件和程序

《刑事诉讼法》第16条规定："有下列情形之一的，不追究刑事责任，已经追究的，应当撤销案件，或者不起诉，或者终止审理，或者宣告无罪：(1)情节显著轻微、危害不大，不认为是犯罪的；(2)犯罪已过追诉时效期限的；(3)经特赦令免除刑罚的；(4)依照刑法告诉才处理的犯罪，没有告诉或者撤回告诉的；(5)犯罪嫌疑人、被告人死亡的；(6)其他法律规定免予追究刑事责任的。"此外，犯罪嫌疑人、被告人的行为缺乏犯罪构成要件不构成犯罪和案件经查明没有犯罪事实的，也不追究刑事责任。

从上述规定可以看出，刑事诉讼终止应当符合两个条件：(1)必须是在刑事诉讼过程中；(2)必须具有不追究刑事责任的法定情形之一，才能终止诉讼。

诉讼终止可能发生在诉讼的不同阶段。我国刑事诉讼终止有撤销案件、不起诉和终止审理或宣告无罪几种方式，案件所处的诉讼阶段不同，采用的终止诉讼方式及其程序也不一样。具体而言：

第一，在侦查阶段，发现有不追究刑事责任的法定情形之一的，侦查机关应当作出撤销案件的决定，从而终止诉讼；

第二，在起诉阶段，发现有不追究刑事责任的法定情形之一的，由检察机关作出不起诉的决定，从而终止诉讼；

第三，在审判阶段，发现有《刑事诉讼法》第16条第1项规定的情形及被告人的行为缺乏犯罪构成要件不构成犯罪和案件经查明没有犯罪事实的，人民法院应当作出宣告无罪的判决。发现有《刑事诉讼法》第15条第2至5项规定的情形之一的，人民法院应当作出终止审理的裁定，从而终止诉讼。

诉讼终止，是司法机关在程序上终止刑事诉讼，不再追究其刑事责任的法律行为。法律规定在案件审理期间被告人死亡的，不再追究刑事责任，是因为随着刑事责任主体的消灭，对死亡被告人适用刑罚，已失去刑罚适用的目的和意义。从刑事诉讼程序上看，诉讼主体不存在，不能进行庭审质证、辩解，不能承担刑事责任，也不能从实体上对被指控的犯罪事实进行认定。

终止诉讼的决定或者裁定，应当及时送达有关机关和当事人；当事人死亡的，则应送交其近亲属和所在单位。共同犯罪案件中只有部分犯罪嫌疑人、被告人被终止诉讼的，对其他人的追诉仍应依法继续进行。终止诉讼的案件中，犯罪嫌疑人、被告人如果在押的，应当立即释放，并且发给释放证明。

三、刑事诉讼终止和刑事诉讼中止的区别

刑事诉讼终止和刑事诉讼中止都具有停止诉讼进行的效力，但两者有着明显的区别，主要表现在：

第一，条件不同。刑事诉讼终止适用于出现了不必要或不应当继续进行诉讼的各种法定情形；刑事诉讼中止适用于出现了致使诉讼无法继续进行下去的特殊情况或客观障碍。

第二，结果不同。刑事诉讼终止是终结案件，不再追究犯罪嫌疑人或被告人的刑事责任；刑事诉讼中止只是暂停诉讼，待客观障碍或特殊情况消除后再恢复诉讼，继续追究犯罪嫌疑人或被告人的刑事责任。

第三，程序不同。出现刑事诉讼终止的法定情形时，由侦查机关、人民检察院和人民法院分别作出撤销案件的决定、不起诉的决定或者终止审理的裁定和宣告无罪的判决，并应制作正式的法律文书，送达犯罪嫌疑人、被告人及他们所在的单位和家属，如果犯罪嫌疑人、被告人在押，应当立即释放，并发给释放证明；出现刑事诉讼中止的特殊情况或客观障碍时，则由侦查机关、人民检察院和人民法院分别作出中止侦查的决定、中止审查的决定或者中止审理的裁定，除中止审理的裁定需制作正式的法律文书并送达人民检察院或者自诉案件的对方当事人外，中止侦查、中止审查的决定一般只需记录在案即可。

思考与训练

1. 简述中止审理的情形。
2. 简述中止审理与终止审理的区别。

（扫描二维码获取参考答案）

补充阅读

《三大诉讼中关于中止审理的情形》

（扫描二维码阅读）

第三编　程序论

第十六章

立　案

导读

通过本章的学习，掌握立案的概念、任务和意义，报案、举报、控告、初查的概念，以及立案监督的概念和意义；正确理解立案的材料来源和立案的条件，以及立案监督的范围；熟悉并能运用刑事诉讼法及相关法律、司法解释对立案与立案监督程序的规定。

第一节 立案概述

一、立案的概念

立案是指公安机关、人民检察院或人民法院对报案、举报、控告、自首以及自诉人起诉等材料，按照各自的职能管辖范围进行审查后，认为有犯罪事实发生并需要追究刑事责任时，决定将其作为刑事案件进行侦查或审判的诉讼活动。

根据《刑事诉讼法》的规定，立案作为我国刑事诉讼的一个独立的诉讼阶段，具有以下特征：

1. 立案是法律赋予公安司法机关特有的权力和职责。《刑事诉讼法》第109条规定："公安机关或者人民检察院发现犯罪事实或者犯罪嫌疑人，应当按照管辖范围，立案侦查。"第112条规定："人民法院、人民检察院或者公安机关对于报案、控告、举报和自首的材料，应当按照管辖范围迅速进行审查，认为有犯罪事实需要追究刑事责任的时候，应当立案；认为没有犯罪事实，或者犯罪事实显著轻微，不需要追究刑事责任的时候，不予立案，并且将不立案的原因通知控告人。控告人如果不服，可以申请复议。"第114条规定："对于自诉案件，被害人有权向人民法院直接起诉。被害人死亡或者丧失行为能力的，被害人的法定代理人、近亲属有权向人民法院起诉。人民法院应当依法受理。"这些规定表明，只有专门机关才有权决定将某一事件作为刑事案件纳入诉讼轨道，进而展开侦查或审判活动。刑事案件的立案权统一由各专门机关行使，既是宪法和法律赋予公安司法机关职权的应有之义，也有利于维护社会主义法制的统一。

2. 立案在刑事诉讼中是一个独立的、必经的诉讼阶段，是刑事诉讼开始的标志。其独立性表现在：它与侦查、提起公诉、审判等诉讼阶段相并列，具有特定的诉讼任务和实现任务的特定程序和方式，诉讼主体之间形成了特定的刑事诉讼法律关系。所谓必经，是指公安司法机关办理任何刑事案件都必须经过立案阶段。刑事诉讼分为立案、侦查、起诉、审判、执行等相对独立的阶段，某些案件可能不经过其中的一个或几个阶段，但必须经过立案阶段，如刑事自诉案件不经侦查、提起公诉，但必须是人民法院依法审查立案之后才能进入审判程序。正因为立案是刑事诉讼必须的开始程序，所以实践中一些公安司法机关片面追求破案率而实行不破不立、先破后立的做法，严重违反了《刑事诉讼法》规定立案程序的宗旨，应予纠正。

二、立案的任务

惩罚犯罪和保障人权是我国刑事诉讼的两大根本任务。但在不同的诉讼阶段，刑事诉讼活动任务的侧重点和具体内容有所不同。不同于侦查、提起公诉、审判和执行阶段，立案的任务在于决定是否开始追究犯罪，启动刑事诉讼程序。

明确立案的任务，有利于公安司法机关更好地履行立案阶段的职责。在立案阶段，公安司法机关的主要职责是对有关材料依据事实和法律进行审查。为了防止公安司法机关滥用权力，侵害公民、单位的合法权益，在立案决定作出之前，一般不能采取强制性侦查措施和手段。但在遇到紧急情形时，可以采取必要的紧急措施。

刑事立案作为一种重要的诉讼活动，只具有程序上的意义，而不具有证明或确认犯罪的实质上的功能。立案只表明对有关嫌疑事实或嫌疑人，国家要进行专门的调查，而被立案调查的事实可能是犯罪事实，也可能经侦查或审判被证明不是犯罪事实；被立案审查人可能是罪犯，也可能最终被证明并不是罪犯。

三、立案的意义

1. 立案有利于保护公民的合法权益不受侵犯。通过立案前的审查，凡是认为不具有犯罪事实或者依法不需要追究刑事责任的，就不予立案。通过这种审查和严格的审批、备案审查制度，可以使相当数量的不具有可查价值，没有犯罪事实或者依法不需要追究刑事责任的报案、控告、举报材料排除在刑事诉讼程序之外，使一批嫌疑人免受诉累，及时得到解脱，避免和减少冤假错案的发生。这样就可以把好刑事诉讼的第一道关口，在刑事诉讼的一开始就注意防止公安司法机关主观臆断和草率从事，无把握地对公民进行刑事追究，避免发生错案，从而保障公民的合法权益不受侵犯。

2. 及时立案有助于督促公安司法机关及时、准确地揭露、证实、打击犯罪。立案是侦查的开始，公安司法机关一旦发现已经实施、预备实施或正在实施并需要追究刑事责任的犯罪行为，必须准确、及时地立案，迅速组织力量进行必要的侦查行为，采取必要的强制措施，开展侦查活动，以及时发现、收集和保全案件证据，从而有效地揭露、证实和惩罚犯罪。立案是对犯罪嫌疑人、被告人追究刑事责任的开始，诉讼时效终止。立案以后，即使犯罪嫌疑人潜逃、脱逃，对其追究刑事责任也不受追诉时效的限制。反之，如果该立案而不立案或者立案不及时，就会贻误时机，放纵犯罪分子，甚至可能导致犯罪分子继续实施犯罪而给社会造成新的危害。

3. 立案有利于准确评价社会治安形势，分析研究犯罪的特点和规律，为国家制定刑事法律与政策提供客观依据。客观立案可以为司法统计提供真实的数据，保证国家能够及时、准确地了解各个时期、各个地区刑事案件的发案情况及犯罪活动的特点、规律和发展趋势，从而在宏观上准确地评估社会治安形势，并制定相应的刑事对策。

第二节　立案的材料来源和条件

一、立案的材料来源

立案材料是指公安司法机关发现的或者有关单位、组织或个人向公安司法机关提交的有关犯罪事实和犯罪嫌疑人情况的材料。立案的材料来源，是指公安司法机关获取有关犯罪事实及犯罪嫌疑人情况的材料的渠道或途径。根据法律规定和司法实践，立案的材料来源主要有以下几种。

（一）单位或者个人的报案或者举报

《刑事诉讼法》第 110 条第 1 款规定："任何单位和个人发现有犯罪事实或者犯罪嫌疑人，有权利也有义务向公安机关、人民检察院或者人民法院报案或者举报。"为维护国家、集体、单位或个人的合法权益，惩罚犯罪，伸张正义，有关单位和公民个人在发现有犯罪事实或者犯罪嫌疑人时，应当及时向公安司法机关报案或者予以举报。

报案和举报有所不同。报案一般是针对犯罪事实的发生，报案材料提供的案件事实、证据材料较为简单笼统，往往不能明确指出犯罪嫌疑人，而举报内容则不仅有犯罪事实的发生，通常还具体地指明了犯罪嫌疑人，提供的犯罪事实和证据相对具体和详细。

（二）被害人的报案或者控告

《刑事诉讼法》第 110 条第 2 款规定："被害人对侵犯其人身、财产权利的犯罪事实或者犯罪嫌疑人，有权向公安机关、人民检察院或者人民法院报案或者控告。"

被害人（包括被害单位）是受犯罪行为直接侵害的人，具有追究犯罪的强烈愿望和积极主动性。同时，由于被害人往往与犯罪嫌疑人有所接触，了解的案件情况较多，因而能够提供较为具体详细的有关犯罪事实和犯罪嫌疑人的情况。因此，被害人的报案和控告是重要的立案材料来源。

控告与举报的区别在于：控告是由遭受犯罪行为直接侵害的被害人提出，而举报则一般是由与案件无直接利害关系的单位或个人提出；控告人主要是基于维护自身权益而要求追究被控告人刑事责任，举报往往是为了维护国家、集体、单位或他人的合法权益或者伸张正义而要求公安司法机关追究被举报人的刑事责任。

（三）犯罪人的自首

根据《刑事诉讼法》第 110 条第 4 款规定，犯罪人的自首是重要的立案材料来源。根据我国《刑法》第 67 条的规定，自首分为一般自首和特别自首两种。一般自首指犯罪分子犯罪以后自动投案，如实供述自己罪行的行为。特别自首，又称准自首，是指被采取强制措施的犯罪嫌疑人、被告人和正在服刑的罪犯，如实供述公安司法机关还未掌握的本人的其他罪行的行为。

(四)公安机关、人民检察院自行主动获取的材料

《刑事诉讼法》第109条规定："公安机关或者人民检察院发现犯罪事实或者犯罪嫌疑人，应当按照管辖范围，立案侦查。"公安机关、人民检察院是享有侦查权，同犯罪做斗争的专门机关，应当积极主动地发现、获取犯罪线索。一旦发现有犯罪事实或者犯罪嫌疑人需要追究刑事责任的，必须主动立案追查或者移送有管辖权的机关处理，需采取紧急措施的，应先采取紧急措施，再移送有关机关处理。

(五)其他途径

司法实践中，立案材料来源常见的还有以下几种：(1)上级机关交办的案件；(2)群众的扭送；(3)党的纪检部门查处后移送追究刑事责任的案件等。2001年7月，国务院通过的《行政执法机关移送涉嫌犯罪案件的规定》要求具有行政处罚权的行政执法机关的如工商、税务等部门在查处违法行为的过程中，发现违法事实涉及的金额、违法事实的情节、违法事实造成的后果等，涉嫌构成犯罪，依法需要追究刑事责任的，必须依照规定向公安机关移送。2006年1月，最高人民检察院、全国整顿和规范市场经济秩序领导小组办公室、公安部、监察部联合发布的《关于在行政执法中及时移送涉嫌犯罪案件的意见》规定，行政执法机关在查办案件过程中，对符合刑事追诉标准、涉嫌犯罪的案件，应当制作《涉嫌犯罪案件移送书》，及时将案件向同级公安机关移送，并抄送同级人民检察院。《刑事诉讼法》第54条第2款规定："行政机关在行政执法和查办案件过程中收集的物证、书证、视听资料、电子数据等证据材料，在刑事诉讼中可以作为证据使用。"这样我国行政执法与刑事执法程序之间的联系就更为紧密了。

二、立案的条件

《刑事诉讼法》第112条规定，人民法院、人民检察院或者公安机关对于报案、控告、举报和自首的材料，应当按照管辖范围，迅速进行审查，认为有犯罪事实需要追究刑事责任的时候，应当立案；认为没有犯罪事实，或者犯罪事实显著轻微，不需要追究刑事责任的时候，不予立案，并且将不立案的原因通知控告人。控告人如果不服，可以申请复议。根据这一规定，立案必须同时具备以下两个条件：一是认为有犯罪事实；二是需要追究刑事责任。

(一)有犯罪事实

有犯罪事实是指发生依照刑法规定构成犯罪的行为，并且构成该犯罪事实的行为有一定的证据证明。有犯罪事实包含以下两个方面的内容：

1.需要立案追究的，必须是依照刑法规定构成犯罪的行为。

公安司法机关一旦决定立案就意味着刑事追诉活动开始,并且相应地会采取侦查措施、强制措施等限制有关单位和个人权利的行为。因此,公安司法机关在对有关材料进行审查,决定是否立案时,必须严格把握立案的先决条件——有无犯罪事实存在,正确区分罪与非罪、刑事追诉与党纪政务处分、行政处罚的界限。

由于立案是追究犯罪的开始,此时所说的有犯罪事实,仅是指发现有某种危害社会而又触犯刑律的犯罪行为发生。至于整个犯罪的过程、犯罪的具体情节、犯罪人是谁等,并不要求在立案时就全部清楚。这些问题应当通过立案后的侦查或审理活动予以解决。

2. 犯罪事实必须有相关的证据材料证明。

犯罪事实是客观存在的,而不是司法人员随意猜测、主观臆断出来的,判定是否存在犯罪事实发生应建立在客观存在的证据材料基础上。虽然立案阶段不要求也不可能要求掌握全部证据,但绝不是没有证据就可以立案。立案阶段对证据的要求是这些证据能够足以证明犯罪事实已经发生,而不是道听途说、凭空捏造或者捕风捉影。

(二)需要追究刑事责任

认为有犯罪事实,还不一定能够立案,因为立案以追究刑事责任,实现国家刑罚权为目的,但并不是所有发现的犯罪事实都需要追究刑事责任,依法不追究刑事责任的就不能立案。

根据《刑事诉讼法》第 16 条规定,有以下情形之一的,不追究刑事责任,不应当立案:(1)情节显著轻微、危害不大,不认为是犯罪的;(2)犯罪已过追诉时效期限的;(3)经特赦令免除刑罚的;(4)依照刑法告诉才处理的犯罪,没有告诉或者撤回告诉的;(5)犯罪嫌疑人、被告人死亡的;(6)其他法律规定免予追究刑事责任的。

三、立案标准

立案标准是指由公安部、最高人民检察院、最高人民法院根据《刑事诉讼法》确定的立案条件,结合《刑法》分则中规定的各种犯罪的特定的构成要件而制定的,确定某案件应当作为刑事案件进行侦查或审判,而由公安机关、检察院、法院开始进行刑事诉讼的准则、尺度,它是刑事立案条件在各类案件中的具体化。

立案标准具有以下几个特点:(1)制定立案标准主体的特定性。立案标准只能由享有侦查权和审判权的最高司法机关制定。也就是说,只有公安部(包括国家安全部)、最高人民检察院、最高人民法院才有权制定立案标准,其他任何机关、团体都无权制定立案标准。(2)立案标准内容的特定性。既然是立案标准,其内容就只能限于规定公安司法机关刑事立案的具体准则和尺度。(3)它是刑事立案条件的具体化。通过制定立案标准使刑事立案条件明确具体,便于司法人员掌握和操作,这也是最高司法机关制定立案标准的目的所在。(4)它具有普遍的司法效力。立案标准是最高司法机关根据《刑事诉讼法》的有关规定制定的,对于各级公安司法机关具有直接的指导和约束作用,各级公安司法机关必须遵照执行,非经授权,地方公安司法机关不得提高或降低立案标准。最高人民检察院和公安部十分重视立案标准的制定工作。如最高人民检察院和公安部2008年6月25日、2010年5月7日、2012年5月16日、2017年4月27日联合颁布的《关于公安机关管辖的刑事案件立案追诉标准的规定(一)》《关于公安机关管辖的刑事案件立案追诉标准的规定(二)》《关于公安机关管辖的刑事案件立案追诉标准的规定(三)》和《关于公安机关管辖的刑事案件立案追诉标准的规定(一)的补充规定》等。这些立案标准的制定,提高了立案条件的可操作性,便利了立案工作。

第三节　立案的程序

一、对立案材料的接受

对立案材料的接受,是指公安司法机关对于报案、控告、举报和犯罪人自首材料的受理。它是立案程序的开始。接受立案材料,应当注意以下几点:

1.公安机关、人民检察院和人民法院对于报案、控告、举报和自首,都应当接受,然后依法处理,而不得以任何理由拒绝或推诿。《刑事诉讼法》第108条第3款规定,公安机关、人民检察院或者人民法院对于报案、控告、举报,都应当接受。对于不属于自己管辖的,应当移送主管机关处理,并且通知报案人、控告人、举报人;对于不属于自己管辖而又必须采取紧急措施的,应当先采取紧急措施,然后移送主管机关。

2.为了便于有关单位和个人报案、控告、举报以及犯罪人自首、群众扭送,报案、控告、举报可以用书面形式提出,也可以用口头形式提出。两者在法律上具有同等效力,公安司法机关都应当接受。接受口头报案、控告、举报的工作人员,应当写成笔录,经宣读无误后,由报案人、控告人、举报人签名或者盖章,必要时可以录音,以固定证据材料。

3.接受控告、举报的工作人员,应当向控告人、举报人说明诬告应负的法律责任。但是,只要不是捏造事实、伪造证据,即使控告、举报的事实有出入,甚至是错告的,也要和诬告严格加以区别。

4.公安机关、人民检察院或者人民法院应当保障报案人、控告人、举报人及其近亲属的安全。报案人、控告人、举报人如果不愿公开自己的姓名和报案、控告、举报的行为,应当为其保守秘密。

二、初　查

初查是指侦查机关对已经受理的控告、检举和自首材料进行分析、研究、审查、鉴别和必要的调查活动。实践中大多数案件仅凭报案、控告、举报和自首材料本身是无法判断是否有犯罪事实、是否需要追究刑事责任的,通过初查获取了有关证据,就为立案和下一步的侦查打下了良好的基础,使刑事诉讼能够顺利进行。

(一)初查的内容

初查是为了解决是否立案的问题,因而初查就应紧紧围绕是否认为有犯罪事实和需要追究刑事责任来开展。初查的内容主要有以下几个方面:

1.案件事实本身,即是否有犯罪事实和需要追究刑事责任。具体为:(1)材料所反映的问题是否真实;(2)所反映的问题是否符合犯罪构成要件,特别是主体是否属于国家工作人员或国家机关工作人员,行为是否利用职务上的便利,是否达到了构成犯罪的程度等;(3)是否具有依法不追究刑事责任的情况。

2.审查管辖范围。由于检举人、控告人对检察院和公安机关的权限和管辖范围了解不够,不能判明案件性质,不能确定案件究竟该由谁家管辖,因而对线索就需要分析和甄别。

3.涉嫌人员的有关情况。如涉嫌人员一贯表现及社会反映;涉嫌人员是否人大代表、政协委员;涉嫌人员个人与家庭基本情况,如年龄、文化程度、家庭成员、财产状况、生活习惯、消费观念、社交圈及关系网、性格爱好等等。

(二)初查结果的处理

根据《刑事诉讼法》第 112 条的规定,侦查机关对案件线索进行初查后,应分别情况决定立案或不立案。

1.决定立案。侦查机关对案件线索进行初查后,认为符合立案条件,即认为有犯罪事实需要追究刑事责任的,应当作出立案决定。

2.决定不立案。侦查机关对案件线索进行初查后,对具有下列情形之一的,应当作出不予立案的决定:具有《刑事诉讼法》第 16 条规定情形之一的;认为没有犯罪事实的;事实或者证据尚不符合立案条件的。对于决定不予立案,但需要追究党纪、政纪责任的被举报人,应当移送有关主管机关处理。

(三)初查阶段不能采用强制措施

立案是刑事诉讼开始的标志。只有立案之后,才能进入刑事诉讼程序,才可以进行侦查活动。在立案之前不允许采用刑事诉讼中的侦查措施。在初查过程中,可以采取询问、查询、勘验、检查、鉴定、调取证据材料等不限制初查对象人身、财产权利的措施。不得对初查对象采取强制措施,不得查封、扣押、冻结初查对象的财产,不得采取技术侦查措施。

三、控告人对不立案决定的申请复议

根据《刑事诉讼法》第 112 条的规定,控告人对公安机关、人民检察院、人民法院不予立案的决定不服,可以申请复议。

根据公安部《规定》第 179 条的规定,控告人对不予立案决定不服的,可以在收到不予立案通知书后七日以内向作出决定的公安机关申请复议;公安机关应当在收到复议申请后七日以内作出决定,并书面通知控告人。控告人对不予立案的复议决定不服的,可以在收到复议决定书后七日以内向上一级公安机关申请复核;上一级公安机关应当在收到复核申请后七日以内作出决定。对上级公安机关撤销不予立案决定的,下级公安机关应当执行。

根据公安部《规定》第 180 条和第 181 条的规定,对行政执法机关移送的案件,公安机关应当自接受案件之日起三日以内进行审查,认为有犯罪事实,需要追究刑事责任,依法决定立案的,应当书面通知移送案件的行政执法机关;认为没有犯罪事实,或者犯罪事实显著轻微,不需要追究刑事责任,依法不予立案的,应当说明理由,并将不予立案通知书送达移送案件的行政执法机关,相应退回案件材料。移送案件的行政执法机关对不予立案决定不服的,可以在收到不予立案通知书后三日以内向作出决定的公安机关申请复议;公安机关应当在收到行政执法机关的复议申请后三日以内作出决定,并书面通知移送案件的行政执法机关。

根据最高检察院《规则》第 173 条的规定,对于控告和实名举报,决定不予立案的,应当制作不立案通知书,写明案由和案件来源、决定不立案的原因和法律依据,由负责侦查的部门在十五日以内送达控告人、举报人,同时告知本院负责控告申诉检察的部门。控告人如果不服,可以在收到不立案通知书后十日以内向上一级人民检察院申请复议。不立案的复议,由上一级人民检察院负责侦查的部门审查办理。人民检察院认为被控告人、被举报人的行为未构成犯罪,决定不予立案,但需要追究其党纪、政纪、违法责任的,应当移送有管辖权的主管机关处理。

目前,《刑事诉讼法》没有规定公安司法机关应将不立案原因通知举报人,也没有赋予举报人申请复议的权利。为了充分保障举报人的合法权益,推进反腐败斗争,《刑事诉讼法》应明确赋予其申请复议的权利。

第四节　立案监督

一、立案监督的概念和意义

(一)立案监督的概念

立案监督是指人民检察院对刑事立案主体的立案活动是否合法所进行的法律监督。这是检察机关法律监督职能的重要组成部分,是法律赋予检察机关的一项重要职权。

《刑事诉讼法》第 113 条规定:“人民检察院认为公安机关对应当立案侦查的案件而不立案侦查,或者被害人认为公安机关对应当立案侦查的案件而不立案侦查,向人民检察院提出的,人民检察院应当要求公安机关说明不立案理由。人民检察院认为公安机关不立案理由不能成立的,应当通知公安机关立案,公安机关接到通知后应当立案。”立案监督是人民检察院依法对刑事诉讼实行法律监督基本原则在刑事立案阶段的具体体现。根据上述规定,立案监督的主体是人民检察院,立案监督的对象即刑事立案主体,主要是公安机关,同时还包括国家安全机关等。

(二)立案监督的意义

刑事立案监督的任务是确保依法立案,防止和纠正有案不立和违法立案,依法、及时打击犯罪,保护公民的合法权利,保障国家法律的统一正确实施,维护社会和谐稳定。具体来说,其意义主要表现为以下几个方面:

1. 立案监督制度的确立,是我国刑事诉讼法律和法律监督制度进一步完善的重要标志。我国《宪法》明确规定,人民检察院是我国的法律监督机关。对刑事诉讼进行监督,是人民检察院法律监督职能的重要组成部分。《刑事诉讼法》作为程序法,明确规定了刑事立案监督制度,从而使我国的刑事诉讼活动从立案始至执行止,整个刑事诉讼过程全面置于法律监督的范围之内,促进了我国法律监督体系的进一步完善。

2. 完善和加强立案监督工作,是完成刑事诉讼任务的必然要求。我国《刑事诉讼法》第 1 条明确规定,刑事诉讼的任务是“为了保证刑法的正确实施,惩罚犯罪,保护人民,保障国家安全和社会公共安全,维护社会主义社会秩序”。为了实现这一任务,必须对刑事诉讼的全过程进行监督。刑事立案作为刑事诉讼的第一环节,是决定案件能否进入侦查阶段,案件能否进入刑事诉讼阶段,犯罪嫌疑人能否受到惩处的前提。只有对这一环节进行监督,才能保障涉嫌犯罪的人及时交付侦查,犯罪的人及时受到惩处,同时也保障没有犯罪的人免受刑事追究,保护当事人的合法权益,从而完成刑事诉讼的根本任务。

3. 对立案活动进行监督,可以有效地发现和惩治司法人员徇私舞弊犯罪。实践证明,检察机关通过对刑事立案活动进行监督,可以有效地发现公安人员徇私舞弊故意包庇犯罪或者故意放纵犯罪的案件线索,可以有效地发现公安人员贪赃枉法犯罪案件,并通过与有关部门的密切配合,及时、有力地促进对徇私枉法犯罪案件的查处,清除司法队伍中的腐败分子,从而维护社会主义法制。

4. 对立案活动进行监督,可以有效地解决有案不立、有罪不究问题,可以有效地保护被害人的合法权益。开展立案监督工作,对于保护被害人的合法权益具有非常重要的意义;同时,对于保护报案人、控告人、举报人的合法权益,也具有重要的现实意义。

二、立案监督的范围

人民检察院对公安机关的刑事立案活动进行监督的范围主要是公安机关应当立案侦查而不立案侦查的案件。有证据证明公安机关可能存在违法动用刑事手段插手民事、经济纠纷,或者利用立案实施报复陷害、敲诈勒索以及谋取其他非法利益等违法立案情形,尚未提请批准逮捕或者移送审查起诉的,经检察长批准,应当要求公安机关书面说明立案理由。人民检察院审查逮捕部门或者审查起诉部门发现本院侦查部门对应当立案侦查的案件不报请立案侦查的,应当建议侦查部门报请立案侦查;建议不被采纳的,应当报请检察长决定。刑事立案监督的范围应当包括三个方面。

(一)公安机关应当立案侦查而不立案侦查的案件

公安机关应当立案侦查而不立案侦查的案件是人民检察院刑事立案监督的主要内容。所谓公安机关应当立案侦查的案件,是指根据案件情况或者现有证据,经审查认为符合我国刑事诉讼法规定的立案条件的案件。对于符合立案条件的案件,公安机关决定不立案侦查的,即属于公安机关应当立案侦查而不立案侦查的案件。人民检察院在刑事立案监督工作中,对于发现的或者被害人提出的公安机关应当立案侦查而不立案侦查的案件,首先应当查明该案件是否符合刑事诉讼法规定的立案条件,是否属于公安机关应当立案的情形。如果符合刑事诉讼法规定的立案条件而公安机关决定不立案侦查的,则应当依法通过刑事立案监督程序予以监督。

(二)公安机关不应当立案侦查而立案侦查的案件

所谓公安机关不应当立案侦查而立案侦查的案件,是指公安机关对不符合刑事诉讼法规定的立案条件而决定立案侦查的案件。此类案件可以是检察机关在办案中发现,也可以是被立案的当事人及其近亲属或者其他控告人、举报人控告、举报的案件。首先,人民检察院对于不服公安机关立案决定的投诉,可以移送立案的公安机关处理。对于一些投诉转交公安机关处理,由公安机关再次审查,可以充分发挥公安机关的自我纠错功能。经审查,对于那些没有违法立案的申诉案件,公安机关可以及时向申诉人说明情况,阐法释理,做好申诉人的罢访息诉工作,化解社会矛盾,一方面可以减轻检察机关的办案压力,另一方面能够使检察机关集中精力做好对一些重点案件的监督。其次,人民检察院对于不服公安机关立案决定的投诉,如果经审查认为符合以下条件的,经检察长批准,要求公安机关说明立案理由:(1)有证据证明公安机关可能存在违法动用刑事手段插手民事、经济纠纷,或者利用立案实施报复陷害、敲诈勒索以及谋取其他非法利益等违法立案情形;(2)案件尚未提请批准逮捕或者移送审查起诉。

(三)人民检察院侦查部门应当立案侦查而不立案侦查或者对不应当立案侦查而立案侦查的案件

人民检察院侦查部门应当立案侦查而不报请立案侦查的案件,是指人民检察院侦查部门对于发现或者受理的案件线索,符合刑事诉讼法规定的立案条件,但是不报请检察长决定立案侦查的案件。人民检察院侦查部门不应当立案侦查而立案侦查的案件,是指人民检察院侦查部门对不符合刑事诉讼法规定的立案条件而决定立案侦查的案件。加强检察机关内部各部门之间的相互监督与制约,是检察机关多年来总结出的并行之有效的重要经验之一,是诉讼程序公正的重要保障机制,这对于及时发现检察机关在执法中存在的问题,最大限度地保障当事人的合法权益,具有极为重要的意义。《规则》第566条规定:“人民检察院负责捕诉的部门发现本院负责侦查的部门对应当立案侦查的案件不立案侦查或者对不应当立案侦查的案件立案侦查的,应当建议负责侦查的部门立案侦查或者撤销案件。建议不被采纳的,应当报请检察长决定。"

三、立案监督的程序

为了加强和规范刑事立案监督工作,最高人民检察院、公安部2010年7月26日颁布了《关于刑事立案监督有关问题的规定(试行)》,对立案监督的程序作出了规定。

(一)立案监督案件的受理

被害人及其法定代理人、近亲属或者行政执法机关,认为公安机关对其控告或者移送的案件应当立案侦查而不立案侦查,或者当事人认为公安机关不应当立案而立案,向人民检察院提出的,人民检察院应当受理并进行审查。

《规则》第558条规定:"人民检察院负责控告申诉检察的部门受理对公安机关应当立案而不立案或者不应当立案而立案的控告、申诉,应当根据事实、法律进行审查。认为需要公安机关说明不立案或者立案理由的,应当及时将案件移送负责捕诉的部门办理;认为公安机关立案或者不立案决定正确的,应当制作相关法律文书,答复控告人、申诉人。"人民检察院负责刑事立案监督的职能部门是控告申诉检察部门和捕诉部门。对于刑事立案监督案件的受理,其主管部门同样是控告申诉检察部门和捕诉部门。实践中,对于刑事立案监督案件的受理,主要有以下三种形式:

1.受理被害人的申诉。被害人认为公安机关应当立案侦查的案件而不立案侦查,向人民检察院提出申诉的,应当由人民检察院控告申诉部门受理。控告申诉部门受理后,应当填写《受理被害人提出公安机关应当立案而不立案侦查案件登记表》。

2.受理其他有关机关、人员的报案、控告和举报。对于其他报案人、控告人、举报人的报案、控告和举报,或者行政执法机关认为公安机关对其控告或者移送的案件应当立案侦查而不立案侦查,向人民检察院提出的,人民检察院应当受理并进行审查。其应当按照受理被害人申诉案件程序办理,由控告申诉检察部门受理后予以登记。

3.人民检察院发现的刑事立案监督案件的受理。人民检察院捕诉部门在办案中发现刑事立案监督案件线索的,应当填写《对公安机关应当立案而不立案案件审查表》或者《对公安机关不应当立案而立案案件审查表》,予以登记。

(二)立案监督的审查与处理

人民检察院开展调查核实,可以询问办案人员和有关当事人,查阅、复印公安机关刑事受案、立案、破案等登记表册和立案、不立案、撤销案件、治安处罚、劳动教养等相关法律文书及案卷材料,公安机关应当配合。

人民检察院对于公安机关应当立案侦查而不立案侦查的线索进行审查后,应当根据不同情况分别作出处理:

1.没有犯罪事实发生,或者犯罪情节显著轻微不需要追究刑事责任,或者具有其他依法不追究刑事责任情形的,及时答复投诉人或者行政执法机关。

2.不属于被投诉的公安机关管辖的，应当将有管辖权的机关告知投诉人或者行政执法机关，并建议向该机关控告或者移送。

3.公安机关尚未作出不予立案决定的，移送公安机关处理。

4.有犯罪事实需要追究刑事责任，属于被投诉的公安机关管辖，且公安机关已作出不立案决定的，经检察长批准，应当要求公安机关书面说明不立案理由。

人民检察院要求公安机关说明不立案或者立案理由，应当制作《要求说明不立案理由通知书》或者《要求说明立案理由通知书》，及时送达公安机关。公安机关应当在收到《要求说明不立案理由通知书》或者《要求说明立案理由通知书》后七日以内作出书面说明，客观反映不立案或者立案的情况、依据和理由，连同有关证据材料复印件回复人民检察院。公安机关主动立案或者撤销案件的，应当将《立案决定书》或者《撤销案件决定书》复印件及时送达人民检察院。

对于有证据证明公安机关可能存在违法动用刑事手段插手民事、经济纠纷，或者利用立案实施报复陷害、敲诈勒索以及谋取其他非法利益等违法立案情形，尚未提请批准逮捕或者移送起诉的，人民检察院应当要求公安机关书面说明立案理由。

（三）通知立案或撤销案件

人民检察院通知公安机关立案或者撤销案件的，应当制作《通知立案书》或者《通知撤销案件书》，说明依据和理由，连同证据材料移送公安机关。

人民检察院通知公安机关立案或者撤销案件，应当制作通知立案书或者通知撤销案件书，说明依据和理由，连同证据材料送达公安机关，并且告知公安机关应当在收到通知立案书后十五日以内立案，对通知撤销案件书没有异议的应当立即撤销案件，并将立案决定书或者撤销案件决定书及时送达人民检察院。

公安机关认为人民检察院撤销案件通知有错误，要求同级人民检察院复议的，人民检察院应当重新审查。在收到要求复议意见书和案卷材料后七日以内作出是否变更的决定，并通知公安机关。公安机关不接受人民检察院复议决定，提请上一级人民检察院复核的，上级人民检察院应当在收到提请复核意见书和案卷材料后十五日以内作出是否变更的决定，通知下级人民检察院和公安机关执行。上级人民检察院复核认为撤销案件通知有错误的，下级人民检察院应当立即纠正；上级人民检察院复核认为撤销案件通知正确的，应当作出复核决定并送达下级公安机关。

人民检察院通知公安机关立案或者撤销案件的，应当依法对执行情况进行监督。公安机关在收到通知立案书或者通知撤销案件书后超过十五日不予立案或者未要求复议、提请复核也不撤销案件的，人民检察院应当发出纠正违法通知书。公安机关仍不纠正的，报上一级人民检察院协商同级公安机关处理。公安机关立案后三个月以内未侦查终结的，人民检察院可以向公安机关发出立案监督案件催办函，要求公安机关及时向人民检察院反馈侦查工作进展情况。

人民检察院在立案监督过程中，发现侦查人员涉嫌徇私舞弊等违法或犯罪行为的，应当移交监察机关处理或者依法立案侦查。

思考与训练

一、思考题

1. 简述立案的概念与意义。
2. 立案的材料来源有哪些？
3. 立案的条件是什么？

二、案例分析

2009年5月10日，某歌舞厅女服务员王某到该县公安局报案，称自己在该歌舞厅内被张某强奸。县公安局接待人员在向王某询问时，张某赶到，称二人行为实属卖淫嫖娼，张某付王某200元，王某嫌少，恐吓张某要到公安局控告张某将其强奸。接待人员随后在王某的皮包里发现了200元钱。考虑到该歌舞厅因多次从事色情活动被停业整顿过，舞厅多名女服务员因卖淫被治安处罚，接待人员遂决定作为治安案件处理，不立为刑事案件。王某又到县检察院控告，检察院要求公安局说明不立案的理由，公安局以“该歌舞厅多次发生卖淫嫖娼行为”作为回复。县检察院认为，该理由不能成立，通知公安局立案。公安局接到通知后即立案侦查。经侦查发现，王某工作期间未从事过陪侍服务，仅负责向各包厢内的客人推销香烟，其包内的200元钱经证明系推销香烟所得。案发当时隔壁包厢的客人曾听到呼救声，王某从包厢出来时衣衫凌乱，身上也有明显的被抓痕迹。预审中张某供认了自己在王某推销香烟时将其强奸的事实。此案经县法院依法审理判处张某犯强奸罪，判处有期徒刑5年。

问题：

本案中县公安局接到县检察院的立案通知书后是否必须立案？为什么？

（扫描二维码获取参考答案）

补充阅读

《最高人民检察院、公安部关于刑事立案监督有关问题的规定（试行）》

（扫描二维码阅读）

第十七章
侦　查

导读

通过本章的学习，了解侦查的概念、任务和意义，熟练掌握各种侦查行为的具体要求，重点关注技术侦查的适用对象、适用范围和程序要求。

第一节　侦查概述

一、侦查的概念

我国《刑事诉讼法》第108条第1项规定："侦查是指公安机关、人民检察院对于刑事案件，依照法律进行的收集证据、查明案情的工作和有关的强制措施。"根据这一法律定义和《刑事诉讼法》的其他有关规定，对侦查的概念可从以下几个方面来理解：

1. 侦查是我国刑事诉讼的一个独立阶段

在我国，公诉案件的诉讼程序分为立案、侦查、起诉、审判和执行五个阶段。《刑事诉讼法》第2编第2章对侦查作了具体的规定。其中，公安机关等侦查机关对已经立案的刑事案件，应当进行侦查；经过侦查，认为犯罪事实清楚，证据确实充分，依照法律应当追究刑事责任的，应当移送同级人民检察院审查起诉。这表明，侦查既是公诉案件立案后必须进行的一个阶段，也是为起诉做准备的一个阶段。公诉案件不经过侦查，起诉就无法进行。只有通过侦查活动，收集确实充分的证据，查明了犯罪事实和查获了犯罪嫌疑人，才能进入起诉阶段。因此，侦查有它特定的任务和目的，是刑事诉讼的一个独立阶段。

长期以来，我国将刑事案件的侦查分为前期的侦查和后期的预审两个阶段。其中侦查阶段由公安机关的刑警部门负责，其主要任务是收集证据和查获犯罪嫌疑人，而预审阶段则由公安机关的预审部门负责，其主要任务是对查获的犯罪嫌疑人进行讯问，以核实证据，查清余罪。虽然近些年来公安机关进行刑侦体制改革，实行侦审合一，取消预审部门，以提高侦查效率，但前期的侦查和后期的预审工作仍然是存在的，只不过是由刑警部门全部承担罢了。

2. 侦查只能由法定的侦查机关进行

为了尊重和保障人权，保护公民的人身权利、财产权利、民主权利和其他正当权利，保证国家侦查权的统一行使，有效地与犯罪行为做斗争，我国《刑事诉讼法》和有关法律将刑事案件的侦查权只赋予公安机关、人民检察院、国家安全机关、军队保卫部门、监狱和海关缉私部门。另外，2018年《刑事诉讼法》新增规定，中国海警局履行海上维权执法职责，对海上发生的刑事案件行使侦查权。除此之外，其他任何机关、团体和个人都无权行使侦查权。在司法实践中，有关机关、团体和单位的保卫处（科）对本单位内部发生的刑事案件，可以协助公安机关调查取证，收集的证据如果符合《刑事诉讼法》的规定，在刑事诉讼中也具有法律效力。但是应当明确，保卫处（科）的工作只能是协助，而无权单独对刑事案件进行侦查。

3. 侦查的内容包括收集证据、查明案情的工作和有关的强制性措施

根据《刑事诉讼法》第2编第2章的规定，收集证据、查明案情的工作具体包括讯问

犯罪嫌疑人，询问证人、被害人，勘验、检查，侦查实验，搜查，查封、扣押物证、书证，查询、冻结存款、汇款、债券、股票等财产，鉴定，技术侦查等诉讼活动。上述调查工作是侦查机关依法进行的诉讼活动，通过这些活动所收集的证据材料具有诉讼证据的性质，经过查证属实，可以作为定案的根据。

所谓“有关的强制性措施”，是指《刑事诉讼法》所规定的为收集证据、查明犯罪事实和查获犯罪人而采取的限制、剥夺人身自由，对人身、财物进行强制或缉拿犯罪嫌疑人的措施。根据《刑事诉讼法》第1编第6章和第2编第2章的规定，有关的强制性措施包括两类：一类是在侦查活动中采用的强制措施，包括拘传、取保候审、监视居住、拘留、逮捕等五种；另一类是在进行收集证据、查明案情的工作中采用的强制性方法，如强制检查、强行搜查、强制扣押等。

4.侦查活动必须严格依法进行

侦查活动具有一定的隐蔽性（一般仅对调查对象和现场见证人公开）和很大的强制性，容易对公民的人身权利、财产权利造成侵犯，因此为保障公民的合法权益，防止伤害无辜，《刑事诉讼法》在总结刑事诉讼活动的经验教训、借鉴其他国家有益做法的基础上，结合我国的具体情况，对侦查的条件、方式、方法、步骤等都作了具体明确的规定。侦查机关和侦查人员在侦查过程中，必须严格遵守法律规定，切实依照法律进行收集证据、查明案情的工作，采取有关的强制性措施。只有这样，才能更好地完成侦查任务，保证侦查活动的合法性和所收集证据的有效性。否则，就必然造成混乱，不是伤害无辜，就是放纵犯罪分子，并使侦查活动无法正常进行，给查明案情带来困难。

二、侦查的任务

侦查是刑事诉讼的一个重要阶段。根据《刑事诉讼法》的一般规定，侦查的主要任务包括以下几项：

1.收集证据，查明犯罪事实，查获犯罪嫌疑人

对已经立案的刑事案件，侦查机关应当通过侦查活动，收集、调取犯罪嫌疑人有罪或者无罪、罪轻或者罪重的各种证据；准确地查明犯罪的性质、犯罪的时间和地点、犯罪的动机目的以及犯罪的手段、结果等案件情况。在侦查过程中，对现行犯或者重大嫌疑分子可以依法先行拘留，对符合逮捕条件的犯罪嫌疑人，应当依法逮捕；应当逮捕的犯罪嫌疑人如果在逃，则应发布通缉令，采取有效的措施将其追捕归案。另外，如果发现犯罪分子继续进行犯罪活动，则必须坚决予以制止，以保护国家、集体利益和公民的合法权益，维护社会的安全和秩序。

2.保障无罪的人不受刑事追究，尊重和保障人权，保障犯罪嫌疑人和其他诉讼参与人的诉讼权利

《刑事诉讼法》明确规定“保障无罪的人不受刑事追究”，“尊重和保障人权”，人民检察院和公安机关“应当保障犯罪嫌疑人和其他诉讼参与人依法享有的辩护权和其他诉讼权利”。因此，在侦查过程中，如果发现不应对犯罪嫌疑人追究刑事责任的，侦查机关应

当撤销案件，犯罪嫌疑人已被拘留、逮捕的，应当立即释放；应当告知犯罪嫌疑人有辩护的权利并有权委托律师担任辩护人；不得采用刑讯逼供和以威胁、引诱、欺骗以及其他非法方法收集证据，不得强迫任何人证实自己有罪。总之，侦查活动必须严格依照法定程序进行，以保障无罪的人不受刑事追究，尊重和保障人权，保障犯罪嫌疑人和其他诉讼参与人的诉讼权利。

3. 教育公民自觉遵守法律，积极同犯罪行为做斗争

在侦查中，侦查机关应当通过各种形式开展宣传教育活动，使广大人民群众认识到犯罪行为的社会危害性并增强法治观念，进而积极行动起来与犯罪行为做斗争，以有效地惩罚犯罪和预防犯罪。

三、侦查的意义

侦查既是刑事诉讼的一个独立阶段，也是发现和收集证据、查明犯罪事实和查获犯罪人的关键阶段，对于保护国家、集体利益和公民的合法权益，保障刑事诉讼活动的顺利进行以及进行社会治安综合治理，均具有重要的意义。

1. 侦查是同犯罪做斗争的重要手段

刑事案件的情况错综复杂，犯罪活动大多是秘密进行的，而且犯罪分子作案后，还会想方设法采用隐匿、毁灭证据和制造假象等手段逃避刑事追究，因而事实的真相往往被掩盖起来。只有进行侦查活动，发现和收集证据，才能准确及时地查明案件事实，查获犯罪嫌疑人，进而对犯罪分子予以有效的揭露、证实和惩罚，同时对有犯罪企图的人予以有力的震慑。可见，侦查是同犯罪做斗争的重要手段，对于惩罚犯罪和预防犯罪具有举足轻重的作用。

2. 侦查是刑事诉讼的基础环节

在我国的刑事诉讼中，侦查机关担负着查明犯罪事实和查获犯罪嫌疑人的实质性工作。很显然，只有通过侦查活动，发现和收集证据，查明犯罪事实和查获犯罪分子，才能将案件移送检察机关审查起诉并由检察机关提交人民法院审判，否则起诉和审判将无法进行。而且，侦查工作的质量如何，对起诉和审判工作有着直接的影响。如果侦查工作做得好，收集的证据确实充分，就可以保障起诉和审判工作的顺利进行；如果侦查工作有疏漏或偏差，就会给起诉和审判工作带来困难，以致有的案件不得不退回补充侦查甚至无法认定处理。因此，侦查是刑事诉讼的基础环节，同时也是起诉和审判活动顺利进行的重要保证。

3. 侦查是进行社会治安综合治理的有力措施

侦查在社会治安综合治理中具有非常重要的作用。首先，通过侦查，查明犯罪事实，查获犯罪人，进而依法予以惩处，可以有效地打击犯罪和震慑犯罪，维护社会稳定；其次，通过侦查，既可以了解更多的犯罪情况，掌握犯罪规律和犯罪动向，也可以发现可能发生犯罪的隐患、漏洞和社会治安管理中的薄弱环节，进而制定对策，采取措施，防止和减少犯罪的发生，促进社会治安综合治理目标的实现。

第二节　侦查行为

一、讯问犯罪嫌疑人

(一)讯问犯罪嫌疑人的概念和意义

讯问犯罪嫌疑人,是指侦查人员依照法定程序以言词方式,就案件事实和其他与案件有关的问题向犯罪嫌疑人进行查问的一种侦查活动。

讯问犯罪嫌疑人是一项重要的侦查活动,在侦查程序中具有十分重要的意义。具体表现在:第一,讯问是侦查刑事案件的必经程序。犯罪嫌疑人对自己是否实施犯罪以及如何实施犯罪最为清楚,如果他实施了犯罪并如实交代,侦查人员便可以获得有价值的口供;如果未实施犯罪,他会作无罪辩解,从而有利于侦查人员查明案情。因此,《刑事诉讼法》第116条规定:"公安机关经过侦查,对有证据证明有犯罪事实的案件,应当进行预审,对收集、调取的证据材料予以核实。"第二,讯问是查明犯罪事实的有效措施。通过讯问犯罪嫌疑人,可以查明犯罪的动机、目的、经过等案件事实和情节,判明犯罪的性质;也可查明赃款、赃物的去向,以及有无遗漏罪行和其他应当追究刑事责任的人;还可以追查犯罪线索,从而揭露其他犯罪行为,扩大侦查效果。第三,讯问还是犯罪嫌疑人进行辩护和获得从宽处理的适当机会。在讯问中,犯罪嫌疑人可以进行无罪或罪轻的辩解,以维护自己的合法权益,也可以坦白交代罪行或检举揭发他人的罪行,从而获得于己有利的处理结果。

(二)讯问犯罪嫌疑人的程序

根据《刑事诉讼法》和公安部《规定》、最高检察院《规则》的有关规定,讯问犯罪嫌疑人应当遵守下列程序和要求:

1.讯问的人员及人数

《刑事诉讼法》第118条第1款规定:"讯问犯罪嫌疑人必须由人民检察院或者公安机关的侦查人员负责进行。讯问的时候,侦查人员不得少于二人。"这表明,讯问犯罪嫌疑人是侦查机关的侦查人员的专有职权,其他任何机关、团体和个人都无权行使这项权力。而且,为了便于侦查人员在讯问时互相配合、互相监督,提高讯问的效率,保证讯问的合法性,同时保障侦查人员的人身安全,防止犯罪嫌疑人自杀、逃跑等意外事件发生,在讯问犯罪嫌疑人的时候,侦查人员不得少于二人。

2.讯问的地点、时间

《刑事诉讼法》第118条第2款规定:"犯罪嫌疑人被送交看守所羁押以后,侦查人员对其进行讯问,应当在看守所内进行。"据此,犯罪嫌疑人被送交看守所羁押以后,侦查人员对其进行讯问的地点只能是在看守所内，而不允许以任何理由在看守所外进行讯问。第 119 条第 1 款规定："对不需要逮捕、拘留的犯罪嫌疑人，可以传唤到犯罪嫌疑人所在市、县内的指定地点或者到他的住处进行讯问，但是应当出示人民检察院或者公安机关的证明文件……"侦查人员在看守所讯问犯罪嫌疑人的，应当填写提讯证；传唤犯罪嫌疑人到其所在市、县内的指定地点或者到其住处进行讯问的，应当出示传唤证和侦查人员的工作证件，并责令其在传唤证上签名、捺指印；犯罪嫌疑人到案后，应当由其在传唤证上填写到案时间；传唤结束时，应当由其在传唤证上填写传唤结束时间；犯罪嫌疑人拒绝填写的，侦查人员应当在传唤证上注明。对在现场发现的犯罪嫌疑人，侦查人员经出示工作证件，可以口头传唤，并将传唤的原因和依据告知被传唤人；在讯问笔录中应当注明犯罪嫌疑人到案方式，并由犯罪嫌疑人注明到案时间和传唤结束时间。犯罪嫌疑人经合法传唤，无正当理由不到案的，可以拘传。根据侦查需要，也可以不经传唤，直接拘传。传唤持续的时间不得超过十二小时；案情特别重大、复杂，需要采取拘留、逮捕措施的，传唤、拘传持续的时间不得超过二十四小时。两次传唤间隔的时间一般不得少于十二小时（最高检察院《规则》第 185 条），不得以连续传唤的形式变相拘禁犯罪嫌疑人；传唤期限届满，未作出采取其他强制措施决定的，应当立即结束传唤。传唤犯罪嫌疑人，应当保证犯罪嫌疑人的饮食和必要的休息时间。

需要注意的是，对于被拘留或者逮捕的犯罪嫌疑人，均应在拘留、逮捕后的二十四小时内进行讯问。

3. 讯问前的准备

讯问前，侦查人员应当了解案件情况和证据材料，制定讯问计划，列出讯问提纲。第一次讯问，应当问明犯罪嫌疑人的姓名、别名、曾用名、出生年月日、户籍所在地、现住地、籍贯、出生地、民族、职业、文化程度、家庭情况、社会经历，是否属于人大代表、政协委员，是否受过刑事处罚或者行政处理等情况。

此外，讯问前还需注意，当一个案件有几个犯罪嫌疑人时，应当分别讯问，未被讯问的犯罪嫌疑人不得在场，以防止同案犯罪嫌疑人之间互相串供或影响；一般在侦查阶段也不宜在同案犯罪嫌疑人之间进行对质。

4. 讯问的步骤、方法

《刑事诉讼法》第 120 条第 1 款规定："侦查人员在讯问犯罪嫌疑人的时候，应当首先讯问犯罪嫌疑人是否有犯罪行为，让他陈述有罪的情节或者无罪的辩解，然后向他提出问题……"在讯问前，犯罪嫌疑人是否有罪尚无法确定，需要通过讯问予以证实。因此，为了防止主观片面、先入为主，保证讯问的客观性和公正性，侦查人员在讯问犯罪嫌疑人时应首先讯问他是否有犯罪行为。如果犯罪嫌疑人承认有犯罪行为，便让他陈述犯罪的经过和情节；如果犯罪嫌疑人否认有犯罪行为，则应让他作无罪辩解，然后就犯罪嫌疑人供述或辩解中不清楚、不全面或者前后矛盾的地方向他提问。需要注意的是，侦查人员在讯问中对犯罪嫌疑人的犯罪事实、动机、目的、手段，与犯罪有关的时间、地点，涉及的人、事、物，都应当讯问清楚。

《刑事诉讼法》第 120 条第 1 款还规定："……犯罪嫌疑人对侦查人员的提问，应当如实回答。但是对与本案无关的问题，有拒绝回答的权利。”这表明，对侦查人员与本案有关问题的提问，犯罪嫌疑人负有如实回答和陈述的义务，既不能拒绝回答，也不能作虚假陈述；既不能捏造事实，也不能隐瞒事实或在回答时避重就轻；犯罪嫌疑人虽然没有沉默权，但当侦查人员提出与本案无关的问题时，他有拒绝回答的权利。所谓“与本案无关的问题”，应指与犯罪无关的问题。例如，盗窃案件中犯罪嫌疑人的个人隐私，受贿案件中犯罪嫌疑人掌握的国家机密等。对于这些问题，犯罪嫌疑人有权拒绝回答。但对于侦查人员提出的与犯罪有关的问题，如犯罪嫌疑人的其他犯罪问题或同案犯罪嫌疑人的犯罪问题，犯罪嫌疑人不能以“与本案无关”为借口拒绝回答。需要指出的是，侦查人员在讯问时，应当将该项义务和权利告知犯罪嫌疑人。

《刑事诉讼法》第 120 条第 2 款规定：“侦查人员在讯问犯罪嫌疑人的时候，应当告知犯罪嫌疑人享有的诉讼权利，如实供述自己罪行可以从宽处理和认罪认罚的法律规定。”之所以如此规定，原因在于：一是有利于促使犯罪嫌疑人主动交代罪行，从而促进案件的进一步调查，节约司法资源；二是有利于在程序法中形成与实体法的对接，[①]有效贯彻认罪认罚制度。

5.讯问聋、哑等犯罪嫌疑人的特殊要求

《刑事诉讼法》第 121 条及公安部《规定》第 204 条对讯问聋、哑和不通晓当地语言文字的犯罪嫌疑人作了特殊要求，以保障其合法权益。具体包括：(1)讯问聋、哑的犯罪嫌疑人，应当有通晓聋、哑手势的人参加，并在讯问笔录上注明犯罪嫌疑人的聋、哑情况以及翻译人员的姓名、工作单位和职业；(2)讯问不通晓当地语言文字的犯罪嫌疑人，应当配备翻译人员。

6.讯问笔录的制作

讯问犯罪嫌疑人时应当制作讯问笔录。讯问笔录是重要的证据材料，侦查人员应当将问话和犯罪嫌疑人的供述或者辩解如实地记录清楚，制作讯问笔录应当使用能够长期保持字迹的材料。根据《刑事诉讼法》第 122 条的规定，讯问笔录应当交犯罪嫌疑人核对，对于没有阅读能力的，应当向他宣读；如果记载有遗漏或者差错，犯罪嫌疑人可以提出补充或者改正；犯罪嫌疑人承认笔录没有错误后，应当签名或者盖章；侦查人员也应当在笔录上签名；犯罪嫌疑人请求自行书写供述的，应当准许；必要的时候，侦查人员也可以要求犯罪嫌疑人亲笔书写供词。此外，根据公安部《规定》第 206 条的规定，笔录经犯罪嫌疑人核对无误后，应当由其在笔录上逐页签名、捺指印，并在末页写明“以上笔录我看过(或向我宣读过)，和我说的相符”；拒绝签名、捺指印的，侦查人员应当在笔录上注明；讯问笔录上所列项目，应当按照规定填写齐全；翻译人员应当在讯问笔录上签名。

7.讯问时录音、录像的规定

为防止侦查人员以刑讯逼供等非法方法获取犯罪嫌疑人的供述，保证讯问行为的合法性，《刑事诉讼法》第 123 条明确规定：“侦查人员在讯问犯罪嫌疑人的时候，可以对讯

---

① 我国《刑法》第 67 条第 3 款规定：“犯罪嫌疑人虽不具有前两款规定的自首情节，但是如实供述自己罪行的，可以从轻处罚；因其如实供述自己罪行，避免特别严重后果发生的，可以减轻处罚。”

问过程进行录音或者录像;对于可能判处无期徒刑、死刑的案件或者其他重大犯罪案件,应当对讯问过程进行录音或者录像。”根据公安部《规定》第 208 条的规定,“可能判处无期徒刑、死刑的案件”,是指应当适用的法定刑或者量刑档次包含无期徒刑、死刑的案件;“其他重大犯罪案件”,是指致人重伤、死亡的严重危害公共安全犯罪、严重侵犯公民人身权利犯罪,以及黑社会性质组织犯罪、严重毒品犯罪等重大故意犯罪案件。

对讯问过程录音或者录像的,应当对每一次讯问全程不间断进行,保持完整性,不得选择性地录制,不得剪接、删改。此外,根据六机关《规定》第 19 条的规定,侦查人员对讯问过程进行录音或者录像的,应当在讯问笔录中注明。

二、询问证人、被害人

(一)询问证人的概念和意义

询问证人,是指侦查人员依照法定程序以言词方式,就案件有关情况向证人进行调查了解的一种侦查活动。

证人是知道案件情况的人。由于犯罪分子生活在社会上,其犯罪行为难免为其他人所耳闻目睹,因此几乎在每一起刑事案件中都可以找到知道该案件情况的证人,询问证人也就成为刑事诉讼中广泛进行的一项侦查活动。其意义主要是:第一,可以查明案件的有关情况。通过询问证人,侦查人员能够获得他们看到或听到的与案件有关的情况,如犯罪分子犯罪的时间、地点、手段、结果以及犯罪的原因等案件情况。第二,可以查获犯罪嫌疑人。通过询问证人,侦查人员能够得知是谁作案或者可能是谁作案以及犯罪嫌疑人逃跑、隐匿的地点,从而查明和抓获犯罪嫌疑人。第三,可以核对其他证据。通过询问证人,侦查人员可以进一步发现案件线索或者获取证据材料,核对其他证据的真实性,同时帮助侦查人员排除矛盾、弄清疑点,保证准确地查明案件事实。

(二)询问证人的程序

1. 询问的地点和人数

《刑事诉讼法》第 124 条第 1 款规定:“侦查人员询问证人,可以在现场进行,也可以到证人所在单位、住处或者证人提出的地点进行,在必要的时候,可以通知证人到人民检察院或者公安机关提供证言。在现场询问证人,应当出示工作证件,到证人所在单位、住处或者证人提出的地点询问证人,应当出示人民检察院或者公安机关的证明文件[①]。”据此,侦查人员询问证人,可以在现场进行,也可以到证人的所在单位、住处或者证人提出的地点进行。这可以更好地保护证人,减轻证人的思想顾虑,方便证人提供证言,同时也有利于获得证人所在单位的支持,并通过单位了解证人的情况。在必要的时候,如为了保守侦查秘密,保护证人安全,防止证人的单位、亲属或其他人的干扰,保障证人如实提

① 根据公安部《规定》第 210 条第 3 款的规定,这里的证明文件是指询问通知书和人民警察证。

供证言，可以通知证人到侦查机关提供证言。此外，为保障询问证人的合法性，询问人员一般不得少于二人。

2.询问证人应当个别进行

《刑事诉讼法》第124条第2款规定："询问证人应当个别进行。"据此，同一案件有几个证人需要询问的时候，侦查人员应当对每个证人进行单独询问；询问某一证人时，不得有其他证人在场，也不允许采用开座谈会的形式，让证人集体讨论和作证。这是因为，询问证人只有个别进行，才能使证人独立地提供他所知道的案件情况，防止证人之间互相影响；才能解除证人的思想顾虑，使其充分地陈述自己的所见所闻；才能便于侦查人员对各个证人提供的证言进行审查判断，从中发现矛盾，澄清疑点，用作定案的根据；才能便于侦查人员针对每个证人的不同特点进行法制教育，促使其如实提供证言。

3.询问前的准备

询问前，侦查人员应分析研究有关的案件情况和证据材料；了解证人的身份、职业、性格特点，证人与犯罪嫌疑人、被害人的关系；明确通过询问证人应查明的问题，拟出询问提纲，以使询问证人有计划、有目的地进行，保证询问的成效。

4.询问证人的步骤、方法

首先，侦查人员应当问明证人的基本情况以及与当事人的关系。其次，侦查人员应当告知证人有如实作证的义务。《刑事诉讼法》第125条规定："询问证人，应当告知他应当如实地提供证据、证言和有意作伪证或者隐匿罪证要负的法律责任。"实践证明，这是保证证人如实陈述，防止其作伪证和隐匿罪证的重要法律措施，因此侦查人员必须依法告知，不能遗漏。再次，根据侦查实践，侦查人员询问证人应当首先让其把知道的案件情况连续地陈述出来，然后就其陈述中不清楚、不全面或者有矛盾的地方以及其他需要查明的事实情节，向其提问，要求其回答。在证人陈述时，侦查人员不宜随意打断，以保证其记忆的连贯性和陈述的客观性。对证人陈述的事实，应当问明来源和根据，并注意查明证人得知案件情况时的主观和客观条件。此外，侦查人员不得向证人、被害人泄露案情或者表示对案件的看法，严禁采用暴力、威胁等非法方法询问证人。

5.询问笔录的制作

询问证人，应当制作询问笔录。询问笔录是重要的证据材料，应当客观、真实和详细，力求反映证人作证的原意。询问笔录应当交证人核对，对于没有阅读能力的，应当向他宣读。如果记载有遗漏或者差错，证人可以提出补充或者改正。证人认为笔录没有错误后，应当签名或者盖章。侦查人员也应当在笔录上签名。证人请求自行书写证词的，应当准许。必要的时候，侦查人员也可以要求证人亲笔书写证词。

（三）询问被害人的概念和程序

询问被害人，是指侦查人员依照法定程序以言词方式，就被害人遭受侵害的事实和犯罪嫌疑人的有关情况向被害人进行调查了解的一种侦查活动。被害人陈述，是一种重要的证据来源。由于被害人受到犯罪行为的直接侵害，与犯罪嫌疑人有过直接的接触，对犯罪事实有切身感受，因此及时、正确地询问被害人，对于收集证据，查明犯罪事实，查获犯罪分子，进而惩罚犯罪和保护被害人的合法权益，均具有十分重要的意义。

根据我国《刑事诉讼法》第 127 条的规定，询问被害人适用询问证人的程序。但是，由于被害人受到犯罪行为的直接侵犯，是刑事诉讼的当事人，与犯罪嫌疑人有着直接的利害关系，在诉讼中与证人的地位不同，因此询问被害人除了应当遵守询问证人的各项规定以外，还应当注意被害人害怕打击报复或顾及名誉、情面的特殊心理和了解犯罪嫌疑人更多情况的特点，耐心细致地做好被害人的思想工作，使其如实陈述；对伤势较重、有生命危险的被害人，要及时询问并尽可能地进行录音、录像；要采取有效措施保障被害人的人身安全；对于被害人的个人隐私，应当为他保守秘密。此外，第一次询问被害人时，应当告知他有提起附带民事诉讼的权利。

三、勘验、检查

(一)勘验、检查的概念和意义

勘验、检查，是指侦查人员对与犯罪有关的场所、物品、人身、尸体进行勘查、检验或检查，以发现和收集犯罪活动所遗留的各种痕迹和物品的一种侦查活动。勘验、检查的性质是一样的，只是对象不同。其中，勘验的对象是现场、物品和尸体，而检查的对象则是活人的身体。按照对象和内容的不同，勘验、检查可以分为现场勘查、物品检验、人身检查、尸体检验四种。

勘验、检查是一种极其重要的侦查行为，是发现和获取证据、查明案情的重要手段，对侦查破案有着特别重要的意义。首先，通过勘验、检查，可以发现和提取犯罪活动所遗留的各种痕迹和物品。这些痕迹和物品大多是原始证据即“第一手材料”，对查明犯罪事实和正确认定案情往往起着关键的作用。其次，通过对所获得的各种痕迹和物品的分析研究，可以判明案件的性质，了解犯罪嫌疑人的特征，明确侦查的方向和范围，为侦查破案提供线索和证据。

根据《刑事诉讼法》的规定，勘验、检查的基本程序是：(1)勘验、检查由侦查人员进行，必要的时候可以指派或者聘请具有专门知识的人，在侦查人员的主持下进行；(2)侦查人员进行勘验、检查，必须持有人民检察院或者公安机关的证明文件；(3)侦查人员应当邀请与案件没有利害关系的人作为见证人参加勘验、检查工作；(4)人民检察院要求复验、复查的，侦查机关应当及时进行复验、复查，并可以通知人民检察院派员参加；(5)勘验、检查的情况应当写成笔录，由参加勘验、检查的人和见证人签名或者盖章。

(二)现场勘查

现场勘查，是指侦查人员对犯罪分子实施犯罪的地点以及遗留有犯罪痕迹和物品的场所进行勘查的一种侦查活动。对犯罪现场进行勘查，应当遵守以下程序和要求：

1. 犯罪现场的保护

《刑事诉讼法》第 129 条规定：“任何单位和个人，都有义务保护犯罪现场，并且立即通知公安机关派员勘验。”同时,案发地派出所、巡警等部门应当保护犯罪现场和证据,控制犯罪嫌疑人,并立即报告公安机关主管部门。

2.现场勘查的指挥和执行人员

现场勘查,由县级以上公安机关侦查部门负责。其中,一般案件的现场勘查,由侦查部门负责人指定的人员现场指挥;重大、特别重大案件的现场勘查,由侦查部门负责人现场指挥。必要时,发案地公安机关负责人应当亲自到现场指挥。现场勘查由侦查人员进行;在必要的时候,可以指派或者聘请具有专门知识的人,在侦查人员的主持下进行勘查。执行勘查的侦查人员接到通知后,应当立即赶赴现场,并应当持有刑事犯罪现场勘查证。公安机关对案件现场进行勘查不得少于二人。

3.现场勘查的具体要求

首先,应当向发现人、报案人、现场保护人了解现场的原始情况,然后划定勘查范围,先外后内,先重点后一般,有计划、有步骤地进行。其次,应当认真、仔细地观察现场每个物品和痕迹的特征、位置、状态,分析其相互联系,并采用有关技术手段发现、提取和保全证据。最后,对案发现场的被害人,应及时送往附近医疗单位救治;对尸体应先予以必要的检查,如果需要,再由法医依法进行解剖和检验;在计算机犯罪的现场,应立即停止计算机的应用,并采取措施保护计算机及相关设备。

4.现场勘查笔录的制作

勘查现场,应当拍摄现场照片、绘制现场图,制作笔录。现场勘查笔录应当客观、准确而又全面地反映现场的实际情况和侦查人员的勘查活动,其内容包括:勘查的时间,现场所在的地点、位置及其与周围环境的关系,现场物品变动和破坏情况,犯罪嫌疑人遗留在现场的各种痕迹、物品及其位置和特征,提取痕迹、物证、生物样本等的情况,并附上拍摄的照片。对重大案件的现场,应当录像;勘查计算机犯罪案件的现场,应注意复制电子数据。侦查人员、其他参加勘查的人员和见证人应当在现场勘查笔录上签名,并注明时间。

(三)物证检验

物证检验,是指对在侦查活动中收集到的物品或者痕迹进行检查、验证,以确定其与案件事实之间的关系的一种侦查行为。

侦查人员对物证进行检验,应注意以下几点:(1)要仔细地查验物证上的特征,如单据上被涂改的痕迹、鞋底上的花纹等;对于在现场收集的物证,还要注意它与周围环境的关系,并分析研究物证的特征和痕迹的变化情况。(2)通过分析研究,要确定该物证及其痕迹与案件事实有无联系以及有何联系。(3)对物证的特征,如果侦查人员不能判断的,应当指派或者聘请具有专门知识的人进行鉴定。

检验物证,应制作检验笔录,详细记载检验过程、物证及其痕迹的特征,如物证的大小、形状、尺寸、重量、颜色、号码和痕迹的位置、大小、深度、长度、形态、性质等。侦查人员、其他参加检验的人员和见证人应当在物证检验笔录上签名或者盖章,并注明时间。

(四)人身检查

人身检查，是指为了确定被害人、犯罪嫌疑人的某些特征、伤害情况或者生理状态，对其人身进行检查，提取指纹信息，或者采集血液、尿液、汗液、精液、唾液以及毛发、气体(酒驾呼气酒精测试)等生物样本的一种侦查活动。

人身检查涉及公民的人身权利和自由，因此必须严格按照《刑事诉讼法》和公安部《规定》的有关规定进行：(1)人身检查只能由侦查人员进行，必要时可以邀请法医或医师参加；(2)犯罪嫌疑人如果拒绝检查、提取、采集的，侦查人员认为必要的时候，经办案部门负责人批准，可以强制检查、提取、采集，但是对被害人不得强制检查；(3)被害人死亡的，应当通过被害人近亲属辨认、提取生物样本鉴定等方式确定被害人身份；(4)检查妇女的身体，应当由女工作人员或者医师进行。其中，对强奸案件的被害妇女，不得进行生殖器和处女膜检查。个别确实需要检查的，应当征得被害人及其家长或亲属的同意，并经地(市)级侦查机关批准，在指定的医院由女医师或女法医进行。

人身检查的情况应当写成笔录，由参加检查的侦查人员、检查人员、被检查人员和见证人签名；被检查人员拒绝签名的，侦查人员应当在笔录中注明。

(五)尸体检验

尸体检验，是指在侦查人员的主持下，由法医或医生对非正常死亡者的尸体进行检验或者解剖的一种侦查活动。其目的在于确定死亡的原因，判断死亡的时间、致死的工具、致死的手段和方法，以便分析研究案情，认定案件的性质，为侦查破案提供线索和证据。尸体检验应当及时进行，以防止尸体上的痕迹或现象因尸体的变化和腐烂而消失。尸体检验分为尸表检验和尸体解剖两种。

尸表检验，是指对尸体外部表面的检验。具体做法是：(1)在检验前，应仔细察看尸体的位置、姿态，尸体周围的环境和情况，注意发现尸体周围痕迹和物品的情况，以免在进行尸体检验时对其他痕迹、物品造成破坏，影响其证据价值；(2)对尸体的衣着、身长、体格状况、皮肤情况进行观察、测量，检验尸体是否出现尸斑、尸僵或腐烂等现象，其程度如何；(3)注意观察尸体各部位是否有损伤，损伤的具体位置、形状、大小、深度和方向等，尸体的隐蔽部位(如口、鼻、眼、指甲、腋下、阴部等)有无附着物。

尸体解剖，是指对尸体的内部器官进行的检验。《刑事诉讼法》第131条规定：“对于死因不明的尸体，公安机关有权决定解剖，并且通知死者家属到场。”根据公安部《规定》第218条的规定，为了确定死因，经县级以上公安机关负责人批准，可以解剖尸体，并且通知死者家属到场，让其在解剖尸体通知书上签名；死者家属无正当理由拒不到场或者拒绝签名的，侦查人员应当在解剖尸体通知书上注明；对于身份不明的尸体，无法通知死者家属的，应当在笔录中注明。解剖尸体应严格按照卫生部《解剖尸体规则》进行，注意尊重当地的风俗习惯，保持尸体外貌的完整。无论是局部解剖还是全部解剖，均应写明结论，如确定死亡的时间、原因、损伤情况及有无病史等。此外，解剖只能在公安机关和医院附设的法医室(科)进行。

尸体检验的情况应写成笔录，由侦查人员和进行检验的法医或医生、死者的家属或见证人签名，并注明时间。

四、侦查实验

（一）侦查实验的概念和意义

侦查实验，是指为了确定与案件有关的某一事件或者事实在某种条件下能否发生或者怎样发生而按照原来的条件，将该事件或者事实加以重演或者进行试验的一种侦查活动。

《刑事诉讼法》第135条第1款规定："为了查明案情，在必要的时候，经公安机关负责人批准，可以进行侦查实验。"据此，侦查实验并不是侦查每个刑事案件必须进行的程序，只有在必要时才可以进行。所谓必要，在实践中，一般是指通过侦查实验要完成下列任务之一的：(1)确定在一定条件下能否听到或者看到；(2)确定在一定时间内能否完成某一行为；(3)确定在什么条件下能够发生某种现象；(4)确定在某种条件下某种行为和某种痕迹是否吻合一致；(5)确定在某种条件下使用某种工具可能或者不可能留下某种痕迹；(6)确定某种痕迹在什么条件下会发生变异；(7)确定某种事件是怎样发生的。

实践证明，侦查实验是审查证人证言、被害人陈述、犯罪嫌疑人供述和辩解是否符合实际情况，是否客观真实，能否作为定案根据的有效方法，可以为侦查人员判明案情、认定案件事实提供可靠的依据。

（二）侦查实验的程序和要求

根据《刑事诉讼法》的规定和实践经验，进行侦查实验应当遵守以下程序和要求：

1.侦查实验应当经县级以上公安机关负责人批准，并由侦查人员负责进行。在进行侦查实验时，应当邀请见证人在场，如果需要某种专门知识，应当聘请有关专业人员参加。必要时，也可以要求犯罪嫌疑人、被害人、证人参加。公安机关进行侦查实验，可以商请人民检察院派员参加。

2.侦查实验既可以在现场勘验过程中进行，也可以单独进行。在进行侦查实验前，一般应拟定侦查实验计划，确定实验的目的、实验的时间和地点、实验的工具和物品、实验的顺序和方法，以及参加人员等。

3.侦查实验的条件应与原来的条件相同或相似，并且尽可能对同一情况重复实验，以保证侦查实验的科学性和准确性。

4.进行侦查实验，禁止一切足以造成危险、侮辱人格或者有伤风化的行为。

5.侦查实验应当制作笔录，写明实验的目的、实验的时间和地点、实验的条件以及实验的经过和结果，并由进行实验的侦查人员、其他参加人员和见证人签名。实验的照片、绘图应附入侦查实验笔录。必要时，应当对侦查实验过程进行录音或者录像。

五、搜查

(一)搜查的概念和意义

搜查,是指侦查人员对犯罪嫌疑人以及可能隐藏罪犯或者犯罪证据的人的身体、物品、住处和其他有关的地方进行搜索检查的一种侦查活动。

搜查的任务是发现和收集犯罪证据,查获犯罪人。《刑事诉讼法》第137条规定:"任何单位和个人,有义务按照人民检察院和公安机关的要求,交出可以证明犯罪嫌疑人有罪或者无罪的物证、书证、视听资料等证据。"对于拒不交出的,侦查机关有权决定搜查。因此,凡是可能隐藏罪犯或者犯罪证据的人的身体、物品、住处和其他有关的地方,侦查机关都可以进行搜查。正确地进行搜查,对于收集证据、查获犯罪人,具有十分重要的意义。

(二)搜查的程序

由于搜查涉及公民的人身自由和住宅不受侵犯的权利,因此必须严格依法进行。根据《刑事诉讼法》和公安部《规定》、最高检察院《规则》的有关规定,搜查应当遵守以下程序和要求:

1.搜查须由县级以上公安机关负责人批准,签发搜查证,执行搜查的侦查人员不得少于二人。检察院的搜查应当在检察人员的主持下进行,可以有司法警察参加。必要时,可以指派检察技术人员参加或者邀请当地公安机关、有关单位协助进行。侦查人员进行搜查,既可以在勘验、检查时进行,也可以在执行逮捕、拘留时进行,还可以单独进行。搜查前,应当了解被搜查对象的基本情况、搜查现场及周围环境,确定搜查的范围和重点,明确搜查人员的分工和责任。

2.进行搜查,必须向被搜查人出示搜查证。侦查人员执行逮捕、拘留的时候,遇有下列紧急情况之一的,不用搜查证也可以进行搜查:(1)可能随身携带凶器的;(2)可能隐藏爆炸、剧毒等危险物品的;(3)可能隐匿、毁弃、转移犯罪证据的;(4)可能隐匿其他犯罪嫌疑人的;(5)其他突然发生的紧急情况。侦查人员向被搜查人出示搜查证,然后可以要求被搜查人或其家属交出可以证明犯罪嫌疑人有罪或者无罪的物证、书证、视听资料等证据。

3.进行搜查时,应当有被搜查人或者他的家属、邻居或者其他见证人在场。在搜查过程中,如果遇到阻碍,可以强制搜查。

4.搜查妇女的身体,应当由女工作人员进行。

5.搜查的情况应当制作笔录,由侦查人员和被搜查人或者他的家属、邻居或者其他见证人签名。如果被搜查人拒绝签名,或者被搜查人在逃,他的家属拒绝签名或者不在场的,侦查人员应当在笔录上注明。

(三)搜查应注意的几个问题

首先,为了防止被搜查人逃跑或者转移、销毁被搜查的物品,必要时可以在被搜查的场所周围设置武装警戒或者封锁通道,以保证搜查的顺利进行。

其次,搜查应当及时、全面、细致,并应根据不同的搜查对象采取不同的搜查方法。例如,搜查人身,应站在被搜查人的背后,自上而下进行,并要注意比较隐蔽或者容易被忽视的部位;搜查箱、柜等体积大的物品,要注意从其中装有的衣服等物品或夹层中寻找与案件有关的证据材料;搜查住宅、办公室或露天场所,应分段进行,并指派专人对被搜查人进行监视,以观察其表情和防止其转移罪证。

最后,应注意保护公私财物。为了收集和提取证据或者查获犯罪人而不得不损坏财物时,应尽量将损失控制在最低程度。

六、查封、扣押

(一)查封、扣押的概念和意义

查封、扣押,是指侦查机关依法强行封存、扣留和提存与案件有关的财物、文件的一种侦查活动。在侦查实践中,"查封"往往针对的是"不动产",而"扣押"往往针对的是"动产"。根据《刑事诉讼法》第141条的规定,侦查机关只能查封、扣押能够证明犯罪嫌疑人有罪或者无罪的财物、文件,与案件无关的财物、文件,不得查封、扣押。

在侦查过程中,侦查机关查封、扣押与案件有关的财物、文件,可以获取和保全物证、书证,防止其损毁和被隐匿,进而用以认定案情,查明犯罪,同时保障刑事诉讼活动的顺利进行。因此,查封、扣押既具有实体意义,又具有程序意义。

(二)查封、扣押的程序

为保障公民、法人和其他组织的财产权利和其他权利不受侵犯,《刑事诉讼法》、公安部《规定》和最高检察院《规则》对查封、扣押规定了严格的程序。

1.查封、扣押应当经过公安机关或其侦查部门负责人批准,并制作决定书

在侦查过程中需要查封土地、房屋等不动产,或者船舶、航空器以及其他不宜移动的大型机器、设备等特定动产的,应当经县级以上公安机关负责人批准,制作查封决定书;需要扣押财物、文件的,应当经公安机关侦查部门负责人批准,制作扣押决定书。在现场勘查或者搜查中需要扣押财物、文件的,由现场指挥人员决定;但扣押财物、文件价值较高或者可能严重影响正常生产经营的,应当经县级以上公安机关负责人批准,制作扣押决定书。

2.执行查封、扣押的侦查人员不得少于二人,并应出示查封或扣押决定书

在进行查封、扣押时,侦查人员可以责令持有人主动交出应当查封、扣押的财物、文件;对于持有人拒绝交出的,侦查人员可以强制查封、扣押。

3. 侦查人员应当依法办理查封、扣押手续

对查封、扣押的财物和文件，侦查人员应当会同在场见证人和被查封、扣押财物、文件的持有人查点清楚，当场开列查封、扣押清单一式三份，写明财物或者文件的名称、编号、数量、特征及其来源等，由侦查人员、持有人和见证人签名，一份交给持有人，一份交给公安机关保管人员，一份附卷备查；对于无法确定持有人的财物、文件或者持有人拒绝签名的，侦查人员应当在清单中注明；依法扣押文物、金银、珠宝、名贵字画等贵重财物的，应当拍照或者录像，并及时鉴定、估价。

对作为犯罪证据但不便提取的财物、文件，经登记、拍照或者录像、估价后，可以交财物、文件持有人保管或者封存，并且开具登记保存清单一式两份，由侦查人员、持有人和见证人签名，一份交给财物、文件持有人，另一份连同照片或者录像资料附卷备查。财物、文件持有人应当妥善保管，不得转移、变卖、毁损。

4. 扣押邮件、电报应严格依法进行

《刑事诉讼法》第 143 条第 1 款规定："侦查人员认为需要扣押犯罪嫌疑人的邮件、电报的时候，经公安机关或者人民检察院批准，即可通知邮电机关将有关的邮件、电报检交扣押。"据此，扣押犯罪嫌疑人的邮件、电子邮件、电报，应当经县级以上侦查机关负责人批准，制作扣押邮件、电报通知书，通知邮电部门或者网络服务单位检交扣押；不需要继续扣押的时候，应当经县级以上侦查机关负责人批准，制作解除扣押邮件、电报通知书，立即通知邮电部门或者网络服务单位执行。对查封、扣押的财物、文件、邮件、电子邮件、电报，经查明确实与案件无关的，应当在三日以内解除查封、扣押，退还原主或者原邮电部门、网络服务单位。

5. 查封、扣押物证、书证后的保管和处理

对查封、扣押的财物及其孳息、文件，侦查机关应当妥善保管，以供核查；任何单位和个人不得使用、调换、损毁或者自行处理；对容易腐烂变质及其他不易保管的财物，可以根据具体情况，经县级以上侦查机关负责人批准，在拍照或者录像后委托有关部门变卖、拍卖，变卖、拍卖的价款暂予保存，待诉讼终结后一并处理；对违禁品应当依照国家有关规定处理；对于需要作为证据使用的，应当在诉讼终结后处理；对于与案件无关的个人用品，应当逐件登记，并随案移交或者退还其家属。

6. 制作查封、扣押笔录

查封、扣押的情况应当制作笔录，由侦查人员、持有人和见证人签名。对于无法确定持有人或者持有人拒绝签名的，侦查人员应当在笔录中注明。

七、查询、冻结

(一)查询、冻结的概念和意义

查询、冻结，是指侦查机关根据侦查犯罪的需要而依法向金融机构、证券公司、邮电机关或企业(以下简称"金融机构等单位")查询犯罪嫌疑人的存款、汇款、债券、股票、基

金份额等财产（以下简称“存款、汇款等财产”），并在必要时予以冻结的一种侦查活动。

查询、冻结，既可以了解犯罪嫌疑人的犯罪情况，有力地证实犯罪和惩罚犯罪，也可以为国家、集体和公民个人挽回经济损失，维护国家、集体利益和公民的合法利益不受侵犯。

（二）查询、冻结的程序和相关问题

公安部《规定》对查询、冻结的程序和相关问题作了如下的明确规定：

1.查询、冻结的批准与执行

向金融机构等单位查询犯罪嫌疑人的存款、汇款等财产，应当经县级以上公安机关负责人批准，制作协助查询财产通知书，通知金融机构等单位执行。需要冻结犯罪嫌疑人在金融机构等单位的存款、汇款等财产的，应当经县级以上公安机关负责人批准，制作协助冻结财产通知书，通知金融机构等单位执行。经审查，认为不需要继续冻结犯罪嫌疑人存款、汇款等财产时，应当经县级以上公安机关负责人批准，制作协助解除冻结财产通知书，通知金融机构等单位执行。

2.重复冻结问题

犯罪嫌疑人的存款、汇款等财产已被冻结的，不得重复冻结。所谓“不得重复冻结”，是指不论犯罪嫌疑人的存款、汇款等财产是由于哪一种原因、由哪一个机关依法冻结的，侦查机关都不得再次采取冻结措施。实践中，虽然侦查机关不得重复冻结，但可以要求金融机构等单位在解除冻结前通知侦查机关，以便侦查机关排队等候并在其解除冻结时立即采取冻结措施。

3.冻结的期限

冻结存款、汇款等财产的期限为六个月；冻结债券、股票、基金份额等证券的期限为二年。有特殊原因需要延长期限的，侦查机关应当在冻结期限届满前办理继续冻结手续。每次续冻存款、汇款等财产的期限最长不得超过六个月；每次续冻债券、股票、基金份额等证券的期限最长不得超过二年。继续冻结的，应当重新办理冻结的批准手续。逾期不办理继续冻结的批准手续的，视为自动解除冻结。

4.冻结财产的出售

对冻结的债券、股票、基金份额等财产，侦查机关应当告知当事人或者其法定代理人、委托代理人有权申请出售。权利人书面申请出售被冻结的债券、股票、基金份额等财产，不损害国家利益、被害人利益、其他权利人利益，不影响诉讼正常进行的，以及冻结的汇票、本票、支票的有效期即将届满的，经县级以上侦查机关负责人批准，可以依法出售或者变现，所得价款应当继续冻结在其对应的银行账户中；没有对应的银行账户的，所得价款由侦查机关在银行指定专门账户保管，并及时告知当事人或者其近亲属。

5.冻结的解除

对冻结的存款、汇款等财产，经查明确实与案件无关的，侦查机关应当在三日以内通知金融机构等单位解除冻结，并通知被冻结存款、汇款等财产的所有人。

八、鉴定

(一)鉴定的概念和意义

鉴定,是指侦查机关指派或者聘请具有鉴定资格的人,就案件中某些专门性问题进行鉴别判断并作出鉴定意见的一种侦查活动。

在侦查过程中,侦查人员对于某些专门性问题,依法指派或者聘请具有鉴定资格的人进行鉴定,可以对与案件有关的物品、文件、痕迹、人身和尸体等证据材料的真伪作出科学的判断,从而有效地查明案件事实,正确认定案情,为惩罚犯罪、保护无辜提供有力的根据。

(二)鉴定人的条件和鉴定的范围

为了保证鉴定意见的科学性、准确性和客观性,鉴定人应具备以下三个条件。(1)必须是具有鉴定资格的人。具体包括两类人员:一是在侦查机关根据侦查工作的需要而设立的鉴定机构中从事鉴定工作的人员;二是在司法行政机关核准登记的司法鉴定机构中从事司法鉴定业务的人员。(2)必须是获得侦查机关指派或聘请的人。(3)必须是与案件无利害关系,能够客观公正地作出鉴定意见的人。

鉴定的范围,限于案件中的某些专门性问题,通常是指法医问题、司法精神病问题、毒物毒品问题、会计问题、刑事技术问题(如指纹、脚印、弹痕、文件检验等)及其他涉及工业、运输、建筑等技术问题。只有这些专门性问题才需要指派或聘请鉴定人进行鉴定。如果是刑事案件的一般问题或法律问题,则由侦查人员进行分析判断,无须进行鉴定。

(三)鉴定的程序

根据《刑事诉讼法》和公安部《规定》、最高检察院《规则》的有关规定,鉴定应当遵守下列程序和要求:

1.刑事技术鉴定,由县级以上公安机关指派其刑事技术部门专职人员或者其他专职人员负责进行;其他专门性问题需要聘请有专门知识的人进行鉴定的,应当经县级以上侦查机关负责人批准,并制作鉴定聘请书。

2.侦查机关应当为鉴定人进行鉴定提供必要的条件,及时向鉴定人送交有关检材和对比样本等原始材料,介绍与鉴定有关的情况,并且明确提出要求鉴定解决的问题;但是,禁止暗示或者强迫鉴定人作出某种鉴定意见。此外,侦查人员还应当做好检材的保管和送检工作,并注明检材送检环节的责任人,确保检材在流转环节中的同一性和不被污染。

3.鉴定人应当按照鉴定规则,运用科学方法独立进行鉴定。鉴定后,应当出具鉴定意见,并在鉴定意见书上签名,同时附上鉴定机构和鉴定人的资质证明或者其他证明文件。此外,多人参加鉴定,鉴定人有不同意见的,应当注明。

4.对鉴定意见,侦查人员应当进行审查。对经审查作为证据使用的鉴定意见,侦查机关应当及时告知犯罪嫌疑人、被害人或者其法定代理人。犯罪嫌疑人、被害人对鉴定意见有异议提出申请,以及侦查部门或者侦查人员对鉴定意见有疑义的,可以将鉴定意见送交其他有专门知识的人员提出意见。必要时,应当询问鉴定人并制作笔录附卷。

5.侦查人员经审查,发现鉴定内容有明显遗漏的,发现新的有鉴定意义的证物的,对鉴定证物有新的鉴定要求的,鉴定意见不完整、委托事项无法确定的,或者有其他需要补充鉴定的情形的,经县级以上公安机关负责人批准,应当补充鉴定。经审查,不符合上述情形的,经县级以上公安机关负责人批准,作出不准予补充鉴定的决定,并应在作出决定后三日以内书面通知申请人。

6.侦查人员经审查,发现鉴定程序违法或者违反相关专业技术要求的,鉴定机构、鉴定人不具备鉴定资质和条件的,鉴定人故意作虚假鉴定或者违反回避规定的,鉴定意见依据明显不足的,检材虚假或者被损坏的,或者有其他应当重新鉴定的情形的,经县级以上公安机关负责人批准,应当另行指派或者聘请鉴定人进行重新鉴定;经审查,不符合上述情形的,经县级以上公安机关负责人批准,作出不准予重新鉴定的决定,并在作出决定后三日以内书面通知申请人。

7.对犯罪嫌疑人做精神病鉴定的期间不计入办案期限。

九、辨认

(一)辨认的概念和意义

辨认,是指在侦查人员的主持下,由被害人、证人或者犯罪嫌疑人对与犯罪有关的物品、文件、尸体、场所或者犯罪嫌疑人进行辨别和确认的一种侦查活动。

通过辨认活动,可以对与犯罪有关的物品、文件、场所的真实性以及死者的身份情况和犯罪嫌疑人是否为作案人予以辨别确认,从而为侦查工作提供线索和证据,进而有利于查明案情,正确认定案件事实,迅速查获犯罪人,为侦查破案提供重要依据。

(二)辨认的程序和要求

《刑事诉讼法》对辨认没有作出规定。根据公安部《规定》和最高检察院《规则》的规定,辨认应当符合以下程序和要求:

1.辨认应当在侦查人员的主持下进行,主持辨认的侦查人员不得少于二人。检察机关的侦查人员组织对犯罪嫌疑人的辨认,应当经检察长批准。此外,为保证辨认的客观性和合法性,应当邀请见证人参加辨认活动。

2.在辨认前,侦查人员应当向辨认人详细询问被辨认对象的具体特征,禁止辨认人见到被辨认对象,以防止辨认人无根据地进行辨认和先入为主。同时,应当告知辨认人有意作虚假辨认应负的法律责任。

3.几名辨认人对同一被辨认对象进行辨认时,应当由每名辨认人单独进行,以防止辨认人之间互相影响，作出错误的辨认。

4. 辨认时，应当将辨认对象混杂在特征相类似的其他对象中，不得给辨认人任何暗示。辨认犯罪嫌疑人时，被辨认的人数不得少于七人；对犯罪嫌疑人照片进行辨认的，被辨认的照片不得少于十张；辨认物品时，混杂的同类物品不得少于五件，照片不得少于五张。但是，对场所、尸体等特定辨认对象进行辨认，或者辨认人能够准确描述物品独有特征的，陪衬物不受数量的限制。

5. 对犯罪嫌疑人的辨认，辨认人不愿意公开进行时，可以在不暴露辨认人的情况下进行，并应当为其保守秘密。

6. 辨认的情况，应当制作笔录，由侦查人员、辨认人、见证人签名。对辨认对象应当拍照，必要时可以对辨认过程进行录音、录像。

十、特殊侦查措施

(一)特殊侦查措施的概念和意义

技术侦查措施是指只适用于某些特殊类型的案件、异于普通侦查措施而具有高度的秘密性、技术性的侦查措施。我国《刑事诉讼法》对特殊侦查措施作了明确规定，具体包括技术侦查、秘密侦查和控制下交付三种。

随着科学技术的不断发展，危害国家安全犯罪、恐怖活动犯罪、黑社会性质的组织犯罪、毒品犯罪、贪污贿赂犯罪以及利用职权实施的侵犯公民人身权利的犯罪等许多犯罪行为越来越智能化、隐蔽化，其造成的社会危害日益严重，而且难以被发现和查处。为了与这些严重的犯罪行为进行有效的斗争，许多国家先后赋予侦查机关以秘密侦查权(包括监听、监视、秘密拍照、秘密录像、卧底侦查、化装侦查、诱惑侦查、控制下交付、特工行动等)。2012 年《刑事诉讼法》增设“技术侦查措施”一节，不仅有利于迅速及时地收集证据，查获犯罪分子，而且有利于震慑犯罪，有力地预防上述犯罪的发生，同时符合国际刑事诉讼的发展规律和联合国《打击跨国犯罪公约》等国际公约的要求①，因而具有极其重要的意义。

(二)技术侦查

所谓技术侦查，是指公安机关、人民检察院根据侦查犯罪的需要，在经过严格的批准手续后，运用技术设备收集证据或查获犯罪嫌疑人的一种特殊侦查措施。根据公安部《规定》第 264 条的规定，技术侦查措施是指由设区的市一级以上公安机关负责技术侦查

① 联合国《打击跨国犯罪公约》第 20 条规定：“特殊侦查手段包括控制下交付，以及其他特殊侦查手段，如电子或其他形式的监视和特工行动。”联合国《反腐败公约》第 50 条规定：“为有效地打击腐败，各缔约国均应当在其本国法律制度基本原则许可的范围内并根据本国法律规定的条件在其力所能及的情况下采取必要措施，允许其主管机关在其领域内酌情使用控制下交付和在其认为适当时使用诸如电子或者其他监视形式和特工行动等其他特殊侦查手段，并允许法庭采信由这些手段产生的证据。”

的部门实施的记录监控、行踪监控、通信监控、场所监控等措施;技术侦查措施的适用对象是犯罪嫌疑人、被告人以及与犯罪活动直接关联的人员。

根据《刑事诉讼法》和公安部《规定》、最高检察院《规则》的有关规定,技术侦查应当符合以下程序和要求:

1. 技术侦查的主体

在我国,只有公安机关、人民检察院等侦查机关有权采取技术侦查措施,其他任何机关、团体、个人均无权采取。

2. 技术侦查的适用范围

《刑事诉讼法》第150条规定:"公安机关在立案后,对于危害国家安全犯罪、恐怖活动犯罪、黑社会性质的组织犯罪、重大毒品犯罪或者其他严重危害社会的犯罪案件,根据侦查犯罪的需要,经过严格的批准手续,可以采取技术侦查措施。"最高检察院《规则》第227条规定:"对于利用职权实施的严重侵犯公民人身权利的重大犯罪案件,经过严格的批准手续,可以采取技术侦查措施,交有关机关执行。"人民检察院在立案后,对于利用职权实施的严重侵犯公民人身权利的重大犯罪案件,根据侦查犯罪的需要,经过严格的批准手续,可以采取技术侦查措施,按照规定交有关机关执行。追捕被通缉或者批准、决定逮捕的在逃的犯罪嫌疑人、被告人,经过批准,可以采取追捕所必需的技术侦查措施。

根据公安部《规定》第263条的规定,公安机关可以对下列严重危害社会的犯罪案件采取技术侦查措施:(1)危害国家安全犯罪、恐怖活动犯罪、黑社会性质的组织犯罪、重大毒品犯罪案件;(2)故意杀人、故意伤害致人重伤或者死亡、强奸、抢劫、绑架、放火、爆炸、投放危险物质等严重暴力犯罪案件;(3)集团性、系列性、跨区域性重大犯罪案件;(4)利用电信、计算机网络、寄递渠道等实施的重大犯罪案件,以及针对计算机网络实施的重大犯罪案件;(5)其他严重危害社会的犯罪案件,依法可能判处七年以上有期徒刑的。此外,公安机关追捕被通缉或者批准、决定逮捕的在逃的犯罪嫌疑人、被告人,可以采取追捕所必需的技术侦查措施。

根据最高检察院《规则》第227条、第228条的规定:"人民检察院在立案后,对于利用职权实施的严重侵犯公民人身权利的重大犯罪案件,经过严格的批准手续,可以采取技术侦查措施,交有关机关执行。""人民检察院办理直接受理侦查的案件,需要追捕被通缉或者决定逮捕的在逃犯罪嫌疑人、被告人的,经过批准,可以采取追捕所必需的技术侦查措施,不受本规则第二百二十七条规定的案件范围的限制。"

3. 技术侦查的批准

公安机关、人民检察院对规定的案件和对象采取技术侦查措施,必须经过严格的批准手续。但到底是何种批准手续,我国《刑事诉讼法》未作具体规定。根据公安部《规定》第265条的规定,需要采取技术侦查措施的,应当制作呈请采取技术侦查措施报告书,报设区的市一级以上公安机关负责人批准,制作采取技术侦查措施决定书。最高检察院《规则》对批准的机关未作出明确规定。

设区的市一级以上公安机关负责人作出批准决定,应当根据侦查犯罪的需要,确定采取技术侦查措施的种类和适用对象(即对何人采取何种技术侦查措施)。批准采取技术侦查措施的决定自签发之日起三个月以内有效。对于不需要继续采取技术侦查措施的，应当及时解除；对于复杂、疑难案件，期限届满仍有必要继续采取技术侦查措施的，经批准机关负责人批准，有效期可以延长，但每次不得超过三个月。有效期限届满，负责技术侦查的部门应当立即解除技术侦查措施。

4.技术侦查措施的执行

设区的市一级以上公安机关负责人作出批准决定后，应当交负责技术侦查的部门执行；人民检察院决定采取技术侦查措施，交公安机关执行的，由设区的市一级以上公安机关按照规定办理相关手续后，交负责技术侦查的部门执行，并将执行情况通知人民检察院。采取技术侦查措施，必须严格按照批准的措施种类、适用对象和期限执行。采取技术侦查措施收集的物证、书证及其他证据材料，侦查人员应当制作相应的说明材料，写明获取证据的时间、地点、数量、特征以及采取技术侦查措施的批准机关、种类等，并签名和盖章。采取技术侦查措施收集的材料作为证据使用的，采取技术侦查措施决定书应当附卷。侦查人员对采取技术侦查措施过程中知悉的国家秘密、商业秘密和个人隐私，应当保密；对采取技术侦查措施获取的与案件无关的材料，必须及时销毁，并制作销毁记录。

采取技术侦查措施获取的材料，只能用于对犯罪的侦查、起诉和审判，不得用于其他用途。根据《刑事诉讼法》第154条的规定，对于通过实施技术侦查措施收集的证据，如果使用该证据可能危及有关人员的人身安全，或者可能产生其他严重后果的，应当采取不暴露有关人员身份、技术方法等保护措施，必要时可以由审判人员在庭外对证据进行核实。根据最高检察院《规则》第230条的规定，对于使用技术侦查措施获取的证据材料，如果可能危及特定人员的人身安全、涉及国家秘密或者公开后可能暴露侦查秘密或者严重损害商业秘密、个人隐私的，应当采取不暴露有关人员身份、技术方法等保护措施。必要时，可以建议不在法庭上质证，由审判人员在庭外对证据进行核实。最高检察院《规则》第231条规定，检察人员对采取技术侦查措施过程中知悉的国家秘密、商业秘密和个人隐私，应当保密；对采取技术侦查措施获取的与案件无关的材料，应当及时销毁，并对销毁情况制作记录。采取技术侦查措施获取的证据、线索及其他有关材料，只能用于对犯罪的侦查、起诉和审判，不得用于其他用途。

（三）秘密侦查

秘密侦查是指公安机关基于侦查的必要性，经县级以上公安机关负责人决定，指派有关人员隐瞒身份进行的侦查活动，主要有卧底侦查、化装侦查和诱惑侦查等形式。

卧底侦查是指侦查人员隐藏真实身份，虚构另一种身份进入犯罪组织当中，成为其成员，暗中收集情报或犯罪证据。通常地，卧底侦查人员需要较长时间地隐藏身份，与侦查对象进行多次接触，并且往往需要在一定程度上参与犯罪，扮演犯罪者的角色。

化装侦查是指侦查人员以便装或异装进行侦查，目的是隐去真实身份，诱使对方上钩，以获取情报或犯罪证据。乔装侦查人员一般不长期隐藏身份，侦查活动具有临时性，而且乔装侦查人员一般也不参与犯罪。

诱惑侦查是指侦查人员设下圈套诱使犯罪嫌疑人实施犯罪行为，然后将其抓获。诱惑侦查又称“诱饵侦查”“侦查陷阱”。

根据《刑事诉讼法》和公安部《规定》的有关规定，秘密侦查应当符合以下要求和程序：

1. 采取秘密侦查措施只能是基于查明刑事案件案情的需要，而不能用于查明案情以外的目的。

2. 采取秘密侦查措施必须是基于侦查的必要性。换言之，在没有其他更好的替代性措施的情况下，才能采取秘密侦查措施；如果使用其他侦查措施可以实现同样的目的时，则不应采取秘密侦查措施。

3. 采取秘密侦查措施必须经县级以上公安机关负责人决定，并由侦查人员或者公安机关指定的其他人员实施。由此可见，基于侦查工作的需要，公安机关可以指定非侦查人员实施秘密侦查行为。这时，该人员属于侦查机关的代理人，其行为视同侦查人员的行为。

4. 进行秘密侦查不得诱使他人犯罪，不得采用可能危害公共安全或者发生重大人身危险的方法。所谓“诱使他人犯罪”，是指对方没有犯罪意图而引诱使之产生犯罪意念并实施犯罪行为，包括渲染犯罪的益处、打消对方的顾虑、为对方提供犯罪条件等，从而使没有犯罪意图的人产生犯罪意图。这是实施秘密侦查中绝对不允许的。[①] 同时，只要秘密侦查存在危害公共安全或者发生重大人身危险的可能性，就不得采用。

5. 公安机关采取秘密侦查措施收集的材料在刑事诉讼中可以作为证据使用。作为证据使用时，可能危及隐匿身份人员的人身安全，或者可能产生其他严重后果的，应当采取不暴露有关人员身份等保护措施。

（四）控制下交付

控制下交付是国际上常用的并且行之有效的侦破毒品等违禁品案件的侦查手段，是指侦查机关发现有关线索或查获毒品等违禁品，在保密的前提下对毒品等违禁品或有关人员进行严密监视、控制，按照犯罪嫌疑人事先计划或约定的方向、路线、地点和方式，顺其自然，将毒品等违禁品“交付”给最终接货人，使侦查机关能够发现和将涉案的所有犯罪嫌疑人一网打尽的整个侦查过程。

根据《刑事诉讼法》和公安部《规定》的有关规定，控制下交付应当遵守以下程序和要求：

1. 控制下交付只能由公安机关根据侦查犯罪的需要，依照规定实施；其他侦查机关（如海关缉私部门）需要采取控制下交付措施的，应当商请公安机关采取。

2. 公安机关采取控制下交付措施，应当经县级以上公安机关负责人决定。

3. 控制下交付只适用于涉及给付毒品等违禁品或者财物的犯罪活动。换言之，控制下交付只能适用于非法买卖枪支弹药、贩毒、走私、出售或购买假币、倒卖文物等涉及给付毒品等违禁品或者财物的犯罪案件。对于不涉及给付毒品等违禁品或者财物的犯罪

① 陈光中：《〈中华人民共和国刑事诉讼法〉修改条文释义与点评》，人民法院出版社2012年版，第224页。

案件，公安机关不得采取控制下交付措施。

4. 公安机关采取控制下交付措施收集的材料在刑事诉讼中可以作为证据使用。作为证据使用时，可能危及隐匿身份人员的人身安全，或者可能产生其他严重后果的，应当采取不暴露有关人员身份等保护措施。

十一、通　缉

（一）通缉的概念和意义

通缉，是指公安机关或者检察机关决定由公安机关发布通缉令并采取有效措施，将应当逮捕而在逃的犯罪嫌疑人追捕归案的一种侦查活动。

通缉是公安机关系统通力合作，并发动和依靠人民群众缉拿在逃的犯罪嫌疑人的有力措施，对于查明犯罪、抓获犯罪人，进而有力地打击犯罪，均具有十分重要的意义。

（二）通缉的对象和条件

根据《刑事诉讼法》第 155 条的规定，通缉的对象是指应当逮捕而在逃的犯罪嫌疑人。具体包括：(1)已批准或决定逮捕而在逃和在采取取保候审、监视居住期间逃跑的犯罪嫌疑人；(2)已决定拘留而在逃的重大嫌疑分子；(3)从被羁押场所逃跑的犯罪嫌疑人；(4)在讯问或者在押解期间逃跑的犯罪嫌疑人。此外，对越狱逃跑的被告人或者罪犯，也可以通缉。在实践中，公安机关仅对罪行比较严重而逃跑的犯罪嫌疑人采取通缉措施，对罪该逮捕但罪行不太严重而在逃的犯罪嫌疑人，一般由公安机关发出协查通报，要求其他公安机关协助查获。

通缉应当具备两个条件：一是实质条件，即按照犯罪嫌疑人所犯罪行依法应当逮捕；二是形式条件，即有证据证明犯罪嫌疑人确已逃跑。

（三）通缉的程序

根据《刑事诉讼法》、公安部《规定》和最高检察院《规则》的有关规定，通缉应当按照以下程序进行：

1. 决定通缉

公安机关在侦查过程中需要通缉捉拿罪该逮捕而在逃的犯罪嫌疑人的，侦查人员应报经县级以上侦查机关负责人作出决定。人民检察院办理直接受理侦查的案件，应当逮捕的犯罪嫌疑人在逃，或者已被逮捕的犯罪嫌疑人脱逃的，经检察长批准，可以通缉。人民检察院决定通缉的，应当将通缉通知书和通缉对象的照片、身份、特征、案情简况送达公安机关，由公安机关发布通缉令，追捕归案。

2. 制作通缉令

通缉令是公安机关根据本机关和其他侦查机关的通缉决定，向社会和本系统发布的缉拿应当逮捕而在逃的犯罪嫌疑人的书面命令。其内容包括：被通缉人的姓名、别名、曾用名、绰号、性别、年龄、民族、籍贯、出生地、户籍所在地、居住地、职业、身份证号码、衣着和体貌特征、口音、行为习惯,并附被通缉人近期照片,可以附指纹及其他物证的照片;除了必须保密的事项以外,应当写明发案的时间、地点和简要案情;注明发布通缉令的机关、时间,并加盖公章。

3.发布通缉令

县级以上公安机关在自己管辖的地区内,可以直接发布通缉令;超出自己管辖的地区,应当报请有权决定的上级公安机关发布。通缉令的发送范围,由签发通缉令的公安机关负责人决定。同时,为发现重大犯罪线索,追缴涉案财物、证据,查获犯罪嫌疑人,必要时,经县级以上公安机关负责人批准,可以发布悬赏通告。悬赏通告应当写明悬赏对象的基本情况和赏金的具体数额。通缉令、悬赏通告应当广泛张贴,并可以通过广播、电视、报刊、计算机网络等方式发布。

4.补发通报

通缉令发出后,如果发现新的重要情况,发布通缉令的公安机关可以补发通报。通报必须注明原通缉令的编号和日期。

5.布置查缉

有关公安机关接到通缉令后,应当及时布置查缉。其措施包括:控制被通缉人可能出入或者隐藏的地方,发动群众提供线索,围追堵截等。为防止犯罪嫌疑人逃往境外,需要在口岸采取边控措施的,应当按照有关规定制作边控对象通知书,经县级以上公安机关负责人审核后,层报省级公安机关批准,办理全国范围内边控措施。需要限制犯罪嫌疑人人身自由的,应当附有关法律文书;紧急情况下,需要采取边控措施的,县级以上公安机关可以出具公函,先向当地边防检查站交控,但应当在七日以内按照规定程序办理全国范围内的边控措施。有关公安机关抓获犯罪嫌疑人后,报经县级以上公安机关负责人批准,凭通缉令或者相关法律文书羁押,并通知通缉令发布机关进行核实,办理交接手续。

6.撤销通缉令

经核实,犯罪嫌疑人已经自动投案、被击毙或者被抓获,以及发现有其他不需要采取通缉、边境控制、悬赏通告的情形的,发布机关应当在原通缉、通知、通告范围内,撤销通缉令、边控通知、悬赏通告。

第三节　侦查终结

一、侦查终结的概念和相关工作

所谓侦查终结,是指侦查机关通过一系列的侦查活动,认为案件事实已经查清,证据确实、充分,足以认定犯罪嫌疑人是否犯罪和应否对其追究刑事责任而决定结束侦查,依法对案件作出处理或提出处理意见的一项诉讼活动。

侦查终结是侦查程序的最后一项工作，也是侦查程序的一个必经阶段。它要求侦查机关通过对已收集证据的审查判断，确定犯罪嫌疑人是否有罪并向检察机关提出起诉意见或者作出撤销案件的决定。因此，这一阶段的工作，对于准确及时地追究犯罪，有效地保护无辜，具有重要意义。

根据《刑事诉讼法》、公安部《规定》和最高检察院《规则》的有关规定，侦查终结应当进行以下几项工作：

1.制作结案报告

侦查终结的案件，侦查人员应当制作结案报告。其内容包括：(1)犯罪嫌疑人的基本情况，即姓名、性别、年龄、籍贯、文化程度、住址、有无前科等；(2)是否采取了强制措施及其理由；(3)案件的事实和证据；(4)法律依据和处理意见。

2.侦查终结案件的处理

侦查终结案件的处理，由县级以上侦查机关负责人批准；重大、复杂、疑难的案件应当经过集体讨论决定。其中，具备起诉条件的，应当移送人民检察院审查起诉；发现不应对犯罪嫌疑人追究刑事责任的，应当撤销案件。

3.案卷材料的整理和立卷

侦查终结后，侦查人员应当将全部案卷材料加以整理，按要求装订立卷。向人民检察院移送案件时，只移送诉讼卷，侦查卷由侦查机关存档备查。

二、侦查终结的条件和程序

《刑事诉讼法》第162条规定："公安机关侦查终结的案件，应当做到犯罪事实清楚，证据确实、充分，并且写出起诉意见书，连同案卷材料、证据一并移送同级人民检察院审查决定……"据此，侦查终结的案件应当符合以下条件：

1.犯罪事实清楚。这是指犯罪人、犯罪的时间和地点、犯罪的动机和目的、犯罪手段、犯罪结果以及其他有关犯罪的具体情节都已查清，并且没有遗漏罪行和其他应当追究刑事责任的人。

2.证据确实、充分。根据《刑事诉讼法》第55条第2款的规定，证据确实、充分，具体是指：(1)定罪量刑的事实都有证据证明；(2)据以定案的证据均经法定程序查证属实；(3)综合全案证据，对所认定事实已排除合理怀疑。

3.犯罪性质和罪名认定正确。这是指根据查明的案件事实和法律规定，足以对犯罪嫌疑人犯了某种罪或者某几种罪的性质和罪名作出正确的认定。

4.法律手续完备。这是指侦查机关进行各项侦查活动都必须有相应的法律手续，如拘留要有拘留证，搜查要有搜查证，扣押物证要开列扣押清单等。同时，进行侦查活动的各项手续还必须符合法律规定的要求，如讯问笔录要有被讯问人和侦查人员签名，搜查笔录要有侦查人员、被搜查人或其家属和见证人签名等。若发现法律手续不完备或不符合要求的，应采取适当措施予以补救。

5.依法应当追究刑事责任。根据已查明的案件事实和刑法规定，只有对犯罪嫌疑人应当追究刑事责任的，侦查机关才能作出移送人民检察院审查起诉的决定；如果发现对犯罪嫌疑人不应追究刑事责任的，则应作出撤销案件的决定。

对于符合上述条件的案件，侦查机关应当制作起诉意见书，经县级以上公安机关负责人批准后，连同全部案卷材料、证据，以及辩护律师提出的意见，一并移送同级人民检察院审查决定。其中，共同犯罪案件的起诉意见书，应当写明每个犯罪嫌疑人在共同犯罪中的地位、作用、具体罪责和认罪态度，分别提出处理意见；被害人提出附带民事诉讼的，应当记录在案，在移送审查起诉时应当在起诉意见书末页注明。根据《刑事诉讼法》第 160 条第 2 款的规定，犯罪嫌疑人不讲真实姓名、住址，身份不明的，首先应当对其身份进行调查；经过调查，犯罪事实清楚，证据确实、充分，但确实无法查明其身份的，也可以按其自报的姓名移送人民检察院审查起诉。

对查封、扣押的犯罪嫌疑人的财物及其孳息、文件或者冻结的财产，作为证据使用的，应当随案移送，并制作随案移送清单一式两份，一份留存，一份交人民检察院；对于实物不宜移送的，应当将其清单、照片或者其他证明文件随案移送。

《刑事诉讼法》第 161 条规定："在案件侦查终结前，辩护律师提出要求的，侦查机关应当听取辩护律师的意见，并记录在案；辩护律师提出书面意见的，应当附卷。"此外，为便于犯罪嫌疑人及其辩护律师在审查起诉阶段进行辩护，《刑事诉讼法》第 162 条规定："公安机关在移送起诉时，应当将案件移送情况告知犯罪嫌疑人及其辩护律师。犯罪嫌疑人自愿认罪的，应当记录在案，随案移送，并在起诉意见书中写明有关情况。"

根据六机关《规定》第 21 条、第 22 条的规定，公安机关对案件提请延长羁押期限的，应当在羁押期限届满七日前提出，并书面层报延长羁押期限案件的主要案情和延长羁押期限的具体理由，人民检察院应当在羁押期限届满前作出决定。《刑事诉讼法》第 160 第 1 款规定："在侦查期间，发现犯罪嫌疑人另有重要罪行的，自发现之日起依照本法第一百五十六条的规定重新计算侦查羁押期限。"公安机关依照该条规定重新计算侦查羁押期限的，不需要经人民检察院批准，但应当报人民检察院备案，人民检察院可以进行监督。

三、撤销案件的条件和程序

《刑事诉讼法》第 163 条规定："在侦查过程中，发现不应对犯罪嫌疑人追究刑事责任的，应当撤销案件……"所谓不应对犯罪嫌疑人追究刑事责任，是指犯罪嫌疑人的行为缺乏犯罪构成要件不构成犯罪、本案根本不存在犯罪事实或者有《刑事诉讼法》第 16 条规定的六种情形之一，而不追究刑事责任。侦查机关经过侦查，发现不应对犯罪嫌疑人追究刑事责任时，应当作出撤销案件决定，并制作撤销案件决定书。犯罪嫌疑人已被逮捕的，应当立即释放，发给释放证明，并且通知原批准逮捕的人民检察院。需要指出的是，如果经侦查证实本案有犯罪事实但非犯罪嫌疑人所为，则一方面应撤销对该犯罪嫌疑人的立案，另一方面应继续侦查以查获真正的犯罪分子。

此外，在侦查过程中，发现犯罪嫌疑人不够刑事处罚但需要给予行政处罚的，经县级以上侦查机关批准，对犯罪嫌疑人应依法予以行政处罚或者移交其他有关部门处理。

第四节 人民检察院对直接受理的案件的侦查

一、人民检察院立案侦查案件的范围

国家监察体制改革得到宪法、法律层面的肯认之后,《刑事诉讼法》修改调整了检察机关的侦查职权。2018 年《刑事诉讼法》中虽然删去了检察机关对职务犯罪案件行使侦查权的规定,职务违法和职务犯罪案件由监察机关负责办理,但也保留了人民检察机关的部分侦查权。2018 年《刑事诉讼法》第 19 条规定,人民检察院在对诉讼活动实行法律监督中发现的司法工作人员利用职权实施的非法拘禁、刑讯逼供、非法搜查等侵犯公民权利、损害司法公正的犯罪,可以由人民检察院立案侦查。对于公安机关管辖的国家机关工作人员利用职权实施的重大犯罪案件,需要由人民检察院直接受理的时候,经省级以上人民检察院决定,可以由人民检察院立案侦查。

二、人民检察院行使侦查权的特别规定

《刑事诉讼法》第 164 条规定:"人民检察院对直接受理的案件的侦查适用本章规定。"这表明,《刑事诉讼法》关于侦查的所有规定均适用于人民检察院直接受理的案件。因此,人民检察院在讯问犯罪嫌疑人、询问证人或被害人、勘验、检查、侦查实验、搜查、查封、扣押、查询、冻结、鉴定、辨认和采取技术侦查措施等活动中,都必须遵守《刑事诉讼法》以及相关解释的规定。但是,考虑到人民检察院的性质和其直接受理的案件的特殊性,《刑事诉讼法》又对其侦查权的行使作了如下特别规定:

1. 对犯罪嫌疑人的拘留和讯问

《刑事诉讼法》第 163 条规定,人民检察院直接受理的案件中符合本法第 81 第及第 82 条第 4 项、第 5 项规定的情形(即犯罪后企图自杀、逃跑或者在逃的;有毁灭、伪造证据或者串供可能的),需要拘留犯罪嫌疑人的,由人民检察院作出决定,由公安机关执行。在我国,刑事拘留权长期以来只有公安机关才能行使,但实际上人民检察院在侦查直接受理的贪污贿赂等案件时也常常会遇到犯罪嫌疑人犯罪后企图自杀、逃跑或毁灭、伪造证据等紧急情况,因此 1996 年修正的《刑事诉讼法》赋予了人民检察院拘留决定权,这一方面符合侦查犯罪的实际需要,有利于及时侦查破案,另一方面有利于调动检察机关的积极性,是非常必要的。但人民检察院必须依法作出拘留决定,并交公安机关执行。人民检察院对直接受理的案件中被拘留的人,应当在拘留后的二十四小时以内进行讯问,在发现不应当拘留的时候,必须立即释放,发给释放证明。最高检察院《规则》第 122 条规定:"人民检察院作出拘留决定后,应当将有关法律文书和案由、犯罪嫌疑人基本情况的材料送交同级公安机关执行。必要时,人民检察院可以协助公安机关执行。"对犯罪嫌

疑人拘留后，除无法通知的以外，人民检察院应当在二十四小时以内，通知被拘留人的家属。无法通知的，应当将原因写明附卷。无法通知的情形消除后，应当立即通知其家属。第124条规定："对被拘留的犯罪嫌疑人，应当在拘留后二十四小时以内进行讯问。"第125条规定："对被拘留的犯罪嫌疑人，发现不应当拘留的，应当立即释放；依法可以取保候审或者监视居住的，按照本规则的有关规定办理取保候审或者监视居住手续。"第126条规定："人民检察院直接受理侦查的案件，拘留犯罪嫌疑人的羁押期限为十四日，特殊情况下可以延长一日至三日。"

2.对犯罪嫌疑人的逮捕

《刑事诉讼法》第167条规定："人民检察院对直接受理的案件中被拘留的人，认为需要逮捕的，应当在十四日以内作出决定；在特殊情况下，决定逮捕的时间可以延长一日至三日；对不需要逮捕的，应当立即释放；对需要继续侦查，并且符合取保候审、监视居住条件的，依法取保候审或者监视居住。"

三、人民检察院对侦查终结案件的处理及其程序

《刑事诉讼法》第168条规定："人民检察院侦查终结的案件，应当作出提起公诉、不起诉或者撤销案件的决定。"为提高办案质量，人民检察院由其侦查部门、公诉部门分别负责案件的侦查和审查起诉工作，实行内部制约。根据最高检察院《规则》的规定，人民检察院侦查部门侦查终结的案件应分别按照以下程序进行处理：

1.根据案件情况决定起诉或者不起诉

人民检察院经过侦查，认为犯罪事实清楚，证据确实、充分，依法应当追究刑事责任的，应当写出侦查终结报告，并且制作起诉意见书。犯罪嫌疑人自愿认罪的，应当记录在案，随案移送，并在起诉意见书中写明有关情况。对于犯罪情节轻微，依照刑法规定不需要判处刑罚或者免除刑罚的案件，应当写出侦查终结报告，并且制作不起诉意见书。

侦查终结报告和起诉意见书或者不起诉意见书应当报请检察长批准。

负责侦查的部门应当将起诉意见书或者不起诉意见书，查封、扣押、冻结的犯罪嫌疑人的财物及其孳息、文件清单以及对查封、扣押、冻结的涉案财物的处理意见和其他案卷材料，一并移送本院负责捕诉的部门审查。国家或者集体财产遭受损失的，在提出提起公诉意见的同时，可以提出提起附带民事诉讼的意见。

侦查终结前，犯罪嫌疑人提出无罪或者罪轻的辩解，辩护律师提出犯罪嫌疑人无罪或者依法不应当追究刑事责任意见的，人民检察院应当依法予以核实。案件侦查终结移送起诉时，人民检察院应当同时将案件移送情况告知犯罪嫌疑人及其辩护律师。人民检察院侦查终结的案件，需要在异地起诉、审判的，应当在移送起诉前与人民法院协商指定管辖的相关事宜。

2.特殊情形下提出撤销案件意见并报请检察长或检察委员会决定

在侦查过程中或侦查终结后，发现具有下列情形之一的，侦查部门应当制作拟撤销案件意见书，报请检察长决定：(1)具有《刑事诉讼法》第16条规定情形之一的；(2)没有

犯罪事实的，或者依照《刑法》规定不负刑事责任或者不是犯罪的；(3)虽有犯罪事实，但不是犯罪嫌疑人所为的。对于共同犯罪的案件，如有符合上述情形的犯罪嫌疑人，应当撤销对该犯罪嫌疑人的立案。

地方各级人民检察院决定撤销案件的，负责侦查的部门应当将撤销案件意见书连同本案全部案卷材料，在法定期限届满七日前报上一级人民检察院审查；重大、复杂案件在法定期限届满十日前报上一级人民检察院审查。

对于共同犯罪案件，应当将处理同案犯罪嫌疑人的有关法律文书以及案件事实、证据材料复印件等，一并报送上一级人民检察院。上一级人民检察院负责侦查的部门应当对案件事实、证据和适用法律进行全面审查。必要时，可以讯问犯罪嫌疑人。上一级人民检察院负责侦查的部门审查后，应当提出是否同意撤销案件的意见，报请检察长决定。人民检察院决定撤销案件的，应当告知控告人、举报人，听取其意见并记明笔录。

上一级人民检察院审查下级人民检察院报送的拟撤销案件，应当在收到案件后七日以内批复；重大、复杂案件，应当在收到案件后十日以内批复。情况紧急或者因其他特殊原因不能按时送达的，可以先行通知下级人民检察院执行。

上一级人民检察院同意撤销案件的，下级人民检察院应当作出撤销案件决定，并制作撤销案件决定书。上一级人民检察院不同意撤销案件的，下级人民检察院应当执行上一级人民检察院的决定。报请上一级人民检察院审查期间，犯罪嫌疑人羁押期限届满的，应当依法释放犯罪嫌疑人或者变更强制措施。

撤销案件的决定，应当分别送达犯罪嫌疑人所在单位和犯罪嫌疑人。犯罪嫌疑人死亡的，应当送达犯罪嫌疑人原所在单位。如果犯罪嫌疑人在押，应当制作决定释放通知书，通知公安机关依法释放。

3.检察院撤销案件对违法所得或涉案财物的处理

人民检察院作出撤销案件决定的，应当在三十日以内报经检察长批准，对犯罪嫌疑人的违法所得作出处理。情况特殊的，可以延长三十日。

人民检察院撤销案件时，对犯罪嫌疑人的违法所得及其他涉案财产应当区分不同情形，作出相应处理：(1)因犯罪嫌疑人死亡而撤销案件，依照《刑法》规定应当追缴其违法所得及其他涉案财产的，按照本规则第十二章第四节的规定办理。(2)因其他原因撤销案件，对于查封、扣押、冻结的犯罪嫌疑人违法所得及其他涉案财产需要没收的，应当提出检察意见，移送有关主管机关处理。(3)对于冻结的犯罪嫌疑人存款、汇款、债券、股票、基金份额等财产需要返还被害人的，可以通知金融机构、邮政部门返还被害人；对于查封、扣押的犯罪嫌疑人的违法所得及其他涉案财产需要返还被害人的，直接决定返还被害人。人民检察院申请人民法院裁定处理犯罪嫌疑人涉案财产的，应当向人民法院移送有关案卷材料。

人民检察院撤销案件时，对查封、扣押、冻结的犯罪嫌疑人的涉案财物需要返还犯罪嫌疑人的，应当解除查封、扣押或者书面通知有关金融机构、邮政部门解除冻结，返还犯罪嫌疑人或者其合法继承人。

查封、扣押、冻结的财物，除依法应当返还被害人或者经查明确实与案件无关的以外，不得在诉讼程序终结之前处理。法律或者有关规定另有规定的除外。

处理查封、扣押、冻结的涉案财物，应当由检察长决定。

4.强制措施的变更

人民检察院直接受理侦查的案件，对犯罪嫌疑人没有采取取保候审、监视居住、拘留或者逮捕措施的，负责侦查的部门应当在立案后二年以内提出移送起诉、移送不起诉或者撤销案件的意见；对犯罪嫌疑人采取取保候审、监视居住、拘留或者逮捕措施的，负责侦查的部门应当在解除或者撤销强制措施后一年以内提出移送起诉、移送不起诉或者撤销案件的意见。

人民检察院直接受理侦查的案件撤销以后，又发现新的事实或者证据，认为有犯罪事实需要追究刑事责任的，可以重新立案侦查。

第五节　补充侦查

一、补充侦查的概念和意义

所谓补充侦查，是指公安机关或者人民检察院依照法定程序，在原有侦查工作的基础上，就案件的部分事实、情节继续进行侦查的诉讼活动。

补充侦查，本质上是原有侦查工作的继续，仍属于侦查程序的范畴。如果原有侦查工作已达到侦查的目的和要求，侦查任务已经完成，就无须补充侦查。可见，补充侦查并不是每个刑事案件都必须经过的程序，它是在原有侦查工作没有完成侦查任务的情况下就案件的部分事实、情节所进行的侦查活动。因此，进行补充侦查，对查清案件的全部事实、情节，达到侦查的目的和要求，保证办案质量，具有重要的意义。

二、不同诉讼阶段的补充侦查

根据《刑事诉讼法》的规定，补充侦查在程序上有以下三种。

（一）审查逮捕阶段的补充侦查

《刑事诉讼法》第 90 条规定："人民检察院对于公安机关提请批准逮捕的案件进行审查后，应当根据情况分别作出批准逮捕或者不批准逮捕的决定。对于批准逮捕的决定，公安机关应当立即执行，并且将执行情况及时通知人民检察院。对于不批准逮捕的，人民检察院应当说明理由，需要补充侦查的，应当同时通知公安机关。"根据这一规定，在审查逮捕阶段需要补充侦查的，由人民检察院通知公安机关；人民检察院补充侦查的通知应当和不批准逮捕决定书同时作出并送达公安机关。为保证侦查活动的顺利进行，公安机关在补充侦查期间，可以对犯罪嫌疑人取保候审或者监视居住。

(二)审查起诉阶段的补充侦查

《刑事诉讼法》第175条第2款、第3款规定:“人民检察院审查案件,对于需要补充侦查的,可以退回公安机关补充侦查,也可以自行侦查。对于补充侦查的案件,应当在一个月以内补充侦查完毕。补充侦查以二次为限……”据此,退回公安机关补充侦查的案件,补充侦查的期限不得超过一个月;一个案件侦查完毕移送审查起诉后,人民检察院决定退回公安机关补充侦查的次数,总计不得超过二次;如果是检察院自行侦查的,应在审查起诉期限内进行完毕。这对于防止案件久拖不决,及时打击犯罪和切实保障犯罪嫌疑人的合法权益,具有十分重要的意义。

对于二次补充侦查的案件,人民检察院仍认为证据不足,不符合起诉条件的,应当作出不起诉的决定。

(三)法庭审判阶段的补充侦查

根据《刑事诉讼法》第204条、第205条的规定,在法庭审判过程中,检察人员发现提起公诉的案件需要补充侦查,提出建议的,人民法院可以延期审理;人民法院决定延期审理的,人民检察院应当在一个月以内补充侦查完毕。据此,在法庭审判阶段,人民法院不能主动将案件退回人民检察院补充侦查,案件是否需要补充侦查,由检察人员提出建议,人民法院根据审判的实际情况可以同意检察人员补充侦查的要求,也可以不同意;如果同意的,人民法院应当作出延期审理的决定。另外,根据最高法院《解释》第226条的规定,审判期间,被告人提出新的立功线索的,人民法院可以建议人民检察院补充侦查。我们认为,在此种有利于被告人的情形下,人民法院应有“建议”的职责。

三、补充侦查的方式

根据《刑事诉讼法》的规定,补充侦查有以下两种方式。

(一)退回补充侦查

退回补充侦查,是指决定补充侦查的人民检察院将案件退回公安机关进行补充侦查或者退回监察机关进行补充调查。根据《刑事诉讼法》的规定,退回补充侦查的案件必须是公安机关立案侦查的案件,人民检察院不能将自己直接受理的案件退给公安机关补充侦查。人民检察院认为犯罪事实不清、证据不足或者遗漏罪行、遗漏同案犯罪嫌疑人等情形需要补充侦查的,应当提出具体的书面意见,连同案卷材料一并退回公安机关补充侦查。对人民检察院退回补充侦查的案件,公安机关根据不同情况,报县级以上公安机关负责人批准,分别作如下处理:

1.原认定犯罪事实清楚,证据不够充分的,应当在补充证据后,制作补充侦查报告书,移送人民检察院审查;对无法补充的证据,应当作出说明。

2.在补充侦查过程中,发现新的同案犯或者新的罪行,需要追究刑事责任的,应当重新制作起诉意见书，移送人民检察院审查。

3. 发现原认定的犯罪事实有重大变化，不应当追究刑事责任的，应当重新提出处理意见，并将处理结果通知退查的人民检察院。

4. 原认定犯罪事实清楚，证据确实、充分，人民检察院退回补充侦查不当的，应当说明理由，移送人民检察院审查。

(二)自行补充侦查

自行补充侦查，是指决定补充侦查的人民检察院自行对案件进行的补充侦查。自行补充侦查的案件，既可以是原来由公安机关立案侦查的案件，也可以是人民检察院直接受理侦查的案件。如果是审查起诉阶段案件需要补充侦查，人民检察院既可以退回公安机关，由公安机关进行补充侦查，也可以由检察院自行侦查；如果是审判阶段案件需要补充侦查，只能由检察院自行补充侦查，而不能再退回公安机关，但必要时可以要求公安机关提供协助。

在审查起诉阶段，人民检察院是退回补充侦查还是自行补充侦查，一般取决于未查明案件事实的内容和性质。如果主要事实不清、证据不足或者有遗漏罪行、遗漏同案犯罪嫌疑人等情形的，原则上应退回公安机关补充侦查；如果只是次要事实不清、证据不足的，则应尽可能自行补充侦查，以节省办案时间，提高诉讼效率。

2020 年 3 月 27 日，最高检察院、公安部印发《关于加强和规范补充侦查工作的指导意见》对人民检察院审查逮捕提出补充侦查意见，审查起诉退回补充侦查、自行补充侦查，要求公安机关提供证据材料，要求公安机关对证据的合法性作出说明等情形进行了明确规范。《意见》明确人民检察院开展补充侦查工作，应当书面列出补充侦查提纲，规定人民检察院在审查起诉过程中，自行补充侦查更为适宜的，可以依法自行开展侦查工作。《意见》对证据收集的合法性提出明确要求，对调取有关证据材料作出明确规定。另外，《意见》还明确了退回补充侦查的有关情形，规定了一般不退回补充侦查的六种情形，并就案件补充侦查期限届满、原认定的犯罪事实有重大变化如何处理，建立联席会议、情况通报会工作机制等问题作出具体规定。

第六节　侦查监督与救济

一、侦查监督的概念和意义

侦查监督是指人民检察院依法对侦查机关和侦查人员的侦查活动是否合法进行的监督。

《刑事诉讼法》第 8 条规定："人民检察院依法对刑事诉讼实行法律监督。"据此，侦查监督是人民检察院刑事诉讼法律监督的重要组成部分。通过实施监督，人民检察院可以发现公安机关和侦查人员在侦查活动中违反法定程序的行为和刑讯逼供、敲诈勒索、贪赃枉法等违法犯罪行为，从而采取纠正和预防措施，进而有利于保障侦查活动的依法进行，保护诉讼参与人特别是犯罪嫌疑人的合法权利，保证刑事案件的正确处理。

二、侦查监督的内容

侦查监督的内容，是指人民检察院通过履行侦查监督职能予以发现和纠正的违法行为。根据最高检察院《规则》第 567 条的规定，侦查监督的内容共有 16 项，主要包括：(1)采用刑讯逼供以及其他非法方法收集犯罪嫌疑人供述的；(2)讯问犯罪嫌疑人依法应当录音或者录像而没有录音或者录像，或者未在法定羁押场所讯问犯罪嫌疑人的；(3)采用暴力、威胁以及非法限制人身自由等非法方法收集证人证言、被害人陈述，或者以暴力、威胁等方法阻止证人作证或者指使他人作伪证的；(4)伪造、隐匿、销毁、调换、私自涂改证据，或者帮助当事人毁灭、伪造证据的；(5)违反刑事诉讼法关于决定、执行、变更、撤销强制措施的规定，或者强制措施法定期限届满，不予释放、解除或者变更的；(6)应当退还取保候审保证金不退还的；(7)违反刑事诉讼法关于讯问、询问、勘验、检查、搜查、鉴定、采取技术侦查措施等规定的；(8)对与案件无关的财物采取查封、扣押、冻结措施，或者应当解除查封、扣押、冻结而不解除的；(9)贪污、挪用、私分、调换、违反规定使用查封、扣押、冻结的财物及其孳息的；(10)不应当撤案而撤案的；(11)侦查人员应当回避而不回避的；(12)依法应当告知犯罪嫌疑人诉讼权利而不告知，影响犯罪嫌疑人行使诉讼权利的；(13)对犯罪嫌疑人拘留、逮捕、指定居所监视居住后依法应当通知家属而未通知的；(14)阻碍当事人、辩护人、诉讼代理人、值班律师依法行使诉讼权利的；(15)应当对证据收集的合法性出具说明或者提供证明材料而不出具、不提供的；(16)侦查活动中的其他违反法律规定的行为。

三、侦查监督的程序

(一)对侦查违法行为的发现

人民检察院发现公安机关和侦查人员的违法行为，主要有以下几种方式：(1)人民检察院在审查逮捕、审查起诉中，应当审查公安机关的侦查活动是否合法；(2)人民检察院根据需要可以派员参加公安机关对于重大案件的讨论和其他侦查活动，从中发现违法行为；(3)通过受理诉讼参与人对于公安机关和侦查人员侵犯其诉讼权利和人身侮辱的行为向人民检察院提出的控告并及时审查，从中发现违法行为；(4)通过审查公安机关执行人民检察院批准或者不批准逮捕决定的情况，以及释放被逮捕的犯罪嫌疑人或者变更逮捕措施的情况，发现违法行为。根据《刑事诉讼法》的有关规定，对于人民检察院批准逮捕的决定，公安机关应当立即执行，并且将执行情况及时通知人民检察院；对于人民检察院不批准逮捕的，公安机关应当在接到通知后立即释放被关押的犯罪嫌疑人，并且将执行情况及时通知人民检察院;公安机关发现对犯罪嫌疑人采取逮捕措施不当而撤销、变更逮捕措施的,应当通知原批准的人民检察院;公安机关在侦查过程中撤销案件的,如果犯罪嫌疑人已被逮捕,应当立即释放,并通知原批准的人民检察院。对于上述通知,人民检察院应当及时审查,以发现公安机关和侦查人员有无违法行为。

(二)对侦查违法行为的处理

根据最高检察院《规则》的有关规定,人民检察院如果发现公安机关的侦查活动有违法情况,可以分别作出以下几种处理:

1. 人民检察院发现侦查活动中的违法情形已涉嫌犯罪,属于人民检察院管辖的,依法立案侦查;不属于人民检察院管辖的,依照有关规定移送有管辖权的机关。

2. 人民检察院负责捕诉的部门发现本院负责侦查的部门在侦查活动中有违法情形,应当提出纠正意见。需要追究相关人员违法违纪责任的,应当报告检察长。

3. 上级人民检察院发现下级人民检察院在侦查活动中有违法情形,应当通知其纠正。下级人民检察院应当及时纠正,并将纠正情况报告上级人民检察院。

四、侦查救济的概念与规定

所谓侦查救济,是指在侦查阶段,当事人和辩护人、诉讼代理人、利害关系人在自己的合法权益受到侵害时,要求有关机关予以纠正或处理的一种事后性补救措施。

为了促使侦查机关和侦查人员严格依照法律规定进行侦查行为,切实保护当事人和辩护人、诉讼代理人、利害关系人的人身权和财产权,《刑事诉讼法》第 117 条规定了侦查救济措施。根据该条规定,当事人和辩护人、诉讼代理人、利害关系人对于司法机关及其工作人员有下列行为之一的,有权向该机关申诉或者控告:(1)采取强制措施法定期限届满,不予以释放、解除或者变更的;(2)应当退还取保候审保证金不退还的;(3)对与案件无关的财物采取查封、扣押、冻结措施的;(4)应当解除查封、扣押、冻结不解除的;(5)贪污、挪用、私分、调换、违反规定使用查封、扣押、冻结的财物的。受理申诉或者控告的机关应当及时处理。对处理不服的,可以向同级人民检察院申诉;人民检察院直接受理的案件,可以向上一级人民检察院申诉。人民检察院对申诉应当及时进行审查,情况属实的,通知有关机关予以纠正。

思考与训练

一、思考题

1. 侦查的任务和意义。
2. 扣押书证、物证应当注意哪些问题?
3. 补充侦查有哪几种情况?

二、选择题

1. 关于辨认规则，下列哪一说法是正确的？（ ）
   A. 检察院侦查的案件，对犯罪嫌疑人辨认由侦查部门负责人决定
   B. 为了辨认需要，可以让辨认人在辨认前见到被辨认对象
   C. 有多个辨认人时，根据需要可以集体进行辨认
   D. 为了进行辨认，必要时见证人可以在场
2. 关于侦查中的检查与搜查，下列哪一说法是正确的？（ ）
   A. 搜查的对象可以是活人的身体，检查只能对现场、物品、尸体进行
   B. 搜查只能由侦查人员进行，检查可以由具有专门知识的人在侦查人员主持下进行
   C. 搜查应当出示搜查证，检查不需要任何证件
   D. 搜查和检查对任何对象都可以强制进行
3. 甲省乙市检察院决定逮捕受贿案的犯罪嫌疑人田某，但田某已潜逃至甲省丙市。关于对田某的通缉，下列哪一选项是正确的？（ ）
   A. 甲省乙市检察院可以决定通缉　　B. 甲省丙市检察院可以发布通缉令
   C. 甲省检察院可以决定通缉　　D. 甲省检察院可以发布通缉令
4. 在一起聚众斗殴案件发生时，证人甲、乙、丙、丁 4 人在现场目睹事实经过，侦查人员对上述 4 名证人进行询问。关于询问证人的程序和方式，下列哪一选项是错误的？（ ）
   A. 在现场立即询问证人甲
   B. 传唤证人乙到公安机关提供证言
   C. 到证人丙租住的房屋询问证人丙
   D. 到证人丁提出的其工作单位附近的快餐厅询问证人丁
5. 比例原则是侦查的基本原则之一，其含义是指侦查权在侵犯公民权利时，必须在法律规定范围内选择侵害公民权利最小的方式。下列法条中，哪一条的规定充分体现了比例原则？（ ）
   A.《刑事诉讼法》第 115 条：公安机关对已经立案的刑事案件，应当进行侦查，收集、调取犯罪嫌疑人有罪或者无罪、罪轻或者罪重的证据材料。
   B.《刑事诉讼法》第 52 条：严禁以非法的方法收集证据。
   C.《刑事诉讼法》第 54 条第 3 款：对于涉及国家秘密、商业秘密和个人隐私的证据，应当保密。
   D.《刑事诉讼法》第 81 条第 1 款：对有证据证明有犯罪事实，可能判处徒刑以上刑罚的犯罪嫌疑人、被告人，采取取保候审、监视居住等方法，尚不足以防止发生社会危险性，而有逮捕必要的，应依法逮捕。
6. 公安机关侦破一起盗窃案件，其中有四个犯罪嫌疑人：甲、乙、丙、丁。在侦查过程中，公安机关对下列四个犯罪嫌疑人处理正确的是（ ）。
   A. 公安机关认为甲在共同盗窃过程中情节轻微，不必认定为犯罪，但是觉得这种处理结果不宜由自己作出，准备侦查完毕后移送给检察机关，建议其作出不起诉决定

B. 乙已被逮捕，但是查明其真实年龄是 15 周岁，不应当追究刑事责任，因此撤销了乙涉嫌的案件，将其释放，但未通知批准逮捕的检察机关

C. 丙被取保候审，经过鉴定，丙系无刑事责任能力人，公安机关认为丙未被逮捕，因此可以不必撤销案件，侦查终结后由检察机关最终处理

D. 丁也被逮捕，在羁押过程中因急病突发死亡，公安机关未经检察机关批准，直接撤销案件

7. 下列侦查人员在勘验、检查中的做法，正确的是（　　）。

A. 在进行现场勘验时，聘请具有专门知识的人主持进行勘验

B. 物证检验应当制作笔录，参加检验的侦查人员、鉴定人和见证人均应签名或者盖章

C. 对于死因不明的尸体，经家属同意，并经县级以上公安机关负责人批准，可以解剖

D. 对被害人进行人身检查，必要时，可以强制进行。检查妇女的身体，应当由女性工作人员或者医师进行

8. 关于检察院侦查监督，下列哪些选项是正确的？（　　）（多选）

A. 发现侦查人员杨某和耿某以欺骗的方法收集犯罪嫌疑人供述，立即提出纠正意见，同时要求侦查机关另行指派除杨某和耿某以外的侦查人员重新调查取证

B. 发现侦查人员伍某等人以引诱的方法收集犯罪嫌疑人供述，只能要求侦查机关重新取证，不能自行取证

C. 发现侦查人员邵某有刑讯逼供行为，且导致犯罪嫌疑人重伤，应当立案侦查

D. 甲县检察院可派员参加甲县公安局对于重大案件的讨论，无权参与甲县公安局的其他侦查活动

9. 关于司法鉴定，下列哪些选项是正确的？（　　）（多选）

A. 某鉴定机构的三名鉴定人共同对某杀人案进行法医类鉴定，这三名鉴定人依照诉讼法律规定实行回避

B. 某鉴定机构的鉴定人张某对某盗窃案进行了声像资料鉴定，该司法鉴定应由张某负责

C. 当事人对鉴定人李某的鉴定意见有异议，经法院通知，李某应当出庭作证

D. 鉴定人刘某、廖某、徐某共同对被告人的精神状况进行了鉴定，刘某和廖某意见一致，但徐某有不同意见，应当按照刘某和廖某的意见作出结论

10. 公安机关在侦查某盗窃案的过程中，依法扣押了犯罪嫌疑人的手提电脑，冻结了犯罪嫌疑人在银行的存款，并扣押了犯罪嫌疑人为联系销赃而寄出的一封信。后来查明手提电脑不是赃物，银行的存款是从被害人处盗窃的赃款。在侦查过程中犯罪嫌疑人突发疾病死亡，于是公安机关撤销案件，终结侦查。下列做法违反法定程序的有（　　）。（多选）

A. 侦查人员通知邮局后，打开邮箱，将信件扣押

B. 侦查人员将存款取出，交还给被害人，补偿损失

C. 侦查人员将手提电脑一并赔偿给受害人，补偿剩余损失

D. 侦查人员撤销案件，终结侦查

11. 下列关于侦查阶段犯罪嫌疑人聘请律师的表述哪些是错误的？(　　)(多选)

A. 王某抢劫案，因在押的犯罪嫌疑人没有提出具体人选，侦查机关对其聘请律师的要求不予转交

B. 李某伤害案，因案件事实尚未查清，侦查机关拒绝告诉受聘请的律师犯罪嫌疑人涉嫌的罪名

C. 张某贪污案，因侦查过程需要保密，侦查机关拒绝批准律师会见在押的张某

D. 陈某滥用职权案，为防止串供，会见时在场的侦查人员禁止陈某向律师讲述案件事实和情节

12. 孙某、朱某、沙某3人流窜全国，在多个省市制造了多起命案，成为公安部督办的重大复杂案件，终于在北京市被公安机关抓获。公安机关于3月1日依法拘留了3人，并在3月4日报请检察院批准逮捕，检察院于3月8日批准了逮捕，公安机关当日采取了逮捕措施。则下列对于该案的侦查羁押期限说法错误的是(　　)。(多选)

A. 如果在侦查期间，发现犯罪嫌疑人另有重要罪行的，则本案的侦查羁押期限重新计算

B. 对于本案，公安机关认为不能在2个月内终结的，应经北京市人民检察院批准，可以延长2个月

C. 如果公安机关认为不能在2个月内终结，再延长1个月就可以了，可以经同级人民检察院批准延长1个月

D. 如果对于3人可能被判处死刑，最长侦查羁押期限可能达到7个月

某市人民检察院在侦查该市教育局主管招生工作的王某受贿案的过程中，除发现王某利用职务之便收受他人贿赂外，还发现王某涉嫌巨额财产来源不明罪和非法向外国人出售、赠送珍贵文物罪。根据以上情况，请回答下列问题：

13. 在侦查中，受聘请的律师要求与在押的王某会见时，侦查机关应当(　　)。

A. 在24小时以内安排会见　　B. 在48小时以内安排会见

C. 在5日以内安排会见　　D. 不予安排会见

14. 如果本案的侦查员李某认为本案中对于文物的价值评定存在专门性问题，需要由文物研究所刘教授进行鉴定，则下列哪一人员或机构有权决定进行该项鉴定？(　　)

A. 侦查员李某　　B. 检察院检察长

C. 检察院检察委员会　　D. 文物研究所

15. 侦查人员李某在侦查王某涉嫌非法向外国人出售、赠送珍贵文物罪时，实施了下列扣押行为，其中错误的有(　　)。(多选)

A. 李某认为应当扣押王某与国外文物贩子往来的邮件，决定通知邮政机关将有关邮件检交扣押

B. 在搜查王某家时，李某仅凭搜查证就对王某家里与非法向外国人出售、赠送珍贵文物罪有关的物品进行了扣押

C. 在搜查王某家时，李某对与非法向外国人出售、赠送珍贵文物案件无关的淫秽物品也进行了扣押

D. 由于扣押的是涉及国宝级资料，因此李某没有邀请见证人参加

16. 人民检察院对该案审查起诉后决定提起公诉，人民法院在审查该案件时认为王某作案后有自首情节，而人民检察院移送的案件材料中并未包括与此相关的证据材料，此时人民法院应如何处理？（　　）（多选）

A. 驳回起诉　　　　B. 建议补充侦查

C. 通知检察机关补送材料　　　　D. 不得以此为理由拒不开庭

17. 某市人民检察院在侦查一起贪污案件过程中，在犯罪嫌疑人张某正在实施犯罪时，决定将其拘留，并在拘留后 48 小时进行讯问，认为应当将其逮捕。由于案件比较复杂，于是在拘留后第 18 日决定逮捕。本案侦查终结后，作出了撤销案件的决定，侦查部门制作了《撤销案件意见书》，自行决定撤销案件。本案中不符合法定程序的做法包括（　　）。（多选）

A. 检察院决定拘留张某

B. 检察院在拘留后 48 小时才讯问张某

C. 检察院在拘留后第 8 日才决定逮捕张某

D. 检察院侦查部门自行决定撤销案件

三、案例分析

2014 年 7 月 3 日上午，某县公安局接到报案，在青年路有两人持刀拦路抢劫行人。县公安局立即组织侦查人员赶赴案发现场。到达时，拦路抢劫的犯罪嫌疑人陈某（男，19 岁，无业青年）和王某（男，18 岁，无业青年）已被下夜班路过此地的县钢铁公司保安人员刘某当场抓获。在未携带搜查证的情况下，侦查人员决定进行搜查，并从陈某以及王某身上搜得人民币 3000 余元以及两条金项链。一名侦查人员说："这些证据被扣留了。"于是就将人民币、金项链一起放入一文件袋内拿走了。之后，侦查人员制作了搜查笔录，由侦查人员和在场见证人签名。本案经县公安局立案侦查，依法对陈、王二人执行拘留后，侦查人员分别对他们进行了讯问。陈某聘请的律师要求会见犯罪嫌疑人，公安局拖了 10 天才安排会见。被害人张某（女，40 岁）被犯罪嫌疑人陈某用刀刺伤，侦查人员因侦查需要欲对其进行人身检查，以确定其伤害状况，但张某拒绝检查，侦查人员组织女医师强制进行了人身检查，确定为轻伤。由于现场的目击证人刘某、王某等对两名犯罪嫌疑人实施抢劫的行为的具体事实情节陈述有异，侦查人员便对目击证人同时进行询问，刘某、王某等互相提醒、互相补充，终于作出了一致的陈述。

问题：

本案侦查程序有无不当之处？请说明理由。

（扫描二维码获取参考答案）

补充阅读

《我国刑事误判问题透视——以 20 起震惊全国的刑事冤案为样本的分析》

（扫描二维码阅读）

第十八章

审查起诉

导读

通过本章的学习，熟悉并能运用《刑事诉讼法》及最高检察院《规则》的规定，理解并掌握审查起诉的相关内容。首先，理解审查起诉作为一个相对独立的刑事诉讼阶段特有的程序价值，熟悉检察机关受理的程序、内容，熟记审查案件的具体步骤和方法，以及受理审查后的处理方式；其次，准确理解提起公诉的概念、条件，掌握起诉书的制作方法，把握向人民法院移送案件材料和证据的范围；最后，掌握不起诉的概念、不同种类不起诉的适用条件、不起诉的程序、对不起诉决定异议的提出及程序。此外，还需理解、掌握自诉案件的概念、范围、提起自诉的条件与程序。

第一节 起诉概述

一、起诉、提起公诉还是审查起诉

一般情况下，刑事案件由侦查机关侦查终结后，案件要由侦查机关（包括监察机关）移送人民检察院审查起诉。因此，刑事案件在移送至人民检察院的这一阶段，是刑事诉讼的一个相对独立的阶段，这是没有争议的客观事实，但在对这一阶段的称谓上，纵观国内同类教材，名称并不统一，有被称为“起诉”的，[①]有被称为“起诉程序”的，[②]与立案程序、侦查程序和起诉程序，合称为“审前程序”，也有称之为“提起公诉”[③]的，不一而足。

分析而言，称为“起诉”或“起诉程序”，其实质是截取并突出了人民检察院这一阶段最核心的内容，但问题是“起诉”之名并不能涵括这一阶段的所有程序事项和内容，因为这一阶段在“起诉”前尚有检察机关受理的程序与审查的内容，尚有“不起诉”的条件与程序。而称为“提起公诉”的，实质是采用了《刑事诉讼法》这一法典本身的章名，优长在于直接对接法典，但同样存在章名不能涵括内容的窘境。

事实上，这一阶段，应当称之为“审查起诉”阶段为宜，因为这一称谓不仅与我国刑事诉讼的实际相契，而且能够涵盖审查起诉的前期程序与内容，也能涵盖审查起诉后或者提起公诉，或者作出不起诉决定的程序与内容，文题相符，前后一致。[④]

因此，审查起诉，是指人民检察院对侦查机关、监察机关或侦查部门侦查、调查终结移送起诉的案件是否受理，以及受理后通过依法审查核实，决定是否提起公诉、不起诉决定的诉讼活动和独立阶段。

二、刑事诉讼方式概述

在刑事诉讼方式上，按照行使追诉权的主体不同，一般可分为公诉和自诉两种方式。公诉就是依法享有刑事起诉权的国家专门机关，代表国家对刑事被告人向法院起诉，要求审判机关追究其刑事责任的诉讼活动。而自诉，亦称私诉，则是刑事被害人及其法定代理人、近亲属等以个人名义向法院起诉，要求追究被告人刑事责任，依法保护自己合法权益的诉讼活动。

---

① 陈光中：《刑事诉讼法（第六版）》，北京大学出版社、高等教育出版社 2016 年版，第 322 页。该教材为“普通高等教育‘十一五’国家级规划教材”和“面向 21 世纪课程教材”，章名为“起诉”。

② 叶青：《刑事诉讼法学》，上海人民出版社 2004 年版，第 261 页。

③ 郑旭：《刑事诉讼法学》，中国人民大学出版社 2007 年版，第 331 页。

④ 2019 年 12 月 2 日最高人民检察院第十三届检察委员会第二十八次会议通过，自 2019 年 12 月 30 日起施行《人民检察院刑事诉讼规则》，其第十章章名为“审查逮捕和审查起诉”。

从刑事诉讼的模式看，人类在第一个诉讼模式——弹劾式诉讼中，其起诉方式就是私诉。在这一模式中，控诉与审判职能分离，实行“不告不理”的诉讼原则，即被害人不告，有司不主动追究被告人的刑事责任。继弹劾式之后，纠问式诉讼模式出现并盛行于中世纪的欧洲。在这一模式中，控诉与审判职能不分，国家赋予官吏主动追究犯罪的职权，实行“不告也理”的诉讼原则，将控告权、审判权集于官吏一身。应当说，国家追诉原则的确立，是人类刑事诉讼的一大进步，解决了私诉已不能满足解决冲突、惩罚犯罪的需要。但在这一模式中，被告置于客体地位，成了被纠问、被拷讯的对象，又是纠问式诉讼模式的一大退步。随着刑事诉讼制度的进一步发展，控审分离成为历史的必然。早在12世纪，法国就出现了代表国家参加诉讼的代理人，这种代理人参加诉讼的方式是现代检察制度的雏形。公元14世纪，法国设立了代表国家对犯罪进行追诉的检察官及检察机关，标志着公诉制度在刑事诉讼中得到正式确认。①

由于公诉制度本身具有的优越性，它已逐渐成为世界各国刑事诉讼中的主要起诉形式。公诉是指由专门的国家机关作为控方，代表国家提起刑事起诉，如美国的联邦检察官（U. S. Attorney）或者地区检察官（District Attorney）、英国的皇家检控署（Crown Prosecution Service）等。在我国，代表国家提起公诉的专门机关是人民检察院。自诉中的控方，通常为刑事被害人，②直接向法院提起刑事诉讼。

就当今各国的刑事追诉形态看，有承认被害人进行私人追诉的被害人追诉主义，如德国刑事诉讼法承认对于某些轻微犯罪实行私人追诉；有由警察个人进行追诉的私人追诉主义，如英国一直到1985年《犯罪追诉法》创立作为追诉机关的检察官制度之前，传统上就是实行这种做法；也有由大陪审团进行追诉的民众追诉主义，如美国许多州实行的都是检察官和大陪审团并行追诉的制度；③也有由检察官独占犯罪追诉权的起诉独占主义，比如日本。④

从比较法的角度看，大多数法治国家实行的是公诉与自诉并存，并以公诉为主、自诉为辅的方式，其原则是对比较严重的犯罪必须由国家进行追诉，而对较为轻微的犯罪，则由自诉人自主决定是否进行追诉，如德国、俄罗斯和我国就采用这种方式。1996年3月，我国《刑事诉讼法》修改时贯彻了公诉为主、自诉为辅的原则，同时适当扩大了自诉案件范围。对此，2012年、2018年的《刑事诉讼法》在第二次、第三次修正时，对这一原则未做改变。

三、审查起诉的程序价值

刑事诉讼中的审查起诉阶段，具有以下重要功能和不可替代的程序价值。

---

① 陈光中主编：《刑事诉讼法（第六版）》，北京大学出版社、高等教育出版社2016年版，第322页。

② 《刑事诉讼法》第114条规定：“对于自诉案件，被害人有权向人民法院直接起诉。被害人死亡或者丧失行为能力的，被害人的法定代理人、近亲属有权向人民法院起诉。人民法院应当依法受理。”

③ 陈光中：《刑事诉讼法（第六版）》，北京大学出版社、高等教育出版社2016年版，第322页。

④ ［日］田口守一：《刑事诉讼法（第五版）》，张凌、于秀峰译，中国政法大学出版社2010年版，第122页。

首先，从程序的上下衔接看，审查起诉承上启下，是刑事诉讼中一个独立、重要的诉讼阶段。它上承侦查或调查，即通过审查起诉，确认合法的侦查与调查，监督并纠正违法的侦查与调查，下启审判，即通过检察院依据事实和法律向有管辖权的法院提出请求，并提供相关证据证明，支持其诉讼请求，从而追究被告人刑事责任。因为在审查起诉后，通常情况下，要提起公诉，而起诉则是审判的驱动力，是刑事审判产生和存在的前提。没有公诉，也就没有审判。由此可见，审查起诉是连接侦查、调查与审判的唯一桥梁，是刑事诉讼中公诉案件的必经程序。

其次，从程序的权利保障看，审查起诉不仅对侦查、调查终结的案件进行审查核实，起到了把关和筛选的作用，体现了我国公安司法机关分工负责、互相配合、互相制约的刑事诉讼原则，同时为准确追究犯罪、惩罚犯罪奠定了基础，还能确保无罪的人不被追诉。也就是说，在公诉案件中，人民检察院通过审查起诉，一方面，可以对侦查机关侦查终结后移送起诉的案件从认定事实到适用法律进行全面审查，监督侦查工作依法进行；另一方面，将构成犯罪需要追究刑事责任的人起诉到人民法院，以完成惩罚犯罪、保护无辜的任务。

最后，从程序的权力属性看，审查起诉一方面为提起公诉奠定基础，同时，公诉的内容决定着审判的范围，质言之，审判以公诉的范围为范围。具体来讲，当社会主体的权益受到犯罪行为侵害时，就需要借助国家审判力量予以保护，惩罚犯罪，恢复受损权益的正常状态，而这一目标的实现，其前置程序是国家公诉机关的指控。因此，审查起诉后的公诉，是将犯罪事实引渡到审判机关面前的一种活动。在刑事诉讼中，面对控诉和辩护，审判主体应当是中立的，不能偏倚。中立的审判主体通过审判活动要解决的，是根据国家法律的规定，审视和评断公诉的理由是否充分，公诉的事实是否构成犯罪和如何作出公正的结论。因此，在现代社会中，对某一公民的行为是否形成刑事指控以及形成何种性质的刑事指控，完全取决于事实本身和经由审查起诉而得出的结论。换言之，检察机关的《起诉书》确立的意见与指控的罪名，为审判机关展开审判设置了前提和范围，作为裁决冲突的审判机关，不应也不能干预，这也是控审分离与分立的题中之意。

第二节　审查起诉

一、审查起诉的主要内容与意义

《刑事诉讼法》第 169 条规定：“凡需要提起公诉的案件，一律由人民检察院审查决定。”这一规定表明，在我国，公诉案件必经审查起诉程序，而审查起诉的法定机关是人民检察院。

（一）审查起诉的主要内容

1. 对移送审查起诉的案件进行受理，并进行初步的程序性审查。

2.受理后，对案件的实体问题进行审查，即对侦查机关或监察机关认定的犯罪事实、犯罪性质和获取的证据以及适用的法律等进行审查核实。

3.对案件的程序问题进行审查，确认公安机关或监察机关的侦查活动是否合法，并纠正违法情况。

4.审查后的处理：通过审查，大部分依法作出起诉或不起诉决定。此外，还有另外三种处理方法。

（二）审查起诉的意义

1.体现了慎重起诉的思想，有利于保障公民个人权利和公诉活动的严肃性。案件一旦决定起诉，就意味着检察机关认定一个或者若干个人、一个或者若干单位构成犯罪，移送审判机关进行审判将开启审判程序，导致个人或者单位被纳入审判活动，对公民个人和单位的工作、生活和正常活动势必造成重大影响。为了避免给个人或者单位造成不必要的损害，本着慎重起诉的考虑，在我国刑事诉讼中专门设立了审查起诉程序，并将其确定为一个独立的诉讼阶段。

2.对侦查成果的检验。侦查终结以后，侦查机关或监察机关认为案件达到了起诉标准，移送人民检察院审查决定是否起诉。人民检察院对于侦查终结的案件进行审查，提供了一道检验程序和过滤程序，对侦查、调查工作成果进行质量检验和把关，对于不符合起诉条件的案件进行过滤。因此，这一程序的设置有利于保障侦查机关、监察机关的办案质量。

3.对侦查、调查活动的监督。在审查起诉活动中，人民检察院肩负着对侦查、调查活动进行监督的任务。一旦发现侦查、调查活动有违反法律的情形，人民检察院应当及时提出纠正意见，对构成犯罪的，要依法追究刑事责任，从而取得对侦查、监察的监督成效，促使侦查、调查机关严格依法办案。

4.履行控诉职能的准备。要成功地进行一场诉讼，往往需要进行充分的诉讼准备。检察官对诉讼的准备，主要是通过审查起诉活动来完成的。在审查起诉阶段，检察人员可以通过审查案件，了解案件事实，熟悉案件证据和材料，为下一步出庭进行支持公诉的工作做好铺垫。

5.对司法资源的节约。人民检察院通过审查起诉，查清案件事实，对符合起诉条件的依法提起公诉，对不符合起诉条件的依法作出不起诉决定，保证了起诉的公正性和准确性，避免将不需要追究刑事责任的人以及指控犯罪证据不足的人交付审判，造成人力、物力和财力的浪费，节约了司法资源。

二、受理移送起诉的案件

受理，是指人民检察院审查起诉部门对侦查机关、调查机关和本院侦查部门移送审查起诉的案件经过初步的程序性审查后的接受。

接受移送审查起诉的案件后，根据最高检察院《规则》第 328 条、第 329 条的规定，要对案件进行审查。其内容包括：

1.各级人民检察院提起公诉，应当与人民法院审判管辖相适应。负责捕诉的部门收到移送起诉的案件后，经审查认为不属于本院管辖的，应当在发现之日起五日以内经由负责案件管理的部门移送有管辖权的人民检察院。

2.属于上级人民法院管辖的第一审案件，应当报送上级人民检察院，同时通知移送起诉的公安机关；属于同级其他人民法院管辖的第一审案件，应当移送有管辖权的人民检察院或者报送共同的上级人民检察院指定管辖，同时通知移送起诉的公安机关。

3.上级人民检察院受理同级公安机关移送起诉的案件，认为属于下级人民法院管辖的，可以交下级人民检察院审查，由下级人民检察院向同级人民法院提起公诉，同时通知移送起诉的公安机关。

4.一人犯数罪、共同犯罪和其他需要并案审理的案件，只要其中一人或者一罪属于上级人民检察院管辖的，全案由上级人民检察院审查起诉。

5.公安机关移送起诉的案件，需要依照刑事诉讼法的规定指定审判管辖的，人民检察院应当在公安机关移送起诉前协商同级人民法院办理指定管辖有关事宜。

6.监察机关移送起诉的案件，需要依照刑事诉讼法的规定指定审判管辖的，人民检察院应当在监察机关移送起诉二十日前协商同级人民法院办理指定管辖有关事宜。

需要注意的是，《刑事诉讼法》第170条规定："人民检察院对于监察机关移送起诉的案件，依照本法和监察法的有关规定进行审查。人民检察院经审查，认为需要补充核实的，应当退回监察机关补充调查，必要时可以自行补充侦查。对于监察机关移送起诉的已采取留置措施的案件，人民检察院应当对犯罪嫌疑人先行拘留，留置措施自动解除。人民检察院应当在拘留后的十日以内作出是否逮捕、取保候审或者监视居住的决定。在特殊情况下，决定的时间可以延长一日至四日。人民检察院决定采取强制措施的期间不计入审查起诉期限。"

三、正式受理后的审查内容

根据我国《刑事诉讼法》第171条，最高检察院《规则》第330条的规定，人民检察院审查移送审查起诉的案件，必须查明以下事项。

(一)犯罪嫌疑人身份状况是否清楚

身份状况包括姓名、性别、国籍、出生年月日、职业和单位等。单位犯罪的，单位的相关情况是否清楚。

(二)犯罪事实、情节是否清楚

包括实施犯罪的时间、地点、手段、危害后果是否明确。犯罪事实和情节清楚，是追究犯罪、惩罚犯罪的基本依据，也是进行刑事诉讼的一般条件。犯罪事实、情节清楚，既要求查清主要犯罪事实和情节，又要求查清次要犯罪事实和有关情节；既要查清主犯的犯罪事实，又要查清同案犯的犯罪事实；同时，对每个犯罪嫌疑人的犯罪事实，都要查清其犯罪的时间、地点、目的、动机、手段、后果、情节以及犯罪的全过程。

（三）认定犯罪性质和罪名的意见是否正确

包括有无法定的从重、从轻、减轻或者免除处罚情节及酌定从重、从轻情节；共同犯罪案件的犯罪嫌疑人在犯罪活动中的责任认定是否恰当。既要求查清犯罪嫌疑人的从重、加重情节，又要查清其从轻、减轻以及免除处罚的情节，还要查清共同犯罪案件中每个犯罪嫌疑人各自在犯罪中的地位和作用，以及应负的刑事责任等。只有这样，才能查明全部犯罪事实和情节。司法实践中，查清以上的基本事实、基本情节，就可以认为犯罪事实、情节已经查清，而不是要把所有的并不影响定罪量刑的细枝末节都一一查清。

（四）犯罪嫌疑人是否认罪认罚

根据最高检察院《规则》第 271 条的规定，审查起诉阶段，对于在侦查阶段认罪认罚的案件，人民检察院应当重点审查以下内容：

1.犯罪嫌疑人是否自愿认罪认罚，有无因受到暴力、威胁、引诱而违背意愿认罪认罚；

2.犯罪嫌疑人认罪认罚时的认知能力和精神状态是否正常；

3.犯罪嫌疑人是否理解认罪认罚的性质和可能导致的法律后果；

4.公安机关是否告知犯罪嫌疑人享有的诉讼权利，如实供述自己罪行可以从宽处理和认罪认罚的法律规定，并听取意见；

5.起诉意见书中是否写明犯罪嫌疑人认罪认罚情况；

6.犯罪嫌疑人是否真诚悔罪，是否向被害人赔礼道歉。

经审查，犯罪嫌疑人违背意愿认罪认罚的，人民检察院可以重新开展认罪认罚工作。存在刑讯逼供等非法取证行为的，依照法律规定处理。

（五）案卷材料、证据是否随案移送

证明犯罪事实的证据材料，包括采取技术侦查措施的决定书及证据材料是否随案移送；证明相关财产系违法所得的证据材料是否随案移送，不宜移送的证据的清单、复制件、照片或者其他证明文件是否随案移送。根据《刑事诉讼法》第 162 条的规定，公安机关对侦查终结需要追究犯罪的案件，应当写出起诉意见书，连同案卷材料、证据一并移送同级人民检察院审查决定。犯罪嫌疑人自愿认罪的，应当记录在案，随案移送，并在起诉意见书中写明有关情况。

（六）证据是否确实、充分，是否依法收集，有无应当排除非法证据的情形

侦查的各种法律手续和诉讼文书是否完备。证据是认定犯罪事实和情节的依据，要做到犯罪事实、情节清楚，必须有确实、充分的证据予以证明。检察机关在审查时，首先，要对有关证据材料的真实性、客观性、合法性进行审查，看其是否有伪造或者存在虚假的证据材料，只有客观、真实的事实才有可能作为证据，只有合法收集的证据材料才有作为

证据的能力；其次，要审查证据事实是否与案件事实相关，有无证明力，证据是否全面充分。在审查时，不仅要注意证明犯罪嫌疑人有罪和罪重的证据，尤其要注意证明犯罪嫌疑人无罪或罪轻的证据。

（七）采取侦查措施包括技术侦查措施的法律手续和诉讼文书是否完备

侦查措施是否合法，技术侦查措施是否得当，相关的法律手续即诉讼文书是否完备，都应当进行审查，一方面为了使侦查措施合法规范；另一方面，这也是审查起诉必备的内容和依法行使监督权的应有之义。

（八）有无遗漏罪行和其他应当追究刑事责任的人

在"控审分离"的现代刑事诉讼中，起诉范围限制审判范围，因而全面、正确的起诉直接关系到审判的质量和对犯罪行为的打击与追诉。检察机关在审查时，要注意查明犯罪嫌疑人的全部事实，在共同犯罪案件中要注意查明是否还有其他应当追究刑事责任的人。也就是说，一旦发现犯罪嫌疑人还有其他遗漏罪行或者其他应当追究刑事责任的人，应当退回公安机关补充侦查。对相对简单明了的事实，也可自行补充侦查。

（九）是否有属于不应当追究刑事责任的情形

保障无罪的人或者依法不应追究刑事责任的人不受到错误追究，是刑事诉讼的基本要求。因此，人民检察院在审查案件时，必须注意查明犯罪嫌疑人有无《刑事诉讼法》第16条规定的六种不应追究刑事责任的情形，一经查明有其中情形之一的，应当作出不起诉决定。

（十）有无附带民事诉讼

对于国家财产、集体财产遭受损失的，审查是否需要由人民检察院提起附带民事诉讼。《刑事诉讼法》第101条规定："被害人由于被告人的犯罪行为而遭受物质损失的，在刑事诉讼过程中，有权提起附带民事诉讼。被害人死亡或者丧失行为能力的，被害人的法定代理人、近亲属有权提起附带民事诉讼。如果是国家财产、集体财产遭受损失的，人民检察院在提起公诉的时候，可以提起附带民事诉讼。"

被害人由于被告人的犯罪行为而遭受直接物质损失的，在刑事诉讼过程中，有权提起附带民事诉讼。因此，人民检察院在对案件进行审查时，还必须审查犯罪嫌疑人的犯罪行为是否给国家、集体和公民个人造成财产上的损失以及损失的大小。如果是国家、集体财产受到损失，人民检察院在提起公诉时，可以主动提起附带民事诉讼；如果是公民的财产受到损失，被害人没有提起附带民事诉讼的，人民检察院应当告知被害人有提起附带民事诉讼的权利。

同时明确规定，对于破坏生态环境和资源保护，食品药品安全领域侵害众多消费者合法权益，侵害英雄烈士的姓名、肖像、名誉、荣誉等损害社会公共利益的行为，是否需要由人民检察院提起附带民事公益诉讼。

(十一)强制措施是否适当,对已经逮捕的犯罪嫌疑人,进行羁押的必要性审查

我国《刑事诉讼法》规定了五种强制措施,每一种都有严格的法定适用条件,条件各不相同。适用强制措施,应当遵循合法性、必要性、相当性和变更性原则。由于刑事诉讼强制措施的适用也不是一成不变的,随着诉讼进程的深入、案件事实的逐步查明和适用条件的变化,其可能需要撤销、变更或解除。因而,人民检察院在审查时,要依据刑事诉讼强制措施的法定条件对已采取的强制措施进行审查,如有不当的,应依法予以撤销、变更或解除。

需要特别强调的是,人民检察院要进行羁押的必要性审查。根据最高检察院《规则》的规定,犯罪嫌疑人、被告人被逮捕后,人民检察院仍应当对羁押的必要性进行审查。人民检察院发现或者根据犯罪嫌疑人、被告人及其法定代理人、近亲属或者辩护人的申请,经审查认为不需要继续羁押的,应当建议有关机关予以释放或者变更强制措施。

(十二)侦查活动是否合法

人民检察院是国家专门的法律监督机关,对整个刑事诉讼活动实施法律监督。通过对公诉案件的审查,监督侦查机关的侦查活动,是人民检察院实现其检察监督职能的重要途径。检察机关在审查时应注意侦查人员的侦查活动是否符合法定程序、法律手续是否完备,特别要注意审查侦查活动中有无刑讯逼供、超期羁押和以威胁、引诱、欺骗以及其他非法方法收集证据的情况。发现侦查活动有违法情况时,应及时提出纠正意见,构成犯罪的,依法立案追究刑事责任。

(十三)其　他

如涉案款物是否查封、扣押、冻结并妥善保管,清单是否齐备;对被害人合法财产的返还和对违禁品或者不宜长期保存的物品的处理是否妥当,移送的证明文件是否完备。

四、审查起诉的步骤和方法

根据我国《刑事诉讼法》和最高检察院《规则》规定,人民检察院对移送起诉案件审查的基本步骤和方法,主要有以下五个方面。

(一)阅　卷

阅卷,是办案人员接到案卷后的第一步工作。侦查机关或侦查部门移送的案卷材料是办案人员了解、掌握案情的基础。最高检察院《规则》规定,办案人员应当全面审阅案卷材料,必要时制作阅卷笔录。对于物证、书证、视听资料、勘验检查笔录存在的疑问,可以要求侦查人员提供相关的情况说明,必要时也可以询问提供证据材料的人员或进行技术鉴定。对证人证言笔录中存在的疑点或认为对证人的询问不够全面具体的,可以再次对证人进行询问调查,并制作笔录。

(二)讯问犯罪嫌疑人

根据《刑事诉讼法》第173条的规定,人民检察院审查案件,应当讯问犯罪嫌疑人。这一规定表明讯问犯罪嫌疑人是办案人员审查案件的必经程序。在审查起诉阶段讯问犯罪嫌疑人的目的,在于通过办案人员直接听取犯罪嫌疑人的供述和辩解,核实犯罪嫌疑人在侦查阶段口供的可靠性,分析口供与其他证据之间有无矛盾,查清犯罪事实和情节的具体细节,以便正确认定犯罪性质和罪名,同时了解犯罪嫌疑人的思想动态、认罪悔罪态度和是否聘请律师辩护等情况。通过办案人员直接讯问,还可以发现有无遗漏罪行和其他应当追究刑事责任的人,发现侦查人员在侦查活动中有无刑讯逼供、诱供、骗供等违法情况。最高检察院《规则》第331条也规定,人民检察院审查案件应当讯问犯罪嫌疑人。最高检察院《规则》第258条进一步规定,人民检察院讯问犯罪嫌疑人时,首先应当查明犯罪嫌疑人的基本情况,依法告知犯罪嫌疑人诉讼权利和义务,以及认罪认罚的法律规定,听取其供述和辩解。犯罪嫌疑人翻供的,应当讯问其原因。犯罪嫌疑人申请排除非法证据的,应当告知其提供相关线索或者材料。犯罪嫌疑人检举揭发他人犯罪的,应当予以记录,并依照有关规定移送有关机关、部门处理。

讯问犯罪嫌疑人应当制作讯问笔录,并交犯罪嫌疑人核对或者向其宣读。经核对无误后逐页签名或者盖章,并捺指印后附卷。犯罪嫌疑人请求自行书写供述的,应当准许,但不得以自行书写的供述代替讯问笔录。犯罪嫌疑人被羁押的,讯问应当在看守所讯问室进行。

需要注意的是,根据《刑事诉讼法》第173条第2款、最高检察院《规则》第269条的规定,犯罪嫌疑人认罪认罚的,人民检察院应当告知其享有的诉讼权利和认罪认罚的法律规定,听取犯罪嫌疑人、辩护人或者值班律师、被害人及其诉讼代理人对下列事项的意见,并记录在案:(1)涉嫌的犯罪事实、罪名及适用的法律规定;(2)从轻、减轻或者免除处罚等从宽处罚的建议;(3)认罪认罚后案件审理适用的程序;(4)其他需要听取意见的事项。

根据《刑事诉讼法》第174条、最高检察院《规则》第272条的规定,犯罪嫌疑人自愿认罪,同意量刑建议和程序适用的,应当在辩护人或者值班律师在场的情况下签署认罪认罚具结书。具结书应当包括犯罪嫌疑人如实供述罪行、同意量刑建议和程序适用等内容,由犯罪嫌疑人及其辩护人、值班律师签名。

犯罪嫌疑人具有下列情形之一的,不需要签署认罪认罚具结书:(1)犯罪嫌疑人是盲、聋、哑人,或者是尚未完全丧失辨认或者控制自己行为能力的精神病人的;(2)未成年犯罪嫌疑人的法定代理人、辩护人对未成年人认罪认罚有异议的;(3)其他不需要签署认罪认罚具结书的情形。有上述情形,犯罪嫌疑人未签署认罪认罚具结书的,不影响认罪认罚从宽制度的适用。

(三)听取被害人意见

根据《刑事诉讼法》第173条的规定,人民检察院审查案件,应当听取被害人意见。最高检察院《规则》第262条规定,直接听取被害人的意见有困难的,可以通过电话、视频等方式听取意见并记录在案，或者通知被害人提出书面意见。无法通知或者在指定期限内未提出意见的，应当记录在案。

（四）听取辩护人和诉讼代理人的意见

根据《刑事诉讼法》第 173 条的规定，人民检察院审查案件，应当听取辩护人、被害人及其诉讼代理人的意见，并记录在案。最高检察院《规则》第 262 条规定，直接听取辩护人、诉讼代理人的意见有困难的，可以通过电话、视频等方式听取意见并记录在案，或者通知辩护人、诉讼代理人提出书面意见。无法通知或者在指定期限内未提出意见的，应当记录在案。

（五）补充侦查

根据《刑事诉讼法》第 175 条第 2 款的规定，在审查起诉阶段的补充侦查，是指人民检察院通过审查发现案件事实不清、证据不足或遗漏罪行、同案犯罪嫌疑人等情形，不能作出提起公诉或者不起诉决定，而采取的补充收集证据、查明案情的工作和有关的强制性措施等诉讼活动。

补充侦查的目的在于查清有关事实和证据，以决定是否将犯罪嫌疑人交付审判。这里所说的补充侦查，包括两种情况：

一是指人民检察院自行补充侦查，其适用情形包括：非主要的犯罪事实、情节不清，证据不足，侦查机关侦查活动有违法情况，人民检察院在事实和证据认定上与侦查机关有较大分歧，以及案件已经过退查仍未查清的案件等。

二是检察院退回公安机关补充侦查，其适用情形包括：主要犯罪事实不清、证据不足，遗漏了重要犯罪事实，遗漏了应当追究刑事责任的同案犯罪嫌疑人，或者需要采用技术性较强的专门侦查手段才能查清事实的案件等。

（六）其他问题

根据《刑事诉讼法》第 175 条第 1 款的规定，人民检察院审查案件，可以要求公安机关提供法庭审判所必需的证据材料；认为可能存在本法第 56 条规定的以非法方法收集证据情形的，可以要求其对证据收集的合法性作出说明。这是《刑事诉讼法》配合庭审方式改革而作出的相应规定，也是审查起诉阶段适用非法证据排除规则的具体要求。从配合庭审方式改革角度，在公诉案件庭审中，公诉人负有举证证明被告人犯有被指控罪行的责任，公诉人要当庭向法庭出示物证、书证等各种证据材料，让当事人辨认、质证。因此，对于公安机关侦查终结移送起诉的案件，人民检察院在进行审查时，如果发现公安机关提供的证据不足以支持检察机关提起控诉，可以要求公安机关提供法庭审判所必需的证据材料。实质上，这是将检察机关审查起诉职能与职权予以强化的重要方式。

《刑事诉讼法》第 134 条还规定，人民检察院审查案件的时候，对公安机关的勘验检查，认为需要复验、复查时，可以要求公安机关复验、复查，并且可以派检察人员参加。最高检察院《规则》规定，认为对犯罪嫌疑人或被害人需要进行医学鉴定的，应当要求公安机关进行或者交由公安机关移送有鉴定资格的医学机构进行。必要时可以由人民检察院进行或者由人民检察院送交有鉴定资格的医学机构进行。这些规定对于公安机关、人民检察院做好补充侦查，查明案件事实具有重要作用。

同时，根据《刑事诉讼法》第 56 条第 2 款的规定，检察机关在审查起诉时发现有应当排除的证据的，应当依法予以排除，不得作为起诉决定的依据。因此，对检察机关而言，需要对证据的合法性进行充分审查，而要求公安机关就证据收集的合法性作出说明是重要途径之一。最高检察院《规则》第 265 条也进一步规定，犯罪嫌疑人及其辩护人申请排除非法证据，并提供相关线索或者材料的，人民检察院应当调查核实。发现侦查人员以刑讯逼供等非法方法收集证据的，应当依法排除相关证据并提出纠正意见。

审查逮捕期限届满前，经审查无法确定存在非法取证的行为，但也不能排除非法取证可能的，该证据不作为批准逮捕的依据。检察官应当根据在案的其他证据认定案件事实和决定是否逮捕，并在作出批准或者不批准逮捕的决定后，继续对可能存在的非法取证行为进行调查核实。经调查核实确认存在以刑讯逼供等非法方法收集证据情形的，应当向公安机关提出纠正意见。以非法方法收集的证据，不得作为提起公诉的依据。

最高检察院《规则》第 332 条同时规定，人民检察院认为需要对案件中某些专门性问题进行鉴定而监察机关或者公安机关没有鉴定的，应当要求监察机关或者公安机关进行鉴定。必要时，也可以由人民检察院进行鉴定，或者由人民检察院聘请有鉴定资格的人进行鉴定。

人民检察院自行进行鉴定的，可以商请监察机关或者公安机关派员参加，必要时可以聘请有鉴定资格或者有专门知识的人参加。

最高检察院《规则》第 333 条规定，在审查起诉中，发现犯罪嫌疑人可能患有精神病的，人民检察院应当依照本规则的有关规定对犯罪嫌疑人进行鉴定。

犯罪嫌疑人的辩护人或者人民检察院也可以依照近亲属以犯罪嫌疑人可能患有精神病而申请对犯罪嫌疑人进行鉴定的，依照有关规定对犯罪嫌疑人进行鉴定。鉴定费用由申请方承担。

五、审查的期限

根据《刑事诉讼法》第 172 条第 1 款的规定，人民检察院对于监察机关、公安机关移送起诉的案件，应当在一个月以内作出决定，重大、复杂的案件，可以延长十五日；犯罪嫌疑人认罪认罚，符合速裁程序适用条件的，应当在十日以内作出决定，对可能判处的有期徒刑超过一年的，可以延长至十五日。第 2 款同时规定，人民检察院审查起诉的案件，改变管辖的，从改变后的人民检察院收到案件之日起计算审查起诉期限。

如前已述，根据《刑事诉讼法》第170条第2款的规定，对于监察机关移送起诉的已采取留置措施的案件，人民检察院应当对犯罪嫌疑人先行拘留，留置措施自动解除。人民检察院应当在拘留后的十日以内作出是否逮捕、取保候审或者监视居住的决定。在特殊情况下，决定的时间可以延长一日至四日。人民检察院决定采取强制措施的期间不计入审查起诉期限。

六、审查后的处理

审查后，处理方式主要有两种：一是提起公诉；一是作出不起诉决定。根据最高检察院《规则》第339条的规定，同时还有是否提起附带民事诉讼、附带民事公益诉讼的决定。

人民检察院对案件进行审查后，认为犯罪事实已经查清，证据确实、充分，依法应当追究刑事责任的，应当作出起诉决定，按照审判管辖的规定，向人民法院提起公诉，并将案卷材料、证据移送人民法院。

如果认为犯罪嫌疑人没有犯罪事实，或者有我国《刑事诉讼法》第16条规定的情形之一的，应当作出不起诉决定；对于犯罪情节轻微，依照《刑法》规定不需要判处刑罚或者免除刑罚的，可以作出不起诉决定。

此外，根据最高检察院《规则》第340条至第344条的规定，还有以下三种处理方法，作为对《刑事诉讼法》的补充。

1.补充提供证据材料

人民检察院对监察机关或者公安机关移送的案件进行审查后，在人民法院作出生效判决之前，认为需要补充提供证据材料的，可以书面要求监察机关或者公安机关提供。

2.排除非法证据与重新取证

人民检察院在审查起诉中发现有应当排除的非法证据，应当依法排除，同时可以要求监察机关或者公安机关另行指派调查人员或者侦查人员重新取证。必要时，人民检察院也可以自行调查取证。

3.退回补充侦查或补充调查

人民检察院认为犯罪事实不清、证据不足或者存在遗漏罪行、遗漏同案犯罪嫌疑人等情形需要补充侦查的，应当制作补充侦查提纲，连同案卷材料一并退回公安机关补充侦查。人民检察院也可以自行侦查，必要时可以要求公安机关提供协助。

人民检察院对于监察机关移送起诉的案件，认为需要补充调查的，应当退回监察机关补充调查。必要时，可以自行补充侦查。

需要退回补充调查的案件，人民检察院应当出具补充调查决定书、补充调查提纲，写明补充调查的事项、理由、调查方向、需补充收集的证据及其证明作用等，连同案卷材料一并送交监察机关。

人民检察院决定退回补充调查的案件，犯罪嫌疑人已被采取强制措施的，应当将退回补充调查情况书面通知强制措施执行机关。监察机关需要讯问的，人民检察院应当予以配合。

4.自行补充侦查

对于监察机关移送起诉的案件，具有下列情形之一的，人民检察院可以自行补充侦查：(1)证人证言、犯罪嫌疑人供述和辩解、被害人陈述的内容主要情节一致，个别情节不一致的；(2)物证、书证等证据材料需要补充鉴定的；(3)其他由人民检察院查证更为便利、更有效率、更有利于查清案件事实的情形。

自行补充侦查完毕后，应当将相关证据材料入卷，同时抄送监察机关。人民检察院自行补充侦查的，可以商请监察机关提供协助。

七、对扣押、冻结的财物的处理

根据《刑事诉讼法》、最高检察院《规则》第352条、第353条的规定，人民检察院在审查起诉期间，对于扣押、冻结的犯罪嫌疑人的财物及其孳息，应当妥善保管，并按照以下两种情形进行处理：

1.返还被害人

追缴的财物中，属于被害人的合法财产，不需要在法庭出示的，应当及时返还被害人，并由被害人在发还款物清单上签名或者盖章，注明返还的理由，并将清单、照片附卷。

2.违禁物品和不宜长期保存的物品

追缴的财物中，属于违禁品或者不宜长期保存的物品，应当依照国家有关规定处理，并将清单、照片、处理结果附卷。

第三节　提起公诉

一、提起公诉的概念和条件

根据《刑事诉讼法》第176条的规定，提起公诉是指人民检察院代表国家将犯罪嫌疑人提交人民法院，要求人民法院通过审判追究其刑事责任的一种诉讼活动。

人民检察院作出提起公诉的决定后，犯罪嫌疑人的诉讼地位转变为刑事被告人。

人民检察院提起公诉，必须同时具备以下三个条件：

1.犯罪嫌疑人的犯罪事实已经查清，证据确实、充分

犯罪事实是正确定罪量刑的基础，只有在犯罪事实清楚，并有确实、充分证据的情况下才能依法决定提起公诉。根据最高检察院《规则》第355条的规定，具有下列情形之一的，可以确认犯罪事实已经查清：(1)属于单一罪行的案件，查清的事实足以定罪量刑或者与定罪量刑有关的事实已经查清，不影响定罪量刑的事实无法查清的；(2)属于数个罪

行的案件，部分罪行已经查清并符合起诉条件，其他罪行无法查清的；(3)无法查清作案工具、赃物去向，但有其他证据足以对被告人定罪量刑的；(4)证人证言、犯罪嫌疑人供述和辩解、被害人陈述的内容主要情节一致，个别情节不一致，但不影响定罪的。在共同犯罪案件中，有的犯罪嫌疑人在逃，为及时惩罚已经归案并已查清犯罪事实的犯罪分子，应当对其先起诉和审判；在逃嫌疑犯归案并查清犯罪事实以后，再另案起诉。

2. 对犯罪嫌疑人应当依法追究刑事责任

如果犯罪嫌疑人的行为具有我国《刑事诉讼法》第 16 条规定的六种情形之一的，不追究刑事责任，不能作出提起公诉的决定。

3. 人民检察院提起公诉应当符合审判管辖的规定

前述两个方面是提起公诉的实体性要求，管辖则是对人民检察院提起公诉的程序性要求。换言之，人民检察院作出起诉决定后，应当向有管辖权的法院提起公诉。公诉必须符合级别管辖、专门管辖、地域管辖的规定，向没有管辖权的法院提起公诉将不被受理，不能启动审判程序。

需要说明的是，我国的《刑事诉讼法》对人民检察院决定提起公诉的案件在事实和证据上的要求是“人民检察院认为犯罪嫌疑人的犯罪事实已经查清，证据确实、充分”。这里的“人民检察院认为”，区别于《刑事诉讼法》第 200 条关于对有罪判决的判决条件的规定，即案件事实清楚，证据确实、充分。《刑事诉讼法》之所以这样规定，是基于起诉阶段所获取的证据材料有可能少于人民法院判决时获得的证据材料，同时，也与贯彻《刑事诉讼法》第 12 条确立的“未经人民法院依法判决，对任何人不得确定有罪”这一原则相适应。

二、《起诉书》的制作和案件移送

人民检察院决定起诉时，应当制作《起诉书》，它是人民检察院代表国家向人民法院提起追究被告人刑事责任的诉讼请求的重要法律文书。从《起诉书》制作的这一刻起，犯罪嫌疑人就转为被告人，意思是被享有国家公诉权的检察机关正式向法院进行控告了。

究竟而言，《起诉书》具有限定审判范围、阐释控诉理由、强制被告人到案等法律功能，它既是人民法院受理案件，对被告人进行审判的依据，也是控辩双方进行法庭调查和辩论的基础。

《起诉书》的结构可分为首部、正文和尾部三部分。

首部主要是制作该文书的人民检察院的名称、文书名称“起诉书”和文书编号。

正文包括以下内容：

1. 被告人的基本情况。包括姓名、性别、出生年月日、出生地和户籍地、身份证号码、民族、文化程度、职业、工作单位及职务、住址，是否受过刑事处分及处分的种类和时间，采取强制措施的情况，等等；如果是单位犯罪，应当写明犯罪单位的名称和组织机构代码、所在地址、联系方式，法定代表人和诉讼代表人的姓名、职务、联系方式；如果还有应当负刑事责任的直接负责的主管人员或其他直接责任人员，应当按上述被告人基本情况的内容叙写。

被告人真实姓名、住址无法查清的，应当按其绰号或者自报的姓名、住址制作起诉书，并在起诉书中注明。被告人自报的姓名可能造成损害他人名誉、败坏道德风俗等不良影响的，可以对被告人编号并按编号制作起诉书，并附具被告人的照片记明足以确定被告人面貌、体格、指纹以及其他反映被告人特征的事项。

2.案由和案件来源。案由是指案件的内容摘要，通常只写出犯罪主体和认定的罪名。案件来源则主要写明由哪个侦查机关侦查终结或者系哪个监察机关调查终结，并于何时移送人民检察院审查起诉，何时受理，何时基于何种原因退回补充侦查、补充调查或者延长审查起诉期限，何时审查终结等。

3.案件事实。包括犯罪的时间、地点、经过、手段、动机、目的、危害后果等与定罪量刑有关的事实要素。起诉书叙述的指控犯罪事实的必备要素应当明晰、准确。被告人被控有多项犯罪事实的，应当逐一列举，对于犯罪手段相同的同一犯罪可以概括叙写。

4.起诉的根据和理由，包括被告人触犯的刑事条款、犯罪的性质及认定的罪名、处罚条款、法定从轻、减轻或者从重处罚的情节、共同犯罪各被告人应负的罪责等。

5.被告人认罪认罚情况，包括认罪认罚的内容、具结书签署情况等。

尾部包括致送的人民法院的名称，检察员姓名，制作起诉书的年月日，加盖人民检察院公章。

需要注意的是，起诉书应当附有被告人现在处所，证人、鉴定人、需要出庭的有专门知识的人的名单，需要保护的被害人、证人、鉴定人的化名名单，查封、扣押、冻结的财物及孳息的清单，附带民事诉讼、附带民事公益诉讼情况以及其他需要附注的情况。

如有证人、鉴定人、有专门知识的人的名单的，应当列明姓名、性别、年龄、职业、住址、联系方式，并注明证人、鉴定人是否出庭。

同时，根据《刑事诉讼法》第176条第2款的规定，犯罪嫌疑人认罪认罚的，人民检察院应当就主刑、附加刑、是否适用缓刑等提出量刑建议，并随案移送认罪认罚具结书等材料。

根据最高检察院《规则》第359条的规定，人民检察院提起公诉的案件，应当向人民法院移送起诉书、案卷材料、证据和认罪认罚具结书等材料。起诉书应当一式八份，每增加一名被告人增加起诉书五份。

根据最高检察院《规则》第364条的规定，人民检察院提起公诉的案件，可以向人民法院提出量刑建议。除有减轻处罚或者免除处罚情节外，量刑建议应当在法定量刑幅度内提出。建议判处有期徒刑、管制、拘役的，可以具有一定的幅度，也可以提出具体确定的建议。

提出量刑建议的，可以制作量刑建议书，与起诉书一并移送人民法院。量刑建议书的主要内容应当包括被告人所犯罪行的法定刑、量刑情节、建议人民法院对被告人判处刑罚的种类、刑罚幅度、可以适用的刑罚执行方式以及提出量刑建议的依据和理由等。

三、公诉案件适用简易程序、速裁程序的提起

简易程序，是指基层人民法院对某些事实清楚、情节简单、罪行比较轻微的刑事案件，在审判时适用的比普通第一审程序相对简化的程序。

根据《刑事诉讼法》第 214 条的规定，基层人民法院管辖的案件，符合下列条件的，可以适用简易程序审判：(1)案件事实清楚、证据充分的；(2)被告人承认自己所犯罪行，对指控的犯罪事实没有异议的；(3)被告人对适用简易程序没有异议的。人民检察院在提起公诉的时候，可以建议人民法院适用简易程序。也就是说，人民检察院对适用简易程序具有建议的权力，但是否适用简易程序，由人民法院根据《刑事诉讼法》第 214 条的规定决定。

速裁程序，是指基层人民法院管辖的可能判处三年有期徒刑以下刑罚的案件，案件事实清楚，证据确实、充分，被告人认罪认罚并同意适用的程序。

根据《刑事诉讼法》第 222 条第 2 款的规定，人民检察院在提起公诉的时候，可以建议人民法院适用速裁程序。

第四节　不起诉

一、不起诉的概念和效力

不起诉，是指人民检察院对侦查、调查终结移送起诉的案件和自行侦查终结的案件进行审查后，认为犯罪嫌疑人、被调查人的行为不符合起诉条件或者没有必要起诉的，依法作出不将犯罪嫌疑人、被调查人提交人民法院进行审判、追究刑事责任的一种处理决定。

不起诉是人民检察院对案件审查后依法作出的处理结果之一，其性质是人民检察院对其认定的不应追究、不需要追究或者无法追究刑事责任的犯罪嫌疑人所作的一种诉讼处分。它的法律效力在于不将案件交付人民法院审判，从而在审查起诉阶段终止刑事诉讼。对于犯罪嫌疑人而言，不起诉决定意味着其行为在法律上是无罪的。

我国曾存在免予起诉，但由于这一方式的实质是未经人民法院审判而由人民检察院对被告人进行实体定罪但又不予追诉的一种处分，不符合现代法治原则，因此我国在 1996 年修订的《刑事诉讼法》中，废除了该制度，不仅将原来适用于免予起诉的一些情形归入不起诉的范围，扩大了不起诉的适用范围，同时在基本原则部分增加了规定："未经人民法院依法判决，对任何人都不得确定有罪。"我国 2012 年和 2018 年修订的《刑事诉讼法》中，对此保留不变。

不起诉的法律效力在于不将犯罪嫌疑人交付人民法院审判，从而终止刑事诉讼。它

产生如下具体诉讼效果：

1. 公诉进程的终结。不起诉决定作出后，针对被不起诉人进行的公诉进程即告终结。不过，不起诉决定不产生与判决一样的既判力，不能因此消灭公诉权。不起诉决定作出后，若发现新的事实或者新的证据，或者符合允许改变不起诉决定的其他情形的，仍可再行起诉。不起诉决定作出后，被害人仍可提起民事诉讼；符合法定情形的，还可提起自诉。

2. 对人采取的强制措施的解除。不起诉决定一经公布即发生法律效力，对于被不起诉人已经被采取强制措施的，应当立即解除。

3. 对物采取的强制性措施的解除。《刑事诉讼法》第 177 条第 3 款规定，人民检察院决定不起诉的案件，应当同时对侦查中查封、扣押、冻结的财物解除查封、扣押、冻结，但对于需要给予行政处罚、处分或者需要没收其违法所得的，不在此限。该款同时规定，对被不起诉人需要给予行政处罚、处分或者需要没收其违法所得的，人民检察院应当提出检察意见，移送有关主管机关处理。有关主管机关应当将处理结果及时通知人民检察院。

二、不起诉的种类和适用条件

根据《刑事诉讼法》第 177 条第 1 款的规定，犯罪嫌疑人没有犯罪事实，或者有本法第 16 条规定的情形之一的，人民检察院应当作出不起诉决定。第 2 款规定，对于犯罪情节轻微，依照刑法规定不需要判处刑罚或者免除刑罚的，人民检察院可以作出不起诉决定。第 175 条第 4 款规定，对于二次补充侦查的案件，人民检察院仍然认为证据不足，不符合起诉条件的，应当作出不起诉的决定。第 282 条第 1 款规定，对于未成年人涉嫌《刑法》分则第 4 章、第 5 章、第 6 章规定的犯罪，可能判处一年有期徒刑以下刑罚，符合起诉条件，但有悔罪表现的，人民检察院可以作出附条件不起诉的决定。可见，我国《刑事诉讼法》规定的不起诉制度可以分为四种，即法定不起诉、酌定不起诉、证据不足不起诉和附条件不起诉。[①]

（一）法定不起诉

法定不起诉又称绝对不起诉，指《刑事诉讼法》第 177 条第 1 款规定的不起诉。所谓法定，是指法律规定的“应当”，即凡是犯罪嫌疑人没有犯罪事实，或具有《刑事诉讼法》第 16 条规定情形之一的，人民检察院应当作出不起诉决定，检察机关不享有作出起诉决定或者不起诉决定的自由裁量权，只能依法作出不起诉决定。根据《刑事诉讼法》第 16 条、第 177 条第 1 款的规定，法定不起诉适用于以下七种情形：（1）犯罪嫌疑人没有犯罪事实的；（2）情节显著轻微、危害不大，不认为是犯罪的；（3）犯罪已过追诉时效期限的；（4）经特赦令免除刑罚的；（5）依照刑法告诉才处理的犯罪，没有告诉或者撤回告诉的；（6）犯罪

① 为避免重复，附条件不起诉参见本书第二十五章特别程序中的“未成年人刑事案件诉讼程序”。

嫌疑人、被告人死亡的;(7)其他法律规定免予追究刑事责任的。

根据最高检察院《规则》第365条的规定,人民检察院对于监察机关或者公安机关移送起诉的案件,发现犯罪嫌疑人没有犯罪事实,或者符合《刑事诉讼法》第16条规定的情形之一的,经检察长批准,应当作出不起诉决定。对于犯罪事实并非犯罪嫌疑人所为,需要重新调查或者侦查的,应当在作出不起诉决定后书面说明理由,将案卷材料退回监察机关或者公安机关并建议重新调查或者侦查。

(二)微罪不起诉

微罪不起诉,又称酌定不起诉、相对不起诉,是指《刑事诉讼法》第177条第2款规定的不起诉:"对于犯罪情节轻微,依照刑法规定不需要判处刑罚或者免除刑罚的,人民检察院可以作出不起诉决定。"此即微罪不起诉。而所谓酌定,是指法律规定的"可以",即人民检察院对于起诉与否享有自由裁量权,对于符合条件的,既可以作出起诉决定,也可以作出不起诉决定。

根据最高检察院《规则》第370条的规定,人民检察院对于犯罪情节轻微,依照刑法规定不需要判处刑罚或者免除刑罚的,经检察长批准,可以作出不起诉决定。

从《刑事诉讼法》的规定看,微罪不起诉的适用必须同时具备两个条件:一是犯罪嫌疑人的行为已构成犯罪,应当负刑事责任;二是犯罪行为情节轻微,依据《刑法》规定不需要判处刑罚或者免除刑罚。依据《刑法》和《刑事诉讼法》规定,以下几种情形可以适用这种不起诉:(1)犯罪嫌疑人在我国领域外犯罪,依照我国刑法应当负刑事责任,但在外国已经受过刑事处罚的(《刑法》第10条);(2)犯罪嫌疑人又聋又哑,或者是盲人的(《刑法》第19条);(3)犯罪嫌疑人因正当防卫或紧急避险过当而犯罪的(《刑法》第20条、第21条);(4)为犯罪准备工具,制造条件的(《刑法》第22条);(5)在犯罪过程中自动中止犯罪或者自动有效防止犯罪结果发生、没有造成损害的(《刑法》第24条);(6)在共同犯罪中,起次要或辅助作用的(《刑法》第27条);(7)被胁迫参加犯罪的(《刑法》第28条);(8)犯罪嫌疑人自首或者有重大立功表现或者自首后又有重大立功表现的(《刑法》第67条、第68条);(9)双方当事人达成和解协议的,符合法律规定不起诉条件的(《刑事诉讼法》第288条,《规则》第520条)。

需要注意的是,人民检察院在确认犯罪嫌疑人具有上述情形之一后,还必须在犯罪情节轻微的前提条件下才能考虑适用不起诉。也就是说,人民检察院要根据犯罪嫌疑人的年龄、犯罪目的和动机、犯罪手段、危害后果、悔罪表现以及一贯表现等进行综合考虑,只有在确实认为不起诉比起诉更为有利时,才能作出不起诉决定。

根据《刑事诉讼法》第182条的规定,犯罪嫌疑人自愿如实供述涉嫌犯罪的事实,有重大立功或者案件涉及国家重大利益的,经最高人民检察院核准,公安机关可以撤销案件,人民检察院可以作出不起诉决定,也可以对涉嫌数罪中的一项或者多项不起诉。根据前款规定不起诉或者撤销案件的,人民检察院、公安机关应当及时对查封、扣押、冻结的财物及其孳息作出处理。

(三)证据不足不起诉

《刑事诉讼法》第175条第4款规定，对于二次补充侦查的案件，人民检察院仍然认为证据不足、不符合起诉条件的，应当作出不起诉的决定。

根据最高检察院《规则》第367条的规定，人民检察院对于二次退回补充调查或者补充侦查的案件，仍然认为证据不足，不符合起诉条件的，经检察长批准，依法作出不起诉决定。人民检察院对于经过一次退回补充调查或者补充侦查的案件，认为证据不足，不符合起诉条件，且没有再次退回补充调查或者补充侦查必要的，经检察长批准，可以作出不起诉决定。

根据最高检察院《规则》第368条的规定，具有下列情形之一，不能确定犯罪嫌疑人构成犯罪和需要追究刑事责任的，属于证据不足，不符合起诉条件：(1)犯罪构成要件事实缺乏必要的证据予以证明的；(2)据以定罪的证据存在疑问，无法查证属实的；(3)据以定罪的证据之间、证据与案件事实之间的矛盾不能合理排除的；(4)根据证据得出的结论具有其他可能性，不能排除合理怀疑的；(5)根据证据认定案件事实不符合逻辑和经验法则，得出的结论明显不符合常理的。

需要说明的是，刑事诉讼法规定适用此种不起诉的前提是案件必须经过补充侦查。对于补充侦查的案件，应当在一个月内补充侦查完毕。补充侦查以两次为限，这里的两次是限制而非条件，即经过第一次补充侦查，认为证据不足，不符合起诉条件，且没有退回补充侦查必要的，检察机关也可以作出不起诉决定。当然，经过第二次补充侦查，证据仍然不足，检察院应当作出不起诉决定。

应当说，证据不足不起诉是对“疑罪从无”原则的落实。

三、不起诉的程序

(一)《不起诉决定书》的制作和送达

人民检察院作出不起诉决定后，应当制作《不起诉决定书》。不起诉决定书是人民检察院代表国家依法确认不追究犯罪嫌疑人刑事责任的决定性法律文书，具有终止刑事诉讼的法律效力。

根据最高检察院《规则》第372条的规定，《不起诉决定书》的主要内容包括：(1)被不起诉人的基本情况，包括姓名、性别、出生年月日、出生地和户籍地、民族、文化程度、职业、工作单位及职务、住址、身份证号码、是否受过刑事处分、采取强制措施的情况以及羁押处所等；如果是单位犯罪，应当写明犯罪单位的名称、组织机构代码、所在地址、联系方式，法定代表人和诉讼代表人的姓名、职务、联系方式；(2)案由和案件来源；(3)案件事实，包括否定或者指控被不起诉人构成犯罪的事实以及作为不起诉决定根据的事实；(4)不起诉的法律根据和理由，写明作出不起诉决定适用的法律条款；(5)查封、扣押、冻结的涉案款物的处理情况；(6)有关告知事项。

不起诉的决定由人民检察院公开宣布，公开宣布不起诉决定的活动应当载入笔录。不起诉决定书自公开宣布之日起生效。

不起诉决定书应当送达被不起诉人及其所在单位，并告知被不起诉人如果对不起诉决定不服，可以向人民检察院申诉。如果被不起诉人在押，应当立即释放。对于公安机关移送起诉的案件，应当将不起诉决定书送达公安机关。对于有被害人的案件，应当将不起诉决定书送达被害人或者其近亲属及其诉讼代理人，并告知如果对不起诉决定不服，可以向人民检察院申诉或者向人民法院起诉。

（二）被不起诉人和涉案财物的处理

依据我国《刑事诉讼法》第 177 条第 3 款的规定，人民检察院决定不起诉的案件，应当同时对侦查中查封、扣押、冻结的财物解除查封、扣押、冻结。最高检察院《规则》第 373 条规定，人民检察院决定不起诉的案件，可以根据案件的不同情况，对被不起诉人予以训诫或者责令具结悔过、赔礼道歉、赔偿损失。对被不起诉人需要给予行政处罚、处分的，人民检察院应当提出检察意见，连同不起诉决定书一并移送有关主管机关处理并要求有关主管机关及时通报处理情况。

四、对不起诉决定异议的提出

（一）监察机关、公安机关要求复议和复核

《刑事诉讼法》第 179 条规定，对于公安机关移送起诉的案件，人民检察院决定不起诉的，应当将不起诉决定书送达公安机关。公安机关认为不起诉的决定有错误的时候，可以要求复议，如果意见不被接受，可以向上一级人民检察院提请复核。根据最高检察院《规则》第 379 条的规定，监察机关认为不起诉的决定有错误，向上一级人民检察院提请复议的，上一级人民检察院应当在收到提请复议意见书后三十日以内，经检察长批准，作出复议决定，通知监察机关。公安机关认为不起诉决定有错误要求复议的，人民检察院负责捕诉的部门应当另行指派检察官或者检察官办案组进行审查，并在收到要求复议意见书后三十日以内，经检察长批准，作出复议决定，通知公安机关。

根据最高检察院《规则》第 380 条的规定，公安机关对不起诉决定提请复核的，上一级人民检察院应当在收到提请复核意见书后三十日以内，经检察长批准，作出复核决定，通知提请复核的公安机关和下级人民检察院。经复核认为下级人民检察院不起诉决定错误的，应当指令下级人民检察院纠正，或者撤销、变更下级人民检察院作出的不起诉决定。

（二）被害人提出申诉或直接向人民法院起诉

《刑事诉讼法》第 180 条规定，对于有被害人的案件，决定不起诉的，人民检察院应当将不起诉决定书送达被害人。被害人如果不服，可以自收到决定书后七日以内向上一级

人民检察院申诉，请求提起公诉。人民检察院应当将复查决定告知被害人。对人民检察院维持不起诉决定的，被害人可以向人民法院起诉。被害人也可以不经申诉，直接向人民法院起诉。人民法院受理案件后，人民检察院应当将有关案件材料移送人民法院。

根据最高检察院《规则》第 376 条、第 377 条的规定，不起诉的决定，由人民检察院公开宣布。公开宣布不起诉决定的活动应当记录在案。不起诉决定书应当送达被害人或者其近亲属及其诉讼代理人、被不起诉人及其辩护人以及被不起诉人所在单位。送达时，应当告知被害人或者其近亲属及其诉讼代理人，如果对不起诉决定不服，可以自收到不起诉决定书后七日以内向上一级人民检察院申诉；也可以不经申诉，直接向人民法院起诉。依照《刑事诉讼法》第 177 条第 2 款作出不起诉决定的，应当告知被不起诉人，如果对不起诉决定不服，可以自收到不起诉决定书后七日以内向人民检察院申诉。

根据最高检察院《规则》第 382 条的规定，被害人不服不起诉决定，在收到不起诉决定书七日以后提出申诉的，由作出不起诉决定的人民检察院负责控告申诉检察的部门进行审查。经审查，认为不起诉决定正确的，出具审查结论直接答复申诉人，并做好释法说理工作；认为不起诉决定可能存在错误的，移送负责捕诉的部门进行复查。

如果被害人直接向人民法院起诉的，根据最高检察院《规则》第 384 条的规定，人民检察院收到人民法院受理被害人对被不起诉人起诉的通知后，应当终止复查，将作出不起诉决定所依据的有关案件材料移送人民法院。与这一规定相应的是《刑事诉讼法》第 210 条第 3 项规定的自诉案件，即"被害人有证据证明对被告人侵犯自己人身、财产权利的行为应当依法追究刑事责任，而公安机关或者人民检察院不予追究被告人刑事责任的案件"。赋予被害人对这部分公诉案件享有自诉权，强化了对人民检察院不起诉决定的有效制约，有利于督促人民检察院正确行使职权。

（三）被不起诉人提出申诉

根据最高检察院《规则》第 385 条的规定，对于人民检察院依照《刑事诉讼法》第 177 条第 2 款规定作出的不起诉决定，被不起诉人不服，在收到不起诉决定书后七日以内提出申诉的，应当由作出决定的人民检察院负责捕诉的部门进行复查；被不起诉人在收到不起诉决定书七日以后提出申诉的，由负责控告申诉检察的部门进行审查。经审查，认为不起诉决定正确的，出具审查结论直接答复申诉人，并做好释法说理工作；认为不起诉决定可能存在错误的，移送负责捕诉的部门复查。人民检察院应当将复查决定书送达被不起诉人、被害人。复查后，撤销不起诉决定，变更不起诉的事实或者法律依据的，应当同时将复查决定书抄送移送起诉的监察机关或者公安机关。

根据最高检察院《规则》第 385 条、第 386 条的规定，复查决定书应当送达被不起诉人、被害人，撤销不起诉决定或者变更不起诉的事实或者法律根据的，应当同时将复查决定书抄送移送审查起诉的公安机关和本院有关部门。人民检察院作出撤销不起诉决定提起公诉的复查决定后，应当将案件交由公诉部门提起公诉。人民检察院复查不服不起诉决定的申诉，应当在立案三个月以内作出复查决定，案情复杂的，不得超过六个月。

(四)人民检察院主动纠正错误的不起诉决定

根据最高检察院《规则》第 388 条、第 389 条的规定,人民检察院主动纠正错误的不起诉决定分为两种情况:

1. 人民检察院发现不起诉决定确有错误,符合起诉条件的,应当撤销不起诉决定,提起公诉。

2. 最高人民检察院对地方各级人民检察院的起诉、不起诉决定,上级人民检察院对下级人民检察院的起诉、不起诉决定,发现确有错误的,应当予以撤销或者指令下级人民检察院纠正。

第五节　提起自诉

一、自诉案件的概念和范围

被害人自诉是一种最古老的起诉方式,有着悠久的历史。当国家公诉确立后,是否还要保留自诉,世界各国有两种方式:一是采取国家垄断主义,如日本、美国和法国等;二是实行国家追诉主义的同时,兼采被害人追诉主义,如德国、奥地利等大陆法系国家。

刑事诉讼中的自诉,是指法律规定的享有自诉权的个人直接向有管辖权的人民法院提起的刑事诉讼。在我国,自诉案件是指法律规定的可以由被害人或者其法定代理人、近亲属直接向人民法院起诉,要求追究被告人刑事责任,以及赔偿物质损失,由人民法院直接受理的刑事案件。

根据我国《刑事诉讼法》第 210 条的规定,自诉案件包括以下三类:

1. 告诉才处理的案件

告诉才处理的案件包括:(1)侮辱、诽谤案(《刑法》第 246 条),但是严重危害社会秩序和国家利益的除外;(2)暴力干涉婚姻自由案(《刑法》第 257 条第 1 款);(3)虐待案(《刑法》第 260 条第 1 款);(4)侵占案(《刑法》第 270 条)。

2. 被害人有证据证明的轻微刑事案件

包括:(1)故意伤害案(《刑法》第 234 条第 1 款);(2)非法侵入住宅案(《刑法》第 245 条);(3)侵犯通信自由案(《刑法》第 252 条);(4)重婚案(《刑法》第 258 条);(5)遗弃案(《刑法》第 261 条);(6)生产、销售伪劣商品案(《刑法》分则第三章第一节),但是严重危害社会秩序和国家利益的除外;(7)侵犯知识产权案(《刑法》分则第三章第七节),但是严重危害社会秩序和国家利益的除外;(8)属于《刑法》分则第四章、第五章规定的,对被告人可能判处三年有期徒刑以下刑罚的案件。

伪证罪、拒不执行判决、裁定罪,由公安机关立案侦查。

3. 被害人有证据证明对被告人侵犯自己的人身权利、财产权利的行为应当追究刑事责任，且有证据证明曾经提出控告，而公安机关或者人民检察院不予追究被告人刑事责任的案件。

这就是公诉转自诉的案件，其前提是公安机关、人民检察院不予追究被告人刑事责任，已经作出书面决定的，如不起诉决定、不予立案决定等。

二、提起自诉的条件

自诉人提起自诉必须符合下列条件，否则人民法院不予受理：

1. 案件属于我国《刑事诉讼法》第 210 条确定的自诉案件范围。

2. 案件属于受诉人民法院管辖。

3. 自诉人享有自诉权。也就是说，有适格的自诉人。根据《刑事诉讼法》及有关司法解释规定，自诉案件原则上由被害人提起，如果被害人死亡、丧失行为能力或者因受强制、威吓等原因无法告诉，或者是限制行为能力人以及由于年老、患病、盲、聋、哑等原因不能亲自告诉，由其法定代理人、近亲属代为告诉。当然，这种情况下，代为告诉人应当提供与被害人关系的证明和被害人不能亲自告诉的原因证明。

4. 有明确的被告人、具体的诉讼请求和能证明被告人犯罪事实的证据。

5. 对于公诉转自诉案件，还应当提交证明曾经提出控告的证据，而公安机关、人民检察院不予追究被告人刑事责任，已经作出书面决定的证据。

三、提起自诉的程序和自诉案件的相关规定

1. 提起自诉的方式

提起自诉既可以是书面方式也可以是口头方式，其中书面方式是提起自诉的主要方式。

2. 书面提交的诉状

自诉人提起自诉时，如果请求追究被告人刑事责任的，应当向人民法院提交《刑事自诉状》；如果提起的是刑事附带民事诉讼，则应当提交《刑事附带民事自诉状》。

3. 自诉案件的相关规定

我国《刑事诉讼法》第 213 条规定，自诉案件的被告人在诉讼过程中，可以对自诉人提起反诉。反诉适用自诉的规定。

思考与训练

一、思考题

1. 简述审查起诉的程序价值。
2. 提起公诉的条件是什么？
3. 不起诉的适用条件有哪些？
4. 自诉案件的适用范围有哪些？

二、选择题

1. 高某涉嫌抢劫犯罪，公安机关经二次补充侦查后将案件移送检察机关，检察机关审查发现高某可能还实施了另一起盗窃犯罪。检察机关关于此案的处理，下列哪一选项是正确的？（　　）

   A. 再次退回公安机关补充侦查，并要求在一个月内补充侦查完毕

   B. 要求公安机关收集并提供新发现的盗窃犯罪的证据材料

   C. 对新发现的盗窃犯罪自行侦查，并要求公安机关提供协助

   D. 将新发现的盗窃犯罪移送公安机关另行立案侦查，对已经查清的抢劫犯罪提起公诉

2. 只要有足够证据证明犯罪嫌疑人构成犯罪，检察机关就必须提起公诉。关于这一制度的法理基础，下列哪一选项是正确的？（　　）

   A. 起诉便宜主义

   B. 起诉法定主义

   C. 公诉垄断主义

   D. 私人追诉主义

3. 关于检察院审查起诉，下列哪一选项是正确的？（　　）

   A. 认为需要对公安机关的勘验、检查进行复验、复查的，可以自行复验、复查

   B. 发现侦查人员以非法方法收集证据的，应当自行调查取证

   C. 对已经退回公安机关二次补充侦查的案件，在审查起诉中又发现新的犯罪事实的，应当将已侦查的案件和新发现的犯罪一并移送公安机关立案侦查

   D. 共同犯罪中部分犯罪嫌疑人潜逃的，应当中止对全案的审查，待潜逃犯罪嫌疑人归案后重新开始审查起诉

4. 甲、乙共同实施抢劫，该案经两次退回补充侦查后，检察院发现甲在两年前实施诈骗犯罪。关于本案，下列哪一选项是正确的？（　　）

   A. 应将全案退回公安机关依法处理

   B. 对新发现的犯罪自行侦查，查清犯罪事实后一并提起公诉

   C. 将新发现的犯罪移送公安机关侦查，待公安机关查明事实移送审查起诉后一并提起公诉

   D. 将新发现的犯罪移送公安机关立案侦查，对已查清的犯罪事实提起公诉

5. 甲、乙、丙、丁四人涉嫌多次结伙盗窃，公安机关侦查终结移送审查起诉后，甲突然死亡。检察院审查后发现，甲和乙共同盗窃1次，数额未达刑事立案标准；乙和丙共同盗窃1次，数额刚达刑事立案标准；甲、丙、丁三人共同盗窃1次，数额巨大，但经两次退回公安机关补充侦查后仍证据不足；乙对其参与的2次盗窃有自首情节。关于本案，下列哪一选项是正确的？（　　）

A. 对甲可作出酌定不起诉决定　　B. 对乙可作出法定不起诉决定

C. 对丙应作出证据不足不起诉决定　　D. 对丁应作出证据不足不起诉决定

6. 某看守所干警甲，因涉嫌虐待被监管人乙被立案侦查。在审查起诉期间，A地基层检察院认为甲情节显著轻微，不构成犯罪，遂作出不起诉处理。关于该决定，下列哪一选项是正确的？（　　）

A. 公安机关有权申请复议复核

B. 某甲有权向原决定检察院申诉

C. 某乙有权向上一级检察院申诉

D. 申诉后，上级检察院维持不起诉决定的，某乙可以向该地的中级法院提起自诉

7. 关于检察院审查起诉的期限，下列哪些说法是正确的？（　　）（多选）

A. 改变管辖的，从改变后的检察院收到案件之日起计算

B. 改变管辖的，从原审查起诉的检察院移送案件之日起计算

C. 补充侦查的，从补充侦查完毕移送检察院后重新计算

D. 补充侦查的，从补充侦查完毕之日起重新计算

8. 甲某系H县人民商场职工，因涉嫌盗窃犯罪被H县公安机关侦查终结移送县人民检察院审查起诉。H县人民检察院经审查认为甲某的行为依照刑法规定不需要判处刑罚，于是决定不起诉。H县人民检察院应当如何宣布和送达不起诉决定书？（　　）（多选）

A. 不起诉决定书，应当公开宣布

B. 将不起诉决定书分别送达甲某和H县人民商场

C. 将不起诉决定书送达H县公安机关

D. 将不起诉决定书送达该盗窃案的被害人

三、案例分析

某市公安局于2009年1月4日对刘某（男，24岁）、张某（男，21岁）持刀抢劫致人重伤一案立案侦查。经侦查查明，刘某、张某实施抢劫犯罪事实清楚，依法应当追究刑事责任。刘某、张某抢劫案于2009年3月30日侦查终结，移送市人民检察院审查起诉。市人民检察院审查后，认为该案部分事实、证据尚需补充侦查，遂退回市公安局补充侦查。市公安局补充侦查完毕，再次移送市人民检察院。市人民检察院认为事实清楚、证据充分，遂向市人民法院提起公诉。

问题：

1. 检察院在审查起诉期间退回补充侦查的案件，公安机关应当在多长时间内补充侦

查完毕?

2.检察院在审查起诉期间认为案件需补充侦查时,可否不退回补充侦查,而由检察院自行侦查?

(扫描二维码获取参考答案)

《审慎把握检察引导侦查与自行补充侦查之关系》

(扫描二维码阅读)

第十九章

刑事审判概述

导读

通过本章的学习，掌握刑事审判的概念和意义、模式和原则，正确理解我国的刑事审判模式、审判组织、审级制度、陪审制度，熟悉并能运用刑事诉讼法及相关法律、司法解释对刑事审判的一般规定。

第一节　刑事审判的概念和意义

一、刑事审判的概念

刑事审判，是指人民法院对刑事案件进行审理并作出判断确定刑事被告人刑事责任的诉讼活动，包括“审理”和“判断”两个阶段。所谓审理，是指人民法院在控辩双方和其他诉讼参与人的参加下听取意见，审核证据，查明事实，包括开庭、法庭调查和法庭辩论等程序环节。所谓判断，是指人民法院在查清案件事实的基础上适用国家法律对案件的实体问题或某些程序问题作出权威性处理决定的活动，包括评议、作出判断和宣告判决等程序环节。在刑事审判中，审理和判断是不可分割的组成部分，审理是判断的前提和基础，判断是审理的目的和结果。

二、刑事审判的意义

审判是刑事诉讼的中心环节和决定性阶段，具有认定事实和适用法律的功能。作为刑事案件至关重要的最后一道关卡，在保护被告人辩护权、保证司法的公平公正、维护司法秩序等方面起着重要作用。法院通过审判，排除非法证据，能够起到纠正与遏制侦查机关、检察机关违法行为，维护追诉行为合法性与正当性的作用，从而维护法治。为被告人提供了辩护的平台，充分呈现案件事实，使控辩双方获得地位上的平等，提高司法的社会公信力。法官通过审理，最大限度地了解案情，全面审查证据的合法性，准确适用法律，围绕“定罪”和“量刑”作出判决。刑事审判的合理进行彰显了程序正义。程序正义在形式上体现为严格按照刑事诉讼程序法的规定办案，实质上体现为通过程序保障人权，同时更好地保证判决结果的公正。

第二节　刑事审判的模式和原则

一、刑事审判模式

（一）刑事审判模式的概念和种类

刑事审判模式，是指控辩审三方在刑事审判程序中的诉讼地位和相互关系，以及与之相应的审判程序组合方式。历史上出现最早的是古罗马奴隶制时期的弹劾式审判模式，中世纪欧洲又出现了纠问式审判模式。近现代刑事诉讼法中主要存在以下三种审判模式：当事人主义审判模式、职权主义审判模式与兼采当事人主义和职权主义的混合模式。当事人主义审判模式又称对抗制审判模式，是指法官居于中立且被动的裁判者地位，法庭审判的进行由控辩双方的举证、质证共同推进和控制的庭审模式，主要实行于英美法系国家。职权主义审判模式又称审问式审判模式，是指法庭审判以法官为中心，法官在审判程序中居于主导和控制地位，限制了控辩双方的积极性，主要实行于大陆法系国家。混合式审判模式又称"折中主义"审判模式，兼采当事人主义审判模式和职权主义审判模式的长处而形成，主要代表国家是日本和意大利。当事人主义审判模式在于通过双方辩论式诉讼呈现事实，充分发挥了控辩双方的积极性，体现了程序民主。但是法官如果完全处于被动地位，也将导致控辩双方对庭审的控制权过大，从而影响庭审效率。同时职权主义审判模式则强调运用国家权力查明事实真相，法官积极主动的参与和对庭审程序的有效控制有利于案件事实的发现，继而提高庭审效率。但是，该模式使法官中立工作的形象受到了损害，影响社会公信力。在第二次世界大战后出现了相互借鉴吸收的趋势。现在纯粹的当事人主义审判模式和职权主义审判模式已不复存在。除此之外，还有犯罪控制模式与正当程序模式。我国学者基于对刑事诉讼法的研究曾提出双重结构理论，即"三角结构"和"线形结构"。在"三角结构"中，控辩双方形成一定的诉讼对抗，法官则是居于其中、踞于其上的仲裁者，由此而形成一个等腰的正三角形结构。在"线性结构"中，侦查、起诉和审判前后相继进行，从不同公安司法机关工作及权力行使的相继性中可以抽象出一种线形结构。

(二)我国的刑事审判模式

1979 年《刑事诉讼法》第 114 条规定："公诉人在审判庭上宣读起诉书后，审判长开始讯问被告人。公诉人经审判长许可，可以讯问被告人。被害人、附带民事诉讼的原告人和辩护人，在审判人员审问被告人后，经审判长许可，可以向被告人发问。"由此可见，我国原来的刑事庭审采用职权主义模式。1996 年修改《刑事诉讼法》时，鉴于这种方式容易导致"先判后审"，难以做到公正审判而进行了重大改革，吸收了英美法系当事人主义的对抗因素，并适当保留了职权主义的某些特征。主要体现为庭前审查由实质性审查改为程序性审查，为预防法官未审预断，开庭前公诉机关不再向法院移送全部案卷材料，而移送主要证据的复印件或照片以及证据目录、证人名单。法庭上对于被告人的讯问、对证人和鉴定人的询问、对书面证据材料的宣读和物证的出示等活动主要由控辩双方进行，但审判人员仍然有权对被告人、证人和鉴定人进行补充发问，有权决定休庭并在庭外调查核实证据，而这种发问和庭外调查仅仅具有补充性，对于案件事实的认定主要是基于控辩双方在法庭上的对抗式举证和辩论。但是，十多年的实践表明，如果不全卷移送，律师便无从查看全卷或者难以查看有些重要的案卷(侦查机关可能由于各种原因而"有意无意"地忽略)，由此可能会导致被告人的辩护权遭到阻滞的问题。因此，恢复全卷移送制度有助于律师阅卷，能有效行使被告人的辩护权。[①] 有鉴于此，2012 年《刑事诉讼法》恢复了全案移送制度，但保留了程序性审查，增设了庭前会议程序和量刑辩论的规定等，仍采用职权主义的刑事审判模式。

二、刑事审判原则

刑事审判原则，是指适用于刑事审判阶段的诉讼原则，主要指审判公开原则、直接言词原则和集中审理原则。

(一)审判公开原则

我国《宪法》第 130 条规定："人民法院审理案件，除法律规定的特别情况外，一律公开进行。被告人有权获得辩护。"审判公开，是指人民法院对案件的审理和判决向社会公开，准许公众旁听，准许新闻媒体采访、报道，除休庭评议以外，法庭审理的全过程都应当公之于众。凡是公开审理的案件，应当先期公布案由、被告人姓名、开庭时间和地点，定期宣判的案件应当先期公告。《刑事诉讼法》第 11 条规定："人民法院审判案件，除本法另有规定的以外，一律公开进行。被告人有权获得辩护，人民法院有义务保证被告人获得辩护。"由此可见，审判公开也有例外情况。例如《刑事诉讼法》第 188 条规定："人民法院审判第一审案件应当公开进行。但是有关国家秘密或者个人隐私的案件，不公开审理；涉及商业秘密的案件，当事人申请不公开审理的，可以不公开审理。"《刑事诉讼法》第 285 条规定："审判的时候被告人不满十八周岁的案件，不公开审理。"一般而言，主要存在两种不公开审理的类型：一种为依法不公开；另一种为依申请不公开。人民法院应当对不公开审理的案件当庭宣布不公开审理的理由。依法公开审理的案件，旁听人员应当经过安全检查进入法庭旁听。因审判场所等客观因素所限，人民法院可以发放旁听证或者通过庭审视频、直播录播等方式满足公众和媒体了解庭审实况的需要。所有证据应当在法庭上公开，能够当庭认证的，应当当庭认证。除法律、司法解释规定可以不出庭的情形外，人民法院应当通知证人、鉴定人出庭作证。独任审判员、合议庭成员、审判委员会委员的基本情况应当公开，当事人依法有权申请回避。案件延长审限的情况应当告知当事人。人民法院对公开审理或者不公开审理的案件，一律在法庭内或者通过其他公开的方式公开宣告判决，以保障判决结果的透明、公开。

审判公开是以公开审理案件为核心。人民法院审判公开，是对宪法规定的公开审判原则的具体落实，是民主法治的要求，是在全社会实现公平和正义的重要保障。法院通过审判公开将审判过程置于社会监督之下，增加了司法的透明度，加强了民众的监督。同时审判公开满足了公众的知情权，有利于提高司法的公信力。

(二)直接言词原则

直接言词原则是直接原则和言词原则的总称。该原则既是一项证据法原则，也是一

① 左卫民：《现实与理想：关于中国刑事诉讼的思考》，北京大学出版社 2013 年版，第 133 页。

项刑事审判的基本原则。它要求法官必须在法庭上亲自听取当事人和其他诉讼参与人的陈述，案件事实和证据必须以口头方式向法庭提出，调查证据以口头举证、质证、辩论的方式进行。

直接原则又分为直接审理原则和直接采证原则。直接审理原则，是指法官必须亲自出席庭审，不能委托他人代为行使审判权。现实中出现的案件审批、审判委员会开会定案与该原则相违背，应当重新进行审判，防止权力的滥用。在法官审理案件时，公诉人、当事人和其他诉讼参与人应当在场，除特别规定以外，上述人员不在场时，不得进行法庭审理；否则，审判活动无效。直接采证原则，是指刑事庭审中证据的调查与采取，应当由法官亲自进行，尽可能运用最大限度接近事实的证据方法，通过法庭调查、双方辩论后采信的证据才能作为最后判决的依据。

言词原则，是指法庭审理应该以言词为载体，要求以言词陈述或问答形式在庭上显现的诉讼材料，才可以作为法院裁判的基础。即要求被告人、被害人以口头方式陈述，证人、鉴定人以口头方式作证，控诉方与被告人及其辩护人以口头方式进行辩论、质证。凡是未经口头方式调查的证据，不得为法院采信，更不得作为判决的依据。凡由于特殊情况不能出庭的证人应当由书面证言代替出庭作证。

直接言词原则有利于及时查明案件事实真相，通过当庭调查、辩论明晰案件争议焦点，以便作出准确的判断。同时有助于保护当事人的合法权利，实现控辩双方在同等的条件下进行举证、质证、辩论等活动，体现了诉讼的民主性。

虽然我国现行《刑事诉讼法》没有对直接言词原则作出明确规定，但在关于证人出庭、法庭调查和法庭辩论等相关程序中都可以体现出这一原则所包含的精神和要求，尤其是在第一审程序中和在开庭审理的第二审程序中有所体现。然而，我们也应该看到，目前，由于我国司法实践中证人、鉴定人出庭率很低，笔录类证据被大量使用，使得直接言词原则在我国并未得到全面的贯彻和落实。在刑事案件庭审过程中，违背庭审中心和直接言词原则的情况还时有发生。

（三）集中审理原则

集中审理原则，又称不间断审理原则，是指法院不间断开庭审理案件。每起案件的合议庭成员或法官不能更换，除因特殊原因外必须始终参加庭审。庭审时间不能中断，对一个案件的审判应该一次性持续完成，除因法定节假日以外，不应当有数日间隔。审判以庭审为中心，所有的事实、证据和法律适用都在庭审中一并提出，法庭调查、法庭辩论、审判结论也应在庭审中形成。

集中审理的意义在于：(1)审理拖延会导致法官对书面证据的依赖，影响法官的自由心证，集中审理原则使案件得到及时审结，有利于保障自由心证的准确性；(2)避免法院交叉审理多起案件，导致庭审思路不清晰，集中审理原则有助于提高司法效率；(3)保障审判独立，缩小外部干涉的空间，排除非司法因素的干扰，有助于作出公正的裁决。

第三节　审判组织

一、刑事审判组织的概念

刑事审判组织，是指人民法院审理和判决具体的刑事案件的内部组织形式。根据《刑事诉讼法》第 3 条的规定，审判由人民法院负责，除法律特别规定的以外，其他任何机关、社会团体和个人都无权行使审判权。人民法院是审判权的法定主体，国家的司法权必须交由国家授权的专门机关统一、正确地行使。在司法实践中，人民法院要具体行使审判权，必须依托一定的审判组织代为行使，而审判组织则是特定的审判主体。

二、审判组织的种类和形式

2018 年《刑事诉讼法》修改了有关审判组织及合议庭人员构成的有关规定。《刑事诉讼法》第 183 条规定："基层人民法院、中级人民法院审判第一审案件，应当由审判员三人或者由审判员和人民陪审员共三人或者七人组成合议庭进行，但是基层人民法院适用简易程序、速裁程序的案件可以由审判员一人独任审判。"据此，人民法院审判刑事案件的组织基本形式有两种：合议制和独任制。此外，《人民法院组织法》第 36 条规定："各级人民法院设立审判委员会。审判委员会由院长、副院长和若干资深法官组成，成员应当为单数。"审判委员会实行民主集中制。审判委员会的任务是总结审判工作经验，讨论重大、疑难案件的法律适用和其他有关审判工作的重大问题。审判委员会对重大或者疑难案件的处理有最后的决定权，加强了审判集体的领导。因而，人民法院的审判组织形式主要包括三种：独任制、合议制和审判委员会。

(一)独任制

独任制，是指由一名审判员单独审判案件的审判组织。适用于简易的民事案件、轻微的刑事案件和法律规定的案件。根据《刑事诉讼法》第 216 条的规定，人民法院适用简易程序审理案件，对可能判处三年有期徒刑以下刑罚的，可以由审判员一人独任审判。另外，2018 年《刑事诉讼法》规定速裁程序的案件可以由审判员一人独任审判。为保证审判的独立性和公正性，审判员依法独任审判时，行使与审判长相同的职权，审判员认为有必要也可以提请院长决定提交审判委员会讨论决定。对于作出的决定，独任审判员应当执行，有不同意见的可以建议院长提交审判委员会复议。

(二)合议制

合议制，是指由三人以上审判人员组成合议庭进行集体审判的制度。根据《人民法院组织法》的规定，人民法院审判案件实行合议制，除法律特别规定外均可适用合议制。根据《刑事诉讼法》第216条的规定，适用简易程序审理案件，对可能判处三年有期徒刑以下刑罚的，可以组成合议庭进行审判，也可以由审判员一人独任审判。同时人民法院审理上诉和抗诉的案件应当由审判员组成合议庭进行。合议庭可以由审判员组成，也可以由审判员和人民陪审员混合组成。合议庭的组成人员、人数因法院级别、管辖级别不同而作如下区分：基层人民法院、中级人民法院审理第一审案件，应当由审判员三人或者由审判员和人民陪审员共三人或者七人组成合议庭进行；高级人民法院审判第一审案件应当由审判员三人至七人或者由审判员和人民陪审员共三人或者七人组成合议庭进行；最高人民法院审判第一审案件，应当由审判员三人至七人组成合议庭进行；人民法院审判上诉和抗诉案件，应当由审判员三人至五人组成合议庭进行。

人民陪审员在参与庭审时，同审判人员拥有同等的权利。《刑事诉讼法》第184条规定："合议庭进行评议的时候，如果意见分歧，应当按多数人的意见作出决定，但是少数人的意见应当写入笔录。评议笔录由合议庭的组成人员签名。"人民陪审员同合议庭其他组成人员意见分歧，要求合议庭将案件提请院长决定是否提交审判委员会讨论决定的，应当说明理由；人民陪审员提出的要求及理由应当写入评议笔录。评议笔录由合议庭的组成人员在审阅确认无误后签名。

人民陪审制作为合议制的组成方式之一，由陪审法官和职业法官共同组成合议庭进行审判。人民陪审员在人民法院执行职务时，同审判员有同等的权利，共同决定被告人的定罪量刑。但是由于人民陪审法官并无独立的定罪权，而是参与职业法官的审判活动，故而也称为参审制。在实践中，人民陪审员由于专业水平的限制同时缺乏严格的遴选程序，对审判结果的影响微不足道，导致人民陪审员无法真正行使法律赋予他们的权利，往往是"陪而不审"。针对人民陪审员制度在实践中出现的种种问题与争议，2004年第十届全国人大常委会第十一次会议通过了《关于完善人民陪审员制度的决定》，并于2005年5月1日实行。然而，在实施过程中逐渐发现，其本身仍然存在一些问题，以往实践中的诸多问题也没有得到根本性解决，人们现在对陪审制度有着一种近乎鸡肋的感觉：用之效能不彰，弃之不免可惜。人民陪审员制度的运行仍然举步维艰。

（三）审判委员会

审判委员会，是由人民法院院长、副院长和资深法官组成，对审判实行集体领导的组织形式。作为审判组织的一种形式，审判委员会的任务是总结审判经验，讨论重大的或者疑难的案件和其他有关审判工作的问题。对于拟判处死刑的案件、人民检察院抗诉的案件，合议庭应当提请院长决定提交审判委员会讨论决定。根据最高人民法院新出台的司法解释，审判委员会的决定，合议庭、独任审判员应当执行；有不同意见的，可以建议院长提交审判委员会复议。

根据我国《刑事诉讼法》的规定，对于疑难、复杂、重大的案件，合议庭认为难以作出决定的，由合议庭提请院长决定提交审判委员会讨论决定。据此，审判委员会不会直接主动干预案件的审理，而是由合议庭提请，再由院长决定是否提交审判委员会。针对讨论决定,合议庭应当执行,不得再有异议。这表明,审判委员会与合议庭之间是一种类似行政化的上下级关系。提交审判委员会讨论必然会导致法官丧失自身的审判独立权,审判委员会制度的存在对于普通法官确实有更深层次的意义。法官需要一种制度帮助他们排除人情关系,提高法官司法审判的素质和水平。

审判委员会制度是我国审判制度的一大特色,在总结审判经验,研究决定重大疑难案件,统一司法标准,保证办案质量以及抵制外界对公正司法的干扰等方面发挥了重要作用。学者对该制度的争议很大,在现代司法实践中,一直强调司法的公平、公开和公正。审判委员会在没有参与直接审理的情况下,只听取庭审法官的口头汇报,不易作出客观公正的判决,违背现代司法的直接言词原则,不符合程序正义的基本理念。为了严格区分应当和可以的界限,最高法院《解释》第 178 条第 2 款规定,对于拟判处死刑的案件、人民检察院抗诉的案件,合议庭应当提请院长决定提交审判委员会讨论决定。同条第 3 款规定,对合议庭成员意见有重大分歧的案件、新类型案件、社会影响重大的案件以及其他疑难、复杂、重大的案件,合议庭认为难以作出决定的,可以提请院长决定提交审判委员会讨论决定。

审判委员会制度推行的时间已久,对各级法院的影响深远持久。随着日渐暴露的不可化解的矛盾,改革趋势已深入人心。各地司法机关在积极反思审判委员会制度的基础上积极推动各种改革方案。2010 年 1 月最高人民法院发布的《关于改革和完善人民法院审判委员会制度的实施意见》明确规定:“审判委员会委员发表意见不受追究,并应当记录在案。”该规定有利于保障审判委员会委员的言论权利,但是,其负面效果在于该制度确认了审判权力与零责任承担后果的权责分离。审判委员会应被定位为重大疑难案件的权威咨询机构,而不是案件的裁判机构。按照最高人民法院的改革构想,借由设置专职审判委员会委员一职,可以部分解决审判委员会“不审而判”的问题。但是,设置专职审判委员会委员一职,依然不能避免“不审而判”这一问题的实质和核心,这仍然是一种间接的审理。有鉴于此,按照“谁裁判、谁负责”的司法改革精神,2018 年 10 月 26 日修正的《人民法院组织法》,对此进行了矫正,其在第 39 条规定:“审判委员会讨论案件,合议庭对其汇报的事实负责,审判委员会委员对本人发表的意见和表决负责。”

第四节　审级制度

一、审级制度的概念和意义

审级制度是一国司法制度的重要组成部分,是指法律规定的审判机关在组织体系上设置的等级,当事人可以上诉或检察机关可以抗诉几次,一个案件经过多少级法院审判后,裁判即发生法律效力的审判制度。

审级制度对于保障权利具有重要意义，具有权利救济和权力规制的功能，实现实体正义和程序正义。通过审级制度吸收不满，增加裁判的可接受性，可以提高裁判的公信力与权威性。

二、我国的审级制度

《刑事诉讼法》第10条规定："人民法院审判案件，实行两审终审制。"我国现行法律规定的审级制度为"两审终审制"，即一个案件至多经过两级人民法院审判即告终结的制度。地方各级人民法院按照第一审判程序对案件审理后所作出的判决、裁定，在法定期限内，有上诉权的主体提出上诉或者同级人民检察院提出抗诉，上一级人民法院就应当受理并按照第二审程序进行审判，所作出的终审判决和裁定立即发生法律效力，除依法应予以复核的死刑立即执行和死刑缓期两年执行的判决以及最高人民法院第一审案件的判决和裁定以外。对于已经发生法律效力的判决和裁定，当事人不服的，不能再上诉，只能提起申诉，按照审判监督程序进行处理。有学者将我国刑事审级制度概括为"以两审终审为主体，以死刑复核程序和审判监督程序为补充"的审级制度。第一，两审终审制符合我国地域辽阔、交通欠发达的实际情况；第二，两审终审制保证绝大多数刑事案件能够得到正确处理；第三，两审终审制有利于上级人民法院对下级人民法院的审判工作进行监督。我国实行两审终审制能够基本上保证案件得到正确的处理，死刑复核程序和审判监督程序能进一步提高案件的质量，增加权利救济的通道。

两审终审制并不意味着每个案件都要经过两级法院审理。最高人民法院对于第一审案件作出的判决和裁定具有终审效力，这是由最高人民法院是国家最高审判机关的法律地位所决定的。即使认为最高人民法院作出的第一审判决、裁定有错误，也不能提起上诉，只能按照审判监督程序处理。死刑立即执行的案件，经过两审终审后还需经过死刑复核程序。

第五节　人民陪审制度

一、人民陪审员适用范围

从审级上来看，人民陪审员参与审理的案件仅限于人民法院审判的第一审刑事、民事、行政案件。从案件范围来看，2018年《人民陪审员法》第15条规定了陪审员介入三大诉讼案件审判工作的法定情形，人民陪审员参与审理的案件范围有三类：(1)涉及群体利益、公共利益的；(2)人民群众广泛关注或者其他社会影响较大的；(3)案情复杂或者有其他情形，需要由人民陪审员参加审判的。陪审员参加的案件仅限于一审程序，且考量因素主要包括群体利益、公共利益、社会影响、复杂程度等。

另外,《人民陪审员法》第16条还规定了人民法院审判第一审案件有下列情形之一的,由人民陪审员和法官组成七人合议庭进行审理:(1)可能判处十年以上有期徒刑、无期徒刑、死刑,社会影响重大的刑事案件;(2)根据民事诉讼法、行政诉讼法提起的公益诉讼案件;(3)涉及征地拆迁、生态环境保护、食品药品安全,社会影响重大的案件;(4)其他社会影响重大的案件。

在申请权上,第一审刑事案件被告人、民事案件原告或者被告、行政案件原告申请由人民陪审员参加合议庭审判的,人民法院可以决定由人民陪审员和法官组成合议庭审判。在民事诉讼中,原被告双方地位完全平等,故皆有申请权;而刑事诉讼的被告人和行政诉讼的原告在诉讼地位上相较于另一方皆处于劣势,故有申请权,并且排除了他方当事人的申请权。

二、人民陪审员选任资格

根据《人民陪审员法》第5条的规定,公民担任人民陪审员应当具备一定的条件:(1)拥护中华人民共和国宪法;(2)年满二十八周岁;(3)遵纪守法、品行良好、公道正派;(4)具有正常履行职责的身体条件。担任人民陪审员,一般应当具有高中以上文化程度。《人民陪审员法》将陪审员的年龄从二十三岁改为年满二十八周岁,学历方面降至"高中以上文化程度"。年龄的提高主要是基于司法审判活动需要一定的社会阅历与生活经验方面的考虑。降低陪审员的学历主要是基于扩大选任范围的考虑,使人民陪审员更具普遍性、代表性。在英美陪审团制度中,陪审员被要求由"法律外行"担任,他们仅仅服从良心和道德,依据良知和生活经验对案件事实进行裁断,负责认定案件事实两不负责法律适用。通俗而言,陪审员在普通法系国家被要求"越接地气越好",只需朴素的法律观,不需要甚至不能具备十分专业的法律知识。

根据《人民陪审员法》第6条的规定,下列人员不能担任人民陪审员:(1)人民代表大会常务委员会的组成人员,监察委员会、人民法院、人民检察院、公安机关、国家安全机关、司法行政机关的工作人员;(2)律师、公证员、仲裁员、基层法律服务工作者;(3)其他因职务原因不适宜担任人民陪审员的人员。根据《人民陪审员法》第7条的规定,有下列情形之一的,不得担任人民陪审员:(1)受过刑事处罚的;(2)被开除公职的;(3)被吊销律师、公证员执业证书的;(4)被纳人失信被执行人名单的;(5)因受惩戒被免除人民陪审员职务的;(6)其他有严重违法违纪行为,可能影响司法公信的。

另外,《人民陪审员法》第27条还规定了人民职务免除的情形:"(1)本人因正当理由申请辞去人民陪审员职务的;(2)具有本法第六条、第七条所列情形之一的;(3)无正当理由,拒绝参加审判活动,影响审判工作正常进行的;(4)违反与审判工作有关的法律及相关规定,徇私舞弊,造成错误裁判或者其他严重后果的。人民陪审员有前款第三项、第四项所列行为的,可以采取通知其所在单位、户籍所在地或者经常居住地的基层群众性自治组织、人民团体,在辖区范围内公开通报等措施进行惩戒;构成犯罪的,依法追究刑事责任。"

三、陪审员选任程序

1.确定名额

人民陪审员的名额，由基层人民法院根据审判案件的需要，提请同级人民代表大会常务委员会确定。人民陪审员的名额数不得低于本院法官数的三倍。

2.候选人员

司法行政机关会同基层人民法院、公安机关，从辖区内的常住居民名单中随机抽选拟任命人民陪审员数五倍以上的人员作为人民陪审员候选人，对人民陪审员候选人进行资格审查，征求候选人意见。

《人民陪审员法》志在改革原有陪审员机制中的“陪而不审、审而不判”的弊端，消除陪审员的摆设性。“随机抽选候选人”强化了其代表性与广泛性，以真正体现司法民主。注意此处的“随机”是立足于“辖区内的常住居民名单”而非“选民名单”。最高人民法院在《人民陪审员法(草案)》的说明中指出，选民名单每隔五年才更新一次，信息滞后严重，而由公安机关提供的常住居民名单则是及时更新的。

3.确定人选

司法行政机关会同基层人民法院，从通过资格审查的人民陪审员候选人名单中随机抽选确定人民陪审员人选，由基层人民法院院长提请同级人民代表大会常务委员会任命。

4.参审人员

基层人民法院审判案件需要由人民陪审员参加合议庭审判的，应当在人民陪审员名单中随机抽取确定。中级人民法院、高级人民法院审判案件需要由人民陪审员参加合议庭审判的，在其辖区内的基层人民法院的人民陪审员名单中随机抽取确定。

5.申请推荐

根据《人民陪审员法》第11条的规定，因审判活动需要，可以通过个人申请和所在单位、户籍所在地或者经常居住地的基层群众性自治组织、人民团体推荐的方式产生人民陪审员候选人，经司法行政机关会同基层人民法院、公安机关进行资格审查，确定人民陪审员人选，由基层人民法院院长提请同级人民代表大会常务委员会任命，依照前款规定产生的人民陪审员，不得超过人民陪审员名额数的五分之一。

6.任期限制

人民陪审员的任期为五年，一般不得连任。另外，人民法院应当结合本辖区实际情况，合理确定每名人民陪审员年度参加审判案件的数量上限，并向社会公告。

7.组合方式

人民陪审员和法官组成合议庭审判案件，由法官担任审判长，可以组成三人合议庭，也可以由法官三人与人民陪审员四人组成七人合议庭。

《人民陪审法》明确规定了能够适用陪审员的三人合议庭与七人合议庭。三人合议庭的组成方式可以是“1＋2”模式(二名陪审员)，也可以是“2＋1”模式(一名陪审员)。而针对七人合议庭，则明确限定为“3+4”模式（四名陪审员）。

四、人民陪审员的权利和义务

（一）权　利

公民有依法担任人民陪审员的权利。人民陪审员依法参加人民法院的审判活动，除法律另有规定外，同法官有同等权利。人民陪审员参加三人合议庭审判案件，对事实认定、法律适用，独立发表意见，行使表决权。人民陪审员参加七人合议庭审判案件，对事实认定，独立发表意见，并与法官共同表决；对法律适用，可以发表意见，但不参加表决。合议庭评议案件，实行少数服从多数的原则。人民陪审员同合议庭其他组成人员意见分歧的，应当将其意见写入笔录。合议庭组成人员意见有重大分歧的，人民陪审员或者法官可以要求合议庭将案件提请院长决定是否提交审判委员会讨论决定。

人民陪审员与法官有同等的权利，但是要注意例外情况：（1）从审判案件范围来说，有的案件陪审员是不参与的，比如简易程序、速裁程序法官独任审判的案件，单个陪审员是不能审理案件的，再如二审案件根据法律规定只能由法官组成合议庭审判，陪审员不参加的；（2）审理案件的审判长只能由法官担任，主持庭审的只能是法官，陪审员没有这项权利；（3）合议庭合议，原则上陪审员与法官是同权的，在三人合议庭里面法官和陪审员完全同权，事实问题、法律问题都一样，但是在七人合议庭中有一个区分，对于事实问题的认定、发表意见等，陪审员和法官同权，但对法律适用问题，只有三位合议庭法官参与表决，陪审员不参加表决，只发表意见。七人合议庭，即由三名法官、四名人民陪审员组成的合议庭，已经有三名法官，就法律适用问题已经可以形成合议，这也就明确了“3+4”的合议方式，在事实问题上七人合议，法律问题上三人合议。

在履职保障方面，人民陪审员的人身和住所安全受法律保护，任何单位和个人不得对人民陪审员及其近亲属打击报复；人民陪审员参加审判活动期间，所在单位不得克扣或者变相克扣其工资、奖金及其他福利待遇；人民陪审员参加审判活动期间，由人民法院依照有关规定按实际工作日给予补助。人民陪审员因参加审判活动而支出的交通、就餐等费用，由人民法院依照有关规定给予补助。

（二）义务

人民陪审员应当忠实履行审判职责，保守审判秘密，注重司法礼仪，维护司法形象。另外，人民陪审员应当按照要求参加培训。

思考与训练

一、思考题

1. 七人合议庭，为什么限定为“3＋4”模式？
2. 陪审员为什么不能参加五人合议庭？

二、选择题

1. 审判长在法庭审理过程中突发心脏病，无法继续参加审判，需在庭外另行指派其他审判人员参加审判。法院院长的下列哪一做法是正确的？（　　）
   A. 指派一名陪审员担任审判长重新审理
   B. 指派一名审判员担任审判长继续审理
   C. 指派一名陪审员并指定原合议庭一名审判员担任审判长继续审理
   D. 指派一名审判员担任审判长重新审理
2. 下列哪些选项体现了集中审理原则的要求？（　　）（多选）
   A. 案件一旦开始审理即不得更换法官
   B. 法庭审理应当不中断地进行
   C. 更换法官或者庭审中断时间较长的，应当重新审理
   D. 法庭审理应当公开进行
3. 下列哪一选项体现直接言词原则的要求？（　　）
   A. 法官亲自收集证据
   B. 法官亲自在法庭上听取当事人、证人及其他诉讼参与人的口头陈述
   C. 法庭审理尽可能不间断地进行
   D. 法庭审理应当公开进行证据调查与辩论
4. 某市法院审理本市第一起醉酒驾车刑事案件。下列哪个说法正确？（　　）
   A. 审判长可以提请庭长组织相关审判人员共同讨论
   B. 法院院长可以主动组织相关审判人员共同讨论并作决定
   C. 院长按照规定组织相关审判人员共同讨论
   D. 法院院长可以指定庭长组织相关审判人员共同讨论
5. 陪审员王某参加一起案件审判。被告辩护人当庭提出被告有正当防卫和自首情节，公诉人予以否定，提请合议庭不予采信。审判长并没有就此进行调查。王某对审判长没有征询合议庭其他成员意见就决定不予调查，在评议时提出异议，但审判长不同意。对此，王某可以行使的权利，下列哪一个选项是正确的？（　　）
   A. 要求合议庭将案件提请院长决定是否展开调查
   B. 要求合议庭将案件提交审判委员会讨论决定
   C. 提请院长决定是否提交审判委员会讨论决定

D. 要求合议庭提请院长决定是否提交审判委员会讨论决定

6. 根据《最高人民法院关于进一步加强合议庭职责的若干规定》，关于合议庭，下列哪些说法是正确的？（　　）（多选）

A. 合议庭是法院的基本审判组织，由审判员和人民陪审员随机组成

B. 合议庭成员因对案件事实和证据认识上的偏差而导致案件被改判或者发回重审的不承担责任

C. 合议庭成员因法律修订或者政策调整而导致案件被改判或者发回重审的不承担责任

D. 开庭审理时，合议庭成员从事与该庭审无关的活动，当事人提出异议合议庭不纠正的，当事人可以要求延期审理，并将有关情况记入庭审笔录

7. 张某系某基层法院陪审员，可以参与审判下列哪些案件？（　　）（多选）

A. 所在区基层法院适用简易程序审理的案件

B. 所在市中级法院审理的一审案件

C. 所在市中级法院审理的二审案件

D. 所在省高级法院审理的一审案件

8. 关于合议庭的组成及活动原则，下列哪些选项是正确的？（　　）（多选）

A. 在审判员不能参加合议庭时，经院长指定，助理审判员可以临时代行审判员职务担任审判长

B. 开庭审理和评议案件，必须由同一合议庭进行

C. 合议庭成员如有意见分歧，应当按照三分之二以上多数作出决定

D. 经审判委员会讨论决定的案件，合议庭有不同意见时，可以建议院长提交审判委员会复议

9. 下列关于人民陪审员的哪些表述是错误的？（　　）（多选）

A. 人民陪审员不得担任审判长

B. 人民陪审员有权参加法院所有的审判活动

C. 人民陪审员参加中级人民法院审判活动的，应当从本院的人民陪审员名单中随机抽取确定

D. 合议庭评议案件时，对于法律适用问题，人民陪审员应当接受法官的指导

三、案例分析

2014 年 2 月 28 日，曾世杰被控故意杀人一案，在成都市中级人民法院公开宣判，以故意杀人罪判处曾世杰死刑，缓期两年执行，剥夺政治权利终身，并对其限制减刑。

曾世杰是四川大学公共管理学院 2008 级信息资源管理专业本科生。2010 年 3 月 30 日晚，他用事先准备好的尖刀在川大江安校区刺杀陌生人，致一名女生死亡、两名男生受伤，曾世杰被当场抓获。在个人陈述中，其称，自己上大学后在相貌、经济等方面“受到很多人的嘲笑与歧视，加之性格内向，不爱与人交谈，遇到什么事都爱憋在心里，时间长了便产生了特别强烈的抑郁感与自卑心理”。

2010 年 12 月 29 日，法院以故意杀人罪判处曾世杰死刑，剥夺政治权利终身。一审

判决后，曾世杰向四川省高院提起上诉。2012 年 3 月，四川省高院以“原判认定事实不清、证据不足”为由，作出发回重审的判决。成都法院重审认为，曾世杰的行为已构成故意杀人罪，应依法严惩。鉴于曾世杰有坦白情节，认罪悔罪态度较好，且该案重审期间，曾的亲属在经济条件极为困难的情况下尽最大可能进行赔付，故综合考虑相关情节因素，依法作出了上述判决。

问题：

死刑立即执行的案件是否适用两审终审制，为什么？

（扫描二维码获取参考答案）

补充阅读

《美国陪审团制度对中国陪审员制度发展的启示》

（扫描二维码阅读）

第二十章

第一审程序

导读

通过本章的学习，掌握公诉案件第一审程序、自诉案件第一审程序、简易程序、速裁程序的特点、程序设置，熟悉并能运用有关第一审程序的刑事诉讼法及相关法律、司法解释的规定。

第一节　公诉案件第一审普通程序

一、公诉案件第一审普通程序的概念

公诉案件第一审普通程序，指的是人民法院对公诉机关提起的公诉案件进行初次审判时所需要遵循的既定步骤、方式和方法。公诉案件第一审普通程序主要包括庭前审查、庭前准备、法庭审判以及延期、中止和终止审理等诉讼环节。《刑事诉讼法》第186条至209条对公诉案件的第一审普通程序作出了相关规定。

二、庭前审查

(一)庭前审查的概念

所谓庭前审查，指的是人民法院对人民检察院提起公诉的案件在还未决定是否开庭前所进行的审查活动，即通过庭前审查其是否具备开庭审判条件并作出是否开庭决定的活动。我国《刑事诉讼法》第186条对庭前审查作出了明确规定，人民法院对提起公诉的案件进行审查后，对于起诉书中有明确的指控犯罪事实的，应当决定开庭审判。此处，“明确的指控犯罪事实”所指的是程序性审查的主要内容，并非实体性审查，即只有通过该形式性审查，满足开庭审理的条件，才能启动案件的审理程序。通过庭前审查这道程序，在正式审理前能够有效地进行案件的初步过滤，在避免浪费审判资源的同时起到了对被告人合法权益的有效保障的作用。

(二)庭前审查的方式、内容及期限

1.庭前审查的方式

庭前审查为指定审判人员原则上通过书面审查的形式审阅公诉机关移送的起诉书等相关材料并按照不同情形作出相应处理，即在该阶段法院不能进行提审被告人以及展开证据调查工作，也不能与相关人员接触，只能在公诉机关移送的材料范围内进行审查以保证庭前审查的中立性和公正性。

2.庭前审查的内容

根据最高法院《解释》第180条的规定，对提起公诉的案件，人民法院应当在收到起诉书(一式八份，每增加一名被告人，增加起诉书五份)和案卷、证据后，指定审判人员审查以下内容：

(1)是否属于本院管辖。

(2)起诉书是否写明被告人的身份，是否受过或者正在接受刑事处罚，被采取强制措

施的种类、羁押地点，犯罪的时间、地点、手段、后果以及其他可能影响定罪量刑的情节；

(3)是否移送证明指控犯罪事实的证据材料，包括采取技术侦查措施的批准决定和所收集的证据材料。需要说明的是，这里的证据材料主要指的是在起诉书中涉及的在《刑事诉讼法》第50条规定的证据种类中的主要证据，以及在相同种类多个证据中被确定为主要证据的，如果某一类证据只有一个证据，其即为主要证据，还有作为法定量刑情节的自首、立功、累犯、防卫过当等证据。

(4)是否查封、扣押、冻结被告人的违法所得或者其他涉案财物，并附证明相关财物依法应当追缴的证据材料。

(5)是否列明被害人的姓名、住址、联系方式；是否附有证人、鉴定人名单；是否申请法庭通知证人、鉴定人、有专门知识的人出庭，并列明有关人员的姓名、性别、年龄、职业、住址、联系方式；是否附有需要保护的证人、鉴定人、被害人名单。

(6)当事人已委托辩护人、诉讼代理人，或者已接受法律援助的，是否列明辩护人、诉讼代理人的姓名、住址、联系方式。

(7)是否提起附带民事诉讼；提起附带民事诉讼的，是否列明附带民事诉讼当事人的姓名、住址、联系方式，是否附有相关证据材料。

(8)侦查、审查起诉程序的各种法律手续和诉讼文书是否齐全。

(9)有无《刑事诉讼法》第16条第2项至第6项规定的不追究刑事责任的情形：①犯罪已过追诉时效期限的；②经特赦令免除刑罚的；③依照刑法告诉才处理的犯罪，没有告诉或者撤回告诉的；④犯罪嫌疑人、被告人死亡的；⑤其他法律规定免予刑事责任的。

3.庭前审查的期限

根据最高法院《解释》第181条的规定，对公诉案件是否受理，应当在七日内审查完毕，并且审查所需时间计入审理期限。

(三)庭前审查的结果处理

根据最高法院《解释》第181条的规定，人民法院对提起公诉的案件审查后，应当按照下列情形分别处理：

(1)属于告诉才处理的案件，应当退回人民检察院，并告知被害人有权提起自诉；

(2)不属于本院管辖或者被告人不在案的，应当退回人民检察院；

(3)不符合前条第2项至第8项规定之一，需要补充材料的，应当通知人民检察院在三日内补送；

(4)依照《刑事诉讼法》第200条第3项的规定，宣告被告人无罪后，人民检察院根据新的事实、证据重新起诉的，应当依法受理；

(5)依照本解释第242条的规定，裁定准许撤诉的案件，没有新的事实、证据，重新起诉的，应当退回人民检察院；

(6)符合《刑事诉讼法》第16条第2项至第6项规定情形的，应当裁定终止审理或者退回人民检察院；

(7)被告人真实身份不明，但符合《刑事诉讼法》第160条第2款规定的，应当依法受理。

三、庭前准备

庭前准备是在法院对公诉案件进行庭前审查之后，鉴于开庭审判需要在公诉人、被害人、被告人等多方参与下进行，对决定进行开庭审理的案件需要依法进行必要的准备工作，以保证庭审的顺利进行。

（一）庭前准备工作

根据《刑事诉讼法》第187条及最高法院《解释》第182条的规定，人民法院决定开庭审判后，应当进行下列准备工作：(1)应当确定审判长及合议庭组成人员；(2)将人民检察院的起诉书副本至迟在开庭十日以前送达被告人及其辩护人；(3)在开庭以前，审判人员可以召集公诉人、当事人和辩护人、诉讼代理人，对回避、出庭证人名单、非法证据排除等与审判相关的问题，了解情况，听取意见；并通知当事人、法定代理人、辩护人、诉讼代理人在开庭五日前提供证人、鉴定人名单，以及拟当庭出示的证据；申请证人、鉴定人、有专门知识的人出庭的，应当列明有关人员的姓名、性别、年龄、职业、住址、联系方式；(4)人民法院确定开庭日期后，应当将开庭的时间、地点在开庭三日前通知人民检察院；(5)传唤当事人及通知辩护人、诉讼代理人、证人、鉴定人和翻译人员，传票和通知书至迟在开庭三日以前送达；(6)公开审判的案件，应当在开庭三日以前先期公布案由、被告人姓名、开庭时间和地点。另外，依法公开审理案件，公民可以旁听，但精神病人、醉酒的人和未经人民法院批准的未成年人除外。上述活动情形应当写入笔录，由审判人员和书记员签名。

（二）庭前会议

根据最高法院《解释》第183条和第184条的规定，案件如出现下列情况之一的，审判人员可以召开庭前会议：(1)当事人及其辩护人、诉讼代理人申请排除非法证据的；(2)证据材料较多、案情重大复杂的；(3)社会影响重大的；(4)需要召开庭前会议的其他情形。召开庭前会议，根据案件情况，可以通知被告人参加。

召开庭前会议，审判人员可以向控辩双方了解情况，听取意见。根据最高法院《解释》第184条的规定，主要包括以下内容：(1)是否对案件管辖有异议；(2)是否申请有关人员回避；(3)是否申请调取侦查、审查起诉期间公安机关、人民检察院收集但未随案移送的证明被告人无罪或者罪轻的证据材料；(4)是否提供新的证据；(5)是否对出庭证人、鉴定人、有专门知识的人的名单有异议；(6)是否申请排除非法证据；(7)是否申请不公开审理；(8)与审判相关的其他问题。审判人员可以问询控辩双方对证据材料有无异议，对有异议的证据，应当在庭审时重点调查；无异议的，庭审时举证、质证可以简化。被害人或者其法定代理人、近亲属提起附带民事诉讼的，可以调解。庭前会议情况应当制作笔录。

(三)拟定法庭审理提纲

在开庭审理之前,合议庭可以在全面了解案情之后拟定法庭审理提纲。提纲一般包括合议庭成员在庭审过程中的具体分工情况,起诉书指控的犯罪事实的重点和认定案件性质的要点以及争议点,讯问被告人时需了解的案情要点,出庭的证人、鉴定人、有专门知识的人、侦查人员的名单,控辩双方申请当庭出示的证据目录,庭审中可能出现的问题以及应对措施,等等。

四、法庭审判

公诉案件的法庭审判,是在合议庭的审判长主持下确保公诉人、被告人、被害人及其他诉讼参与人多方参与的诉讼活动和程序,其通过调查核实证据,查清案件事实以及充分听取控辩双方对证据、案件事实和法律适用的意见,依法经过合议庭评议确定被告人刑事责任问题。根据《刑事诉讼法》的相关规定,该诉讼程序分别包括宣布开庭、法庭调查、法庭辩论、被告人最后陈述、评议和宣判等五个阶段。

(一)宣布开庭

在进入实体审理阶段之前,要先进入开庭阶段的程序性审查环节。根据《刑事诉讼法》以及最高法院《解释》的相关规定,该环节主要包括以下主要工作:

1.开庭审理前,书记员应当依次进行以下工作:(1)受审判长委托,查明公诉人、当事人、证人及其他诉讼参与人是否到庭;(2)宣读法庭规则;(3)请公诉人及相关诉讼参与人入庭;(4)请审判长、审判员(人民陪审员)入庭;(5)审判人员就座后,向审判长报告开庭前的准备工作已经就绪。

2.审判长宣布开庭,传被告人到庭后,应当查明被告人的下列情况:(1)姓名、出生日期、民族、出生地、文化程度、职业、住址,或者被告单位的名称、住所地、诉讼代表人的姓名、职务;(2)是否受过法律处分及处分的种类、时间;(3)是否被采取强制措施及强制措施的种类、时间;(4)收到起诉书副本的日期;有附带民事诉讼的,附带民事诉讼被告人收到附带民事起诉状的日期。被告人较多的,可以在开庭前查明上述情况,但开庭时审判长应当作出说明。

3.审判长宣布案件的来源、起诉的案由、附带民事诉讼当事人的姓名及是否公开审理。根据《刑事诉讼法》第188条的规定,人民法院审判第一审案件应当公开进行。但是有关国家秘密或者个人隐私的案件,不公开审理;涉及商业秘密的案件,当事人申请不公开审理的,可以不公开审理。不公开审理的案件,应当当庭宣布不公开审理的理由。

4.审判长宣布合议庭组成人员、书记员、公诉人名单及辩护人、鉴定人、翻译人员等诉讼参与人的名单。

5.审判长应当告知当事人及其法定代理人、辩护人、诉讼代理人在法庭审理过程中依法享有下列诉讼权利:(1)可以申请合议庭组成人员、书记员、公诉人、鉴定人和翻译人员回避;(2)可以提出证据,申请通知新的证人到庭、调取新的证据,申请重新鉴定或者勘验、检查;(3)被告人可以自行辩护;(4)被告人可以在法庭辩论终结后作最后陈述。

6.审判长应当询问当事人及其法定代理人、辩护人、诉讼代理人是否申请回避、申请何人回避和申请回避的理由。当事人及其法定代理人、辩护人、诉讼代理人申请回避的,依照刑事诉讼法及本解释的有关规定处理。同意或者驳回回避申请的决定及复议决定,由审判长宣布,并说明理由。必要时,也可以由院长到庭宣布。

7.被告人认罪认罚的,审判长应当告知被告人享有的诉讼权利和认罪认罚的法律规定,审查认罪认罚的自愿性和认罪认罚具结书内容的真实性、合法性。

8.对于共同犯罪案件,应将各被告人同时传唤到庭,逐一查明身份及基本情况后,集中宣布上述事项和被告人在法庭审理过程中享有的权利,询问是否申请回避,以避免重复,节省开庭时间。

(二)法庭调查

在宣布开庭之后,由审判长宣布正式进入法庭调查阶段。法庭调查阶段是刑事案件庭审过程的关键一环,是刑事审判的核心,标志着案件正式进入实体审理阶段。法庭调查是在公诉人、当事人和其他诉讼参与人共同参加下,由合议庭主持当庭对案件的事实和证据进行调查核对,其旨在对与定罪量刑相关的案件事实认定,证据是否采信,是否承担刑事责任以及相关法定或酌定量刑情节等作出对应的调查结论,为后续的裁判提供有力依据。最高法院《解释》第227条规定,对被告人认罪的案件,在确认被告人了解起诉书指控的犯罪事实和罪名,自愿认罪且知悉认罪的法律后果后,法庭调查可以主要围绕量刑和其他有争议的问题进行。对被告人不认罪或者辩护人作无罪辩护的案件,法庭调查应当在查明定罪事实的基础上,查明有关量刑事实。

根据《刑事诉讼法》第191条至197条的规定,法庭调查一般按照以下顺序展开:

1.由公诉人宣读起诉书,附带民事诉讼原告人或者法定代理人、诉讼代理人宣读附带民事起诉状。进入法庭调查后,首先由公诉人宣读起诉书,向法庭说明其指控的罪名、相关事实法律依据及量刑意见。宣读起诉书时,如果一案有数名被告人,应同时在场。如果起诉书指控的被告人犯罪事实为两起以上的,一般就不同犯罪事实分别进行法庭调查。有附带民事诉讼的,再由附带民事诉讼的原告人或者法定代理人、诉讼代理人宣读附带民事起诉状。

2.被告人、被害人就起诉书指控的犯罪事实进行分别陈述。公诉人宣读完起诉书之后,被告人如果承认起诉书指控的全部犯罪事实,就应当对其犯罪行为进行陈述;如果否认指控的全部或者部分犯罪事实,就应当对其否认部分的犯罪事实做出相应的辩解意见。在被告人陈述之后,被害人可以就起诉书指控的犯罪事实陈述自己的受害经过。充分听取当事人双方就指控犯罪事实发表的意见,有助于合议庭中立地还原案情,充分了解双方意愿。

3.讯问、发问被告人,发问被害人、附带民事诉讼原告人。(1)讯问被告人。在审判长的主持下,公诉人可以就起诉书指控的犯罪事实讯问被告人以证实起诉书中指控的犯罪事实，讯问一般采取一问一答的方式。根据最高法院《解释》第 198 条、第 213 条和第 214 条的规定，为确保讯问内容的关联性和合法性，避免不当讯问，讯问一般围绕以下事实展开：被告人的身份、指控的犯罪事实是否存在，是否是被告人实施的，实施犯罪行为的时间、地点、方法、手段、对象、目的、动机及结果等，共同犯罪案件中参与犯罪人员各自的地位和作用、有无刑事责任能力及法定从重或者从轻、减轻及免除刑罚的情节等。(2)发问被告人。经审判长准许，被害人以及法定代理人、诉讼代理人，附带民事诉讼原告人及其法定代理人、诉讼代理人，被告人的法定代理人、辩护人，附带民事诉讼被告人及其法定代理人、诉讼代理人，可以向被告人发问。被害人作为受害者，在公诉方讯问之后进行补充性发问，有助于还原案情，通过当庭揭露被告人做出的虚假陈述或辩解加大指控的力度。附带民事诉讼原告人及其法定代理人、诉讼代理人就附带民事诉讼部分向被告人发问，以证明此犯罪行为给自己带来的物质或者精神损失及被告人应当承担的损害赔偿责任。反之，被告人的法定代理人、辩护人，附带民事诉讼被告人及其法定代理人、诉讼代理人可以通过发问被告人挖掘揭示有利于被告人的事实、情节和证据，引起合议庭的注意，维护被告人的合法权益。(3)发问被害人、附带民事诉讼原告人。经审判长准许，控辩双方可以对被害人、附带民事诉讼原告人进行发问，控方可以通过发问加大指控力度，使合议庭采信其指控的犯罪事实，辩护方可以通过发问揭示发现有利于被告人的案件信息，维护被告人的合法权益。(4)审判人员讯问被告人，发问被害人、附带民事诉讼原告人。在各方陈述、讯问、发问之后，审判人员认为存在疑点或者表述不清有必要针对性补充讯问被告人或者发问被害人、附带民事诉讼原告人的，应当在调查过程中进行讯问或发问，进一步消除疑点。

在审判长主持下，对于共同犯罪案件中的同案审理的被告人应当分别进行讯问、发问，以免发生串供等相互影响的不利于查明案件事实的现象，但必要时，可以通过传唤同案被告人等到庭对质攻破虚假陈述，帮助还原案情。

4.出示、核实证据。根据《刑事诉讼法》第 50 条、第 51 条的规定，只有经过查证属实的证据才能成为定案的根据，而公诉案件中被告人有罪的举证责任由人民检察院承担。因此，核查证据是在公诉方主导的举证基础上有序进行的，公诉人通过分组出示证据，提请相关证人、鉴定人出庭作证等方式进行举证，被害人及其法定代理人、诉讼代理人，附带民事诉讼原告人及其法定代理人、诉讼代理人也能够提请相关证人、鉴定人出庭作证。与此相对，在控方举证之后，辩护方需要进行对应的质证。同理，辩护方对有利于被告人的证据进行举证之后，控方同样可以发表相应的质证意见。由此可见，控辩双方向法庭提交的证据都需要经过当庭的质证、辨认和辩论。但是任何一方申请出示的证据以及提请相关证人、鉴定人出庭作证都需要对证据的名称、来源和证明对象作出规范的说明。法庭认为有必要的，应当准许；对方提出异议认为系与案件无关或者重复举证的，法庭审查后认为异议成立的，可以不予准许。已经移送法院的证据，双方可以向法院申请出示。例如辩护方可以申请播放指定的侦查讯问阶段的录音录像，法庭同意后由值庭法警出示，需要宣读的交由申请人宣读。控辩双方互相举证、质证、辩论的具体程序规则如下：

(1)询问证人、鉴定人。根据《刑事诉讼法》第 192 条的规定，公诉人、当事人或者辩护人、诉讼代理人对证人证言有异议，且该证人证言对案件定罪量刑有重大影响，人民法院认为证人有必要出庭作证的，证人应当出庭作证。人民警察就其执行职务时目击的犯罪情况作为证人出庭作证，适用前款规定。公诉人、当事人或者辩护人、诉讼代理人对鉴定意见有异议，人民法院认为鉴定人有必要出庭的，鉴定人应当出庭作证。经人民法院通知，鉴定人拒不出庭作证的，鉴定意见不得作为定案的根据。由此可见，并不是所有的证人、鉴定人都需要出庭作证，证人出庭需要同时满足以下几个条件：第一，公诉人、当事人或者辩护人、诉讼代理人对证人证言有异议。第二，该证人证言对案件定罪量刑有重大影响。第三，人民法院认为证人有必要出庭作证的。相比较而言，鉴定人出庭需要同时满足“公诉人、当事人或者辩护人、诉讼代理人对鉴定意见有异议”和“人民法院认为鉴定人有必要出庭的”两个条件。提请证人或者鉴定人出庭作证都必须是法院认为有必要的，说明即便存在异议但是法院认为没必要的也可以拒绝控辩双方的此类要求。

但对应当出庭作证的证人和鉴定人也作出了相应的规定。根据《刑事诉讼法》第 193 条的规定，经人民法院通知，证人没有正当理由不出庭作证的，人民法院可以强制其到庭，但是被告人的配偶、父母、子女除外。证人没有正当理由拒绝出庭或者出庭后拒绝作证的，予以训诫，情节严重的，经院长批准，处以十日以下的拘留。被处罚人对拘留决定不服的，可以向上一级人民法院申请复议。复议期间不停止执行。六机关《规定》第 28 条规定，人民法院依法通知证人、鉴定人出庭作证的，应当同时将证人、鉴定人出庭通知书送交控辩双方，控辩双方应当予以配合。由此可见，法律赋予了应当出庭作证的证人和鉴定人出庭作证的义务，但也有例外。最高法院《解释》第 205 条规定，无法通知或者证人拒绝出庭的，应当及时告知申请人。《解释》第 206 条规定，证人具有下列情形之一，无法出庭作证的，人民法院可以准许其不出庭：在庭审期间身患严重疾病或者行动极为不便的；居所远离开庭地点且交通极为不便的；身处国外短期无法回国的；有其他客观原因，确实无法出庭的。具有前款规定情形的，可以通过视频等方式作证。另外，根据最高法院《解释》第 86 条的规定，经人民法院通知，鉴定人拒不出庭作证的，鉴定意见不得作为定案的根据。鉴定人由于不能抗拒的原因或者有其他正当理由无法出庭的，人民法院可以根据情况决定延期审理或者重新鉴定。对没有正当理由拒不出庭作证的鉴定人，人民法院应当通报司法行政机关或者有关部门。

证人、鉴定人到庭后，审判人员应当先核实其身份、与当事人以及本案的关系，并告知其应当如实提供证言和有意作伪证或隐匿罪证要负的法律责任，在其作证前应当作出保证并在如实作证的保证书上签名。向证人、鉴定人发问，应当由提出申请的一方先进行，完毕后，经过审判长准许，另一方再进行发问。发问证人、鉴定人的内容应当与本案事实有关，不得以诱导方式发问，不得威胁证人、鉴定人，不得损害证人、鉴定人的人格尊严。鉴于此，审判长对于向证人、鉴定人发问的内容与本案无关或者发问方式不当的，应当制止；对于控辩双方认为对方发问的内容与本案无关或者发问方式不当提出异议的，审判长应当判明情况予以支持或者驳回。在控辩双方发问之后，审判人员认为有必要的，也可以进行询问。证人、鉴定人经过询问之后，审判长应当告知其退庭，不得旁听法庭审理，以免影响证人证言、鉴定意见的客观性。

需要注意的是,最高法院《解释》规定,审判危害国家安全犯罪、恐怖活动犯罪、黑社会性质的组织犯罪、毒品犯罪等案件,证人、鉴定人、被害人因出庭作证,本人或者其近亲属的人身安全面临危险的,人民法院应当采取不公开其真实姓名、住址和工作单位等个人信息,或者不暴露其外貌、真实声音等保护措施。审判期间,证人、鉴定人、被害人提出保护请求的,人民法院应当立即审查;认为确有保护必要的,应当及时决定采取相应的保护措施。而对于不公开个人信息的证人、鉴定人的身份也应当在开庭前由审判人员核实,保证书不得公开,法律文书中一律使用化名代替。

(2)出示物证,宣读未到庭的证人的证言笔录、鉴定人的鉴定意见。询问结束后,应当由控辩双方分别当庭出示物证、书证、视听资料等证据进行分组举证,通过当庭出示物证以及宣读未到庭证人的证言笔录、鉴定人的鉴定意见、勘验笔录等文书的方式,对所出示的证据的来源、特征及证明对象作说明,由另一方进行辨认并发表质证意见。法庭应当在充分听取双方意见之后作出相应判断。

当庭出示的证据应当在出示宣读后立即将原件移交法庭,对于确实无法当庭移交的,应当在休庭后三日内由申请一方移交。若一方对另一方申请出示的但是开庭前未移送法院的证据提出异议的,审判长应当要求申请方说明理由。理由成立并确有必要出示的,应当准许。另一方提出需要对新的证据质证作准备的,法庭可以宣布休庭并确定准备需要的确切时间。

5.调取新证据。根据《刑事诉讼法》第 197 条的规定,法庭审理过程中,当事人和辩护人、诉讼代理人有权申请通知新的证人到庭,调取新的物证,申请重新鉴定或者勘验。公诉人、当事人和辩护人、诉讼代理人可以申请法庭通知有专门知识的人出庭,就鉴定人作出的鉴定意见提出意见。法庭对于上述申请,应当作出是否同意的决定。第 2 款规定的有专门知识的人出庭,适用鉴定人的有关规定。

提出上述申请的当事人或辩护人等应当提供证人的姓名、证据的存放地点,说明所要证明的案件事实以及要求重新鉴定或者勘验的理由。法庭认为有必要的,应当同意并且宣布延期审理,延期审理需要报请上级人民法院批准,延期审理的期限不得超过一个月且时间不计入审限。法庭认为没必要的,应当告知理由后继续审理。对于要求进行重新鉴定的并经过法庭同意的,人民法院应当及时委托鉴定,并将重新鉴定的结论告知人民检察院、当事人及其辩护人、诉讼代理人。人民法院向人民检察院调取的或者应辩护方申请向人民检察院调取的未移送的需要进一步调查核实的证据材料,应当通知人民检察院在收到调取证据材料决定书后三日内移交。

对于申请有专门知识的人出庭作证核实鉴定人鉴定意见的,最高法院《解释》规定,申请法庭通知有专门知识的人出庭,就鉴定意见提出意见的,应当说明理由。法庭认为有必要的,应当通知有专门知识的人出庭。申请有专门知识的人出庭,不得超过两人。有多种鉴定意见的,可以相应增加人数。“有专门知识的人”经法庭准许就专门性问题可以向鉴定人进行询问,也可以询问当事人及其他诉讼参与人,必要时鉴定人也可以反问,“有专门知识的人”应如实回答法庭及其他诉讼参与人的问题,还需要对此专业性问题作出说明以及对鉴定意见发表自己的意见,最终由法庭决定是否采信该鉴定意见以及是否重新鉴定。

除此之外，当审判期间出现需要重新补充侦查的情况，如合议庭发现被告人可能有自首、立功等法定量刑情节，而没有相应的证据材料的，应当通知人民检察院移送，被告人在审理期间提出新的立功线索的，人民法院可以建议人民检察院补充侦查后再移送。对于人民检察院移送的补充的证据材料，人民法院应当通知辩护人、诉讼代理人查阅、摘抄、复制。如公诉方认为要补充侦查并建议延期审理的，合议庭应当同意，但建议延期审理次数不得超过两次，每次不能超过一个月。补充侦查期限届满，经通知仍未重新移交案件，且未说明理由，视为撤诉处理。

6.法庭调查核实证据。人民法院在审查证据材料过程中，发现与庭审调查认定的案件事实有重大出入的，可能会影响正确裁判的，也应当决定恢复法庭调查。合议庭发现证据存在疑点的，可以告知公诉人、当事人及其法定代理人、辩护人、诉讼代理人补充证据或者作出说明；必要时，可以宣布休庭，对该证据进行核实。人民法院在调查核实证据过程中可以采取勘验、检查、查封、扣押、鉴定和查询、冻结等方式，必要时可以通知检察人员、辩护人到场，如未到场，应当记录在案。

在法庭调查过程中，合议庭除了审查被告人具有的法定量刑情节之外，还要根据实际情况重点审查以下会影响到量刑的情节：案件起因，被害人有无过错及过错程度，被告人的近亲属是否协助抓获被告人，被告人平时表现，有无悔罪态度，退赃、退赔及赔偿情况，等等。审判人员若对量刑证据有疑问的，可以宣布休庭对证据进行核查，必要时可以要求人民检察院进行补充核查，人民检察院必要时也可以要求侦查机关提供协助。若是人民法院发现有新的影响定罪量刑的证据材料，应当告知检察人员、辩护人。必要时，可以直接提取，并及时通知检察人员、辩护人查阅、摘抄和复制。

对于控辩双方补充的未提前移交的证据材料及法庭庭外调查核实取得的影响定罪量刑的新证据材料，同样需要经过当庭质证才能作为定案的根据，事先经过庭外征求意见控辩双方表示无异议的除外。相关情况，都应如实记录在案。

（三）法庭辩论

根据《刑事诉讼法》第198条的规定，法庭审理过程中，对与定罪、量刑有关的事实、证据都应当进行调查、辩论。经审判长许可，公诉人、当事人和辩护人、诉讼代理人可以对证据和案件情况发表意见并且可以互相辩论。在审判长宣布法庭调查结束之后，需要开始对定罪、量刑有关的事实、证据以及法律适用等问题进行法庭辩论。

法庭辩论是保障当事人合法权益、查清事实的重要环节。在法庭调查的基础上，控辩双方就犯罪与否、犯罪的性质、应当承担的罪责以及证据是否确实充分等发表自己的意见与理由，并进行争论与反驳。控辩双方之间的正面交锋，能够帮助审判人员认定案件事实，为审判公正以及实现庭审实质化奠定重要基础。即便是辩护方做无罪辩护的情况下也要对量刑相关事实证据进行法庭辩论。根据两院三部《关于规范量刑程序若干问题的意见（试行）》第9条规定，对于被告人不认罪或者辩护人做无罪辩护的案件，在法庭调查阶段，应当查明有关的量刑事实。在法庭辩论阶段，审判人员引导控辩双方先辩论定罪问题。在定罪辩论结束后，审判人员告知控辩双方可以围绕量刑问题进行辩论，发表量刑建议或意见，并说明理由和依据。

法庭辩论是以“轮”为单位双方进行均等发言，第一轮控辩双方发言之后可以就不同意见进行争论反驳，再进行下一轮直到双方停止发言为止。每一轮发言都是由控方开始，辩方为止。顺序如下：(1)公诉人发言；(2)被害人及其诉讼代理人发言；(3)被告人自行辩护；(4)辩护人辩护；(5)控辩双方进行辩论；(6)在刑事诉讼部分辩论结束后，由附带民事诉讼原告人及其诉讼代理人发言；(7)被告人及其诉讼代理人进行答辩。公诉人的首轮发言被称作公诉词，是在法庭辩论阶段公诉人发表的对被告人有关犯罪事实追究刑事责任的总结性意见，其主要包括对法庭调查结果和证据进行分析，帮助法庭了解被告人的犯罪动机、目的、手段等，为适用的法律条款和刑事责任提供依据，以揭露犯罪支持起诉书指控的犯罪事实，要求对被告人提出依法处理，并提出量刑建议说明理由。被害人及其诉讼代理人对被告人刑事责任等问题发表意见是其作为受害一方应有的权利，同样起到了支持公诉的效果。被告人及其辩护人在辩论中发言则属于辩护方在公诉方指控下维护自身权益的重要形式，辩护人发表的辩护词从保护被告人合法权益的角度展开，在法庭调查的基础上，就被告人的犯罪事实、罪责及所适用的刑罚围绕基本观点、理由及结论分别进行辩护，辩护策略主要有无罪辩、罪轻辩、证据辩等形式。

需要注意的是，根据最高法院《解释》第 254 条至第 256 条的规定，被告人当庭拒绝辩护人辩护，要求另行委托辩护人或者指派律师的，合议庭应当准许。被告人拒绝辩护人辩护后，没有辩护人的，应当宣布休庭；仍有辩护人的，庭审可以继续进行。有多名被告人的案件，部分被告人拒绝辩护人辩护后，没有辩护人的，根据案件情况，可以对该被告人另案处理，对其他被告人的庭审继续进行。重新开庭后，被告人再次当庭拒绝辩护人辩护的，可以准许，但被告人不得再次另行委托辩护人或者要求另行指派律师，由其自行辩护。被告人属于应当提供法律援助的情形，重新开庭后再次当庭拒绝辩护人辩护的，不予准许。另外，法庭审理过程中，辩护人拒绝为被告人辩护的，应当准许；是否继续庭审，参照适用前条的规定。依照前两条规定另行委托辩护人或者指派律师的，自案件宣布休庭之日起至第十五日止，由辩护人准备辩护，但被告人及其辩护人自愿缩短时间的除外。需要注意的是，这里准备辩护的时间计入审理期限。

在辩论过程中，审判长应当引导控辩双方主要围绕量刑和其他有争议的问题进行，对控辩双方发表与案件事实无关、重复或者指责对方的意见时，审判长应当提醒、制止。需要注意的是，要是在法庭辩论中合议庭发现有关定罪量刑的新事实，有必要进行调查的，审判长可以宣布暂停辩论，恢复法庭调查，在对新事实调查之后继续进行法庭辩论。当辩论双方没有新的问题和意见提出且定罪量刑事实也已清楚，审判长认为没有继续辩论的必要时，应当终止双方发言，在询问是否有新的辩论意见后宣布辩论终结。

针对提起附带民事诉讼的刑事案件，法庭辩论结束后可以就附带民事诉讼部分当庭调解，不能达成合意的，可以同刑事部分一并判决。

(四)被告人最后陈述

根据《刑事诉讼法》第 198 条的规定，审判长在宣布辩论终结后，被告人有最后陈述的权利。最后陈述权是一项重要的保障被告人权益的权利，法庭应当告知并充分保障其发表最后陈述的权利，即在法庭审理的最后阶段为自己做最后的辩护，充分陈述自己对被指控罪行的认识及态度，把握评议宣判前争取最后的发言机会。被告人作最后的陈述时不限时间，未超过案件范围不能随意打断。当然，被告人也可以拒绝或放弃最后的陈述权。但若是多次重复自己的意见，审判长可以制止；若陈述内容是藐视法庭、公诉人，损害他人及社会公共利益或者与本案无关的，应当制止；另外，在公开审理的案件中，其陈述内容涉及国家秘密或者个人隐私的，也应当制止。当然，如果被告人提出了新的事实证据或者辩解理由，合议庭认为可能影响正确裁判的，应当恢复法庭调查或辩论。如果案情复杂，恢复法庭调查仍然不能查清事实的，可以宣告延期审理。

（五）评议和宣判

1.评议

在被告人结束最后陈述后，应当由审判长宣布休庭，合议庭进行评议。合议庭评议，指的是合议庭成员秘密进行的就法庭调查的事实、证据以及法律适用等在充分听取控辩双方意见的基础上的讨论评定活动。经过充分的讨论和评定，确定被告人是否构罪、构成何罪以及如何适用刑罚等等。同时要对附带民事诉讼部分进行讨论解决，就退赔情况及事先查封、扣押、冻结的财物及孳息如何处置一并在判决中作出说明，最终形成的合议庭评议笔录需要合议庭全体成员签名。

根据《刑事诉讼法》第200条和最高法院《解释》第241条的规定，对第一审公诉案件，人民法院审理后，应当按照下列情形分别作出判决、裁定：

（1）起诉指控的事实清楚，证据确实、充分，依据法律认定指控被告人的罪名成立的，应当作出有罪判决。

（2）起诉指控的事实清楚，证据确实、充分，指控的罪名与审理认定的罪名不一致的，应当按照审理认定的罪名作出有罪判决。

（3）案件事实清楚，证据确实、充分，依据法律认定被告人无罪的，应当判决宣告被告人无罪。

（4）证据不足，不能认定被告人有罪的，应当以证据不足、指控的犯罪不能成立，判决宣告被告人无罪。

（5）案件部分事实清楚，证据确实、充分的，应当作出有罪或者无罪的判决；对事实不清、证据不足部分，不予认定。

（6）被告人因不满十六周岁，不予刑事处罚的，应当判决宣告被告人不负刑事责任。

（7）被告人是精神病人，在不能辨认或者不能控制自己行为时造成危害结果，不予刑事处罚的，应当判决宣告被告人不负刑事责任。

（8）犯罪已过追诉时效期限且不是必须追诉，或者经特赦令免除刑罚的，应当裁定终止审理。

（9）被告人死亡的，应当裁定终止审理；根据已查明的案件事实和认定的证据，能够确认无罪的，应当判决宣告被告人无罪。

具有前款第(2)项规定情形的，人民法院应当在判决前听取控辩双方的意见，保障被告人、辩护人充分行使辩护权。必要时，可以重新开庭，组织控辩双方围绕被告人的行为构成何罪进行辩论。

裁判文书应当对案件的争议焦点进行充分的说理，写明裁判的依据与理由，还要分别就控辩双方的意见进行总结，并说明采纳或不予采纳的理由。另外，裁判文书的量刑部分需要对量刑事实、理由与依据进行说明，并就是否采纳控辩双方发表的量刑建议说明理由。根据《刑事诉讼法》第 203 条的规定，全体合议庭成员以及书记员需要在裁判文书上进行署名，文书上还要写明上诉的法院和上诉期限。

需要注意的是，根据最高法院《解释》第 242 条至第 244 条的规定，在宣告判决之前，人民检察院如果要求撤回起诉的，人民法院可以通过审查撤回起诉理由是否成立，并作出是否准许的裁定。另外，在审理期间，法庭发现新的事实可能会影响定罪的，可以建议人民检察院补充或者变更起诉；人民检察院不同意或者在七日内未回复意见的，人民法院应当就起诉书指控的犯罪事实作出判决、裁定。同时，在因“证据不足”作出无罪判决的案件中，人民检察院发现的新的事实、证据重新起诉的人民法院受理的案件，应当在判决中写明该被告人被公诉机关指控后因为证据不足，指控的犯罪不能成立，被人民法院依法判决宣告无罪的情况，前案并不因此被撤销。

2.宣判

在合议庭经过评议之后，应当就裁判结果进行宣布。宣判分为当庭宣判和定期宣判两种方式。根据《刑事诉讼法》第 202 条的规定，宣告判决，一律公开进行。当庭宣告判决的，应当在五日以内将判决书送达当事人和提起公诉的人民检察院；定期宣告判决的，应当在宣告后立即将判决书送达当事人和提起公诉的人民检察院。判决书应当同时送达辩护人、诉讼代理人。另外，判决生效后，还应当送达被告人所在单位或者原户籍地的公安派出所，或者被告单位的注册登记机关。宣告判决时，法庭内的全体人员应当起立，公诉人、辩护人、被害人、自诉人或者附带民事诉讼的原告人未到庭的，不影响宣判的有效性。另外，根据《刑事诉讼法》第 201 条的规定，对于认罪认罚案件，人民法院依法作出判决时，一般应当采纳人民检察院指控的罪名和量刑建议，但有下列情形的除外：(1)被告人的行为不构成犯罪或者不应当追究其刑事责任的；(2)被告人违背意愿认罪认罚的；(3)被告人否认指控的犯罪事实的；(4)起诉指控的罪名与审理认定的罪名不一致的；(5)其他可能影响公正审判的情形。人民法院经审理认为量刑建议明显不当，或者被告人、辩护人对量刑建议提出异议的，人民检察院可以调整量刑建议。人民检察院不调整量刑建议或者调整量刑建议后仍然明显不当的，人民法院应当依法作出判决。

(六)庭审笔录

庭审笔录，是将法庭审判的全过程如实、客观、全面地记录下来所形成的文书，不得随意删减、改变。其是合议庭评议时或者审判委员会讨论时需要查核整个审判过程的有利依据，便于复查且有助于保障庭审公正。另外，第二审程序、死刑复核以及审判监督程序也要以一审庭审笔录为基础以展开深入调查。

根据《刑事诉讼法》第 207 条的规定，法庭审判的全部活动，应当由书记员写成笔录，经审判长审阅后，由审判长和书记员签名。法庭笔录中的证人证言部分，应当当庭宣读或者交给证人阅读。证人在承认没有错误后，应当签名或者盖章。法庭笔录应当交给当事人阅读或者向他宣读。当事人认为记载有遗漏或者差错的，可以请求补充或者改正。当事人承认没有错误后，应当签名或者盖章。另外，如果出现拒绝签名的情况，应当如实将情况笔录在案。

(七)法庭秩序

为维护司法权威，保证庭审顺利进行，根据最高法院《解释》第 249 条的规定，法庭审理过程中，诉讼参与人、旁听人员应当遵守以下纪律：(1)服从法庭指挥，遵守法庭礼仪；(2)不得鼓掌、喧哗、哄闹、随意走动；(3)不得对庭审活动进行录音、录像、摄影，或者通过发送邮件、博客、微博客等方式传播庭审情况，但经人民法院许可的新闻记者除外；(4)旁听人员不得发言、提问；(5)不得实施其他扰乱法庭秩序的行为。

《刑事诉讼法》第 199 条及最高法院《解释》第 250 条至第 253 条规定：(1)在法庭审判过程中，如果诉讼参与人或者旁听人员违反法庭秩序，审判长应当警告制止。对不听制止的，可以强行带出法庭；情节严重的，处以一千元以下的罚款或者十五日以下的拘留。罚款、拘留必须经院长批准。(2)未经许可录音、录像、摄影或者通过邮件、博客、微博客等方式传播庭审情况的，可以暂扣存储介质或者相关设备。被处罚人对罚款、拘留的决定不服的，可以向上一级人民法院申请复议。复议期间不停止执行。(3)对聚众哄闹、冲击法庭或者侮辱、诽谤、威胁、殴打司法工作人员或者诉讼参与人，严重扰乱法庭秩序，构成犯罪的，依法追究刑事责任。(4)担任辩护人、诉讼代理人的律师严重扰乱法庭秩序，被强行带出法庭或者被处以罚款、拘留的，人民法院应当通报司法行政机关，并可以建议依法给予相应处罚。辩护人严重扰乱法庭秩序，被强行带出法庭或者被处以罚款、拘留，被告人自行辩护的，庭审继续进行；被告人要求另行委托辩护人，或者被告人属于应当提供法律援助情形的，应当宣布休庭。

五、有关审判期限规定

(一)第一审程序的期限规定

根据《刑事诉讼法》第 208 条的规定，人民法院审理公诉案件，应当在受理后二个月以内宣判，至迟不得超过三个月。对于可能判处死刑的案件或者附带民事诉讼的案件，以及有本法第 158 条规定情形之一的，经上一级人民法院批准，可以延长三个月；因特殊情况还需要延长的，报请最高人民法院批准。人民法院改变管辖的案件，从改变后的人民法院收到案件之日起计算审理期限。人民检察院补充侦查的案件，补充侦查完毕移送人民法院后，人民法院重新计算审理期限。根据《刑事诉讼法》第 156 条至第 158 条的规定，因为特殊原因，在较长时间内不宜交付审判的特别重大复杂的案件，由最高人民检察院报请全国人民代表大会常务委员会批准延期审理。下列案件在本法第156条规定的期限届满不能侦查终结的，经省、自治区、直辖市人民检察院批准或者决定，可以延长二个月：(1)交通十分不便的边远地区的重大复杂案件；(2)重大的犯罪集团案件；(3)流窜作案的重大复杂案件；(4)犯罪涉及面广，取证困难的重大复杂案件。除此之外，需要对被告人进行精神鉴定而延期审理的，鉴定期间也不计入审理期限。上诉后第二审人民法院决定发回重审的案件，原审人民法院在收到案件之日起，重新计算审理期限。

(二)需要延期审理、中止审理、终止审理的相关情况

1.延期审理

延期审理指的是案件在法庭审理过程中，在诉讼内出现足以影响审判继续进行的情形或是因故不能按照原定的开庭时间审理，合议庭通过审议决定推迟审理，待影响审理进行的原因消失后再继续开庭。

根据《刑事诉讼法》第204条至第205条的规定，在法庭审判过程中，遇有下列情形之一，影响审判进行的，可以延期审理：(1)需要通知新的证人到庭，调取新的物证，重新鉴定或者勘验的；(2)检察人员发现提起公诉的案件需要补充侦查，提出建议的；(3)由于申请回避而不能进行审判的。依照本法第204条第2项的规定延期审理的案件，人民检察院应当在一个月以内补充侦查完毕。

另外，最高检察院《规则》第420条对人民检察院可以建议法院延期审理的情形作出了说明。法庭审判过程中遇有下列情形之一的，公诉人可以建议法庭延期审理：(1)发现事实不清、证据不足，或者遗漏罪行、遗漏同案犯罪嫌疑人，需要补充侦查或者补充提供证据的；(2)被告人揭发他人犯罪行为或者提供重要线索，需要补充侦查进行查证的；(3)发现遗漏罪行或者遗漏同案犯罪嫌疑人，虽不需要补充侦查和补充提供证据，但需要补充、追加或者变更起诉的；(4)申请人民法院通知证人、鉴定人出庭作证或者有专门知识的人出庭提出意见的；(5)需要调取新的证据，重新鉴定或者勘验的；(6)公诉人出示、宣读开庭前移送人民法院的证据以外的证据，或者补充、变更起诉，需要给予被告人、辩护人必要时间进行辩护准备的；(7)被告人、辩护人向法庭出示公诉人不掌握的与定罪量刑有关的证据，需要调查核实的；(8)公诉人对证据收集的合法性进行证明，需要调查核实的。在人民法院开庭审理前发现具有上述情形之一的，人民检察院可以建议人民法院延期审理。

除此之外，在审判过程中，出现下列情况也可以进行延期审理：(1)在审理过程中发现被告人因患病而神志不清或者体力不支不能承受讯问的，但如果被告人长期患重病不能承受审问的，也可以决定中止审理；待其病情好转时，再开庭审判；(2)被告人拒绝辩护人继续为其辩护，要求另行委托辩护人的；(3)人民检察院变更了起诉范围，指控被告人有新的罪行，被告人、辩护人为准备答辩，申请延期审理的；(4)合议庭成员、书记员、公诉人、辩护人在法庭审理过程中由于身体原因，审理无法继续的，等等。

合议庭审议后决定延期审理的，开庭日期可以当庭确定，也可以另行确定。当庭确定的，应公开宣布下次开庭的时间。当庭不能确定的，可以另行确定并通知公诉人、当事人和其他诉讼参与人。之后再进行审判时，继续按照审判顺序进行，但对于在之前庭审

中已经查清的事实证据，可以不再逐一核查。

2.中止审理

中止审理指的是在因出现诉讼外的某种情况，影响到案件正常审理，人民法院决定停止诉讼活动，等到该情形消失之后再行恢复审理的诉讼活动。

根据《刑事诉讼法》第206条的规定，在审判过程中，有下列情形之一，致使案件在较长时间内无法继续审理的，可以中止审理：(1)被告人患有严重疾病，无法出庭的；(2)被告人脱逃的；(3)自诉人患有严重疾病，无法出庭，未委托诉讼代理人出庭的；(4)由于不能抗拒的原因。中止审理的原因消失后，应当恢复审理。中止审理的期间不计入审理期限。有多名被告人的情况，人民法院可以对全案中止审理，也可以对部分被告人中止审理，对其他被告人继续审理。对中止审理的被告人进行另案处理。但根据《刑事诉讼法》第296条的规定，因被告人患有严重疾病无法出庭，中止审理超过六个月，被告人仍无法出庭，被告人及其法定代理人、近亲属申请或者同意恢复审理的，人民法院可以在被告人不出庭的情况下缺席审理，依法作出判决。

中止审理与延期审理的区别主要有以下几点：(1)作出决定的时间不同。延期审理是在法庭审理过程中出现某种特殊情形而作出，而中止审理是在法庭审理前到作出判决期间都可以作出。(2)作出决定的理由不同。延期审理是出于诉讼以内的原因，其需要等待某种诉讼活动进行完毕后再继续审理。而中止审理是出于诉讼外的原因，其恢复审理与诉讼本身无关，中止审理即暂停一切诉讼活动。(3)消除决定的时间不同。延期审理的时间是可以预见的，但鉴于中止审理是在诉讼外的原因下发生，因此是无法预见的。

3.终止审理

终止审理指的是人民法院在审判案件过程中出现了法定情形后，案件不需要再进行审理而终结诉讼的活动。

根据《刑事诉讼法》第16条的规定，有下列情形之一的，不追究刑事责任，已经追究的，应当撤销案件，或者不起诉，或者终止审理，或者宣告无罪：(1)情节显著轻微、危害不大，不认为是犯罪的；(2)犯罪已过追诉时效期限的；(3)经特赦令免除刑罚的；(4)依照刑法告诉才处理的犯罪，没有告诉或者撤回告诉的；(5)犯罪嫌疑人、被告人死亡的；(6)其他法律规定免予追究刑事责任的。另外，根据《刑事诉讼法》第297条的规定，审理期间被告人死亡的，人民法院应当裁定终止审理。根据《刑事诉讼法》第301条的规定，在审理过程中，在逃的犯罪嫌疑人、被告人自动投案或者被抓获的，人民法院应当终止审理。

终止审理与中止审理存在以下主要区别：(1)作出决定的原因不同。终止审理是在审理过程中出现审判不需要继续进行的法定情形，而中止审理是因为出现案件无法继续审理的情形。(2)作出决定的法律后果不同。终止审理之后，诉讼终结。而中止审理一旦影响情形恢复，即恢复审理。

六、审理单位犯罪案件的特殊说明

最高法院《解释》第278条至第288条作出了单位犯罪审理案件的相关规定，除了刑事诉讼基本的原则、制度以及当事人权利保障需要遵守以外，需要特别注意以下几方面：

第一，人民法院受理单位犯罪案件，除依照本解释第180条的有关规定进行审查外，还应当审查起诉书是否列明被告单位的名称、住所地、联系方式，法定代表人、主要负责人以及代表被告单位出庭的诉讼代表人的姓名、职务、联系方式。需要人民检察院补充材料的，应当通知人民检察院在三日内补送。

第二，被告单位的诉讼代表人，应当是法定代表人或者主要负责人；法定代表人或者主要负责人被指控为单位犯罪直接负责的主管人员或者因客观原因无法出庭的，应当由被告单位委托其他负责人或者职工作为诉讼代表人。但是，有关人员被指控为单位犯罪的其他直接责任人员或者知道案件情况、负有作证义务的除外。

第三，开庭审理单位犯罪案件，应当通知被告单位的诉讼代表人出庭；没有诉讼代表人参与诉讼的，应当要求人民检察院确定。被告单位的诉讼代表人不出庭的，应当按照下列情形分别处理：诉讼代表人系被告单位的法定代表人或者主要负责人，无正当理由拒不出庭的，可以拘传其到庭；因客观原因无法出庭，或者下落不明的，应当要求人民检察院另行确定诉讼代表人；诉讼代表人系被告单位的其他人员的，应当要求人民检察院另行确定诉讼代表人出庭。被告单位的诉讼代表人享有刑事诉讼法规定的有关被告人的诉讼权利。开庭时，诉讼代表人席位置于审判台前左侧，与辩护人席并列。被告单位委托辩护人，参照适用本解释的有关规定。

第四，对应当认定为单位犯罪的案件，人民检察院只作为自然人犯罪起诉的，人民法院应当建议人民检察院对犯罪单位补充起诉。人民检察院仍以自然人犯罪起诉的，人民法院应当依法审理，按照单位犯罪中的直接负责的主管人员或者其他直接责任人员追究刑事责任，并援引《刑法》分则关于追究单位犯罪中直接负责的主管人员和其他直接责任人员刑事责任的条款。

第五，被告单位的违法所得及其孳息，尚未被依法追缴或者查封、扣押、冻结的，人民法院应当决定追缴或者查封、扣押、冻结。为保证判决的执行，人民法院可以先行查封、扣押、冻结被告单位的财产，或者由被告单位提出担保。审判期间，被告单位被撤销、注销、吊销营业执照或者宣告破产的，对单位犯罪直接负责的主管人员和其他直接责任人员应当继续审理。审判期间，被告单位合并、分立的，应当将原单位列为被告单位，并注明合并、分立情况。对被告单位所判处的罚金以其在新单位的财产及收益为限。

第六，审理单位犯罪案件，最高法院《解释》没有规定的，参照适用最高法院《解释》的有关规定。

七、人民检察院的审判监督职能

人民检察院除了行使公诉职能之外，还是重要的法律监督机关。根据《刑事诉讼法》第209条的规定，人民检察院发现人民法院审理案件违反法律规定的诉讼程序，有权向人民法院提出纠正意见。由此可见，为保证审判公正，如有发现下列违法行为，人民检察院需要积极行使法律监督职能进行纠错。

根据最高检察院《规则》第570条的规定，审判活动监督主要发现和纠正以下违法行为：(1)人民法院对刑事案件的受理违反管辖规定的；(2)人民法院审理案件违反法定审理和送达期限的；(3)法庭组成人员不符合法律规定的，或者违反规定应当回避而不回避的；(4)法庭审理案件违反法定程序的；(5)侵犯当事人和其他诉讼参与人的诉讼权利和其他合法权利的；(6)法庭审理时对有关程序问题所作的决定违反法律规定的；(7)二审法院违反法律规定裁定发回重审的；(8)故意毁弃、篡改、隐匿、伪造、偷换证据或者其他诉讼材料，或者依据未经法定程序调查、质证的证据定案的；(9)依法应当调查收集相关证据而不收集的；(10)徇私枉法，故意违背事实和法律作枉法裁判的；(11)收受、索取当事人及其近亲属或者其委托的律师等人财物或者其他利益的；(12)违反法律规定采取强制措施或者采取强制措施法定期限届满，不予释放、解除或者变更的；(13)应当退还取保候审保证金不退还的；(14)对与案件无关的财物采取查封、扣押、冻结措施，或者应当解除查封、扣押、冻结不解除的；(15)贪污、挪用、私分、调换、违反规定使用查封、扣押、冻结的财物及其孳息的；(16)其他违反法律规定的审理程序的行为。

除此之外，根据人民检察院的内部职能划分设置，审判活动监督由公诉部门和刑事申诉检察部门承办，对于人民法院审理案件违反法定期限的，由刑事执行检察部门承办。人民检察院可以通过调查、审阅案卷、受理申诉、控告等活动，监督审判活动是否合法。人民检察院在审判活动监督中，如果发现人民法院或者审判人员审理案件违反法律规定的诉讼程序，应当向人民法院提出纠正意见。出席法庭的检察人员发现法庭审判违反法律规定的诉讼程序，应当在休庭后及时向本院检察长报告。人民检察院对违反程序的庭审活动提出纠正意见，应当由人民检察院在庭审后提出。人民检察院认为人民法院审理案件违反法定程序，在庭审后提出书面纠正意见，人民法院认为正确的，应当采纳。

第二节 简易程序

一、简易程序的概念及适用范围

简易程序是指在基层法院审理案件中事实确实清楚，证据确实充分的情况下，被告人不仅承认自己所犯罪行还同意适用此种较一审普通程序更为简化的程序。

为提高审判效率，节约诉讼成本，我国《刑事诉讼法》于1996年增设了简易程序，2012年修改后的《刑事诉讼法》进一步扩大了简易程序的适用范围。根据现行《刑事诉讼法》第214条的规定，基层人民法院管辖的案件，符合下列条件的，可以适用简易程序审判：案件事实清楚、证据充分的；被告人承认自己所犯罪行，对指控的犯罪事实没有异议的；被告人对适用简易程序没有异议的。人民检察院在提起公诉的时候，可以建议人民法院适用简易程序。适用简易程序审理的公诉案件，检察院应当派员出席法庭。根据最高法院《解释》第290条的规定，具有下列情形之一的，不适用简易程序：被告人是盲、聋、哑人;被告人是尚未完全丧失辨认或者控制自己行为能力的精神病人;有重大社会影响的;共同犯罪案件中部分被告人不认罪,或者对适用简易程序有异议的;辩护人作无罪辩护的;被告人认罪但经审查认为可能不构成犯罪的;不宜适用简易程序审理的其他情形。

二、简易程序的特征及意义

需要注意的是,简易程序相比较于普通程序有明显的不同。第一,简易程序只适用于第一审程序,不得适用第二审程序、死刑复核程序以及审判监督程序。第二,简易程序只适用于特定的案件。此类案件属于基层法院管辖,事实确实清楚,证据确实充分的情况下,被告人不仅承认自己所犯罪行且适用简易程序无异议。重大复杂的疑难案件不适用简易程序。第三,简易程序可以采用独任庭,符合简易程序审理的可能判处三年有期徒刑以下刑罚的,可以选择由审判员一人独任审判;发现对被告人可能判处的有期徒刑超过三年的,应当转由合议庭审理。第四,庭审程序简化。根据《刑事诉讼法》第 219 条的规定,适用简易程序审理案件,不受公诉案件关于送达期限、讯问被告人、询问证人和鉴定人、出示证据、法庭辩论程序规定的限制,但在判决宣告前应当听取被告人的最后陈述意见。对庭审可以按照最高法院《解释》第 295 条作出相应简化。第五,审理期限简化。适用简易程序审理案件,人民法院应当在开庭三日前,将开庭的时间、地点通知人民检察院、自诉人、被告人、辩护人,也可以通知其他诉讼参与人。通知可以采用简便方式,但应当记录在案。人民法院应当在受理后二十日以内审结;对可能判处的有期徒刑超过三年的,可以延长至一个半月。第六,宣判方式简化。适用简易程序审理案件,一般应当当庭宣判,当庭宣判确有困难的可以在法律规定的期限内定期宣判。

在现今法院面临案件积压的巨大压力下,适用简易程序让没有争议的简单案件得以快速处理,避免拖延诉讼,有利于节约司法资源,也减轻了当事人的诉讼负担。而且,对繁简不同的刑事案件适用不同的审判程序,能够促进刑事审判的科学化和合理化,集中司法资源应对重大疑难案件。

三、简易程序的审理程序

基层人民法院受理公诉案件后,经审查认为案件事实清楚、证据充分的,在将起诉书副本送达被告人时,应当询问被告人对指控的犯罪事实的意见,告知其适用简易程序的法律规定。被告人对指控的犯罪事实没有异议并同意适用简易程序的,可以决定适用简易程序,并在开庭前通知人民检察院和辩护人。对人民检察院建议适用简易程序审理的案件,依照前款的规定处理;不符合简易程序适用条件的,应当通知人民检察院。适用简易程序审理的案件,人民法院应当在开庭三日前,将开庭的时间、地点通知人民检察院、自诉人、被告人、辩护人,也可以通知其他诉讼参与人。通知可以采用简便方式,但应当记录在案。被告人有辩护人的,应当通知其出庭,符合《刑事诉讼法》规定的法律援助条件的,人民法院应当告知被告人及其近亲属可以申请法律援助。人民法院应当在受理后二十日以内审结;对可能判处的有期徒刑超过三年的,可以延长至一个半月。

适用简易程序审理案件,宣布开庭时除了依照普通程序之外,审判长或者独任审判员还应当当庭询问被告人对指控的犯罪事实的意见,告知被告人适用简易程序审理的法律规定,确认被告人是否同意适用简易程序。之后庭审内容围绕以下几点进行简化:(1)公诉人可以摘要宣读起诉书。(2)公诉人、辩护人、审判人员对被告人的讯问、发问可以简化或者省略。(3)对控辩双方无异议的证据,可以仅就证据的名称及所证明的事项作出说明;对控辩双方有异议,或者法庭认为有必要调查核实的证据,应当出示,并进行质证。(4)控辩双方对与定罪量刑有关的事实、证据没有异议的,法庭审理可以直接围绕罪名确定和量刑问题进行。适用简易程序审理案件,经审判人员许可,被告人及其辩护人可以同公诉人、自诉人及其诉讼代理人互相辩论,判决宣告前还应当听取被告人的最后陈述,一般应当当庭宣判。

四、简易程序的转换程序

根据《刑事诉讼法》第 221 条的规定,人民法院在审理过程中,发现不宜适用简易程序的,应当按照公诉案件或自诉案件的规定重新审理。即在简易程序无法适用的情况下应当转换为普通程序,《解释》对此进行了细化,规定适用简易程序审理案件,在法庭审理过程中,有下列情形之一的,应当转为普通程序审理:被告人的行为可能不构成犯罪的;被告人可能不负刑事责任的;被告人当庭对起诉指控的犯罪事实予以否认的;案件事实不清、证据不足的;不应当或者不宜适用简易程序的其他情形。转为普通程序审理的案件,不得再转换适用简易程序,审理期限应当从决定转为普通程序之日起计算。

第三节　自诉案件第一审程序

一、自诉案件第一审程序的概念及特征

(一)自诉案件第一审程序的概念

根据《刑事诉讼法》第 211 条的规定,自诉案件包括下列案件:(1)告诉才处理的案件;(2)被害人有证据证明的轻微刑事案件;(3)被害人有证据证明对被告人侵犯自己人身、财产权利的行为应当依法追究刑事责任,而公安机关或者人民检察院不予追究被告人刑事责任的案件。其中告诉才处理的案件包括构成《刑法》规定的侮辱罪、诽谤罪(严重危害社会秩序和国家利益的除外)、暴力干涉婚姻自由罪(致使被害人死亡的除外)、虐待罪(致使被害人重伤、死亡的除外)以及侵占罪的犯罪行为。自诉案件第一审程序是在人民法院主持下,自诉人、被告人及其他诉讼参与人共同参与进行的诉讼活动。自诉案

件适用简易程序的可以适用简易程序审理，不适用简易程序的，适用公诉案件第一审普通程序审理。

（二）自诉案件第一审程序的特征

1. 鉴于自诉案件是由自诉人自行提起，因此一般的自诉案件人民检察院不予介入，由自诉人自己承担侦查起诉职能，并在法庭中承担控方的角色。

2. 满足条件的自诉案件可以适用简易程序，主要指的是告诉才处理的案件、被害人有证据证明的轻微刑事案件等，适用简易程序的，审判员独任审判，不满足简易程序的，应当适用公诉案件一审普通程序进行审理。

3. 根据《刑事诉讼法》第 212 条的规定，人民法院对自诉案件可以进行调解；本法第 210 条第 3 项规定的案件不适用调解，即被害人有证据证明对被告人侵犯自己人身、财产权利的行为应当依法追究刑事责任，而公安机关或者人民检察院不予追究被告人刑事责任的案件。调解应当建立在查明事实的基础上，尊重双方的真实意愿确保不损害国家、集体和其他公民利益的前提下进行。达成调解协议的应当制作刑事调解书，由审判人员和书记员署名并加盖人民法院印章，双方当事人签收后即发生效力。若没有达成合意，或者签收前反悔的，应当及时作出判决。

4.《刑事诉讼法》第 212 条同时规定，自诉人在宣告判决前，可以同被告人自行和解或者撤回自诉。自行和解是自诉案件双方当事人的一项正当权利，人民法院经审查认为其和解是在法律允许的范围，通过互谅互让、互相协商的方式达成和解协议后撤诉的，应当裁定准许；若非自愿的，不予准许。已经审理的自诉案件，当事人自行和解的，应当记录在卷。

5.《刑事诉讼法》第 212 条还规定，人民法院审理自诉案件的期限，被告人被羁押的，适用本法第 208 条第 1 款、第 2 款的规定；未被羁押的，应当在受理后六个月以内宣判。

二、自诉案件的审理程序

（一）提出申请

自诉人在自身合法权益受到侵犯时向人民法院提出申请追究被告人刑事责任，根据最高法院《解释》第 260 条的规定，本解释第一条规定的案件，如果被害人死亡、丧失行为能力或者因受强制、威吓等无法告诉，或者是限制行为能力人以及因年老、患病、盲、聋、哑等不能亲自告诉，其法定代理人、近亲属告诉或者代为告诉的，人民法院应当依法受理。被害人的法定代理人、近亲属告诉或者代为告诉，应当提供与被害人关系的证明和被害人不能亲自告诉的原因的证明。

提起自诉需要自诉人提供相应的事实依据和证据，提起自诉时应当提交刑事自诉状；同时提起附带民事诉讼的，应当提交刑事附带民事自诉状。自诉状应当包括以下内容：(1)自诉人（代为告诉人）、被告人的姓名、性别、年龄、民族、出生地、文化程度、职业、工作单位、住址、联系方式；(2)被告人实施犯罪的时间、地点、手段、情节和危害后果等；(3)具体的诉讼请求；(4)致送的人民法院和具状时间；(5)证据的名称、来源等；(6)证人的姓名、住址、联系方式等。对两名以上被告人提出告诉的，应当按照被告人的人数提供自诉状副本。需要注意的是，原则上起诉书以书面形式递交，确有困难的，可以口头起诉，并由人民法院接待人员写成笔录后宣读，确认无误的由自诉人签名或者签章。自诉人因客观原因无法取得证据而申请人民法院调取的，还应当提供相应线索材料并说明理由，确有必要的，人民法院应当及时调取。

(二)审查受理

自诉案件庭前审查对程序和实体进行双重审查，要求案件事实清楚，并有证据予以证明。根据最高法院《解释》第 263 条的规定，对自诉案件，人民法院应当在十五日内审查完毕。经审查，符合受理条件的，应当决定立案，并书面通知自诉人或者代为告诉人。具有下列情形之一的，应当说服自诉人撤回起诉；自诉人不撤回起诉的，裁定不予受理：不属于本解释第一条规定的案件的；缺乏罪证的；犯罪已过追诉时效期限的；被告人死亡的；被告人下落不明的；除因证据不足而撤诉的以外，自诉人撤诉后，就同一事实又告诉的；经人民法院调解结案后，自诉人反悔，就同一事实再行告诉的。

但根据《解释》第 264 条和第 265 条的规定，对已经立案，经审查缺乏罪证的自诉案件，自诉人提不出补充证据的，人民法院应当说服其撤回起诉或者裁定驳回起诉；自诉人撤回起诉或者被驳回起诉后，又提出了新的足以证明被告人有罪的证据，再次提起自诉的，人民法院应当受理。自诉人对不予受理或者驳回起诉的裁定不服的，可以提起上诉。第二审人民法院查明第一审人民法院作出的不予受理裁定有错误的，应当在撤销原裁定的同时，指令第一审人民法院立案受理；查明第一审人民法院驳回起诉裁定有错误的，应当在撤销原裁定的同时，指令第一审人民法院进行审理。

自诉人明知有其他共同侵害人，但只对部分侵害人提起自诉的，人民法院应当受理，并告知其放弃告诉的法律后果；自诉人放弃告诉，判决宣告后又对其他共同侵害人就同一事实提起自诉的，人民法院不予受理。共同被害人中只有部分人告诉的，人民法院应当通知其他被害人参加诉讼，并告知其不参加诉讼的法律后果。被通知人接到通知后表示不参加诉讼或者不出庭的，视为放弃告诉。第一审宣判后，被通知人就同一事实又提起自诉的，人民法院不予受理。但是，当事人另行提起民事诉讼的，不受本解释限制。

(三)审判程序

根据最高法院《解释》第 269 条和第 270 条的规定，对犯罪事实清楚、有足够证据的自诉案件，应当开庭审理。自诉案件，符合简易程序适用条件的，可以适用简易程序审理。不适用简易程序审理的自诉案件，参照适用公诉案件第一审普通程序的有关规定。

在法庭审理过程中，自诉人经两次传唤，无正当理由拒不到庭，或者未经法庭准许中途退庭的，人民法院应当裁定按撤诉处理。部分自诉人撤诉或者被裁定按撤诉处理的，不影响案件的继续审理。被告人在自诉案件审判期间下落不明的，人民法院应当裁定中止审理。被告人到案后，应当恢复审理，必要时应当对被告人依法采取强制措施。被告人实施两个以上犯罪行为，分别属于公诉案件和自诉案件，人民法院可以一并审理。对自诉部分的审理，适用《解释》有关本章的规定。

需要注意的是，自诉案件当事人因客观原因不能取得的证据，申请人民法院调取的，应当说明理由，并提供相关线索或者材料。人民法院认为有必要的，应当及时调取，其余法庭对证据的调查核实活动按照公诉案件第一审普通程序规定进行，法庭审理还包括庭前准备、法庭调查、法庭辩论等，不再重复说明。

对自诉案件，应当参照《刑事诉讼法》第 195 条和最高法院《解释》第 241 条的有关规定作出判决；对依法宣告无罪的案件，其附带民事部分应当依法进行调解或者一并作出判决。根据《刑事诉讼法》第 212 条的规定，人民法院审理自诉案件的期限，被告人被羁押的，适用本法第 208 条第 1 款、第 2 款的规定；未被羁押的，应当在受理后六个月以内宣判。

三、反　诉

反诉相对于自诉而言，是自诉案件中的被告人向人民法院提出请求就自诉人行使与本案有联系的犯罪行为及其相关刑事责任的活动，双方当事人互为被告人和被害人，称为“互诉“，反诉的被告人拥有自诉人平等的诉讼权利和义务，但两者诉讼请求相对独立，不得抵消。

《刑事诉讼法》第 213 条对自诉案件中被告人反诉的权利作出了规定，自诉案件的被告人在诉讼过程中，可以对自诉人提起反诉。反诉适用自诉的规定。《解释》第 277 条对该规定进行了补充，告诉才处理和被害人有证据证明的轻微刑事案件的被告人或者其法定代理人在诉讼过程中，可以对自诉人提起反诉。反诉必须符合下列条件：(1)反诉的对象必须是本案自诉人；(2)反诉的内容必须是与本案有关的行为；(3)反诉的案件必须符合本解释第 1 条第 1 项、第 2 项的规定。反诉案件适用自诉案件的规定，应当与自诉案件一并审理。自诉人撤诉的，不影响反诉案件的继续审理。

第四节　速裁程序

为深入贯彻落实宽严相济刑事政策，进一步提高刑事诉讼质量和效率，切实保障当事人合法权益，2014 年 6 月 27 日，全国人大常委会作出决定授权最高人民法院、最高人民检察院在北京、天津等部分地区开展刑事案件速裁程序试点工作。2016 年，在刑事速裁程序试点工作结束之后，全国人大常委会再次授权最高法院、最高检察院在同样的 18 个城市进行为期两年的“认罪认罚从宽制度”的试点工作，后一制度试点的适用范围较之前的制度有所扩展。刑事速裁程序适用于事实清楚、证据充分，被告人自愿认罪，当事人对适用法律没有争议，被告人同意人民检察院提出的量刑建议并适用速裁程序的案件。认罪认罚从宽指的是在犯罪嫌疑人、被告人自愿如实供述自己的犯罪且对指控的犯罪事实没有异议的情况下，对同意检察机关的量刑意见并签署具结书的案件依法从宽处理，且被告人认罪认罚从宽的可以适用速裁程序进行审理。

一、速裁程序的适用范围和条件

试点时，刑事速裁程序在我国的适用包括危险驾驶、交通肇事、盗窃、诈骗、抢夺、寻衅滋事、非法拘禁等情节较轻，依法可能判处一年以下有期徒刑、拘役、管制的案件，或者依法单处罚金的案件。而在认罪认罚的制度框架下，刑事速裁程序的适用范围扩展到可能判处三年有期徒刑以下刑罚的案件。

根据《刑事诉讼法》第 222 条和第 223 条的规定，基层人民法院管辖的可能判处三年有期徒刑以下刑罚的案件，案件事实清楚，证据确实、充分，被告人认罪认罚并同意适用速裁程序的，可以适用速裁程序，由审判员一人独任审判。人民检察院在提起公诉的时候，可以建议人民法院适用速裁程序。有下列情形之一的，不适用速裁程序：被告人是盲、聋、哑人，或者是尚未完全丧失辨认或者控制自己行为能力的精神病人的；被告人是未成年人的；案件有重大社会影响的；共同犯罪案件中部分被告人对指控的犯罪事实、罪名、量刑建议或者适用速裁程序有异议的；被告人与被害人或者其法定代理人没有就附带民事诉讼赔偿等事项达成调解或者和解协议的；其他不宜适用速裁程序审理的。

二、速裁程序的审理程序

适用速裁程序的案件，由审判员一人独任审判。

根据《刑事诉讼法》第 224 条和第 225 条的规定，适用速裁程序审理案件，同简易程序规定相同，不受公诉案件规定的送达期限的限制，一般不进行法庭调查、法庭辩论，但在判决宣告前应当听取辩护人的意见和被告人的最后陈述意见。适用速裁程序审理案件，应当当庭宣判。适用速裁程序审理案件，人民法院应当在受理后十日以内审结；对可能判处的有期徒刑超过一年的，可以延长至十五日。

根据《刑事诉讼法》第 190 条的规定，被告人认罪认罚的，审判长应当告知被告人享有的诉讼权利和认罪认罚的法律规定，审查认罪认罚的自愿性和认罪认罚具结书内容的真实性、合法性。在刑事速裁程序的试点过程中，被告人一旦选择了认罪认罚就等于既放弃了无罪辩护权，也不再行使量刑辩护权。

三、速裁程序转为普通程序、简易程序

需要注意的是，人民法院在审理过程中，发现有被告人的行为不构成犯罪或者不应当追究其刑事责任、被告人违背意愿认罪认罚、被告人否认指控的犯罪事实或者其他不宜适用速裁程序审理的情形的，应当按照《刑事诉讼法》关于普通程序、简易程序的规定重新审理。

第五节　判决、裁定和决定

刑事审判结论是人民法院经过调查审理后根据案件的事实以及适用的法律作出处理决定，其包括判决、裁定和决定三种主要裁判形式。

一、判　决

法院所作出的刑事判决是刑事案件审理结束的重要标志，其根据已经查明的事实、证据及相关法律规定对案件的实体性问题进行裁决，即对被告人是否构罪、构成何罪、罪责轻重、刑罚适用作出说明。判决具有强制性的执行效力，法院通过行使国家强制力依法惩治犯罪行为，维护人民权益。一审判决作出后，相关权利人在指定上诉期间未上诉，判决即生效，生效后的判决具有权威性和稳定性，未经法定程序不得撤销，拒不执行生效的法律判决要受到相应的法律追究。

根据是否构罪，判决分为有罪判决和无罪判决。根据是否判处刑罚，有罪判决又分为科刑判决和免刑判决。无罪判决既包括认定无罪的也包括证据不足的情况。判决最后是通过判决书的书面形式呈现，必须严格按照规定的格式和要求。

根据最高人民法院审判委员会通过的《法院刑事诉讼文书样式（样本）》的规定，判决书的制作要求和内容有以下几点：

1.首部。首部包括人民法院名称、判决书类别、案号；公诉机关和公诉人、当事人、辩护人、诉讼代理人的基本情况；案由和案件来源；开庭审理，审判组织的情况等。

2.事实部分。事实是判决的基础，是判决理由和判决结果的根据。这部分包括四个方面的内容：人民检察院指控被告人犯罪的事实和证据；被告人的供述、辩护和辩护人的辩护意见；经法庭审理查明的事实和据以定案的证据。其中，对认定事实的证据必须做到：(1)依法公开审理的案件，除无须举证的事实外，证明案件事实的证据必须是指经过法庭公开举证、质证的，未经法庭公开举证、质证的不能认证。(2)要通过对证据的具体分析、认证来证明判决所确认的犯罪事实，防止并杜绝用“以上事实、证据充分，被告人也供认不讳，足以认定”等抽象、笼统的说法或简单地罗列证据的方法来代替对证据的具体分析、认证，法官认证和采证的过程应当在判决书中充分体现出来。(3)证据的叙写要尽可能明确、具体。此外，叙述证据时，还应当注意保守国家秘密，保护报案人、控告人、举报人、被害人、证人的安全和名誉。

3.理由部分。理由是判决的灵魂，是将事实和判决结果有机联系在一起的纽带，是判决书说服力的基础。其核心内容是针对具体案件的特点，运用法律规定、犯罪构成和刑事诉讼理论，阐明控方的指控是否成立，被告人的行为是否构成犯罪，犯什么罪，情节轻重与否，依法应当如何处理。书写判决理由时应注意：(1)理由的论述要结合具体案情有针对性和个性，说理力求透彻，使理由具有较强的思想性和说服力。切忌说空话、套话。(2)罪名确定准确。一人犯数罪的,一般先定重罪,后定轻罪,共同犯罪案件应在分清各被告人在共同犯罪中的地位、作用和刑事责任的前提下,依次确定首要分子、主犯、从犯或者胁从犯、教唆犯的罪名。(3)被告人具有从轻、减轻、免除处罚或从重处罚情节的,应当分别或者综合予以认定。(4)对控辩双方适用法律方面的意见应当有分析地表明是否予以采纳,并阐明理由。(5)法律条文(包括司法解释)的引用要完整、准确、具体。此外,《关于规范量刑程序若干问题的意见(试行)》第16条规定,人民法院的刑事裁判文书中应当说明量刑理由。量刑理由主要包括:(1)已经查明的量刑事实及其对量刑的作用;(2)是否采纳公诉人、当事人和辩护人、诉讼代理人发表的量刑建议、意见的理由;(3)人民法院量刑的理由和法律依据。

4.结果部分。判决结果是依照有关法律的具体规定,对被告人作出的定性处理的结论。书写时应当字斟句酌、认真推敲,力求文字精练、表达清楚、准确无误。其中有罪判决应写明判处的罪名、刑种、刑期或者免除刑罚,数罪并罚的应分别写明各罪判处的刑罚和决定执行的刑罚;被告人已被羁押的,应写明刑期折抵情况和实际执行刑期的起止时间;缓刑的应写明缓刑考验期限;附带民事诉讼案件,应写明附带民事诉讼的处理情况;有赃款赃物的,应写明处理情况。无罪判决要写明认定被告人无罪以及所根据的事实和法律依据;对证据不足、不能认定被告人有罪的应写明证据不足、指控的犯罪不能成立,并宣告无罪。

5.尾部。这部分写明被告人享有上诉权利、上诉期限、上诉法院、上诉方式和途径;合议庭组成人员或独任审判员和书记员姓名;判决书制作、宣判日期;最后要加盖人民法院印章。

二、裁 定

裁定指的是人民法院在刑事审理或执行过程中对有关诉讼程序和部分实体问题所作的处理决定,程序问题主要包括中止审理、维持原判或者发回重审、驳回起诉等,实体问题主要包括减刑、假释等。裁定可以是书面的,也可以是口头的。与判决书一样,书面制作的裁定书也需要按照法律规定进行制作。

虽然裁定的形式和判决书非常相似,但要注意的是,两者之间存在以下几点明显的差异:判决只解决实体问题,而裁定既解决部分实体问题,也解决程序问题;对同一案件发生执行效力的判决只存在一个,而针对同一案件不同实体和程序问题可以存在若干生效的裁定;判决必须以书面形式即判决书的形式作出,而裁定既可以书面形式也可以口头形式作出,口头作出的应当记入笔录;不服一审判决的上诉、抗诉期限为10日,而不服一审裁定的上诉、抗诉期限为五日。

三、决 定

刑事决定指的是公安机关、人民检察院、人民法院在办理案件过程中对程序性问题作出处理决定的方式。在诉讼过程中，面对审判人员是否回避、申请通知新的证人到庭、申请重新鉴定等情形，人民法院以作出决定的方式解决此类程序性问题。决定可以是口头的，也可以是书面的形式。口头决定应当记录在案，书面决定还应当制作决定书。

刑事决定与判决、裁定不同，决定仅适用程序性问题，且不仅由法院作出，公安机关和人民检察院也可以作出相关职权范围内的决定。除驳回回避申请的决定以外，决定一经作出后立即生效，不得上诉或者抗诉。

思考与训练

一、思考题

1. 案件具有哪些情形，审判人员可以召开庭前会议？
2. 法庭审判程序包括哪几个阶段？
3. 自诉案件第一审程序的特点是什么？
4. 简易程序的特点是什么？
5. 速裁程序的特点是什么？

二、选择题

1. 被告人刘某在案件审理期间死亡，法院作出终止审理的裁定。其亲属坚称刘某清白，要求法院作出无罪判决。对于本案的处理，下列哪些选项是正确的？（　　）（多选）

A. 应当裁定终止审理

B. 根据已查明的案件事实和认定的证据，能够确认无罪的，应当判决宣告刘某无罪

C. 根据刘某亲属要求，应当撤销终止审理的裁定，改判无罪

D. 根据刘某亲属要求，应当以审判监督程序重新审理该案

2. 关于刑事案件的延期审理和中止审理，下列哪些说法是正确的？（　　）（多选）

A. 延期审理适用于法庭审理过程中，中止审理适用于法院受理案件后至作出判决前

B. 导致延期审理的原因是庭审自身出现障碍，因而不停止法庭审理以外的诉讼活动，导致中止审理的原因是出现了不能抗拒的情况，使诉讼活动无法正常进行，因而暂停诉讼活动

C. 延期审理的案件再行开庭的时间具有可预见性，中止审理的案件再行开庭的时间往往无法预见

D. 不论延期审理还是中止审理，其时间都计入审理期限

3. 关于审判程序中证据调查的说法，下列哪些是正确的？（　　）（多选）

A. 合议庭可以庭外调查核实证据

B. 当事人可以申请调取新的物证

C. 专家辅助人可以针对鉴定意见发表意见

D. 证人未到庭，其庭前的书面证言不得作为定案的根据

三、案例分析

王某大学毕业，应聘到某外资企业任总经理助理。由于其精通外语，工作努力，受到总经理的器重。不到两个月，王某即因工作需要陪同总经理出访欧洲和美国。这引起了同事邵某的不满，邵某认为这些机会本应属于她，故对王某产生嫉妒之心，在工作中常与王某发生摩擦与争吵，甚至在其他同事面前对王某的生活作风进行诋毁。一次争吵后，总经理将邵某叫去进行了严厉的批评，并表示如果其继续这种无端取闹的言行，会将其开除。下班后，邵某在公司门口拦住王某大骂其“狐狸精”，引来数百名群众围观。王开始沉默不语，后实在不堪忍受抓住邵某衣服猛推，致使邵某摔倒受伤，经法医鉴定为轻伤。王某也因此受到精神上的打击，觉得没脸见公司的同事。

问题：

1. 如果邵某以故意伤害罪向法院提起诉讼，法院受理后是否能够先行调解？
2. 如果邵某以故意伤害罪向法院提起诉讼，邵某和王某能否在庭外和解？和解后，邵某是否可以申请撤诉？
3. 如果邵某没有起诉，而邵某的丈夫认为一定要起诉，那么邵某的丈夫能否作为本案自诉人提起诉讼？为什么？
4. 在邵某提起故意伤害罪诉讼后，王某能否以诽谤罪为由提起自诉？法院应当如何处理？如果此后邵某撤回故意伤害罪的自诉，法院应当如何处理？

（扫描二维码获取参考答案）

补充阅读

《庭审实质化的六项具体改革措施》

（扫描二维码阅读）

第二十一章

第二审程序

导读

通过本章的学习，掌握第二审程序的概念、特点和意义；准确理解第二审程序的提起主体、提起方式、提起理由、提起程序，准确理解第二审程序的全面审查原则、上诉不加刑原则及第二审案件的审理程序与处理方式，同时能正确理解因特殊情况而在法定刑以下判处刑罚的核准程序与查封、扣押、冻结在案财物的处理程序；熟悉并能运用有关第二审程序、因特殊情况在法定刑以下判处刑罚的核准程序与查封、扣押、冻结在案财物处理程序的刑事诉讼法及相关法律、司法解释的规定。

第一节　第二审程序的概念、特点和意义

一、第二审程序的概念和特点

第二审程序，又叫上诉审程序，简称二审程序，是指上级法院根据依法提出的上诉或者抗诉，对下级法院所作出的尚未生效的第一审裁判进行重新审判的诉讼程序。

第二审程序与第一审程序比较起来，具有以下特点：

1. 案件来源不同。第一审程序来源于检察机关提起的公诉或者自诉人提起的自诉，而第二审程序来源于当事人的上诉或者检察机关的抗诉。

2. 第二审程序的适用具有或然性。第二审程序是第一审程序的后续独立阶段，但它并非刑事案件的必经程序，第一审案件如没有上诉权人的上诉或检察机关的抗诉，上诉、抗诉期满后，第一审裁判就发生法律效力，不再存在第二审程序。而第一审程序是任何刑事裁判的必经程序，未经法院第一审程序，任何人都不得被定罪判刑。

3. 是否必须开庭审理不同。第一审程序是法院首次接触案件事实与证据，为了保障当事人的诉讼权利，同时也为了保证裁判的公正性，必须开庭审理，不能未经开庭审理就对被告人作出裁判。而第二审程序则不同，由于是在第一审程序的基础上对案件进行重新审判，根据《刑事诉讼法》第 234 条的规定，对符合法定条件的某些案件可在讯问被告人，听取其他当事人、辩护人、诉讼代理人的意见的基础上，不开庭审理就直接作出裁判。

4. 审理的法院不同。第一审程序的审理法院可以是从最高人民法院到基层法院的任何一级法院，而第二审程序则不同，由于只能是第一审法院的上级法院进行第二审程序，因此基层法院不能作为第二审程序的审理法院。

5. 法院裁判生效的时间不同。第一审程序作出的裁判在发生法律效力之前存在一段上诉、抗诉期，若该法定期间届满而无上诉或抗诉行为，则该裁判才发生效力。而第二审程序作出的裁判，由于我国实行的是两审终审制，一个刑事案件最多经过两级法院的审判即告终结，即是终审的裁判，一经宣布就立即发生法律效力。

二、第二审程序的意义

在刑事案件中设置第二审程序的意义主要有以下三个方面：

1. 有利于保证刑事司法的公正性。公正性是法院裁判的灵魂，但是基于法官理性的有限性，即使没有其他外界因素，第一审裁判也不可能完全杜绝错误。通过设置第二审程序，由法院系统中层级较高、素质较好的法官对第一审裁判认定的事实与适用的法律重新进行审理，尽可能避免出现冤、假、错案，最大限度地保证刑事司法的公正性。

2. 有利于发挥上级法院对下级法院审判工作的指导与监督作用，保证刑事司法的统

一性。由于法律规定的抽象性与原则性，若该法定期间届满而无上诉或抗诉行为，则该裁判才发生效力。通过设置第二审程序，赋予上级法院对下级法院错误裁判以一种纠错权力，就可使上级法院对下级法院的审判工作具有一种督导功能，在促使下级法院为避免裁判被上级法院撤销而公正裁判的同时，也尽量使刑事法律的理解避免个性化而具有统一性。

3.有利于满足当事人的合理要求，疏泄当事人的不满情绪。刑事诉讼的结果直接关系到当事人的切身利益，当事人一般都希望获得一个公正的结果。但是，当事人对法律、对公正的理解可能有偏差，对法官能否公正裁判存在怀疑，因而往往会对不利于自己的法院裁判提出异议，要求重新审理，当事人的这种心态与要求是可以理解的，法律也应当考量。通过设置第二审程序，由上级法院对案件进行重新审理，不仅可以纠正下级法院的错误裁判，还可以缓解当事人的不满情绪，使法院生效裁判得以更顺利地执行。

第二节　第二审程序的提起

一、第二审程序的提起方式与提起主体

（一）第二审程序的提起方式

第二审程序的提起方式，也就是启动第二审程序的方式。根据《刑事诉讼法》第 227 条与第 228 条的规定，我国刑事诉讼第二审程序的提起方式有两种：一是上诉，二是抗诉。

上诉是指有上诉权的人不服第一审未生效的判决、裁定，依照法定程序与期限，要求上一级法院对案件进行重新审判的诉讼行为。抗诉是指检察机关发现法院第一审未生效判决、裁定确有错误时，依照法定程序与期限提请上一级法院对案件进行重新审判的诉讼行为。

（二）第二审程序的提起主体

根据刑事诉讼法的规定，我国第二审程序的提起主体可分为两类，分别是上诉人与抗诉机关。

1.上诉人

《刑事诉讼法》第 227 条规定："被告人、自诉人和他们的法定代理人，不服地方各级人民法院第一审的判决、裁定，有权用书状或者口头向上一级人民法院上诉。被告人的辩护人和近亲属，经被告人同意，可以提出上诉。附带民事诉讼的当事人和他们的法定代理人，可以对地方各级人民法院第一审的判决、裁定中的附带民事诉讼部分，提出上诉。"根据这一规定，上诉人的范围包括：(1)自诉人及其法定代理人。(2)被告人及其法

定代理人。根据《刑事诉讼法》第 227 条第 3 款的规定，对被告人的上诉权，不得以任何借口加以剥夺。(3)被告人的辩护人和近亲属。值得注意的是，这些人没有独立的上诉权，只有取得被告人的同意后才能上诉。(4)附带民事诉讼的当事人及其法定代理人。这包括附带民事诉讼的原告人及其法定代理人与附带民事诉讼的被告人及其法定代理人。但要注意的是，这些人只能对民事部分提出上诉，不能对刑事部分提出上诉，除非他们也是刑事部分的自诉人或被告人。如果对刑事部分没有人提出上诉，检察机关也没有提出抗诉，附带民事诉讼当事人及其法定代理人的上诉，不影响第一审判决、裁定中刑事部分的生效。

2.抗诉机关

《刑事诉讼法》第 228 条规定："地方各级人民检察院认为本级人民法院第一审的判决、裁定确有错误的时候，应当向上一级人民法院提出抗诉。"根据此条规定，对一审法院未生效判决、裁定具有抗诉权的是一审法院的同级检察机关。准确地讲，也就是向第一审法院提起公诉的检察机关，而非其他下级检察机关或上级检察机关。

另外，《刑事诉讼法》第 229 条规定："被害人及其法定代理人不服地方各级人民法院第一审的判决的，自收到判决书后五日以内，有权请求人民检察院提出抗诉。人民检察院自收到被害人及其法定代理人的请求后五日以内，应当作出是否抗诉的决定并且答复请求人。"根据此条规定，我国公诉案件中的被害人虽然也属于当事人，但没有上诉权，只有请求抗诉权，即被害人及其法定代理人不服第一审判决、裁定的，只能请求检察机关提出抗诉，而且对于这种请求，检察机关并非必须听从，而是必须经过审查后自主决定是否提出抗诉。换言之，被害人及其法定代理人请求抗诉权不等于上诉权，它并不必然引起第二审程序。之所以如此规定，一方面在于检察机关与被害人的利益有可能不一致，检察机关对被害人的案件利益可能考虑不周全，赋予被害人及其法定代理人抗诉请求权，有利于充分保障被害人的合法权益；另一方面，如果赋予被害人及其法定代理人完全的上诉权，又有可能因为被害人及其法定代理人任意的上诉行为使"上诉不加刑"原则难以发挥作用。根据最高检察院《规则》第 588 条第 2 款的规定，如果被害人及其法定代理人是在收到判决书五日以后请求人民检察院提出抗诉的，则由人民检察院决定是否受理，即对超过五日期限的抗诉请求，人民检察院有自由裁量权。

二、第二审程序的提起理由

对于第二审程序的提起理由，刑事诉讼法根据不同的提起主体作了不同的规定。对于上诉人提起上诉的理由，根据《刑事诉讼法》第 227 条的规定，刑事诉讼法并没有明确规定限制条件，只要有上诉权的人"不服"第一审判决、裁定，即可满足上诉理由，即可按照法定程序提出上诉，而第二审程序也必须因此启动。法院不能以上诉人的上诉理由不充分或不明确为由拒绝启动第二审程序。

对于检察机关提出抗诉的理由，《刑事诉讼法》第 228 条则明确规定必须是检察机关认为第一审判决、裁定"确有错误"，才能提出抗诉。这是由于检察机关属于法律监督机关，其诉讼活动必须具有权威性与严肃性所决定的。根据最高检察院《规则》第584条，这里的"确有错误"是指人民检察院认为同级人民法院第一审判决、裁定具有下列情形之一："（一）认定的事实确有错误或者据以定罪量刑的证据不确实、不充分的；（二）有确实、充分证据证明有罪判无罪，或者无罪判有罪的；（三）重罪轻判，轻罪重判，适用刑罚明显不当的；（四）认定罪名不正确，一罪判数罪、数罪判一罪，影响量刑或者造成严重社会影响的；（五）免除刑事处罚或者适用缓刑、禁止令、限制减刑等错误的；（六）人民法院在审理过程中严重违反法律规定的诉讼程序的。"

三、第二审程序的提起期限

《刑事诉讼法》第230条规定："不服判决的上诉和抗诉的期限为十日，不服裁定的上诉和抗诉的期限为五日，从接到判决书、裁定书的第二日起算。"根据该规定，我国刑事判决与裁定的上诉与抗诉期限是不同的，不服判决的上诉与抗诉期限是十日，不服裁定的上诉与抗诉期限是五日。不管是检察机关，还是当事人，如果未在规定的期限内提出上诉或抗诉，除存在法院认定的合理理由，否则所提出的上诉、抗诉不具有启动第二审程序的法律效力，第一审判决、裁定即告生效。

另外值得注意的是，该上诉、抗诉期限是从当事人、检察机关收到判决书、裁定书的第二天开始起算，而不是从判决、裁定宣告的第二天开始起算。

四、第二审程序的提起程序

（一）提起上诉的程序

根据《刑事诉讼法》第227条的规定，上诉既可以用书状形式即上诉状提出，也可以用口头方式提出。无论以哪种形式提出，法院均应当受理。如果是以口头方式提出上诉的，法院应当按规定制作笔录。

根据《刑事诉讼法》第231条的规定，被告人、自诉人、附带民事诉讼的原告人和被告人既可通过原审法院提出上诉，也可直接向第二审法院提出上诉。如是通过原审法院提出上诉的，原审法院应当在三日以内将上诉状连同案卷、证据移送上一级法院，同时将上诉状副本送交同级人民检察院和对方当事人；如是直接向第二审法院提出上诉的，第二审法院应当在三日以内将上诉状交原审法院送交同级人民检察院和对方当事人。让上诉人具有选择向原审法院提出上诉，或是向上级法院上诉的权利，与前述上诉的提出既可书状上诉，也可口头上诉的考虑相同，主要是基于方便当事人诉讼的原则。

另外，根据最高法院《解释》第304条与第305条的规定，被告人、自诉人、附带民事诉讼的原告人和被告人及其法定代理人在上诉期限内要求撤回上诉的，法院应当准许；但在上诉期届满后要求撤回上诉的，应当由第二审法院进行审查，然后根据不同情形处理：如果第二审法院认为原判决认定事实和适用法律正确，量刑适当，应当裁定准许被告人撤回上诉；如果第二审法院认为原判决事实不清，证据不足或者将无罪判为有罪、轻罪重判等，应当不准许撤回上诉，并按照上诉程序进行审理。另外，被判处死刑立即执行的被告人提出上诉，在第二审开庭后宣告裁判前申请撤回上诉的，应当不予准许，继续按照上诉案件审理。之所以如此规定，原因是在上诉期限内，上诉人具有是否上诉的决定权，其撤回上诉应当准许；而在上诉期届满后，上诉人已无是否上诉的决定权，而且上级法院具有监督下级法院审判工作的职责，在发现下级法院的裁判确有错误时，理当加以纠正。至于在上诉期内，上诉人撤回上诉后，能否再次上诉的，法律与司法解释没有明确规定。从理论上讲，应当是允许的，因为上诉权存在于整个上诉期内，上诉人撤回上诉的行为并不能改变他在上诉期内享有的上诉权，如认为上诉人撤回上诉后无权再提起上诉，无异于缩短了上诉期，明显违反法律规定。

（二）提起抗诉的程序

为了保证司法的严肃性，刑事诉讼法对检察机关提起抗诉的程序作了比提起上诉更为严格与规范的程序规定。根据《刑事诉讼法》第 232 条的规定，地方各级检察机关对同级法院第一审判决、裁定的抗诉，只能使用书状即抗诉书的形式提出，不能采用口头形式；而且只能通过原审法院提出抗诉书，不能直接向上级法院提出抗诉书。原审法院收到抗诉书后，应当将抗诉书连同案卷、证据移送上一级法院，并且将抗诉书副本送交当事人。

另外，根据《刑事诉讼法》第 232 条的规定，地方各级检察机关针对第一审未生效判决、裁定提出抗诉时，必须将抗诉书抄送上一级检察机关，上级检察机关如果认为抗诉不当，可以向同级法院撤回抗诉，并且通知下级检察机关。下级检察机关对上级检察机关撤回抗诉的决定，必须执行。这是因为上下级检察机关之间的关系不同于上下级法院之间的关系，它是一种上命下从的领导关系，下级检察机关的诉讼行为受上级检察机关的监督，对于上级检察机关的决定，下级检察机关必须服从。当然，根据最高检察院《规则》第 589 条的规定，上一级人民检察院认为抗诉不当的，应当先听取下级人民检察院的意见。只有在听取意见后，仍然认为抗诉不当的，才向同级人民法院撤回抗诉。同时，上一级人民检察院支持或者部分支持抗诉意见的，可以变更、补充抗诉理由，及时制作支持抗诉意见书，并通知提出抗诉的人民检察院。另外，上一级人民检察院在上诉、抗诉期限内，发现下级人民检察院应当提出抗诉而没有提出抗诉的案件，可以指令下级人民检察院依法提出抗诉。

第三节　第二审案件的审判

一、第二审案件审理的基本原则

(一)全面审查原则

《刑事诉讼法》第233条规定:“第二审人民法院应当就第一审判决认定的事实和适用法律进行全面审查,不受上诉或者抗诉范围的限制。共同犯罪的案件只有部分被告人上诉的,应当对全案进行审查,一并处理。”根据该规定,我国刑事第二审程序的全面审查原则是指第二审法院在对第二审案件进行审理时,不受上诉或抗诉请求范围的限制,而应当对第一审判决所认定的事实和适用法律进行全面审查,并作出相应处理。但需要注意的是,从该规定来看,全面审查原则只适用于对第一审判决的审理,而不适用于对第一审裁定的审理,如果上诉或抗诉是针对第一审裁定提出的,第二审法院在审理时,不适用全面审查原则。但最高法院《解释》第310条规定:“第二审人民法院审理上诉、抗诉案件,应当就第一审判决、裁定认定的事实和适用法律进行全面审查,不受上诉、抗诉范围的限制。”该司法解释规定,第二审法院对第一审裁定的审理,也应当适用全面审查原则。

全面审查原则的总体要求是,第二审法院在审判案件时,要对第一审判决所认定的事实、适用的法律与诉讼程序的合法性进行全面审查。具体来说,包括三个方面的要求:一是既要审查第一审判决认定的事实是否正确、证据是否确实、充分,又要审查法律适用是否有错误;二是既要审查第一审判决已被提出上诉或抗诉的部分,也要审查没有提出上诉或抗诉的部分,尤其是在共同犯罪案件中,如果只有部分被告人上诉的,既要对已经提出上诉的那部分被告人的上诉理由进行审查,又要对没有提出上诉的那部分被告人的判决内容进行审查,一并处理;三是既要从实体上进行审查,又要从程序上进行审查。

在此需要注意的是,根据最高法院《解释》第313条与第314条的规定,第二审法院审理附带民事诉讼的上诉、抗诉案件,应当对全案进行审查。如果第一审判决的刑事部分并无不当,第二审人民法院只需就附带民事诉讼部分作出处理。如果第一审判决附带民事部分事实清楚,适用法律正确的,应当以刑事附带民事裁定维持原判,驳回上诉、抗诉。如果附带民事诉讼案件只有附带民事诉讼的当事人和他们的法定代理人提出上诉的,第一审刑事部分的判决,在上诉期满后即发生法律效力。应当送监执行的第一审刑事被告人是第二审附带民事诉讼被告人的,在第二审附带民事诉讼案件审结前,可以暂缓送监执行。

全面审查原则要求第二审法院在审判案件时,应当充分发挥积极性与能动性,从事实、证据、法律适用与诉讼程序等方面对整个案件进行全面审查,不仅要纠正上诉或抗诉中指出的错误，还要纠正上诉或抗诉中没有指出的错误，这实际上一方面是有错必纠方针在第二审程序中的一种重要体现，另一方面也是上下级法院之间存在监督关系所决定的，是上级法院履行监督职责的重要体现。但是，也必须看到，法院是中立的裁判机构，第二审法院全面纠正第一审判决的错误，有可能与其中立性的地位不相符合。如第一审判决错误地将数罪按一罪处理，但检察机关在抗诉书中并没有指出，第二审法院如按全面审查原则加以纠正，它实际承担了一种控诉职能，有违反控审分离原则的嫌疑。

（二）上诉不加刑原则

1. 上诉不加刑原则的概念与适用范围

该原则见诸《刑事诉讼法》第 237 条："第二审人民法院审理被告人或者他的法定代理人、辩护人、近亲属上诉的案件，不得加重被告人的刑罚。第二审人民法院发回原审人民法院重新审判的案件，除有新的犯罪事实，人民检察院补充起诉的以外，原审人民法院也不得加重被告人的刑罚。人民检察院提出抗诉或者自诉人提出上诉的，不受前款规定的限制。"根据该条规定，上诉不加刑原则是指第二审法院审判仅有被告人一方提出上诉的案件时，不得以任何形式改判重于原判决所判处的刑罚，或以任何形式变相加重被告人的负担。

其中，所谓不得加重刑罚，包括：一是不得提高刑种的等级，如不能把附加刑上升为主刑，把拘役改为有期徒刑，把有期徒刑变为无期徒刑等；二是不得增加刑种数量，如不得在没有附加刑的判决书中增加附加刑；三是不得增加同一刑种的刑期或罚金的数额，如不得把原来的有期徒刑为五年增加到七年；四是不得改死刑缓期二年执行为死刑立即执行；五是不得撤销缓刑，改判实际执行刑，或者延长缓刑考验期。

根据《刑事诉讼法》第 237 条的规定，上诉不加刑原则不仅对第二审法院直接改判的案件有约束力，而且也对发回重审时原审法院改判的案件具有约束力，即第二审法院以事实不清或证据不足或违反诉讼程序为由发回重审的案件，原审法院重新审理后，也不得加重被告人的刑罚。但要注意的是，它只适用于只有被告人或者他的法定代理人、辩护人、近亲属提出上诉的案件，如果是检察机关抗诉或自诉人提出上诉的案件，或者检察机关同时提出抗诉或自诉人同时提起上诉的案件，以及在原审法院重审时，检察机关根据新的犯罪事实补充起诉的案件，则不受该原则的约束。

2. 上诉不加刑原则的基本要求

根据最高法院《解释》第 325 条至第 327 条的规定，上诉不加刑原则的基本要求有：

一是共同犯罪案件，只有部分被告人提出上诉的，既不能加重提出上诉的被告人的刑罚，也不能加重其他同案被告人的刑罚。

二是对原判认定事实清楚、证据充分，只是认定的罪名不当的，在不加重原判刑罚的情况下，可以改变罪名。

三是对被告人实行数罪并罚的，不得加重决定执行的刑罚，也不能在维持原判决决定执行的刑罚不变的情况下，加重数罪中某罪的刑罚。

四是对事实清楚、证据充分，但判处的刑罚畸轻，或者应当适用附加刑而没有适用的案件，不得撤销第一审判决，直接加重被告人的刑罚或者适用附加刑，也不得以事实不清或者证据不足为由发回第一审人民法院重新审理，必须依法改判的，应当在第二审判决、裁定生效后，按照审判监督程序重新审判。

五是原判对被告人宣告缓刑的，第二审法院不得撤销缓刑或者延长缓刑考验期。

六是原判没有宣告禁止令的，第二审法院不得增加宣告；原判宣告禁止令的，第二审法院不得增加内容、延长期限。

七是原判对被告人判处死刑缓期执行没有限制减刑的，第二审法院不得限制减刑。

八是共同犯罪案件中，检察机关只对部分被告人的判决提出抗诉，或者自诉人只对部分被告人的判决提出上诉的，第二审法院对其他第一审被告人不得加重刑罚。

九是被告人或者其法定代理人、辩护人、近亲属提出上诉的案件，第二审法院发回原审人民法院重新审判的案件，除有新的犯罪事实，检察机关补充起诉的以外，原审法院也不得加重被告人的刑罚。

3. 上诉不加刑原则的意义

一是有利于保障被告人的上诉权，保证两审终审制的实现。被告人一方上诉的目的在于请求上级法院改变第一审判决，减轻、从轻或免除对被告人的刑罚。如果上诉后第二审法院可以加重被告人的刑罚，使被告人处于更加不利的境地，被告人一方在上诉时就会产生各种顾虑，导致被告人一方即使认为第一审判决有错误也不敢提出上诉，从而在客观上限制了被告人的上诉权，使上诉制度流于形式。同时，被告人上诉权受到限制，也就相当于限制了二审终审制度的适用，不利于该制度的贯彻执行。

二是有利于督促检察机关正确履行法律监督职能。检察机关是法律监督机关，对第一审判决确有错误的，应当积极主动地向法院提出抗诉。如果因为检察机关怠于履行抗诉职责，导致第一审判决即使存在有利于被告人的错误也不能在第二审程序得以纠正，该检察机关就会因此招致上级检察机关的不利评价，检察机关也就会因此增加其责任感，促使其积极发挥监督功能，及时做好第一审判决的抗诉工作。

三是有利于促使第一审法院提高办案质量。由于第一审量刑偏轻的案件，在第二审法院可能因为上诉不加刑原则而不能改判，第一审法院往往会因此面临放纵罪犯的指责。这种指责的可能性会促使第一审法院的法官在审判第一审案件时更加认真负责地定罪量刑，做到不枉不纵，以期经得起第二审法院的检验。

二、第二审案件的审判方式

《刑事诉讼法》第 234 条规定："第二审人民法院对于下列案件，应当组成合议庭，开庭审理：(一)被告人、自诉人及其法定代理人对第一审认定的事实、证据提出异议，可能影响定罪量刑的上诉案件；(二)被告人被判处死刑的上诉案件；(三)人民检察院抗诉的案件；(四)其他应当开庭审理的案件。第二审人民法院决定不开庭审理的，应当讯问被告人，听取其他当事人、辩护人、诉讼代理人的意见。第二审人民法院开庭审理上诉、抗诉案件，可以到案件发生地或者原审人民法院所在地进行。”根据该条规定，我国第二审案件的审判方式有开庭审与不开庭审两种。

（一）开庭审理

开庭审理是指第二审法院审理上诉或抗诉案件时，应当组成合议庭，按照第一审程序规定的开庭、法庭调查、法庭辩论、被告人最后陈述、评议和宣判步骤进行审理。根据《刑事诉讼法》第234条的规定，开庭审理的地点可根据实际需要，可以在第二审法院所在地进行，也可以到案件发生地或者原审法院所在地进行。

根据《刑事诉讼法》第234条的规定，以下案件第二审法院应当组成合议庭，使用开庭审的方式：（1）被告人、自诉人及其法定代理人对第一审认定的事实、证据提出异议，可能影响定罪量刑的上诉案件；（2）被告人被判处死刑的上诉案件；（3）检察机关抗诉的案件；（4）其他应当开庭审理的案件。

根据《刑事诉讼法》第235条的规定，检察机关提出抗诉的案件或者第二审法院开庭审理的公诉案件，同级检察机关都应当派员出席法庭。第二审法院应当在决定开庭审理后及时通知检察机关查阅案卷，检察机关应当在一个月以内查阅完毕；检察机关查阅案卷的时间不计入审理期限。另外，根据最高法院《解释》第322条与第323条的规定，第二审法院开庭审理上诉或者抗诉案件，除参照第一审程序的规定外，还应当依照下列规定进行：

1.在法庭调查阶段，审判长或者审判员宣读第一审判决书、裁定书后，由上诉人陈述上诉理由或者由检察人员宣读抗诉书；如果是既有上诉又有抗诉的案件，先由检察人员宣读抗诉书，再由上诉人陈述上诉理由。宣读第一审判决书，可以只宣读案由、主要事实、证据名称和判决主文等。法庭调查应当重点围绕对第一审判决提出异议的事实、证据以及提交的新的证据等进行。对没有异议的事实、证据和情节，可以直接确认。对同案审理案件中未上诉的被告人，未被申请出庭或者人民法院认为没有必要到庭的，可以不再传唤到庭。

2.在法庭辩论阶段，如是上诉案件，应当先由上诉人、辩护人发言，再由检察人员发言；如是抗诉案件，应当先由检察人员发言，再由被告人、辩护人发言；既有上诉又有抗诉的案件，应当先由检察人员发言，再由上诉人、辩护人发言，并进行辩论。

另外，同案审理的案件，未提出上诉、人民检察院也未对其判决提出抗诉的被告人要求出庭的，应当准许。出庭的被告人可以参加法庭调查和辩论。

（二）不开庭审理

不开庭审理，是指第二审法院审理上诉案件时，合议庭通过审阅案卷材料，讯问被告人，听取其他当事人、辩护人、诉讼代理人的意见，无须法庭调查、法庭辩论就直接评议，作出判决或裁定。

根据《刑事诉讼法》第234条的规定，第二审法院不开庭审理的，除了要审阅一审案卷材料外，还应当讯问被告人，听取其他当事人、辩护人、诉讼代理人的意见，否则就属于程序违法。

1996 年《刑事诉讼法》规定，不开庭审理的案件必须是“合议庭经过阅卷，讯问被告人、听取其他当事人、辩护人、诉讼代理人的意见，事实清楚的”上诉案件，但现行刑事诉讼法取消了这一规定。这意味着，只要不是属于《刑事诉讼法》第 234 条规定的必须开庭审理的案件，都可以不开庭审理。当然，由于受《刑事诉讼法》第 234 条的限制，尤其是该条第 1 款第 1 项的限制，实际不开庭审理的案件只能是那种控辩双方对事实与证据没有重大分歧的案件，即事实清楚，只是适用法律、量刑错误或违反诉讼程序的上诉案件，抗诉案件不能采取不开庭审方式，控辩双方对第一审认定的事实、证据有异议，可能影响定罪量刑的上诉案件也不能采取不开庭审方式。

三、第二审案件的处理方式

（一）不服一审判决的上诉、抗诉案件的处理方式

根据刑事诉讼法的相关规定，第二审法院对不服第一审判决的上诉、抗诉案件进行审理后，有以下几种处理方式。其中，根据《刑事诉讼法》第 244 条的规定，第二审的判决、裁定和最高人民法院的判决、裁定，都是终审的判决、裁定，一经宣布就立即发生法律效力。

1. 裁定驳回上诉或抗诉，维持原判

根据《刑事诉讼法》第 236 条的规定，这种处理方式针对的是第一审判决认定事实与适用法律正确，量刑适当，审判程序合法的情形。在此需要注意的是，这种处理方式只能使用裁定形式，而不是判决形式。

2. 以判决直接改判

以判决直接改判，也就是以判决书的形式直接对第一审判决的内容进行修改。根据《刑事诉讼法》第 236 条的规定，第二审法院可以直接改判的案件有两种：一是原判决认定事实没有错误，但适用法律有错误，或者量刑不当的案件。对于这种案件，第二审法院审理后，只能直接改判，不能撤销原判，发回重审。二是原判决事实不清楚或者证据不足的案件。对于此类案件，第二审法院不是必须改判，而是可以在查清事实后改判，也可以裁定撤销原判，发回原审法院重新审判。

根据最高法院《解释》第 330 条至第 334 条的规定，第二审法院审理刑事附带民事上诉、抗诉案件，即既对刑事部分不服，也对民事部分不服的案件，如果发现刑事和附带民事部分均有错误须依法改判的，应当一并改判；对刑事部分提出上诉、抗诉，附带民事诉讼部分已经发生法律效力的案件，如果发现第一审判决或者裁定中的民事部分确有错误，应当对民事部分按照审判监督程序予以纠正；对附带民事诉讼部分提出上诉、抗诉，刑事部分已经发生法律效力的案件，如果发现第一审判决或者裁定中的刑事部分确有错误的，应当对刑事部分按照审判监督程序进行再审，并将附带民事部分与刑事部分一并审理。对第二审自诉案件，必要时可以进行调解，当事人也可以自行和解。调解结案的，应当制作调解书，第一审判决、裁定视为自动撤销；当事人自行和解的，由法院裁定准许撤回自诉，并撤销第一审判决或者裁定。在第二审程序中，自诉案件的当事人提出反诉

的，第二审法院应当告知其另行起诉。在第二审案件的附带民事部分审理中，第一审附带民事原告人增加独立的诉讼请求或者第一审附带民事被告人提出反诉的，第二审法院可以根据自愿、合法原则就新增加的诉讼请求或者反诉进行调解，调解不成的，告知当事人另行起诉。

3.裁定撤销原判，发回重审

根据《刑事诉讼法》第 236 条与第 238 条的规定，以裁定形式撤销原判、发回原审法院重审的情形有两种：一是原判决事实不清或证据不足的案件。对于此类案件，既可在查清事实后直接改判，也可以撤销原判，发回重审。但是对于撤销原判，发回重审作出判决后，被告人再次提出上诉或者检察机关再次提出抗诉的，第二审法院应当依法作出判决或者裁定，不得再发回原审人民法院重新审判。二是第一审法院的审理违反法律规定的诉讼程序的案件。对于此类案件，第二审法院只能裁定撤销原判，发回重审。根据《刑事诉讼法》第 238 条的规定，只要第一审法院的审理违反以下诉讼程序之一的，即可裁定撤销原判，发回重审：(1)违反《刑事诉讼法》有关公开审判的规定的；(2)违反回避制度的；(3)剥夺或者限制了当事人的法定诉讼权利，可能影响公正审判的；(4)审判组织的组成不合法的；(5)其他违反法律规定的诉讼程序，可能影响公正审判的。

根据《刑事诉讼法》第 239 条的规定，原审法院对于发回重新审判的案件，应当另行组成合议庭，依照第一审程序进行审判。重新审判后的判决，仍属于第一审判决，有上诉权的当事人可以上诉，检察机关也可以抗诉。

(二)不服第一审裁定的上诉、抗诉案件的处理方式

根据《刑事诉讼法》第 240 条的规定，第二审法院对不服第一审裁定的上诉或者抗诉案件，经过审查后，应当参照《刑事诉讼法》第 236 条、第 238 条和第 239 条的规定，分别情形用裁定驳回上诉、抗诉，或者撤销、变更原裁定。可见，对于第一审裁定的上诉或抗诉案件，第二审法院审理后，只能以裁定形式进行处理，不能使用判决形式进行处理，处理方式有裁定驳回上诉或抗诉、裁定撤销原裁定以及直接变更原裁定内容等三种方式。根据《刑事诉讼法》第 244 条的规定，第二审裁定和最高人民法院的裁定，都是终审的裁定，一经宣布就立即发生法律效力。

四、第二审案件的审理期限

根据《刑事诉讼法》第 243 条的规定，第二审法院受理上诉、抗诉案件，应当在二个月以内审结。对于可能判处死刑的案件或者附带民事诉讼的案件，以及有《刑事诉讼法》第 158 条规定情形之一的，即如果属于交通十分不便的边远地区的重大复杂案件，或者重大的犯罪集团案件，或者流窜作案的重大复杂案件，或者犯罪涉及面广，取证困难的重大复杂案件的，经省、自治区、直辖市高级人民法院批准或者决定，可以延长二个月；因特殊情况还需要延长的，报请最高人民法院批准。但最高人民法院受理上诉、抗诉案件的审理期限，由最高人民法院决定。

第四节　第二审程序的其他相关问题

一、因特殊情况在法定刑以下判处刑罚的核准程序

《刑法》第63条第2款规定，犯罪分子虽然不具有刑法规定的减轻处罚情节，但是根据案件的特殊情况，经最高人民法院核准，也可以在法定刑以下判处刑罚。但《刑事诉讼法》对报请核准以及最高人民法院核准的程序缺乏明确规定，只有最高法院《解释》有相关规定。根据最高法院《解释》第336条至第340条的规定，其程序如下：

如果第一审法院作出在法定刑以下判处刑罚的判决后，被告人不提出上诉、检察机关不提出抗诉的，第一审法院在上诉、抗诉期满后三日内报请上一级法院复核。上一级法院同意原判的，应当逐级报请最高人民法院核准；上一级法院不同意原判的，应当裁定发回重新审判或者改变管辖，按照第一审程序重新审理。原判是由基层法院作出的，高级人民法院可以指定中级人民法院按照第一审程序重新审理。

如果第一审法院作出法定刑以下判处刑罚的判决后，被告人提出上诉或者检察机关提出抗诉的，应当按照第二审程序审理。上诉或者抗诉理由不成立的，应当裁定驳回上诉或者抗诉，维持原判，并按照前述程序逐级报请最高人民法院核准。上诉或者抗诉理由成立的，应当依法改判。改判后仍判决在法定刑以下处以刑罚的，按照前述程序逐级报请最高人民法院核准。

报请最高人民法院核准在法定刑以下判处刑罚的案件，应当报送判决书、报请核准案件的结案报告各五份，以及全案诉讼卷宗和证据。

最高人民法院复核在法定刑以下判处刑罚的案件时，予以核准的，作出核准裁定书；不予核准的，应当撤销原判决、裁定，发回原审法院重新审判或者指定其他下级法院重新审判。

对于最高人民法院或上级人民法院发回第二审人民法院重新审判的案件，第二审人民法院可以直接改判；必须通过开庭查清事实、核实证据或者纠正原审程序违法的，应当开庭审理。

在复核期限方面，最高人民法院和上级人民法院复核在法定刑以下判处刑罚案件的审理期限，应当参照适用第二审案件的审理期限，即一般应当在二个月以内复核完毕。对于附带民事诉讼的案件，以及有《刑事诉讼法》第158条规定情形之一的，相关法院经省、自治区、直辖市高级人民法院批准或者决定，可以延长二个月；因特殊情况还需要延长的，报请最高人民法院批准。

二、查封、扣押、冻结在案财物的处理程序

刑事涉案财物的处理程序，实际可分为两种：未定罪案件的涉案财物处理程序与定

罪案件的涉案财物处理程序。前种程序在美国被称为民事没收程序，在德国被称为客观程序，它是一种不以对被告人定罪判刑为前提的对涉案财物的处理程序；后种程序在美国被称为刑事没收程序，在德国被称为主观程序，它是一种必须以对被告人定罪为前提的对涉案财物的处理程序。由于前种程序在刑事诉讼法特别程序中的犯罪嫌疑人、被告人死亡、逃匿案件违法所得没收程序中有专门介绍。另外，特别程序中的犯罪嫌疑人、被告人外逃案件的缺席审判程序也涉及部分定罪案件的涉案财物处理。因此，在此所介绍的查封、扣押、冻结在案财物处理程序实际是指犯罪嫌疑人、被告人未外逃的定罪案件中涉案财物的处理程序，即在对未外逃犯罪嫌疑人、被告人追究刑事责任的过程中对涉案财物的处理程序。其中，查封、扣押、冻结在案财物，是指公安机关、检察机关、法院在办理刑事案件过程中所查封、扣押、冻结的与案件有关的各种财物。

(一)涉案财物的保管

根据《刑事诉讼法》第 245 条的规定，公安机关、检察机关和法院对查封、扣押、冻结的犯罪嫌疑人、被告人的财物及其孳息，应当妥善保管，以供核查，并制作清单，随案移送。任何单位和个人不得挪用或者自行处理。对违禁品或者不宜长期保存的物品，应当依照国家有关规定处理。保管涉案财物时，根据最高法院《解释》第 359 条的规定，查封不动产、车辆、船舶、航空器等财物，应当扣押其权利证书，经拍照或者录像后原地封存，或者交持有人、被告人的近亲属保管，登记并写明财物的名称、型号、权属、地址等详细情况，并通知有关财物的登记、管理部门办理查封登记手续。扣押物品，应当登记并写明物品的名称、型号、规格、数量、重量、质量、成色、纯度、颜色、新旧程度、缺损特征和来源等。扣押货币、有价证券，应当登记并写明货币、有价证券的名称、数额、面额等，货币应当存入银行专门账户，并登记银行存款凭证的名称、内容。扣押文物、金银、珠宝、名贵字画等贵重物品以及违禁品，应当拍照，需要鉴定的，应当及时鉴定。对扣押的物品应当根据有关规定及时估价。冻结存款、汇款、债券、股票、基金份额等财产，应当登记并写明编号、种类、面值、张数、金额等。2015 年最高人民检察院印发的《人民检察院刑事诉讼涉案财物管理规定》也对涉案财物的保管作了类似的规定。

(二)涉案财物的移送

根据《刑事诉讼法》第 245 条的规定，对作为证据使用的实物应当随案移送，对不宜移送的，应当将其清单、照片或者其他证明文件随案移送。根据最高法院《解释》第 362 条与第 363 条的规定，对作为证据使用的实物，包括作为物证的货币、有价证券等，应当随案移送。对因上诉、抗诉引起第二审程序的，第一审法院应当将上述证据移送第二审法院，并办理证据交接手续。对于以下不宜移送的实物，可只移送相关证据材料、鉴定意见：

1. 大宗的、不便搬运的物品，随案移送查封、扣押清单，并附原物照片和封存手续，注明存放地点等；

2. 易腐烂、霉变和不易保管的物品，查封、扣押机关变卖处理后，随案移送原物照片、

清单、变价处理的凭证(复印件);

3.违禁品、枪支弹药、易燃易爆物品、剧毒物品以及其他危险品,查封、扣押机关依照国家有关规定处理后,随案移送原物照片和清单;

4.对于查封、扣押的货币、有价证券等依法不移送的,移送原物照片、清单或者其他证明文件。

(三)涉案财物的返还

涉案财物的返还,是指将查封、扣押、冻结的涉案财物返还被害人。这种返还根据返还的时间可分为两种:判决前的返还与判决后的返还。前者是指在侦查阶段、审查起诉阶段与审判阶段依法将相关涉案财物返还被害人;后者是指在法院作出判决后,根据生效判决将涉案财物返还被害人。

对判决前返还,《刑事诉讼法》第245条明确规定,对被害人的合法财产,应当及时返还。根据最高法院《解释》第360条的规定,对被害人的合法财产,权属明确的,应当依法及时返还,但须经拍照、鉴定、估价,并在案卷中注明返还的理由,将原物照片、清单和被害人的领取手续附卷备查;权属不明的,应当在人民法院判决、裁定生效后,按比例返还被害人,但已获退赔的部分应予扣除。2015年最高人民检察院《人民检察院刑事诉讼涉案财物管理规定》第22条也规定,在诉讼过程中,对权属明确的被害人合法财产,凡返还不损害其他被害人或者利害关系人的利益、不影响诉讼正常进行的,人民检察院应当依法及时返还。权属有争议的,应当在决定撤销案件、不起诉或者由人民法院判决时一并处理。第26条规定,对于应当返还被害人的扣押、冻结款物,无人认领的,应当公告通知。公告满六个月无人认领的,依法上缴国库。无人认领的款物在上缴国库后有人认领,经查证属实的,检察机关应当向人民政府财政部门申请退库或者返还。原物已经拍卖、变卖的,应当退回价款。

对于判决返还被害人的涉案财物,应当通知被害人认领;无人认领的,应当公告通知;公告满三个月无人认领的,应当上缴国库;上缴国库后有人认领,经查证属实的,应当申请退库予以返还;原物已经拍卖、变卖的,应当返还价款。对侵犯国有财产的案件,被害单位已经终止且没有权利义务继受人,或者损失已经被核销的,查封、扣押、冻结的财物及其孳息应当上缴国库。

(四)涉案财物的没收、上缴

根据《刑事诉讼法》第245条第3款、第4款、第5款的规定,法院作出的判决,应当对查封、扣押、冻结的财物及其孳息作出处理;法院作出的判决生效以后,有关机关应当根据判决对查封、扣押、冻结的财物及其孳息进行处理;对查封、扣押、冻结的赃款赃物及其孳息,除依法返还被害人的以外,一律上缴国库。司法工作人员贪污、挪用或者私自处理查封、扣押、冻结的财物及其孳息的,依法追究刑事责任;不构成犯罪的,给予处分。根据最高法院《解释》第367条和第369条的规定,随案移送的或者人民法院查封、扣押的财物及其孳息,由第一审人民法院在判决生效后负责处理;涉案财物未随案移送的,人民法院应当在判决生效后十日内，将判决书、裁定书送达查封、扣押机关，并告知其在一个月内将执行回单送回。对冻结的存款、汇款、债券、股票、基金份额等财产判决没收的，第一审人民法院应当在判决生效后，将判决书、裁定书送达相关金融机构和财政部门，通知相关金融机构依法上缴国库并在接到执行通知书后十五日内，将上缴国库的凭证、执行回单送回。查封、扣押、冻结的财物与本案无关但已列入清单的，应当由查封、扣押、冻结机关依法处理。查封、扣押、冻结的财物属于被告人合法所有的，应当在赔偿被害人损失、执行财产刑后及时返还被告人；财物未随案移送的，应当通知查封、扣押、冻结机关将赔偿被害人损失、执行财产刑的部分移送人民法院。

思考与训练

一、思考题

1. 第二审程序为什么要实行全面审查原则？
2. 如何理解第二审程序的上诉不加刑原则？

二、选择题

1. 关于第二审案件的审理方式，以下说法错误的是（　　）。（多选）
   A. 被告人、自诉人及其法定代理人、辩护人、诉讼代理人对第一审认定的事实、证据提出异议，可能影响定罪量刑的上诉案件，应当采取开庭审理方式
   B. 被告人被判处死刑、无期徒刑的上诉案件，应当采取开庭审理方式
   C. 检察机关抗诉的案件，应当采取开庭审理方式
   D. 不开庭审理的上诉案件，必须是合议庭经过阅卷，讯问被告人，听取其他当事人、辩护人、诉讼代理人的意见，事实清楚的上诉案件
2. 关于第二审法院对上诉、抗诉案件的处理方式，以下说法错误的是（　　）。（多选）
   A. 对于第一审判决认定事实与适用法律正确，量刑适当，审判程序合法的只能使用裁定形式，而不是判决形式驳回上诉或抗诉，维持原判
   B. 对于原判决认定事实没有错误，但适用法律有错误，或者量刑不当的案件，只能直接改判，不能撤销原判，发回重审
   C. 对于刑事附带民事案件，只对附带民事诉讼部分提出上诉，刑事部分已经发生法律效力的案件，如果第二审法院发现第一审判决或者裁定中的刑事部分确有错误，应当对民事部分按第二审程序处理，对刑事部分则按审判监督程序进行审理
   D. 对于刑事附带民事案件，只对刑事部分提出上诉、抗诉，民事部分已经发生法律效力的案件，如果第二审法院发现第一审判决或者裁定中的民事部分确有错误，应当对刑事部分按第二审程序处理，对民事部分则按审判监督程序进行审理
   E. 对第二审自诉案件，必要时可以进行调解，当事人也可以自行和解，调解结案的，应当制作调解书，并裁定撤销第一审判决或裁定；当事人自行和解的，由法院裁定准许

撤回自诉，并撤销第一审判决或者裁定

F. 在第二审程序中，自诉案件的当事人提出反诉的，或第一审附带民事原告人增加独立的诉讼请求或者第一审附带民事被告人提出反诉的，第二审法院可以根据自愿、合法原则就新增加的诉讼请求或者反诉进行调解，调解不成的，告知当事人另行起诉

G. 对于撤销原判，发回重审作出判决后，被告人再次提出上诉或者检察机关再次提出抗诉的案件，如果第二审法院发现仍然事实不清或证据不足的，还可以撤销原判，发回重审

3. 关于在法定刑以下判刑案件的复核程序，以下说法错误的是（　　）。（多选）

A. 所有在法定刑以下判刑的案件，均应当逐级报请最高人民法院复核

B. 对于下级法院作出的因特殊情况在法定刑以下判处刑罚的复核案件，上一级人民法院不同意原判的，应当裁定发回重新审判，或者按第二审程序进行审理

C. 最高人民法院不予核准的，应当作出不核准裁定书，并撤销原判决、裁定，发回原审人民法院重新审判或者指定其他下级人民法院重新审判

D. 上级人民法院发回第二审人民法院重新审判的法定刑以下判刑的复核案件，第二审人民法院应当开庭审理后改判

4. 对于涉案财物的返还，以下说法错误的是（　　）。（多选）

A. 对于查明确实属于被害人、案外人合法财物的涉案财物，可以在审查符合一定条件后在判决前返还被害人或案外人

B. 权属不明确的，不能在判决前返还涉案财物

C. 具有证据意义的涉案财物不能在判决前返还

D. 对于应当返还被害人的扣押、冻结款物，无人认领的，应当公告通知。公告满一年无人认领的，依法上缴国库

E. 对侵犯国有财产的案件，被害单位已经终止且没有权利义务继受人，或者损失已经被核销的，查封、扣押、冻结的财物及其孳息应当上缴国库

三、案例分析

姜某某从2014年开始沾染毒品后，曾因贩卖毒品被判处有期徒刑。刑满释放后，又因吸毒被行政处罚。2018年6月在社区戒毒期间，姜某某将一包晶状体物品贩卖给他人时，被当场抓获归案。到案后，在一系列证据面前，姜某某承认贩卖毒品的事实。鉴于姜某某在侦查、审查起诉阶段都能如实供述自己的犯罪事实，某区检察院依法决定对其适用认罪认罚从宽制度，并告知姜某某认罪认罚从宽制度相关内容及权利义务，姜某某表示没有异议。据此，某区检察院向某区人民法院提出了对姜某某减轻处罚的量刑建议，并获得该法院的采纳，以贩卖毒品罪依法判处姜某某有期徒刑九个月，并处罚金人民币二千元。姜某某收到一审判决后，以量刑过重为由向某市中级人民法院提起上诉。某区检察院认为在证据没有发生任何变化的情况下，姜某某以量刑过重为由提起上诉，属于以认罪认罚形式换取较轻刑罚，再利用上诉不加刑原则提起上诉，认罪动机不纯，一审时

认罪认罚从宽处理不应再适用，应对其处以更重的刑罚，遂提起抗诉。某市人民检察院经审查后，依法支持某区人民检察院提起的抗诉理由，并提出一年三个月至一年六个月的量刑建议。某市中级人民法院经过审理认为，上诉人姜某某仅以量刑过重为由提起上诉，又没有提供新的证据，对原来协商的量刑表示反悔，认罪但不认罚，已不符合适用认罪认罚从宽处理的条件，人民检察院的意见有理，应予以采纳，以贩卖毒品罪依法判处姜某某有期徒刑一年三个月，并处罚金人民币一万元。

问题：

检察机关能否为了维持第一审判决确定的刑罚，在被告人上诉后，也提出抗诉？该案中的某区检察院与某市中级人民法院的做法是否恰当？

（扫描二维码获取参考答案）

补充阅读

《被害人上诉权之争》

（扫描二维码阅读）

第二十二章

死刑复核程序

导读

通过本章的学习，掌握死刑复核程序的概念和意义，准确理解最高人民法院与高级人民法院分别复核判处死刑立即执行案件与判处死刑缓期二年执行案件的基本程序与复核后的处理方式，熟悉并能运用有关死刑复核程序的刑事诉讼法及相关法律、司法解释的规定。

第一节　死刑复核程序概述

一、死刑复核程序的概念与特点

死刑复核程序，是指对判处死刑的判决或裁定进行审查核准的一种特殊诉讼程序。

死刑复核程序是我国具有特色的刑事诉讼程序。人不可能死而复生，死刑作为一种剥夺犯罪分子生命的刑罚方法，必须准确使用，容不得任何差错。为此，保留死刑制度的国家对死刑的适用都极为谨慎，都会通过某种途径对死刑适用加以控制。我国对死刑的适用也极其慎重，除从实体法上严格控制死刑的适用范围，创制死刑缓期二年执行制度外，还在程序上设置一种特别审判程序，即死刑复核程序，对判处死刑的判决或裁定从事实认定与法律适用两方面进行全面审查，以从程序上保障死刑的准确适用。

死刑复核程序与其他诉讼程序相比，具有以下特点：

一是死刑复核程序的审理对象具有特定性。死刑复核程序的审理对象并非所有刑事案件，而仅仅是有被告人被判处死刑的案件，包括死刑立即执行案件与死刑缓期二年执行的案件。

二是死刑复核程序是死刑案件的终审程序。对于一般刑事案件，第二审判决、裁定，或者在上诉、抗诉期限内没有上诉或抗诉的第一审判决、裁定，都是发生法律效力的判决、裁定，必须立即交付执行。但对于判决死刑的案件，即使经过第二审程序，或者在法定期限内没有上诉或抗诉的第一审判决，也不是生效的判决、裁定，不能交付执行，还应当经过死刑复核程序后，才能发生法律效力，才能交付执行。

三是死刑复核程序的启动具有自动性。第二审程序必须有上诉或抗诉才能启动，审判监督程序也必须有检察机关的抗诉或者原审法院决定再审，或者上级法院决定提审或指令再审才能启动，这两种程序的启动具有被动性。而死刑复核程序的启动却具有主动性，即使被告人对死刑判决、裁定没有异议，作出死刑裁判的法院也应当主动启动死刑复核程序，将案件逐级上报复核。

四是死刑复核程序具有强制性。第二审程序的启动必须基于上诉或抗诉，没有上诉或抗诉，案件就未经第二审程序而终结。再审程序也具有选择性，并非每个案件都必须经过再审程序。但对于死刑案件来说，每个死刑案件都必须经过复核程序，死刑判决才能生效。

二、死刑复核程序的发展变化

死刑复核程序的发展变化主要体现在死刑复核权的发展变化上。

第一阶段：死刑复核权未明确。这阶段主要是1954—1956年之间。1954年《人民法院组织法》规定，死刑案件由最高人民法院和高级人民法院核准。根据此规定，死刑案件并不区分死刑立即执行与死刑缓期二年执行，而最高人民法院与高级人民法院对两种案件都有死刑复核权。

第二阶段：死刑复核权分工明确。这阶段主要是1957—1979年。1957年《人民法院组织法》将死刑案件的复核权分为死刑立即执行的复核权与死刑缓期二年执行的复核权两种，前者交由最高人民法院行使，后者交由高级人民法院行使。我国第一部刑事诉讼法1979年《刑事诉讼法》对此制度作了再次明确。

第三阶段：部分死刑立即执行核准权下放。这阶段主要是1980—2006年。由于社会转型，社会治安形势比较严峻，为了及时严惩严重危害社会治安的犯罪分子，维护社会治安，1980年全国人大常委会第十三次会议决定，在1980年内对现行的杀人、强奸、抢劫、爆炸、放火等犯有严重罪行应当判处死刑的案件，最高人民法院可以授权高级人民法院核准。1981年全国人大常委会又决定，1981—1983年，对犯有杀人、强奸、抢劫、爆炸、放火、投毒、决水和破坏交通、电力等设备的罪行，由高级人民法院终审判处死刑的，或者由中级人民法院判处死刑，被告人不上诉，经高级人民法院核准的，以及高级人民法院一审判处死刑，被告人不上诉的，都不必报最高人民法院核准。1983年，全国人大常委会修改《人民法院组织法》，将有关条文改为："死刑案件除由最高人民法院判决的以外，应当报请最高人民法院核准。杀人、强奸、抢劫、爆炸以及其他严重危害公共安全和社会治安判处死刑案件的核准权，最高人民法院在必要的时候，得授权省、自治区、直辖市的高级人民法院行使。"另外，1991—1997年，最高人民法院分别以通知形式授权云南、广东、广西、甘肃和四川等五地的高级人民法院行使部分毒品犯罪死刑案件的死刑核准权。

第四阶段：死刑立即执行核准权收归最高人民法院。这阶段从2007年开始。由于死刑立即执行核准权下放高级人民法院在实践中带来了很多问题，如对于授权高级人民法院核准死刑的案件，高级人民法院进行第二审作出维持死刑判决的裁定后，往往不再进行死刑复核，高级人民法院的二审裁定同时也是核准死刑的裁定。这种将死刑复核程序与二审程序合一的做法，实际是以终审权代替死刑核准权，以二审程序代替死刑复核程序，这是从根本上违背死刑复核程序的立法宗旨的。鉴于此类问题，2006年10月31日，全国人大常委会对《人民法院组织法》进行修改，将有关死刑核准权的条款修改为"死刑除依法由最高人民法院判决的以外，应当报请最高人民法院核准"，并规定该决定从2007年1月1日起实施。2006年12月28日，最高人民法院公布《关于统一行使死刑案件核准权有关问题的决定》，宣布废止1980年以来发布的八个授权高级人民法院行使部分死刑案件核准权的通知。2012年修改的《刑事诉讼法》第235条明确规定，死刑由最高人民法院核准；第237条规定，中级人民法院判处死刑缓期二年执行的案件，由高级人民法院核准。刑事诉讼法又将死刑案件复核权改回第二阶段的状况。

三、死刑复核程序的意义

死刑复核程序对于保证死刑的准确适用和法律的统一执行，均具有十分重要的意义。

一是死刑复核程序有利于保证死刑适用的准确性，防止错判错杀。我国对一般刑事案件实行二审终审制，一个案件经过两级法院审理后就发生法律效力，就应当交付执行。但对于判处死刑的案件，由于死刑是剥夺犯罪分子生命的刑罚，尤其是被判处死刑立即执行的，如果出现错误，人死不能复生，就可能造成不可挽回的严重后果，就可能造成极为不良的社会政治影响，影响社会公众对我国刑事司法的信赖感。通过设置死刑复核程序，对判处死刑的案件再由依法享有死刑核准权的法院从事实认定与法律适用两方面进行全面审查，就可最大限度地纠正不适当或错误的死刑裁判，防止错判错杀。

二是死刑复核程序有利于保证有关死刑的法律与政策的统一执行，提高下级法院死刑案件的审判质量。宽严相济刑事司法政策是我国刑事司法的基本政策，死刑裁判也应当遵守这一政策，严格控制死刑，慎重适用死刑。如2007年最高人民法院下发的《关于进一步加强刑事审判工作的决定》中就强调："因为婚姻家庭、邻里纠纷等民间矛盾激化引发的案件，因被告人过错行为引起的案件，案发后真诚悔罪积极赔偿被害人经济损失等具有酌定从轻情节以及具有法定从轻、减轻情节的，一般不判处死刑立即执行。"这些法律与政策对于准确适用死刑，严格控制死刑适用，具有积极意义。但由于法律与政策规定的抽象性与原则性，如何理解法律与政策规定的准确含义与精神，不同的人可能会出现不同的理解，就可能造成死刑适用的不统一。通过设置死刑复核程序，将死刑核准权交由最高人民法院以及高级人民法院行使，就可尽量避免这种由于理解不一致所导致的死刑适用不统一的现象。同时，上级法院对下级法院，尤其是最高人民法院对下级法院死刑裁判的审查，有利于最高人民法院及时发现下级法院在死刑案件审判中存在的问题，总结审判工作经验与教训，指导下级法院提高死刑案件的审判质量。

第二节　判处死刑立即执行案件的复核程序

一、判处死刑立即执行案件复核报请的程序

根据《刑事诉讼法》与最高法院《解释》的规定，判处死刑立即执行案件的复核报请，应当根据以下程序进行：

1. 中级人民法院判处死刑的第一审案件，被告人未上诉、人民检察院未抗诉的，由中级人民法院在上诉、抗诉期满后十日内报请高级人民法院复核。高级人民法院同意判处死刑的，应当在依法作出裁定后十日内，报请最高人民法院核准；不同意判处死刑的，应当提审或者发回重新审判。高级人民法院提审后改判的判决是第二审判决，不能按第二审程序进行上诉或抗诉。如果高级人民法院提审后仍然判处死刑的，则报请最高人民法院复核。对于撤销原判发回重审的案件，中级人民法院重审后作出的判决仍然是第一审判决，可按第二审程序上诉或抗诉。如果重新审判后，仍然判处死刑，被告人不上诉的，

仍按程序逐级报请最高人民法院复核。

2.中级人民法院判处死刑的第一审案件，被告人提出上诉或者检察机关提出抗诉，高级人民法院终审裁定维持死刑判决的，应当在作出维持裁定后十日内报请最高人民法院核准。

3.高级人民法院判处死刑的第一审案件，被告人不上诉、人民检察院未抗诉的，以及高级人民法院在第二审抗诉案件中直接改判死刑的案件，应当在作出判决后十日内报请最高人民法院核准。

4.判处死刑缓期二年执行的罪犯，在死刑缓期执行期间，如果故意犯罪，情节恶劣，查证属实，应当执行死刑的，由高级人民法院报请最高人民法院核准。

5.共同犯罪案件中，部分被告人被判处死刑立即执行，部分被告人被判处死刑缓期二年执行的，必须将全案报请最高人民法院核准。

二、判处死刑立即执行案件报请复核的要求

根据最高法院《解释》第346条与第347条的规定，下级法院报请复核死刑案件时，应当符合以下要求：

1.报请复核的死刑案件，必须犯罪事实清楚，证据确实、充分，适用法律正确，诉讼文书齐备。如果不具备这些条件，法院本就不应当对被告人判处死刑，因而更不应当将案件报请最高人民法院复核。

2.报请复核死刑案件，应当一案一报。报送的材料包括报请复核的报告，第一、二审裁判文书，死刑案件综合报告各五份及全部案卷、证据。死刑案件综合报告，第一、二审裁判文书和审理报告应当附送电子文本。同案审理的案件应当报送全案案卷、证据。曾经发回重新审判的案件，原第一、二审案卷应当一并报送。

3.报请复核的报告，应当载明案由、简要案情和审理过程及判决结果。死刑案件综合报告应当包括以下主要内容：(1)被告人、被害人的基本情况。被告人有前科或者曾受过行政处罚的，应当写明。(2)案件的由来和审理经过。案件曾经发回重新审判的，应当写明发回重新审判的原因、时间、案号等。(3)案件侦破情况。通过技术侦查措施抓获被告人、侦破案件，以及与自首、立功认定有关的情况，应当写明。(4)第一审审理情况。包括控辩双方意见，第一审认定的犯罪事实，合议庭和审判委员会意见。(5)第二审审理或者高级人民法院复核情况。包括上诉理由、检察机关意见，第二审审理或者高级人民法院复核认定的事实，证据采信情况及理由，控辩双方意见及采纳情况。(6)需要说明的问题。包括共同犯罪案件中另案处理的同案犯的定罪量刑情况，案件有无重大社会影响，以及当事人的反应等情况。(7)处理意见。写明合议庭和审判委员会的意见。

4.根据案件具体情况，报送的诉讼案卷与证据应当包括以下内容：(1)拘留证、逮捕证、搜查证的复印件；(2)扣押赃款、赃物和其他在案物证的清单；(3)公安机关、国家安全机关的起诉意见书，或者人民检察院的侦查终结报告；(4)人民检察院的起诉书；(5)案件的审查报告、法庭审理笔录、合议庭评议笔录和审判委员会讨论决定笔录；(6)被告人上

诉状、人民检察院抗诉书;(7)法院的判决书、裁定书和宣判笔录、送达回证;(8)能够证明案件具体情况并经过查证属实的各种肯定的和否定的证据,包括物证或者物证照片、书证、证人证言、被害人陈述、被告人供述和辩解。

三、判处死刑立即执行案件的复核组织与复核方式

(一)复核组织

根据《刑事诉讼法》第249条的规定,最高人民法院复核死刑案件,应当由审判员三人组成合议庭进行。也就是说,最高人民法院复核死刑案件时,只能由审判员三人组成合议庭进行复核,不能仅由一个审判员进行复核。

(二)复核方式与方法

1.审阅案卷与证据。根据最高法院《解释》第348条及其相关规定,最高人民法院复核死刑案件时,合议庭应当对原审裁判的事实认定、法律适用和诉讼程序进行全面审查,对证据有疑问的,应当对证据进行调查核实,必要时到案发现场调查,尤其应当全面审查以下内容:(1)被告人的年龄,被告人有无刑事责任能力、是否系怀孕的妇女;(2)原判认定的事实是否清楚,证据是否确实、充分;(3)犯罪情节、后果及危害程度;(4)原判适用法律是否正确,是否必须判处死刑,是否必须立即执行;(5)有无法定、酌定从重、从轻或者减轻处罚情节;(6)诉讼程序是否合法;(7)应当审查的其他情况。

2.讯问被告人,听取相关意见。根据《刑事诉讼法》第251条的规定,最高人民法院复核死刑案件,应当讯问被告人,辩护律师提出要求的,应当听取辩护律师的意见;在复核死刑案件过程中,最高人民检察院可以向最高人民法院提出意见,最高人民法院应当将死刑复核结果通报最高人民检察院。根据最高法院《解释》第356条,死刑复核期间,辩护律师要求当面反映意见的,最高人民法院有关合议庭应当在办公场所听取其意见,并制作笔录;辩护律师提出书面意见的,应当附卷。根据2015年最高人民法院《关于办理死刑复核案件听取辩护律师意见的办法》,辩护律师可以到最高人民法院办公场所查阅、摘抄、复制案卷材料,但依法不公开的材料不得查阅、摘抄、复制;辩护律师要求当面反映意见的,案件承办法官应当及时安排;当面听取辩护律师意见,应当在最高人民法院或者地方人民法院办公场所进行;当面听取辩护律师意见时,具备条件的人民法院应当指派工作人员全程录音、录像,其他在场人员不得自行录音、录像、拍照。

四、判处死刑立即执行案件的复核处理

根据《刑事诉讼法》第250条,最高人民法院复核死刑案件,应当作出核准或者不核准死刑的裁定;对于不核准死刑的,最高人民法院可以发回重新审判或者予以改判。具体而言,根据最高法院《解释》第350条至第355条的规定,最高人民法院应当根据具体

情况，分别作出以下处理：

1. 原判认定事实和适用法律正确、量刑适当、诉讼程序合法的，应当裁定核准。

2. 原判认定的某一具体事实或者引用的法律条款等存在瑕疵，但判处被告人死刑并无不当的，可以在纠正后作出核准的判决、裁定。

3. 原判事实不清、证据不足的，应当裁定不予核准，并撤销原判，发回重新审判。

4. 复核期间出现新的影响定罪量刑的事实、证据的，应当裁定不予核准，并撤销原判，发回重新审判。

5. 原判认定事实正确，但依法不应当判处死刑的，应当裁定不予核准，并撤销原判，发回重新审判。

6. 原审违反法定诉讼程序，可能影响公正审判的，应当裁定不予核准，并撤销原判，发回重新审判。

7. 对一人有两罪以上被判处死刑的数罪并罚案件，最高人民法院复核后，认为其中部分犯罪的死刑判决、裁定事实不清、证据不足的，应当对全案裁定不予核准，并撤销原判，发回重新审判；认为其中部分犯罪的死刑判决、裁定认定事实正确，但依法不应当判处死刑的，可以改判，并对其他应当判处死刑的犯罪作出核准死刑的判决。

8. 对有两名以上被告人被判处死刑的案件，最高人民法院复核后，认为其中部分被告人的死刑判决、裁定事实不清、证据不足的，应当对全案裁定不予核准，并撤销原判，发回重新审判；认为其中部分被告人的死刑判决、裁定认定事实正确，但依法不应当判处死刑的，可以改判，并对其他应当判处死刑的被告人作出核准死刑的判决。

9. 最高人民法院裁定不予核准死刑的，根据案件具体情况，可以发回第二审人民法院或者第一审人民法院重新审判。第一审人民法院重新审判的，应当开庭审理。第二审人民法院重新审判的，可以直接改判；必须通过开庭查清事实、核实证据或者纠正原审程序违法的，应当开庭审理。高级人民法院依照复核程序审理后报请最高人民法院核准死刑的案件，最高人民法院裁定不予核准死刑，发回高级人民法院重新审判的，高级人民法院可以依照第二程序提审或者发回第一审人民法院重新审判。最高人民法院发回重新审判的案件，原审法院应当另行组成合议庭进行审理，但属于复核期间出现新的影响定罪量刑的事实、证据，或原判认定事实正确，但依法不应当判处死刑，而裁定不予核准，发回重新审判的案件除外。

五、判处死刑立即执行案件死刑复核的检察监督

《刑事诉讼法》第 8 条规定："人民检察院依法对刑事诉讼实行法律监督。"第 251 条第 2 款规定："在复核死刑案件过程中，最高人民检察院可以向最高人民法院提出意见。最高人民法院应当将死刑复核结果通报最高人民检察院。"死刑复核属于刑事诉讼范围，检察机关对死刑复核过程有权进行监督。

根据最高法院《解释》第 357 条与第 358 条的规定，在死刑复核期间，最高人民检察院可以向最高人民法院提出意见，最高人民法院应当对意见进行审查，并将采纳情

况及理由反馈最高人民检察院；最高人民法院应当将死刑复核结果通报最高人民检察院。

根据最高检察院《规则》第 602 条的规定，不仅最高人民检察院有权依法对最高人民法院的死刑复核活动实行法律监督，省级人民检察院也有权依法对高级人民法院复核未上诉且未抗诉死刑立即执行案件和死刑缓期二年执行案件的活动实行法律监督。根据最高检察院《规则》第 604 条和第 605 条的规定，省级人民检察院对于进入最高人民法院死刑复核程序的案件，发现死刑判决存在案件事实不清、证据不足，依法应当发回重新审判或者改判，或被告人具有从宽处罚情节，依法不应当判处死刑，或适用法律错误，或违反法律规定的诉讼程序，可能影响公正审判等情形的，应当及时向最高人民检察院提请监督；发现死刑复核案件被告人有自首、立功、怀孕或者被告人家属与被害人家属达成赔偿谅解协议等新的重大情况，影响死刑适用的，应当及时向最高人民检察院报告。

根据最高检察院《规则》第 611 条，最高人民检察院经审查发现死刑复核案件具有下列情形之一的，应当经检察长决定，依法向最高人民法院提出检察意见：(1)认为适用死刑不当，或者案件事实不清、证据不足，依法不应当核准死刑的；(2)认为不予核准死刑的理由不成立，依法应当核准死刑的；(3)发现新的事实和证据，可能影响被告人定罪量刑的；(4)严重违反法律规定的诉讼程序，可能影响公正审判的；(5)司法工作人员在办理案件时，有贪污受贿、徇私舞弊、枉法裁判等行为的；(6)其他需要提出检察意见的情形。如果最高人民检察院同意最高人民法院核准或者不核准意见的，应当经检察长批准，书面回复最高人民法院。对于省级人民检察院提请监督、报告重大情况的案件，最高人民检察院认为具有影响死刑适用情形的，应当及时将有关材料转送最高人民法院。也就是说，对于省级人民检察院提请、报告但不属于应当提出检察意见的其他可能影响死刑适用情形的，最高人民检察院只转送材料，不提出检察意见。

第三节　判处死刑缓期二年执行案件的复核程序

一、判处死刑缓期二年执行案件的核准权

《刑事诉讼法》第 248 条规定："中级人民法院判处死刑缓期二年执行的案件，由高级人民法院核准。"据此规定，判处死刑缓期二年执行案件的核准权由高级人民法院行使。

法律之所以如此规定，一方面，死刑缓期二年执行并不是一种独立的刑种，而只是死刑的一种特殊执行方式，同样是一种非常严厉的刑罚方法，其适用也必须极其慎重。将死刑缓期二年执行案件的核准权交由高级人民法院行使，有利于对死刑缓期二年执行案件把关与控制，保证死刑缓期二年执行的准确适用；另一方面，将此核准权交由高级人民

法院行使而不是交由最高人民法院行使，有利于减轻最高人民法院的工作量，从而在有利于保证死刑立即执行案件的准确性的同时，也有利于保证死刑缓期二年执行案件的准确性。

二、判处死刑缓期二年执行案件复核报请的程序

根据《刑事诉讼法》第 248 条与最高法院《解释》第 345 条，判处死刑缓期二年执行的案件应当按以下程序报请复核：

1. 中级人民法院判处死刑缓期二年执行的第一审案件，被告人不上诉、检察机关不抗诉的，在上诉、抗诉期满后报请高级人民法院核准。

2. 中级人民法院判处死刑缓期二年执行的第一审案件，被告人上诉或检察机关提出抗诉的，高级人民法院应当按照第二审程序进行审理。

对于高级人民法院按第二审程序审理后，裁定驳回上诉或抗诉，维持原判的，是否还应当另行组成合议庭进行复核，刑事诉讼法没有明确规定。从相关规定来看，似乎不需要再进行复核。一是根据《刑事诉讼法》第 248 条来看，高级人民法院只复核中级人民法院判处死刑缓期二年执行的案件，未规定对自己判处死刑缓期二年执行的案件也要进行复核。二是《刑事诉讼法》第 247 条只规定高级人民法院判处死刑的第一审案件被告人不上诉的与判处死刑的第二审案件应当报请最高人民法院核准，并未规定高级人民法院判处死刑缓期二年执行的案件也应当报送最高人民法院核准。但从死刑复核程序的立法精神来看，宜要求高级人民法院判处死刑缓期二年执行的案件报请最高人民法院复核。因为高级人民法院在第一审判决或第二审裁定维持判处死刑缓期二年执行的一审判决时，一般都要经过审判委员会讨论决定，此时再由同一高级人民法院来复核死刑案件，已很难收到预期效果。但在司法实践中，高级人民法院一般是将第二审程序与复核程序合一进行，即高级人民法院在裁定驳回上诉、维持原判的同时，又在相同的裁定书中裁定核准第一审法院判处死刑缓期执行的刑事判决。从死刑复核的立法目的来看，未经独立的复核程序就作出复核裁定，其恰当性是值得反思的。

三、判处死刑缓期二年执行案件报请复核的要求与复核方式

中级人民法院报请死刑缓期二年执行案件的复核时，其报请要求与报送判处死刑立即执行案件的要求基本相同，也是要求一案一报，报送的案件必须是犯罪事实清楚，证据确实、充分，适用法律正确，诉讼文书齐备。报送的材料应当包括报请复核的报告、死刑案件综合报告和判决书各五份，以及案件的全部诉讼案卷和证据。死刑案件综合报告，第一审裁判文书和审理报告应当附送电子文本。同案审理的案件应当报送全案案卷、证据。曾经发回重新审判的案件，原第一、二审案卷应当一并报送。

高级人民法院复核判处死刑缓期二年执行案件的方式，基本上与最高人民法院复核判处死刑立即执行案件的方式相同：在复核组织方面，根据《刑事诉讼法》第 249 条的规

定,也是要求由三名审判员组成合议庭进行复核;合议庭在复核时,也应当认真审查报送的诉讼案卷与证据,从事实认定、适用法律以及诉讼程序方面对案件进行全面审查,审查的重点、审查方式与最高人民法院复核死刑立即执行案件基本相同。如复核死刑案件,应当讯问被告人;死刑案件复核期间,被告人委托的辩护人提出听取意见要求的,应当听取辩护人的意见,并制作笔录附卷;辩护人提出书面意见的,应当附卷;复核死刑案件,合议庭成员应当阅卷,并提出书面意见存查;对证据有疑问的,应当对证据进行调查核实,必要时到案发现场调查等。

四、判处死刑缓期二年执行案件的复核处理

根据最高法院《解释》第349条,高级人民法院对判处死刑缓期二年执行的案件进行复核后,应当根据不同情形,分别作出以下处理:

1.原判认定事实和适用法律正确、量刑适当、诉讼程序合法的,应当裁定核准;

2.原判认定的某一具体事实或者引用的法律条款等存在瑕疵,但判处被告人死刑缓期执行并无不当的,可以在纠正后作出核准的判决、裁定;

3.原判认定事实正确,但适用法律有错误,或者量刑过重的,应当改判;

4.原判事实不清、证据不足的,可以裁定不予核准,并撤销原判,发回重新审判,或者依法改判;

5.复核期间出现新的影响定罪量刑的事实、证据的,可以裁定不予核准,并撤销原判,发回重新审判,或者按规定审理后依法改判;

6.原审违反法定诉讼程序,可能影响公正审判的,应当裁定不予核准,并撤销原判,发回重新审判。

另外,高级人民法院复核死刑缓期执行案件,不得加重被告人的刑罚。高级人民法院复核后发回原审法院重新审判的案件,重新审判所作的判决、裁定,被告人可以提出上诉,人民检察院可以提出抗诉。

值得注意的是,共同犯罪案件中,部分被告人被判处死刑缓期二年执行的,高级人民法院复核时,应当对全案进行审查,但不影响对其他被告人已经发生法律效力的判决、裁定的执行;发现对其他被告人已经发生法律效力的判决、裁定确有错误时,可以指令原审人民法院再审。

思考与训练

一、思考题

1.死刑复核程序有哪些不同于其他刑事程序的特点?

2.如何理解我国死刑复核程序的意义?

二、选择题

1. 关于死刑复核程序，以下说法错误的是（　　）。（多选）

A. 最高人民法院复核死刑案件，高级人民法院复核死刑缓期执行案件，都应当讯问被告人

B. 最高人民法院复核死刑案件，高级人民法院复核死刑缓期执行案件，应当由审判员 3 人或 5 人组成合议庭进行

C. 最高人民法院复核死刑案件，高级人民法院复核死刑缓期执行案件，应当听取辩护律师意见

D. 根据刑事诉讼法规定，高级人民法院对于上诉的死刑缓期执行案件作出维持原判的裁定后，还应当通过复核程序对案件进行复核

2. 关于高级人民法院复核死刑缓期执行案件后可以作出的处理结果，以下说法错误的是（　　）。（多选）

A. 原判认定事实正确，但适用法律有错误，应当改判

B. 原判认定事实正确，但量刑过重的，应当改判

C. 原判事实不清、证据不足的，应当裁定不予核准，并撤销原判，发回重新审判

D. 原判认定事实正确，但应当判处死刑立即执行的，可以改判为死刑立即执行

E. 在复核期间出现新的影响定罪量刑的事实、证据的，应当裁定不予核准，并撤销原判，发回重新审判

F. 原审违反法定诉讼程序，可能影响公正审判的，应当裁定不予核准，并撤销原判，发回重新审判

三、案例分析

被告人李某某与孙某（被害人）系同事。2017 年 5 月 1 日 19 时许，李某某在康平县某小区附近广场与孙某相遇，两人发生口角，李某某遂从其停放在小区内的汽车中取出一把尖刀，至某小区北门前与孙某厮打。其间，被告人李某某持刀刺中孙某胸腹部数刀，致被害人孙某因胸腹部刺创刺破胃、膈肌、腹主动脉及空肠，造成大失血而死亡。当日，被告人李某某向公安机关投案。原审法院经公开开庭审理，对本案涉案证据进行了庭审质证，并根据被告人李某某的具体犯罪事实、性质、情节及对社会的危害程度，依照《中华人民共和国刑法》认定被告人李某某犯故意杀人罪，判处死刑，缓期二年执行，剥夺政治权利终身。李某某以不应认定故意杀人罪、原审量刑重为由提出上诉。二审法院经审理后裁定驳回上诉，维持原判，并在同一裁定书注明："依照《中华人民共和国刑事诉讼法》第二百三十七条和《最高人民法院关于适用〈中华人民共和国刑事诉讼法〉的解释》第三百四十九条第一款第一项之规定，核准某市中级人民法院(2017)×01 刑初 118 号以故意杀人罪，判处被告人李某某死刑，缓刑二年执行，剥夺政治权利终身的刑事附带民事判决。"

问题：

死刑缓期二年执行案件的复核程序的立法目的是什么？该案中的高级人民法院的复核程序是否恰当？

（扫描二维码获取参考答案）

补充阅读

《完善死刑复核监督机制》

（扫描二维码阅读）

第二十三章

审判监督程序

导读

通过本章的学习，掌握审判监督程序的概念、特点与意义，准确把握审判监督的提起程序与审判程序，熟悉提起审判监督程序的主体及理由，熟练掌握不同情形下审判监督程序的处理方式。

第一节　审判监督程序概述

一、审判监督程序的概念、特点和意义

(一)审判监督程序的概念

审判监督程序,也称为再审程序,是指法院、检察机关发现已经发生法律效力的法院判决或裁定,在认定事实或适用法律上确有错误、严重违反法律程序时,依法作出重新审理的决定或提出抗诉,并由法院对案件重新进行审判的一种诉讼程序。

在刑事诉讼中,审判监督程序与审判监督是两个不同的概念。审判监督程序是检察机关与法院针对确有错误的生效判决、裁定,要求法院重新进行审判的一种诉讼程序;而审判监督是指针对法院审判工作所进行的各种监督活动,它既包括国家权力机关、人民群众、检察机关对法院审判工作的监督,也包括上级法院对下级法院审判工作的监督。即使就上级法院对下级法院的审判监督来说,审判监督程序也仅仅是其中的一种监督方式,它还包括第二审程序的监督、死刑复核程序的监督,以及通过司法解释、批复、总结审判工作经验等进行的业务指导等。

(二)审判监督程序的特点

审判监督程序仅是对确有错误的生效判决、裁定所进行的纠错程序,是一种特殊的诉讼程序,而不是所有案件的必经程序。与二审程序和死刑复核程序相比,审判监督程序的主要特点包括:

1.审理对象只能是判决、裁定已经发生法律效力的刑事案件。这与第二审程序和死刑复核程序都不同。第二审程序的审理对象只能是判决、裁定尚未生效的案件,死刑复核程序的审理对象虽然可能已经过第二审程序,但仍然属于判决、裁定尚未生效的案件。

2.有权提起审判监督程序的主体只能是法院与检察机关。其中,法院只能是最高人民法院、上级人民法院及作出生效判决、裁定的法院的审判委员会,检察机关只能是最高人民检察院与上一级检察院。而第二审程序的提起主体则不同,它只能是依法享有上诉权的当事人及其法定代理人,经被告人同意的辩护人与近亲属,以及享有抗诉权的第一审法院的同级检察机关;死刑复核程序则是基于判处死刑的第一审或第二审法院主动将案件报请有核准权的上级法院核准而引起。

3.提起审判监督程序的理由必须是生效的判决、裁定确有错误。虽然在第二审程序的启动中,检察机关向上一级人民法院提出抗诉的理由也必须是第一审判决、裁定确有错误,但上诉人提起上诉没有理由限制,只要上诉权人不服第一审判决、裁定,皆可通过上诉启动第二审程序。死刑复核程序的启动亦无理由限制,不管第一审法院或第二审法

院的死刑判决、裁定是否有错误，都应当自动进入死刑复核程序。

4.审判监督程序的提起没有时间限制。审判监督程序是根据有错必纠原则所设置的，除受追诉时效限制外，只要生效判决、裁定确有错误，不管任何时候都应当加以纠正。因此，审判监督程序的提起，法律并没有期限限制。而对于第二审程序，为了使法院判决、裁定得以及时确定，引起第二审程序的上诉、抗诉必须在法律规定的期限内提出，无正当理由逾期提出的，不能启动第二审程序。

5.按审判监督程序审理案件的法院可以是原审法院，也可以是任何上级法院或与原审法院同级别的其他法院。而第二审程序的审理法院，只能是作出未生效判决、裁定的第一审法院的上级人民法院，其他法院不能作为第二审程序的审理法院。死刑复核程序的审理法院也是固定的，死刑立即执行案件的复核审理法院只能是最高人民法院，而死刑缓期二年执行案件的复核审理法院只能是高级人民法院。

6.按审判监督程序审理后，法院可以加重被告人的刑罚。审判监督程序是秉着有错必究原则设置的，根据审判监督程序审理后，根据原判决、裁定的错误情况，既可在必要时加重被告人的刑罚，也可减轻被告人的刑罚。而按第二审程序审理后，由于上诉不加刑原则的限制，对于只有被告人一方上诉的案件，法院不得判处比原判决更重的刑罚。死刑缓期二年执行案件的复核程序亦是如此，高级人民法院复核后，也不得改判为死刑立即执行。

二、审判监督程序的意义

法院判决、裁定是法院代表国家行使审判权的结果，一旦发生法律效力，就应当具有稳定性、权威性，任何国家机关、团体与个人都无权变更，法院本身也不能随意变更或撤销。否则，不仅纠纷无法彻底解决，法院的权威也被破坏。但是，法院的权威性应当是以公正性为基础的，而不是仅仅依赖于国家强制力。而且，很多刑事案件具有复杂性，审判人员的理性具有有限性，即使经过二次审判，仍然可能存在错误。法院应当给予当事人一个公正的结果，当事人没有义务为法院的审判错误埋单。因此，对于经过两级法院审理后作出的判决、裁定，即使已经发生法律效力，即使已经执行完毕，只要确实存在错误，也应当加以纠正。这是之所以在强调生效判决、裁定的稳定性、权威性的同时，还要设置审判监督程序的主要原因。

具体而言，审判监督程序具有以下意义：

一是审判监督程序有利于保证刑事审判的公正性。审判监督程序是针对确有错误的生效判决、裁定所进行的诉讼程序。通过审判监督程序，可以纠正已经发生法律效力的判决、裁定中的错误，使刑罚得以准确适用，使犯罪分子得到应有的惩罚，同时也使无辜者得以平反昭雪，从而确保刑事司法的公正性。

二是审判监督程序有利于上级法院监督下级法院的审判工作。在我国刑事诉讼中，上级法院对下级法院的审判工作具有监督职责。根据审判监督程序，上级法院发现下级法院的生效判决、裁定确有错误的，有权提审或者指令下级人民法院再审。同时，检察机关对于生效判决、裁定的抗诉，也是向上级法院提出的。为此，通过审判监督程序，上级法院可以及时发现下级法院审判工作中存在的问题，通过改判或指令再审，促使下级法院改进审判工作方法，提高审判人员的业务水平。

三是审判监督程序有利于充分发挥人民群众对审判工作的监督作用。根据刑事诉讼法有关审判监督程序的规定，当事人及其法定代理人、近亲属，对已经发生法律效力的判决、裁定，可以向法院或者检察机关提出申诉，有关国家机关、单位和公民也可以提出纠正错误裁判的意见与要求。对于符合法律规定的申诉，法院与检察机关应当依法启动审判监督程序。这样通过审判监督程序，就可以充分调动广大群众对法院审判工作的监督积极性，督促法院及时纠正确有错误的生效判决、裁定，进而增强人民群众对刑事司法的信赖感。

第二节　审判监督程序的提起

一、刑事申诉及其处理

（一）刑事申诉的概念

在刑事司法实践中，法院判决、裁定发生法律效力以后，能否发现生效判决、裁定存在错误，主要取决于刑事申诉。换言之，刑事申诉是检察机关与法院提起审判监督程序的最主要材料来源。刑事申诉是指当事人及其法定代理人、近亲属对已经发生法律效力的刑事判决、裁定不服，而要求法院或检察机关对案件进行重新审查与处理的诉讼活动。

刑事申诉虽然是法律赋予当事人及其法定代理人、近亲属的一项重要诉讼权利，但与上诉有很大区别。首先，能否引起相应诉讼程序不同。只要是上诉权人在法律规定期限内提出的上诉，就必然会引起第二审程序，上级法院不能以各种理由予以拒绝。而申诉则不同，申诉人向法院或检察机关提出申诉后，能否引起审判监督程序，还取决于法院或检察机关对申诉进行审查后，认为生效判决、裁定是否存在符合重新审判的错误。如果法院或检察机关认为不符合重新审判的条件，就不能引起审判监督程序。其次，法律效果不同。上诉只要是在法律规定期限内提出的，就必然能阻止一审判决、裁定发生法律效力，并进而能阻止一审判决、裁定的执行。而申诉则不同，由于针对的是生效判决、裁定，根据《刑事诉讼法》第 252 条的规定，它并不能停止判决、裁定的执行。最后，是否有期限限制不同。上诉具有期限限制，对一审判决的上诉期限是十日，对一审裁定的上诉期限是五日，而申诉则没有期限限制，即使判决、裁定已经执行完毕，仍然可以提出申诉。

另外，根据《刑事诉讼法》第 252 条的规定，申诉的主体是当事人及其法定代理人、近亲属。而根据最高法院《解释》第 371 条第 2 款的规定，申诉主体除当事人及其法定代理人、近亲属以外,还包括案外人,即案外人认为已经发生法律效力的判决、裁定侵害其合法权益,提出申诉的,人民法院应当审查处理。由于司法机关在案件办理过程中可能错误查封、扣押、冻结、没收案外人的财产,而刑事诉讼法又没有规定案外人在判决生效前可以针对这种错误行为提出异议,并参加相关诉讼程序,以保障自己的合法权益,因而在判决生效后,赋予案外人申诉权,并通过再审程序纠正相关错误行为,这是很有必要的。只是由最高法院《解释》,而非《刑事诉讼法》对此加以规定,在法律效力方面存在不足。而且最高检察院《规则》第 593 条规定的申诉主体同于《刑事诉讼法》第 252 条,未规定案外人可针对生效判决提出申诉,这也就意味着,案外人的申诉只能向人民法院提出,而不能向人民检察院提出。

(二)刑事申诉的受理

根据《刑事诉讼法》第 252 条的规定,当事人及其法定代理人、近亲属的申诉,既可向法院提出,也可向检察机关提出。法院与检察机关对申诉的受理,虽然刑事诉讼法没有明确规定,但最高人民法院与最高人民检察院的相关司法解释都有明确规定。

根据最高法院《解释》第 373 条至第 374 条的规定,受理、审查申诉一般由终审人民法院进行。但是,第二审人民法院裁定准许撤回上诉的案件,申诉人对第一审判决提出申诉的,可以由第一审人民法院审查处理。直接向上一级法院申诉的,上一级人民法院对未经终审人民法院审查处理的申诉,可以告知申诉人向终审人民法院提出申诉,或者直接交终审人民法院审查处理,并告知申诉人;案件疑难、复杂、重大的,也可以直接审查处理。对未经终审人民法院及其上一级人民法院审查处理,直接向上级人民法院申诉的,上级人民法院可以告知申诉人向下级人民法院提出。最高人民法院核准死刑的案件或者高级人民法院核准死刑缓期二年执行案件的申诉,可以由原核准的人民法院直接审查处理,也可以交由原审人民法院审查。原审人民法院应当写出审查报告,提出处理意见,层报原核准的人民法院审查处理。

根据最高检察院《规则》第 593 条的规定,当事人及其法定代理人、近亲属认为人民法院已经发生法律效力的刑事判决、裁定确有错误,向人民检察院申诉的,由作出生效判决、裁定的人民法院的同级人民检察院依法办理。当事人及其法定代理人、近亲属直接向上级人民检察院申诉的,上级人民检察院可以交由作出生效判决、裁定的人民法院的同级人民检察院受理;案情重大、疑难、复杂的,上级人民检察院可以直接受理。当事人及其法定代理人、近亲属对人民法院已经发生法律效力的判决、裁定提出申诉,经人民检察院复查决定不予抗诉后继续提出申诉的,上一级人民检察院应当受理。根据该规则第 594 条的规定,对不服人民法院已经发生法律效力的判决、裁定的申诉,经两级人民检察院办理且省级人民检察院已经复查的,如果没有新的证据,人民检察院不再复查,但原审被告人可能被宣告无罪或者判决、裁定有其他重大错误可能的除外。

(三)刑事申诉的处理

《刑事诉讼法》第 253 条规定:"当事人及其法定代理人、近亲属的申诉符合下列情形之一的，法院应当重新审判：（一）有新的证据证明原判决、裁定认定的事实确有错误，可能影响定罪量刑的；（二）据以定罪量刑的证据不确实、不充分、依法应当予以排除，或者证明案件事实的主要证据之间存在矛盾的；（三）原判决、裁定适用法律确有错误的；（四）违反法律规定的诉讼程序，可能影响公正审判的；（五）审判人员在审理该案件的时候，有贪污受贿，徇私舞弊，枉法裁判行为的。”据此，人民检察院对刑事申诉审查后，如果发现具有上述情形之一的，应当依法向人民法院提出抗诉，而人民法院对刑事申诉审查后，如果发现具有上述情形之一，应当依职权作出重新审判的决定。

根据最高法院《解释》第 375 条和第 377 条的规定，法院应当在受理申诉后三个月内作出是否重新审判的决定，至迟不得超过六个月。对于不符合上述规定的申诉，应当说服申诉人撤回申诉；对仍然坚持申诉的，应当书面通知驳回。申诉人对驳回申诉不服的，可以向上一级法院申诉。上一级法院经审查认为申诉不符合刑事诉讼法规定条件的，应当说服申诉人撤回申诉；对仍然坚持申诉的，应当予以驳回或者通知不予重新审判。经两级法院处理后又提出申诉的，如果没有新的充分理由，法院不再受理。

根据最高检察院《规则》第 591 条的规定，针对同级人民法院已经发生法律效力的判决、裁定，人民检察院认为可能有错误的，应当另行指派检察官或者检察官办案组进行审查，不能由原来办案检察官或检察官办案组审查。根据该《规则》第 596 条的规定，人民检察院对不服人民法院已经发生法律效力的刑事判决、裁定的申诉案件复查终结后，应当制作刑事申诉复查通知书，并在十日以内通知申诉人。经复查向上一级人民检察院提请抗诉的，应当在上一级人民检察院作出是否抗诉的决定后制作刑事申诉复查通知书。人民检察院对申诉复查后，认为需要提请或者提出抗诉的，报请检察长决定。根据该规则第 592 条，对于高级人民法院判处死刑缓期二年执行的案件，省级人民检察院认为确有错误而需提请最高人民检察院抗诉的，一般应当在收到生效判决、裁定后三个月以内提出，至迟不得超过六个月。

二、提起审判监督程序的主体

审判监督程序针对的是发生法律效力的判决、裁定，有些甚至是已经执行完毕的判决、裁定，如果能随意提起审判监督程序，就会对法院裁判的稳定性、权威性造成损害。基于此种考虑，刑事诉讼法对审判监督程序的提起主体与权限进行了严格限制。根据《刑事诉讼法》第 254 条的规定，能提起审判监督程序的主体如下：

1. 各级法院的法院院长与审判委员会。根据刑事诉讼法的规定，各级法院院长对本院已经发生法律效力的判决和裁定，如果发现在认定事实上或者在适用法律上确有错误，必须提交审判委员会讨论决定。审判委员会讨论后，如果认为原判决、裁定确有错误，应当作出另行组成合议庭再审的决定。

2. 最高人民法院与上级法院。根据刑事诉讼法的规定，最高人民法院对各级法院已经发生法律效力的判决和裁定，上级法院对下级法院已经发生法律效力的判决和裁定，如果发现确有错误，有权提审或者指令下级人民法院再审。所谓提审，是指上级法院将案件提调自行审判的一种诉讼活动。根据最高法院《解释》第379条，提审主要适用于原判决、裁定认定事实正确，但是在适用法律上有错误，或者案情疑难、复杂、重大的，或者有其他不宜由下级法院审理的案件。而指令再审，是指上级法院指令下级法院对案件进行重新审判。根据《刑事诉讼法》第255条的规定，上级法院指令下级法院再审的，应当指令原审法院以外的下级法院审理，只有在由原审法院审理更为适宜的时候，才可以指令原审法院审理。

3.最高人民检察院与上级检察机关。根据刑事诉讼法的规定，最高人民检察院对各级法院已经发生法律效力的判决和裁定，上级检察机关对下级法院已经发生法律效力的判决和裁定，如果发现确有错误，有权按照审判监督程序向同级法院提出抗诉。地方各级检察机关认为同级法院的生效判决、裁定确有错误的，不能直接提出抗诉，但可报请上级检察机关决定是否提出抗诉。另外，根据最高检察院《规则》第597条，上级人民检察院发现下级人民法院的生效判决、裁定确有错误的，也可指令作出生效判决、裁定人民法院的上一级人民检察院向同级人民法院提出抗诉。根据该规则第598条的规定，地方各级人民检察院按照审判监督程序向人民法院提出抗诉的，应当将抗诉书副本报送上一级人民检察院。

三、提起审判监督程序的理由

根据《刑事诉讼法》第254条的规定，不管是通过法院决定提起审判监督程序，还是通过检察机关抗诉提起审判监督程序，其前提条件都是要求生效判决、裁定确有错误。但对于何为“确有错误”，刑事诉讼法没有明确规定。这种错误一般来说，包括两个方面：一是事实认定错误；二是法律适用错误。这种理由既可是有利于被告人的理由，也可是不利于被告人的理由。这与国外大多数国家所实行的只能基于有利于被告人的理由提起再审程序不同。对此问题，最高法院《解释》与最高检察院《规则》均有所规定。

根据最高法院《解释》第375条的规定，经审查具有以下情形之一，就应当按审判监督程序进行审理：

1.有新的证据证明原判决、裁定认定的事实确有错误，可能影响定罪量刑的；

2.据以定罪量刑的证据不确实、不充分、依法应当排除的；

3.证明案件事实的主要证据之间存在矛盾的；

4.主要事实依据被依法变更或者撤销的；

5.认定罪名错误的；

6.量刑明显不当的；

7.违反法律关于溯及力规定的；

8.违反法律规定的诉讼程序，可能影响公正裁判的；

9.审判人员在审理该案件时有贪污受贿、徇私舞弊、枉法裁判行为的。

其中，根据最高法院《解释》第376条的规定，“新的证据”是指以下可能改变原判决、裁定据以定罪量刑的事实的证据或情形：一是原判决、裁定生效后新发现的证据；二是原判决、裁定生效前已经发现，但未予收集的证据；三是原判决、裁定生效前已经收集，但未经质证的证据；四是原判决、裁定所依据的鉴定意见，勘验、检查等笔录或者其他证据被改变或者否定的。

第三节　审判监督案件的审判

一、重新审判的法院

对于按审判监督程序进行重新审判的案件，应当由哪个法院进行重新审判，有一个发展变化过程。1996 年《刑事诉讼法》第 205 条规定，最高人民法院对各级人民法院已经发生法律效力的判决和裁定，上级人民法院对下级人民法院已经发生法律效力的判决和裁定，如果发现确有错误，有权指令下级人民法院再审；检察机关抗诉的案件，接受抗诉的人民法院应当组成合议庭重新审理，对于原判决事实不清楚或者证据不足的，可以指令下级人民法院再审。但对于指令哪个下级法院再审，却没有明确规定，导致司法实践中往往是指令原审法院进行再审，而原审法院出于自己的利益考虑，即使原审判决、裁定确有错误，也往往不愿意予以改判。这导致 1996 年刑事诉讼法规定的审判监督程序很难达到立法机关的预期效果。

为了解决上述问题，2012 年修改后的《刑事诉讼法》对指令再审的法院进行了明确规定。根据修改后的规定，上级法院指令下级法院再审的，应当指令原审法院以外的下级法院审理；由原审人民法院审理更为适宜的，也可以指令原审人民法院审理。也就是说，上级法院指令再审的，一般应当指令原审法院以外的其他下级法院审理，而不是指令原审法院审理，只有在由原审法院审理更为适宜的时候，才能指令原审法院审理。2018 年修改后的《刑事诉讼法》保持了这一规定。

为此，根据《刑事诉讼法》第 254 条与第 255 条以及最高法院《解释》第 379 条、第 381 条，对再审案件进行审理的法院有以下三种：

1. 作出生效判决、裁定的原审法院的任何上级法院。根据《刑事诉讼法》第 254 条的规定，这些上级法院包括作出提审决定的最高人民法院、原审法院的上级法院以及按审判监督程序提出抗诉的检察机关的同级法院。根据最高法院《解释》第 379 条，不指令下级法院再审的案件，一般是指原判决、裁定认定事实正确但适用法律错误，或者案件疑难、复杂、重大，或者有不宜由原审人民法院审理情形的案件。当然，根据规定，检察机关抗诉的案件，一般是由接受抗诉的法院重新审理，但对于原判决事实不清楚或者证据不足，包括有新的证据证明原判可能有错误的，也可以在立案之日起一个月内指令下级人民法院再审。

2. 作出生效判决、裁定的原审法院。这主要包括三种情形：一是《刑事诉讼法》第 254 条第 1 款规定的原审法院院长发现本院已经发生法律效力的判决和裁定确有错误而提交审判委员会讨论决定再审的案件;二是上级法院决定再审后指令原审法院再审的案件;三是上级法院接受检察机关的抗诉后指令原审法院再审的案件。

3.原审法院以外的其他下级法院。根据《刑事诉讼法》第254条与第255条的规定,这主要包括两种情形:一是上级法院决定再审后指令原审法院以外的其他下级法院再审的案件;二是上级法院接受检察机关的抗诉后指令原审法院以外的其他下级法院再审的案件。这是指令再审案件的主要审理法院,只有在原审法院更适宜审理的时候,才不由这些法院再审。所谓"更适宜",根据最高法院《解释》第379条,它是指原审人民法院审理更有利于查明案件事实、纠正裁判错误。

根据《刑事诉讼法》第256条的规定,如果按审判监督程序重新审判的案件是由原审法院审理的,原审法院应当另行组成合议庭进行,而不能由原来的审判人员进行审理,以避免先入为主,确保审判的公正性。

二、重新审判的程序

《刑事诉讼法》第256条规定:"人民法院按照审判监督程序重新审判的案件,由原审人民法院审理的,应当另行组成合议庭进行。如果原来是第一审案件,应当依照第一审程序进行审判,所作的判决、裁定,可以上诉、抗诉;如果原来是第二审案件,或者是上级人民法院提审的案件,应当依照第二审程序进行审判,所作的判决、裁定,是终审的判决、裁定。人民法院开庭审理的再审案件,同级人民检察院应当派员出席法庭。"根据这一规定,法院按审判监督程序对案件进行重新审理的方式与程序,刑事诉讼法并没有作出与第一审程序、第二审程序不同的专门的审判程序,而是根据生效判决、裁定的原来审级来确定是适用第一审程序,还是第二审程序。具体而言,根据《刑事诉讼法》与最高法院《解释》第382条至第388条,法院按审判监督程序对案件进行重新审判时,应当遵守以下程序:

1.法院决定按照审判监督程序重新审判的案件,除检察机关提起抗诉的外,应当制作再审决定书,送达检察机关、原审被告人及其法定代理人和被害人及其法定代理人。同时应当告知原审当事人可以委托辩护人或诉讼代理人参加再审程序。

2.根据需要依法采取强制措施与停止执行。根据《刑事诉讼法》第257条的规定,法院决定再审的案件,需要对被告人采取强制措施的,由人民法院依法决定;检察机关提出抗诉的再审案件,需要对被告人采取强制措施的,由检察机关依法决定。另外,根据该条规定,法院按照审判监督程序审判的案件,可以决定中止原判决、裁定的执行。也就是说,根据审判监督程序再审的案件,是否需要中止原判决、裁定的执行,决定权在于法院。根据最高法院《解释》第382条,被告人可能经再审改判无罪,或者可能经再审减轻原判刑罚而致刑期届满的,人民法院可以决定中止原判决、裁定的执行。

3.按相应程序对案件进行重新审理。法院再审所适用的审理程序,根据生效判决、裁定的原来审级确定。如果生效判决、裁定是第一审程序作出的,应当依照第一审程序进行审判,所作的判决、裁定可以上诉、抗诉;如果生效判决、裁定是第二审程序作出的,或者再审是上级人民法院决定提审的，不管生效判决、裁定是第一审程序作出的，还是由第二审程序作出，都应当依照第二审程序进行审判，所作的判决、裁定是终审的判决、裁定，不能上诉、抗诉。

4.根据不同情况采取不同的庭审方式。根据最高法院《解释》第384条与第385条的规定，原审人民法院审理依照审判监督程序重新审判的案件，应当另行组成合议庭。是否开庭审理，取决于所适用的程序是第一审程序还是第二审程序。如果是第一审程序，则一般应当开庭审理，但对原审被告人、原审自诉人已经死亡或者丧失行为能力的再审案件，可以不开庭审理；如果是第二审程序，则根据第二审程序的相关规定决定是否开庭审理。开庭审理的再审案件，再审决定书或者抗诉书只针对部分原审被告人，其他同案原审被告人不出庭不影响审理的，可以不出庭参加诉讼。

5.再审案件的基本要求。根据最高法院《解释》第383条的规定，法院按照审判监督程序重新审判的案件，人民法院应当重点针对申诉、抗诉和决定再审的理由进行审理；必要时，应当对原判决、裁定认定的事实、证据和适用法律进行全面审查。这是与第二审案件的不同之处，也是与2012年《刑事诉讼法》修正之前的不同之处，在此之前，原则上应当进行全面审查。根据最高法院《解释》第386条的规定，除人民检察院抗诉的以外，再审一般不得加重原审被告人的刑罚；再审决定书或者抗诉书只针对部分原审被告人的，不得加重其他同案原审被告人的刑罚。也就是说，对于原审被告人一方申诉后法院启动再审的案件，一般不得加重原审被告人的刑罚。这也是与2012年《刑事诉讼法》之前不同的地方，在此之前，再审案件的量刑未有如此限制。但该规定可能对生效判决、裁定的终结性与权威性产生负面影响。

6.再审案件的特殊程序。根据最高法院《解释》第387条的规定，人民法院审理人民检察院抗诉的再审案件，人民检察院在开庭审理前撤回抗诉的，应当裁定准许；人民检察院接到出庭通知后不派员出庭，且未说明原因的，可以裁定按撤回抗诉处理，并通知诉讼参与人。人民法院审理申诉人申诉的再审案件，申诉人在再审期间撤回申诉的，应当裁定准许；申诉人经依法通知无正当理由拒不到庭，或者未经法庭许可中途退庭的，应当裁定按撤回申诉处理，但申诉人不是原审当事人的除外。根据最高法院《解释》第388条的规定，开庭审理的再审案件，系人民法院决定再审的，由合议庭组成人员宣读再审决定书；系人民检察院抗诉的，由检察人员宣读抗诉书；系申诉人申诉的，由申诉人或者其辩护人、诉讼代理人陈述申诉理由。

三、重新审判的期限

为了提高再审程序的工作效率，防止再审案件久拖不决，影响刑事裁判的稳定性，同时及时纠正错误的裁判，《刑事诉讼法》第258条对按审判监督程序再审的审理期限作了明确规定。根据该条规定，法院按照审判监督程序重新审判的案件，应当在作出提审、再审决定之日起三个月以内审结，需要延长期限的，不得超过六个月。接受抗诉的法院按照审判监督程序审判抗诉的案件，审理期限适用前述规定；对需要指令下级法院再审的，应当自接受抗诉之日起一个月以内作出决定，下级法院审理案件的期限适用前述规定的期限。

四、重新审判后的结果

对于法院对刑事案件按照审判监督程序再审后，应当如何处理，刑事诉讼法的规定比较原则，除了规定按第一审程序作出的裁判可以上诉、抗诉，按第二程序作出的裁判不能上诉、抗诉外，没再作具体规定。一直以来，审判监督程序是根据实事求是、有错必纠原则设置的，其目的在于改正生效判决、裁定中的错误，而不管该错误是否利于原审被告人。为此，法院对刑事案件按照审判监督再审后，不受上诉不加刑原则的限制，也不像域外一些国家与地区一样，限制作出不利于原审被告人的改判，而是只要原生效判决、裁定确有错误，都应当加以纠正。但目前根据最高法院《解释》第 386 条的规定，只有检察机关抗诉启动的再审案件可以加重原审被告人刑罚，法院启动再审的案件不能加重原审被告人的刑罚。从理论上看，不管是法院启动再审的案件，还是检察机关抗诉启动再审的案件，都可以分为两种：一是原审被告人这一方申诉引起的再审案件；二是被害人这一方申诉引起的再审案件。为此，最高法院《解释》第 386 条不分具体情形而一律规定检察机关抗诉启动的再审案件可以加重原审被告人刑罚，而法院启动的再审案件原则上不可以加重原审被告人刑罚，这是值得斟酌的。

根据最高法院《解释》第 389 条与第 390 条的规定，法院再审后应当区分案件不同情形作出如下处理：

1. 原判决、裁定认定事实和适用法律正确、量刑适当的，应当裁定驳回申诉或者抗诉，维持原判决、裁定。

2. 原判决、裁定定罪准确、量刑适当，但在认定事实、适用法律等方面有瑕疵的，应当裁定纠正并维持原判决、裁定。

3. 原判决、裁定认定事实没有错误，但适用法律错误，或者量刑不当的，应当撤销原判决、裁定，依法改判。

4. 依照第二审程序审理的案件，原判决、裁定事实不清或者证据不足的，可以在查清事实后改判，也可以裁定撤销原判，发回原审人民法院重新审判。

5. 原判决、裁定事实不清或者证据不足，经审理事实已经查清的，应当根据查清的事实依法裁判；事实仍无法查清，证据不足，不能认定被告人有罪的，应当撤销原判决、裁定，判决宣告被告人无罪。

6. 原判决、裁定认定被告人姓名等身份信息有误，但认定事实和适用法律正确、量刑适当的，作出生效判决、裁定的人民法院可以通过裁定对有关信息予以更正。

根据最高法院《解释》第 391 条，对再审改判宣告无罪并依法享有申请国家赔偿权利的当事人，人民法院宣判时，应当告知其在判决发生法律效力后可以依法申请国家赔偿。

思考与训练

一、思考题

1. 如何确定再审案件的审理法院？
2. 如何确定对案件进行再审所适用的审理程序？
3. 再审法院对案件进行再审后应当如何处理案件？

二、选择题

1. 关于刑事申诉，以下哪些说法是错误的？（　　）
   A. 刑事被告人认为生效判决、裁定确有错误的，可以向人民法院、人民检察院提出申诉
   B. 刑事被害人认为生效判决、裁定确有错误的，可以向人民法院、人民检察院提出申诉
   C. 刑事附带民事诉讼当事人认为生效附带民事诉讼判决、裁定确有错误，可以向人民法院、人民检察院提出申诉
   D. 刑事案外人认为生效判决、裁定侵害其合法权益的，可以向人民法院、人民检察院提出申诉
2. 关于法院的再审程序，以下哪些说法是错误的？（　　）（多选）
   A. 上级人民法院指令下级人民法院再审的，应当指令原审人民法院以外的下级人民法院审理
   B. 再审期间不停止原判决、裁定的执行，但被告人可能经再审改判无罪，或者可能经再审减轻原判刑罚而致刑期届满的，法院可以决定中止原判决、裁定的执行
   C. 依照审判监督程序重新审判的案件，人民法院应当对原判决、裁定认定的事实、证据和适用法律进行全面审查
   D. 除人民检察院抗诉的以外，再审一般不得加重原审被告人的刑罚

三、案例分析

2015年10月23—27日，被告人熊某驾驶粤A黑色别克小汽车（内置一套“伪基站”设备），搭载被告人赵某在车内操作“伪基站”设备，先后在广州市城区，韶关市武江区、浈江区、曲江区等地，向车辆沿途辐射范围内的移动用户群发中国建设银行积分兑换现金的诈骗短信。2015年10月27日，被害人陈某、邓某的手机分别接收到该“伪基站”发送的诈骗短信，并根据诈骗短信链接提示输入自己的身份证号、银行卡账号、银行卡密码及支付验证码后，银行卡随即被转走人民币各5000元，二人合计被骗人民币10000元。第一审法院审理后以犯诈骗罪（未遂）分别判处被告人赵某、熊某有期徒刑三年十个月、有期徒刑三年，同时将公安机关扣押的作案工具“伪基站”设备一部、小米4手机一部、粤A牌黑色别克牌小型轿车一辆，予以没收。被告人熊某不服，提出上诉。第二审法院审理

后，裁定驳回上诉，维持原判。在判决执行过程中，某租车有限公司以判决没收的小汽车属于其所有的合法财产，不能作为犯罪工具没收为由，向中级法院提出申诉，请求改判第一审判决与第二审裁定中有关犯罪工具没收的内容，将粤A别克牌小轿车返还给申诉人。该中级法院根据案外人某租车有限公司的申诉启动再审程序，并将争议的粤A牌黑色别克牌小型轿车判决返还申诉人。

问题：

案外人能否不服生效的刑事判决、裁定而向法院、检察院提出刑事申诉，并启动刑事再审程序？在启动的再审程序中，案外人处于何种诉讼地位？

（扫描二维码获取参考答案）

补充阅读

《进一步加强最高人民法院审判监督管理工作的意见（试行）》

（扫描二维码阅读）

第二十四章

执　行

导读

通过本章的学习，掌握执行的概念、特点和意义及执行变更、暂予监外执行的概念；正确理解执行的依据，执行机关，各种判决、裁定的执行程序，执行的变更程序，对新罪和申诉的处理程序，以及人民检察院对执行的监督；熟悉并能运用刑事诉讼法及相关法律、司法解释对执行程序的规定。

第一节　执行概述

一、执行的概念、特点和意义

(一)执行的概念

刑事诉讼中的执行,是指国家刑罚执行机关依照法定职权和法定程序,将人民法院已经发生法律效力的判决、裁定所确定的内容付诸实施,以及解决实施过程中执行变更等特定问题的诉讼活动。人民法院所作出的判决包括有罪判决和无罪判决。对于无罪判决,免于刑事处罚的,即使尚未发生法律效力,在一审法院宣判后也应当立即释放被羁押的被告人。因此,刑事执行主要是针对已经发生法律效力的有罪判决而言的。

根据实施阶段和内容的不同,可以将刑事执行分为交付执行和变更执行。其中,交付执行是指审判机关将生效裁判移交给刑罚执行机关,以及人民法院刑事审判机构将生效裁判移交给本院执行机构,由刑罚执行机关或者人民法院执行机构负责实现刑罚内容的有关活动。而变更执行是指在刑罚的具体执行过程中,人民法院根据法定事由,依法作出变更原生效裁判的决定,对确定的刑罚给予一定程度的变更和调整,例如减刑、假释等。此外,根据《监狱法》第 25 条、第 26 条的规定,对于被判处无期徒刑、有期徒刑在监狱内服刑的罪犯,符合法定监外执行条件的,可以由监狱提出书面意见,报省、自治区、直辖市监狱管理机关批准,暂予监外执行。这属于变更执行方式的特殊情形。

(二)执行的特点

刑事诉讼中的执行,具有以下几个显著特点:

1.执行依据的权威性。人民法院依法作出的发生法律效力的判决和裁定是刑事执行的根本依据。生效裁判在刑事司法体制中处于核心地位,具有宪法和法律赋予的不可亵渎的权威性。我国宪法和法律都明确规定,未经人民法院依法判决,对任何人都不得确定有罪。司法裁判是人民法院通过行使司法权,依法判断被告人是否有罪、罪责大小、是否给予刑罚制裁以及判处何种刑罚等方面的结论性处理决定,是司法权威的重要标志。因此,刑罚执行机关在履行职责过程中应当自觉维护司法裁判的尊严和权威。

2.执行措施的强制性。已经发生法律效力的判决和裁定是国家意志在具体刑事案件处理上的直接体现,具有普遍的法律约束力。执行依据的权威性决定了刑事执行必须以国家强制力为后盾,国家应当动用强大的刑事司法力量,以强制性的手段确保生效裁判获得有效执行。任何机关、团体和个人都应当执行生效裁判,如果抗拒执行人民法院已经发生法律效力的判决、裁定,就会受到法律的制裁。

3.执行过程的法定性。刑事执行活动由法定的执行机关按照法定的职权和程序,并依照生效判决、裁定所确定的内容进行。无论是人民法院交付执行，还是解决执行中的刑罚变更问题，都必须严格依法进行。刑罚执行机关不得越权，不得擅自更改刑罚的内容和执行方式；不得违反法定程序，对被执行人进行减刑、假释、暂予监外执行，变相纵容服刑罪犯，也不得对应当变更执行的却不及时变更，从而侵犯服刑罪犯的合法权益。

4.执行目的的双重性。刑事执行的目的具有双重性，即通过刑事执行，不但要依法惩处罪犯，使其因犯罪行为而受到应有的惩罚，还要对罪犯进行教育改造，促使其悔过自新，重新做人。因此，在刑罚执行过程中，应当坚持惩罚与教育并重的原则。人民法院应当根据罪犯服刑期间的悔罪表现、劳动改造效果、人身危险性以及对于社会的危害性减轻程度等，依法作出变更执行的决定，以利于罪犯进行自我反省、自我改造，早日成为遵纪守法的新公民，重新回归社会。

（三）执行的意义

执行是刑事诉讼的最后阶段。公安司法机关进行立案、侦查、起诉和审判活动，最终必须通过执行程序，才能真正实现惩罚犯罪分子，保护国家、社会和公民根本利益的诉讼目的。如果离开了刑事执行，那么刑事诉讼也就失去了存在的基本价值。因此，合法、正确、及时、有效地执行生效裁判所确定的刑罚，是实现司法公正和社会正义的关键所在，具有十分重要的意义。

1.有利于惩罚、教育和改造犯罪分子。刑罚执行机关对犯罪人及时执行生效裁判所确定的刑罚，能够对其产生物理强制与心理强制的双重效应。这不仅可以使罪犯在服刑期间彻底丧失再次危害社会的客观条件，而且通过各种途径和方法，努力教育、改造罪犯的主观世界，促使他们认罪悔过，弃恶从善，自觉接受劳动改造，并帮助他们掌握一定的文化知识和劳动技能，成为自食其力、遵纪守法、不再危害社会的普通公民，从而实现刑罚的特殊预防功能。

2.有利于安抚、告慰被害人，防止出现“恶逆变”现象。由于刑事被害人的身心受到犯罪行为的严重摧残，其财产也可能遭受严重损失，因此他们对于罪犯怀有刻骨铭心的痛恨，迫切希望犯罪分子受到应有的惩罚。生效判决的及时交付执行，能够在很大程度上安抚被害人业已受伤的心灵。再者，通过刑事附带民事诉讼裁判的执行，被害人的财产权益可以获得一定程度的赔偿。这样，就可以帮助被害人尽快恢复正常的生活状态，努力减轻被害人对罪犯乃至整个社会愤懑的情绪，防止出现被害人“恶逆变”现象，避免形成冤冤相报的犯罪“多米诺骨牌”效应，从而维护社会稳定。

3.有利于进行法制宣传教育，实现社会治安的综合治理。对生效裁判的正确及时执行，可以震慑和警告社会上有违法行为，正滑向犯罪边缘的人，以及有犯罪倾向的不稳定分子，使他们真切地感受到司法的力量和刑法的威严，悬崖勒马，回头是岸，从而减少和预防犯罪的发生，实现刑罚的一般预防功能。同时，刑事执行还可以使社会公众受到深刻的法制教育，增强法制观念，并鼓励公民积极与犯罪行为做斗争，弘扬社会正气，从而有助于实现社会治安的综合治理。此外，还有利于加强社会法治理念教育，通过实际案例教育公民尊法、学法、守法、用法。

二、执行的依据

刑事执行的依据，是发生法律效力的判决和裁定。根据《刑事诉讼法》第 259 条和《刑法》的相关规定，所谓发生法律效力的判决和裁定，具体包括：(1)已过法定期限没有上诉、抗诉的判决和裁定；(2)终审的判决和裁定；(3)高级人民法院核准的死刑缓期二年执行的判决和裁定；(4)最高人民法院核准的死刑立即执行的判决和裁定；(5)最高人民法院对具有特殊情况的案件在法定刑以下处刑、特殊假释核准的裁判。

除了生效的判决和裁定以外，根据《刑事诉讼法》第 265 条的规定，暂予监外执行的决定也是重要的执行依据。此外，根据 2011 年 4 月 28 日最高人民法院、最高人民检察院、公安部、司法部《关于对判处管制、宣告缓刑的犯罪分子适用禁止令有关问题的规定(试行)》第 1 条、第 9 条的规定，对判处管制、宣告缓刑的犯罪分子，人民法院根据犯罪情况，认为从促进犯罪分子教育矫正、有效维护社会秩序的需要出发，确有必要禁止其在管制执行期间、缓刑考验期限内从事特定活动，进入特定区域、场所，接触特定人的，可以根据《刑法》第 38 条第 2 款、第 72 条第 2 款的规定，同时宣告禁止令。禁止令由司法行政机关指导管理的社区矫正机构负责执行。可见，禁止令也是重要的执行依据。

三、执行的机关

根据执行依据的内容、性质以及各执行主体的不同职能，可以将执行机关分为交付执行的机关、实际执行的机关以及执行的监督机关。

1. 交付执行的机关

《宪法》《刑事诉讼法》和《人民法院组织法》规定人民法院是交付执行机关，在判决、裁定发生法律效力后，根据生效裁判所确定的刑罚内容以及执行方式的不同，分别交付给相应的执行机关执行。根据最高法院《解释》第 417 条、第 429 条和第 436 条的规定，发生法律效力的判决、裁定一般由第一审人民法院交付执行，执行死刑命令则由高级人民法院交付第一审人民法院执行。

2. 实际执行的机关

我国实际执行刑罚的法定机关包括人民法院、监狱、未成年犯管教所、公安机关、看守所和社区矫正机构。其中，人民法院负责对无罪、免于刑事处罚、罚金、没收财产和死刑立即执行判决的执行；监狱和未成年犯管教所负责对有期徒刑和无期徒刑判决的执行，此外监狱还负责对死缓判决的执行；对被判处有期徒刑的罪犯，在被交付执行刑罚前，剩余刑期在三个月以下的，由看守所代为执行；对于被判处剥夺政治权利、拘役的罪犯，由公安机关执行；对被判处管制、宣告缓刑、假释或者暂予监外执行的罪犯，依法实行社区矫正，由社区矫正机构负责执行。

社区矫正，是与监禁矫正相对应的一种刑罚执行方式，是指将符合法定条件的罪犯置于社区内，由专门国家机关在相关社团、民间组织和社会志愿者的协助下，在裁判或决定所确定的期限内，矫正其犯罪心理和行为恶习，并促使其顺利回归社会的非监禁刑罚执行活动。社区矫正制度是 2011 年 2 月 25 日通过的《刑法修正案（八）》首先规定的，2012 年 3 月施行的《社区矫正实施办法》对社区矫正执行体制、执行程序、调查评估、矫正措施、法律监督等主要内容作出了系统全面的规定。2012 年 3 月 14 日通过的《刑事诉讼法》在第 258 条又作了进一步规定，这意味着社区矫正作为一项刑罚执行制度被法律正式确立下来。

3. 执行的监督机关

人民检察院是刑事执行的法律监督机关，对执行机关刑事执行活动是否合法进行监督，具体包括执行死刑的临场监督，对减刑、假释和暂予监外执行的监督等。人民检察院在履行监督职责的过程中，如果发现违反法律规定的情况，应当及时通知执行机关纠正。执行机关应当将纠正情况报送人民检察院，自觉接受法律监督。

第二节　各种判决、裁定的执行程序

一、死刑立即执行判决的执行

死刑也称生命刑或极刑，是一种剥夺自然人的生存权、从肉体上彻底消灭罪犯的最严厉的刑罚。死刑立即执行判决的执行，是指人民法院依照法定程序将被判处死刑立即执行的罪犯在刑场交付执行的活动。“保留死刑，严格控制死刑”是我国实施死刑的基本政策。人民法院办理死刑案件，必须严谨审慎，既要保证正确认定案件事实，又要保证定罪准确，量刑适当，做到少杀、慎杀，杜绝错杀案件的发生。为了尊重和保障犯罪人的基本人权，实现司法公正，防止出现“错杀、误杀”情形，《刑事诉讼法》和相关司法解释对于死刑立即执行判决的执行程序和执行规范作了明确规定。

（一）死刑执行的前期准备

根据《刑事诉讼法》第 261 条的规定，最高人民法院判处和核准的死刑立即执行的判决，应当由最高人民法院院长签发执行死刑的命令。因此，执行死刑命令的签发权具有垄断性，只能由最高人民法院院长依法行使。

最高人民法院的执行死刑命令，由高级人民法院交付第一审人民法院执行。第一审人民法院接到执行死刑命令后，应当在七日内执行。第一审人民法院在执行死刑三日前，应当通知同级人民检察院派员临场监督。同时，人民法院应当向罪犯送达核准死刑的裁判文书，并根据最高法院《解释》第 423 条的规定，应当告知罪犯有权会见其近亲属。罪犯申请会见并提供具体联系方式的，人民法院应当通知其近亲属。罪犯近亲属申请会见的，人民法院应当准许，并及时安排会见。这一规定既是司法人道性的重要体现，又为罪犯向其家属交代后事提供了条件。据此，执行前与亲属会见是死刑罪犯的一项重要权利，司法机关应当予以保障。当然，在会见时，应当做好警戒等事宜，以防发生意外。

（二）死刑执行的具体实施

对被判处死刑的罪犯，公安机关应当依据人民法院执行死刑的命令，将罪犯交由人民法院执行。人民法院有条件执行的，交由司法警察执行；没有条件执行的，可以交由武装警察执行，由审判人员进行现场指挥。

死刑采用枪决或者注射等方法执行。采用注射方法执行死刑的，应当在指定的刑场或者羁押场所内执行。采用枪决、注射以外的其他方法执行死刑的，应当事先层报最高人民法院批准。

执行死刑前，指挥执行的审判人员对罪犯应当验明正身，讯问有无遗言、信札，并制作笔录，再交执行人员执行死刑。在执行前，如果发现可能有错误，应当暂停执行，报请最高人民法院裁定。执行死刑应当公布，不应示众，禁止游街示众或者其他有辱罪犯人格的行为。

执行死刑后，应当由法医验明罪犯确实死亡，在场书记员制作笔录。负责执行的人民法院应当在执行死刑后十五日内将执行情况，包括罪犯被执行死刑前后的照片，层报最高人民法院。

（三）死刑执行的后续安排

执行死刑后，负责执行的人民法院应当办理以下事项：(1)对罪犯的遗书、遗言笔录，应当及时审查；涉及财产继承、债务清偿、家事嘱托等内容的，将遗书、遗言笔录交给家属，同时复制附卷备查；涉及案件线索等问题的，抄送有关机关。(2)通知罪犯家属在限期内领取罪犯骨灰；没有火化条件或者因民族、宗教等原因不宜火化的，通知领取尸体；过期不领取的，由人民法院通知有关单位处理，并要求有关单位出具处理情况的说明；对罪犯骨灰或者尸体的处理情况，应当记录在案。(3)对外国籍罪犯执行死刑后，通知外国驻华使、领馆的程序和时限，根据有关规定办理。

二、死刑缓期二年执行、无期徒刑、有期徒刑和拘役判决的执行

执行死刑缓期二年执行、无期徒刑、有期徒刑和拘役判决，就是在监狱、未成年犯管教所、拘役所等执行场所，按照生效裁判所确定的期限，对被执行人实施羁押，剥夺其人身自由，并对其进行劳动改造的活动。《刑事诉讼法》、《监狱法》、最高法院《解释》、公安部《公安机关办理刑事案件程序规定》等规范性文件，对于上述判决的执行程序作了具体规定。

根据《刑事诉讼法》第 264 条和最高法院《解释》第 429 条的规定，罪犯被交付执行刑罚的时候，应当由交付执行的人民法院（第一审人民法院）在判决、裁定生效后十日以内，将判决书、裁定书、起诉书副本、自诉状复印件、执行通知书、结案登记表送达公安机关、监狱或者其他执行机关。其中，对于判处死刑缓期二年执行、无期徒刑、有期徒刑的罪

犯，交付执行的人民法院应当将法律文书及时送达公安机关，公安机关应当自收到人民法院判决书、裁定书和执行通知书之日起一个月内将罪犯交付监狱执行。对被判处有期徒刑的罪犯，在被交付执行刑罚前，剩余刑期在三个月以下的，由看守所代为执行。对于被判处拘役的罪犯，由公安机关执行。对未成年犯应当在未成年犯管教所执行刑罚。

根据《监狱法》第16条的规定，如果监狱没有收到交付执行机关送达的上述四类法律文书，不得收监；上述文件不齐全或者记载有误的，作出生效判决的人民法院应当及时补充齐全或者作出更正；对其中可能导致错误收监的，不予收监。将罪犯交付执行，监狱不予收监的，公安机关应当提请交付执行的人民法院作出是否收监执行的决定。对于决定收监的，应当将罪犯交付监狱执行；对于决定暂予监外执行的，由看守所将罪犯交付罪犯居住地社区矫正机构执行。罪犯需要收押执行刑罚，而判决、裁定生效前未被羁押的，人民法院应当根据生效的判决书、裁定书将罪犯送交看守所羁押，并依照规定办理执行手续。

监狱等执行机关应当对交付执行刑罚的罪犯进行身体检查。对于符合法定情形的，不适合在监狱或者其他执行场所执行的，可以暂不收监，由交付执行的人民法院决定暂予监外执行。对于暂予监外执行有社会危险性的，应当收监。执行机关收监时，还应当严格检查罪犯的人身和所携带的物品。对于非生活必需品，由执行机关代为保管或者征得罪犯同意退回其家属；违禁品予以没收。执行机关应当将罪犯罪名、刑期、执行地址等自收监之日起五日内通知罪犯家属。

对于罪犯在服刑中死亡、调动、脱逃满二个月未捕回或者捕回后有变动的，执行机关应当书面报告交付执行的人民法院以及对该监所进行法律监督的人民检察院。被判处有期徒刑、拘役罪犯的刑期，从判决执行之日起计算，判决前被拘留和逮捕的，羁押一日折抵刑期一日。被指定居所监视居住的，监视居住二日折抵刑期一日。执行期满的，应当由执行机关发给《刑满释放证明书》。

三、管制、有期徒刑缓刑、拘役缓刑判决的执行

管制，是指人民法院依法判决的，对犯罪分子不实行关押，由公安机关管束和人民群众监督，限制其一定人身自由的刑罚方法。被判处管制的罪犯，在劳动中应当同工同酬。缓刑，并非一个独立的刑种，而是对判处三年以下有期徒刑、拘役刑罚的特殊执行方式。具体来说，是指对符合法定条件的罪犯在一定期间内暂缓执行原判的有期徒刑、拘役刑罚，如果该罪犯在暂缓执行期间未犯新罪，并且没有发现尚未判决的漏罪，则不再执行原判刑罚的一种执行制度。但是，如果同时判处附加刑的，附加刑仍应执行，不受缓刑的影响。我国《刑法》规定了两种缓刑形式，即有期徒刑缓刑和拘役缓刑，两者适用相同的缓刑执行程序。

根据《刑事诉讼法》第269条的规定，对被判处管制、宣告缓刑的罪犯，依法实行社区矫正，由社区矫正机构负责执行。根据2019年12月27日《中华人民共和国社区矫正法》及最高法院《解释》的规定，县级司法行政机关社区矫正机构对社区矫正人员进行监督管

理和教育帮助。司法所承担社区矫正日常工作。对于适用社区矫正的罪犯，人民法院、公安机关、监狱应当核实其居住地，在向其宣判时或者在其离开监所之前，书面告知其到居住地县级司法行政机关报到的时间期限以及逾期报到的后果，并通知居住地县级司法行政机关。判决、裁定生效后五日内通知罪犯居住地的县级司法行政机关，十日内，人民法院应当将判决书、裁定书、执行通知书等法律文书送达罪犯居住地的县级司法行政机关，同时抄送罪犯居住地的县级人民检察院和公安机关。社区矫正人员应当自人民法院判决、裁定生效之日或者离开监所之日起十日内到居住地县级司法行政机关报到。县级司法行政机关应当及时为其办理登记接收手续，并告知其三日内到指定的司法所接受社区矫正。社区矫正人员应当定期向司法所报告遵纪守法、接受监督管理、参加教育学习、社区服务和社会活动的情况。社区矫正人员矫正期满，司法所应当组织解除社区矫正宣告。宣告事项应当包括：宣读对社区矫正人员的鉴定意见；宣布社区矫正期限届满，依法解除社区矫正；对判处管制的，宣布执行期满，解除管制；对宣告缓刑的，宣布缓刑考验期满，原判刑罚不再执行。

根据《刑法》第 39 条的规定，被判处管制的犯罪分子，在执行期间，应当遵守下列规定：遵守法律、行政法规，服从监督；未经执行机关批准，不得行使言论、出版、集会、结社、游行、示威自由的权利；按照执行机关规定报告自己的活动情况；遵守执行机关关于会客的规定；离开所居住的市、县或者迁居，应当报经执行机关批准。对于被判处管制的犯罪分子，在劳动中应当同工同酬。根据《刑法》第 38 条第 2 款的规定，判处管制，可以根据犯罪情况，同时禁止犯罪分子在执行期间从事特定活动，进入特定区域、场所，接触特定的人。管制的期限，为三个月以上二年以下。管制的刑期，从判决之日起计算。判决前先行羁押的，羁押一日折抵刑期二日。判决前被指定居所监视居住的，监视居住一日折抵刑期一日。

根据《刑法》第 75 条、第 72 条的规定，被宣告缓刑的犯罪分子，在缓刑考验期内必须遵守的义务，除了没有行使言论、出版、集会、结社、游行、示威自由权利的法定限制外，其他内容与管制基本一致。宣告缓刑，可以根据犯罪情况，同时禁止犯罪分子在缓刑考验期限内从事特定活动，进入特定区域、场所，接触特定的人。根据《刑法》第 77 条和最高法院《解释》第 458 条的规定，被宣告缓刑的犯罪分子，有下列情形之一的，应当撤销缓刑：(1)在缓刑考验期限内犯新罪；(2)发现判决宣告以前还有其他罪没有判决的；(3)违反人民法院判决中的禁止令，情节严重的；(4)无正当理由不按规定时间报到或者接受社区矫正期间脱离监管，超过一个月的；(5)因违反监督管理规定受到治安管理处罚，仍不改正的；(6)受到执行机关三次警告仍不改正的；(7)违反有关法律、行政法规和监督管理规定，情节严重的其他情形。对宣告缓刑的犯罪分子，在缓刑考验期限内，如果没有再犯新罪或漏罪没有判决等应当撤销缓刑的情形，缓刑考验期满，原判的刑罚就不再执行，并公开予以宣告。拘役的缓刑考验期限为原判刑期以上一年以下，但不能少于二个月。有期徒刑的缓刑考验期限为原判刑期以上五年以下，但不能少于一年。缓刑的考验期限，从判决确定之日起计算。判决确定前先行羁押或指定居所监视居住的，都不能折抵缓刑考验期。如果被宣告缓刑的罪犯又犯新罪或发现未被判处的漏罪，则撤销缓刑，判处实刑,已执行的缓刑考验期不能折抵刑期。但是,判决执行前先行羁押或指定居所监视居住的日期,应予折抵刑期。

四、剥夺政治权利判决的执行

剥夺政治权利,是在一定期限内剥夺罪犯参加国家管理和其他政治活动权利的一种刑罚方法。剥夺政治权利可以独立适用,也可以附加适用。

根据《刑事诉讼法》第 270 条的规定,对被判处剥夺政治权利的罪犯,由公安机关执行。根据最高法院《解释》第 437 条的规定,对单处剥夺政治权利的罪犯,人民法院应当在判决、裁定生效后十日内,将判决书、裁定书、执行通知书等法律文书送达罪犯居住地的县级公安机关,并抄送罪犯居住地的县级人民检察院。负责执行剥夺政治权利的派出所应当按照人民法院的判决,向罪犯及其所在单位、居住地基层组织宣布其犯罪事实、被剥夺政治权利的期限,以及罪犯在执行期间应当遵守的规定。根据我国《刑法》第 54 条的规定,剥夺政治权利是指剥夺下列权利:(1)选举权和被选举权;(2)言论、出版、集会、结社、游行、示威自由的权利;(3)担任国家机关职务的权利;(4)担任国有公司、企业、事业单位和人民团体领导职务的权利。被剥夺政治权利的罪犯在执行期间应当遵守下列规定:(1)遵守国家法律、行政法规和公安部制定的有关规定,服从监督管理;(2)不得享有选举权和被选举权;(3)不得组织或者参加集会、游行、示威、结社活动;(4)不得出版、制作、发行书籍、音像制品;(5)不得接受采访,发表演说;(6)不得在境内外发表有损国家荣誉、利益或者其他具有社会危害性的言论;(7)不得担任国家机关职务;(8)不得担任国有公司、企业、事业单位和人民团体的领导职务。被剥夺政治权利的罪犯如果违反规定,尚未构成新的犯罪的,由公安机关依法给予治安管理处罚。

附加剥夺政治权利的刑期,从徒刑、拘役执行完毕之日或者从假释之日起计算;剥夺政治权利的效力当然适用于主刑执行期间。如果剥夺政治权利作为独立适用的附加刑,刑期从判决生效之日起计算;如果判处管制附加剥夺政治权利的,剥夺政治权利的期限与管制的期限相等,同时执行。被剥夺政治权利的罪犯,执行期满,公安机关应当书面通知本人及其所在单位、居住地基层组织。

五、罚金、没收财产判决的执行

(一)执行主体

财产刑包括罚金和没收财产。罚金,是指人民法院依法判决罪犯或犯罪单位在指定的期限内向国家缴纳一定数额金钱的刑罚。没收财产,是指人民法院依法判决将罪犯个人所有财产的一部分或者全部予以无偿收归国有的刑罚。财产刑可以单独适用,也可以附加适用。财产刑由第一审人民法院负责裁判执行的机构执行。被执行的财产在异地的,第一审人民法院可以委托财产所在地的同级人民法院代为执行。根据《刑事诉讼法》

第 272 条的规定,没收财产的判决,在必要的时候,可以会同公安机关执行。

(二)执行时间

第一审人民法院应当在本院作出的刑事判决、裁定生效后,或者收到上级人民法院生效的刑事判决、裁定后,对有关财产刑执行的法律文书立案执行。对罚金的执行,应当在判决、裁定发生法律效力后三个月内执行完毕,至迟不能超过六个月。被执行人在判决、裁定确定的期限内未足额缴纳的,人民法院应当在期满后强制缴纳。对没收财产的执行,人民法院应当立即执行。

(三)执行标的

执行标的为被判处财产刑罪犯的个人财产,需要注意的是:(1)不得没收属于罪犯家属所有或者应有的财产;(2)本着人道主义精神,没收全部财产时,应当保留罪犯及其扶养的家属必需的生活费用;(3)判处财产刑之前被执行人所负正当债务,需要以被执行的财产偿还的,经债权人请求,应当偿还;(4)罪犯就同一事实而被处罚的行政罚款,应当折抵罚金;(5)被判处财产刑,同时又承担附带民事赔偿责任的被执行人,应当先履行民事赔偿责任。另外,对于附带民事裁判的执行,参照适用民事执行的有关规定。

(四)执行方式

人民法院应当依法对被执行人的财产状况进行调查,发现有可供执行的财产,需要查封、扣押、冻结的,应当及时采取查封、扣押、冻结等强制执行措施。

罚金在判决规定的期限内一次或者分期缴纳。期满无故不缴纳或者未足额缴纳的,人民法院应当强制缴纳。经强制缴纳仍不能全部缴纳的,在任何时候,包括主刑执行完毕后,发现被执行人有可供执行的财产的,应当随时追缴。

执行财产刑和附带民事裁判过程中,案外人对被执行财产提出权属异议的,人民法院应当参照民事诉讼有关执行异议的规定进行审查并作出处理。

(五)执行的中止和终结

执行财产刑过程中,具有下列情形之一的,人民法院应当裁定中止执行:执行标的物系人民法院或者仲裁机构正在审理的案件争议标的物,需等待该案件审理完毕确定权属的;案外人对执行标的物提出异议确有理由的;其他应当中止执行的情形。中止执行的原因消除后,应当恢复执行。具有下列情形之一的,人民法院应当裁定终结执行:据以执行的判决、裁定被撤销的;被执行人死亡或者被执行死刑,且无财产可供执行的;被判处罚金的单位终止,且无财产可供执行的;遭遇不可抗拒灾祸而被免除罚金的;应当终结执行的其他情形。裁定终结执行后,发现被执行人的财产有被隐匿、转移等情形的,应当追缴。

此外,财产刑全部或者部分被撤销的,已经执行的财产应当全部或者部分返还被执行人;无法返还的,应当依法赔偿。

(六)执行减免

如果由于遭遇不能抗拒的灾祸缴纳确实有困难的,罪犯可以向人民法院申请减少或者免除缴纳罚金。根据2018年《刑事诉讼法》第271条的规定,被判处罚金的罪犯,期满不缴纳的,人民法院应当强制缴纳;如果由于遭遇不能抗拒的灾祸等原因缴纳确实有困难的,经人民法院裁定,可以延期缴纳、酌情减少或者免除。

六、无罪判决和免除刑罚判决的执行

无罪判决,是指人民法院依法作出的认定被告人无罪,或者因证据不足、指控的犯罪不能成立的无罪判决。免除刑事处罚,是指人民法院依法作出确认被告人有罪,但因具有法定情形而免予刑事处罚的判决。人民法院是无罪判决和免除刑罚判决的执行机关。《刑事诉讼法》第260条规定:"第一审人民法院判决被告人无罪、免除刑事处罚的,如果被告人在押,在宣判后应当立即释放。"人民法院应当将无罪或者免除刑事处罚的一审判决书、执行通知书等相关法律文书送达公安机关,看守所收到后应当立即办理释放手续。这意味着在无罪判决和免除刑罚判决发生法律效力前,对于被羁押的被告人应当先行解除羁押状态。即使本案公诉机关提出抗诉,或者当事人提出上诉,也不能成为迟延释放在押被告人的理由。从刑事执行原理角度看,这种依据尚未生效的判决采取相应措施的做法,不应当属于刑事执行范畴。这只是刑事审判阶段中的程序性规定,实质上属于审判阶段刑事强制措施的解除或变更。如果第二审人民法院依法作出拘役以上的有罪判决,人民法院应当根据生效的判决书或者裁定书将罪犯重新羁押,并送交执行机关。因此,将该条款规定在《刑事诉讼法》"执行篇"的立法方式值得商榷。

另外,公安机关办理释放手续后,认为对被告人需要给予行政处理的,应当依照有关规定处理,并将处理结果及时通知人民法院。在无罪判决和免除刑罚判决发生法律效力后,人民法院应当做好被告人的善后工作,及时恢复无罪公民的名誉,切实保障其合法权益。

第三节　执行的变更与其他处理

刑罚执行变更,是指在人民法院、监狱和其他刑罚执行机关对生效裁判交付执行或执行过程中,由于出现法定情形,需要依法改变原判刑罚的种类或执行方法,而依照法定程序予以改变的活动。例如,死刑停止或暂停执行、死缓执行的变更、暂予监外执行、缓刑的撤销、减刑、假释等,都属于执行变更范畴。同时,在执行过程中,执行机关还需要对发现原判可能存在错误、罪犯提出申诉等有关事项及时层报司法机关,由司法机关依法作出决定或裁判。

一、死刑执行的变更

死刑是剥夺犯罪分子生命的最严厉的刑罚。“保留死刑，严格控制死刑”是我国的基本死刑政策。为了从制度上保证死刑裁判的慎重和公正，防止误判、错杀，我国《刑事诉讼法》不仅在审判过程中设置了死刑复核程序，而且在死刑执行阶段也规定了两种法定变更措施，即停止执行死刑和暂停执行死刑。

对于停止执行死刑，《刑事诉讼法》第 262 条规定：“下级人民法院接到最高人民法院执行死刑的命令后，应当在七日以内交付执行。但是发现有下列情形之一的，应当停止执行，并且立即报告最高人民法院，由最高人民法院作出裁定：(1)在执行前发现判决可能有错误的；(2)在执行前罪犯揭发重大犯罪事实或者有其他重大立功表现，可能需要改判的；(3)罪犯正在怀孕。”对于暂停执行死刑，《刑事诉讼法》第 263 条第 4 款规定：“指挥执行的审判人员，对罪犯应当验明正身，讯问有无遗言、信札，然后交付执行人员执行死刑。在执行前，如果发现可能有错误，应当暂停执行，报请最高人民法院裁定。”根据最高法院《解释》第 418 条的规定，应当暂停执行死刑的情形为：罪犯可能有其他犯罪的；共同犯罪的其他犯罪嫌疑人到案，可能影响罪犯量刑的；共同犯罪的其他罪犯被暂停或者停止执行死刑，可能影响罪犯量刑的；罪犯揭发重大犯罪事实或者有其他重大立功表现，可能需要改判的；罪犯怀孕的；判决、裁定可能有影响定罪量刑的其他错误的。此外，根据《刑法》的规定，还应当包括发现罪犯属于犯罪时未满十八周岁或者审判时已满七十五周岁的人(特别残忍手段致人死亡的除外)。

为确保死刑案件停止执行死刑程序依法规范进行，根据最高法院的相关规定，停止执行死刑的程序为：

1. 第一审人民法院在接到最高人民法院执行死刑命令后、执行前，发现具有“可能有错误”的法定情形的，应当暂停执行死刑，并立即将请求停止执行死刑的报告及相关材料层报最高人民法院审批。如果最高人民法院在执行死刑命令签发后、执行前，发现“可能有错误”的法定情形，应当立即裁定下级人民法院停止执行死刑，并将有关材料移交下级人民法院。

2. 下级人民法院接到最高人民法院停止执行死刑的裁定后，应当会同有关部门调查核实停止执行死刑的事由，并及时将调查结果和意见层报最高人民法院审核。

3. 最高人民法院经审查，认为可能影响罪犯定罪量刑的，应当裁定停止执行死刑；认为不影响的，应当决定继续执行死刑。对下级人民法院报送的停止执行死刑的调查结果和意见，由最高人民法院原作出核准死刑判决、裁定的合议庭负责审查，必要时，另行组成合议庭进行审查。

4. 最高人民法院对于依法已停止执行死刑案件的处理。根据最高法院《解释》第 422 条的规定，最高人民法院对停止执行死刑的案件，应当按照下列情形分别处理：(1)确认罪犯怀孕的或属于犯罪时不满十八周岁的及审判时已满七十五周岁的(特别残忍手段致人死亡的除外)，应当依法改判；(2)确认罪犯有其他犯罪，依法应当追诉的，应当裁定不予核准死刑，撤销原判，发回重新审判；(3)确认原判决、裁定有错误或者罪犯有重大立功表现，需要改判的，应当裁定不予核准死刑，撤销原判，发回重新审判；(4)确认原判决、裁定没有错误，罪犯没有重大立功表现，或者重大立功表现不影响原判决、裁定执行的，应当裁定继续执行死刑，并由院长重新签发执行死刑的命令。

二、死刑缓期二年执行的变更

死刑缓期二年执行并不是独立的刑罚种类，而是我国刑罚制度中对于死刑的一种特殊执行方式，是指对于本应执行死刑的犯罪分子，具有不必立即执行的法定条件，可以判处死刑同时宣告缓期二年执行，对其实行监管改造，以观后效的制度。根据《刑事诉讼法》第 261 条第 2 款的规定，对于被判处死刑缓期二年执行的罪犯，根据其在缓刑执行期间的表现，应当适用不同的处理方式，具体包括减刑、执行死刑和死刑缓刑期执行期间的重新计算。

(一)减刑

根据《刑法》第 50 条的规定，判处死刑缓期执行的，在死刑缓期执行期间，如果没有故意犯罪，二年期满以后，减为无期徒刑；如果确有重大立功表现，二年期满以后，减为二十五年有期徒刑。根据最高法院《关于死刑缓期执行限制减刑案件审理程序若干问题的规定》，对被判处死刑缓期执行的累犯以及因故意杀人、强奸、抢劫、绑架、放火、爆炸、投放危险物质或者有组织的暴力性犯罪被判处死刑缓期执行的犯罪分子，人民法院根据犯罪情节等情况可以同时决定对其限制减刑。

根据最高法院《关于办理减刑、假释案件具体应用法律若干问题的规定》第 9 条的规定，死刑缓期执行罪犯经过一次或几次减刑后，其实际执行的刑期不能少于十五年，死刑缓期执行期间不包括在内。死刑缓期执行罪犯在缓期执行期间抗拒改造，尚未构成犯罪的，此后减刑时可以适当从严。根据《刑法》第 78 条第 2 款的规定，人民法院依法限制减刑的死刑缓期执行的犯罪分子，缓期执行期满后依法减为无期徒刑的，减刑以后实际执行的刑期不能少于二十五年；缓期执行期满后依法减为二十五年有期徒刑的，减刑以后实际执行的刑期不能少于二十年。

死缓罪犯减刑的程序为：罪犯在死刑缓期执行期间，如果没有故意犯罪，二年期满以后，由执行机关提出减刑书面建议，报经省、自治区、直辖市司法厅(局)监狱管理部门审核后，提交当地高级人民法院裁定。减刑裁定书应当送达罪犯本人以及交付执行机关，并将副本送达原审人民法院和对执行机关实行法律监督的人民检察院。

(二)执行死刑

根据《刑事诉讼法》第 261 条的规定，判处死刑缓期执行的，在死刑缓期执行期间，如果故意犯罪，情节恶劣，查证属实，应当执行死刑的，由高级人民法院报请最高人民法院核准。

死缓罪犯执行死刑的程序为：罪犯在死刑缓期执行期间的犯罪案件，由罪犯服刑的监狱负责立案侦查，侦查终结后移送人民检察院审查起诉，由罪犯服刑地中级人民法院依法作出判决。待判决生效后，应当执行死刑的，由高级人民法院报请最高人民法院核准；最高人民法院核准死刑后，由院长签发执行死刑命令，交付服刑地的中级人民法院依照法定程序和方式执行死刑。

需要注意的是，如果死刑缓期二年执行期满后尚未裁定减刑前又犯新罪的，则不应当被视为缓刑期间犯罪，而应当先依法减刑，然后再对其所犯新罪另行审判，而不能适用死刑立即执行。

（三）死刑缓期执行的期间重新计算

2018 年《刑事诉讼法》对死刑缓期执行期间故意犯罪的情形作了区分处理，根据《刑事诉讼法》第 261 条的规定，在死刑缓期执行期间，如果故意犯罪，情节恶劣，查证属实，应当执行死刑的，由高级人民法院报请最高人民法院核准；若未达到情节恶劣的标准，则不应当执行死刑，而是对其死刑缓期执行期间进行重新计算。

三、暂予监外执行

暂予监外执行，是指对被判处有期徒刑、拘役或无期徒刑的罪犯，因具备或出现某些法定情形不宜在监内执行时，暂时将其置于监外交由社区矫正机构执行的一种变通执行方法。暂予监外执行的条件消失后，罪犯仍会被收监执行，它只是对执行监禁刑的暂时变更。

（一）暂予监外执行的适用对象与条件

根据《刑事诉讼法》第 265 条的规定，暂予监外执行的适用对象是被判处有期徒刑、拘役和无期徒刑的罪犯。对于被判处死缓的罪犯，不能适用监外执行。

关于暂予监外执行的适用条件，法律视适用对象的不同作出了区别对待。对被判处有期徒刑或者拘役的罪犯，有下列情形之一的，可以暂予监外执行：(1)有严重疾病需要保外就医的。对罪犯确有严重疾病，必须保外就医的，由省级人民政府指定的医院诊断并开具证明文件。(2)怀孕或者正在哺乳自己婴儿的妇女。哺乳婴儿一般自分娩之日起，到婴儿一周岁以前。(3)生活不能自理，适用暂予监外执行不致危害社会的。对被判处无期徒刑的罪犯，只有在怀孕或者正在哺乳自己婴儿的情形下，才可以暂予监外执行。但是，对适用保外就医可能有社会危险性的罪犯，或者自伤自残的罪犯，不得保外就医。

（二）暂予监外执行的决定或批准机关

《刑事诉讼法》第 265 条第 5 款规定："在交付执行前，暂予监外执行由交付执行的人民法院决定；在交付执行后，暂予监外执行由监狱或者看守所提出书面意见，报省级以上监狱管理机关或者设区的市一级以上公安机关批准。"据此，有权作出暂予监外执行决定或批准的是人民法院、省级以上监狱管理机关和设区的市一级以上公安机关。

（三）暂予监外执行的程序

根据《刑事诉讼法》第269条及《社区矫正实施办法》的相关规定，对被决定暂予监外执行的罪犯，依法实行社区矫正，由社区矫正机构负责执行。决定或批准暂予监外执行的机关，应当制作暂予监外执行决定书或批准书，写明罪犯基本情况、判决确定的罪名和刑罚、决定暂予监外执行的原因、依据等，通知罪犯居住地的县级司法行政机关派员办理交接手续，同时抄送罪犯居住地的县级人民检察院。

暂予监外执行的罪犯具有下列情形之一的，原作出暂予监外执行决定的机关，应当在收到执行机关的收监执行建议书后十五日内，作出收监执行的决定：(1)不符合暂予监外执行条件的；(2)未经批准离开所居住的市、县，经警告拒不改正，或者拒不报告行踪，脱离监管的；(3)因违反监督管理规定受到治安管理处罚，仍不改正的；(4)受到执行机关两次警告，仍不改正的；(5)保外就医期间不按规定提交病情复查情况，经警告拒不改正的；(6)暂予监外执行的情形消失后，刑期未满的；(7)保证人丧失保证条件或者因不履行义务被取消保证人资格，不能在规定期限内提出新的保证人的；(8)违反法律、行政法规和监督管理规定，情节严重的其他情形。收监执行决定书一经作出，立即生效。收监执行决定书应当送交罪犯居住地的县级司法行政机关，由其根据有关规定将罪犯交付执行。公安机关决定收监执行的，由暂予监外执行地看守所将罪犯收监执行。收监执行决定书应当同时抄送罪犯居住地的同级人民检察院。

不符合暂予监外执行条件的罪犯，通过贿赂等非法手段被暂予监外执行的，在监外执行的期间不计入执行刑期。罪犯在暂予监外执行期间脱逃的，脱逃的期间不计入执行刑期。罪犯被收监执行后，所在看守所应当提出不计入执行刑期的建议，经设区的市一级以上公安机关审查同意后，报请所在地中级以上人民法院审核裁定。

罪犯在暂予监外执行期间死亡的，执行机关应当及时通知监狱或者看守所。

四、减刑和假释

减刑和假释是我国刑罚执行的重要制度，体现了惩罚与教育相结合的刑事政策，有利于鼓励罪犯在服刑期间进行深刻反省，自觉接受劳动改造，积极配合执行工作，努力争取立功表现，早日成为社会新人。但是，减刑和假释也是一把双刃剑，如果适用不当，也可能让不思悔改的顽固分子流入社会，成为威胁社会稳定和公民人身、财产安全的重要隐患。因此，我国法律法规以及司法解释对于减刑和假释的适用对象和条件、适用主体和程序以及法律监督等方面作了明确规定。对不符合法律规定的减刑、假释条件的罪犯，不得以任何理由将其减刑、假释。

（一）减刑、假释的适用对象和条件

1. 减刑的适用对象和条件

减刑，是指对被判处管制、拘役、有期徒刑和无期徒刑的罪犯，在执行期间确有悔改

或者立功表现的，人民法院可以依法减轻其原判刑罚的制度。根据《刑法》第 78 条第 1 款的规定，减刑的适用对象包括除被判处死刑（包括死刑缓期二年执行）以及独立适用附加刑以外的各类罪犯。判处拘役或者三年以下有期徒刑并宣告缓刑的罪犯，一般不适用减刑，如果在缓刑考验期限内有重大立功表现的，可以参照《刑法》第 78 条的规定，予以减刑，同时应依法缩减其缓刑考验期限。减刑的适用条件分为“可以减刑”和“应当减刑”两类。

“可以减刑”的适用条件是罪犯在执行期间认真遵守监规，接受教育改造，确有悔改表现，或者有立功表现。“确有悔改表现”是指同时具备以下四个方面情形：认罪悔罪；认真遵守法律法规及监规，接受教育改造；积极参加思想、文化、职业技术教育；积极参加劳动，努力完成劳动任务。罪犯积极执行财产刑和履行附带民事赔偿义务的，可视为有认罪悔罪表现，在减刑、假释时可以从宽掌握；确有执行、履行能力而不执行、不履行的，在减刑、假释时应当从严掌握。对罪犯在刑罚执行期间提出申诉的，要依法保护其申诉权利，对罪犯申诉不应不加分析地认为是不认罪悔罪。具有下列情形之一的，应当认定为有“立功表现”：(1)阻止他人实施犯罪活动的；(2)检举、揭发监狱内外犯罪活动，或者提供重要的破案线索，经查证属实的；(3)协助司法机关抓捕其他犯罪嫌疑人（包括同案犯）的；(4)在生产、科研中进行技术革新，成绩突出的；(5)在抢险救灾或者排除重大事故中表现突出的；(6)对国家和社会有其他贡献的。

“应当减刑”的适用条件是罪犯在执行期间有重大立功表现。具有下列情形之一的，应当认定为有“重大立功表现”：(1)阻止他人实施重大犯罪活动的；(2)检举监狱内外重大犯罪活动，经查证属实的；(3)协助司法机关抓捕其他重大犯罪嫌疑人（包括同案犯）的；(4)有发明创造或者重大技术革新的；(5)在日常生产、生活中舍己救人的；(6)在抗御自然灾害或者排除重大事故中，有特别突出表现的；(7)对国家和社会有其他重大贡献的。

2.假释的适用对象和条件

假释，是指对被判处有期徒刑、无期徒刑的罪犯，在执行一定刑罚以后，如果确有悔改表现，没有再犯罪的危险的，人民法院依法裁定将其附条件地予以提前释放的制度。根据《刑法》第 81 条的规定，假释的条件是：(1)罪犯必须已被执行法定期限的刑罚。具体为：被判处有期徒刑的罪犯，执行原判刑期 1/2 以上；被判处无期徒刑的罪犯，实际执行十三年以上。如果有特殊情况，经最高人民法院核准，可以不受上述执行刑期的限制。“特殊情况”，是指与国家、社会利益有重要关系的情况。(2)罪犯必须确有悔改表现，没有再犯罪的危险。判断“没有再犯罪的危险”，除符合《刑法》第 81 条规定的情形外，还应根据犯罪的具体情节、原判刑罚情况，在刑罚执行中的一贯表现，罪犯的年龄、身体状况、性格特征，假释后生活来源以及监管条件等因素综合考虑。(3)罪犯减刑后又假释的，间隔时间不得少于一年；对一次减去二年有期徒刑后，决定假释的，间隔时间不得少于一年六个月；罪犯减刑后余刑不足二年，决定假释的，可以适当缩短间隔时间。

对累犯以及因故意杀人、强奸、抢劫、绑架、放火、爆炸、投放危险物质或者有组织的暴力性犯罪被判处十年以上有期徒刑、无期徒刑的犯罪分子，不得假释。对犯罪分子决定假释时，应当考虑其假释后对所居住社区的影响。

（二）减刑、假释的适用方式

在减刑的方式上，以减少原判刑罚的刑期为主。但是，对于被判处无期徒刑的罪犯，可以通过减刑，变更为执行有期徒刑。为了确保刑罚执行效果，避免对减刑措施的滥用，我国《刑法》第78条第2款对减刑以后实际执行的刑期作出了明确规定。判处管制、拘役、有期徒刑的，减刑以后实际执行的刑期不能少于原判刑期的1/2；判处无期徒刑的，减刑以后实际执行的刑期不能少于十三年。其中，无期徒刑减为有期徒刑的刑期，从裁定减刑之日起计算，先前羁押的期间不予折抵减刑后的刑期。

对假释的犯罪分子，在假释考验期限内，依法实行社区矫正。假释考验期限从假释之日起计算。其中，有期徒刑的假释考验期限，为没有执行完毕的刑期；无期徒刑的假释考验期限为十三年。被宣告假释的犯罪分子，应当遵守下列规定：(1)遵守法律、行政法规，服从监督；(2)按照监督机关的规定报告自己的活动情况；(3)遵守监督机关关于会客的规定；(4)离开所居住的市、县或者迁居，应当报经监督机关批准。被假释的犯罪分子，在假释考验期限内，如果没有犯新罪或发现遗漏罪行的，假释考验期满，就认为原判刑罚已经执行完毕，并公开予以宣告；如果犯新罪或发现未被判处的漏罪，应当撤销假释，实行数罪并罚；如果有违反法律、行政法规或者国务院有关部门关于假释的监督管理规定的行为，尚未构成新的犯罪的，应当依照法定程序撤销假释，收监执行未执行完毕的刑罚。

（三）减刑、假释案件的管辖

根据《刑事诉讼法》第273条第2款的规定，被判处管制、拘役、有期徒刑或者无期徒刑的罪犯，在执行期间确有悔改或者立功表现，应当依法予以减刑、假释的时候，由执行机关提出建议书，报请人民法院审核裁定。根据最高法院《解释》第449条的规定，对减刑、假释案件应当按照下列情形分别处理：

1. 对被判处无期徒刑的罪犯的减刑、假释，由罪犯服刑地的高级人民法院，在收到同级监狱管理机关审核同意的减刑、假释建议书后一个月内作出裁定，案情复杂或者情况特殊的，可以延长一个月。

2. 对被判处有期徒刑和被减为有期徒刑的罪犯的减刑、假释，由罪犯服刑地的中级人民法院，在收到执行机关提出的减刑、假释建议书后一个月内作出裁定，案情复杂或者情况特殊的，可以延长一个月。

3. 对被判处拘役、管制的罪犯的减刑，由罪犯服刑地中级人民法院，在收到同级执行机关审核同意的减刑、假释建议书后一个月内作出裁定。

（四）减刑、假释案件的审理

1. 减刑、假释案件的审查

人民法院受理减刑、假释案件，应当审查执行机关是否移送下列材料：(1)减刑或者假释建议书;(2)终审法院的裁判文书、执行通知书、历次减刑裁定书的复制件;(3)罪犯确有悔改或者立功、重大立功表现的具体事实的书面证明材料;(4)罪犯评审鉴定表、奖惩审批表等;(5)其他根据案件的审理需要移送的材料。提请假释的,应当附有社区矫正机构关于罪犯假释后对所居住社区影响的调查评估报告。人民检察院对提请减刑、假释案件提出的检察意见,应当一并移送受理减刑、假释案件的人民法院。

经审查,如果上述材料齐备的,应当立案;材料不齐备的,应当通知执行机关在三日内补送,逾期未补送的,不予立案。

2.减刑、假释案件的审理

人民法院审理减刑、假释案件,应当一律予以公示。公示地点为罪犯服刑场所的公共区域。有条件的地方,应面向社会公示,接受社会监督。

人民法院审理减刑、假释案件,可以采用书面审理的方式。但下列案件,应当开庭审理:(1)因罪犯有重大立功表现提请减刑的;(2)提请减刑的起始时间、间隔时间或者减刑幅度不符合一般规定的;(3)在社会上有重大影响或社会关注度高的;(4)公示期间收到投诉意见的;(5)人民检察院有异议的;(6)人民法院认为有开庭审理必要的。人民法院开庭审理减刑、假释案件,人民检察院应当指派检察人员出席法庭,发表意见。

审理减刑、假释案件,应当审查财产刑和附带民事裁判的执行情况,以及罪犯退赃、退赔情况。罪犯积极履行判决确定的义务的,可以认定有悔改表现,在减刑、假释时从宽掌握;确有履行能力而不履行的,在减刑、假释时从严掌握。

人民法院审理减刑、假释案件,应当依法组成合议庭进行。人民法院作出减刑、假释裁定后,应当在七日内送达提请减刑、假释的执行机关、同级人民检察院以及罪犯本人。对于被宣告假释的罪犯,执行机关应当立即释放,并发给释放证明。

在人民法院作出减刑、假释裁定前,执行机关书面提请撤回减刑、假释建议的,是否准许,由人民法院决定。

人民法院发现本院已经生效的减刑、假释裁定确有错误的,应当另行组成合议庭审理;发现下级人民法院已经生效的减刑、假释裁定确有错误的,可以指令下级人民法院另行组成合议庭审理。

3.减刑的幅度与起始、间隔时间

有期徒刑罪犯的减刑幅度为:确有悔改表现或者有立功表现的,一次减刑不超过九个月有期徒刑;确有悔改表现并有立功表现的,一次减刑不超过一年有期徒刑;有重大立功表现的,一次减刑不超过一年六个月有期徒刑;确有悔改表现并有重大立功表现的,一次减刑不超过二年有期徒刑。减刑的起始时间和间隔时间为:不满五年有期徒刑的,应当执行一年以上方可减刑;五年以上不满十年有期徒刑的,应当执行一年六个月以上方可减刑;十年以上有期徒刑的,应当执行二年以上方可减刑。有期徒刑减刑的起始时间自判决执行之日起计算。被判处不满十年有期徒刑的罪犯,两次减刑间隔时间不得少于一年;被判处十年以上有期徒刑的罪犯,两次减刑间隔时间不得少于一年六个月。减刑间隔时间不得低于上次减刑减去的刑期。罪犯有重大立功表现的,可以不受上述减刑起始时间和间隔时间的限制。

被判处无期徒刑的罪犯在刑罚执行期间，符合减刑条件的，执行二年以上，可以减刑。减刑幅度为：确有悔改表现或者有立功表现的，可以减为二十二年有期徒刑；确有悔改表现并有立功表现的，可以减为二十一年以上二十二年以下有期徒刑；有重大立功表现的，可以减为二十年以上二十一年以下有期徒刑；确有悔改表现并有重大立功表现的，可以减为十九年以上二十年以下有期徒刑。两次减刑间隔时间不得少于二年。罪犯有重大立功表现的，可以不受上述减刑起始时间和间隔时间的限制。

不满二年有期徒刑的罪犯，符合减刑条件的，可以酌情减刑，减刑起始时间可以适当缩短，但实际执行的刑期不得少于原判刑期的二分之一。

被判处有期徒刑、无期徒刑的罪犯在刑罚执行期间又故意犯罪，新罪被判处有期徒刑的，自新罪判决确定之日起三年内不予减刑；新罪被判处无期徒刑的，自新罪判决确定之日起四年内不予减刑。

4.减刑、假释案件的审理期限

人民法院审理减刑、假释案件，应当自收到减刑、假释建议书之日起一个月内作出裁定，案情复杂或者情况特殊的，可以延长一个月。但是，对被判处拘役、管制的罪犯的减刑，必须在收到减刑、假释建议书之日起一个月内作出裁定。

（五）适用特殊情况假释的特别处理程序

根据《刑法》第81条第1款和最高法院《解释》第341条的规定，报请最高人民法院核准因罪犯具有特殊情况，不受执行刑期限制的假释案件，应当按照下列情形分别处理：(1)中级人民法院依法作出假释裁定后，应当报请高级人民法院复核。高级人民法院同意的，应当书面报请最高人民法院核准；不同意的，应当裁定撤销中级人民法院的假释裁定。(2)高级人民法院依法作出假释裁定的，应当报请最高人民法院核准。

报请最高人民法院核准因罪犯具有特殊情况，不受执行刑期限制的假释案件，应当报送报请核准的报告、罪犯具有特殊情况的报告、假释裁定书各五份，以及全部案卷。

对因罪犯具有特殊情况，不受执行刑期限制的假释案件，最高人民法院予以核准的，应当作出核准裁定书；不予核准的，应当作出不核准裁定书，并撤销原裁定。

（六）假释的撤销

根据最高法院《解释》第457条、第458条的规定，罪犯在假释考验期限内犯新罪或者被发现在判决宣告前还有其他罪没有判决，应当撤销假释的，由审判新罪的人民法院撤销原判决、裁定宣告的假释，并书面通知原审人民法院和执行机关。

罪犯在假释考验期限内，有下列情形之一的，原作出假释判决、裁定的人民法院应当在收到执行机关的撤销假释建议书后一个月内，作出撤销假释的裁定：(1)违反禁止令，情节严重的；(2)无正当理由不按规定时间报到或者接受社区矫正期间脱离监管，超过一个月的；(3)因违反监督管理规定受到治安管理处罚，仍不改正的；(4)受到执行机关三次警告仍不改正的；(5)违反有关法律、行政法规和监督管理规定，情节严重的其他情形。

撤销假释的裁定，一经作出，立即生效，人民法院应当将该裁定书送交罪犯居住地的县级司法行政机关，由其根据有关规定将罪犯交付执行。同时，应当抄送罪犯居住地的同级人民检察院和公安机关。

(七)关于职务犯罪罪犯减刑假释的特别规定

1.适用对象与条件

为准确把握宽严相济刑事政策，根据最高人民法院 2019 年《关于办理减刑、假释案件具体应用法律的补充规定》，对《中华人民共和国刑法修正案(九)》施行后，依照《刑法》分则第八章贪污贿赂罪判处刑罚的原具有国家工作人员身份的罪犯，如果拒不认罪悔罪的，或者确有履行能力而不履行或者不全部履行生效裁判中财产性判项的，不予假释，一般不予减刑。

2.起始时间与间隔时间

职务犯罪有期徒刑罪犯减刑的起始时间为：被判处十年以上有期徒刑，符合减刑条件的，执行三年以上方可减刑；被判处不满十年有期徒刑，符合减刑条件的，执行二年以上方可减刑。其间隔时间为：被判处十年以上有期徒刑的，两次减刑之间应当间隔二年以上；被判处不满十年有期徒刑的，两次减刑之间应当间隔一年六个月以上。

职务犯罪无期徒刑罪犯减刑的起始时间为：被判处无期徒刑，符合减刑条件的，执行四年以上方可减刑。其间隔时间为：无期徒刑减为有期徒刑后再减刑时，两次减刑之间应当间隔二年以上。

职务犯罪死刑缓期执行罪犯减刑的起始时间为：被判处死刑缓期执行的，减为无期徒刑后，符合减刑条件的，执行四年以上方可减刑。其间隔时间为：减为有期徒刑后再减刑时，两次减刑之间应当间隔二年以上。

职务犯罪罪犯有重大立功表现的，减刑时可以不受上述起始时间和间隔时间的限制。

3.减刑幅度

职务犯罪有期徒刑罪犯的减刑幅度为：确有悔改表现或者有立功表现的，一次减刑不超过六个月有期徒刑；确有悔改表现并有立功表现的，一次减刑不超过九个月有期徒刑；有重大立功表现的，一次减刑不超过一年有期徒刑。

职务犯罪无期徒刑罪犯的减刑幅度为：确有悔改表现或者有立功表现的，可以减为二十三年有期徒刑；确有悔改表现并有立功表现的，可以减为二十二年以上二十三年以下有期徒刑；有重大立功表现的，可以减为二十一年以上二十二年以下有期徒刑。无期徒刑减为有期徒刑后再减刑时，减刑幅度比照有期徒刑罪犯减刑幅度的规定执行。

职务犯罪死刑缓期执行罪犯的减刑幅度为：确有悔改表现或者有立功表现的，可以减为二十五年有期徒刑；确有悔改表现并有立功表现的，可以减为二十四年六个月以上二十五年以下有期徒刑；有重大立功表现的，可以减为二十四年以上二十四年六个月以下有期徒刑。减为有期徒刑后再减刑时，减刑幅度比照有期徒刑罪犯减刑幅度的规定执行。

4.假释的特殊规定

贪污贿赂罪犯适用假释时，应当从严掌握。

五、对新罪、漏罪的追究程序

新罪是指罪犯在服刑期间实施了触犯刑律并应当追究刑事责任的行为。漏罪是指罪犯在服刑期间被发现其在判决宣告前实施的尚未被判决的罪行。在刑罚执行期间，发现有新罪或漏罪的，都应依法追诉。

根据《刑事诉讼法》第 273 条第 1 款、第 308 条和《监狱法》第 60 条的规定，对服刑罪犯犯新罪或被发现漏罪的，应当分不同情形予以追究。

1. 对于在监狱、未成年犯管教所服刑的罪犯，其新罪或漏罪由执行机关进行侦查，侦查终结后，移送人民检察院审查决定，向有管辖权的人民法院提起公诉。

2. 对于在看守所、拘役所服刑的罪犯和被宣告缓刑、假释、暂予监外执行的罪犯，以及被判处管制的罪犯，其新罪或漏罪由公安机关进行侦查，侦查终结后，移送人民检察院审查决定，向有管辖权的人民法院提起公诉。

3. 对服刑罪犯脱逃后又犯罪的，如果其新罪是监狱捕获罪犯后发现的，由监狱侦查终结后移送起诉；如果其新罪是公安机关捕获罪犯后发现的，由公安机关侦查终结后移送起诉。

根据最高法院《关于罪犯因漏罪、新罪数罪并罚时原减刑裁定应如何处理的意见》，罪犯被裁定减刑后，因被发现漏罪或者又犯新罪而依法进行数罪并罚时，经减刑裁定减去的刑期不计入已经执行的刑期。

六、错判和申诉的处理

《刑事诉讼法》第 275 条规定："监狱和其他执行机关在刑罚执行中，如果认为判决有错误或者罪犯提出申诉，应当转请人民检察院或者原判人民法院处理。"错判通常是由于原审人民法院认定事实不清、证据不充分或者适用法律错误造成的，无论是无罪判有罪，还是轻罪重判，都会严重侵犯被执行人的合法权益。为了维护司法公正，切实保障人权，执行机关不能对已经发现的错案熟视无睹，而应当及时将有关情况报送司法机关。同时，申诉权是罪犯及其法定代理人、近亲属依法享有的不可剥夺的诉讼权利。如果罪犯对于发生法律效力的判决和裁定不服的，有权向司法机关提出申诉，要求人民法院依法撤销或者变更原判刑罚。对于罪犯的申诉，执行机关应当及时转递，不得以任何借口加以阻碍或扣压，更不能因罪犯提出申诉而视为抗拒改造或者表现不好而加以处罚。

人民检察院、人民法院对于执行机关提请处理错案的意见书或者罪犯及其法定代理人、近亲属的申诉书，应当认真予以调查核实，并及时作出相关决定。如果认为原生效裁判不存在错误，不符合审判监督程序提起条件的，应当驳回申诉，或者不予受理，并将处理意见反馈执行机关或者将有关决定送达申诉人；如果认为原生效裁判在认定事实、适用法律上确有错误，需要改判的，应当依法提起审判监督程序，并及时将有关法律文书送达罪犯和执行机关。根据《监狱法》第 24 条的规定，人民检察院或者人民法院应当自收到监狱提请处理意见书之日起六个月内将处理结果通知监狱。在罪犯申诉期间，不能停止原生效裁判的执行。

第四节　人民检察院对执行的监督

人民检察院是国家的法律监督机关，依法行使检察权。刑罚执行监督工作是检察机关对刑事诉讼实施法律监督的重要组成部分，是维护司法公正和社会稳定的重要措施，有利于保障刑罚的正确执行以及被执行人的合法权益。

一、对执行死刑的监督

（一）死刑立即执行的监督

人民检察院有权对死刑立即执行的过程进行法律监督。人民检察院收到同级人民法院执行死刑临场监督通知后，应当查明同级人民法院是否收到最高人民法院核准死刑的裁定或者作出的死刑裁判和有无执行死刑的命令。罪犯在被执行死刑时，人民检察院应当派检察人员临场监督，并配备书记员担任记录。临场监督的检察人员应当依法监督执行死刑的场所、方法和执行死刑的活动是否合法。在执行死刑前，发现有下列情形之一的，应当建议人民法院停止执行：(1)被执行人并非应当执行死刑的罪犯的；(2)罪犯犯罪时不满十八周岁的或者审判的时候已满七十五周岁，依法不应当适用死刑的；(3)判决可能有错误的；(4)在执行前罪犯检举揭发重大犯罪事实或者有其他重大立功表现，可能需要改判的；(5)罪犯正在怀孕的。

在执行死刑过程中，临场监督的检察人员根据需要可以进行拍照、摄像；执行死刑后，临场监督的检察人员应当检查罪犯是否确已死亡，并填写死刑临场监督笔录，签名后入卷归档。人民检察院发现人民法院在执行死刑活动中，有侵犯被执行死刑罪犯的人身权、财产权或者其近亲属、继承人合法权利等违法情形的，应当依法向人民法院提出纠正意见。

（二）死刑缓期二年执行的监督

对于死刑缓期二年执行的过程，人民检察院进行监督的主要内容包括：(1)死刑缓期执行期满，符合法律规定应当减为无期徒刑、有期徒刑条件的，监狱是否及时提出减刑建议提请人民法院裁定，人民法院是否依法裁定。(2)罪犯在缓期执行期间故意犯罪的，监狱是否依法侦查和移送起诉；罪犯确系故意犯罪的，人民法院是否依法核准或者裁定执行死刑。被判处死刑缓期二年执行的罪犯在死刑缓期执行期间故意犯罪，执行机关移送人民检察院受理的，由罪犯服刑地的分、州、市人民检察院审查决定是否提起公诉。

人民检察院发现人民法院对被判处死刑缓期二年执行的罪犯减刑不当的，应当依照法定程序，向人民法院提出纠正意见；如果罪犯在死刑缓期执行期间又故意犯罪，经人民检察院起诉后，人民法院仍然予以减刑的，人民检察院应当依法向人民法院提出抗诉。

二、对暂予监外执行的监督

(一)对于暂予监外执行决定的监督

根据《刑事诉讼法》第 267 条的规定,监狱、看守所提出暂予监外执行的书面意见的,应当将书面意见的副本抄送人民检察院。人民检察院收到监狱、看守所抄送的暂予监外执行书面意见副本后,应当逐案进行审查,发现罪犯不符合暂予监外执行法定条件或者提请暂予监外执行违反法定程序的,应当在十日以内向决定或者批准机关提出书面检察意见,同时也可以向监狱、看守所提出书面纠正意见。

人民检察院接到决定或者批准机关抄送的暂予监外执行决定书后,应当进行审查。审查的内容包括:(1)是否属于被判处有期徒刑或者拘役的罪犯;(2)是否属于有严重疾病需要保外就医的罪犯;(3)是否属于正在怀孕或者正在哺乳自己婴儿的妇女;(4)是否属于生活不能自理,适用暂予监外执行不致危害社会的罪犯;(5)是否属于适用保外就医可能有社会危险性的罪犯,或者自伤自残的罪犯;(6)决定或者批准机关是否符合《刑事诉讼法》第 265 条第 5 款的规定;(7)办理暂予监外执行是否符合法定程序。检察人员审查暂予监外执行决定,可以向罪犯所在单位和有关人员调查、向有关机关调阅有关材料。

人民检察院经审查认为暂予监外执行不当的,应当自接到通知之日起一个月以内,报经检察长批准,向决定或者批准暂予监外执行的机关提出书面纠正意见。下级人民检察院认为暂予监外执行不当的,应当立即层报决定或者批准暂予监外执行的机关的同级人民检察院,由其决定是否向决定或者批准暂予监外执行的机关提出书面纠正意见。决定或者批准暂予监外执行的机关接到人民检察院的书面意见后,应当立即对该决定进行重新核查。

人民检察院向决定或者批准暂予监外执行的机关提出不同意暂予监外执行的书面意见后,应当监督其对决定或者批准暂予监外执行的结果进行重新核查,并监督重新核查的结果是否符合法律规定。对核查不符合法律规定的,应当依法提出纠正意见,并向上一级人民检察院报告。

(二)对暂予监外执行过程的监督

人民检察院对监狱、看守所、公安机关暂予监外执行的执法活动实行监督,发现有下列违法情况的,应当提出纠正意见:(1)将不具备法定条件的罪犯报请暂予监外执行的;(2)提请暂予监外执行的程序违反法律规定或者没有完备的合法手续,或者对于需要保外就医的罪犯没有省级人民政府指定医院的诊断证明和开具的证明文件的;(3)监狱、看守所提出暂予监外执行书面意见,没有同时将书面意见副本抄送人民检察院的;(4)罪犯被决定或者批准暂予监外执行后,未依法交付罪犯居住地社区矫正机构实行社区矫正的;(5)对符合暂予监外执行条件的罪犯没有依法提请暂予监外执行的;(6)发现罪犯不符合暂予监外执行条件,或者在暂予监外执行期间严重违反暂予监外执行监督管理规定，或者暂予监外执行的条件消失且刑期未满，应当收监执行而未及时收监执行或者未提出收监执行建议的；(7)人民法院决定将暂予监外执行的罪犯收监执行，并将有关法律文书送达公安机关、监狱、看守所后，监狱、看守所未及时收监执行的；(8)对不符合暂予监外执行条件的罪犯通过贿赂等非法手段被暂予监外执行及在暂予监外执行期间脱逃的罪犯，监狱、看守所未建议人民法院将其监外执行期间、脱逃期间不计入执行刑期或者对罪犯执行刑期计算的建议违法、不当的；(9)暂予监外执行的罪犯刑期届满，未及时办理释放手续的；(10)其他违法情形。

对于暂予监外执行的罪犯，人民检察院发现罪犯不符合暂予监外执行条件、严重违反有关暂予监外执行的监督管理规定或者暂予监外执行的情形消失而罪犯刑期未满的，应当通知执行机关收监执行，或者建议决定或者批准暂予监外执行的机关作出收监执行决定。

三、对减刑、假释的监督

(一)对人民法院作出减刑、假释裁定的监督

人民检察院收到人民法院减刑、假释的裁定书副本后，应当及时进行审查。审查的内容包括：(1)人民法院对罪犯裁定予以减刑、假释，以及起始时间、间隔时间、实际执行刑期、减刑幅度或者假释考验期是否符合有关规定；(2)人民法院对罪犯裁定不予减刑、假释是否符合有关规定；(3)人民法院审理、裁定减刑、假释的程序是否合法；(4)按照有关规定应当开庭审理的减刑、假释案件，人民法院是否开庭审理；(5)人民法院减刑、假释裁定书是否依法送达执行并向社会公布。检察人员审查人民法院减刑、假释裁定，可以向罪犯所在单位和有关人员进行调查，可以向有关机关调阅有关材料。

根据《刑事诉讼法》第274条的规定，人民检察院经审查认为人民法院减刑、假释的裁定不当，应当在收到裁定书副本后二十日以内，报经检察长批准，向作出减刑、假释裁定的人民法院提出书面纠正意见。对人民法院减刑、假释裁定的纠正意见，由作出减刑、假释裁定的人民法院的同级人民检察院书面提出。下级人民检察院发现人民法院减刑、假释裁定不当的，应当向作出减刑、假释裁定的人民法院的同级人民检察院报告。

人民法院收到人民检察院的书面纠正意见后，应当重新组成合议庭进行审理，并在一个月内作出最终裁定。人民检察院应当对此进行监督，并监督人民法院重新作出的最终裁定是否符合法律规定。对最终裁定不符合法律规定的，应当向同级人民法院提出纠正意见。

(二)对执行机关提请减刑、假释的监督

人民检察院收到执行机关抄送的减刑、假释建议书副本后，应当逐案进行审查，可以向人民法院提出书面意见。发现减刑、假释建议不当或者提请减刑、假释违反法定程序的，应当在收到建议书副本后十日以内，依法向审理减刑、假释案件的人民法院提出书面

意见，同时将检察意见书副本抄送执行机关。案情复杂或者情况特殊的，可以延长十日。

人民检察院发现监狱等执行机关提请人民法院裁定减刑、假释的活动有下列情形之一的，应当依法提出纠正意见：(1)将不符合减刑、假释法定条件的罪犯，提请人民法院裁定减刑、假释的；(2)对依法应当减刑、假释的罪犯，不提请人民法院裁定减刑、假释的；(3)提请对罪犯减刑、假释违反法定程序，或者没有完备的合法手续的；(4)提请对罪犯减刑的减刑幅度、起始时间、间隔时间或者减刑后又假释的间隔时间不符合有关规定的；(5)被提请减刑、假释的罪犯被减刑后实际执行的刑期或者假释考验期不符合有关法律规定的；(6)其他违法情形。

四、对执行机关执行刑罚活动的监督

《刑事诉讼法》第276条规定："人民检察院对执行机关执行刑罚的活动是否合法实行监督。如果发现有违法的情况，应当通知执行机关纠正。"对刑事判决、裁定执行活动的监督由人民检察院监所检察部门负责。根据《刑事诉讼法》、《监狱法》、最高检察院《规则》等有关规定，除了对死刑执行、暂予监外执行、减刑、假释等执行活动依法进行监督外，人民检察院还对刑罚执行过程中的以下几个方面进行合法性监督：

1. 人民法院判决被告人无罪，免予刑事处罚，判处管制，宣告缓刑，单处罚金或者剥夺政治权利，被告人被羁押的，人民检察院应当监督被告人是否被立即释放。发现被告人没有被立即释放的，应当立即向人民法院或者看守所提出纠正意见。

2. 人民检察院发现人民法院、公安机关、看守所的交付执行活动有下列违法情形之一的，应当依法提出纠正意见：(1)交付执行的第一审人民法院没有在判决、裁定生效十日以内将判决书、裁定书、人民检察院的起诉书副本、自诉状复印件、执行通知书、结案登记表等法律文书送达公安机关、监狱或者其他执行机关的；(2)对被判处死刑缓期二年执行、无期徒刑或者有期徒刑余刑在三个月以上的罪犯，公安机关、看守所自接到人民法院执行通知书等法律文书后三十日以内，没有将成年罪犯送交监狱执行刑罚，或者没有将未成年罪犯送交未成年犯管教所执行刑罚的；(3)对需要收押执行刑罚而判决、裁定生效前未被羁押的罪犯，第一审人民法院没有及时将罪犯收押送交公安机关，并将判决书、裁定书、执行通知书等法律文书送达公安机关的；(4)公安机关对需要收押执行刑罚但下落不明的罪犯，在收到人民法院的判决书、裁定书、执行通知书等法律文书后，没有及时抓捕、通缉的；(5)对被判处管制、宣告缓刑或者人民法院决定暂予监外执行的罪犯，在判决、裁定生效后或者收到人民法院暂予监外执行决定后，未依法交付罪犯居住地社区矫正机构执行，或者对被单处剥夺政治权利的罪犯，在判决、裁定生效后，未依法交付罪犯居住地公安机关执行的；(6)其他违法情形。

3. 人民检察院发现监狱在收押罪犯活动中有下列情形之一的，应当依法提出纠正意见：(1)对公安机关、看守所依法送交监狱执行刑罚的罪犯，应当收押而拒绝收押的；(2)没有已经发生法律效力的刑事判决书或者裁定书、执行通知书等有关法律文书而收押的；(3)收押罪犯与收押凭证不符的；(4)收押依法不应当关押的罪犯的；(5)其他违反收押规定的情形。对监狱依法应当收监执行而拒绝收押罪犯的，送交执行的公安机关、看守所所在地的人民检察院应当及时建议承担监督该监狱职责的人民检察院向监狱提出书面纠正意见。

4.人民检察院发现监狱、看守所等执行机关在管理、教育改造罪犯等活动中有违法行为的，应当依法提出纠正意见。

5.人民检察院发现监狱、看守所对服刑期满或者依法应当予以释放的人员没有按期释放，对被裁定假释的罪犯依法应当交付罪犯居住地社区矫正机构实行社区矫正而不交付，对主刑执行完毕仍然需要执行附加剥夺政治权利的罪犯依法应当交付罪犯居住地公安机关执行而不交付，或者对服刑期未满又无合法释放根据的罪犯予以释放等违法行为的，应当依法提出纠正意见。

6.人民检察院依法对公安机关执行剥夺政治权利的活动实行监督，发现公安机关未依法执行或者剥夺政治权利执行期满未书面通知本人及其所在单位、居住地基层组织等违法情形的，应当依法提出纠正意见。

7.人民检察院依法对人民法院执行罚金刑、没收财产刑以及执行生效判决、裁定中没收违法所得及其他涉案财产的活动实行监督，发现人民法院有依法应当执行而不执行，执行不当，罚没的财物未及时上缴国库，或者执行活动中有其他违法情形的，应当依法提出纠正意见。

8.人民检察院依法对社区矫正执法活动进行监督，发现有下列情形之一的，应当依法向社区矫正机构提出纠正意见：(1)没有依法接收交付执行的社区矫正人员的；(2)违反法律规定批准社区矫正人员离开所居住的市、县，或者违反人民法院禁止令的内容批准社区矫正人员进入特定区域或者场所的；(3)没有依法监督管理而导致社区矫正人员脱管的；(4)社区矫正人员违反监督管理规定或者人民法院的禁止令，依法应予治安管理处罚，没有及时提请公安机关依法给予处罚的；(5)缓刑、假释罪犯在考验期内违反法律、行政法规或者有关缓刑、假释的监督管理规定，或者违反人民法院的禁止令，依法应当撤销缓刑、假释，没有及时向人民法院提出撤销缓刑、假释建议的；(6)对具有《刑事诉讼法》第268条第1款规定情形之一的暂予监外执行的罪犯，没有及时向决定或者批准暂予监外执行的机关提出收监执行建议的；(7)对符合法定减刑条件的社区矫正人员，没有依法及时向人民法院提出减刑建议的；(8)对社区矫正人员有殴打、体罚、虐待、侮辱人格、强迫其参加超时间或者超体力社区服务等侵犯其合法权利行为的；(9)其他违法情形。

人民检察院发现人民法院对依法应当撤销缓刑、假释的罪犯没有依法、及时作出撤销缓刑、假释裁定，对不符合暂予监外执行条件的罪犯通过贿赂等非法手段被暂予监外执行及在暂予监外执行期间脱逃的罪犯的执行刑期计算错误，或者有权决定、批准暂予监外执行的机关对依法应当收监执行的罪犯没有及时依法作出收监执行决定的，应当依法提出纠正意见。

9.在对人民法院、公安机关、看守所、监狱、社区矫正机构等的交付执行活动、刑罚执行活动及其他有关执行刑事判决、裁定活动中违法行为的监督中，如果违法行为情节轻微的，检察人员可以口头提出纠正意见；发现严重违法行为，或者提出口头纠正意见后在七日以内未予以纠正的，应当报经检察长批准，发出纠正违法通知书，同时将纠正违法通知书副本抄报上一级人民检察院并抄送有关执行机关的上一级机关。人民检察院发出纠正违法通知书十五日后，仍未纠正或者回复意见的，应当及时向上一级人民检察院报告。上一级人民检察院应当通报同级有关执行机关并建议其督促予以纠正。

思考与训练

一、思考题

1. 简述执行的概念和意义。
2. 简述监外执行的概念和条件。
3. 简述减刑、假释案件的管辖。
4. 简述人民检察院对执行的监督方式和内容。
5. 试述执行程序的改革与完善。

二、选择题

1. 关于生效裁判执行，下列哪一种做法是正确的？（　　）
   A. 甲被判处管制 1 年，由公安机关执行
   B. 乙被判处有期徒刑 1 年宣告缓刑 2 年，由社区矫正机构执行
   C. 丙被判处有期徒刑 1 年 6 个月，在被交付执行前，剩余刑期 5 个月，由看守所代为执行
   D. 丁被判处 10 年有期徒刑并处没收财产，没收财产部分由公安机关执行
2. 被告人王某故意杀人案经某市中级法院审理，认为案件事实清楚，证据确实、充分。如王某被判处死刑立即执行，下列选项正确的是（　　）。（多选）
   A. 核准死刑立即执行的机关是最高人民法院
   B. 签发死刑立即执行命令的是最高法院审判委员会
   C. 王某由作出一审判决的法院执行
   D. 王某由法院交由监狱或指定的羁押场所执行
3. 赵某因绑架罪被甲省 A 市中级法院判处死刑缓期两年执行，后交付甲省 B 市监狱执行。死刑缓期执行期间，赵某逃脱至乙省 C 市实施抢劫被抓获，C 市中级法院一审以抢劫罪判处无期徒刑。赵某不服判决，向乙省高级法院上诉。乙省高级法院二审维持原判。此案最终经最高法院核准死刑立即执行。关于执行赵某死刑的法院，下列哪一选项是正确的？（　　）
   A. A 市中级法院　　B. B 市中级法院
   C. C 市中级法院　　D. 乙省高级法院
4. 被告人王某故意杀人案经某市中级法院审理，认为案件事实清楚，证据确实、充分。如王某被判处无期徒刑，附加剥夺政治权利，下列选项正确的是（　　）。（多选）

A. 无期徒刑的执行机关是监狱

B. 剥夺政治权利的执行机关是公安机关

C. 对王某应当剥夺政治权利终身

D. 对王某减刑为有期徒刑，剥夺政治权利的期限应改为十五年

5. 关于减刑、假释案件审理程序，下列哪一选项是正确的？（ ）

A. 甲因抢劫罪和绑架罪被法院决定执行有期徒刑 20 年，对甲的减刑，应由其服刑地高级法院作出裁定

B. 乙因检举他人重大犯罪活动被报请减刑的，法院应通知乙参加减刑庭审

C. 丙因受贿罪被判处有期徒刑 5 年，对丙的假释，可书面审理，但必须提讯丙

D. 丁因强奸罪被判处无期徒刑，对丁的减刑，可聘请律师到庭发表意见

6. 在刑事诉讼执行程序中，下列哪些情况不能暂予监外执行？（ ）（多选）

A. 被判处无期徒刑的妇女林某，被发现服刑时怀有身孕

B. 被判处有期徒刑 10 年的罪犯黄某，在狱中自杀未遂，致使生活不能自理

C. 被判处拘役的罪犯钱某患有严重疾病需要保外就医

D. 被判处管制的妇女华某，服刑时其女儿正值哺乳期

7. 张三居住于甲市 A 区，曾任甲市 B 区某局长，因受贿罪被 B 区法院判处有期徒刑 5 年，执行期间突发严重疾病而被决定暂予监外执行。张某在监外执行期间违反规定，被决定收监执行。关于本案，下列哪一选项是正确的？（ ）

A. 暂予监外执行由 A 区法院决定

B. 暂予监外执行由 B 区法院决定

C. 暂予监外执行期间由 A 区司法行政机关实行社区矫正

D. 收监执行由 B 区法院决定

8. 下级人民法院在执行死刑前发现有下列哪些情形之一的，应当停止执行，并且立即报告最高人民法院，由最高人民法院作出裁定？（ ）（多选）

A. 发现判决可能有错误的

B. 罪犯患有严重疾病需要保外就医的

C. 罪犯正在怀孕

D. 在执行前罪犯揭发重大犯罪事实或者有其他重大立功表现，可能需要改判的

三、案例分析

案例一

2017 年 10 月 15 日，西安市雁塔区人民法院在审理甲、乙、丙共同抢劫和丁窝赃一案时，依法作出如下判决：

甲系抢劫主犯，判处有期徒刑 14 年，剥夺政治权利 2 年，并处没收个人全部财产；乙亦为抢劫主犯，判处有期徒刑 12 年，剥夺政治权利 2 年，并处罚金 6 万元；丙系抢劫从犯，罪行较轻，且能够主动投案自首，故减轻处罚，判处有期徒刑 1 年，剥夺政治权利 1 年；丁明知甲犯有抢劫罪，仍为其提供隐匿处所，判处管制 6 个月，剥夺政治权利 1 年。

问题：

本案中甲、乙、丙和丁所判各种刑罚应当如何执行？执行机关分别是哪一个？

案例二

邱某因犯故意杀人罪被市中级人民法院判处死刑缓期二年执行，经省高级人民法院核准后，交付监狱执行。在服刑期间，邱某对于劳动改造相当抵触，不遵守监规，并多次扬言出狱后要报复被害人和司法人员。死刑缓期二年执行期满后，监狱将邱某在死缓执行期间的情况向省高级人民法院作出书面报告。省高级人民法院组成合议庭就邱某的减刑问题进行评议，但没有作出明确裁定。邱某恼羞成怒，因琐事对一犯人大打出手，导致该犯人重伤。于是，省高级人民法院合议庭以邱某又犯新罪为由报请最高人民法院核准执行死刑。

问题：

1. 对于死刑缓期二年执行期间又犯新罪的期限，应当如何界定？

2. 省高级人民法院的做法是否正确？为什么？

（扫描二维码获取参考答案）

补充阅读

《最高人民法院关于减刑、假释案件审理程序的规定》

（扫描二维码阅读）

第二十五章

特别程序

导读

通过本章的学习，掌握未成年人刑事案件诉讼程序、当事人和解的公诉案件诉讼程序、缺席审判程序、违法所得没收程序、刑事强制医疗程序的概念、特点和意义及其适用条件和具体程序，熟悉并能运用刑事诉讼法及司法解释对以上五种程序的规定。

第一节　未成年人刑事案件诉讼程序

一、未成年人刑事案件诉讼程序概述

（一）未成年人刑事案件诉讼程序的概念

在我国，根据《刑法》有关承担刑事责任年龄方面的规定，未成年人刑事案件诉讼程序，是指专门适用于处理十四周岁以上不满十八周岁自然人犯罪案件的方针、原则和方式、方法的总称。未成年人刑事案件诉讼程序属于刑事诉讼中的特别程序，其特殊性在于仅能适用于追究未成年人犯罪的刑事案件，且其程序中有许多专门针对未成年人犯罪的不同于普通诉讼程序的规定。之所以会有这种特殊程序安排，一方面，考虑到未成年人生理与心理尚未完全发育成熟，思想不够稳定，社会经验也比较欠缺，比较容易实施危害社会的行为；另一方面，考虑到未成年人将来成长生活的特殊要求：尽管不成熟的生理和心理使未成年人容易犯错，但也应当让犯错的未成年人有机会改变自己，尤其是在得到正确的教育引导后更有可能得到矫正。

（二）未成年人刑事案件诉讼程序的适用范围

关于未成年人刑事案件诉讼程序的适用范围，应当注意刑事实体法与刑事程序法上的不同。例如某人在实施犯罪时是十六周岁，但却是在十九周岁时被抓获进入刑事诉讼程序，对此是否可以适用未成年人刑事案件诉讼程序？我国《刑法》规定的未成年人犯罪是指十四周岁以上不满十八周岁的自然人犯罪，而未成年人刑事案件诉讼程序的适用范围与刑事实体法意义上的未成年人有所不同。对此，最高法院《解释》第463条规定："下列案件由少年法庭审理：（一）被告人实施被指控的犯罪时不满十八周岁、人民法院立案时不满二十周岁的案件；（二）被告人实施被指控的犯罪时不满十八周岁、人民法院立案时不满二十周岁，并被指控为首要分子或者主犯的共同犯罪案件。其他共同犯罪案件有未成年被告人的，或者其他涉及未成年人的刑事案件是否由少年法庭审理，由院长根据少年法庭工作的实际情况决定。"最高检察院《刑事诉讼规则》（以下简称《规则》）第489条也规定："本节所称未成年人刑事案件，是指犯罪嫌疑人实施涉嫌犯罪行为时已满十四周岁、未满十八周岁的刑事案件。本节第四百六十条、第四百六十五条、第四百六十六条、第四百六十七条、第四百六十八条所称的未成年犯罪嫌疑人，是指在诉讼过程中未满十八周岁的人。犯罪嫌疑人实施涉嫌犯罪行为时未满十八周岁，在诉讼过程中已满十八周岁的，人民检察院可以根据案件的具体情况适用上述规定。"

根据上述规定，对于未成年人刑事案件诉讼程序的适用范围应从两个层面考虑：首先，未成年人刑事案件诉讼程序通常只适用于实施涉嫌犯罪行为时已满十四周岁、未满十八周岁的自然人刑事案件；其次，公安司法机关根据案件的具体情况，对于犯罪嫌疑人、被告人实施涉嫌犯罪行为时未满十八周岁，但在诉讼过程中已满十八周岁的自然人刑事案件，也可以适用未成年人刑事案件诉讼程序。

（三）未成年人刑事案件诉讼程序的域外立法概况

自 19 世纪末 20 世纪初以来，许多国家和地区相继颁布了处理未成年人犯罪案件的特别程序法。如 1899 年美国伊利诺伊州少年法庭法、1905 年英国儿童法、1948 年日本少年法等。相关的国际公约有：《联合国少年司法最低限度标准规则》（北京规则）、《联合国预防少年犯罪准则》（利雅得准则）、《儿童权利公约》、《联合国保护被剥夺自由少年规则》等。其中，《联合国少年司法最低限度标准规则》就明确规定：“少年司法制度应强调少年的幸福，并应确保对少年犯作出的任何反应与罪犯和违法情况相称。”

（四）我国未成年人刑事案件诉讼程序的立法概况

自 20 世纪 90 年代初以来，我国大多数省、直辖市、自治区相继颁布、实施了地方性的未成年人保护条例（有的称青少年保护条例）。在国家层面上制定的与未成年人刑事案件诉讼程序有关的法律、法规、规章和司法解释主要有（根据颁布的时间顺序）：1991 年 2 月 1 日最高人民法院公布的《关于办理少年刑事案件的若干规定（试行）》、1992 年 1 月 1 日开始施行的《中华人民共和国未成年人保护法》、1995 年 10 月 27 日公安部颁布的《公安机关办理未成年人违法犯罪案件的规定》、1999 年 11 月 1 日施行的《中华人民共和国预防未成年人犯罪法》、2001 年 4 月 4 日最高人民法院公布的《关于审理未成年人刑事案件的若干规定》、2006 年 1 月 23 日最高人民法院公布的《关于审理未成年人刑事案件具体应用法律若干问题的解释》、2006 年 12 月 28 日最高人民检察院公布的《人民检察院办理未成年人刑事案件的规定》。

我国 1979 年制定的第一部《刑事诉讼法》和 1996 年修改的《刑事诉讼法》仅有关于未成年人刑事案件诉讼程序的若干条款，直到 2012 年修改的《刑事诉讼法》才将未成年人刑事案件诉讼程序作为独立的一章予以专门规定，由此我国未成年人刑事案件诉讼程序得以正式建立。未成年人刑事案件诉讼程序规定在 2012 年修改后的《刑事诉讼法》的第 5 编第 1 章，从第 266 条至第 276 条，共计十一个条文。2012 年底，最高人民法院、最高人民检察院、公安部相继出台适用《刑事诉讼法》的司法解释或行政规章，对未成年人刑事案件诉讼程序作了更加详细的规定。

二、未成年人刑事案件诉讼程序的特有原则

（一）教育为主、惩罚为辅的原则

《刑事诉讼法》第 277 条第 1 款规定：“对犯罪的未成年人实行教育、感化、挽救的方针，坚持教育为主、惩罚为辅的原则。”这就是说，对于被人民法院依法判决有罪的未成年

人，追究其刑事责任的首要目的和根本出发点应当是教育、感化、挽救，促使其早日改过自新，而不是一味地实施严厉刑罚，片面地强调报应刑理念。该原则是未成年人刑事案件诉讼程序的基本原则，不仅对于公安司法机关办理未成年人刑事案件发挥着重要的指导作用，而且为全社会参与对未成年人犯罪的综合治理确定了基本准则。

公安司法机关在办理未成年人刑事案件的过程中，应当切实贯彻“教育为主、惩罚为辅”的原则，根据未成年人年幼无知、法制意识淡薄、性格尚未定型、可塑性强、接受教育改造的可能性大等特征，谆谆教导，用心感化，以满腔热情、真心关爱来消除其对于公安司法机关的疑惧心理和对立情绪；动之以情、晓之以理，激发他们的悔罪意识；帮助他们分清是非，充分认识到犯罪的危害性，对自己的犯罪行为进行深刻反省，从而痛改前非，积极配合教育改造工作。

需要指出的是，“教育为主、惩罚为辅”原则并没有忽视对未成年犯进行适当惩罚的重要性。要正确处理好打击、惩罚犯罪与教育、感化、挽救之间的关系，惩罚与教育并不矛盾，惩罚的目的之一，就是教育和改造犯罪人。“教育为主、惩罚为辅”原则要求对涉嫌犯罪的未成年人要以矫治、康复回归为主，尽可能地将未成年人犯罪以非刑罚的方式处置，避免给其贴上犯罪标签。它体现了对社会的保护与对未成年人的保护的有机结合，强调了优先保护未成年人的思想。

（二）分案处理原则

分案处理原则，是指公安司法机关在刑事诉讼过程中，将未成年人案件与成年人案件分开处埋，对未成年人与成年人分别关押、分别管理、分别教育的原则。《刑事诉讼法》第 280 条第 2 款规定：“对被拘留、逮捕和执行刑罚的未成年人与成年人应当分别关押、分别管理、分别教育。”分案处理原则主要包括三方面的内容：一是分案起诉和审理，即在处理未成年人与成年人共同犯罪或者存在牵连关系的案件时，一般应当分案起诉、分案审理；二是分别羁押，即在适用拘留、逮捕等具有羁押性质的刑事诉讼强制措施的时候，应当将未成年犯罪嫌疑人、被告人与成年犯罪嫌疑人、被告人予以分开关押，分别看管；三是分别执行，即在刑罚执行阶段，不得将未成年犯与成年犯关押在同一个监所，而应当在不同的场所分别进行监管、教育、改造。

由于未成年人身心发育尚不成熟，对于是非曲直缺乏分辨能力，如果将其与成年犯罪嫌疑人、被告人同案审理、共同羁押，或者与成年罪犯关押在同一个监所，将不可避免地受到犯罪意识的交叉感染，甚至出现“传徒授艺”“拜师学艺”的恶果，反而加强了未成年被追诉人或未成年犯的犯罪意识和犯罪能力，在很大程度上抵消了司法挽救的努力。另外，如果将未成年犯与成年犯关押在一起，还可能使他们受到成年犯的不法侵害，不利于保障未成年犯的人身安全。因此，有必要实行分案处理原则。

（三）不公开审理原则

不公开审理原则，是指人民法院在审理未成年人刑事案件的时候，审理过程不向社会公开的制度。也就是说，人民法院审理未成年人犯罪案件时，不允许群众旁听，不允许记者到场摄像、拍照、采访。《刑事诉讼法》第 285 条规定："审判的时候被告人不满十八周岁的案件，不公开审理。但是，经未成年被告人及其法定代理人同意，未成年被告人所在学校和未成年人保护组织可以派代表到场。"需要强调指出的是，上述案件的不公开审理指的是"一律不公开审理"。根据《预防未成年人犯罪法》第 45 条第 3 款的规定，对未成年人犯罪案件，新闻报道、影视节目、公开出版物不得披露该未成年人的姓名、住所、照片及可能推断出该未成年人的资料；不公开审理的未成年人刑事案件不得以任何方式公开被告人的形象。根据最高法院《解释》第 469 条的规定，审理未成年人刑事案件，不得向外界披露该未成年人的姓名、住所、照片以及可能推断出该未成年人身份的其他资料；查阅、摘抄、复制的未成年人刑事案件的案卷材料，不得公开和传播。

不公开审理原则是与未成年被告人的生理、心理特征相适应的，是为了给予他们的名誉、自尊心和人格尊严以特别保护，在一定程度上缓解他们的精神压力，有助于保护未成年被告人的合法权益，为他们接受教育和挽救，重新做人创造有利条件。需要指出的是，对未成年人刑事案件宣告判决应当公开进行，但不得采取召开大会等形式。

未成年人犯罪案件不仅不公开审理，其有关的犯罪记录也需按规定进行封存。《刑事诉讼法》第 286 条规定："犯罪的时候不满十八周岁，被判处五年有期徒刑以下刑罚的，应当对相关犯罪记录予以封存。犯罪记录被封存的，不得向任何单位和个人提供，但司法机关为办案需要或者有关单位根据国家规定进行查询的除外。依法进行查询的单位，应当对被封存的犯罪记录的情况予以保密。"2012 年《刑事诉讼法》首次创立了犯罪记录封存制度，这主要是考虑到未成年人的可塑性强，帮助有过犯罪记录的未成年人避免前科给其带来的负面影响，使其能够平等地享有与其他正常人一样的权利，真正改过自新，回归社会。

（四）和缓原则

和缓原则，是指公安司法机关在对未成年犯罪嫌疑人、被告人进行刑事追诉、审判的过程中，应当充分考虑到未成年人的生理、心理特征，尽量采取比较温和、体现人性化的方式，适当降低诉讼对抗的激烈程度，避免采用剥夺人身自由的、严厉的刑事强制措施和案件处理方式。这是针对未成年人刑事诉讼程序的特点而确立的特殊原则。一般来说，未成年人的心理承受能力比较脆弱，激烈、严厉的诉讼行为容易造成其心理障碍或者对抗情绪。

为了充分体现和缓原则，讯问未成年犯罪嫌疑人，应当通知未成年犯罪嫌疑人的法定代理人到场；应当采取适合未成年人的方式，耐心细致地听取其供述或者辩解。对未成年犯罪嫌疑人，讯问时以及在法庭上一般不得使用戒具，应当严格限制和尽量减少使用逮捕措施。法庭审理过程中，审判人员应当根据未成年被告人的智力发育程度和心理状态，使用适合未成年人的语言表达方式。

另外，《刑事诉讼法》专门为未成年人犯罪设置了附条件不起诉制度，这也是和缓原则的一个重要体现。《刑事诉讼法》第 282 条规定："对于未成年人涉嫌《刑法》分则第四章、第五章、第六章规定的犯罪，可能判处一年有期徒刑以下刑罚，符合起诉条件，但有悔罪表现的，人民检察院可以作出附条件不起诉的决定。”未成年人附条件不起诉有助于未成年犯罪嫌疑人的人格矫正，促使其尽快、顺利地回归社会，有助于维护家庭和睦与社会稳定，同时也符合诉讼经济、程序分流的目的。①

（五）全面调查原则

全面调查原则，是指公安司法机关在办理未成年人刑事案件时，不仅要调查案件事实和证据，而且要对未成年人的生理、心理特征、性格特点及其生活环境进行调查，必要时还要进行医学、心理学、精神病学的调查分析，以全面掌握未成年犯罪嫌疑人、被告人的社会成长经历及其人格形成发展状况。全面调查原则旨在发现并消除未成年人犯罪的诱因和根源，确保未成年人得到有效的矫治。

《刑事诉讼法》第279条规定：“公安机关、人民检察院、人民法院办理未成年人刑事案件，根据情况可以对未成年犯罪嫌疑人、被告人的成长经历、犯罪原因、监护教育等情况进行调查。”根据公安部《规定》第322条的规定，公安机关办理未成年人刑事案件，根据情况可以对未成年犯罪嫌疑人的成长经历、犯罪原因、监护教育等情况进行调查并制作调查报告；作出调查报告的，在提请批准逮捕、移送审查起诉时，应当结合案情综合考虑，并将调查报告与案卷材料一并移送人民检察院。根据最高检察院《规则》第461条的规定，人民检察院根据情况可以对未成年犯罪嫌疑人的成长经历、犯罪原因、监护教育等情况进行调查，并制作社会调查报告，作为办案和教育的参考；人民检察院应当对公安机关移送的社会调查报告进行审查，必要时可以进行补充调查。根据最高法院《解释》第476条的规定，对人民检察院移送的关于未成年被告人性格特点、家庭情况、社会交往、成长经历、犯罪原因、犯罪前后的表现、监护教育等情况的调查报告，以及辩护人提交的反映未成年被告人上述情况的书面材料，法庭应当接受；必要时，人民法院可以委托未成年被告人居住地的县级司法行政机关、共青团组织以及其他社会团体组织对未成年被告人的上述情况进行调查，或者自行调查。

三、未成年人刑事案件的诉讼程序

（一）立案程序

未成年人刑事案件的立案，应当重点审查犯罪嫌疑人犯罪时的年龄，即查清未成年犯罪嫌疑人实施犯罪行为时是否已满十四周岁、十六周岁、十八周岁的临界年龄。《刑法》第17条规定的“周岁”，按照公历的年、月、日计算，从周岁生日的第二天起算。根据最高法院《解释》第112条的规定，审查被告人实施被指控的犯罪时或者审判时是否达到相应法定责任年龄，应当根据户籍证明、出生证明文件、学籍卡、人口普查登记、无利害关系人的证言等证据综合判断；证明被告人已满十四周岁、十六周岁、十八周岁的证据不足

① 陈光中：《刑事诉讼法》，高等教育出版社2013年版，第435—436页。

的，应当认定被告人不满十四周岁、不满十六周岁、不满十八周岁。

此外，立案时还应当查明犯罪嫌疑人的成长经历、犯罪原因、监护教育、心理性格特征等情况以及有无教唆犯罪的人。

(二)侦查程序

1.专门机构或专职人员承办

公安机关应当设置专门机构或者配备专职人员办理未成年人刑事案件。未成年人刑事案件应当由熟悉未成年人身心特点、善于做未成年人思想教育工作、具有一定办案经验的人员办理。

2.严格限制强制措施的使用

《刑事诉讼法》第 280 条第 1 款规定："对未成年犯罪嫌疑人、被告人应当严格限制适用逮捕措施。人民检察院审查批准逮捕和人民法院决定逮捕，应当讯问未成年犯罪嫌疑人、被告人，听取辩护律师的意见。"根据公安部《规定》第 327 条的规定，对未成年犯罪嫌疑人应当严格限制和尽量减少使用逮捕措施；未成年犯罪嫌疑人被拘留、逮捕后服从管理、依法变更强制措施不致发生社会危险性，能够保证诉讼正常进行的，公安机关应当依法及时变更强制措施；人民检察院批准逮捕的案件，公安机关应当将变更强制措施情况及时通知人民检察院。根据最高检察院《规则》第 462 条至第 464 条的规定，人民检察院办理未成年犯罪嫌疑人审查逮捕案件，应当根据未成年犯罪嫌疑人涉嫌犯罪的事实、主观恶性、有无监护与社会帮教条件等，综合衡量其社会危险性，严格限制适用逮捕措施。对于罪行较轻，具备有效监护条件或者社会帮教措施，没有社会危险性或者社会危险性较小，不逮捕不致妨害诉讼正常进行的未成年犯罪嫌疑人，应当不批准逮捕。对于罪行比较严重，但主观恶性不大，有悔罪表现，具备有效监护条件或者社会帮教措施，具有下列情形之一，不逮捕不致妨害诉讼正常进行的未成年犯罪嫌疑人，可以不批准逮捕：(1)初次犯罪、过失犯罪的；(2)犯罪预备、中止、未遂的；(3)有自首或者立功表现的；(4)犯罪后如实交代罪行，真诚悔罪，积极退赃，尽力减少和赔偿损失，被害人谅解的；(5)不属于共同犯罪的主犯或者集团犯罪中的首要分子的；(6)属于已满十四周岁不满十六周岁的未成年人或者系在校学生的；(7)其他可以不批准逮捕的情形。审查逮捕未成年犯罪嫌疑人，应当重点查清其是否已满十四、十六、十八周岁。对犯罪嫌疑人实际年龄难以判断，影响对该犯罪嫌疑人是否应当负刑事责任认定的，应当不批准逮捕；需要补充侦查的，同时通知公安机关。

3.采用相对缓和的讯问方式

讯问未成年犯罪嫌疑人，应当通知其法定代理人到场。讯问时，应当采取适合未成年人的方式，耐心细致地听取其供述或者辩解，认真审核、查证与案件有关的证据和线索，并针对其思想顾虑、恐惧心理、抵触情绪进行疏导和教育。讯问未成年犯罪嫌疑人一般不得使用戒具；对于确有人身危险性，必须使用戒具的，在现实危险消除后，应当立即停止使用。

根据《刑事诉讼法》第 278 条、第 281 条的规定，未成年犯罪嫌疑人没有委托辩护人的，公安机关应当通知法律援助机构指派律师为其提供辩护。对于未成年人刑事案件，在讯问的时候，应当通知未成年犯罪嫌疑人的法定代理人到场。无法通知、法定代理人不能到场或者法定代理人是共犯的，也可以通知未成年犯罪嫌疑人的其他成年亲属，所在学校、单位、居住地基层组织或者未成年人保护组织的代表到场，并将有关情况记录在案。到场的法定代理人可以代为行使未成年犯罪嫌疑人的诉讼权利。到场的法定代理人或者其他人员认为办案人员在讯问中侵犯未成年人合法权益的，可以提出意见。讯问笔录应当交给到场的法定代理人或者其他人员阅读或者向他宣读。讯问女性未成年犯罪嫌疑人，应当有女工作人员在场。

(三)起诉程序

1.保障诉讼权利

人民检察院受理案件后，应当向未成年犯罪嫌疑人及其法定代理人了解其委托辩护人的情况，并告知其有权委托辩护人；未成年犯罪嫌疑人没有委托辩护人的，人民检察院应当书面通知法律援助机构指派律师为其提供辩护。

2.审查起诉

在审查起诉中，人民检察院应当讯问未成年犯罪嫌疑人，听取辩护人的意见，并制作笔录附卷；讯问未成年犯罪嫌疑人，应当通知其法定代理人到场，告知法定代理人依法享有的诉讼权利和应当履行的义务。

3.作出附条件不起诉的决定

附条件不起诉，是指检察机关对符合提起公诉条件的未成年犯罪嫌疑人，综合其涉嫌犯罪事实和人身危险性，认为暂时不提起公诉适当并确实不致再危害社会的，可以暂时不予起诉，而对其施加强制命令和行为规则，若犯罪嫌疑人在规定期间内履行义务，没有发生法定撤销的情形，期满就不再提起公诉的制度。世界上，实行附条件不起诉制度比较典型的有德国、日本、荷兰、美国和我国的澳门、台湾地区，虽然其称谓各不相同，如"暂时不予起诉""诉讼程序之暂时中止""缓起诉""暂缓起诉"等，但基本内容是一致的。

我国《刑事诉讼法》第 282 条第 1 款规定，作出附条件不起诉决定必须同时具备以下条件：(1)涉嫌《刑法》分则第 4 章、第 5 章、第 6 章规定的犯罪，即侵犯公民人身权利、民主权利罪，侵犯财产罪以及妨害社会管理秩序罪中的罪名；(2)可能判处一年有期徒刑以下刑罚；(3)犯罪嫌疑人符合起诉条件且有悔罪表现。

人民检察院在作出附条件不起诉的决定以前，应当听取公安机关、被害人、未成年犯罪嫌疑人的法定代理人、辩护人的意见，并制作笔录附卷；在作出附条件不起诉的决定后，应当制作附条件不起诉决定书，并在三日以内送达公安机关、被害人或者其近亲属及其诉讼代理人、未成年犯罪嫌疑人及其法定代理人、辩护人；人民检察院应当当面向未成年犯罪嫌疑人及其法定代理人宣布附条件不起诉决定，告知考验期限、在考验期内应当遵守的规定以及违反规定应负的法律责任，并制作笔录附卷。

对附条件不起诉的决定，公安机关要求复议、提请复核或者被害人申诉的，适用《刑事诉讼法》第 179 条、第 180 条的规定。未成年犯罪嫌疑人及其法定代理人对人民检察院决定附条件不起诉有异议的，人民检察院应当作出起诉的决定。

人民检察院作出附条件不起诉决定的，应当确定考验期。考验期为六个月以上一年以下，从人民检察院作出附条件不起诉的决定之日起计算。在附条件不起诉的考验期内，由人民检察院对被附条件不起诉的未成年犯罪嫌疑人进行监督考察。未成年犯罪嫌疑人的监护人，应当对未成年犯罪嫌疑人加强管教，配合人民检察院做好监督考察工作。人民检察院可以会同未成年犯罪嫌疑人的监护人、所在学校、单位、居住地的村民委员会、居民委员会、未成年人保护组织等的有关人员，定期对未成年犯罪嫌疑人进行考察、教育，实施跟踪帮教。

被附条件不起诉的未成年犯罪嫌疑人，应当遵守以下规定：(1)遵守法律法规，服从监督。(2)按照考察机关的规定报告自己的活动情况。(3)离开所居住的市、县或者迁居，应当报经考察机关批准。(4)按照考察机关的要求接受矫治和教育，具体包括：完成戒瘾治疗、心理辅导或者其他适当的处遇措施；向社区或者公益团体提供公益劳动；不得进入特定场所，与特定的人员会见或者通信，从事特定的活动；向被害人赔偿损失、赔礼道歉等；接受相关教育；遵守其他保护被害人安全以及预防再犯的禁止性规定。

被附条件不起诉的未成年犯罪嫌疑人，在考验期内有下列情形之一的，人民检察院应当撤销附条件不起诉的决定，提起公诉：(1)实施新的犯罪的；(2)发现决定附条件不起诉以前还有其他犯罪需要追诉的；(3)违反治安管理规定，造成严重后果，或者多次违反治安管理规定的；(4)违反考察机关有关附条件不起诉的监督管理规定，造成严重后果，或者多次违反考察机关有关附条件不起诉的监督管理规定的。被附条件不起诉的未成年犯罪嫌疑人，在考验期内没有上述情形，考验期满的，人民检察院应当作出不起诉的决定。

(四)审判程序

1. 审判机构

(1)少年法庭的设置

未成年人案件审判庭和未成年人刑事案件合议庭统称少年法庭。中级人民法院和基层人民法院可以设立独立建制的未成年人案件审判庭；尚不具备条件的，应当在刑事审判庭内设立未成年人刑事案件合议庭，或者由专人负责审理未成年人刑事案件。高级人民法院应当在刑事审判庭内设立未成年人刑事案件合议庭；具备条件的，可以设立独立建制的未成年人案件审判庭。

对分案起诉至同一人民法院的未成年人与成年人共同犯罪案件，可以由同一个审判组织审理；不宜由同一个审判组织审理的，可以分别由少年法庭、刑事审判庭审理。未成年人与成年人共同犯罪案件，由不同人民法院或者不同审判组织分别审理的，有关人民法院或者审判组织应当互相了解共同犯罪被告人的审判情况，注意全案的量刑平衡。

(2)审判人员资质

审理未成年人刑事案件，应当由熟悉未成年人身心特点、善于做未成年人思想教育工作的审判人员进行，并应当保持有关审判人员工作的相对稳定性。未成年人刑事案件的人民陪审员，一般由熟悉未成年人身心特点，热心教育、感化、挽救失足未成年人工作，并经过必要培训的共青团、妇联、工会、学校、未成年人保护组织等单位的工作人员或者有关单位的退休人员担任。

(3)审理案件的范围

少年法庭审理下列两类案件：一是被告人实施被指控的犯罪时不满十八周岁、人民法院立案时不满二十周岁的案件；二是被告人实施被指控的犯罪时不满十八周岁、人民法院立案时不满二十周岁，并被指控为首要分子或者主犯的共同犯罪案件。其他共同犯罪案件有未成年被告人的，或者其他涉及未成年人的刑事案件是否由少年法庭审理，由院长根据少年法庭工作的实际情况决定。

对未成年人刑事案件，必要时，上级人民法院可以指定下级人民法院将案件移送其他人民法院审判。

2.审判程序

(1)庭前准备

人民法院向未成年被告人送达起诉书副本时，应当向其讲明被指控的罪行和有关法律规定，并告知其审判程序和诉讼权利、义务。

审判时不满18周岁的未成年被告人没有委托辩护人的，人民法院应当通知法律援助机构指派律师为其提供辩护。未成年被害人及其法定代理人因经济困难或者其他原因没有委托诉讼代理人的，人民法院应当帮助其申请法律援助。

开庭审理前应当通知未成年被告人的法定代理人出庭。法定代理人无法通知、不能到场或者是共犯的，也可以通知未成年被告人的其他成年亲属，所在学校、单位、居住地的基层组织或者未成年人保护组织的代表到场，并将有关情况记录在案。被告人实施被指控的犯罪时不满十八周岁，开庭时已满十八周岁、不满二十周岁的，人民法院开庭时，一般应当通知其近亲属到庭。近亲属无法通知、不能到场或者是共犯的，应当记录在案。

开庭审理前，对人民检察院移送的关于未成年被告人性格特点、家庭情况、社会交往、成长经历、犯罪原因、犯罪前后的表现、监护教育等情况的调查报告，以及辩护人提交的反映未成年被告人上述情况的书面材料，法庭应当接受。必要时，人民法院可以委托未成年被告人居住地的县级司法行政机关、共青团组织以及其他社会团体组织对未成年被告人的上述情况进行调查，或者自行调查。

开庭审理前，人民法院根据情况，可以对未成年被告人进行心理疏导；经未成年被告人及其法定代理人同意，也可以对未成年被告人进行心理测评。

开庭前，法庭根据情况，可以安排未成年被告人与其法定代理人或者《刑事诉讼法》第281条第1款规定的其他成年亲属、代表会见。

(2)法庭审判

人民法院应当在辩护台靠近旁听区一侧为未成年被告人的法定代理人或者《刑事诉讼法》第281条第1款规定的其他成年亲属、代表设置席位。审理可能判处五年有期徒刑以下刑罚或者过失犯罪的未成年人刑事案件，可以采取适合未成年人特点的方式设置法庭席位。

在法庭上不得对未成年被告人使用戒具，但被告人人身危险性大、可能妨碍庭审活动的除外。必须使用戒具的，在现实危险消除后，应当立即停止使用。

未成年被告人或者其法定代理人当庭拒绝辩护人辩护，要求另行委托辩护人或者指派律师的，合议庭应当准许。被告人拒绝辩护人辩护后，没有辩护人的，应当宣布休庭；仍有辩护人的，庭审可以继续进行。重新开庭后，未成年被告人或者其法定代理人再次当庭拒绝辩护人辩护的，不予准许。重新开庭时被告人已满十八周岁的，可以准许，但不得再另行委托辩护人或者要求另行指派律师，由其自行辩护。此外，休庭时，法庭根据情况，可以安排未成年被告人与其法定代理人或者《刑事诉讼法》第 281 条第 1 款规定的其他成年亲属、代表会见。

法庭审理过程中，审判人员应当根据未成年被告人的智力发育程度和心理状态，使用适合未成年人的语言表达方式；发现有对未成年被告人诱供、训斥、讽刺或者威胁等情形的，审判长应当制止。

控辩双方提出对未成年被告人判处管制、宣告缓刑等量刑建议的，应当向法庭提供有关未成年被告人能够获得监护、帮教以及对所居住社区无重大不良影响的书面材料。同时，对未成年被告人情况的调查报告，以及辩护人提交的有关未成年被告人情况的书面材料，法庭应当审查并听取控辩双方意见；上述报告和材料可以作为法庭教育和量刑的参考。

法庭辩论结束后，法庭可以根据案件情况，对未成年被告人进行教育；判决未成年被告人有罪的，宣判后，应当对未成年被告人进行教育。对未成年被告人进行教育，可以邀请诉讼参与人、《刑事诉讼法》第 281 条第 1 款规定的其他成年亲属、代表以及社会调查员、心理咨询师等参加。而且，法庭辩论结束后，未成年被告人有最后陈述的权利；未成年被告人最后陈述后，法庭应当询问其法定代理人是否补充陈述。

对未成年人刑事案件宣告判决应当公开进行，但不得采取召开大会等形式。对依法应当封存犯罪记录的案件，宣判时，不得组织人员旁听；有旁听人员的，应当告知其不得传播案件信息。

定期宣告判决的未成年人刑事案件，未成年被告人的法定代理人无法通知、不能到庭或者是共犯的，法庭可以通知《刑事诉讼法》第 281 条第 1 款规定的其他成年亲属、代表到庭，并在宣判后向未成年被告人的成年亲属送达判决书。

(3)简易程序

少年法庭对于符合适用《刑事诉讼法》第 214 条规定的未成年人刑事案件，可以适用简易程序。对未成年人刑事案件，人民法院决定适用简易程序审理的，应当征求未成年被告人及其法定代理人、辩护人的意见。上述人员提出异议的，不适用简易程序。

(五)执行程序

1.送交执行

人民法院将未成年罪犯送监执行刑罚或者送交社区矫正时，应当将有关未成年罪犯的调查报告及其在案件审理中的表现材料，连同有关法律文书，一并送达执行机关。

2.封存犯罪记录

犯罪时不满十八周岁，被判处五年有期徒刑以下刑罚及免除刑事处罚的未成年人的犯罪记录，应当封存。犯罪记录被封存的，不得向任何单位和个人提供，但司法机关为办案需要或者有关单位根据国家规定进行查询的除外。依法进行查询的单位，应当对被封存的犯罪记录的情况予以保密。

3.承担帮教责任

在执行阶段，人民法院要承担相应的帮教责任，具体包括：(1)人民法院可以与未成年罪犯管教所等服刑场所建立联系，了解未成年罪犯的改造情况，协助做好帮教、改造工作，并可以对正在服刑的未成年罪犯进行回访考察；(2)人民法院认为必要时，可以督促被收监服刑的未成年罪犯的父母或者其他监护人及时探视；(3)对被判处管制、宣告缓刑、裁定假释、决定暂予监外执行的未成年罪犯，人民法院可以协助社区矫正机构制定帮教措施；(4)人民法院可以适时走访被判处管制、宣告缓刑、免除刑事处罚、裁定假释、决定暂予监外执行等的未成年罪犯及其家庭，了解未成年罪犯的管理和教育情况，引导未成年罪犯的家庭承担管教责任，为未成年罪犯改过自新创造良好环境；(5)被判处管制、宣告缓刑、免除刑事处罚、裁定假释、决定暂予监外执行等的未成年罪犯，具备就学、就业条件的，人民法院可以就其安置问题向有关部门提出司法建议，并附送必要的材料。

第二节　当事人和解的公诉案件诉讼程序

一、当事人和解的公诉案件诉讼程序概述

(一)当事人和解的公诉案件诉讼程序的概念及属性

当事人和解的公诉案件诉讼程序是一种刑事和解形式。刑事和解对于中国刑事司法而言，似乎是法律移植的产物，其发展路径表面上呈现出外国理论引入、介绍，到实践接受、展开，并最终被立法所认可的轨迹。但越来越深入的研究表明，我国法律传统中有相当多的与刑事和解契合的理念和实践。因此，有很多学者认为我国刑事和解制度存在内生的必然性。纠结于刑事和解到底是否舶来品，对于实践而言并无实质意义。重要的是，刑事和解制度作为2012年修改后的《刑事诉讼法》所确立的一项新的诉讼制度，对已存在的刑事和解实践予以统一和规范，并已经在当下我国刑事司法实践中真实地发挥着重要作用。

西方国家的刑事和解，又称为加害人与被害者的和解(即 victim-of-fender-reconciliation，简称 VOR)，是指在犯罪后，经由调停人调解，使加害者和被害者直接相谈、协商，从而解决纠纷冲突的一种方式。其目的是恢复加害人和被害人之间的和睦关系，并使罪犯

改过自新，复归社会。[①] 我国刑事诉讼理论中普遍认可的概念更着眼于从制度运行层面对其进行界定，认为刑事和解是一种以协商合作形式恢复原有秩序的案件解决方式，它是指在刑事诉讼中，加害人以认罪、赔偿、道歉等形式与被害人达成和解后，国家专门机关对加害人不起诉或者从宽处罚的一种制度。[②]

根据我国刑事诉讼法的规定，自诉案件原本就允许通过和解的方式予以解决，故而不再需要一项新的制度进行确认（从这个意义而言，在 2012 年《刑事诉讼法》修改前，就已存在刑事和解制度，只不过仅局限于自诉案件这一较小的范围而已）。因此，《刑事诉讼法》第五编中所规定的“当事人和解的公诉案件诉讼程序”，是仅仅适用于刑事公诉案件的刑事和解制度。这一制度的规定，扩大了刑事和解在刑事诉讼中的适用范围。由此，当事人和解的公诉案件诉讼程序，是指对于符合法定条件的公诉案件，犯罪嫌疑人、被告人真诚悔罪，通过向被害人赔偿损失、赔礼道歉等方式获得被害人谅解，被害人自愿和解的，双方当事人可以和解，经公安机关、人民检察院、人民法院听取意见并对和解协议进行审查后，予以确认，并作为刑事案件处理酌定情形的一项诉讼制度。

需要注意的是，当事人和解的公诉案件诉讼程序并非单纯地完全以当事人意思自治为导向的制度设计，而是在当事人和解之后，仍然必须经过国家专门机关的审查并确认，才能发生特定的法律效力。因此，该诉讼程序仍是一种刑事司法模式，当事人之间的和解仅具有附属性的教育惩戒作用。刑事公诉案件中的当事人和解（刑事和解）实际上也同时具有替刑手段的性质和可能性。因此，当事人和解的公诉案件诉讼程序是我国非刑罚化思想的一种具体实践。

（二）当事人和解的公诉案件诉讼程序的特征

当事人和解的公诉案件诉讼程序作为一项特别诉讼程序，是将我国的刑事司法理论与实践同社会纠纷解决需要和机制的多样性相结合的产物。该诉讼程序具有如下特征：

1. 适用范围的特定性。当事人和解的公诉案件诉讼程序仅适用于特定的公诉案件。根据《刑事诉讼法》第 212 条的规定，自诉案件的当事人可以通过和解的方式解决纠纷，故而并不适用该条款。在刑事司法领域中，当事人和解制度也存在一定的禁区，那些对社会危害极其严重的犯罪并不适宜这种和缓的诉讼方式。这用宽严相济的话语体系解释，就是当宽则宽、当严则严。因而即便在公诉案件的范围内，当事人和解也并不广泛适用，其有严格的条件限定，即范围特定。

2. 程序启动和推进的合意性。在当事人和解的过程中，作为加害方的犯罪嫌疑人、被告人和受害方的被害人都要有进行和解的意愿。加害方通过向被害人赔偿损失、赔礼道歉等方式寻求被害人谅解，被害人如果能够接受，并且自愿和加害方和解的，双方就可以开启和解程序，并进行进一步的磋商，如达成一致，则签订和解协议。显然无论是和解程序的启动，还是和解程序的推进，乃至于结果的达成均需要双方自愿，是双方合意的产

① 刘凌梅：《西方国家刑事和解理论与实践介评》，《现代法学》2001 年第 1 期，第 152 页。

② 陈光中、葛琳：《刑事和解初探》，《中国法学》2008 年第 6 期，第 3 页。

物,任何单方面的意思表示均无法进行刑事和解。

3.专门机关对过程和结果的审查性。公诉案件当事人和解与自诉案件当事人和解的差异性在于,前者要经过国家专门机关的审查和确认,即公检法三机关要通过听取相关当事人意见的方式,审查和解的自愿性、合法性,并主持制作和解协议书,从而使其发生法律效力。这种方式旨在加强对公诉案件当事人和解的监督,确保当事人和解的正当和有效。

(三)当事人和解的公诉案件诉讼程序的意义

作为2012年《刑事诉讼法》确立的一项崭新的诉讼程序,当事人和解的公诉案件诉讼程序具有十分重要的意义,具体表现在以下几个方面:

1.有利于加强对被害人的权利保障。长期以来,公诉案件的诉讼程序被认为是专门机关代表国家执行法律、追诉犯罪的过程,被害人的诉讼地位和精神、物质方面损失的补偿未能得到应有的重视。在公诉案件的当事人和解程序中,被害人作为和解的一方当事人,不仅有权决定是否适用该程序与加害方商谈,而且有权决定是否与对方达成协议。显然,被害人的自主性地位得到了尊重和认可,被害人的诉讼地位得到了强化。由此,至少在可以适用和解程序的公诉案件中,被害人的实体权利和诉讼权利均得到了更好的保障。

2.能够最大限度地促进社会关系的恢复。犯罪作为一种极端的侵权方式,长久以来已经被排斥出侵权行为的范围和领域,以至于在处理犯罪的过程中,已经较少适用侵权行为的基本原理和规则。但实质上,在多数有明确受害对象的犯罪行为中,受到犯罪行为最直接侵害的对象是特定的,其所损害的社会关系也是具体的,而传统刑事诉讼中的对抗模式则较少给予关注。而以恢复性司法理念为指导的刑事和解显然对此给予了积极的关注,以社会关系恢复为旨趣的公诉案件当事人和解,能够更多地消减适用传统诉讼程序处理刑事案件的强制和生硬,合作或者契约模式的逐渐渗透,使得社会关系有了和谐稳定发展的动力和机制。

3.可以强化刑事纠纷的解决机能。国家作为公民个人授权产生的社会管理者,处理社会纷争是其义不容辞的责任。刑事案件虽然较之其他性质的案件更复杂,危害性也更严重,但无论如何也不能改变其作为一种社会纠纷存在的本质特征。国家产生之后的纠纷解决机制——公力救济并非处理争议的唯一有效手段和方法,并且对很多纠纷而言,也并不一定是最恰当的方式。为此,在认可多元化纠纷解决机制存在的前提下,促进纠纷解决方法的多样性也是现代社会的一种必然选择。当事人和解的公诉案件诉讼程序就是将纯粹的自力救济和纯粹的公力救济结合起来,发挥各自的机能和优势,在促进纠纷迅速、有效解决的基础上,也强化了国家刑事纠纷的解决能力。

4.可以促进刑事司法公正与效率的相互兼顾。多年来,刑事司法的公正与效率价值之间的此消彼长一直是社会关注的焦点之一,片面强调某一方面均会导致刑事司法在现实中的困窘。在相对合理主义的视角下,当事人和解的公诉案件诉讼程序正是将分流案件、司法公正、节约资源等诸多的与公正和效率有关的点结合起来,成为一个兼顾公正与效率，并平衡其发展的典范。

二、当事人和解的公诉案件诉讼程序的适用条件与范围

（一）当事人和解的公诉案件诉讼程序的适用条件

《刑事诉讼法》第288条规定："下列公诉案件，犯罪嫌疑人、被告人真诚悔罪，通过向被害人赔偿损失、赔礼道歉等方式获得被害人谅解，被害人自愿和解的，双方当事人可以和解：（一）因民间纠纷引起，涉嫌《刑法》分则第四章、第五章规定的犯罪案件，可能判处三年有期徒刑以下刑罚的；（二）除渎职犯罪以外的可能判处七年有期徒刑以下刑罚的过失犯罪案件。犯罪嫌疑人、被告人在五年以内曾经故意犯罪的，不适用本章规定的程序。"据此，适用当事人和解的公诉案件诉讼程序需要具备以下三个条件：

1. 犯罪嫌疑人、被告人必须真诚悔罪。这里的"真诚悔罪"是指犯罪嫌疑人、被告人出于自己的意愿，发自内心地意识到自己的行为给被害人和社会带来的伤害，对自己的犯罪行为真诚悔过，诚恳地希望得到被害人的谅解。

2. 获得被害人的谅解。犯罪嫌疑人、被告人通过赔偿损失、赔礼道歉等方式弥补被害人因犯罪行为遭受到的物质损失和精神伤害，从而获得被害人的谅解。这里的"谅解"，是指被告人通过各种外在的方式真诚悔罪，使被害人体察其处境，了解其心理状态，原谅其错误。

3. 被害人自愿和解。将被害人自愿和解作为公诉案件当事人和解的条件之一，是为了防止被害人在受到暴力、胁迫等情况下违背自己的意愿同意和解，从而影响和解的公正性。这里的"自愿和解"，是指被害人不受外力的干扰，在谅解犯罪嫌疑人、被告人的基础上，出于自己的意愿，与犯罪嫌疑人、被告人进行和解。

以上三个条件，其实是一个逻辑过程，首先是犯罪嫌疑人、被告人在主观上有认识错误、改正错误的态度即真诚悔罪，然后是犯罪嫌疑人、被告人通过实际行动将这种主观态度表现出来，传达给被害人，这些实际行动可以是赔偿损失、赔礼道歉等，加害方的这种悔罪意愿和表现传达给被害人后，被害人有可能愿意同加害人商谈与和解，此即成为当事人和解程序的基础。

（二）当事人和解的公诉案件诉讼程序的适用范围

在传统的刑事司法中，对于公诉案件是严禁采用"私了"方式进行处理的。虽然在多种理念和实践的共同作用下，刑事和解已经能够逐渐被立法所接纳，但这并不意味着刑事和解就能够在刑事司法实践中广泛适用。当事人和解的公诉案件范围依然主要限定在对社会危害较小即主要为个体性纷争的案件上。具体而言，根据《刑事诉讼法》第288条的规定，可以适用当事人和解的公诉案件主要包括以下两类：

1. 因民间纠纷引起的，涉嫌《刑法》分则第4章、第5章规定的犯罪案件，可能判处三年有期徒刑以下刑罚的。所谓"因民间纠纷引起"，是指犯罪的起因是公民之间因财产、

人身等问题引发的纠纷，既包括因婚姻家庭、邻里纠纷等民间矛盾激化引发的案件，也包括因口角、泄愤等偶发性矛盾引发的案件。因民间纠纷引起的，涉嫌《刑法》分则第 4 章规定的侵犯公民人身权利、民主权利罪和第 5 章规定的侵犯财产罪，可能判处三年有期徒刑以下刑罚的，双方当事人可以和解。这样规定主要是考虑到，这类犯罪比较轻微，且其侵犯的客体是公民的人身权利、民主权利、财产权利，允许公民有一定的处分权有利于修复社会关系。对此，公安部《规定》第 334 条进一步明确规定了不属于因民间纠纷引起的犯罪案件的几种情形：雇凶伤害他人的；涉及黑社会性质组织犯罪的；涉及寻衅滋事的；涉及聚众斗殴的；多次故意伤害他人身体的；其他不宜和解的。

2. 除渎职犯罪以外的可能判处七年有期徒刑以下刑罚的过失犯罪案件。这里的“过失犯罪案件”，是指《刑法》分则规定的除第 9 章渎职罪以外可能判处七年有期徒刑以下刑罚的过失犯罪案件。这样规定主要是考虑到，过失犯罪的行为人主观恶性比较小，可以给予其悔过自新、从宽处理的机会。渎职罪属于职务犯罪，法律对国家机关工作人员履职有严格要求，不容懈怠，渎职犯罪表现为国家机关工作人员滥用职权、玩忽职守、严重不负责任等行为，这类行为侵犯的客体是国家或公共利益而非个人利益，有较大的危害性，故而不在可以和解的案件范围之内。

此外，根据《刑事诉讼法》第 288 条的规定，犯罪嫌疑人、被告人在五年以内曾经故意犯罪的，不适用当事人和解的公诉案件诉讼程序。这里的“五年以内”，是指犯前罪的时间距离犯后罪的时间不超过五年。前罪是故意犯罪的，无论后罪是故意犯罪还是过失犯罪，当事人之间都不得和解。前罪是过失犯罪，且满足该条规定的其他条件的，当事人之间仍然可以和解。犯罪嫌疑人在犯《刑事诉讼法》第 288 条第 1 款规定的犯罪前五年内曾故意犯罪，无论该故意犯罪是否已经追究，均应当认定为该款规定的五年以内曾经故意犯罪。这两个方面的因素决定了犯罪嫌疑人或者被告人的主观恶性较大且改过态度较差，因而不能适用当事人和解的公诉案件诉讼程序。否则，既与建立该程序的初衷相悖，也有放纵犯罪之嫌。

三、当事人和解的公诉案件诉讼程序的具体步骤

《刑事诉讼法》第 289 条规定：“双方当事人和解的，公安机关、人民检察院、人民法院应当听取当事人和其他有关人员的意见，对和解的自愿性、合法性进行审查，并主持制作和解协议书。”据此，当事人和解的公诉案件诉讼程序具体包括以下几个步骤：

1. 双方当事人进行并达成和解

当事人和解的前提是和解的双方当事人适格，即具有参与及达成和解的资格。通常情况下，和解应当由犯罪嫌疑人、被告人同被害人进行。但在特殊情况下，符合和解条件的公诉案件，被害人死亡的，其近亲属可以与被告人和解。近亲属有多人的，达成和解协议，应当经处于同一继承顺序的所有近亲属同意。被害人系无行为能力或者限制行为能力人的，其法定代理人、近亲属可以代为和解。犯罪嫌疑人、被告人的近亲属经被告人同意，可以代为和解。犯罪嫌疑人、被告人系限制行为能力人的，其法定代理人可以代为和

解。犯罪嫌疑人、被告人的法定代理人、近亲属代为和解的，和解协议约定的赔礼道歉等事项，应当由犯罪嫌疑人、被告人本人履行。双方当事人可以自行达成和解，也可以经人民调解委员会、村民委员会、居民委员会、当事人所在单位或者同事、亲友等组织或者个人调解达成和解。

公安机关、人民检察院、人民法院可以向犯罪嫌疑人、被告人或者被害人告知对方的和解意向、和解的相关规定以及双方当事人各自的权利、义务，由双方当事人自行协商，也可以在各自的诉讼阶段作为中立的第三方积极促成当事人之间的沟通、会面、交谈，组织和主持双方当事人协商以达成和解。在和解的过程中，组织和主持者应保持客观、中立，不得偏袒或欺瞒任何一方；犯罪嫌疑人、被告人应承认自己的罪行并真诚悔罪，认识到自己的行为给被害人带来的伤害，通过赔偿损失、赔礼道歉等方式获得被害人的谅解，双方最终就上述问题形成一致意见，即达成和解。双方当事人可以就赔偿损失、赔礼道歉等民事责任事项进行和解，并且可以就被害人及其法定代理人或者近亲属是否要求或者同意公安机关、人民检察院、人民法院对犯罪嫌疑人依法从宽处理进行协商，但不得对案件的事实认定、证据采信、法律适用和定罪量刑等依法属于公安机关、人民检察院、人民法院职权范围的事项进行协商。这是因为，第一，对刑事案件的认定和处理属于国家职权，当事人并非权力享有者，无处分的资格和能力；第二，这些内容均无法随着当事人意志的变化而改变，因而也就不存在商讨的余地和可能性。

在公诉案件的和解中，犯罪嫌疑人、被告人和被害人本人或者其法定代理人是适格的和解主体，有权进行和解，并最终达成协议。在当事人双方和解的过程中，允许他们及其法定代理人聘请律师或者委托其近亲属和其他合适人员代为商讨相关事项。经过协商，能够达成和解的，需要签订书面的和解协议，并由双方当事人及其法定代理人签字确认。和解协议之所以要采用书面形式，主要为了明确双方的权利和义务，以防再起纷争。

2.专门机关对当事人达成的和解协议进行审查

双方当事人自行和解的，可以以书面形式交公安机关、人民检察院或者人民法院审查，也可以以口头形式向上述机关陈述。公安机关、人民检察院或者人民法院应当听取双方当事人的意见，发现任何一方采取暴力、胁迫、欺骗等方式迫使另一方在违背真实意愿的基础上和解的，应当认定和解无效；和解过程有其他人参加的，还应当听取其他有关人员的意见。这里的“其他有关人员”，是指与该案有利害关系的当事人以外的其他人员，如被害人的法定代理人、被告人的辩护律师等。双方当事人如果是在公安机关、人民检察院或者人民法院的主持下达成和解的，公安机关、人民检察院或者人民法院应当对双方当事人的自愿性进行确认，并审查和解协议的内容是否违反法律的强制性规定，是否损害国家、社会利益和他人的合法权益。公诉案件当事人的和解与“私了”有着本质的差异，其并非是全然的意思自治。该程序实质上是国家对公诉案件进行刑事追诉的一种方式。因此，不管当事人双方在哪个诉讼阶段达成和解，各专门机关均需要对和解的自愿性和合法性进行审查，对于符合法定条件的，国家专门机关方能主持制作和解协议书。

3.制作和解协议书

公安机关、人民检察院或者人民法院经审查，认为和解是在当事人双方自愿的基础上达成且内容合法，符合《刑事诉讼法》第288条规定的条件的，应当主持制作和解协议书，由当事人双方签字，作为履行和解协议和依法从宽处理的依据。

和解协议书的内容主要包括：双方当事人的基本情况；案件的主要事实；犯罪嫌疑人、被告人真诚悔罪，承认自己所犯罪行，对指控的犯罪没有异议，向被害人赔偿损失、赔礼道歉等；赔偿损失的，应当写明赔偿的数额、履行的方式、期限等；已经提起附带民事诉讼的，由附带民事诉讼原告人撤回附带民事诉讼；被害人及其法定代理人或者近亲属对犯罪嫌疑人、被告人予以谅解，并要求或者同意公安机关、人民检察院或者人民法院对犯罪嫌疑人、被告人依法从宽处理。和解协议中应当有被害人谅解的内容，但不应涉及刑事责任问题的处理。和解协议书中包含被害人表示不追究犯罪嫌疑人、被告人刑事责任的内容的，对专门机关没有任何约束力，刑事责任问题最终取决于公安机关、人民检察院或者人民法院根据刑法、刑事诉讼法对犯罪嫌疑人、被告人作出的处理，犯罪嫌疑人、被告人不得以此作为不履行和解协议的理由。

当事人就有关损害赔偿进行协商时，要遵守损害赔偿与法律责任及被害人损失相适应原则和酌情考虑赔偿能力原则。刑事责任作为一种特殊的侵权责任，其损害赔偿也应当遵循一般的侵权责任原理，超出必要和合理的限度即为不公平。因此在公诉案件的和解中，损害赔偿与法律责任及被害人损失相适应原则是第一位的原则。同时，在协商赔偿时，还要酌情考虑赔偿能力。赔偿损失既是犯罪嫌疑人、被告人以实际行动纠正错误、悔过自新的表现，同时也是平复被害人创伤的一种方式。在确保公平和适度的情况下，也要适当考虑加害人的赔偿能力。严重超出加害方承受能力的损害赔偿并不能彻底解决因刑事案件所引发的社会矛盾，并有可能成为新的社会矛盾的导火索。

对和解协议中的赔偿损失内容，双方当事人要求保密的，应当准许，并采取相应的保密措施。和解协议约定的赔偿损失内容，犯罪嫌疑人、被告人应当在协议签署后即时履行。和解协议已经全部履行，当事人反悔的，人民法院不予支持，但有证据证明和解违反自愿、合法原则的除外。双方当事人在侦查、审查起诉期间已经达成和解协议并全部履行，被害人或者其法定代理人、近亲属又提起附带民事诉讼的，人民法院不予受理，但有证据证明和解违反自愿、合法原则的除外。

四、公诉案件当事人和解的法律后果

《刑事诉讼法》第290条规定："对于达成和解协议的案件，公安机关可以向人民检察院提出从宽处理的建议。人民检察院可以向人民法院提出从宽处罚的建议；对于犯罪情节轻微，不需要判处刑罚的，可以作出不起诉的决定。人民法院可以依法对被告人从宽处罚。"据此，对于当事人达成和解协议的案件，在不同的诉讼阶段应当区分情况作不同处理。

双方当事人在侦查阶段达成和解协议的，公安机关应当对和解协议的自愿性和合法性进行审查，将和解协议的内容及履行情况记录在案，并根据情况写出从宽处理的建议，同时仍应当查清案件事实。对于犯罪事实清楚，证据确实、充分的，应当写出起诉意见书，连同案卷材料、证据、和解协议书、从宽处理的建议一并移送人民检察院审查起诉。人民检察院收到公安机关移送审查起诉的相关材料后，经审查认为犯罪嫌疑人的犯罪事实已经查清，证据确实、充分，依法应当追究刑事责任的，应当提起公诉，并根据案件情况写出从宽处罚的建议，连同案卷材料、证据、和解协议书一并移送人民法院；对于犯罪情节轻微，不需要判处刑罚的，可以作出不起诉的决定。人民法院对于人民检察院提起公诉并提出从宽处罚的案件，经开庭审理后，对于案件事实清楚，证据确实、充分，依据法律认定被告人有罪的，应当作出有罪判决，但是可以根据案件情况在量刑上对被告人从轻或者减轻处罚；对于犯罪情节轻微不需要判处刑罚的，可以依法免予刑事处罚。

双方当事人在审查起诉阶段达成和解协议的，人民检察院应当对和解协议的自愿性和合法性进行审查，将和解协议的内容及履行情况记录在案，认为犯罪嫌疑人的犯罪事实已经查清，证据确实、充分，依法应当追究刑事责任的，应当提起公诉，并根据案件情况写出从宽处罚的建议，连同案卷材料、证据、和解协议书一并移送人民法院；对于犯罪情节轻微，不需要判处刑罚的，可以依法作出不起诉的决定。

双方当事人在审判阶段达成和解协议的，人民法院应当对和解协议的自愿性和合法性进行审查，将和解协议的内容及履行情况记录在案，对于案件事实清楚，证据确实、充分，依据法律认定被告人有罪的，应当作出有罪判决，但是可以根据案件情况在量刑上对被告人从轻或者减轻处罚；对于犯罪情节轻微不需要判处刑罚的，可以免予刑事处罚。

第三节　缺席审判程序

一、缺席审判程序概述

（一）缺席审判程序的概念和特征

缺席审判程序是 2018 年 10 月刑事诉讼法修改新增的一种特别程序，是指在特定的刑事案件中对不在场的被告人所进行的特殊审判，以解决其刑事责任问题。与普通审判程序相比，缺席审判程序具有以下几个方面的明显特征：

1. 审判时被告人不在场

虽然我国刑事诉讼法并没有明确刑事被告人的在场权，但我国刑事诉讼中的自诉和公诉案件，普通程序和简易程序等，皆以被告人在场为前提。在审判过程中，讯问和询问被告人及被告人最后陈述均是审判的必备环节。因而，审判时被告人在场是我国刑事诉讼法的一项基本要求。缺席审判程序的最大特点即在被告人不在场的情况下对案件进行审理和判决。被告人不在场，诉讼权利的行使就受到较大的阻碍，不能对自己的定罪量刑问题发表意见，也不能与不利于自己的证人进行对质，其在法庭上的权利只能通过辩护人来行使，从而使得缺席审判程序与普通程序表现出不同的面貌。除此之外，缺席审判程序在文书送达和权利救济方面也与普通程序表现出较大的特殊性。

2.只能适用于特定的刑事案件

由于缺席审判程序以被告人审判时不在场为前提，其与被告人在场权、公正审判、程序参与等基本权利或者原则相冲突，因而只能作为例外情况存在，其适用应受到法律的严格限制。法律应当对缺席审判适用的案件进行明确规定，除了这些案件外，其他刑事案件即使被告人在审判时不能到场，也不能适用缺席审判程序，而只能视案件的具体情况采取中止审理或者延期审理措施。

3.解决被告人的刑事责任问题

2012年《刑事诉讼法》增设了“犯罪嫌疑人、被告人逃匿、死亡案件违法所得的没收程序”，也同样以犯罪嫌疑人、被告人不在场为前提而进行的特殊处理程序，但违法所得没收程序并不涉及刑事被追诉人的刑事责任问题；而刑事缺席审判制度解决的则是被告人的刑事责任问题，即被告人是否有罪、应否处刑以及应处何种刑罚的问题，避免案件久拖不决，不利于及时惩治犯罪。

（二）缺席审判程序的理论争议

缺席审判程序虽然在世界范围内的适用较多，但在国内外一直存在较大的争议。有些学者认为，这一程序不利于保障被告人的诉讼权利，不利于查清案件事实真相，不利于公平审判原则的实现。但亦有诸多学者认为，缺席审判程序有其存在的独特价值。

1.缺席审判程序反对论

第一，缺席审判程序不利于查清事实。在英美法系的当事人主义诉讼模式下，被告人在场尤为重要，审判程序的进行通过控辩的平等对抗来推进，被告人不在场就无法形成控辩对抗，被告人无法将自己的叙述在法庭上呈现，案件事实也就难以查清。在大陆法系也存在类似的观点，法官为了查清案件事实，除了亲自讯问证人、鉴定人外，也必须讯问被告人，以便于形成心证。第二，缺席审判程序不利于公平审判原则的实现。被告人既享有在法庭审理时到场的权利，同时从追求发现实体真实的刑事程序目的出发，法庭审理时到场也是被告所应当承担的义务，缺席审判程序即违反了被告人在场权及对质的义务。缺席审判还损害了当事人当庭陈述及其被听取的权利。现在的刑事诉讼原理普遍承认：任何人皆不得在未经依法听审之前不受不利之判决，被告人到场被视为审判程序进行的合法性前提。从诉讼构造上来看，多数国家都在极力实现控辩双方平等对抗，但这也并不能改变作为国家追诉机关的控诉机关处于天然的优势地位，在缺席审判中被告人不在场，那么势必会造成控辩双方实力失衡。控诉方将永远在法庭占据绝对的上风，被告人没有绝对的辩护权来保证自身利益，量刑自然倾向于国家。第三，缺席审判程序损害了刑事诉讼程序的完整性和顺畅性。域外经验表明，被告人在整体审判中出庭时，司法缺席运行得最好，被告人能够与辩护人及时沟通，参与审判策略，有助于提供辩护，帮助交叉询问，而缺席审判则会造成刑事诉讼程序的不完整和不顺畅。第四，缺席审判不利于罪犯的矫正。刑事诉讼程序除了惩治犯罪外，还有一个重要作用即是警示和教育，被告人不出庭则没有机会对被害人以及犯罪所在地区的群众表示忏悔，不能向法庭和法官表示自己的悔罪，不利于教育行为人真诚悔罪，不利于修复社会关系以及罪犯的改造。

2. 缺席审判程序支持论

缺席审判程序亦得到了诸多学者的支持，主要理由如下：第一，缺席审判是诉讼公正与效率价值的权衡。刑事诉讼的价值目标是公正与效率的统一，通常是要求以公正为主兼顾效率。但在公正不能兼顾效率，甚至在两者冲突的情况下，完全追求公正而不顾效率也不一定具有绝对的正当性与合理性。若单纯考虑公正，不允许进行缺席审判，案件久拖不决，被犯罪所破坏的社会关系难以恢复，不仅不利于法治权威的树立，因犯罪所遭受的损害亦无法得到及时救济和补偿，从社会整体上来看，这也是一种公正的散失，故而从更好地对刑事诉讼公正与效率价值进行权衡出发，可以允许在某些情形下适用缺席审判程序。第二，缺席审判程序并违背程序参与原则。程序参与原则要求给予被告人或其代表顺畅的途径与机会参与法庭审理并发表意见，被告人主动缺席或者基于自愿的缺席审判并非限制这样的机会和途径，而是在被告人出现逃跑等自愿放弃出庭机会的情况下适用。通常情况下，缺席审判程序都会保证相关庭审信息送达被告人，能够通过送达等制度确保被告人对审理相关事项的知悉，同时保证辩护人能够出庭代为发表意见，也就是说，将缺席审判限定在一定的情形下并规定相应的救济措施，被告人只是在形式上缺席，缺失了形式上的参与要素，但并未违反实质参与要求。第三，被告人在场并非不可或缺。亦有诸多的司法理论和实践认为被告人的到场权与对质诘问权并不是不可抛弃的。在一定的情形下，尤其是被告人主动不出庭时，保障其在场权可能会损害其他更为重要的法益，如迅速惩罚犯罪的权益，等待再次审理或重新组织审理导致的司法资源的浪费，等等。关键问题在于：被告人在场权让位于其他更为重要的法益并如何对其在场权进行弥补，也即是缺席审判适用的具体情形与救济措施的设置。

（三）我国刑事缺席审判程序的设立背景

随着我国经济发展和对外交往的增加，犯罪嫌疑人、被告人潜逃境外，逃避刑事审判的情况愈加频繁，尤其是贪污贿赂案件中贪官携款外逃的问题愈加突出。截至 2017 年 5 月 31 日，“天网行动”已先后从 90 多个国家和地区追回外逃人员 3051 人，其中国家工作人员 541 人，追回赃款人民币 90.98 亿元。[①] 刑事诉讼法中现有的犯罪嫌疑人、被告人逃匿、死亡案件违法所得没收程序已经不能够完全解决追究外逃犯罪嫌疑人、被告人刑事责任的问题，而且对于引渡外逃犯罪嫌疑人、被告人以及追回外流海外违法所得，这一特殊程序的作用也显得捉襟见肘，无能为力。另外，对流入境外的腐败资产的追回也要求建立缺席审判制度，为资产追回提供依据。《联合国反腐败公约》第 57 条第 3 款规定：“对于本公约所涵盖的其他任何犯罪所得，被请求缔约国应当在依照本公约第 55 条实行没收后，基于请求缔约国的生效判决，在请求国向被请求国合理证明其原对没收的财产

① 朱诗意：《聚焦海外追逃，解密追逃“天网”》，浙江新闻客户端，2017 年 8 月 7 日，https://zj.zjol.com.cn/news/719426.html。

拥有所有权时，或者当被请求缔约国承认请求缔约国受到的损害是返还所没收财产的依据时，将没收的财产返还请求缔约国，被请求缔约国也可以放弃对生效判决的要求。”可见要追回流入境外的资产，原则上要以对被告人的生效裁判为前提。事实上，很多西方国家就是以缺乏生效判决为由拒绝我国追回外逃资产的合理请求。因此，确立腐败犯罪缺席审判制度正当其时，是摧毁外逃人员海外物质基础的有效举措，更是积极追回腐败资产的现实需要。[①]

另外，刑事缺席审判程序并不是我国《刑事诉讼法》所独创，在域外国家已有诸多的司法实践，如英国、美国、德国等。大多数国家对轻罪案件的缺席审判程序持较为宽容的态度，但对重罪案件的缺席审判程序的做法不同。无论如何，刑事缺席审判程序已不是新鲜事物。

这是在这样的国内和国外背景下，我国的刑事缺席审判程序应运而生，2018 年《刑事诉讼法》正式确立了刑事缺席审判程序。

二、缺席审判程序的种类及其适用条件

《刑事诉讼法》第 291 条至第 297 条规定了缺席审判程序。根据规定，我国的刑事缺席审判基本可分为三类：针对潜逃境外被告人的缺席审判；针对中止审理时间较长的重病被告人的缺席审判；针对死亡被告人的缺席审判。

（一）针对潜逃境外被告人的缺席审判

并非所有的被告人出逃案件都可以适用缺席审判程序。我国《刑事诉讼法》对此类情形有着严格的限定，必须要同时满足以下三个方面的条件方可适用：

1. 案件范围特定

此类的缺席审判被限定为仅适用于两类案件：一是贪污贿赂犯罪案件；二是需要及时进行审判，并且经最高人民检察院核准的严重危害国家安全犯罪、恐怖活动犯罪案件。贪污贿赂犯罪案件适用缺席审判程序是基于打击腐败犯罪行为的需要，而严重危害国家安全犯罪、恐怖活动犯罪案件主要则是因为危害较大，严重威胁我国的国家安全和社会秩序的稳定，适用缺席审判程序能够尽快恢复被犯罪所破坏的生产生活秩序，安抚受侵害的被害人及家庭，并且通过生效裁判也有利于寻求国际性的司法合作，有利于尽早抓捕犯罪人员。

2. 被告人潜逃境外

只有在被告人潜逃境外的情况下，才能对其适用缺席审判程序。

对于国内潜逃人员可以采取通缉等侦查措施将其缉拿归案。若均适用缺席审判程序则可能导致公安司法人员怠于采取积极措施抓捕犯罪嫌疑人，从而致使缺席审判程序泛滥，影响刑事诉讼程序的公正性。设置贪污贿赂犯罪案件和严重危害国家安全犯罪、

---

① 彭新林：《腐败犯罪缺席审判制度之构建》，《法学》2016 年第 12 期，第 58—65 页。

恐怖活动犯罪案件的缺席审判程序主要是考虑到在打击这三类犯罪方面寻求国际性的司法合作，通过生效判决以便于将潜逃境外的犯罪人员引渡回国接受法律制裁。

3.证据确实、充分

除了符合上述两个条件外，监察机关、公安机关移送起诉，人民检察院认为犯罪事实已经查清，证据确实、充分，依法应当追究刑事责任的，才可以向人民法院提起公诉。人民法院进行审查后，对于起诉书中有明确的指控犯罪事实，符合缺席审判程序适用条件的，应当决定开庭审判。因而，适用缺席审判程序的案件应当是侦查终结并且符合提起公诉的证据条件的，即犯罪事实清楚，证据确实、充分。

（二）针对中止审理时间较长的重病被告人的缺席审判

针对中止审理时间较长的重病被告人的缺席审判，并不是典型的缺席审判，也与上一类型的缺席审判有着较大的区别。此类型的被告人在案，缺席审判也并不是强制适用的，一般需要满足以下几个条件：

1.被告人患有严重疾病无法出庭

被告人患有严重疾病导致其无法出庭接受审判，是此类型缺席审判程序的适用前提。对于患有严重疾病无法出庭的被告人，人民法院应先作出中止审理的决定，而不能径行适用缺席审判程序。此处的患有严重疾病无法出庭主要是指因患病无法辨认、控制自己的行为，无法表达自己的真实意思，也包括出庭可能影响其生命健康等，而不是一患重病就中止审理。

2.中止审理超过六个月被告人仍无法出庭

人民法院作出中止审理的决定之后，如果被告人在六个月内身体能够出庭接受审判，人民法院应当恢复法庭审理；如果超过六个月被告人仍不能出庭受审，人民法院可以适用缺席审判程序，在被告人不出庭的情况下依法做出判决。

3.被告人及其法定代理人、近亲属申请或者同意恢复审理的

中止审理超过六个月适用缺席审判程序的被告人及其法定代理人、近亲属有程序选择权，可以选择适用缺席审判程序也可以拒绝适用。启动方式主要有两种：一是被告人及其法定代理人、近亲属申请，人民法院审查后认为符合条件的；二是人民法院认为可以适用缺席审判程序的，在征求被告人及其法定代理人、近亲属的意见时，同意恢复审理的，可以适用缺席审判程序。

（三）针对死亡被告人的缺席审判

死亡被告人的缺席审判主要有两种。一种是适用普通审判程序过程中被告人死亡，有证据证明被告人无罪，人民法院经缺席审理确认无罪的，应当依法作出判决。此种情形下，被告人死亡和无罪证明两个条件缺一不可。若被告人死亡但并无证据证明无罪的，人民法院则应当终止审理。此种情况下的被告人死亡应是在审理阶段，若在审前阶段则应当是由公安机关撤销案件或者人民检察院作出法定不起诉处理。另一种情形是人民法院按照审判监督程序重新审判的案件，被告人死亡的，人民法院可以缺席审理，依

法作出判决。与前一种情形相区别，在此情形下只需要满足被告人死亡条件即可。因为再审案件是在发现原生效裁判确有错误等法定情形下提起的，人民法院经过缺席审判后，需要根据案件的实际情况作出判决，并不是都判决无罪。

三、缺席审判程序的具体步骤

（一）管　辖

《刑事诉讼法》第291条第2款规定，针对被告人潜逃境外的贪污贿赂犯罪和经最高人民检察院核准的严重危害国家安全犯罪、恐怖活动犯罪案件，由犯罪地、被告人离境前居住地或者最高人民法院指定的中级人民法院组成合议庭进行审理。该规定同时规定了级别管辖和地区管辖。在级别管辖上是由中级人民法院管辖，这也是由于危害国家安全犯罪、恐怖活动犯罪案件本就归属中级人民法院管辖，同时也是考虑到缺席审判程序是一项新制度，在证据、程序、被告人的权利保障方面有着更高的要求，提高管辖级别有利于保证案件的公正审理。关于地区管辖，这也是与《刑事诉讼法》第25条和第27条关于地区管辖和指定管辖相一致。另外，根据《刑事诉讼法》第291条第2款的规定，缺席审判程序应当由管辖法院组成合议庭进行审理，也是根据第183条的规定，中级人民法院审判第一审案件，应当由审判员三人或者由审判员和人民陪审员共三人或者七人组成合议庭进行。

（二）审查程序

根据《刑事诉讼法》第291条第1款的规定，缺席审判程序由监察机关、公安机关移送起诉。最高检察院《规则》第506条至第510条规定了缺席审判程序的核准与审查程序。人民检察院对公安机关移送起诉的需要报请最高人民检察院核准的案件，经检察委员会讨论提出提起公诉意见的，应当将起诉意见书、案件审查报告、报请核准的报告及案件证据材料等材料层报最高人民检察院核准。报请核准的人民检察院收到最高人民检察院核准决定书后，应当提起公诉，起诉书中应当载明经最高人民检察院核准的内容。对于犯罪嫌疑人自动投案或者被抓获的，人民检察院应当重新审查；已经提起公诉的，人民检察院应当商人民法院将案件撤回并重新审查。

人民检察院认为犯罪事实已经查清，证据确实、充分，依法应当追究刑事责任的，可以向人民法院提起公诉。人民法院进行审查，主要审查起诉书中是否有明确的指控犯罪事实，是否符合缺席审判程序适用条件，包括是否符合法律规定的案件范围，是否经过最高人民检察院核准，被告人是否在境外，等等，对于符合条件的案件，依法决定适用缺席审判程序。

（三）送达程序

送达直接关系到刑事被追诉人的知情权和程序参与权，影响诉讼活动的顺利推进，尤其是缺席审判程序中，能否向缺席被告人送达相关法律文书是关系到该程序正当与否的前提条件。由于被告人可能不在案，缺席审判程序的送达方式不同于普通程序。根据《刑事诉讼法》第 292 条的规定，人民法院应当通过有关国际条约规定的或者外交途径提出的司法协助方式，或者被告人所在地法律允许的其他方式，将传票和人民检察院的起诉书副本送达被告人。传票和起诉书副本送达后，被告人未按要求到案的，人民法院应当开庭审理，依法作出判决，并对其违法所得及其他涉案财产作出处理。

（四）辩护制度

辩护权是犯罪嫌疑人、被告人最重要的诉讼权利，尤其是缺席审判程序中，被告人不出庭的情况下，不能进行自我辩护，故而为了保障被告人的权益，《刑事诉讼法》第 293 条专门规定了缺席审判程序的委托辩护和强制辩护。

犯罪嫌疑人、被告人可以委托辩护人为其进行辩护，缺席审判程序中亦不例外，但考虑到缺席审判程序中的被告人在境外或不便于委托辩护人，因而专门规定了被告人及其近亲属可以代为委托。在被告人及其近亲属没有委托辩护人的情况下，人民法院应当通知法律援助机构指派律师为其提供辩护。由于被告人并不在场，辩护人无法会见被告人以了解案情，但辩护人仍应积极行使其他诉讼权利，人民法院应当为辩论律师依法履行辩护职责提供便利。

（五）审理程序

《刑事诉讼法》第 295 条规定，在审理过程中，被告人自动投案或者被抓获的，人民法院应当重新审理。罪犯在判决、裁定发生法律效力后到案的，人民法院应当将罪犯交付执行刑罚。交付执行刑罚前，人民法院应当告知罪犯有权对判决、裁定提出异议。罪犯对判决、裁定提出异议的，人民法院应当重新审理。重新审理均应适用一审普通程序，对于经过重新审理的案件，人民法院如果发现原来的缺席裁判确有错误，应当依法重新作出裁判。针对此裁判，被告人仍有权提起上诉，人民检察院亦有权抗诉。如果依照原缺席判决或裁定对被告人的财产作出错误处理的，比如对查封、扣押、冻结的财物及其孳息作出的处理，对违法所得的追缴和退赔被害人，对附带民事判决、裁定的财产部分的执行，对罚金或者没收财产等刑罚的执行等，人民法院应当根据《刑事诉讼法》第 295 条第 3 款的规定依法予以返还或者赔偿。

在一审裁判后，被告人可以上诉。与普通审理程序的上诉权不同，缺席审判程序的上诉主体更为宽泛。《刑事诉讼法》第 294 条规定，人民法院应当将判决书送达被告人及其近亲属、辩护人。被告人或者其近亲属不服判决的，有权向上一级人民法院上诉。辩护人经被告人或者其近亲属同意，可以提出上诉。赋予被告人近亲属的上诉权主要亦是考虑到被告人在境外不方便行使诉讼权利。同样，人民检察院认为人民法院的判决确有错误的，人民检察院可以行使抗诉权。

第四节　犯罪嫌疑人、被告人逃匿、死亡案件违法所得的没收程序

一、违法所得没收程序概述

(一)违法所得没收程序的概念

为了严厉打击贪污贿赂犯罪、恐怖活动犯罪等严重犯罪活动,及时追缴犯罪活动违法所得及其他涉案财物,并与我国已加入的反腐败国际公约及有关反恐怖问题的决议的相关要求衔接,我国2012年修订的《刑事诉讼法》在“特别程序编”中增加了“犯罪嫌疑人、被告人逃匿、死亡案件没收违法所得程序”。犯罪嫌疑人、被告人逃匿、死亡案件没收违法所得程序是指人民法院对于贪污贿赂犯罪、恐怖活动犯罪等重大犯罪案件的犯罪嫌疑人、被告人逃匿,在通缉一年后不能到案,或者犯罪嫌疑人、被告人死亡,依照刑法规定予以追缴其违法所得及其他涉案财产所适用的特殊程序。

贪污贿赂犯罪,是指人民检察院立案侦查的,《刑法》分则第八章规定的国家工作人员贪污犯罪和贿赂犯罪。根据全国人大常委会《加强反恐工作的决定》的规定,恐怖活动是指以制造社会恐慌、危害公共安全或者胁迫国家机关、国家组织为目的,采取暴力、破坏、恐吓等手段,造成或者意图造成人员伤亡、重大财产损失、公共设施损坏、社会秩序混乱等严重社会危害的行为,以及煽动、资助或者以其他方式协助实施上述活动的行为。恐怖活动犯罪是指实施上述恐怖活动的犯罪行为,包括《刑法》第120条规定的组织、领导、参加恐怖组织和第120条之一规定的资助恐怖活动组织、实施恐怖活动组织的个人的,或者资助实施恐怖活动培训等。

违法所得是指刑法意义上的违法所得,即指犯罪分子因实施犯罪活动而取得的全部财物,包括金钱或者物品,如盗窃得到的金钱或者物品,贪污得到的金钱或者物品等;其他涉案财产,根据《刑法》第64条的规定,主要是指犯罪工具和违禁品。

(二)违法所得没收程序的性质

违法所得没收程序并不是一种纯粹行政性的处理程序,而是具有一定司法性质的特别程序,同时具有行政性和司法性,这一点在其程序规定中有着诸多体现:一是该程序是由人民检察院提出申请,人民法院进行审理的,符合控审分离原则,体现了司法职权的合理配置;二是审理的方式是人民法院组成合议庭进行审理,遵循证据裁判主义原则,没有足够的证据并不能裁定没收财产;三是犯罪嫌疑人、被告人的近亲属和其他利害关系人可以申请参加诉讼;四是人民法院是以裁定的形式对违法所得作出没收或者解除查封、扣押、冻结措施;五是利害关系人或者人民检察院可以对人民法院作出的裁定提出上诉、

抗诉。这些均表明违法所得没收程序具备了司法属性的特点。

违法所得没收程序并不是严格意义上的审判程序。违法所得没收程序主要是运用国家法律、法规所赋予的强制措施,对违法所得财物的所有权进行强制性剥夺。虽然我国的刑事诉讼法亦规定了有关的审判组织,但该程序并不涉及被告人的刑事责任问题,而是将定罪与违法所得分离处理,并不是以刑罚权的实现为目的。没收程序是以犯罪嫌疑人、被告人居住的中级人民法院管辖,这与以犯罪地人民法院管辖的刑事诉讼法基本原则有所差别。另外,违法所得没收程序只是一种特别程序,旨在提高诉讼效率、减少诉讼拖延,它较为简略,并不具备普通程序的所有内容,甚至抛却了刑事司法的一些基本原则,如无罪推定原则。所以说违法所得没收程序是与审判程序相区别的,不能严格以审判程序的标准评价该程序。

(三)违法所得没收程序的立法意义

有利于遏制和预防贪污贿赂等腐败犯罪。一方面,贪污贿赂犯罪中大量存在犯罪嫌疑人、被告人自杀以逃避刑事责任的情形,其亲属可能保有犯罪分子违法取得的巨额财产。另一方面,贪污贿赂犯罪案件中大量存在犯罪嫌疑人、被告人潜逃以逃避刑事责任的情形,贪污贿赂腐败分子外逃已经给国家和集体财产带来了巨额经济损失,也造成了极为恶劣的社会影响。违法所得没收程序使得追逃和追赃有了明确的程序依据,极大地遏制了贪污贿赂腐败犯罪的发生。另外,由于财产存在被没收的可能性,这种可能性对有贪利动机的犯罪,尤其是腐败犯罪,具有一定的威慑和预防作用。

有利于保护国家利益、社会公共利益及相关受害者的合法利益。贪污贿赂犯罪与恐怖活动犯罪属于十分严重的犯罪类型,随着市场经济改革走向深入,对外开放的程度越来越高,贪污贿赂犯罪与恐怖活动犯罪呈现出扩大态势。这两类犯罪严重损害了国家利益、社会公共利益,也给相关的受害者造成了严重的身心伤害和重大财产损失。通过违法所得没收程序,专门机关可以及时查封、扣押、冻结与犯罪有关的财产,对于犯罪嫌疑人、被告人违法所得予以追缴和没收,能够及时有效地保护国家利益和社会公共利益,也能够及时对受害者的损害予以赔偿。

有利于促进应对犯罪的国际合作。科学技术的突飞猛进与经济全球化在带给人们便利的同时,也为犯罪分子逃匿和隐藏财产创造了条件,尤其是贪污贿赂犯罪和恐怖活动犯罪等犯罪的跨国性、国际性因素不断增多,流动性增强。《联合国反腐败公约》的签署和实施,在促进成员积极采取措施、加强司法合作以追缴犯罪财产方面作了规定。违法所得没收程序将我国《刑事诉讼法》和《联合国反腐败公约》以及有关恐怖问题的决议的相关规定有机地衔接起来,为我国刑事司法与国际刑事司法体系的合作奠定了良好的法律基础。

二、违法所得没收程序的案件范围和条件

犯罪嫌疑人、被告人逃匿、死亡案件违法所得的没收程序作为一种特别程序,其在适用方面有着严格的条件限制,有着明确的案件范围和条件。

(一)适用范围

《刑事诉讼法》第298条第1款规定:“对于贪污贿赂犯罪、恐怖活动犯罪等重大犯罪案件,犯罪嫌疑人、被告人逃匿,在通缉一年后不能到案,或者犯罪嫌疑人、被告人死亡,依照刑法规定应当追缴其违法所得及其他涉案财产的,人民检察院可以向人民法院提出没收违法所得的申请。”该条款表明违法所得没收程序适用的案件类型主要包括两类:一是贪污贿赂犯罪、恐怖活动犯罪等重大犯罪案件;二是犯罪嫌疑人、被告人死亡的案件。就第一类而言,应当从广义的角度来理解“贪污贿赂犯罪”,即不仅包括贪污罪、受贿罪、行贿罪,还包括挪用公款罪、私分国有资产罪、巨额财产来源不明罪等。“恐怖活动犯罪”包括组织、领导、参加恐怖组织罪,资助恐怖活动罪,劫持航空器罪,劫持船只、汽车罪,暴力危及飞行安全罪等。需要注意的是,在刑事诉讼法在规定案件范围时采取的是“等”字非完全列举的方式,除了贪污贿赂犯罪、恐怖活动犯罪外。就第二类案件而言,其针对的应是普通的刑事案件。这主要是考虑到普通案件中也可能存在依照刑法规定应当追缴违法所得及其他涉案财产的情形,如不进行没收则可能致使国家利益和被害人的利益无法得到补偿。

(二)适用条件

除了案件范围外,违法所得没收程序的主要条件即是被追诉人不能到案和有财产需要追缴。

在此方面,最高检察院《规则》第512条至第516条对《刑事诉讼法》第298条第1款规定进行了解释。认定为“逃匿”的情况有两种:一是犯罪嫌疑人、被告人为逃避侦查和刑事追究潜逃、隐匿,或者在刑事诉讼过程中脱逃的;二是犯罪嫌疑人、被告人因意外事故下落不明满二年,或者因意外事故下落不明,经有关机关证明其不可能生存的。“通缉”是指公安机关发布通缉令或者公安部通过国际刑警组织发布红色国际通报。“违法所得”是指犯罪嫌疑人、被告人通过实施犯罪直接或者间接产生、获得的任何财产,违法所得已经部分或者全部转变、转化为其他财产的,转变、转化后的财产和来自违法所得转变、转化后的财产收益,或者来自已经与违法所得相混合财产中违法所得相应部分的收益,也仍视为违法所得。“其他涉案财产”则是指犯罪嫌疑人、被告人非法持有的违禁品、供犯罪所用的本人财物。

三、违法所得没收程序的具体规定

(一)没收违法所得程序的启动

根据《刑事诉讼法》第298条的规定,犯罪嫌疑人、被告人违法所得没收案件由人民检察院启动程序,公安机关在侦查过程中发现符合刑事诉讼法关于违法所得没收情形的,应当写出没收违法所得意见书,连同相关证据材料移送人民检察院。人民检察院应当在接到公安机关移送的没收违法所得意见书后三十日内作出是否提出没收违法所得申请的决定；三十日内不能做出决定的，经检察长批准，可以延长十五日。人民检察院审查没收违法所得意见书时，应当审查以下内容：(1)是否属于本院管辖；(2)是否符合刑事诉讼法第298条第1款规定的条件；(3)犯罪嫌疑人基本情况，包括姓名、性别、国籍、出生年月日、职业和单位等；(4)犯罪嫌疑人涉嫌犯罪的事实和相关证据材料；(5)犯罪嫌疑人逃匿、下落不明、被通缉或者死亡的情况，通缉令或者死亡证明是否随案移送；(6)违法所得及其他涉案财产的种类、数量、所在地以及查封、扣押、冻结的情况，查封、扣押、冻结的财产清单和相关法律手续是否随案移送；(7)违法所得及其他涉案财产的相关事实和证据材料；(8)有无近亲属和其他利害关系人以及利害关系人的姓名、身份、住址、联系方式。对于与犯罪事实、违法所得及其他涉案财产相关的证据材料，不宜移送的，应当审查证据的清单、复制件、照片或者其他证明文件是否随案移送。

人民法院对于人民检察院没收违法所得的申请，应当在七日内审查完毕，并按照下列情形分别处理：不属于本院管辖的，应当退回人民检察院；材料不全的，应当通知人民检察院在三日内补送；属于违法所得没收程序受案范围和本院管辖，且材料齐全的，应当受理。人民检察院尚未查封、扣押、冻结申请没收的财产或者查封、扣押、冻结期限即将届满，涉案财产有被隐匿、转移或者毁损、灭失危险的，人民法院可以查封、扣押、冻结申请没收的财产。

此外，根据最高人民法院《刑诉法解释》第520条的规定，在审理案件过程中，被告人死亡或者脱逃，符合《刑事诉讼法》第298条第1款规定的，人民检察院可以向人民法院提出没收违法所得的申请。人民检察院向原受理案件的人民法院提出申请的，可以由同一审判组织依照本章规定的程序审理。

(二)违法所得没收程序案件的审理

1.审判管辖。《刑事诉讼法》第299条规定："没收违法所得的申请，由犯罪地或者犯罪嫌疑人、被告人居住地的中级人民法院组成合议庭进行审理。"

2.财产保全。根据《刑事诉讼法》第298条第4款的规定，人民法院在必要的时候也可以查封、扣押、冻结申请没收的财产。必要的时候是指如果不采取查封、扣押或冻结等保全措施，被申请的财产将面临灭失的风险。相关措施的采取由法院主动裁量而非依申请而采取行为。

3.审前公告。犯罪地或犯罪嫌疑人、被告人居住地的中级人民法院受理没收违法所得的申请后，应当在十五日内发出公告，公告的时间为六个月，应当在全国公开发行的报纸或者人民法院的官方网站刊登，并在人民法院公告栏张贴、发布；必要时，可以在犯罪地、犯罪嫌疑人、被告人居住地、申请没收的不动产所在地张贴、发布。人民法院在公告期满后应当组成合议庭对人民检察院提出的没收违法所得进行审理。犯罪嫌疑人、被告人的近亲属和其他利害关系人有权申请参加诉讼，也可以委托诉讼代理人参加诉讼。利害关系人参加诉讼的，人民法院应当开庭审理。审前公告为没收违法所得程序的必经阶段，公告程序的设置是为了尽可能地让涉案财产的利害相关方出现并主张权利，避免没收财产侵犯第三方的权利。公告期间不计入审理期限。

4.利害关系人参与。《刑事诉讼法》第299条规定:“犯罪嫌疑人、被告人的近亲属和其他利害关系人有权申请参加诉讼,也可以委托诉讼代理人参加诉讼。”“利害关系人”是指犯罪嫌疑人、被告人的近亲属和其他对申请没收的财产主张权利的自然人和单位。利害关系人包括两类:犯罪嫌疑人、被告人的近亲属和其他利害关系人。犯罪嫌疑人、被告人的近亲属和其他利害关系人有权申请参加诉讼应当在公告期间提出。在公告期满后申请参加诉讼,能够合理说明原因,并提供证明申请没收的财产系其所有的证据材料的,人民法院应当准许。

5.没收违法所得的证明问题。没收违法所得案件审理中的证明涉及三个方面的问题:其一,证明对象,即犯罪嫌疑人涉嫌的违法犯罪行为是否存在,同时涉案财产与违法犯罪行为是否有关;其二,举证责任,在犯罪嫌疑人逃匿、死亡的情况下没收其违法所得时,检察机关需要证明其犯罪行为的存在,即举证责任由检察机关承担;其三,证明标准,至于涉案财产与违法犯罪行为之间是否存在因果关系,依照《刑法》第64条的规定,没收属于量刑环节。违法所得与违法犯罪行为的关系应当按照量刑程序的证明标准确定,即达到优势证据或高度可能性即可。

6.审理程序。根据《刑事诉讼法》第299条的规定,人民法院在公告期满后对没收违法所得的申请进行审理。利害关系人参加诉讼的,人民法院应当开庭审理。没收违法所得的申请,由犯罪地或者犯罪嫌疑人、被告人居住地的中级人民法院审理。犯罪嫌疑人、被告人的近亲属和其他利害关系人有权申请参加诉讼,也可以委托代理人参加诉讼。由此可见,人民法院审理没收违法所得的申请一般是不开庭审理的,只有在利害关系人参加诉讼的情况下才开庭审理。

根据《刑事诉讼法》第300条的规定,对没收违法所得程序,人民法院经过审理,应当作出如下处理:(1)确定属于被害人财产的,应当依法返还;(2)应返还给被害人财产之外的涉案财产,应裁定没收;(3)对不能认定违法所得和犯罪工具,不属于违禁品的,应当裁定驳回申请,并同时解除查封、扣押、冻结措施。

我国违法所得没收程序的设计比照普通刑事案件,实行二审终审制。对于人民法院依照前款规定作出的裁定,犯罪嫌疑人、被告人的近亲属和其他利害关系人或者人民检察院可以提出上诉、抗诉。

在法庭审理的过程中,在逃的犯罪嫌疑人、被告人自动投案或被抓获的,人民法院应当终止审理。

7.权利救济。根据《刑事诉讼法》第300条的规定,对于人民法院作出的裁定,犯罪嫌疑人、被告人的近亲属和其他利害关系人可以提出上诉,人民检察院也可以提出抗诉。根据最高法院《解释》第522条的规定,没收违法所得裁定生效后,犯罪嫌疑人、被告人到案并对没收裁定提出异议,人民检察院向原作出裁定的人民法院提起公诉的,可以由同一审判组织审理。人民法院经审理,应当按照下列情形分别处理:原裁定正确的,予以维持,不再对涉案财产作出判决;原裁定确有错误的,应当撤销原裁定,并在判决中对有关涉案财产一并作出处理。已经没收的财产,应当及时返还;财产已经上缴国库的,由原没收机关从财政机关申请退库,予以返还;原物已经出卖、拍卖的,应当退还价款;造成犯罪嫌疑人、被告人以及利害关系人财产损失的,应当依法赔偿。

第五节　依法不负刑事责任的精神病人的强制医疗程序

一、刑事强制医疗程序概述

（一）刑事强制医疗程序的概念和性质

《刑法》第 18 条第 1 款规定，精神病人在不能辨认或者不能控制自己行为的时候造成危害结果，经法定程序鉴定确认的，不负刑事责任，但是应当责令他的家属或者监护人严加看管和医疗；在必要的时候，由政府强制医疗。《刑事诉讼法》中所规定的依法不负刑事责任的精神病人强制医疗程序（以下简称“刑事强制医疗程序”）在某种意义上是将《刑法》中规定的“强制医疗”的具体化、规范化。

所谓刑事强制医疗程序，是指提请、审查以及决定是否应当对依法不负刑事责任的精神病人实施强制医疗所必须遵循的方法和步骤。对不负刑事责任的精神病人实施强制医疗的目的，是防范严重肇事肇祸的精神病人再度作出危害社会的行为，并对其进行治疗以降低其人身危险性，以及能够回归社会。可以认为，对依法不负刑事责任的精神病人的强制医疗在实质上是一种特殊的社会防卫措施。对此，可以从以下两个方面理解：

1. 刑事强制医疗不是刑罚处罚。一方面，我国刑罚体系中并没有强制医疗这一项；另一方面，精神病患者的行为虽然造成了一定的危害结果，但由于缺乏犯罪的主观方面，因而不构成犯罪，依法也就不需要承担刑事责任。故而，刑事诉讼中的强制医疗并非刑罚处罚。

2. 刑事强制医疗不是刑事强制措施。我国刑事诉讼中的强制措施一共有五种，每种都有具体的适用条件和适用对象。刑事诉讼中的强制措施实质上是一种诉讼保障机制，目的在于预防可能发生的妨碍侦查、起诉、审判活动的行为。但是强制医疗措施的适用对象并非精神正常的普通人，而是实施暴力行为，危害公共安全或者严重危害公民人身安全，经法定程序鉴定依法不负刑事责任，并有继续危害社会可能的精神病人。因此，刑事强制医疗是一种针对特殊对象的特殊社会防卫措施。强制医疗措施的具体实施是将精神病人限制在专门的医疗机构中对其施以监护隔离和治疗，精神病人的人身自由在强制医疗期间必然要受到一定的限制，但这是出于对精神病人特殊的人身危险性的考虑，出于社会安全的考虑，与刑事诉讼强制措施的限制或者剥夺人身自由是不同的。同时，强制医疗的解除与病人的康复情况相关，并无明确的期限限制，这与强制措施的期限性特征也有显著区别。

总之，刑事强制医疗措施不仅关系到精神病人自身健康利益和人身自由，而且关系到社会利益和社会安全的维护，是事关自由与安全的制度。同时，该程序由于并不具有典型的对抗性，其向人民法院提出的是对特定主体精神状况的判断或者确认请求，与刑事追诉程序中的定罪和量刑是截然不同的。因而，该程序是刑事诉讼中的一种特殊程序。

需要注意的是，强制医疗作为一种特殊的社会防卫措施，仅在符合法定条件，并经法定机关决定和执行才能适用，并非在刑事诉讼中遇到不需要承担刑事责任的精神病人就要启动该种程序。

（二）刑事强制医疗程序的特征

刑事强制医疗程序是一项崭新的诉讼程序，具有以下几个明显特征：

1. 对刑事诉讼程序的依附性

在某种意义上讲，刑事强制医疗程序是依附于刑事诉讼程序的。《刑事诉讼法》第302条规定："实施暴力行为，危害公共安全或者严重危害公民人身安全，经法定程序鉴定依法不负刑事责任的精神病人，有继续危害社会可能的，可以予以强制医疗。"据此，需要进行强制医疗的精神病人一定是客观上已经实施了危害社会行为的人，只是由于不具有刑法规定的主体条件，才不需要承担刑事责任。但不管是对行为人是否为精神病人的判断，还是对行为人是否需要承担刑事责任的判断，都一定是发生在刑事诉讼过程中的。根据《刑事诉讼法》第303条的规定，公安机关发现精神病人符合强制医疗条件的，应当写出强制医疗意见书，移送人民检察院；对于公安机关移送的或者在审查起诉过程中发现的精神病人符合强制医疗条件的，人民检察院应当向人民法院提出强制医疗的申请。因此，刑事强制医疗程序对州事诉讼程序具有依附性。就程序进程而言，强制医疗的申请和决定与案件处理程序具有同步性，即精神病人强制医疗程序的申请与案件的审查起诉程序同步适用。

2. 医学鉴定的强制性

刑事强制医疗程序在本质上是一种复合性程序，即它是将司法判断与医学诊断相结合的一种诉讼程序。虽然人民法院具有裁判时的中立立场和资质，但是对于行为人的精神状况诊断并非法官的专长，因此必须借助于专业人士的专业判断，即在人民法院决定是否适用强制医疗措施时，必须进行医学鉴定。故而，精神病司法鉴定是该程序中的必经环节，是人民法院作出决定的基本依据。

3. 启动程序的职权性

从刑事诉讼法的规定看来，对依法不负刑事责任的精神病人的强制医疗的启动权属于人民检察院和人民法院。人民检察院是侦查和审查起诉阶段提起精神病人强制医疗程序的唯一主体，其提起精神病强制医疗的申请属于法律规定的诉讼行为。人民法院在审理案件过程中发现被告人符合强制医疗条件的，可以直接作出强制医疗的决定。就该程序的启动方式而言，具有不完全的诉讼性特征。

（三）刑事强制医疗程序的意义

2012年修订的《刑事诉讼法》增设的刑事强制医疗程序，有助于加强对公民基本权利和自由的保护。精神病人是社会中的一个特殊患病人群。根据联合国《保护精神病患者和改善精神保健的原则》的规定，精神病患者系指接受精神保健的人，并包括在精神病院住院的所有人。虽然其具有某种疾病，但是也应当享有基本的权利和自由，包括：人人皆有权得到可获得的最佳精神保健护理，这种护理应作为保健和社会护理制度的一个组成部分；所有精神病患者或作为精神病患者治疗的人均应受到人道的待遇，其人身固有的尊严应受到尊重；所有精神病患者或作为精神病患者治疗的人均应有权受到保护，不受经济、性行为或其他形式的剥削、肉体虐待或其他方式的虐待和有辱人格的待遇；不得有任何基于精神病的歧视，"歧视"系指会取消或损害权利的平等享受的任何区分、排除或选择。只是为保护精神病患者的权利或使其在身心上得到发展而采取的特别措施，不应被视为有歧视性。歧视不包括依照本套原则中的规定，为保护精神病患者或其他个人的人权而作的必要的区分、排除或选择；每个精神病患者均有权行使《世界人权宣言》《经济、社会、文化权利国际盟约》《公民权利和政治权利国际公约》以及《残疾人权利宣言》和《保护所有遭受任何形式拘留或监禁的人的原则》等其他有关文件承认的所有公民、政治、经济、社会和文化权利等等。但是在实践中，精神病被误判或者误用的情况时有发生，即所谓的"被精神病"[①]。英国学者格尔德在《牛津精神病学教科书》中指出："在20世纪，精神病学曾被个别精神科医生误用，更严重的是有的精神科医生和雇佣他们的机构出于政治或商业目的滥用精神病学，对持不同政见者及其支持者进行诊断和强制医疗。"[②]有病的人得不到应有的治疗，以及将无病的人当作病人予以"治疗"同样是对人的基本权利的损害。"稀缺医疗资源错配所产生的直接后果就是，每个人都可能成为受害者，面临来自精神病院和未收治患者的双重威胁。"[③]为了有效地防止类似情况的发生，也为了对真正的精神病患者给予人道和公正待遇，对在刑事诉讼中适用强制医疗措施应当予以审慎的判断和公正的裁决。为此，我国在2012年修订刑事诉讼法时，增设了刑事强制医疗程序。

《刑事诉讼法》增设刑事强制医疗程序，有助于加强对社会秩序和安全的保障。精神病人是一个特殊的患病群体，由于其行为并非受主观意识的支配，因此，达到法定要求不需要承担刑事责任。但是，这并不意味着精神病人就可以在社会中恣意妄为。为此，对特定的精神病人要根据其情况由其家属进行适当的看管和医疗，社会也要提供必要的医疗和救治。对精神病人的放任，不仅是对病人本身的不负责任，是对其权利的蔑视，同时也是对整个社会的不负责任，社会往往因此陷入潜在的危险中。因此，增设刑事强制医疗程序也是出于更好地维护社会秩序和社会安全的考虑，有助于社会利益的整体增长。

---

① 被精神病，通常表现为不该收治的个人可以被轻而易举地送进精神病院进行隔离治疗，出院时却遵循"谁送来、谁接走"的原则，医院只对支付医疗费的人负责，住院期间没有任何纠错机制，投诉、申诉、起诉皆无门。

② [英]格尔德等：《牛津精神病学教科书》，刘协和等译，四川大学出版社2004年版，第76页。

③ 《"被精神病"者起诉获赔偿：质问强行入院是救治还是惩治》，正义网，2011年1月7日，http://www.jcrb.com/zhuanti/fzzt/lps/gongyisusong/tiaomu/201101/t20110107_487162.html。

二、刑事强制医疗程序的适用条件

根据《刑事诉讼法》第302条的规定，适用刑事强制医疗程序必须符合以下三个条件：

1.主体条件。行为人必须是精神病人。是否属于精神病人并非是一般的医疗诊断或者常识性判断，而是需要经过法定程序进行鉴定。《刑事诉讼法》规定，为了查明案情，需要解决案件中某些专门性问题的时候，应当指派、聘请有专门知识的人进行鉴定。需要注意的是，根据《全国人大常委会关于司法鉴定管理问题的规定》，对法医类鉴定应当委托列入鉴定人名册的鉴定人进行鉴定。如果经过鉴定人鉴定及法庭质证，最终认定行为人为不需要承担刑事责任的精神病人的，才符合本刑事诉讼法规定的刑事强制医疗程序适用对象的要求。

2.行为条件。实施暴力行为，且危害公共安全或者严重危害公民人身安全。虽然行为人为依法不负刑事责任的精神病人，但其所实施的行为危害性较小，或者范围有限，只需要由家属对其行为进行约束并积极治疗即可达到目的的，也没有对其进行强制医疗的必要。刑事诉讼中的强制医疗在本质上是对公民自由权的限制与剥夺，按照刑事诉讼中的比例原则，强制医疗作为客观上具有限制或者剥夺公民人身自由的措施，应与行为人的社会危害性和人身危险性相一致。

3.社会危险性条件。有继续危害社会的可能性。通常认为，刑事法领域中的强制医疗是一种特殊性的社会防卫措施，对实施了危害行为的精神病患者适用的强制医疗措施，其目的在于消除精神病患者的人身危险性，防止其再犯，进而达到防卫社会的目的。因此，如果精神病患者没有继续危害社会的可能性的，则完全可以责令他的家属或者监护人严加看管和对其进行积极治疗，而不必对其采用刑事强制医疗措施。

三、刑事强制医疗程序的启动

刑事诉讼是由若干阶段构成的连续的整体，诉讼的不同阶段由不同的主体负责。在审前程序发现精神病人符合强制医疗条件的，根据《刑事诉讼法》第303条的规定，人民检察院应当向人民法院提出强制医疗的申请，由人民法院对该申请进行审理后决定。如果是公安机关发现有精神病人符合强制医疗条件的，也应当按照刑事诉讼的基本流程，写出强制医疗意见书，移送人民检察院，再由人民检察院向人民法院提出申请。同时，《刑事诉讼法》第303条第2款还规定，人民法院在审理案件过程中发现被告人符合强制医疗条件的，可以作出强制医疗的决定。人民检察院申请对依法不负刑事责任的精神病人强制医疗的案件，由被申请人实施暴力行为所在地的基层人民法院管辖；由被申请人居住地的人民法院审判更为适宜的，可以由被申请人居住地的基层人民法院管辖。

人民检察院向人民法院提出强制医疗的申请，应当制作强制医疗申请书。强制医疗申请书的内容主要包括：(1)涉案精神病人的基本情况，包括姓名、性别、出生年月日、出生地、户籍地、身份证号码、民族、文化程度、职业、工作单位及职务、住址、采取临时保护性约束措施的情况及处所等;(2)涉案精神病人的法定代理人的基本情况,包括姓名、住址、联系方式等;(3)案由及案件来源;(4)涉案精神病人实施危害公共安全或者严重危害公民人身安全的暴力行为的事实,包括实施暴力行为的时间、地点、手段、后果等及相关证据情况;(5)涉案精神病人不负刑事责任的依据,包括有关鉴定意见和其他证据材料;(6)涉案精神病人继续危害社会的可能;(7)提出强制医疗申请的理由和法律依据。

无论是人民检察院提出申请,还是人民法院对申请进行审理,都需要一定的时间。而在审理程序结束之前,不应放任具有人身危险性的行为人继续危害社会和他人。因此,《刑事诉讼法》第 303 条第 3 款授权公安机关在人民法院作出强制医疗决定前,可以对实施暴力行为的精神病人采取临时的保护性约束措施。所谓保护性约束,是指在精神科医疗过程中,针对患者病情的特殊情况,对其紧急实施的一种强制性的最大限度限制其行动自由的医疗保护措施,它是精神科治疗护理这类特殊患者的方法之一,目的是最大限度地减少其他意外因素对患者的伤害。需要注意的是,这种保护性约束措施并非刑事诉讼的强制措施,该种保护性约束措施以实施暴力行为的精神病人为对象,并且具有临时性特征。

四、刑事强制医疗案件的审理程序

刑事法领域中的强制医疗在本质上也是对人身自由的一种剥夺,且时间具有一定的不确定性。为了更好地保护相关当事人的合法权益,保障强制医疗适用的正确性以及适用标准的统一性,《刑事诉讼法》第 303 条规定,对精神病人强制医疗的,统一由人民法院决定。

对人民检察院提出的强制医疗申请,人民法院应当在七日内审查完毕,并按照以下情形分别处理:(1)不属于本院管辖的,应当退回人民检察院;(2)材料不全的,应当通知人民检察院在三日内补送;(3)属于强制医疗程序受案范围和本院管辖,且材料齐全的,应当受理。

人民法院受理强制医疗的申请后,应当组成合议庭进行审理。人民法院对强制医疗案件开庭审理的,人民检察院应当派员出席法庭。但是,被申请人、被告人的法定代理人请求不开庭审理,并经人民法院审查同意的除外。人民法院审理强制医疗案件,应当通知被申请人或者被告人的法定代理人到场。被申请人或者被告人没有委托诉讼代理人的,人民法院应当通知法律援助机构指派律师为其提供法律帮助。人民法院审理人民检察院申请强制医疗的案件,应当会见被申请人。

人民法院开庭审理申请强制医疗的案件,按照下列程序进行:(1)审判长宣布法庭调查开始后,先由检察员宣读申请书,后由被申请人的法定代理人、诉讼代理人发表意见;(2)法庭依次就被申请人是否实施了危害公共安全或者严重危害公民人身安全的暴力行为、是否属于依法不负刑事责任的精神病人、是否有继续危害社会的可能进行调查。调查时,先由检察员出示有关证据,后由被申请人的法定代理人、诉讼代理人发表意见、出示有关证据，并进行质证；(3)法庭辩论阶段，先由检察员发言，后由被申请人的法定代理人、诉讼代理人发言，并进行辩论。被申请人要求出庭，人民法院经审查其身体和精神状态，认为可以出庭的，应当准许。出庭的被申请人，在法庭调查、辩论阶段，可以发表意见。检察员宣读申请书后，被申请人的法定代理人、诉讼代理人无异议的，法庭调查可以简化。

对申请强制医疗的案件，人民法院审理后，应当按照下列情形分别处理：(1)符合《刑事诉讼法》第302条规定的强制医疗条件的，应当作出对被申请人强制医疗的决定。(2)被申请人属于依法不负刑事责任的精神病人，但不符合强制医疗条件的，应当作出驳回强制医疗申请的决定；被申请人已经造成危害结果的，应当同时责令其家属或者监护人严加看管和医疗。(3)被申请人具有完全或者部分刑事责任能力，依法应当追究刑事责任的，应当作出驳回强制医疗申请的决定，并退回人民检察院依法处理。

第一审人民法院在审理案件过程中发现被告人可能符合强制医疗条件的，应当依照法定程序对被告人进行法医精神病鉴定。经鉴定，被告人属于依法不负刑事责任的精神病人的，应当适用强制医疗程序，对案件进行审理。开庭审理这类案件时，应当先由合议庭组成人员宣读对被告人的法医精神病鉴定意见，说明被告人可能符合强制医疗的条件，后依次由公诉人和被告人的法定代理人、诉讼代理人发表意见。经审判长许可，公诉人和被告人的法定代理人、诉讼代理人可以进行辩论。人民法院对该类案件进行审理后，应当按照下列情形分别处理：(1)被告人符合强制医疗条件的，应当判决宣告被告人不负刑事责任，同时作出对被告人强制医疗的决定。(2)被告人属于依法不负刑事责任的精神病人，但不符合强制医疗条件的，应当判决宣告被告人无罪或者不负刑事责任；被告人已经造成危害结果的，应当同时责令其家属或者监护人严加看管和医疗。(3)被告人具有完全或者部分刑事责任能力，依法应当追究刑事责任的，应当依照普通程序继续审理。此外，人民法院在审理第二审刑事案件过程中，发现被告人可能符合强制医疗条件的，可以依照强制医疗程序对案件作出处理，也可以裁定发回原审人民法院重新审判。

人民法院决定强制医疗的，应当在作出决定后五日内，向公安机关送达强制医疗决定书和强制医疗执行通知书，由公安机关将被决定强制医疗的人送交强制医疗。

人民法院审理强制医疗案件的期限最长为一个月。对于符合强制医疗条件的，作出强制医疗决定。裁判文书的形式为决定。

对人民法院作出的强制医疗决定的救济方式为复议。被决定强制医疗的人、被害人及其法定代理人、近亲属对强制医疗决定不服的，可以自收到决定书之日起五日内向上一级人民法院申请复议。复议期间不停止强制医疗决定的执行。

对不服强制医疗决定的复议申请，上一级人民法院应当组成合议庭审理，并在一个月内，按照下列情形分别作出复议决定：(1)被决定强制医疗的人符合强制医疗条件的，应当驳回复议申请，维持原决定；(2)被决定强制医疗的人不符合强制医疗条件的，应当撤销原决定；(3)原审违反法定诉讼程序，可能影响公正审判的，应当撤销原决定，发回原审人民法院重新审判。

对于被告人符合强制医疗条件，第一审人民法院作出宣告被告人不负刑事责任的判决,同时作出对被告人强制医疗的决定,人民检察院提出抗诉,同时被决定强制医疗的人、被害人及其法定代理人、近亲属申请复议的,上一级人民法院应当依照第二审程序一并处理。

五、刑事强制医疗的解除

《刑事诉讼法》第 306 条规定:“强制医疗机构应当定期对被强制医疗的人进行诊断评估。对于已不具有人身危险性,不需要继续强制医疗的,应当及时提出解除意见,报决定强制医疗的人民法院批准。”

强制医疗的目的并不是对实施暴力行为的被强制医疗的人的惩戒和制裁,而是对被强制医疗的人采取保护性措施,并给予其必要的治疗,使其尽快解除痛苦,恢复健康,同时避免其继续危害社会。因此,强制医疗机构既要对被强制医疗的人实施必要的控制,防止其继续实施危害社会的行为,也应当本着治病救人的宗旨,根据被强制医疗的人的患病程度和人身危险性的不同,采用不同的治疗方法对其进行治疗。同时,强制医疗机构还应当根据被强制医疗人的病情,定期组织专业医师对其进行诊断评估,确认其精神状况。对于已不具有人身危险性,不需要继续强制医疗的,强制医疗机构应当及时提出解除意见,报决定强制医疗的人民法院批准。

为了保障被强制医疗的人的合法权益,防止强制医疗措施被滥用或者不必要地延长强制医疗时间,《刑事诉讼法》第 306 条第 2 款规定,被强制医疗的人及其近亲属有权申请解除强制医疗。其中,被强制医疗的人认为自己不应当被强制医疗,或者经过强制医疗的治疗已经痊愈,符合解除强制医疗的条件,有权向强制医疗机构提出申请,要求强制医疗机构作出诊断评估,提出解除意见,报请决定强制医疗的人民法院批准;也有权直接向作出强制医疗决定的人民法院提出解除强制医疗的申请。被强制医疗的人的近亲属如果认为被强制医疗的人不应当被强制医疗或者已经治愈,亦有权申请解除强制医疗。

强制医疗机构提出解除强制医疗意见,或者被强制医疗的人及其近亲属申请解除强制医疗的,人民法院应当审查是否附有对被强制医疗的人的诊断评估报告。强制医疗机构提出解除强制医疗意见,未附诊断评估报告的,人民法院应当要求其提供。被强制医疗的人及其近亲属向人民法院申请解除强制医疗,强制医疗机构未提供诊断评估报告的,申请人可以申请人民法院调取。必要时,人民法院可以委托鉴定机构对被强制医疗的人进行鉴定。

强制医疗机构提出解除强制医疗意见,或者被强制医疗的人及其近亲属申请解除强制医疗的,人民法院应当组成合议庭进行审查,并在一个月内,按照以下情形分别处理:(1)被强制医疗的人已不具有人身危险性,不需要继续强制医疗的,应当作出解除强制医疗的决定,并可责令被强制医疗的人的家属严加看管和医疗;(2)被强制医疗的人仍具有人身危险性,需要继续强制医疗的,应当作出继续强制医疗的决定。人民法院应当在作出决定后五日内,将决定书送达强制医疗机构、申请解除强制医疗的人、被决定强制医疗的人和人民检察院。决定解除强制医疗的,应当通知强制医疗机构在收到决定书的当日解除强制医疗。

被强制医疗的人及其近亲属提出的解除强制医疗申请被人民法院驳回，六个月后再次提出申请的，人民法院应当受理。

六、刑事强制医疗的检察监督

《刑事诉讼法》第307条规定，人民检察院对强制医疗的决定和执行实行监督。根据最高法院《解释》第543条的规定，人民检察院认为强制医疗决定或者解除强制医疗决定不当，在收到决定书后二十日内提出书面纠正意见的，人民法院应当另行组成合议庭审理，并在一个月内作出决定。

人民检察院对强制医疗的监督主要包括以下两个方面：

一是对强制医疗的决定实行监督。在强制医疗的决定程序中，既包括公安机关的侦查活动，也包括人民法院的审理活动。人民检察院对公安机关侦查活动的监督，是通过审查公安机关提出的强制医疗意见是否适当以及侦查工作是否合法来实现的，具体包括公安机关在收集精神病人实施暴力行为的证据材料，对精神病人进行鉴定的程序，对实施暴力行为的精神病人采取临时的保护性约束措施等是否合法等。人民检察院对人民法院的审理活动的监督，主要是通过审查人民法院审理强制医疗案件是否符合法律规定的程序，强制医疗的决定是否正确、合法来实现的。

二是对强制医疗的执行实行监督。强制医疗的执行，既包括强制医疗机构的执行活动，也包括人民法院批准解除强制医疗的活动。人民检察院对强制医疗机构执行活动的监督，主要是监督强制医疗机构是否对被强制医疗的人实施必要的治疗，是否按照要求定期对被强制医疗的人进行诊断评估，是否按照要求提出解除强制医疗的申请，以及是否保障被强制医疗的人的合法权利等。人民检察院对人民法院批准解除强制医疗的监督，主要是监督人民法院解除强制医疗的批准程序和批准决定是否合法，是否存在徇私舞弊行为等。

人民检察院在对强制医疗的决定和执行实行监督的过程中，如果发现公安机关、人民法院、强制医疗机构有违法行为，应当提出纠正意见，通知有关机关予以纠正。有关机关应当接受人民检察院的监督，及时纠正自己的违法行为。同时，人民检察院的监督活动，也必须依照刑事诉讼法及有关法律的规定进行，不得违背或者超越法律的规定，滥用法律监督职能。只有这样，才能保证强制医疗的正确适用和执行。

思考与训练

一、思考题

1. 未成年人刑事案件诉讼程序应当遵守哪些原则？
2. 如何理解未成年人刑事案件诉讼保密制度？

3. 当事人和解公诉案件诉讼程序的属性和特征是什么？
4. 公诉案件当事人和解的法律后果是什么？
5. 简述违法所得没收程序的概念和意义。
6. 简述违法所得没收程序的适用范围及主要程序。
7. 刑事强制医疗程序有哪些特征？其适用条件是什么？
8. 人民检察院如何对刑事强制医疗的决定和执行进行法律监督？
9. 缺席审判程序的特征？其与普通审理程序的区别是什么？
10. 缺席审判程序与违法所得没收程序的区别是什么？

二、选择题

1. 依法不负刑事责任的精神病人的强制医疗程序是一种特别程序。关于其特别之处，下列哪一说法是正确的？（　　）

A. 不同于普通案件奉行的不告不理原则，法院可未经检察院对案件的起诉或申请而启动这一程序

B. 不同于普通案件审理时被告人必须到庭，可在被申请人不到庭的情况下审理并作出强制医疗的决定

C. 不同于普通案件中的抗诉或上诉，被决定强制医疗的人可通过向上一级法院申请复议启动二审程序

D. 开庭审理时无须区分法庭调查与法庭辩论阶段

2. 甲、乙系初三学生，因涉嫌抢劫同学丙（三人均不满 16 周岁）被立案侦查。关于该案诉讼程序，下列哪些选项是正确的？（　　）（多选）

A. 审查批捕讯问时，甲拒绝为其提供的合适成年人到场，应另行通知其他合适成年人到场

B. 讯问乙时，因乙的法定代理人无法到场而通知其伯父到场，其伯父可代行乙的控告权

C. 法庭审理询问丙时，应通知丙的法定代理人到场

D. 如该案适用简易程序审理，甲的法定代理人不能到场时可不再通知其他合适成年人到场

3. 黄某（17 周岁，某汽车修理店职工）与吴某（16 周岁，高中学生）在餐馆就餐时因琐事与赵某（16 周岁，高中学生）发生争吵，并殴打赵某致其轻伤。检察院审查后，综合案件情况，拟对黄某作出附条件不起诉决定，对吴某作出不起诉决定。

（1）关于本案审查起诉的程序，下列选项正确的是（　　）。（多选）

A. 应当对黄某、吴某的成长经历、犯罪原因和监护教育等情况进行社会调查

B. 在讯问黄某、吴某和询问赵某时，应当分别通知他们的法定代理人到场

C. 应当分别听取黄某、吴某的辩护人的意见

D. 拟对黄某作出附条件不起诉决定，应当听取赵某及其法定代理人与诉讼代理人的意见

(2)关于对黄某的考验期,下列选项正确的是(　　)。(多选)

A. 从宣告附条件不起诉决定之日起计算

B. 不计入检察院审查起诉的期限

C. 可根据黄某在考验期间的表现,在法定范围内适当缩短或延长

D. 如黄某违反规定被撤销附条件不起诉决定而提起公诉,已经过的考验期可折抵刑期

(3)关于本案的办理,下列选项正确的是(　　)。

A. 在对黄某作出附条件不起诉决定、对吴某作出不起诉决定时,必须达成刑事和解

B. 检察院对黄某作出附条件不起诉决定、对吴某作出不起诉决定时,可要求他们向赵某赔礼道歉、赔偿损失

C. 在附条件不起诉考验期内,检察院可将黄某移交有关机构监督考察

D. 检察院对黄某作出附条件不起诉决定,对吴某作出不起诉决定后,均应将相关材料装订成册,予以封存

4. 甲因邻里纠纷失手致乙死亡,甲被批准逮捕。案件起诉后,双方拟通过协商达成和解。对于此案的和解,下列哪一选项是正确的?(　　)

A. 由于甲在押,其近亲属可自行与被害方进行和解

B. 由于乙已经死亡,可由其近亲属代为和解

C. 甲的辩护人和乙近亲属的诉讼代理人可参与和解协商

D. 由于甲在押,和解协议中约定的赔礼道歉可由其近亲属代为履行

5. 下列哪一选项不属于犯罪嫌疑人、被告人逃匿、死亡案件违法所得没收程序中的"违法所得及其他涉案财产"?(　　)

A. 刘某恐怖活动犯罪案件中从其住处搜出的管制刀具

B. 赵某贪污案赃款存入银行所得的利息

C. 王某恐怖活动犯罪案件中制造爆炸装置使用的所在单位的仪器和设备

D. 周某贿赂案受贿所得的古玩

6. 李某(女)家住甲市,系该市某国有公司会计,涉嫌贪污公款 500 余万元,被甲市检察院立案侦查后提起公诉。甲市中级法院受理该案后,李某脱逃,下落不明。关于李某脱逃后的诉讼程序,下列选项正确的是(　　)。(多选)

A. 李某脱逃后,法院可中止审理

B. 在通缉李某一年不到案后,甲市检察院可向甲市中级法院提出没收李某违法所得的申请

C. 李某的近亲属只能在 6 个月的公告期内申请参加诉讼

D. 在审理没收违法所得的案件过程中,李某被抓捕归案的,法院应裁定终止审理

7. A 市原副市长马某涉嫌收受贿赂 2000 余万元。为保证公正审判,上级法院指令与本案无关的 B 市中级法院一审。B 市中级法院受理此案后,马某突发心脏病不治身亡。关于此案处理,下列哪一选项是错误的?(　　)

A. 应当由法院作出终止审理的裁定,再由检察院提出没收违法所得的申请

B. 应当由B市中级法院的同一审判组织对是否没收违法所得继续进行审理

C. 如裁定没收违法所得，而马某妻子不服的，可在5日内提出上诉

D. 如裁定没收违法所得，而其他利害关系人不服的，有权上诉

8. 法院受理叶某涉嫌故意杀害郭某案后，发现其可能符合强制医疗条件。经鉴定，叶某属于依法不负刑事责任的精神病人，法院审理后判决宣告叶某不负刑事责任，同时作出对叶某强制医疗的决定。关于此案的救济程序，下列哪一选项是错误的？（　　）

A. 对叶某强制医疗的决定，检察院可以提出纠正意见

B. 叶某的法定代理人可以向上一级法院申请复议

C. 叶某对强制医疗决定可以向上一级法院提出上诉

D. 郭某的近亲属可以向上一级法院申请复议

9. 李某因琐事将邻居王某打成轻伤。案发后，李家积极赔偿，赔礼道歉，得到王家谅解。如检察院根据双方和解对李某作出不起诉决定，需要同时具备下列哪些条件？（　　）（多选）

A. 双方和解具有自愿性、合法性

B. 李某实施伤害的犯罪情节轻微，不需要判处刑罚

C. 李某五年以内未曾故意犯罪

D. 公安机关向检察院提出从宽处理的建议

10. 关于犯罪嫌疑人、被告人逃匿、死亡案件违法所得的没收程序，下列哪一说法是正确的？（　　）

A. 贪污贿赂犯罪案件的犯罪嫌疑人潜逃，通缉1年后不能到案的，依照《刑法》规定应当追缴其违法所得及其他涉案财产的，公安机关可以向法院提出没收违法所得的申请

B. 在A选项所列情形下，检察院可以向法院提出没收违法所得的申请

C. 没收违法所得及其他涉案财产的申请，由犯罪地的基层法院组成合议庭进行审理

D. 没收违法所得案件审理中，在逃犯罪嫌疑人被抓获的，法院应当中止审理

三、案例分析

案例一

福建省石狮市永宁镇西岑村与子英村相邻，原本关系友好。后来，两村因土地及排水问题发生纠纷。永宁镇政府为解决两村之间的纠纷，曾组织人员对发生土地及排水问题的地界进行现场施工，但被多次阻挠未果。2009年12月17日上午8时许，该镇组织镇干部与施工队再次进行施工。上午9时许，犯罪嫌疑人施某某等9人以及数十名西岑村村民头戴安全帽，身背装有石头的袋子，手持木棍、铁锹等器械到达两村交界处的施工地界，犯罪嫌疑人李某某等8人以及数十名子英村村民随后也到达施工地界，手持木棍、铁锹等器械与西岑村村民对峙，双方互相谩骂、互扔石头。及时赶到现场的石狮市公安局民警把双方村民隔开并劝说离去，但仍有村民不听劝说，继续叫骂并扔掷石头，致使两辆警车被砸（经鉴定损失价值人民币761元），三名民警手部被打伤（经鉴定均未达轻微伤）。

案发后，石狮市公安局对积极参与斗殴的西岑村施某某等9人和子英村李某某等8人以涉嫌聚众斗殴罪向石狮市人民检察院提请批准逮捕。为避免事态进一步扩大，也为矛盾化解创造有利条件，石狮市人民检察院在依法作出批准逮捕决定的同时，建议公安机关和有关部门联合两村村委会做好矛盾化解工作，促成双方和解。2010年3月16日，石狮市公安局将本案移送石狮市人民检察院审查起诉。石狮市人民检察院在办案中，抓住化解积怨这一关键，专门成立了化解矛盾工作小组，努力促成两村之间矛盾的化解。在取得地方党委、人大、政府的支持后，工作小组多次走访两村所在的永宁镇党委、政府，深入两村争议地点现场查看，并与村委会沟通，制订工作方案。随后协调镇政府牵头征求专家意见并依照镇排水、排污规划对争议地点进行施工，从交通安全与保护环境的角度出发，在争议的排水沟渠所在地周围修建起护栏和人行道，并纳入镇政府的统一规划。这一举措得到了两村村民的普遍认同。化解矛盾工作期间，工作小组还耐心、细致地进行释法说理、政策教育、情绪疏导和思想感化等工作，两村相关当事人及其家属均对用聚众斗殴这种违法行为解决矛盾纠纷的做法进行反省并表示后悔，都表现出明确的和解意愿。2010年4月23日，西岑村、子英村两村村委会签订了两村和解协议，涉案人员也分别出具承诺书，表示今后不再就此滋生事端，并保证遵纪守法。至此，两村纠纷得到妥善解决，矛盾根源得以消除。

石狮市人民检察院认为，施某某等17人的行为均已触犯了《中华人民共和国刑法》第二百九十二条第一款、第二十五条第一款之规定，涉嫌构成聚众斗殴罪，依法应当追究刑事责任。但鉴于施某某等17人参与聚众斗殴的目的并非出于私仇或争霸一方，且造成的财产损失及人员伤害均属轻微，并未造成严重后果；两村村委会达成了和解协议，施某某等17人也出具了承诺书，从惩罚与教育相结合的原则出发及有利于促进社会和谐的角度考虑，2010年4月28日，石狮市人民检察院根据《中华人民共和国刑事诉讼法》第一百四十二条第二款之规定，决定对施某某等17人不起诉。

问题：

本案中，人民检察院对犯罪嫌疑人施某某等17人作出不起诉决定是否正确？

案例二

杨某，原系某市长助理、某市副市长。自20世纪80年代末，杨某就利用手中权力贪污、受贿。据某市纪委2004年的通报，杨某已被查清的涉案金额为2.532亿元，已追回金额4240多万元，冻结7000多万元的资金或房产。2003年3月，某检察机关在查处杨某弟弟的受贿案时，发现杨某于1994年贪污1100多万元。知道东窗事发后，2003年4月中旬，杨某以其母亲有病需要照顾为由，向单位请假后携带其女儿、女婿及外孙女出境外逃。2003年5月13日，检察机关对杨某立案侦查。2003年6月23日，检察机关发出逮捕令。2004年2月，浙江省检察机关通过国际刑警组织，发出了“红色通缉令”。2005年5月31日，杨某被荷兰警察逮捕。

问题：

1. 对杨某被司法机关冻结7000多万元的资金或房产，应如何处理？

2. 如果杨某被引渡回国，有关冻结资产的处理程序能否继续进行？

3. 如何理解违法所得没收程序的适用条件？

案例三

2013年3月19日6时许，马某因不满父母反对其离婚，持铁锨砍击母亲郑某头部致其死亡。次日7时许，马某在家中被公安机关抓获。到案后，马某对杀死其母一事供认不讳，并扬言还要加害其他亲属。因马某曾有精神病史，2013年3月27日，公安机关对马某进行鉴定，确认马某作案时患有精神分裂症，无刑事责任能力。

问题：

1. 对马某能否予以刑事强制医疗？为什么？

2. 对马某如果可以适用刑事强制医疗，其程序如何进行？

（扫描二维码获取参考答案）

补充阅读

《论中国特色刑事缺席审判制度》

（扫描二维码阅读）

第二十六章

涉外刑事诉讼程序与司法协助制度

导读

通过本章的学习，掌握涉外刑事诉讼程序的概念及特别规定，刑事司法协助的概念、适用主体、适用范围及程序规定；理解涉外刑事诉讼程序的特有原则、刑事司法协助的意义及引渡程序。

第一节　涉外刑事诉讼程序概述

一、涉外刑事诉讼程序的概念

涉外刑事诉讼程序，是指我国公安司法机关在处理具有涉外因素的刑事案件时适用的特别诉讼程序。所谓“涉外因素”是指诉讼当事人全部或部分为外国人（包括无国籍人、外国法人或组织），或者刑事案件发生在国外等情形。

涉外刑事案件具体是指：(1)在中华人民共和国领域内，外国人犯罪的或者我国公民侵犯外国人合法权利的刑事案件；(2)符合《刑法》第 7 条、第 10 条规定情形的我国公民在中华人民共和国领域外犯罪的案件；(3)符合《刑法》第 8 条、第 10 条规定情形的外国人对中华人民共和国国家或者公民犯罪的案件；(4)符合《刑法》第 9 条规定情形的中华人民共和国在所承担国际条约义务范围内行使管辖权的案件。

二、涉外刑事诉讼程序的立法

对于涉外刑事诉讼程序，世界各国的立法有以下三种体例：第一种是制定单行的涉外刑事诉讼程序法，目前很少国家采用这种立法方式；第二种是涉外刑事诉讼程序法仅仅在刑事诉讼法典中以专门的篇章予以规定，这是目前多数国家采用的方式；第三种是在刑事诉讼法典及有关专门规定中都有涉外刑事诉讼程序的规定，我国目前就采用这种立法体例。

我国刑事诉讼法对涉外刑事诉讼程序一直没有专设篇章来规定，只是作原则性的立法。2018 年新修改的《刑事诉讼法》也没有改变这一方式，该法仅有第 17 条和第 18 条这两个条文关于涉外刑事诉讼程序。我国其他有关涉外刑事诉讼程序规定的立法主要包括以下几个方面：

1. 我国《刑法》第 6 条至第 11 条和对涉外刑事案件的管辖、法律适用原则所作的规定；

2. 1981 年 6 月 19 日，公安部、外交部、最高人民法院、最高人民检察院《关于处理会见在押外国籍案犯以及外国籍案犯与外界通讯问题的通知》；

3. 中华人民共和国第六届全国人民代表大会常务委员会第十七次会议于 1986 年 9 月 5 日通过的《中华人民共和国外交特权与豁免条例》的有关规定；

4. 1987 年 6 月 23 日，第六届全国人大常委会第二十一次会议《关于对中华人民共和国缔结或者参加的国际条约所规定的罪行行使刑事管辖权的决定》；

5. 1995 年 6 月 20 日，外交部、最高人民法院、最高人民检察院、公安部、国家安全部、司法部联合发布《关于处理涉外案件若干问题的规定》；

6.2000年12月28日第九届全国人民代表大会常务委员会第十九次会议通过《中华人民共和国引渡法》；

7.最高法院《解释》、最高检察院《规则》、公安部《规定》对办理涉外刑事案件的具体规定；

8.2018年10月26日，第十三届全国人民代表大会常务委员会第六次会议通过的《中华人民共和国国际刑事司法协助法》。

第二节　涉外刑事诉讼的特有原则

涉外刑事诉讼的特有原则，是指公安司法机关和诉讼参与人处理或参与涉外刑事案件时应遵循的基本行为准则，具体包括以下五项特有原则。

一、国家主权原则

国家主权原则，是指公安司法机关办理涉外刑事案件适用中国法律的原则，不允许在我国存在治外法权或领事裁判权。对于外国法院的刑事裁判，只有经过我国法院依法予以承认的，才能在我国境内发生法律效力。

我国《刑事诉讼法》第17条明确规定："对于外国人犯罪应当追究刑事责任的，适用本法的规定。"公安部《规定》第357条也规定："办理外国人犯罪案件，应当严格依照我国法律、法规、规章，维护国家主权和利益，并在对等互惠原则的基础上，履行我国所承担的国际条约义务。"

二、诉讼权利和义务平等原则

诉讼权利和义务平等原则，是指外国人、无国籍人或外国法人在我国参与刑事诉讼，同我国公民一样享有同等的诉讼权利，承担同等的诉讼义务。公安部《规定》第358条规定："外国籍犯罪嫌疑人在刑事诉讼中，享有我国法律规定的诉讼权利，并承担相应的义务。"最高法院《解释》第395条也明确规定："在刑事诉讼中，外国籍当事人享有我国法律规定的诉讼权利并承担相应义务。"

三、信守国际条约原则

信守国际条约原则，是指公安司法机关在处理涉外刑事案件的过程中，凡是我国缔结或者参加的国际条约，除声明保留的条款外，都必须严格遵守。

我国《刑事诉讼法》第18条规定："根据中华人民共和国缔结或者参加的国际条约，或者按照互惠原则，我国司法机关和外国司法机关可以相互请求刑事司法协助。"公安部

《规定》第 357 条规定:“办理外国人犯罪案件,应当严格依照我国法律、法规、规章,维护国家主权和利益,并在对等互惠原则的基础上,履行我国所承担的国际条约义务。”最高检察院《规则》第 671 条也规定:“人民检察院依据国际刑事司法协助法等有关法律和有关刑事司法协助条约进行刑事司法协助。”

四、使用中国通用的语言文字进行诉讼的原则

使用中国通用的语言文字进行诉讼的原则,是指我国公安司法机关在涉外刑事诉讼中,要使用我国通用的语言文字,但对于不通晓通用语言的外国籍当事人,应当为他们提供翻译。使用本国通用的语言文字进行诉讼,是国家司法主权独立和尊严的象征,是世界各国都普遍采用的一项原则。

最高法院《解释》第 401 条明确规定:“人民法院审判涉外刑事案件,使用中华人民共和国通用的语言、文字,应当为外国籍当事人提供翻译。人民法院的诉讼文书为中文本。外国籍当事人不通晓中文的,应当附有外文译本,译本不加盖人民法院印章,以中文本为准。外国籍当事人通晓中国语言、文字,拒绝他人翻译,或者不需要诉讼文书外文译本的,应当由其本人出具书面声明。”公安部《规定》第 362 条也规定:“公安机关办理外国人犯罪案件,使用中华人民共和国通用的语言文字。犯罪嫌疑人不通晓我国语言文字的,公安机关应当为他翻译;犯罪嫌疑人通晓我国语言文字,不需要他人翻译的,应当出具书面声明。”《公民权利和政治权利国际公约》第 14 条第 3 款第 6 项更是明确要求:“如他不懂或不会说法庭上所用的语言,能免费获得译员的帮助。”

五、指定或委托中国律师参加诉讼原则

指定或委托中国律师参加诉讼原则,是指外国人或无国籍人在我国参加刑事诉讼,必须指定或委托中国律师担任辩护人或者诉讼代理人。我国不允许外国人或无国籍人担任辩护人。

公安部《规定》第 369 条规定:“外国籍犯罪嫌疑人委托辩护人的,应当委托在中华人民共和国的律师事务所执业的律师。”最高法院《解释》第 402 条也规定:“外国籍被告人委托律师辩护,或者外国籍附带民事诉讼原告人、自诉人委托律师代理诉讼的,应当委托具有中华人民共和国律师资格并依法取得执业证书的律师。外国籍被告人在押的,其监护人、近亲属或者其国籍国驻华使、领馆可以代为委托辩护人。其监护人、近亲属代为委托的,应当提供与被告人关系的有效证明。外国籍当事人委托其监护人、近亲属担任辩护人、诉讼代理人的,被委托人应当提供与当事人关系的有效证明。经审查,符合刑事诉讼法、有关司法解释规定的,人民法院应当准许。外国籍被告人没有委托辩护人的,人民法院可以通知法律援助机构为其指派律师提供辩护。被告人拒绝辩护人辩护的,应当由其出具书面声明,或者将其口头声明记录在案。被告人属于应当提供法律援助情形的,依照本解释第四十五条规定处理。”第 403 条还规定:“外国籍当事人从中华人民共和国

领域外寄交或者托交给中国律师或者中国公民的委托书，以及外国籍当事人的监护人、近亲属提供的与当事人关系的证明，必须经所在国公证机关证明，所在国中央外交主管机关或者其授权机关认证，并经我国驻该国使、领馆认证，但我国与该国之间有互免认证协定的除外。”

第三节　涉外刑事诉讼程序的特别规定

公安司法机关和诉讼参与人办理或参与涉外刑事案件，除适用我国的刑事诉讼法一般程序规定之外，还必须遵循以下特别程序规定。

一、当事人外国国籍的确认

当事人外国国籍的确认问题是我国涉外刑事诉讼的首要问题。只有在确定当事人是外国国籍的前提下，才能准确适用涉外刑事诉讼的特别规定。

根据公安部《规定》和最高法院《解释》，外国籍犯罪嫌疑人的国籍，以其在入境时持用的有效证件予以确认；国籍不明的，由出入境管理部门协助予以查明。国籍确实无法查明的，以无国籍人对待，适用涉外刑事案件审理程序的有关规定，在裁判文书中写明“国籍不明”。

二、涉外刑事案件的管辖

（一）立案管辖

根据公安部《规定》，涉外刑事案件立案管辖，按以下情形处理：(1)外国人犯罪案件，由犯罪地的县级以上公安机关立案侦查。(2)外国人犯中华人民共和国缔结或者参加的国际条约规定的罪行后进入我国领域的，由该外国人被抓获地的设区的市一级以上公安机关立案侦查。(3)外国人在中华人民共和国领域外的中国船舶或者航空器内犯罪的，由犯罪发生后该船舶或者航空器最初停泊或者降落地、目的地的中国港口的县级以上交通或民航公安机关或者该外国人居住地的县级以上公安机关立案侦查；未设交通或者民航公安机关的，由地方公安机关管辖。(4)外国人在国际列车上犯罪的，由犯罪发生后列车最初停靠的中国车站所在地、目的地的县级以上铁路公安机关或者该外国人居住地的县级以上公安机关立案侦查。(5)外国人在中华人民共和国领域外对中华人民共和国国家或者公民犯罪，应当受刑罚处罚的，由该外国人入境地或者入境后居住地的县级以上公安机关立案侦查；该外国人未入境的，由被害人居住地的县级以上公安机关立案侦查；没有被害人或者是对中华人民共和国国家犯罪的，由公安部指定管辖。

(二)审判管辖

我国2012年《刑事诉讼法》对涉外刑事案件的级别管辖作出了调整,取消了原先关于外国人犯罪案件由中级人民法院审理的规定。根据现有《刑事诉讼法》第21条到23条的规定:(1)外国人、无国籍人犯危害国家安全、恐怖活动案件;可能判处无期徒刑、死刑的案件,第一审由中级人民法院管辖。(2)外国人、无国籍人犯全省(自治区、直辖市)性的重大刑事案件,第一审由高级人民法院管辖。(3)外国人、无国籍人犯全国性的重大刑事案件,第一审由最高人民法院管辖。

同时,根据最高法院《解释》,必要时,中级人民法院可以指定辖区内若干基层人民法院集中管辖第一审涉外刑事案件,也可以审理基层人民法院管辖的第一审涉外刑事案件。

三、涉外刑事诉讼强制措施的适用

我国刑事诉讼法规定的五种强制措施适用于涉外刑事案件。此外,涉外刑事案件也有特殊的强制措施。涉外刑事诉讼中,适用强制措施时,公安部《规定》、最高法院《解释》对此都作出了特别规定。

1.对外国籍犯罪嫌疑人依法作出取保候审、监视居住决定或者执行拘留、逮捕后,应当在四十八小时以内层报省级公安机关,同时通报同级人民政府外事办公室。重大涉外案件应当在四十八小时以内层报公安部,同时通报同级人民政府外事办公室。

2.对外国籍犯罪嫌疑人依法作出取保候审、监视居住决定或者执行拘留、逮捕后,由省级公安机关根据有关规定,将其姓名、性别、入境时间、护照或者证件号码、案件发生的时间、地点,涉嫌犯罪的主要事实,已采取的强制措施及其法律依据等,通知该外国人所属国家的驻华使馆、领事馆,同时报告公安部。经省级公安机关批准,领事通报任务较重的副省级城市公安局可以直接行使领事通报职能。外国人在公安机关侦查或者执行刑罚期间死亡的,有关省级公安机关应当通知该外国人国籍国的驻华使馆、领事馆,同时报告公安部。未在华设立使馆、领事馆的国家,可以通知其代管国家的驻华使馆、领事馆;无代管国家或者代管国家不明的,可以不予通知。

3.公安机关侦查终结前,外国驻华外交、领事官员要求探视被监视居住、拘留、逮捕或者正在看守所服刑的本国公民的,应当及时安排有关探视事宜。犯罪嫌疑人拒绝其国籍国驻华外交、领事官员探视的,公安机关可以不予安排,但应当由其本人提出书面声明。在公安机关侦查羁押期间,经公安机关批准,外国籍犯罪嫌疑人可以与其近亲属、监护人会见、与外界通信。

4.对涉外刑事案件的被告人,可以决定限制出境;对开庭审理案件时必须到庭的证人,可以要求暂缓出境。作出限制出境的决定,应当通报同级公安机关或者国家安全机关;限制外国人出境的,应当同时通报同级人民政府外事主管部门和当事人国籍国驻华使、领馆。人民法院决定限制外国人和中国公民出境的,应当书面通知被限制出境的人在案件审理终结前不得离境,并可以采取扣留护照或者其他出入境证件的办法限制其出境;扣留证件的,应当履行必要手续,并发给本人扣留证件的证明。

5.对需要在边防检查站阻止外国人和中国公民出境的,受理案件的人民法院应当层报高级人民法院,由高级人民法院填写口岸阻止人员出境通知书,向同级公安机关办理交控手续。控制口岸不在本省、自治区、直辖市的,应当通过有关省、自治区、直辖市公安机关办理交控手续。紧急情况下,确有必要的,也可以先向边防检查站交控,再补办交控手续。

四、涉外刑事诉讼文书的送达

根据最高法院《解释》的规定,人民法院向在中华人民共和国领域外居住的当事人送达刑事诉讼文书,可以采用以下方式:

(1)根据受送达人所在国与中华人民共和国缔结或者共同参加的国际条约规定的方式送达。

(2)通过外交途径送达。

(3)对中国籍当事人,可以委托我国驻受送达人所在国的使、领馆代为送达。

(4)当事人是自诉案件的自诉人或者附带民事诉讼原告人的,可以向有权代其接受送达的诉讼代理人送达。

(5)当事人是外国单位的,可以向其在中华人民共和国领域内设立的代表机构或者有权接受送达的分支机构、业务代办人送达。

(6)受送达人所在国法律允许的,可以邮寄送达;自邮寄之日起满三个月,送达回证未退回,但根据各种情况足以认定已经送达的,视为送达。

(7)受送达人所在国法律允许的,可以采用传真、电子邮件等能够确认受送达人收悉的方式送达。

人民法院通过外交途径向在中华人民共和国领域外居住的受送达人送达刑事诉讼文书的,所送达的文书应当经高级人民法院审查后报最高人民法院审核。最高人民法院认为可以发出的,由最高人民法院交外交部主管部门转递。

五、涉外刑事案件的审判和执行程序

涉外刑事案件的审判和执行程序,除严格遵守我国《刑事诉讼法》的规定外,还应注意以下问题:

1.根据最高法院《解释》,涉外刑事案件审判期间,人民法院应当将下列事项及时通报同级人民政府外事主管部门,并通知有关国家驻华使、领馆:人民法院决定对外国籍被告人采取强制措施的情况,包括外国籍当事人的姓名(包括译名)、性别、入境时间、护照或者证件号码、采取的强制措施及法律依据、羁押地点等;开庭的时间、地点、是否公开审理等事项;宣判的时间、地点。涉外刑事案件宣判后,应当及时将处理结果通报同级人民政府外事主管部门。对外国籍被告人执行死刑的，死刑裁决下达后执行前，应当通知其国籍国驻华使、领馆。外国籍被告人在案件审理中死亡的，应当及时通报同级人民政府外事主管部门，并通知有关国家驻华使、领馆。

2.需要向有关国家驻华使、领馆通知有关事项的，应当层报高级人民法院，由高级人民法院按照下列规定通知：第一，外国籍当事人国籍国与我国签订有双边领事条约的，根据条约规定办理；未与我国签订双边领事条约，但参加《维也纳领事关系公约》的，根据公约规定办理；未与我国签订领事条约，也未参加《维也纳领事关系公约》，但与我国有外交关系的，可以根据外事主管部门的意见，按照互惠原则，根据有关规定和国际惯例办理。第二，在外国驻华领馆领区内发生的涉外刑事案件，通知有关外国驻该地区的领馆；在外国领馆领区外发生的涉外刑事案件，通知有关外国驻华使馆；与我国有外交关系，但未设使、领馆的国家，可以通知其代管国家驻华使、领馆；无代管国家或者代管国家不明的，可以不通知。第三，双边领事条约规定通知时限的，应当在规定的期限内通知；无双边领事条约规定的，应当根据或者参照《维也纳领事关系公约》和国际惯例尽快通知，至迟不得超过七日。第四，双边领事条约没有规定必须通知，外国籍当事人要求不通知其国籍国驻华使、领馆的，可以不通知，但应当由其本人出具书面声明。高级人民法院向外国驻华使、领馆通知有关事项，必要时，可以请人民政府外事主管部门协助。

3.人民法院受理涉外刑事案件后，应当告知在押的外国籍被告人享有与其国籍国驻华使、领馆联系，与其监护人、近亲属会见、通信，以及请求人民法院提供翻译的权利。

4.涉外刑事案件审判期间，外国籍被告人在押，其国籍国驻华使、领馆官员要求探视的，可以向受理案件的人民法院所在地的高级人民法院提出。人民法院应当根据我国与被告人国籍国签订的双边领事条约规定的时限予以安排；没有条约规定的，应当尽快安排。必要时，可以请人民政府外事主管部门协助。涉外刑事案件审判期间，外国籍被告人在押，其监护人、近亲属申请会见的，可以向受理案件的人民法院所在地的高级人民法院提出，并依照规定提供与被告人关系的证明。人民法院经审查认为不妨碍案件审判的，可以批准。被告人拒绝接受探视、会见的，可以不予安排，但应当由其本人出具书面声明。探视、会见被告人应当遵守我国法律规定。

5.人民法院审理涉外刑事案件，应当公开进行，但依法不应公开审理的除外。公开审理的涉外刑事案件，外国籍当事人国籍国驻华使、领馆官员要求旁听的，可以向受理案件的人民法院所在地的高级人民法院提出申请，人民法院应当安排。

6.对来自境外的证据材料，人民法院应当对材料来源、提供人、提供时间以及提取人、提取时间等进行审查。经审查，能够证明案件事实且符合刑事诉讼法规定的，可以作为证据使用，但提供人或者我国与有关国家签订的双边条约对材料的使用范围有明确限制的除外；材料来源不明或者其真实性无法确认的，不得作为定案的根据。当事人及其辩护人、诉讼代理人提供来自境外的证据材料的，该证据材料应当经所在国公证机关证明，所在国中央外交主管机关或者其授权机关认证，并经我国驻该国使、领馆认证。

7.涉外刑事案件宣判后，外国籍当事人国籍国驻华使、领馆要求提供裁判文书的，可以向受理案件的人民法院所在地的高级人民法院提出，人民法院可以提供。

8. 根据公安部《规定》，对判处独立适用驱逐出境刑罚的外国人，省级公安机关在收到人民法院的刑事判决书、执行通知书的副本后，应当指定该外国人所在地的设区的市一级公安机关执行。被判处徒刑的外国人，主刑执行期满后应当执行驱逐出境附加刑的，省级公安机关在收到执行监狱的上级主管部门转交的刑事判决书、执行通知书副本或者复印件后，应当指定该外国人所在地的设区的市一级公安机关执行。我国政府已按照国际条约或者《中华人民共和国外交特权与豁免条例》的规定，对实施犯罪，但享有外交或者领事特权和豁免权的外国人宣布为不受欢迎的人，或者不可接受并拒绝承认其外交或者领事人员身份，责令限期出境的人，无正当理由逾期不自动出境的，由公安部凭外交部公文指定该外国人所在地的省级公安机关负责执行或者监督执行。

第四节　刑事司法协助制度

一、刑事司法协助的概念和意义

我国刑事司法协助是指我国司法机关和外国司法机关之间，根据本国缔结或者参加的国际条约，或者按照互惠原则，相互请求代为进行某些刑事诉讼行为的活动。我国《刑事诉讼法》第 18 条规定："根据中华人民共和国本国缔结或者参加的国际条约，或者按照互惠原则，我国司法机关和外国司法机关之间可以相互请求刑事司法协助。"

根据《中华人民共和国国际刑事司法协助法》的规定，国际刑事司法协助是指中华人民共和国和外国在刑事案件调查、侦查、起诉、审判和执行等活动中相互提供协助，包括送达文书，调查取证，安排证人作证或者协助调查，查封、扣押、冻结涉案财物，没收、返还违法所得及其他涉案财物，移管被判刑人以及其他协助。

国家间开展刑事司法协助具有重要意义：第一，有利于有效地打击犯罪。网络犯罪、跨国毒品交易等犯罪的盛行，使得单个国家很难有效打击犯罪。因此，刑事司法协助是有效打击有涉外因素犯罪的重要手段。第二，有利于维护国家主权和公民利益，同时尊重他国的司法主权。刑事司法协助活动的依据是双方共同参加的国际公约、双方签订的司法协助条约或者根据互惠原则，开展刑事司法协助，需要两个主权国家的司法机关在互相尊重他国司法主权的前提下进行，其实质是两个有司法主权的国家的司法机关在打击刑事犯罪方面互相配合。

近年来，国际刑事司法协助正朝着新的广度和深度发展，协助的范围不断扩大，协助的方式也在更加多样化。我国已参加了含有司法协助条款的《海牙公约》《蒙特利尔公约》等，已经或准备与一些国家订立刑事司法协助的协定。此外，我国还根据国际惯例，基于互惠原则，与外国开展了一定程度的司法协助的实践。

二、刑事司法协助的主体

根据《刑事诉讼法》第 18 条的规定，刑事司法协助的主体是我国司法机关和外国司法机关。一般认为，在我国，司法机关是指人民法院和人民检察院；在外国，司法机关一般仅指法院。考虑到司法协助的相互性特点，我国的公安机关、检察机关、人民法院和国外相对应的各机关，都是刑事司法协助的主体。另外，由于司法部和外交部外联的代表性与便利性，许多国家将司法部、外交部作为司法协助的联系机构，负责统一转递国内外的司法协助请求与执行结果。

三、刑事司法协助的根据

国家间开展刑事司法协助的法律依据，主要有两种：第一，国家间共同参加的国际条约。到目前为止，我国已同美国、加拿大、波兰、蒙古、罗马尼亚、俄罗斯、土耳其、韩国、越南等国家签订了司法协助条约或协定；参加了具有司法协助条款的公约，如 1961 年《麻醉品单一公约》、1970 年《海牙公约》、1971 年《蒙特利尔公约》、1971 年《精神药物公约》、1988 年《联合国关于禁止非法贩运麻醉药品和精神药物公约》、2000 年《联合国反腐败公约》等。第二，互惠原则。该项原则主要针对没有与我国缔结司法协助条约，也没有共同参加含有司法协助条款的国际公约的国家。一般情况下，如果一国根据我国司法机关的请求提供司法协助，则我国今后也应当根据该国的司法请求提供协助。

在我国，公安司法机关对外提供刑事司法协助或者请求外国司法机关提供刑事司法协助，除了遵守上述中华人民共和国缔结或者参加的国际条约及刑事诉讼法第 17 条的规定外，还需要遵守有关的司法解释、行政法规。

四、刑事司法协助的范围

刑事司法协助的范围和种类一般包括：(1)送达刑事诉讼文书。包括传票、通知书、起诉书、判决书和其他司法文书。(2)调查取证。包括查找、辨认有关人员，查询、核实涉案财物、金融账户信息，获取并提供有关人员的证言或者陈述，获取并提供有关文件、记录、电子数据和物品，获取并提供鉴定意见，勘验或者检查场所、物品、人身、尸体，搜查人身、物品、住所和其他有关场所等。(3)移交赃款赃物或者扣押品等。(4)引渡。即一国把当时在其境内而被他国指控犯有罪行和判刑的人，根据该国请求，移交给该国进行审判或处罚的一项制度。我国已同泰国、俄罗斯、白俄罗斯、罗马尼亚、保加利亚、哈萨克斯坦、蒙古、乌克兰等多个国家签订了引渡条约。(5)协助侦查案件和通缉通报。国际刑警组织在这一活动中往往起着极为重要的协调作用。(6)移管被判刑人。即一国司法当局接受另一国委托或者请求，将被判处自由刑的公民移送其国籍国或拘留国服刑的做法。(7)犯罪情报信息的交流与合作。

五、国际刑事司法协助的程序

请求刑事司法协助应当提交请求书，由相关国家的最高司法机关进行审查和递交，在双方无条约规定的情况下，一般应通过外交途径提出。根据联合国1990年《刑事案件互助示范条约》的规定，请求书应当包括以下内容：(1)请求机构的名称和进行该请求所涉侦查或诉讼主管当局的名称；(2)请求的目的和所需协助的简要说明；(3)据称构成犯罪的事实及相关法律的规定或文本；(4)必要的收件人姓名和地址；(5)请求国希望遵守的任何特定程序或要求的理由和细节，包括说明是否要求得到宣誓的或经查实的证据或证词；(6)对希望在某一期限内执行有关请求的说明；(7)妥善执行请求所必须的其他材料，并规定请求书及所附文件应当附有被请求国语文或该国可以接受的另一语文的译文。

我国最高司法机关收到外国一方提出的司法协助请求后，应当依据我国法律和有关条约进行审查。拒绝的理由一般有：(1)请求有损于被请求国主权、安全、公共秩序、公共利益；(2)被请求国不认为是犯罪；(3)请求违反政治犯、军事犯例外原则；(4)请求涉及的罪名是因某人种族、性别、宗教、国籍的原因；(5)所请求的协助需要被请求国如该罪行在其管辖范围内受到调查或起诉，进行不符合其本国法律和惯例的强制性措施等。

(一)我国涉外刑事警察方面的司法协助和警务合作

根据公安部《规定》，我国涉外刑事警察方面的司法协助和警务合作具体程序如下：

(1)公安部是公安机关进行刑事司法协助和警务合作的中央主管机关，通过有关国际条约、协议规定的联系途径、外交途径或者国际刑事警察组织渠道，接收或者向外国提出刑事司法协助或者警务合作请求。地方各级公安机关依照职责分工办理刑事司法协助事务和警务合作事务。其他司法机关在办理刑事案件中，需要外国警方协助的，由其中央主管机关与公安部联系办理。

(2)在不违背有关国际条约、协议和我国法律的前提下，我国边境地区设区的市一级公安机关和县级公安机关与相邻国家的警察机关，可以按照惯例相互开展执法会晤、人员往来、边境管控、情报信息交流等警务合作，但应当报省级公安机关批准，并报公安部备案。

(3)公安部收到外国的刑事司法协助或者警务合作请求后，应当依据我国法律和国际条约、协议的规定进行审查。对于符合规定的，交有关省级公安机关办理，或者移交其他有关中央主管机关；对于不符合条约或者协议规定的，通过接收请求的途径退回请求方。

(4)负责执行刑事司法协助或者警务合作的公安机关收到请求书和所附材料后，应当按照我国法律和有关国际条约、协议的规定安排执行，并将执行结果及其有关材料报经省级公安机关审核后报送公安部。在执行过程中，需要采取查询、查封、扣押、冻结等措施的，可以根据公安部的执行通知办理有关法律手续。请求书提供的信息不准确或者材料不齐全难以执行的，应当立即通过省级公安机关报请公安部要求请求方补充材料；因其他原因无法执行或者具有应当拒绝协助、合作的情形等不能执行的，应当将请求书和所附材料，连同不能执行的理由通过省级公安机关报送公安部。

(5)执行刑事司法协助和警务合作，请求书中附有办理期限的，应当按期完成。未附办理期限的，调查取证应当在三个月以内完成；送达刑事诉讼文书，应当在十日以内完成。不能按期完成的，应当说明情况和理由，层报公安部。

(6)需要请求外国警方提供刑事司法协助或者警务合作的，应当按照有关国际条约、协议的规定提出刑事司法协助或者警务合作请求书，所附文件及相应译文，经省级公安机关审核后报送公安部。

(7)需要通过国际刑事警察组织缉捕犯罪嫌疑人、被告人或者罪犯、查询资料、调查取证的，应当提出申请层报国际刑事警察组织中国国家中心局。

(8)公安机关提供或者请求外国提供刑事司法协助或者警务合作，应当收取或者支付费用的，根据有关国际条约、协议的规定，或者按照对等互惠的原则协商办理。

(二)我国涉外刑事检察方面的司法协助

根据最高检察院《规则》，人民检察院进行司法协助，按以下程序办理：

(1)最高人民检察院是检察机关办理司法协助事务的最高主管机关，依照国际条约规定是人民检察院司法协助的中方中央机关。地方各级人民检察院是执行司法协助的主管机关，依照职责分工办理司法协助事务。

(2)人民检察院依据国际刑事司法协助法等有关法律和有关刑事司法协助条约进行刑事司法协助。

(3)最高人民检察院收到外国提出的刑事司法协助请求后，应当对请求书及所附材料进行审查。对于请求书形式和内容符合要求的，应当按照职责分工，将请求书及所附材料转交有关主管机关或者省级人民检察院处理；对于请求书形式和内容不符合要求的，可以要求请求方补充材料或者重新提出请求。外国提出的刑事司法协助请求明显损害我国主权、安全和社会公共利益的，可以直接拒绝提供协助。

(4)有关省级人民检察院收到最高人民检察院交办的外国刑事司法协助请求后，应当依法执行，或者交由下级人民检察院执行。负责执行的人民检察院收到刑事司法协助请求书和所附材料后，应当立即安排执行，并将执行结果及有关材料报经省级人民检察院审查后，报送最高人民检察院。对于不能执行的，应当将刑事司法协助请求书和所附材料，连同不能执行的理由，通过省级人民检察院报送最高人民检察院。因请求书提供的地址不详或者材料不齐全，人民检察院难以执行该项请求的，应当立即通过最高人民检察院书面通知对外联系机关，要求请求方补充提供材料。

(5)最高人民检察院应当对执行结果进行审查。对于符合请求要求和有关规定的，通过对外联系机关转交或者转告请求方。

(6)地方各级人民检察院需要向外国请求刑事司法协助的，应当制作刑事司法协助请求书并附相关材料。经省级人民检察院审核同意后，报送最高人民检察院。刑事司法协助请求书应当依照相关刑事司法协助条约的规定制作；没有条约或者条约没有规定的，可以参照《国际刑事司法协助法》第13条的规定制作。被请求方有特殊要求的，在不违反我国法律的基本原则的情况下，可以按照被请求方的特殊要求制作。

(7)最高人民检察院收到地方各级人民检察院刑事司法协助请求书及所附相关材料后，应当依照国际刑事司法协助法和有关条约进行审查。对符合规定、所附材料齐全的，最高人民检察院是对外联系机关的，应当及时向外国提出请求；不是对外联系机关的，应当通过对外联系机关向外国提出请求。对不符合规定或者材料不齐全的，应当退回提出请求的人民检察院或者要求其补充、修正。

(三)刑事审判机关之间的司法协助

我国刑事诉讼中，审判机关之间的司法协助主要遵循以下特别程序规定：

(1)根据中华人民共和国缔结或者参加的国际条约，或者按照互惠原则，人民法院和外国法院可以相互请求刑事司法协助。外国法院请求的事项有损中华人民共和国的主权、安全、社会公共利益的，人民法院不予协助。

(2)人民法院请求外国提供司法协助的，应当经高级人民法院审查后报最高人民法院审核同意。外国法院请求我国提供司法协助，属于人民法院职权范围的，经最高人民法院审核同意后转有关人民法院办理。

(3)人民法院请求外国提供司法协助的请求书及其所附文件，应当附有该国文字译本或者国际条约规定的其他文字文本。外国法院请求我国提供司法协助的请求书及其所附文件，应当附有中文译本或者国际条约规定的其他文字文本。

(4)人民法院向在中华人民共和国领域外居住的当事人送达刑事诉讼文书，可以采用下列方式：根据受送达人所在国与中华人民共和国缔结或者共同参加的国际条约规定的方式送达；通过外交途径送达；对中国籍当事人，可以委托我国驻受送达人所在国的使、领馆代为送达；当事人是自诉案件的自诉人或者附带民事诉讼原告人的，可以向有权代其接受送达的诉讼代理人送达；当事人是外国单位的，可以向其在中华人民共和国领域内设立的代表机构或者有权接受送达的分支机构、业务代办人送达；受送达人所在国法律允许的，可以邮寄送达；自邮寄之日起满三个月，送达回证未退回，但根据各种情况足以认定已经送达的，视为送达；受送达人所在国法律允许的，可以采用传真、电子邮件等能够确认受送达人收悉的方式送达。

(5)人民法院通过外交途径向在中华人民共和国领域外居住的受送达人送达刑事诉讼文书的，所送达的文书应当经高级人民法院审查后报最高人民法院审核。最高人民法院认为可以发出的，由最高人民法院交外交部主管部门转递。外国法院通过外交途径请求人民法院送达刑事诉讼文书的，由该国驻华使馆将法律文书交我国外交部主管部门转最高人民法院。最高人民法院审核后认为属于人民法院职权范围，且可以代为送达的，应当转有关人民法院办理。

六、引渡程序

引渡，是指一国把当时在其境内而被他国指控犯有罪行和判刑的人，根据该国请求，移交给该国进行审判或处罚的一项制度。

根据《引渡法》的规定，外国向中华人民共和国提出的引渡请求必须同时符合以下两个条件，才能准予引渡：(1)引渡请求所指的行为，依照中华人民共和国法律和请求国法律均构成犯罪。(2)为了提起刑事诉讼而请求引渡的，根据中华人民共和国法律和请求国法律，对于引渡请求所指的犯罪均可判处一年以上有期徒刑或者其他更重的刑罚；为了执行刑罚而请求引渡的，在提出引渡请求时，被请求引渡人尚未服完的刑期至少为六个月。

外国向中华人民共和国提出的引渡请求，有下列情形之一的，应当拒绝引渡：(1)根据中华人民共和国法律，被请求引渡人具有中华人民共和国国籍的；(2)在收到引渡请求时，中华人民共和国的司法机关对于引渡请求所指的犯罪已经作出生效判决，或者已经终止刑事诉讼程序的；(3)因政治犯罪而请求引渡的，或者中华人民共和国已经给予被请求引渡人受庇护权利的；(4)被请求引渡人可能因其种族、宗教、国籍、性别、政治见解或者身份等方面的原因而被提起刑事诉讼或者执行刑罚，或者被请求引渡人在司法程序中可能因为上述原因受到不公正待遇的；(5)根据中华人民共和国或者请求国法律，引渡请求所指的犯罪纯属军事犯罪的；(6)根据中华人民共和国或者请求国法律，在收到引渡请求时，由于犯罪已过追诉时效期限或者被请求引渡人已被赦免等原因，不应当追究被请求引渡人的刑事责任的；(7)被请求引渡人在请求国曾经遭受或者可能遭受酷刑或者其他残忍、不人道或者有辱人格的待遇或者处罚的；(8)请求国根据缺席判决提出引渡请求的。但请求国承诺在引渡后对被请求引渡人给予在其出庭的情况下进行重新审判机会的除外。

外国向中华人民共和国提出的引渡请求，有下列情形之一的，可以拒绝引渡：(1)中华人民共和国对于引渡请求所指的犯罪具有刑事管辖权，并且对被请求引渡人正在进行刑事诉讼或者准备提起刑事诉讼的；(2)由于被请求引渡人的年龄、健康等原因，根据人道主义原则不宜引渡的。

请求国的引渡请求应当向中华人民共和国外交部提出。请求国请求引渡应当出具请求书，请求书应当载明：(1)请求机关的名称；(2)被请求引渡人的姓名、性别、年龄、国籍、身份证件的种类及号码、职业、外表特征、住所地和居住地及其他有助于辨别其身份和查找该人的情况；(3)犯罪事实，包括犯罪的时间、地点、行为、结果等；(4)对犯罪的定罪量刑以及追诉时效方面的法律规定。

请求国请求引渡，应当作出如下保证：(1)请求国不对被引渡人在引渡前实施的其他未准予引渡的犯罪追究刑事责任，也不将该人再引渡给第三国。但经中华人民共和国同意，或者被引渡人在其引渡罪行诉讼终结、服刑期满或者提前释放之日起三十日内没有离开请求国，或者离开后又自愿返回的除外。(2)请求国提出请求后撤销、放弃引渡请求，或者提出引渡请求错误的，由请求国承担因请求引渡对被请求引渡人造成损害的责任。

请求外国准予引渡或者引渡过境的，应当由负责办理有关案件的省、自治区或者直辖市的审判、检察、公安、国家安全或者监狱管理机关分别向最高人民法院、最高人民检察院、公安部、国家安全部、司法部提出意见书，并附有关文件和材料及其经证明无误的译文。最高人民法院、最高人民检察院、公安部、国家安全部、司法部分别会同外交部审核同意后，通过外交部向外国提出请求。

思考与训练

一、思考题

1. 涉外刑事诉讼程序的特有原则有哪些？
2. 刑事司法协助的内容包括哪些？
3. 实行引渡的条件有哪些？

二、选择题

1. 根据司法协助的相互性特点和我国开展刑事司法协助的实际情况，刑事司法协助的主体有（　　）。（多选）
   A. 我国法院和外国法院
   B. 我国人民检察院和外国人民检察院
   C. 我国公安机关和外国警察机关
   D. 我国的监狱部门和外国的监狱部门
2. 外国向我国提出的引渡请求，符合下列哪些情形的，应当拒绝引渡？（　　）（多选）
   A. 根据中华人民共和国法律，被请求引渡人具有中华人民共和国国籍的
   B. 由于被请求引渡人的年龄、健康等原因，根据人道主义原则不宜引渡的
   C. 根据中华人民共和国或者请求国法律，引渡请求所指的犯罪纯属军事犯罪的
   D. 被请求引渡人在请求国曾经遭受或者可能遭受酷刑或者其他残忍、不人道或者有辱人格的待遇或者处罚的

三、案例分析[①]

2012 年，潜逃境外 7 年之久的中国银行高山案主要犯罪嫌疑人李东哲，在中加两国执法机关的密切配合下，经我国公安机关劝返成功后，从加拿大自愿回国投案自首。这是继赖昌星、邓心志、崔自力、曾汉林等犯罪嫌疑人潜逃境外，经中加执法合作遣返回国后，又一起成功的执法合作经典案例。

---

① 陈雷：《李东哲案：中加执法合作的成功典范》，《法制日报》2012 年 2 月 14 日第 10 版。

李东哲潜逃前，在北京、哈尔滨等地拥有数十家企业，业务涉及汽车销售、地产、医药、广告传媒等。为获取不义之财，李东哲通过行贿等不法手段，先后结识了中国银行哈尔滨松街支行原行长高山、东北高速原董事长张晓光等人，在获取融资渠道帮助的同时，与他们结成犯罪同盟，于2000—2004年间采取不法手段，骗取黑龙江哈工大辰能风险投资公司、黑龙江社会保险事业管理局等多家受害单位近10亿元巨额资金，并将3.6亿元资金通过地下钱庄转移至境外，涉嫌票据诈骗、行贿等犯罪。由于李东哲从东北高速非法挪用的资金被非法转移到境外，无法偿还某银行的巨额贷款，罪行即将败露时，于2004年12月底，李东哲兄弟与高山匆忙间逃往加拿大。与高山出逃不同的是，高山在潜逃前已通过其妻子利用其虚假身份办理了技术移民，并取得了加拿大的移民身份，而李东哲兄弟则是持短期旅游护照仓促逃往加拿大的。

根据我国法律和有关国际法，李东哲和高山的犯罪行为和犯罪结果均发生在中国，应当受到中国法律的制裁。根据《中华人民共和国刑法》第6条规定："凡在中华人民共和国领域内犯罪的，除法律有特别规定的以外，都适用本法。犯罪的行为或者结果有一项发生在中华人民共和国领域内的，就认为是在中华人民共和国领域内犯罪。"我国现行刑法还规定了中华人民共和国公民不论是在国内犯罪，还是在国外犯罪，我国都有管辖权。此外，我国批准生效的《联合国反腐败公约》和《联合国打击跨国有组织犯罪公约》规定的"管辖权"条款中也明确规定了"发生在该缔约国领域内的犯罪"或者"犯罪者为该缔约国国民"的，缔约国拥有管辖权。因此，李东哲、高山等犯罪嫌疑人不论逃到哪里，中国对他们的犯罪行为都拥有无可辩驳的刑事管辖权。

近年来，在我国开展国际执法合作实践中，依据我国法律自首从轻、立功减轻处罚和运用宽严相济刑事政策，利用与相关国家已建立起来的执法合作机制，在开展引渡合作或遣返的同时，并在逃往国执法部门的积极配合下，由我国执法办案人员对犯罪嫌疑人进行说服教育、政策攻心，规劝或劝说其放弃潜逃、自愿回国接受相关处理成为一种追逃措施。李东哲、高山等人外逃后，我国警方立即通过国际刑警组织向全球发布了红色通缉令，并迅速与加拿大警方等执法部门开展执法合作，在请求加拿大移民部门启动非法移民遣返程序的同时，在加拿大警方的协助下，利用各种方式做李东哲思想工作，对其晓之以法、晓之以理、晓之以利，打消其各种侥幸心理。经过了激烈的思想斗争，李东哲最终选择了接受我国警方的劝返，自愿回国投案，接受法律处理。

问题：

我国刑事司法协助的依据有哪些?

（扫描二维码获取参考答案）

《中华人民共和国国际刑事司法协助法》

（扫描二维码阅读）